永遠に許されざる者

日航123便ミサイル撃墜事件及び乗客殺戮隠蔽事件の全貌解明報告

8.12連絡会墜落事故調査分科会会長

遺族 小田周二
ODA Shuji

文芸社

日本国権力者が責任回避のために意図的に残忍に殺戮した
無辜の日航123便乗客乗員520人の犠牲者に
惨劇の墜落事故の真実を捧げる

「墜落死の真実」を貴方方乗客乗員の霊前に報告する。

　貴方方が群馬県上野村山岳地帯に墜落死したのは、自らの遭難死でもなく、事故調の123便機体の故障「隔壁破壊」が原因ではない。実は自衛隊の標的機が123便に激突して、操縦不能を発生させたのが端緒であった。それでも123便は独自のエンジン出力調整で、制御操縦が可能になり、機長は横田飛行場に着陸を申請し、横田の許可を得て着陸を敢行しようとしたが、追尾していた自衛隊戦闘機の着陸禁止の命令で「命が助かる唯一の機会を奪われた」のだ。自衛隊、権力者の自己保身、不祥事隠蔽のために乗客乗員524人は撃墜死しか残されていなかったのだ。目撃者全員の口封じのために全員殺害死で完全隠蔽を目論んだ権力者、自衛隊は、広大で立ち入り困難な上野村山岳地帯で自衛隊がミサイルで撃墜し、全員皆殺しを図った。その上、墜落死を免れた乗客をさらに焼殺、毒ガスで息の根を止めたのであった。国の事故調査機関は真実を封印し、嘘の墜落原因を捏造し、35年間も遺族国民を騙し続けている。これが真実であり、無辜の民：貴方方は国、最高権力者、国を守る自衛隊よって殺されたのだ。かかる真相を日本国権力者、自衛隊が認めないかぎり、永遠に犠牲者は眠れないのだ。事故原因が不明のままでは、再防止策も検討実施できず、空の安全は放置され、国民の命は危険のままであり、犠牲者は犬死でしかない。

永遠に許されざる者

- ○ 無辜の国民を殺害殺戮して責任回避した政府最高権力者—
- ○ 殺されて「遭難者」とされた乗客乗員524人
- ○ 真実一路—真実は何時も一つ。事故でなく、殺害事件だ。
- ○ 許されざる者、それは、無辜の国民の命を奪った「中曽根総理」「自衛隊」である。

<u>1985.8.12　自衛隊による日航123便乗客乗員の残虐非道の殺害殺戮事件</u>

自衛隊の改良型曳航標的機が羽田・大阪間の民間航空ルートを飛行する123便に激突。
油圧機能を喪失した事故機は操縦不能になった。
しかし、機長らがエンジン出力の調整によって操縦性を回復させ、123便は飛行できた。
米軍横田基地に緊急着陸を申請して許可を得て、全員が助かる状況が生まれたのだ。

ところが、なぜか自衛隊が123便の横田基地への緊急着陸を禁止妨害した。
乗客乗員の生還は不可能になった。
これが冷酷残虐な権力者の本質であり、自己保身のためであった。
やむなく機長は広大な長野県川上村のレタス畑への不時着を敢行したが、多数の農民を視認して
諦めた。険阻な山岳地帯に入った123便を、自衛隊はミサイルで撃墜した。
捜索救助を装って上野村に入った自衛隊、群馬県警は予定通りに意図的に休憩に入り、
村民の救助活動を妨害し、捜索救助の不作為によって生存者を見殺しにした。

運輸省（当時）航空局は嘘の「隔壁破壊説」を捏造して、35年間も遺族を騙してきた。
30年前の前橋地検の不起訴判断の時点で「隔壁破壊説」が崩壊していたことを2017年にようやく
認めた航空局だが、その後30年間以上も加害者を装い、遺族を騙し続けた罪は重い。
航空局は国民の命を守る立場であり、<u>即刻、事故の再調査を行う立場・責務である。</u>

日航は事故の真実を知っていながら、「加害者」だと自称して「補償交渉」を行い、それも35年
間にわたって遺族を騙してきた。
<u>日航は遺族に謝罪して、真の加害者を自供して真実を語る立場にある。</u>

許されざる者：政府権力者、自衛隊、群馬県警、運輸省（国土交通省）航空局、日航、
　　　　　　　ボーイング社、前橋地検、35年間の政府権力者、自民党総裁‼

520名の犠牲者は35年間、暗く冷たい地下で「犬死」「ムダ死」のまま放置されているのだ。
それは、国、自衛隊、日航、警察、地検が共謀して真実を隠しているからだ。

国は王様で、日本の国民は奴婢なのか、奴隷なのか。それでは日本は、民主主義も憲法も存在し
ない独裁専制国家であり、北朝鮮、中国と変わらない後進国で世界の笑いものでしかない。

緒言「はじめに」

　あるTV番組で、刑事が「人が殺された事態に背を向けることはできない」と述べ、毅然と捜査を継続する姿を演じていた。我々遺族はもちろんのこと、国民もまた同感であろうし、本来は国としても同じのはずである。

　運輸省（現・国土交通省）事故調査委員会（現・運輸安全委員会）が出した「日航123便墜落の事故原因は、修理ミスの隔壁が破壊したことによる」との結論は、技術的にも司法的にも否定され「隔壁破壊説」は崩壊した。垂直尾翼は外部物体の衝突での破壊以外にはあり得ず、また、垂直尾翼の破壊が日航123便の墜落の事故原因でないことも明らかである。犠牲者520人を殺した加害者は、未だ35年間も真の墜落原因不明のまま、放置されているのだ。

　このような事態にもかかわらず、35年間も再調査、再捜査は行われずに放置され、航空安全を司る航空局、社会の正義や秩序を守るべき警察、検察も再調査、再捜査すら実施しない事態は異常だ。国として市民520人の死の真相解明を放置している背景には、権力、行政による調査妨害が働いており、それは民主主義国家である日本国では許されない暴挙である。

　520人の死亡の原因すなわち「墜落の事故原因」が特定できなければ、重要な再発防止策を実施できない。520人の犠牲者の遺族は、その霊前に真実の花束を捧げることができない事態が続いているのである。

　すなわち、再発防止策が実施できないということは、また同種の事件が起き、多数の乗客、国民が死亡することにつながるということである。国、警察、航空局の「意図的な再調査中止、無視」政策は非常に深刻な職務放棄であり、そこに重大な疑惑、疑義が生じるのは当然である。

　そこには憲法も正義も、公正も存在せず、国家としての機能を喪失した状態と言わざるを得ないからだ。遺族らは、このような事態を決して看過するものではない。

　これでは、乗客乗員520人の犠牲者は「ムダ死」であり、犠牲者は、決して安らかに眠れず、また、遺族は真実を霊前に真実を報告し供えることができず、心からの供養すらできない。

　当然、国民もまた航空旅客機を使用する時に不安を覚えて尻込みし、それは国の事故調査への信頼を疑うことにつながる。

　このような事態に遺族だけでなく、多くの有識者らが、事故調査委員会の結論である「事故報告書」の瑕疵、矛盾を究明し解明して、「外部からの破壊、外部からの撃墜だ」との提起を行ってきている。そこから浮上したのが、日航123便墜落事故への自衛隊関与という事実である。

　日航123便墜落事故の真実と真相を著者すなわち遺族・小田周二は、これまで詳細に調査・分析し、検証して明らかにした内容を『日航機墜落事故　真実と真相』（2015年）、『524人の命乞い　日航123便乗客乗員怪死の謎』（2017年）として出版して国民に問い、多くの賛同を得ている。最近、日航元客室乗務員（かつては「スチュワーデス」と呼ばれた）の青山透子氏も多くの証拠を提示して分析し、自衛隊の関与を指摘している。

　このような真相究明の告発活動は、大きな反響を呼び関心が高まっているが、国、航空局、事故調査委員会、日航は依然として、これらを無視したまま説明責任を果たさず、その動きは緩慢で乗客の命に対する真摯な姿勢を見ることはできない。

　遺族が航空局、事故調査委員会、運輸安全委員会に対し、具体的な「自衛隊関与」の証拠や事実を指摘して説明を求めても、彼らは真摯に説明責任を果たそうとしていない。

運航会社＝日航は「加害者だ」と自称して「補償交渉」を提起し、妥結を遺族に強要したが、現在、日航は著者との議論の中でみずからが「加害者」であることの証拠、理由の説明ができない状態に陥っている。当然のことながら、補償金の支払いの法的根拠も説明できなくなり、「遺族への経済的な配慮から行ったものであり、あれは遺族へのお見舞金だ」という説明に転ずる始末である。前橋地検の不起訴判断で「ボーイング社」「日航」「航空局」の三者は無罪となり、それは司法的に確定していると国、航空局が認めている。したがって、日航が35年間も「（自分たちが）加害者だ」と詐称して補償交渉した事態こそが違法であったわけだ。

日航、航空局、ボーイング社の三者は不起訴（無罪）となり、事故調査委員会の「隔壁破壊説」が崩壊した。一方、当時の日航副社長・町田直氏は、事故直後、遺族に対して123便は「ミサイルで撃ち落とされたのだ」という衝撃的な告白をしている。

これらから遺族、有識者らが導き出した結論。それは、「国、自衛隊が三度にわたって日航123便に危害を加え、最後はミサイルで撃墜した」との事実である。今や日航123便は国、自衛隊による攻撃で墜落したことが墜落の事故原因であるとの結果、結論が明らかになったのである。

この本では、長年の有識者による過去の究明、調査結果をまとめ、さらに近年の調査、究明結果を加えて、遺族・小田は独断と偏見を避けて公正な結論を引き出すべく、反対の立場の組織（日本航空）、国、航空局、運輸安全委員会、官庁との議論を行ってきた結果も記載して検討を加えている。すなわち、事故の当事者であり、容疑者でもあった「日航」「航空局」との技術会議、また、事故報告書を作成した「事故調査委員会」への公開質問状の回答などを織り込み、それに対する反論、見解を述べることで読者の皆様の理解を得たいと考える。

「事故事件、災害は偶然の産物ではない。連鎖的な出来事の結果だ」との格言がある。日航123便の墜落事故では多くの連鎖的な出来事があったが、その中で、重大で重要な出来事を大きく分類して、
A：垂直尾翼の破壊、脱落
B：事故機の新規操縦性確立と横田基地、レタス畑への不時着行動
C：自衛隊ミサイルによる撃墜
D：自衛隊、群馬県警の救助、捜索活動の不作為、妨害行為
E：真実の隠蔽工作、証拠資料の廃棄
F：日航による「加害者の詐称」と「不当な補償交渉」による遺族、国民への侮辱
　　及び「事故調の隔壁破壊説」の擁護事件
……というように論点を分類整理し、提起したい。

123便の墜落事故での乗客乗員の殺害は日本国の最高権力者である総理大臣、自衛隊幕僚長らが指示したとの問題提起は著者（遺族・小田）が初めてではない。多くの有識者、目撃者、関係者の告白がなされている。ここに、その関係者の証言、文書を記載して敬意を表する。
＊自衛隊百里基地司令官（事故当時）：「標的機を民間機123便に当ててしまった。今戦闘機2機を発進させて、損害状況を確認中」＝隔壁の破壊の否定⇒A
＊百里基地から発進した追尾戦闘機の目撃（小林美保子氏、自衛隊偵察隊 M.K. 氏、上野村小学生、中学生、角田四郎氏）⇒A
＊隔壁部の破壊の否定証言（生還者・落合由美氏）「機内空気は動かなかった。風切り音もナシ、

乗客に酸欠症状ナシ」⇒A

＊日航123便は新規操縦技術「エンジン出力の調整」で操縦できた。杉江弘著書⇒B

＊日航副社長・町田直氏は遺族に「（123便は）ミサイルで撃墜された」の告白：自衛隊のミサイルによる撃墜⇒C

＊米軍アントヌッチ中尉（当時）の告白「高濱機長は横田基地に着陸を申請し、横田基地は着陸を許可した。しかし、着陸できなかった」：自衛隊戦闘機が着陸を禁止し、自衛隊が乗客を殺害した。事故から10年後の1995.7の告白文書⇒B

＊日航羽田工場・河野整備部長「垂直尾翼は外部の力で折れ曲がった」：事故直後に⇒A

＊ＮＨＫ報道「救助に急ぐ自衛隊隊員を射殺した」８月12日の臨時放送（字幕テロップ）⇒D

＊小林美保子氏「123便の後部胴体部に赤色の標識を発見—標的機の吹き流しだ」＝標的機が衝突し、その最後尾の吹き流しが機体に巻き付いた⇒A

＊前橋地検は遺族らから告訴を受けて審査した結果、「ボーイング社」「日航」「航空局」を不起訴にした（全員「無罪」ということ）。隔壁破壊説の否定。1990.7⇒A

＊吉原公一郎著『ジャンボ墜落』。「垂直尾翼は外部破壊だ。標的機の衝突」：実況見分調査報告1985.11⇒A

＊池田昌昭著『ＪＡＬ123便は自衛隊が撃墜した』1998.9⇒C

＊藤田日出男著『隠された証言』隔壁の破壊はなかった。2003.8⇒A

＊8.12遺族会の声明「事故原因の追究を行う。乗客らは助かっていた‼」：事故から20年目の真相追究の方針を公表　2006.8⇒B

＊安全委員会の策略：遺族だけを集めての解説集会の開催と遺族を騙す謀略（2011.7）。隔壁破壊説を嘘の捏造説明でごまかした⇒E

＊角田四郎著『疑惑』自衛隊が起こした撃墜事件だと断定。1993.12⇒C

＊小田周二著『日航機墜落事故　真実と真相』日航機は自衛隊のミサイルで撃墜。2015.3⇒A、B、C、D

＊青山透子著『日航123便　あの日の記憶　―天空の星たちへ』2010年：日航機に標的機の接近写真の解明⇒A

＊小田周二著『524人の命乞い　日航123便乗客乗員怪死の謎』：日航123便の撃墜は自衛隊、権力者の指示命令による⇒A、B、C、D

＊青山透子著『日航123便墜落の新事実　目撃証言から真相に迫る』自衛隊戦闘機の事故機の追尾。日航高木社長の「中曽根総理の極悪非道の言動」についての証言　2017.7⇒A、C

＊青山透子著『日航123便墜落　遺物は真相を語る』：自衛隊は乗客らの生存者を火炎放射器で殺害した（二度焼き殺人）⇒C

＊事故調の謀略：123便事故資料の破棄を1999年に実行。真実の隠蔽と再調査の妨害⇒E

＊杉江弘著『JAL123便墜落事故』。同氏は日航のパイロットの神様と呼ばれる人物。この著作では青山透子、池田昌昭氏を罵倒して自衛隊関与を否定しているが、事故機123便が操縦でき、横田基地に着陸できたことを証言している⇒B

　このように、多くの有識者、目撃者、証言が墜落事故の発生事象を自衛隊による謀略殺害行動だと告白し、その真実と真相を明らかにしている。これらは事故直後から、その後の長い時間、期間にわたって、告白ないしは発表されたもので、そこから明らかになるA、B、C、D、E、Fは〈連鎖的な出来事〉である。

その底流、深層には、Ａ：「自衛隊標的機の日航機への衝突の事態」があり、それを自衛隊、政府権力者が完全に隠蔽しようとの画策のもとに乗客乗員の全員抹殺を行った結果が連鎖的な出来事（Ｂ、Ｃ、Ｄ、Ｅ、Ｆ）を引き起こしたという流れがある。

　これは警察の殺人事件の捜査調査と全く同じで、犯罪事象の連鎖、連動が暴かれ、証明できるのである。この点については多くの皆様方の理解を得るため、遺族・小田が2016.11.12に前橋地検に提出した「告訴状－1、2」に添付した重要な「証拠」「資料」をそのまま「資料編」として掲載したので、理解を深めていただきたいと考える。

　本書が明らかにするストーリーは、事故調や航空局の結論である「隔壁破壊説」では説明不能な発生事象を、論理的かつ技術的、合理的に説明することが可能である。本書で積み重ねる検証の結果は、日航123便墜落事故の真実と真相を明らかにできる唯一無二の結論であると信ずる。

　本書では、今まで明らかになった事実に加え、さらに新しく調査し検証した結果も提示し、「日航が加害者であり、補償交渉の責務がある」という主張が成立しないことを証明し説明する。

　日航加害者論は「隔壁破壊説」を遺族、国民に浸透させて騙すための大がかりな隠蔽工作の一環であり、航空局と日航による謀略である。日航は「加害者」だと詐称し、不当違法な「補償交渉」を行ってきたのである。この謀略は航空局により計画され、日航に強要して行われた史上最悪の遺族、国民への騙し行為であったのだ。

　この補償交渉で疑惑の補償金を騙されて受け取った多くの遺族は、もはや事故原因を追及する気力も失い、肉親を失った後の生活の立て直しに奮闘せざるを得なかったのだ。この日航が補償交渉で支払った金は、保険会社を騙して得たもので、日航の保険会社に対する詐欺行為でもある。さらに経理処理上も日航の株主を騙すものであり、総会で了解を得たとの説明も崩壊しているから、これも日航幹部による背任行為に相当する。いずれも法的に違法行為に当たる重罪であるのだ。さらに、「日航が加害者だ」と詐称した結果、多数の一般の日航社員は「加害会社の社員」との差別、非難を受けて名誉を棄損されて苦しんできたのである。

　しかし、このような隠蔽、詐称、詐欺行為の謀略にもかかわらず、「隔壁破壊説」が崩壊した以上、事故直後の「補償交渉」の根拠は存在しないことが明らかになった。「日航は加害者」との詐称が明らかになり、現在では日航もこれまで支払った金について「補償金」ではなく「お見舞金」だったと認めざるを得ない状況に陥り、認めている。

　事故の真実真相を知りながら「加害者」役を引き受けた日航には、いまや本当の加害者の名前を告白して遺族、国民に謝罪するしか残された道はない。事故から35年後の今、日航123便の真の殺害者、加害者は遺族、国民に告白、自供して、謝罪する道しか残されていないのだ。

　日航123便墜落の事故原因が「隔壁破壊説」でないことは法的にも認められ、また、証拠や証言からも明快に証明できる。事故調査委員会が事故調査で決めた結論「隔壁破壊説」が否定され、崩壊したことにより、520人が死亡した事故の真実を改めて明らかにする責務が日本の航空行政を司る「航空局」に生じている。航空局の業務は「空の安全性の確保であり、向上」なのである。このまま、事故原因を不明のまま放置することは、520人の死者の尊厳を棄損することになる。

　さらに、事故原因を明らかにしなければ再発防止策を策定できないから、安全性の向上は図れなくなる。国、運輸省、航空局は事故後5年で「隔壁破壊説」が否定され、崩壊したにもかかわらず、以来30年もの間、意図的に不作為をなして、事故原因の調査、捜査を怠っている。しかし、その航空局も2017年、「航空局は無罪だ。前橋地検が不起訴判断したことで、それは確定してい

る」と認めた。そうであるならば、なおのこと国の航空行政を司る航空局はその時点で事故の再調査を始めるよう事故調査委員会に命じるべきだったのだ。今からでも緊急に行うべきことは、航空局が運輸安全委員会（かつての事故調査委員会）に「墜落事故の再調査」を命じることである。その再調査の前提は、すでに明快に判明している「外部破壊—自衛隊が主犯での殺害事件」であるとの事象をさらに明確にすることにある。

　真の事故原因と加害者の名を明らかにして、520人の犠牲者の霊前に供えること。それが遺族・国民が果たすべき責務であると著者・遺族らは信じ、それを願い続けている。

目次

第一部

1　旅客機の構造と飛行性——本来、重要保安部品は自損脱落しない

①日本航空123便墜落事故

　1985年8月12日、18時12分、日本航空・羽田発大阪行きの123便、すなわち日航123便が東京の羽田空港を離陸した。定刻の12分遅れでの出発で、約1時間後には大阪空港に着陸することになっていた。

　123便で用いられていたのは「ジャンボ機」として知られるボーイング747型機。機体番号はJA8119で、1974年1月に製造された機体だった。全長70.5m、全幅59.6m、全高19.3m、重量は250トン超。巨大な機体は、528もの客席を備える。

　当日、この123便には合計509名の乗客が登場していた。普段から羽田—大阪便は東西を結ぶビジネス便として利用され、夕方に羽田を発つ123便には東京方面での出張を終えて関西方面に戻る多くのサラリーマンが乗り込む。それに加えてこの日、8月12日は夏休み、お盆休みの最中ということもあり、東京ディズニーランドやつくば科学博覧会などの観光を楽しんだ家族連れ、あるいは親戚が乗り合わせての利用も多かった。

　123便のコックピットで操縦を担ったのは、高濱雅己・機長（49歳）、佐々木祐・副操縦士（39歳）、福田博・航空機関士（46歳）の3名である。高濱機長は操縦教官、福田機関士は技術教官を務める優秀なベテランであり、佐々木副操縦士も機長昇格を間近に控えていた。この日は機長昇格のテストを兼ねて佐々木副操縦士が操縦桿を握り、傍らでそれを高濱機長が補佐した。さらに同機には男性のチーフ・パーサー、7名の女性アシスタント・パーサー、4名のスチュワーデス（現在は客室乗務員と呼ばれる）の12名が乗り組んでいたから、日航の乗員は合計15名だった。

　こうして509名の乗客と15名の乗務員、合わせて524名の命が18時12分に羽田を飛び立ったのである。

＊

　予定されていた飛行ルートによると、同機は離陸後に千葉県館山の東方上空に達し、そこから南下して静岡県焼津市の上空を経て西へ。さらに紀伊半島上空に達したところで右旋回して北上し、大阪空港へと向かう予定だった。

　だが、同機が大阪空港上空に姿を現すことはなかった。

　18時24分に機体に何らかの異変が生じたことを東京管制に伝えてきた123便は、救難を意味する「スコーク77」を発信。この時、同機は伊豆半島南部の東岸、相模湾上空を飛行中だった。その後、機長らは何らかの異常によって自機が昇降舵や方向舵を操作するのに必要な油圧機能を喪失していることを知る。

　だが、同機は「羽田に引き返す」と東京管制に伝えた後、通常の飛行ルートを大きく外れて内陸に向けて北上しながらも、約32分間にもわたって飛行を続ける。詳しくは後に述べるが、524名を乗せた123便は富士山北側上空をかすめ、山梨県の大月市上空で360度以上の旋回飛行後に米軍横田基地飛行場への着陸を目指し、その後、長野県川上村のレタス畑の不時着行動の後、機首を秩父山系へと向ける。ほどなく123便は、群馬県と長野県、埼玉県の県境が接する山岳地帯に分け入っていく。1,500mを超える急峻な山々が連なる一帯である。

　18時56分、その山岳地帯を飛んでいた123便の機影がレーダーから姿を消した。同機が群馬県上野村高天原山の尾根、通称「御巣鷹の尾根」南東側に墜落していることが公式に明らかになるのは、それからじつに10時間も経た13日早朝のことだった。

その後、13日の10時45分ごろから相次いで4名の乗客生存者が発見され救出されたものの、残る520名が死亡。一度に失われた人命の多さという点だけ取っても、123便墜落事故は1985年当時も2020年8月時点でも史上最悪の航空機事故であり続けている。

②旅客機は飛行できるように設計・製造されている

航空機は全て、パイロットの操縦で飛行できるように設計、製造され、国の検査による安全確認のうえで飛行が許可される。まして多数の乗客を乗せて営業飛行する場合は、より厳しい検査、検証がなされ、その安全性は確実に保証されている。

日航123便 B747-100型機の構造（資料①—日航123便三面図）
　航空機の飛行に必要な主な機能は、次の二つである。
●主翼＋エンジン⇒推力と揚力を生み出す
●水平尾翼（安定板）、垂直尾翼⇒操縦を通じた機体の縦、横の安定性の確保
　大きくこの二つの系統の機能によって、飛行機は安定して飛ぶことができる。

③旅客機の構造設計の基本原則

旅客機は推力が揚力を生み、その揚力によって空気層に浮かぶ。後部の垂直尾翼、方向舵と水平尾翼、昇降舵でその姿勢を制御して飛行する。通常の気象条件よりもさらに厳しい条件のもとで旋回、上昇、降下飛行を行い、飛行場から離陸発進して目的の飛行場に安全に着陸する。これができるということが、運輸省（現・国土交通省）航空局（以下「航空局」と略称する）などの航空行政が旅客機に課する必要不可欠な条件である。

したがって、通常、あるいはさらに過酷な気象条件で旅客機が飛行した際、機体の重要な保安部品が破壊して脱落するということは重大な設計製造上の問題ということになる。

日航123便で使用されていた旅客機 B747-100型機は、世界を代表する航空機メーカーであるボーイング社が設計・製造し、日本をはじめ各国の運航会社が購入して運航していた。その運航には、厳格な審査、検査で知られる米国の政府機関・FAA（連邦航空局）の認可が必要になる（ちなみに、日本の航空局では全て書面審査で運航が許可されている）。

旅客機の構造、操縦能力、飛行性などの機能はボーイング社をはじめとする航空機メーカーの高い技術力、長い豊富な経験があってはじめて発揮できる。多数の乗客を乗せて飛行する旅客機では、その安全性の確保が不可欠で、審査、検査は特に慎重に行われる。このため、多くの部品からなる旅客機に事故が起きた時でも乗客乗員の命を守るために機体の安定と安全性確保、操縦機能の確保も求められる。これらのために「フェイルセーフ設計」（二重の安全確保機能）が施されていることが、審査、検査の重要なポイントになる。

B747が開発されるまで、ボーイング社はB47、B707というようにジェット機を順次大型化、高速化し、新規設計や飛行実績の経験を積み重ねている。それをふまえて開発されたB747は乗客530名を載せるまでに巨大化し、油圧による自動操縦機能を備えた優秀な旅客機であった。なおかつ、売れ行きを心配して軍用貨物機としての性能を持たせてつくられた多用途機でもある。機体重量は250トンにもなり、先端から後尾までの縦長が70m、横幅は60mもある巨大な旅客機である。初めて見た国民も、これほど巨大な旅客機が本当に空を飛ぶのかと疑ったくらいだった。

機体は高空を飛び、多くの乗客を乗せるので、機体の重量を究極まで軽くすることが求められ

る。しかし、軽量化を優先すれば、当然機体の機械的強度は小さくなるという相反、矛盾が出て来る。これが設計上の最大の難点である。さらに乗客数が増えれば、ますます、軽量化は不可欠である。それが機体素材として最新式のカーボン繊維が採用される所以でもあるが、それでもB747は250トン。これに燃料、乗客、貨物を搭載すると、総重量は400トンに達する。

　操縦性、飛行性などはボーイング社の得意分野であり、さらにフェイルセーフ機能も十分であった。問題になるのは軽量化で生じる機体強度である。これはフェイルセーフ設計の一端とも言えるが、それ以前の基本的な設計上のポイントとしては、飛行中に重要な保安部品の破壊・脱落が起きないかということが最重要課題だ。500人もの乗客を乗せる巨大な旅客機が音速に近い速度で飛行すれば、機体が受ける抵抗もまた極めて大きい。ここで機体の強度が問題になるわけだ。これほど巨大な旅客機が空気層を高速で飛行する場合、重要な保安部品が簡単に破壊されて脱落すれば、それは墜落の危険性に繋がる。

　旅客機も自動車と同じく組み立て方式で製造される工業製品である。ボーイング社では２機／日のスピードで迅速に生産されているという。その際には主翼であれ、エンジンであれ、尾翼であれ、方向舵であれ、昇降舵であれ、これらが破壊され脱落することは絶対に避けられるように設計され製造される。すなわち、旅客機に求められる最大の必要条件は飛行中に機体の重要保安部品が故障などで破壊し、脱落しないことなのである。

④墜落事故調査の開始

　さて、日航123便は羽田を18：12に離陸した後、これから本書が述べるさまざまな経緯を経て18：56：30、上野村高天原山の尾根（「御巣鷹の尾根」）に墜落した。資料②──日航機の飛行経路図で示したのは、後に運輸省の航空事故調査委員会が発表した同機の墜落までの飛行経路図である（なお、この飛行経路図は、二つの点で大きな間違いを意図的に犯しているが、それについては後に述べる）。
「墜落」とは操縦不能となった機体が地面に衝突することを意味し、機体も人間もすさまじい衝撃で粉砕されてバラバラになり、墜落場所付近はまさにこの世の地獄とも言うべき光景となる。そのうえ膨大な航空機燃料が発火して炎上するため、機体はおろか膨大な数の犠牲者は「火葬」までされてしまう。

　かかる状況を前にして「事故調査」が開始される。一般にも知られているように、航空機にはコックピットの会話などが記録されたＣＶＲ（ボイスレコーダー）や機体の高度や姿勢などのデータを記録したＤＦＤＲ（フライトレコーダー）が搭載されている。事故調査では当然それらの回収が急がれるわけだが、これらの記録媒体に事故原因が直接記録されていることはまずない。したがって、事故調査は至極困難である。調査にあたるには、旅客機の操縦と機体構造に関する知識や技術に加え、多くの事故での調査経験が不可欠である。たとえ優秀な研究者であっても、事故の調査手法を知らない者に事故調査は不向きであるし、ましてや短い間に限って任命される臨時要員に事故原因の究明はできない。「事故調査」とは、本来はそれ自体が独立した大きな学問的分野、専門領域なのである。

　巨大な旅客機が墜落した時、事故調査員の全員がただちに墜落場所、現場に急行すると思われがちだ。しかし、航空機事故が多発してきたゆえに事故調査の先進国でもある米国では、捜査員の半分は目撃証言やその他の情報取集に走るという。さらに日本で言えば航空事故調査委員会に該当する米国のＮＴＳＢ（国家安全運輸委員会）の場合、墜落事故の発生の連絡と同時に自主的に行動を開始する。ちなみに日本では航空局の命令指示がなければ航空事故調査委員会が動くこと

はできない。後に詳しく述べるように独自の権限が与えられていないのである。

　さて、米国のNTSBなどの調査手法に即して述べるなら、調査を命じられた調査員は大きく二つの班に分かれて行動する。

　第1班は、墜落現場に直行して、機体残骸の分布など墜落現場の全体状況を把握し、調査の進め方を決める。もちろん重要な調査資料となるCVR、DFDRの発見回収も最優先事項となる。

　第2班は後方支援部隊であり、先ほど述べた目撃者の証言のほか、管制官の証言や管制記録の収集、事故機の整備記録や整備員の証言の収集、乗員や乗客の中に幸運にも生存者がいる場合にはこの人々への聴取などを行い、状況証拠を収集する。それらを重要な証拠として扱い、分析を行う。特に事故機の飛行状況の目撃証言は墜落事象に繋がる飛行状況を確認できるし、生存者の証言は墜落前の異常事態、墜落時の状況を示唆するから、事故原因の解明、究明の重要なヒントとなり証拠となる。

⑤現場では残骸分布調査から始める

　一方、墜落現場に到着した第1班の調査員は、最初にCVRやDFDRを回収するとともに、墜落機体の残骸分布、及び犠牲者の遺体などを調査し、外的な破壊行為がないかを調べる。そこではまた、主要な機体部品が墜落場所に落下していたのかも調べられて確認される。これこそが、前述した旅客機の機体構造の理念、原則から必要不可欠な手順なのである。これで、墜落原因が「故障による事故なのか」「外部の力による事件なのか」が大きく区分され、事故調査の方向が決まるのである。

⑥日航123便の墜落場所における残骸分布の調査結果

　では、日航123便の場合、主要部品の墜落地点での調査結果はどのようなものだったのか。

　それを資料として示す（資料③―墜落現場の主翼、エンジンの散乱分布）。

　この分布図からは、次のことが分かる。

⑴　123便は南東方向から墜落地点に衝突し、機体は二つに折れ曲がって分断し、機首、前側胴体部は、西方向に山を駆け上って行った。後部胴体部は二つに分断されて、北東方向に険しい山を滑り落ちて、スゲノ沢で止まった。発見位置から、機体は逆さまに反転して墜落し衝突したことが分かる。

⑵　主翼は右主翼、左主翼とも現場に存在している。

⑶　エンジンNo.1、NO.2、No.3は見つかったが、なぜかNo.4（第4エンジン・右主翼外側に取りつけられているエンジン）は墜落地点に見つからなかった。これは事故調査にとっては極めて重大な発見事項である。

⑷　後部の機体の姿勢安定を司る「垂直尾翼」「水平尾翼」もまた、墜落現場からは発見できなかった。これもまた調査における重大な発見事項だ。

⑸　さらに機体の最後部にあるAPU（補助動力装置）も発見することができなかった。これは一番奇妙な事態であった。APUは重要部品ではあるが、飛行には用いられない。これが墜落地点に衝突する前に落下したというのは理解できないことである。APUのすぐ近くには垂直尾翼が位置している。その両方が墜落現場で見つかっていないことには、強い関連が推測された。

⑹　航空燃料による火災の発生場所は広範囲にわたるが、B747は主翼部に燃料を保存する構造である。ここからは右主翼、左主翼部の落下地点での火災が起きたと考えられるが、スゲノ

沢で発見された右主翼部では火災がなかったことも不思議な事態であった。

　結論から言うと、墜落地点では重要保安部品である「第4エンジン」「垂直尾翼」「水平尾翼」「APU」の4点が発見できなかった。調査を通じてこれら4点もの重要部品が墜落の「前」に落下したことを知って、事故調の調査員は驚愕したと推察できる。それが墜落原因を考えるための重要な証拠であるということは容易に理解できるからだ。飛んでいる飛行機の「垂直尾翼」「APU」「水平尾翼」「第4エンジン」が破壊脱落すれば、飛行の安定性が維持できずに墜落することは当然のことである。

　だが、前に述べたように、旅客機機体構造の基本的な設計理念、原則から、いかに機体に故障などが起きたとしてもこれほど重要な保安部品が4点も飛行中に脱落することはあり得ないことだ。このことから考えれば、機体の故障による脱落などではなく、外部からの力で破壊されて脱落したに違いないと技術的に判断できる。

　重要なことなので、くり返し確認しておこう。123便の機体は墜落するよりも前に「第4エンジン」「垂直尾翼」「水平尾翼」「APU」という4点の大きな保安部品の破壊脱落が起きており、それゆえにこれらの保安部品は墜落地点からは見つからなかった。これら4点が飛行中に破壊脱落すれば、機体は当然のことながら墜落へと至る。

　ここからは、一つの推測が成り立つ。123便の墜落は機体自身の故障（「隔壁破壊」による垂直尾翼破壊脱落——事故調査委員会の結論）などによる「自損事故」でなく、外部の力による「衝突破壊事件」であるという推測である。

2　墜落の事前に起きた重要保安部品の破壊脱落事象から、墜落事故の原因を推定する

①「垂直尾翼」と「APU」の事前破壊

　機体から脱落するはずのない「第4エンジン」「垂直尾翼」「水平尾翼」「APU」の4点が、なぜか墜落地点からは発見できなかった。これらが墜落よりも「前」に何らかの理由で外部の力で破壊されない限り、このようなことは起きない。それが破壊脱落させられたのは、いつ・どこでのことだったのだろうか。順に確認していこう。

　「垂直尾翼」の破壊脱落が時系列的に「いつ」だったのかはすぐに判明した。CVRにそれを強く示唆する記録が残されていたからである。

　18時24分、機長から管制官に向け、「操縦不能」（アンコントロール）の悲痛な言葉が発せられた。その後の交信やコックピット内の会話からは、大きな衝撃音とともに油圧機能を用いた操縦が作動不能となっていることを示す情報がもたらされている。垂直尾翼付近には油圧配管が走っているから、垂直尾翼の破壊脱落は油圧機能の喪失と直結しうる。

　次いで墜落翌日の8月13日、相模湾を航行中の自衛隊の護衛艦（正式納入前の未納入艦）「まつゆき」が垂直尾翼などの残骸が海上に浮いているのを発見回収したと報じられた。以上から、時間的に垂直尾翼の破壊脱落は18時24分頃、相模湾上空を飛行中の出来事と確定できたのである。

　一方、前述のとおり墜落地点での調査では、後部の「APU」も「垂直尾翼」同様に発見できなかった。「APU」は「垂直尾翼」に極めて近い位置に取りつけられていることから、「垂直尾翼」の喪失と同じ環境下、同じ時刻に、同じ地点で破壊脱落したと判断するのが自然だ。

　この「APU」の破壊脱落についてはあまり大きく報じられず、その後もなぜか重要視されなかった。だが、この事象は極めて大きな意味を持つ。後に述べるように航空事故調査委員会（以後「事故調」と略記）は墜落原因として「隔壁破壊説」と呼ばれる考え方を唱えることになるのだが、この「隔壁破壊説」では「垂直尾翼」と「APU」が同時に破壊された理由が技術的に説明できないからだ。機体の損傷や破壊の状況と目撃証言などを合わせて客観的に事故原因を特定するという当然の考え方に立てば、「APU」が「垂直尾翼」と同時に脱落した事実を説明できないということは、事故調の「隔壁破壊説」そのものの重大な矛盾である。

　だが、その点は後に詳しく述べるとして、ここでは一連の重要部品の破壊脱落状況の確認を急ごう。墜落以前に脱落した四つの重要部品のうち、残る二つの「第4エンジン」と「水平尾翼」は、いつ、どこで破壊脱落させられたのであろうか。

②事故機の飛行状況

　「垂直尾翼」と「APU」が18：24に破壊脱落した後、事故機123便は18：56：30に墜落している。すなわち、123便はこれらの破壊脱落によって油圧配管を破壊され、油圧機能を喪失してからも32分間にわたって飛行したことがわかっている。

　「旅客機の墜落は、その原因となる事象の発生から1分以内に起きる」ことは、航空界では技術的に立証された常識である。したがって、123便の墜落直前の約1分間に何が起きたのかを考えることが、墜落原因を特定することにつながる。それまで32分間も飛行し続けていた飛行機が、なぜ、「この時」になって突然墜落したのか。それこそが墜落の直接原因なのである。

それを探る重要な手がかりが、「第4エンジン」と「水平尾翼」の破壊・脱落である。

これら二つは、飛行に直結する極めて重要な保安部品である。それが脱落してしまえば、飛行機は飛んでいることができない。

では、事故機はこの32分間もの飛行の「いつ」「どこ」で、重要な保安部品である「第4エンジン」「水平尾翼」を破壊脱落させられたのだろうか。前述のとおり、「第4エンジン」「水平尾翼」は墜落地点からは発見されていない。つまり墜落よりも「前」にジャンボ機の水平尾翼が破壊・落下し、巨大なエンジンの一つが破壊し落下するという途方もないことが起きていたことになる。

それはいつの時点のことだったのだろうか。

③「第4エンジン」と「水平安定板」の事前破壊・脱落

墜落地点とその周辺の広域調査の結果、「第4エンジン」の落下場所は墜落場所の700m近く手前であることが事故調の報告書の添付図からわかる（資料④――日航機残骸及び事故機飛行経路図）。

図を参照しながら確認していくと、事故機が最初に地面と接触するのは図の右下に位置する「一本から松（仮称）」であり、次いで「U字溝（仮称）」を経由して図の左上の墜落地点へと至る。「第4エンジン」は、この「U字溝」で脱落していたのである。

「水平尾翼」の落下地点になるとさらに奇妙だ。図で「U字溝」の北方向約500mを見ると「水平尾翼」という記載がある。墜落地点とはおよそかけ離れた場所であるうえ、先の「第4エンジン」が落下した場所とも大きく違う。

実は、事故調の報告書付図には「一本から松」地点よりも前の三国山からの精密な航路は記載されていない。したがって、事故機の飛行経路のどこでどのような経緯で「水平尾翼」と「第4エンジン」が破壊脱落したのかは特定されていない。墜落地点とかけ離れた場所に「水平尾翼」や「第4エンジン」が落ちていた、すなわち墜落前にこれらが破壊脱落したことが強く示唆されているにもかかわらず、事故調はその謎を解明しようとはしなかったのだ。

だが、CVRの機長らの会話と奇跡的な生存者である日航客室乗務員（当時は「スチュワーデス」と呼んだ）・落合由美氏の証言から、これら二つの重要な保安部品の破壊脱落が始まった時刻を推定することができる。

18：55：45　CVRには突然機長が絶叫する声が記録されている。また、落合氏は機体が墜落を始める直前に物凄い横揺れに見舞われたことを証言している。ここから、「第4エンジン」と「水平安定板」は18：55：45に破壊と脱落が始まったのだと判断できる。

123便の墜落は18：56：30。機長の絶叫はその45秒前。まさに墜落前「1分以内」の出来事である。墜落に先立って、墜落地点よりもはるか手前に落下した「第4エンジン」と「水平安定板」。その破壊脱落という事象が、有力な墜落の原因と判断できる。改めて確認しておきたいが、123便は垂直尾翼の破壊脱落の後も32分間にもわたって飛び続けていた。それが突如として墜落に転じるには、飛び続けるのを困難にする重大な事象がなければならない。それが「第4エンジン」と「水平尾翼」の喪失である。

この事象を整理すると、――

18：24　　　　垂直尾翼、APUの破壊脱落⇒18：55：44まで事故機は32分間、飛行できた

18：55：45　「第4エンジン」「水平尾翼」破壊脱落⇒56：30　日航機墜落

――となり、墜落原因は日航機の「エンジン」「水平尾翼」の破壊脱落が事故原因と推察できる。

3　正しい事故調査とは

①航空事故調査委員会の調査手法

　旅客機が墜落すると、日本では運輸省（現・国交省）の航空事故調査委員会（後に航空・鉄道事故調査委員会、次いで運輸安全委員会に改組）の出番である。前述のように墜落事故時の事故調の主な任務は、機体のCVRやDFDR、残骸などの調査と分析、各種目撃証言、航空管制官の調査、事故機の経歴、整備記録、関係者の事情聴取などを行い、それらの情報を精査・解析して墜落の事故原因を明らかにすることである。

　墜落すると乗客乗員が多数死亡する。誰も空の旅行で死亡するとは思っていない。人の命は唯一無二であり、再生できない。多くの遺族を生み出し、その影響は甚大である。だからこそ事故調査を行い、このような事故を二度と起こさないために事故原因を明確にし、再発防止策を導き出す。したがって、事故調査の目的は「墜落の事故原因を明確に特定する」ことに尽きる。再発防止策は不可欠であるが、事故原因が判明すればそこから必然的に防止策が生まれてくるものだからだ。

　123便の墜落地点には機体の残骸に加え、犠牲者のバラバラの遺体、燃料による焼死遺体が散らばっていた。それは無残・悲惨なもので、殺人事件などで多くの遺体を見慣れた警察官や自衛隊員も目を背けたという。その無残かつ悲惨な犠牲になったのは、旅行や仕事で搭乗した乗客たちと乗員たちである。正しい事故調査を行い、事故の真実と真相、犠牲者たちの死因をその霊前に報告して供えることが、唯一の供養であり犠牲者の尊厳を維持する道である。

　しかし、旅客機墜落の事故原因の調査解明は容易なことではない。歴史的に見てもいまだ事故原因が不明なまま放置されている墜落事故は多く、また、間違った事故原因が発表されて済まされる事故もあるのだ。日航123便墜落事故の事故原因についても全く同じことが言える。事故調が発表した事故調査報告書は調査の方法や事故原因の特定を意図的に誤り、虚偽の事故原因を公表して国民や遺族の批判を浴びている。著者が本書に「正しい事故調査から導かれる真実」を記そうとする理由も、まさにそこにある。

　誤った事故調査で虚偽の事故原因を公表して犠牲者や遺族を侮辱したり、事故の再発防止の機会を無にしたりするような行動は許されることではない。しかも、事故調査は国が行うものである。国がこのように間違いと疑惑に満ちた事故調査を行うのは、国民の生命への侮辱である。

　これから順を追って明らかにするように、誤った事故調査が行われたのは、国の体面の維持と自己保身、責任回避を図るために国民の生命を犠牲にした結果だ。それは人間の平等や民主主義の理念に反する行為であり、庶民の命が顧みられなかった戦国時代、さもなければ専制独裁国家の権力者の姿と変わるところがない。

　以下からは正しい事故調査の手法に基づいて墜落事故を分析検証し、日航123便墜落の真相、真実を明らかにしたい。私はそれが、今後の墜落事故の予防や調査に参考になると確信している。

＊

　誰も真実の一部始終を直接目撃して確認することができない旅客機墜落事件では、機体や搭乗していた人間そのものがバラバラに粉砕されるため、真実の究明に手間取る。その場合、どこから調査を行うのか。

　すでに述べたように、後の調査に資するものとしてCVR（ボイスレコーダー）やDFDR（フライトレコーダー）が設置されているが、これが「なぜ墜落したか」という「墜落原因」を直接

教えてくれることはほとんどない。したがって、墜落場所での機体残骸や遺体の調査、目撃証言、また、幸運にも生存者がいればその証言が有力な証拠になることも先に述べたとおりだ。さらに事故調査の原点として、墜落前に飛行の大前提となるような重要保安部品（例えば本件で言えばエンジン、水平尾翼など）が事前に落下しているのなら、それが最も有力な墜落原因として推定され、この点を軸に調査が進められる。

　このように事故調査ではさまざまな情報が集められるが、特に「目撃者」からの目撃証言が有力な状況証拠に繋がるので、米国では調査員の半分はこの目撃証言の収集に力を入れる。ところが、日本では「目撃証言」があっても基本的にほとんどが無視される。例えば、日航123便事故では、奇跡の生存者の一人であるスチュワーデス・落合由美氏の体験目撃証言は完全に無視されている。米国NTSBの事故調査員の落合由美氏への事情聴取の記録文書は極秘資料としてファイルに格納されて完全に隠蔽され、国民の前に提示公表されることはなかった。

　調査手法という観点で見ると、そのようなことが起きるのは、日本の事故調査が冤罪事件などに見られる警察の捜査方法と同じく「演繹法」と呼ばれる立証方法を用いるからだ。ひとことで言えば、先に結論ありきの立証法であり、そこでは先に決めた結論に向けて具体的事象と論理が肉付けされる。まず根拠の不確かな想像や仮定に基づく墜落原因を「結論」として推論し、それに向かって論理をまとめ上げるのである。

　その結果、矛盾や疑惑に満ちた事故報告書が出来上がってしまう。それは真実ないしは真相をごまかすことを意味し、犠牲者の死を冒涜することでもある。その報告書から導き出される肝心の再発防止策も的外れなものになり、同種の事故は再発してまたしても犠牲者が出ることになる。こうして日本では悲惨な同種の航空機事故が繰り返されてきた。後述するように、1971年7月の全日空機・戦闘機衝突墜落事件（いわゆる「雫石事件」）で運輸省が意図的に自衛隊の責任追及を回避したことが、今回の日航123便撃墜事件を引き起こしたと考えられる。誤った手法に基づく事故調査の結果、自衛隊による墜落事件が再び繰り返されたのである。

　それは日本の「恥」と言わねばならない。

②推論の手法…「演繹法」と「帰納法」

「演繹法」とは一般的原理から、特殊な原理や事実を推論することであり、「○○だから、■■である」であるという論理を数珠つなぎにしていき、結論を引き出す方法である。一般論やルールに観察事項を加えて、必然的な結論を導く思考方法のことで、三段論法とも言われる。

　三段論法的なことわざで有名なものとして、「風吹けば、桶屋が儲かる」という小話がある。すなわち〈風が吹けば〉⇒〈砂埃が飛ぶ〉⇒〈人の目に入る〉⇒〈目を患う人が増える〉⇒〈目が不自由な人々が生計を立てるために三味線を弾く〉⇒〈三味線の皮にされるため猫が減る〉⇒〈ネズミが増える〉⇒〈桶がネズミにかじられる〉⇒〈だから桶屋が儲かる〉となる。重要なのは、ここで語られるそれぞれの事象は観察や実験によって確かめられたわけではないということだ。ありそうなできごとを恣意的につなぎあわせていけば、こういうことも筋道としてなりたつという仮説。それは、意外なところに影響が及ぶことがあるという「ことわざ」としては面白いが、風が吹いたために桶屋の好景気がもたらされたという事実が実際にあったわけではない。

　ところが、123便の墜落事故原因を解明するにあたり、事故調査委員会はこれと同じ手法を用いた。

　すぐ後で紹介するように、事故調はまず垂直尾翼の破壊について〈ボーイング社の隔壁の修理ミス〉⇒〈隔壁の亀裂が成長〉⇒〈隔壁部が破壊〉⇒〈機内高圧空気が流出〉⇒〈垂直尾翼が吹

き飛ぶ〉という数珠つなぎの三段論法を展開している。

　隔壁というのは円筒状の機体内部構造の最後尾を閉じる巨大なボンネットで、圧力隔壁とも呼ばれる。気圧の低い高高度で飛ぶ飛行機では、機内の人々の生命を維持するために機体内部を密閉して気圧を保たねばならない。飛行機の内側は密閉された巨大な円筒になっており、乗員乗客はその中に収容されている。その円筒の底あるいはお尻にあたるのが隔壁である。隔壁よりもさらに後ろは垂直尾翼をはじめとする機体の最後尾部分だ。

　この隔壁に修理ミスで亀裂が走り、そこから機内の高圧空気が噴出して隔壁の後ろにある垂直尾翼を吹き飛ばした。……これは、個々の因果関係が成り立つように見えるから素人受けするが、先ほどの桶屋の話と同様、それぞれの事実が確かめられたわけではない。「修理ミスの隔壁が破壊」「機内空気が流出」「垂直尾翼が吹き飛ぶ」の事象は、科学的な証拠や検証から導き出された話ではないのだ。

　ここで一例だけ挙げておくと、事故調は相模湾に沈んだ垂直尾翼の残骸を引き揚げていない。垂直尾翼の残骸は、それが破壊脱落した原因を解明するうえで最も重要な物的証拠だ。その証拠を集めて調べようという努力を、事故調はなぜか放棄したのである。

　自動車事故の原因を解明する際、事故を起こした自動車の損傷具合を調べない捜査員（警察官）はいないだろう。ところが、事故調は垂直尾翼の残骸を集めて分析した結果から結論を導き出すのではなく、「隔壁部の破壊が原因だ」という結論を先に考案した。それに即して垂直尾翼が吹き飛んだという次の結論が導き出されているが、それは垂直尾翼の残骸を科学的に調査した結果ではないのだ。「風が吹けば〜」の話では、実際に風のせいで目を患う人が増えたかどうか、桶屋が儲かったかどうかという事実が確かめられたわけではなかった。それと同じように、垂直尾翼の破壊脱落が隔壁の破壊のせいだという話もまた、事実かどうかは確かめられていない。事故調査という場面で「演繹法」「三段論法」を用いるのはあまりに杜撰かつ非科学的であり、本来の事故調査の手順ではない。

③墜落事故の調査に必要なのは「帰納法」

　本来の事故調査は「帰納法」と呼ばれる調査方法に基づかねばならない。「帰納法」とは具体的な事実から一般原理を導き出す論理学の方法の一つであり、多くの観察事項（事実、証拠等）から類似点をまとめ上げることで、結論を引き出す論法である。

　目の前の事実や証拠を積み重ね、そこで得た観察事項を過去の例と照らし合わせることによって比較的短い時間で合理的な結論を出すことができる。その結論が正しいかどうかは、過去に蓄積された統計的情報が教えてくれる。したがって、事故調査には最適な手法であり、旅客機の墜落事故の調査では、「観察事項（事実）」を積み重ねて結論を出す「帰納法」を使うのが当然のことだ。

　ところが、日本の事故調およびその上部機関である航空局が「事故報告書」をまとめあげるのに使った手法は「三段論法」「演繹法」での推論であって、「帰納法」に基づく事故の調査を行っていない。つまり、客観的な事実や証拠の収集、分析を先行させ、その積み重ねから事故原因が特定されたのではなく、先に自分たちが設定した「結論」に合わせて都合の良い説明を積み重ねた結果が事故調の事故報告書だったのである。したがって、説明には重大な誤謬が出て、真実を見失う可能性が高い。

④事故調が「帰納法」を使わない理由

　旅客機墜落事故での犠牲者の数は、通常の殺人事件での犠牲者の人数をはるかに上回る数百人規模に達するうえ、それが空を飛ぶ航空機の事故・事件であることに特徴がある。その調査は特殊な専門知識を有する者でなければ理解が及び難いジャンルであるため、運輸省（国交省）に直属する「事故調査委員会」すなわち事故調が当たることになっている。だが、事故調が運輸省の下部組織であるということは、独立性がないことをも意味する。

　航空機事故の原因は結果次第では運航会社や機体の製造会社、それらに対する許認可権を持つ運輸省（国交省）をはじめとする関係省庁、そしてそれらに連なる政治権力者に甚大な影響を及ぼす。事故調を抱える運輸省も、こうした利害関係で結ばれた航空業界のいわば身内である。その直属組織である事故調には、もともと公正、中立な調査を望むことはできない。しかも事故調査委員会は運輸省の外局に過ぎず、各省庁から独立した調査権が与えられているわけでもない。これでは運輸省（国交省）ないしは政府の圧力や影響を受けずに、公正で中立な調査、結論を出すことは不可能である。

　そのような事故調の立ち位置にとって好都合なのが、「演繹法」を用いた調査である。先に述べたように、旅客機の墜落事故の調査では、「観察事項」（事実、証拠）を積み重ねて結論を出す「帰納法」を使うのが当然である。だが、事故調は「演繹法」「三段論法」で結論までの道筋を組み立て、隔壁破壊説に基づく垂直尾翼の破壊という説明を作り出した。「演繹法」を用いれば、自分たちの設定した「結論」にそぐわない目撃証言や生存者証言、物的証拠や状況証拠を排除してかかることができるからだ。

　では、「帰納法」ではなく「演繹法」を使うことによって、事故調はどのような事実・真実を排除しようとしたのか。それが本書全体のテーマであると言っても過言ではない。「帰納法」によって事故を調査すれば、恣意的に証拠や証言を排除することはできない。それによって事故の原因を解明すれば、不都合な事実がいとも簡単にかつ自然に判明してしまう。その不都合な事実とは何だったのだろうか。

　それを解明するに先立ち、さまざまな証言や証拠を排除しながら演繹法によって創作された事故調の123便事故報告書の概要を確認しておこう。

⑤事故調の「事故報告書」の骨子

　事故調が「事故報告書」にまとめた123便墜落事故の概要は、おおよそ次のようなものである。

　〈ボーイング社の隔壁部の修理ミスにより、機体後部の圧力隔壁が長年の金属疲労により劣化した。亀裂が成長し、ある時点で一気に隔壁が破壊して機内空気が流出し、噴出した空気が垂直尾翼とAPUを破壊し、同時に操縦に不可欠の油圧配管を断絶破壊した。垂直尾翼の破壊が始まり、トルクボックスが損傷したために方向舵は脱落し、4系統の操縦系油圧配管も全て破断した。
　以上のような機体後部の破壊によって、方向舵、昇降舵による操縦能力や水平安定板（＝水平尾翼）のトリム変更機能が失われ、ほとんどの操縦機能が失われた。機体の姿勢や方向の維持、上昇、降下、旋回等の操縦が極度に困難になり、激しいフゴイド運動[※1]、ダッチロール運動[※2]が生じた。その抑制は難しく、不安定な状態での飛行の継続はできたが、機長の意図通りに飛行させるのは困難で、安全に着陸、着水させることは不可能であった。〉

（※1 フゴイド運動……旅客機などの固定翼機において、進行方向に対して縦方向に生じる機体の揺れのことである。※2 ダッチロール……飛行中の航空機が何かの拍子に横滑りをしたとき、その傾きを解消する方向へのローリングモーメントが発生し、勢いあまって反対側に傾くという揺り返しが生じる。それがまたさらなる揺り返しを生み、横滑りが連続する不安定な飛行状態をダッチロールと呼ぶ。）

　この事故調が描き出す事故の概要には、いくつかの点で大きな欠落や矛盾がある。最大の欠落は、この事故報告書を何度読み返しても、123便が墜落した原因が明記されていないことである。前述のように123便は垂直尾翼が破壊脱落した後も、32分間にもわたって飛行を続けている。

　それが突如として墜落に転じた原因が何なのか、報告書は一切明らかにしていない。

　その一方で報告書は、123便が修理ミスによる隔壁破壊が引き起こした垂直尾翼およびその周辺の破壊により飛行が不安定になり、安全に着陸、着水させることは不可能になったと曖昧に述べる。これを読めば、多くの人は何となく隔壁破壊が墜落原因であると思わされてしまう。科学的な立論ではなく、暗示と誘導が行われているのである。

　だが、よく読めばいくつも論理的な矛盾や疑問が出てくる。

　例えば、この報告書でも123便が垂直尾翼の破壊脱落の後も「不安定な状態」ではあっても「飛行の継続ができた」という事実を述べている。では、その飛行していたものが墜落に転じたのはどうしてなのだろうか？

　また、「安全に」着陸、着水ができなかったということは、裏を返せば多少の危険を伴いながらでも着陸、着水を試みることは可能だったことを意味している。果たして123便は、そのようなことを試みなかったのだろうか？　試みなかったとすれば、それはなぜなのだろうか？

　こうした疑問に対し、事故報告書は一切答えていない。報告書から浮かび上がるのは、修理ミスによる隔壁破壊⇒隔壁破壊に伴う空気の噴出が引き起こした垂直尾翼付近の破壊⇒飛行の不安定化⇒墜落、という何重もの演繹法的な推論の積み重ねである。

　この推論の積み重ねを、私たちは本来の調査手法であるべき「帰納法」によって検証し直さなければならない。その手始めは、墜落に先立つ32分前に垂直尾翼が破壊脱落したのはなぜなのかという点での検討である。果たして、報告書が言うような隔壁破壊は起きていたのだろうか。

4 「垂直尾翼」はなぜ破壊・脱落したのか

①「隔壁破壊説」は妥当か？

　まず、123便の墜落原因に関し、一般の人々が誤解しやすい点について改めて確認しておこう。

　飛行機の「墜落」という事象は、飛行している機体が落下して地面（ないしは海面等）に衝突することを指す。さらに、墜落の原因が発生してから墜落までは、１分以内というのが定説だ。

　したがって、垂直尾翼の破壊脱落は墜落の原因ではありえない。123便は垂直尾翼が破壊脱落した後、32分にもわたって飛行を続けているからである。飛行を続けていた123便が墜落に転じたきっかけこそが墜落原因なのであり、垂直尾翼の破壊脱落は事故の端緒に過ぎない。事件の重要な背景ではあっても、墜落原因そのものではないのである。この事件では、背景と原因とを分けて考えることが極めて重要なのだ。

　以下、これについてのポイントを整理して書き出しておこう。

(1)　まず、事故調は事故報告書の中で垂直尾翼の破壊脱落が墜落の事故原因に該当するかのように示唆した書き方をしてはいるが、断定は一切していない。<u>報告書に墜落の事故原因は明確に記載されていないのである。</u>

(2)　垂直尾翼の脱落後、事故機は32分間も飛行している。事故調によれば、事故機は垂直尾翼の脱落に伴って油圧機能も失ったので操縦に難があったとする一方、<u>それでも飛行は継続できたとしている。</u>したがって、墜落原因は垂直尾翼の脱落ではないということは航空事故に関する常識から判断できることであり、その点は123便の運航会社である日本航空も認めている。

(3)　垂直尾翼の破壊脱落後も飛行を継続できた123便だが、墜落時刻の寸前（18：55：45）になって機体に大きな横揺れ（落合由美氏の証言）が発生したこと、機長が驚愕の叫び声を出していることが判明しており、その直後に墜落事象に至っている。

(4)　日本航空も垂直尾翼の破壊脱落が墜落原因ではないという著者（遺族・小田周二、以下同）の主張には賛同し、墜落の事故原因として「左右のフラップの不均衡作動」であると回答している。この件については後に墜落事象の考察で詳しく説明・検討するが、いずれにせよ日本航空さえも垂直尾翼の破壊脱落が墜落原因だとは考えていない。

　以上を踏まえ、この項ではあくまでも墜落原因が何だったかということでなく、垂直尾翼がどうして破壊されたのかということを帰納法的に検討していく。

＊

　すでに述べたように、12日18時24分に突然「垂直尾翼」と「APU」が破壊されて脱落した。事故調および航空局、国は「破壊は隔壁破壊による機内内部の空気流出が原因だ」と主張し続けてきた。しかし、この二つの重要部品がそのような理由で同時に破壊脱落するということは、技術的にもそれぞれの部品の機能的にも説明できない。だが、さまざまな矛盾を指摘されても事故調や航空局らは無視し続けているというのが現状である。

　垂直尾翼は機体の後部に位置し、約10mもの高さに直立する巨大な部品だ。この尾翼は機体の横方向の安定性を確保するとともに、旋回機能を維持する役割も担っている。巡航速度で飛行中、垂直尾翼は常に風速1,000km/時もの空気抵抗を受けるので、非常に頑丈に作られている。この数トンもある巨大で頑丈な垂直尾翼が相模湾上空で破壊脱落し、そのほとんどの部品残骸は海底に沈んだ。ただし垂直尾翼の前縁一部は脱落せずに残り、これは墜落地点で発見されている。

垂直尾翼が破壊脱落するということは「旋回飛行が不可能」「横方向の姿勢の維持が不可能」となることを意味する。それほどの重要な部品が、機体自体の故障で破壊脱落することは設計思想上あり得ない。このような頑丈な構造物が破壊されるには、「内部」からにせよ「外部」からにせよ、極めて大きな力が加わらなければならない。このうち、事故調が提起した「隔壁破壊説」は内部からの破壊を唱えていることになる。それによれば、修理ミスによって隔壁に生じた亀裂が成長し、ある時点で突然破壊に至った。その破壊部分から機内空気が機体尾部に向かって噴出し、その気圧差が垂直尾翼やAPUを吹き飛ばしたという。

　この「隔壁破壊説」については、内容の検討以前にまず、それを導き出した調査過程そのものに大きな問題があったことを最初に確認しておく必要がある。

②垂直尾翼の残骸調査なき「隔壁破壊説」

　隔壁破壊説の真偽を確かめることは、本来なら技術的に難しいことではなかった。相模湾の海底に沈んだ残骸を引き揚げ、同湾海上で見つかった残骸の一部や墜落地点の機体残骸に残っていた部分と合わせて垂直尾翼を復元し、その破壊状況を綿密に調査すればよい。全体を復元して破壊状況を分析すれば、どのようにして破壊されたのか明らかにできる。事故調が主張するように内側から吹き飛んだ内部破壊だったのか、外部からの衝突などによる破壊だったのかは一目瞭然で分かることなのだ。

　ところが、事故調および航空局は、海底に沈んだ垂直尾翼やAPUの残骸の引き揚げを行わなかった。形式的に調査するそぶりを見せた後、たった20日で調査を打ち切ったのである。このことは、彼らが垂直尾翼やAPUの破壊、脱落の事故原因を調査する気もなければ、墜落事故全体の解明をする気もなかったことを意味している。

　アメリカでは1989年に飛行中の機体の貨物室ドアが突然開閉し、9名の乗客が吸い出されて死亡するという事故（ユナイテッド航空811便貨物ドア脱落事故）が起きた。この事故についてNTSB（アメリカ国家運輸安全委員会）は、いったん事故原因として一つの結論を出した。だが、異なる事実を突き止めた犠牲者遺族に訴えに応じ、NTSBは海底4,000mから貨物室ドアを引き上げて再調査している。ドアを分析して改めて事故原因を究明した彼らは、自分たちが当初発表した結論が誤りだったことを認めたのである。ここからうかがえるのは、組織の面子にこだわることなく真実を究明する姿勢だ。このNTSBの姿勢との対比から、日本の事故調がいかに真実究明への姿勢に欠けているかがわかる。すなわち事故調は、物理的な証拠をできるだけ数多く集めて垂直尾翼の破壊脱落の原因を調べるのではなく、できるだけ証拠から目を背けることによって「事故原因は隔壁破壊だ」との「結論」を導き出したのだ。

　証拠を調べないことによって恣意的な「結論」をひねり出せば、証拠から自然に導き出されるはずの真実は覆い隠されてしまう。では、そうまでして隠された真実とは何だったのだろうか。

③旅客機の構造設計の原則からの検討

　旅客機は多数の客を運送する航空機であり、多数の乗客の命を安全に運送する責務があるから、一層高い安全性が要求される。また、すでに述べたように、航空機は主翼とエンジンで推力と揚力を得て飛び、後部の垂直尾翼と水平尾翼で縦、横の安定性を確保し、かつ旋回や上昇、降下飛行を行う方向舵、昇降舵を備えて安全な飛行状況を確保するのである。

　このうち方向舵は垂直尾翼の一部であり、垂直尾翼が壊滅的に破壊されるということは方向舵も失われるということでもある。これでは横方向の姿勢安定性が失われ、方向舵を用いた旋回飛

行ができなくなる。また、垂直尾翼の破壊脱落は、付近を通る油圧配管も断絶させてしまう。現代の大型機は、機体の中を走る配管を通じて伝わる強力な油圧によって各部を動かして操縦する。油圧配管の破壊は機体を走る配管の全ての油圧が失われることを意味するから、油圧による操縦が機能しなくなることに通じる。巨大な機体の多くの部分は、パイロットの人力では操作できない。垂直尾翼の破壊は、横方向の姿勢安定性と方向舵の機能を喪失させると同時に油圧による操縦を困難にするのだ。このように、垂直尾翼の破壊脱落の程度によっては墜落の危険が発生する（なお、123便の場合、垂直尾翼の破壊脱落が起きた時点では水平安定性を確保する水平尾翼とそれに付く昇降舵が健在だった。油圧機能が失われたために動きはしなかったが水平尾翼はほぼ固定されており、これらによって水平方向の安定は維持されたと考えられる。しかし、後述するように32分後（18：55：45）に上野村の上空でこの水平尾翼は破壊脱落し、一挙に縦方向の姿勢制御は不可能になって墜落している）。

　さて、このように飛行中に垂直尾翼が故障で破壊脱落することは墜落に繋がりかねないから、機体の故障による垂直尾翼の壊滅的な破壊は絶対にあってはならない。ボーイング社はこのような旅客機の機体製造の原則や理念を理解して設計・製造し、FAA（連邦航空局）の法的な制約規制を実行しているから、日航123便で飛行中に隔壁破壊による機内空気の流出で垂直尾翼が破壊し脱落することはあり得ない。すなわち123便の垂直尾翼が自損事故で破壊し、操縦に困難が発生することは考えられないのである。

④残骸の破壊痕から分かったこと

　墜落事故の翌日13日、相模湾から垂直尾翼の一部が引き上げられた。海底に沈むことを免れた部分である。それを両側面と上下から観察したある専門家は、次のように破壊痕を分析している。

　　　〈まず全体として言えることは、材質・構造ともに衝撃や圧力に強い部分が破損し、比較的に弱い部分がそのままになっている。すなわち、前部支柱と前縁が折れ、それによって、垂直尾翼が脱落し、相模湾に落下したことは明らかである。前部支柱（桁）は後部支柱（桁）とともに、垂直尾翼でも最も丈夫なものである。また、前縁もこれには厚さ２ミリ位のアルミが張ってあり、強力な風圧から、垂直尾翼を守る役割を果たしている。

　　　ところが、外板は厚さ0.5〜3.0ミリのジュラルミンに、ハニカムといって、蜂の巣のようになったグラスファイバーを張り付けて、外圧に耐えるようになっている。したがって内圧には最も弱い部分である。ところが、外板は支柱や前縁にそっくり付いたままであり、上部左側（機首方向に向かって）の薄い外板が大きく、めくれているが、ハニカムから剥がれて、ハニカムは支柱や横桁についたままである。内部からの衝撃波や与圧によって剥がれたとすれば、ハニカムも同時に剥がれなければならないが、そうはなっていない。また、支柱や前縁が折れる程の衝撃波が通過したとすれば、支柱に開いている穴やスパーの穴にめくるように破壊痕が残るはずだが、それもない。

　　　そして、内圧によって頂上部が破壊したとすれば、内側から外に向かって破裂したような痕跡が残るはずだが、実際に残っているのは、押し潰したような破壊痕である。前縁の折れた部分も外側からの破壊を想像させる。

　　　これらの破壊痕は、この破壊が内部からでなく、外部からの衝撃によって生じたことを示している〉（資料⑤－垂直尾翼の残骸分析、解析から、外部破壊だと断定：吉原公一郎著『ジャンボ墜落』人間の科学社、1985年）。

　一方、墜落地点の機体に残る垂直尾翼の破壊痕はどうか。

〈ここでもまた、比較的弱い部分がそのまま残されている。しかも、前縁の折損部は進行方向に向かって右前方から衝撃でもあったかのように、左後方にねじ曲がって折れている。このことからも、破壊は内部からでなく、外部から起きたと見るのが妥当だ。そして、前縁部の折損とそれに付属する前桁の折損は、斜め上からの衝撃があったような状況で発見されている。〉

　これらのことから成り立つのは、右斜め上から加えられた衝撃によって、垂直尾翼と方向舵が瞬間的に破壊され、事故発生現場である相模湾に落下したという推定である（吉原、前掲書）。

　この専門家は他にも衝撃波による垂直尾翼の破壊や胴体後部で空気が充満して破壊したという仮説についても検証し、そのいずれも否定している。このような科学的な調査分析は事故調や航空局も当然が実施しているはずだが、何ひとつ報告されていない。

⑤日航の技術部長との事故原因究明会議の開催

　著者は後述するように2013年から日本航空との間で「技術会議」と称する議論を重ねてきた。先の「隔壁破壊説」をはじめ、事故調が報告書の中で描き出した123便の墜落の経緯にはあまりに技術的な矛盾が多い。それについての疑問をぶつけ、運航会社である日本航空の認識をただそうという場だ。ある「技術会議」の場で、私は垂直尾翼を支える支柱の破壊状況について尋ねている。

　垂直尾翼に限らず航空機の翼は、構造を知らない人が見ると大きな板状に見える。だが、実際には丈夫な支柱に支えられた中空構造である。垂直尾翼を支える堅固な支柱は、右側２本と左側２本、合計４本の桁だ。日本航空の説明によると、その支柱のうち右側の桁で機体に残されていた部分の長さは約30cmであり、左側の桁の長さは約70cmである。この左右の桁の残存長さの違いは数学で言えば有意差があり、極めて大きな違いがある。

　すなわちこの日本航空の説明に基づいて考えれば、垂直尾翼の右側支柱の損傷が大きく、左側支柱の損傷が小さいことになる。このことは、巨大な物体が右側から高速で衝突して破壊したことを示している。垂直尾翼を構造的に支える支柱（堅固なアルミ合金）が引きちぎれているわけだが、右側への強い衝撃が最初に起き、次に左側に衝撃が加わった。このために残存部分の長さは右側が短く、左側が長めになるのである。

　機体の右側の前方から、高速の重量物体が垂直尾翼の中心部に激突し、垂直尾翼は瞬間的に折れ曲がるようにして引きちぎられて落下。その時、垂直尾翼の真下部に設置されていたAPUも衝突によって破壊したと考えられるのである。

　実は、このような見方は私の独断ではない。事故直後、日本航空の技術者もまた同様の見解を示しているのだ。123便の墜落から１週間後の1985年８月19日、日航羽田工場整備部長である河野宏明氏が「垂直尾翼は何らかの外からの力で折れ曲がった」という破壊状況に関する仮説を提起した。この仮説は日航のコンピューター解析で判明したと追記している（青山透子著『日航123便墜落の新事実　目撃証言から真相に迫る』河出書房新社、2017年　25頁）。

　日本航空はB747旅客機の機体構造には精通しているし、その強度面についてのエキスパートでもある。その日本航空が当事者となった墜落事故からわずか１週間という時点で、垂直尾翼の破壊事象についてこれほど大胆な仮説を提起した。そのことには、それなりの根拠があったはずである。

　その提起内容は、前掲のように吉原氏が事故から３カ月後に著書で示した「外部からの衝突による破損状況だ」との分析とも一致している。

⑥奇跡の生存者・落合由美氏の証言

　事故調が問題にする隔壁は、円筒状の機体内部構造の最後尾に位置している。その隔壁部のすぐ前は、すなわち客席の最後尾ということになる。たまたま123便に乗客として乗り合わせ、この付近に座っていた日航客室乗務員の落合由美氏は、機内の異変の発生から墜落までの多くの状況を目撃していたことで知られる。

　落合氏は18時24分に機体に発生した事象を克明に証言している（事故当事者である日本航空は全身に重傷を負って治療中の落合氏を、救出翌日である14日に秘密裏に事情聴取し、その証言を記録してマスコミに配布し、これが国民に報道された。この日本航空の行為自体、法的にも人道的にも極めて問題があるが、その点は後に述べる）。

　落合氏は、垂直尾翼の破壊脱落が起きたと思われる際の様子についてどのように語っているのだろうか。ここではそれを整理して説明しておこう。

〈垂直尾翼の破壊時、その破壊音響を聞いている〉

〈しかし、隔壁が破壊した轟音は聞いていない〉

〈機内は一瞬白いモヤが発生したが、それは動かず、すぐに消えた〉

　さらに落合氏は後になって米国のNTSBの事故調査員の事情聴取にも応じている。その記録文書には以下のような証言が記録されている。

〈猛烈な空気が流出すれば、風切り音がするが、そのような音は聞かなかった〉

〈乗客に酸欠症状を示した人はいなかった〉

　この秘密資料は事故調の関係者が持ち出して日航の元パイロット藤田日出男氏に渡され、それが『隠された証言』として出版されたことで証言が公になった。事故調や航空局はこの事情聴取の文書を公表されると、「隔壁破壊説」に悪影響があるとして隠蔽していたものである。日航による事情聴取と大きく違うのは、隔壁破壊による「機内空気の流出轟音と乗客の酸欠症状」が無かった点であり、それは、空気流出の分布だけの説明でごまかそうとした2011年7月の安全委員会の解説でも説明できない事象の指摘であった。

　隔壁破壊が起き、そこから尾翼を吹き飛ばすほどの激しい空気の流出が起きたとするならば、障壁が破壊する際の破裂音や猛烈な空気の動きと風切り音があり、機内の空気が流出することに伴って乗客たちは酸欠症状に見舞われなければならない。その一切を機内にいた生存者が明確に否定したことは、事故調の唱える内部破壊すなわち「隔壁破壊説」には決定的に不利だ。したがって、事故調や航空局はこの米国事故調査員の事情聴取を隠蔽したのだ。

　だが、隠蔽は成功しなかった。この重要な米国の事情聴取書は、「隔壁の破壊はなかった」ことを雄弁に物語っている。隔壁破壊説は科学的、技術的に否定されたのである。

⑦日本航空による「隔壁破壊と垂直尾翼の破壊」に関する説明と整備士による異論

　この隔壁破壊説に関連し、著者（遺族・小田）は日本航空に対して公開質問状を提出している。

　その骨子は、〈隔壁破壊が起きると垂直尾翼までもが破壊されてしまうというのならば、それはボーイング社旅客機が重大な欠陥機であることになるのではないのか〉というものだ。

　すでに繰り返し述べたように、飛行に関わる重要な保安部品が自損事故によって脱落するなど、航空機にとっておよそあってはならない事態だ。機体の中で何が起きようとも、それによって翼（ここでは垂直尾翼）がもげるなどの事態は回避するように設計・製造されているのが旅客機というものである。仮に隔壁破壊が垂直尾翼の破壊につながりうるというのであれば、機体にはそれを想定したフェイルセーフ設計が施されていなければならない。それが施されていなかったと

いうのであればボーイング社旅客機は重大な欠陥機ということになる。もしもそれが「欠陥機ではない」というのであれば、もともとそのようなフェイルセーフ設計など必要ないということ、つまり隔壁破壊が垂直尾翼の破壊に結びつくわけではないということになる。

　これについて、著者は日航から次のような回答を得た。

●日航の回答文書（日航常務執行役員　権藤信武喜　平成25年12月6日）
「尾部胴体構造および垂直尾翼のフェイルセーフ性は、後部圧力隔壁の一部が破壊した場合、流出した与圧空気により、尾部胴体構造および垂直尾翼の内部の圧力が上昇して破壊に至ることを防止するため、この部分の差圧が1.0〜1.5pis以上に上昇することがないように、プレッシャ・リリーフ・ドアが自動的に開き、圧力を逃がす設計で担保されている。

　プレッシャ・リリーフ・ドアの開口面積（約0.49平方メーター）は後部圧力隔壁の1ベイの区画面積全体（最大約0.14平方メーター）が開口し、そこから与圧空気が流出しても、差圧が1.5psi以上には上昇しないような面積になっていましたが、事故機では修理ミスから1.8平方メーター程度開口したと推定されることから、プレッシャ・リリーフ・ドアが開いても尾部胴体構造および垂直尾翼の内部の圧力がフェイルセーフ設計で想定した圧力以上に上昇し、APU防火壁及び垂直尾翼の破壊に至ったものと考えられる。——従って、ボーイング747型機は、設計時に想定していた損傷状態に対しては、十分なフェイルセーフ性が確保されていましたが、修理ミスによって、設計状態とは異なる大規模損傷が発生したものと考えられるので、ボーイング747型機が欠陥機材とは認識しておりません。

　大規模の損傷が発生した場合について、フェイルセーフ性は不十分であったとの認識から、種種の追加対策を取ることで、さらにフェイルセーフ性を高めております。」

　この日航の常務・権藤氏の回答書は、全く不当な説明であって、遺族、国民を侮辱するものである。

　フェイルセーフについての論議であるが、「破壊の開口部面積は想定以上の大きさであったので、機能しなった」との説明であるが、このように特定の条件に合わないから機能しないというのであれば、それはフェイルセーフ設計とは言わないのである。

　点検口の開口面積が不足だと説明しているが、それがごまかしであることは簡単にわかる。

　実は、多くの人が知らないが、そもそも水平尾翼はそれ自体で上下に動く構造であり、開口部は外部から見えないようにドア式のスライド板でカバーされている。実際はその開口部は、点検口よりはるかに大きく、日航の整備士もこの点を指摘している。もともとこのように巨大な開口部がある以上は、垂直尾翼が破壊されることはないと説明しているのだ。

＊さらに、事実、隔壁破壊は起きておらず、このようなフェイルセーフ論議で隔壁破壊を説明しようというのは遺族国民を騙す卑劣な偽説、卑劣な騙しのテクニックである。

　日航の見解は、事故調査委員会が公式に示した見解をなぞったものでもある。
「フェイルセーフ　fail safe」は辞典の定義によれば、「なんらかの装置、システムにおいて、誤動作・誤操作による障害が発生した場合、常に安全側に制御すること。またはそうなるような設計手法で、信頼性設計の一つ。これは装置やシステムが必ず故障するということを前提にしたものである」とされる。そのフェイルセーフという観点で日航の回答を整理すると、〈隔壁が破壊して、機内空気が流出した場合、その空気量を逃がす開口部を設けることで、垂直尾翼の損傷を防ぐというフェイルセーフ設計が施されていたが、想定より隔壁の破壊が大きかったので開口部

が小さ過ぎて空気を逃しきれなかった〉ということになる。

　だが、この空気を逃がす開口部は仰々しく「プレッシャ・リリーフ・ドア」と名付けているが、これは作業員が後部胴体部に入る点検口（マンホール）である。著者（遺族・小田）自身もその開口部から胴体後部に入り、垂直部翼の取り付け部や水平尾翼の取り付け部、隔壁部の反対側、後部APU、CVRやDFDRを見ることができたのである。

　上記の日本航空による説明では、垂直尾翼に内部からどれだけの圧力が掛かった場合に破壊が起きるのかという極限圧力が記されていない。まるで非常に脆弱な構造であるかのような前提での説明である。それほど脆弱ならば、隔壁破壊が垂直尾翼の破壊に結びつくのを防ぐためのフェイルセーフ設計が十二分に行われなければならない。具体的に述べるなら点検口の開口部はいくらでも大きくできたはずであり、側面や下部などにさらに開口部を設けることもできたはずだ。

　だが、実際にはそのような開口部は存在しない。つまり日航は、隔壁破壊に備えたフェイルセーフ設計などとは無関係の点検口（マンホール）を権藤氏が「プレッシャ・リリーフ・ドア」と勝手に呼称しただけのことで、それが内部からの圧力で開口する構造になっていることをとらえてフェイルセーフ設計と説明しているだけなのだ。

　ごく小さな隔壁部の破壊で生じる圧力に見合った点検口ドアの設計を「フェイルセーフ設計」と言い換えてみても、それは隔壁破壊が垂直尾翼の破壊に至るという事象を想定したフェイルセーフ設計があったことにはならない。仮にそのような事態を想定するのなら、この程度の点検口で乗客の安全を担保などできないことは誰の目にも明らかだからである。隔壁破壊が垂直尾翼の破壊に結びつくという前提に立ちながら、そのような設計に安住していたとすれば、この機体は明らかに欠陥機だったということになる。これが欠陥機でないということは、もともと隔壁破壊が垂直尾翼の破壊に結びつくなどとは誰も考えていないことの証だ。すなわち日航・権藤常務の説明は嘘であり、この点検口はもともとフェイルセーフ設計のためでなく単なる作業員のための入口なのである。

　隔壁は構造的に考えて必ず破壊しうるものである。その破壊が垂直尾翼の破壊までにつながるとすれば、機体の操縦に重大な損傷を与え、場合によっては墜落に繋がる可能性もある。それは、後部の「垂直尾翼」「水平尾翼（安定板）」は機体の縦・横の安定性を維持し確保するうえで不可欠の装置だからである。また、「垂直尾翼」「水平尾翼」が破壊脱落するとこれらに付属する「方向舵」「昇降舵」を作動させる油圧配管が断絶し、機体全体の油圧操縦の機能を停止させることに繋がる。

　したがって、隔壁破壊が垂直尾翼の破壊を引き起こしうるのなら、絶対に「垂直尾翼」「水平尾翼」の崩壊、破壊、脱落を発生させない設計が行われていたはずである。機体メーカーとして経験豊富なボーイング社にとってそれは絶対的な設計基準の一つとなったはずであるし、米国FAAもそのような基準で認可したはずである。隔壁破壊による垂直尾翼の破壊が起こり得るという前提に立つなら、隔壁部が破壊した場合に後部の重要な保安部品である「垂直尾翼」「水平尾翼」が破壊を免れる手法、設計として単に空気を逃がす開口部の設置だけでは不十分であることは容易に分かることである。開口部を設置していたが口が小さかったので機能が不十分だったという権藤常務の説明は、もともとそのようなフェイルセーフ設計を必要としていなかったことをごまかすための言い逃れに過ぎない。

＊

　そもそも隔壁が破壊されても、構造上、噴出してきた空気が後部の「垂直尾翼」「水平尾翼」などの破壊につながることは考えられない。フェイルセーフ設計以前に、そのようなことが起き

ない構造設計になっているのだ。それを語る技術者の話をここに紹介する。大手運航会社の現場の整備士の証言である。

●某整備士の告白（氏名は身の安全のために伏せての証言）
「私は元大手運航会社の整備士です。整備士として大阪空港の尻餅事故の修理にも参加しました。その他の整備でもJB19に携わった経験があります。長年、圧力隔壁原因説に疑問を持ってきた一人です。圧力隔壁のあったスタビライザーコンバートは空気が漏れない密室の様なイメージがあると思いますが、その部屋のドアには気圧がかかるとオープンする機能があり、かつ水平尾翼が上下に稼働する部分は大きな開口部があって、そこをフェアリングで覆う構造になっています。その取り付けは下側がボルト付けされているだけで、後部に圧力がかかれば（すなわち、隔壁が破壊して、機内空気が充満して圧力がかかると）簡単に吹き飛んでしまう代物です。そのフェアリングが水平尾翼の上下に４ヵ所あり、点検ドアと併せて、５ヵ所の空気の逃げ場があったにも関わらずに垂直尾翼が吹き飛ぶことは考えられません。事故調の「隔壁破壊説」は確かに〈謀略〉だと思います。」

　水平尾翼自体が上下に大きく動くことは、水平安定性を確保する上で不可欠のメカニズムである。このために生じる開口隙間部は、フェアリングで覆う構造になっている。外部から空隙部は見えないが、非常時にはフェアリングが吹き飛ぶ構造になっているから、そこから猛烈な機内空気が逃げる。
　これが後部の「垂直尾翼」「水平尾翼」の構造、取り付け部の構造であり、隔壁部が全壊しても絶対に破損しない構造で設計されている。これはフェイルセーフ設計というよりもむしろ構造設計の原則であり、通常の飛行状況において主要な保安部品である「主翼」「エンジン」「垂直尾翼」「水平尾翼」などが絶対に損傷したり破壊脱落したりしない構造になっているということである。
　123便の場合、実際にはこのフェアリングが吹き飛ぶという機能は働かなかった。つまり隔壁部は破壊していなかったし、機内からの空気の噴出もなかったのである。

⑧26年後の「解説集会」
　事故調査委員会、後に改組された運輸安全委員会は隔壁破壊説を掲げる一方、その矛盾や疑惑を指摘する声は黙殺し、事故原因の説明を求める声にも一切答えず沈黙してきた。ところが、その運輸安全委員会が2011年７月になって、被害者遺族を集めて「事故報告書の解説集会」を開催した。事故から実に26年も経た後、突如としてこのような行動に出たのは極めて不可解だった。後に詳しく述べるが、開催理由の一つとして挙げられたのは、運輸安全委員会に改組されるにあたり、被害者やその家族、遺族に調査情報を提供することが法的に義務付けられたということだ。だが、同時に運輸安全委員会はこの解説集会が「調査報告書に新たな解析や原因の推定を加えるものではない」とわざわざ注記している。事故調の出した隔壁破壊説の矛盾や疑惑についての疑問を解くための集会ではなく、事故報告書の内容を嘘の技術的な説明で、解説するための集会に過ぎないことは明白だった。
　この「解説集会」で運輸安全委員会は、日航123便の垂直尾翼の破壊は修理ミスの隔壁部が破壊して、その機内空気が流出することで生じたとする事故調の結論を補強したい一心で、有名な「サウスウエスト航空2294便機急減圧事故（2009.7.13）」を持ち出した。

この急減圧事故の概要は次の通りである。

　2009年7月13日、米国で35,000フィートを飛行中のサウスウエスト航空2294便（B737-3H4）において客室の天井（座席20列目）に約0.135㎡の穴（フットボール大の面積）が開き、急減圧が発生した。同機はすぐに緊急降下を行い、近くの空港に緊急着陸した。同機には、非番の同社の機長2名が客室に搭乗しており、18列目付近の座席に座っていた。彼らの証言は次のようなものであった。

　〈私は、突然脱出用スライダーが膨らむ時のような大きな破裂音を聞き、大きな風切り音がこれに続いた。私はすぐに急減圧を知覚したが、耳の苦痛はほとんどないのに驚いた。後で他の乗務員に聞いても、それは小さな痛みだったと言った。ハリウッド映画と違い、何も飛ばされず、誰も穴に吸い込まれることはなかった。座席に置かれた書類もそのままであった。客室がやや冷え、薄い霧を見たが5秒ほどで消滅した〉

　この機長らの証言は、機内の空気が流出した場合について語られる一般的な事象、すなわち「激しい耳の痛み」「激しい風」「機内の物品が移動し散乱する」「霧が発生し、継続する」などとは異なる事象が起きていたことを物語っている。

　運輸安全委員会はこれをとらえ、サウスウエスト2294便の事象を日航123便墜落事故にあてはめようとした。日航123便の場合、瞬間的に減圧がありながらも機内が静粛だったことが落合由美氏の証言でわかっていることから、隔壁の大きな破壊があったとの想定が揺らいでいた。そこで運輸安全員会はサウスウエスト機でも機内が静粛だったことをとらえ、「機内が静粛でも隔壁破壊が垂直尾翼を破壊した」ことは説明できるとしたのである。しかし、隔壁破壊説に立てばそれは「とても、大きな開口部（1.8㎡）」の事象であり、フットボール大の開口部からの空気流出と同じ現象にとどまるとは想定できない（資料⑥〜⑧）。それにもかかわらず、運輸安全委員会は機内の状況の相同性だけに着目することにより、垂直尾翼の破壊は隔壁破壊で説明できるという結論を遺族らに押し付けたのである。

　著者はこのSW2294便の減圧事故の事象を123便に当てはめることの妥当性について、日本航空にも科学的な説明を求めた。だが、日航は合理的・技術的に説明することができなかった。123便での隔壁破壊時の機内空気流出状況について、安全委員会は「機内は静粛であった」が「隔壁部から200㎡／秒で空気が流出した」としている。だが、この二つが両立する科学的で技術的な説明など成立しないことが日本航空との議論を通じても歴然としたのである。

　すなわち安全委員会の説明は、たまたま機内状況に相似性のある航空機事故が起きたことから着想を得た偽説、科学的・論理的に成立しない偽説の開陳に過ぎなかった。日本航空もこの安全委員会の説明を踏襲して著者に説明しようと試みたが、結局は説明不能に陥り、このような説明が成立しないことを認めざるを得なかった。

　落合由美氏の証言と123便の隔壁破壊説とは相容れず、明らかに矛盾する。そのことは明らかであり、これは後になって前橋地方検察庁（前橋地検）がボーイング社や日本航空、運輸省航空局を隔壁破壊説に基づいて起訴することはできないと判断した不起訴判断の根拠でもある。それにもかかわらず、26年も経った近年になって類例とも呼べない他の事象を用いて隔壁破壊説を繰り返す安全委員会の説明、解説の内容は科学とはかけ離れた無茶苦茶なものであり、遺族を二重に、しかも26年も経て再び騙そうとしたことは明らかであった。

⑨タイ航空機爆破事件に見る隔壁破壊と垂直尾翼の破壊

　それでは、実際に隔壁破壊で飛行に影響が生じたような事象はこれまでなかったのだろうか。

実は、そのような事例が123便墜落からわずか１年２カ月後に発生している。「タイ航空機爆破事件」（1986.10.26）である。

この事件は日本の高知県、土佐湾上空を飛ぶエアバスの中で、乗客の暴力団員が後部の隔壁部の前のトイレで手榴弾を爆発させたことで発生した。その結果、後部圧力隔壁が壊滅的に破壊して機内は急減圧状態になり、乗客は中耳炎になり、機内は騒乱状況（空気の吹き抜け、荷物散乱など）が発生し、機長は急減圧を認識して、緊急降下している。

この状況は、123便の後部隔壁部の前に座っていた落合由美氏が体験目撃した事象（機内は静粛で空気は動かなかった、風切り音も聞こえず、乗客は酸欠症状ナシ）とは全く異なるものであった。このタイ航空機爆破事件と日航123便墜落との比較を示す（資料⑨―日航機墜落事故とタイ航空機爆破事件の比較）。

しかも、このタイ航空機の事件で注目すべきは、手榴弾によって隔壁の67％強が大破したにもかかわらず、後部の垂直尾翼、水平尾翼は損傷を受けず、もちろん油圧配管も無事だったということだ。同機は大阪空港に急遽緊急着陸し、乗客乗員は全員無事であった。

この事実は、たとえ隔壁が破壊されてもそれが垂直尾翼などの破壊には絶対につながらないような構造設計がほどこされている証拠でもある。すなわち、日本航空が述べたような「プレッシャ・リリーフ・ドア」（実はマンホール）という開口部に頼るまでもなく、垂直尾翼や水平尾翼の強度、取り付け部の強度が確保され、重要な垂直尾翼や水平尾翼などが損傷を受けない機体構造になっていることを証明している。それは隔壁破壊が垂直尾翼の破壊脱落を引き起こすことを回避するための中途半端なフェイルセーフ設計など必要でなく、根本的に旅客機では垂直尾翼の内部からの破壊が起きない構造になっていることの証だ。

⑩垂直尾翼の破壊脱落の原因は隔壁破壊ではない

以上に述べたように、垂直尾翼の破壊は、ボーイング社の修理ミスした隔壁の強度不足から来る破壊での空気流出によるものでないこと、すなわち内部破壊によるものでないことは、多くの証言と検証で明らかになった。

１）そもそも隔壁破壊は起きていない。その証拠は、落合由美氏の証言である。機内空気が動かずに機内空気が猛烈に吹き出すことなどあり得ないのである。そのような事象が起きるとすれば、それは魔法使いの仕業しかないだろう。

２）多くの乗客を乗せる旅客機にとって、基本的設計、製造基準では、機体の故障、不備に起因して重要な保安部品である「垂直尾翼」「水平尾翼」が破壊し脱落することは許されない。

このため、「垂直尾翼」「水平尾翼」は強固に構造設計され、製造されている。そのためにFAAが設計基準を設定し、この規定に達しない飛行機は旅客機としての資格がないと判断され運航は許可されない。

３）日本航空自身も、羽田の河野整備部長が「垂直尾翼の破壊は外部の力で折れ曲がった」と技術的に説明し、内部破壊でないと断定している。これは日本航空が事情聴取した落合由美氏の証言とも符合することは明白である。

４）運輸安全委員会（旧事故調）が26年も経てからわざわざ解説集会を開催し、非科学的な強引な説明を加えたということは、同委員会自身も隔壁破壊説には重大な疑惑や説明の無理があることを認識しているからに他ならない。

以上、垂直尾翼の破壊脱落は内部破壊ではないこと、すなわち修理ミスによって隔壁が老化破

壊を起こして機内空気の流出が起きて垂直尾翼を破壊したという仮説は成り立たないことが証明されたのである。

⑪日航機墜落事故の遺族会の事故原因についての声明

123便の事故遺族によって結成された「8.12連絡会」は、2006年8月12日に「真実を求めて30年——探し求める遺族の旅は続く」と題した声明を出している（資料⑩—日航機事故の遺族会の事故原因についての公式声明：事故原因の再調査続行と事故機は横田基地に着陸できた）。

この中に次のような言葉がある。

　　　何故　事故が起きたのか。
　　　　　何が　愛する人の命を奪ったのか。
　　　もしかしたら　助かったのではないか——。
　　　　　それらの原因や理由や可能性を明らかに出来なければ、
　　　愛する人の死を納得することは出来ず、
　　　　　再び空の悲劇が起こるのを防ぐことも出来ません。

この声明は二つのことを表明している。

一つは、事故原因が「隔壁破壊説」などではなく、いまだ不明であり、今後さらに事故原因を追及する必要があるということ。そして二つ目は、乗客や乗員は垂直尾翼の破壊脱落後も着陸していれば、助かっていた可能性が高いということである。

すでに見てきたように、墜落の事故原因は「隔壁破壊説」でなく、日航整備部長が提起したように垂直尾翼は外部の力で折れ曲がるように脱落したのであった。

そしてもう一つ、ここで厳然たる事実を思い起こさねばならない。事故機は垂直尾翼の破壊脱落の後も32分間にもわたって飛行の継続ができたのであった。

ここから先では、いよいよこの二つを結びつける道筋を順にたどっていこう。

⑫CVR（ボイスレコーダー）に記録された風切り音

123便のCVRには8月12日の18：29：30から墜落に至るまでの間、断続的に「ヒュー・ヒュー」というような音が記録されている。

事故調は「その発生源を明らかにすることはできなかった」とだけ記載し、あっさりと考察を終えている。だが、この風切り音の聞こえる時間的な範囲と123便が垂直尾翼を破壊された時刻18：24との関係を考えると、垂直尾翼の脱落破壊と風切り音との間には何らかの重大な関係があると考えられる。

加藤寛一郎氏の著書『壊れた尾翼』（講談社＋α文庫）の中に、同氏が米国に赴いてボーイング社の社員（生のボイスレコーダを聞いた人）と面談した際の記述がある。その場面では、上記の風切り音に対する証言が登場する。ボーイング社のシェリー・スエイン氏はこの音について、「一周期12秒、激しくダッチロールする機体のどこかが出している風切り音だ」としているのだ。

この風切り音を聞いた加藤氏は、「ヒューウーッ」と尾を引く、長くかすれた笛の音と表現している。同氏はさらに「冬、強風の日の隙間風。あるいは電線の風切り音。どれも少しずつ違う。悪魔の蛇を呼ぶ笛の音か」と感想を述べている（加藤、前掲書）。

この奇妙な音の音源は何なのだろうか。

「風切り音」とは風が何らかの障害物に当たり、乱流が生じた時に起きる。「風切り音」は、機体の外側にできた障害物と機外空気流れとの衝突によって気流の乱れが生じ、それが乱流を生み出して発生するのだ。

　事故調が言う「隔壁破壊」で垂直尾翼が破壊されてもこのような音は発生しない。垂直尾翼の破壊脱落自体が音の発生要因なら、隔壁破壊が起きた18：24からすぐに音が発生するはずである。これに対してCVRに記録されている風切り音はそれから5分も経過してから始まっている。一方、この時点で事故機は垂直尾翼とAPUを破壊脱落させているものの、胴体の前部や中間部は無傷であり機体形状は正常であるうえ、その後も飛行を継続している。以上を勘案すると、18時24分に垂直尾翼を破壊脱落させる要因となった異変が起きた際、機体に何らかの異物が絡むか付着させるかして、その異物が機外の空気の流れとの間に乱流を生じさせたと考えられる。その異物が何であるか、以下ではさまざまな証言・証拠を順にたどりながら、その正体を明らかにしていく。

⑬航空自衛隊百里基地司令官の言葉

　事故調は、垂直尾翼の破壊の原因について「修理ミスの隔壁部の破壊で機内空気が猛烈に流出して破壊した」ことだと説明したが、すでに述べたようにこの隔壁破壊説は技術的にも論理的にも成立しない。中でも航空機を熟知する技術者からの提起として重要なのは、当の日本航空の河野整備部長が事故直後に述べた「垂直尾翼の破壊は、外部の力で折れ曲がった」との見解である。これは隔壁破壊説を否定するものであると同時に、「高速の飛行物体の衝突による破壊」だという見解に他ならない。すなわち事故直後、日本航空の技術者が外部破壊説を提起していたのだ。

　だが、垂直尾翼を壊滅的に破壊するには、飛行物体は相当に高速（例えば、マッハ2～5程度）で、重量も1,000kg（1トン）程度が必要である。123便の飛行空域にそのような飛行物体が飛来し、垂直尾翼に衝突することなどあり得るのだろうか。

　この衝突が何であったのかを期せずして告白・証言した人物がいる。当時の航空自衛隊百里基地司令官である。

　航空自衛隊百里基地の稲吉司令官は、戦時中の軍隊で同期だった友人（岩田祐次郎氏、青島海軍航空隊吉津会会員）に電話でこう語っている。

　「えらいことをした。標的機を民間機（日航機）に当ててしまった。今、百里基地から偵察機（F4E改造機）2機（式地豊二尉ほか）に追尾させているところだ」（資料⑪－百里基地・稲吉司令官による「標的機の衝突事故」と戦闘機発進指示の告白）。

　同司令官は「事故だ」との感覚で気楽に友人に話したのだろう。ここでは自衛隊が「標的機」と呼ばれるものを民間機に当ててしまったという衝撃的な事実と、偵察機がその後の民間機を追尾していることが語られている。

　調べていくと、その衝撃の内容に符合する事実が次々に出てくる。中でも最大の証拠の一つは、123便に乗り合わせ、還らぬ人となった乗客の一人が撮影した機外の写真だ。

⑭外部物体の123便への接近写真

　垂直尾翼が破壊される直前、123便の乗客犠牲者の一人である小川哲氏が機外右前方の空を飛ぶ点影を撮影している。他にも小川氏のカメラは、墜落前の機内の様子などを撮影していた。

　整然とした機内の様子が映し出され、隔壁破壊による空気流出など起きていないことがその写真からもわかる。ところが、墜落事故の後に遺族がそれらの写真を公開しようとすると、群馬県

警はそれを制止してカメラを持ち帰ってしまった。後になって前橋地検が日本航空やボーイング社、運輸省航空局を不起訴とした時点でようやくカメラは遺族に返却され、一連の写真も公開された。その中でも注目されたのが、同氏が窓越しに撮影した機外の右前方空中に写る小さな「点」であった。

　この写真は事故から25年後、進歩したデジタル技術を使って分析し直された。

「黒っぽい円形の塊の領域内は右側へ帯状、もしくは扇状にオレンジがかっている。円錐、もしくは円筒のようなものを正面右斜めから見た様なイメージで、この物体は、オレンジ体の方向から、飛行機の進行方向に向かっているように見える」（資料⑫―接近するオレンジ色の飛行物体：（青山透子著『日航123便あの日の記憶　天空の星たちへ』河出書房新社、2010年）

　このコメントから、飛行物体の色はオレンジ色に見えること、ロケットのような形状のものであること、そして123便方向に向かって飛んでいた可能性があることを示唆している。

＊

　垂直尾翼の破壊脱落の直前にオレンジ色の物体が迫っていたことをうかがわせるのは、小川氏の撮影した写真だけではない。CVRにもまた、不可解な音声が記録されていたのだ。

　事故調が公表したCVR（ボイスレコーダー）の文字起こしによると、18：24に福田機関士はコックピット内で2度にわたって「オールエンジン……」と語ったとされる。

　CVRは飛行中のパイロットや機関士の言葉を記録するものである。だが、CVRはコックピット内の会話だけでなく外のエンジン音や例の風切り音なども同時に拾って記録するので音声はボヤケており、解読作業は困難である。数人で聞くが、一つの音声が聞く人によって異なる単語、異なる意味内容として聞こえることも珍しくない。これは聞く人の立場や認識などの反映であり、避けがたいズレである。それゆえに組織として解読した内容を公表する時には、まずカタカナで音声を表記するのが原則となっている。しかも、この123便事件で奇怪なのは、元の音声テープが公開されていないということだ。公開された内容は修正されたり部分的に消去されたりしている可能性が高く、後に述べるように会話が成立していない奇妙な発言の断片が残っている場面もある。したがって、事故調がCVRの音声を文字化したものとして公表した通りの言葉が発せられていたのかどうか、信憑性に疑惑が出てくる。

　その一つが、前述の福田機関士の「オールエンジン……」である。事故調の解読に基づく「オールエンジン……」は、素直に解釈すれば全4基のエンジンのことのようにも考えられる。だが、正常に動いている全4基のエンジンのことを福田氏が唐突に発言したり機長に報告したりすることは、飛行の実態にそぐわない。

　機長と佐々木パイロットはコックピットで前方向を見ているのに対し、機関士は横長に配置された計器類を見ているから機体の右方向を向いていたはずである。このことは、右方向から接近する飛行物体があれば、機関士がいち早く気づいたことを意味する。コックピットの右窓に急接近した「赤黄色の物体」を見た機関士・福田氏が「オレンジ・エアー」と叫んだとすれば、乗客の小川哲氏が右方向から接近する謎の飛行物体を窓越しに写真に撮った状況と一致する。「エアー」とは「AIR」であり、これは、航空業界では航空機、飛行物体を意味する。百里基地の司令官が口にした標的機とは遠隔操縦できる航空機で、主翼や尾翼が付いている飛行物体、まさに「AIR」である。また、人間の視力では、赤色より黄色味がかっている方が認識しやすい。「オレンジ・エアー」とは「オレンジ色の航空機（飛行物体）だ」と解釈できる。しかも福田氏は二度も叫んでいることから、相当に驚愕したことをうかがわせる。すなわち、福田機関士は急接近するオレンジ色の飛行物体を見ており、それが後部に衝突したことを高濱機長、佐々木副操縦士に

告げたと考えられるのだ。

⑮無人曳航標的機

　軍隊が装備している武器が有効に働くには、事前の訓練、演習が不可欠である。特に、1980年代には、戦闘機による敵機の撃墜戦闘が脚光を浴びており、その撃墜成績がパイロットの勲章であった。戦闘機からにせよ軍艦や陸上からにせよ、ミサイルや機関砲による敵機の撃墜を確実なものにするためには、射撃の命中精度を高める訓練が行われねばならない。相手に恐怖を与えるような戦力、攻撃力、すなわち命中精度がなければ、戦闘機もミサイルも、高価な玩具でしかないことになり、税金の無駄遣いということになる。

　そこで命中精度を高める実戦的な訓練のために採用されるのが「無人曳航標的機」である。無人標的機は遠隔誘導、操縦される先端部のロケットに似た形状の機体部分と、その後尾に付く長い曳航索（ワイヤー）、と曳航索先端に取り付けられた標的すなわち「吹き流し」部からなる。

　先端のロケット状の機体は無線誘導で操縦され、遠隔操作できる。高価なので何度も使用されるものであり、回収時はパラシュートで海上に落下させ、小型ボートで引き揚げる。このため、演習、訓練は海上かその近くで行うことになる。この機体には大きな推進装置と精密電子機器が詰まっており、その重量は1,000kg近くもある。旋回や降下、上昇を行うために小型の主翼を備え、後部には姿勢安定を行う安定翼を持っている。非常に高速で飛行するので、視認が容易になるように、赤やオレンジ色の塗装がされている。

　この標的機は、金属のワイヤーの曳航索で標的である「吹き流し」部を引っ張る。曳航索は通常3,000mもの長さになると言われる。それは機体と標的（吹き流し）の距離をあけることにより、重要な機体部分の誤射を防ぐという配慮である（資料⑬—無人曳航標的機）。

　最後部の標的は「吹き流し」とも言われる。鯉のぼりの上に取り付けられる「吹き流し」と構造は同じで、先端部の丸い円環から空気が入って円筒状になった中を高速で流れていく。先端の円環部は直径約3ｍで、長さは10ｍである。訓練で攻撃する側からの視認を容易にするために、この吹き流しもまた赤、オレンジ色に塗装されている。
「ファイアー・ビー」と呼ばれる標的機の場合、高速ジェット機で重量は1.2トン、速度はマッハ2～5に達し、機体本体は主翼を含めて全長７ｍ、幅４ｍである。

⑯無人標的機の発射

　その無人標的機を民間機に衝突させてしまった。それが８月12日のことである以上、ここで言う民間機とは123便に他ならない。先に述べたように「標的機の123便への衝突」を期せずして告白したのは、航空自衛隊百里基地の司令官であった。だが、茨城県にある百里基地の司令官が、飛行中の123便に標的機が衝突した場面を直接目撃することは地理的にも距離的にもあり得ない。ということは、標的機を用いた演習の当事者から連絡が入ったことを意味する。「えらいことをした」。この百里基地司令官の言葉は、相模湾での標的機の実験演習の時の立ち合い担当者が衝突を目撃し、驚愕と懺悔、後悔の念で通報してきた時の言葉の反復と解釈するほかない。

　当日、８月12日、未納入護衛艦「まつゆき」の実験航海、新型標的機の発射テスト中、何らかのトラブルか、又は予定通りに飛行して、123便の尾翼部に激突した。新型標的機の欠陥か、誘導装置の誤作動なのか、いや、それは実験の予定通りの発射で、飛行は予定通りであったかも知れない。あるいは航空自衛隊による戦闘機による撃墜訓練の際、使用された標的機が何らかの理由で暴走し、123便に激突した可能性もある。

いずれにしても自衛隊標的機が実験、または訓練で123便の垂直尾翼部に激突したことは間違いない。びっくりした自衛隊実験担当は、事故機が西方向に飛行した事態を見て、高速の偵察戦闘機を有する百里基地の司令官に追尾を要請した。この事態は作家・安部譲二著（元日航客室乗務員）『日本怪死人列伝』（産経新聞社）に記載されている。同氏は「日航機は撃墜されたとしか思えない」とも記述し、日航機の墜落は事故ではなく事件であるとしている。その見解は、著者（遺族・小田）の見解とも一致する。

　さらに、この百里基地司令官の告白には注目すべき言葉がある。それは「百里基地から偵察機2機を発進させたところだ」の言葉である。もとより発言の文脈から考えて、これは百里基地独自の都合や予定に基づく通常業務として発進を命じたのではなく、標的機を当ててしまった責任者からの要請による緊急発進と考えるのが妥当だ。責任者は高速の偵察機を持っている百里基地の司令官に、標的機をぶつけた相手である民間機（123便）の被害、墜落状況、その後の操縦状況などを確認するように申し入れたのである。「えらいことをした」との言葉もまた、相模湾の未納入艦で標的機の実験をしていた自衛隊幹部の悲壮な懺悔、後悔であったのであろう。

　この偵察機2機を発進させたという言葉が重要なのは、それを裏付ける目撃証言が極めて多いからだ。そのことは、これに先立つ「標的機を民間機に当ててしまった」という発言もまた事実であることを示唆している（資料⑭—百里基地から急発進した自衛隊戦闘機 F-4EJ、F-15J）。

⑰目撃証言の数々

　百里基地の司令官が友人に電話で語ったとおり、2機の戦闘機が発進して飛行を継続する123便を追尾していたことは多くの人が目撃している。元日航スチュワーデスの青山透子氏による『日航123便墜落の新事実』（前掲）には、それらのいくつかが紹介されている。

1）小林美保子（藤枝市　22歳）8月12日午後18：30頃。飛行機に詳しい小林氏は、追尾していた戦闘機は「F-4EJ」と断言している。

2）自衛隊第12偵察隊、1等陸曹 M.K. 氏（8月12日午後18：40頃　吾妻郡東村。）

3）上野村小学生文集「小さな目は見た」、中学生文集「かんな川　5」の中に、「大きな飛行機と小さなジェット機2機が追いかけっこ状態であった」という子どもの証言が記録されている。

　また、山梨県東部に位置する大月市の山中で123便の機影を目撃した角田四郎氏は、その著書である『疑惑—JAL123便墜落事故』の中で戦闘機が123便を追尾していたことを記している。さらに、これらの証言の中には、飛行を続ける123便の様子についても注目すべき情報が含まれている。

＊

●小林美保子氏の目撃証言（8月12日　午後18：30頃）

　同氏は事故機123便の飛行状況について次のように述べる（以下、青山氏前掲書）。

　　「駿河湾から、飛行してきた123便が富士山のある北の方角に向かって、ゆっくりと右旋回しながら、飛行していった。はっきりと窓が見える程、高度が低い状態であった。飛行そのものは安定している感じであった。」

「窓が見える程」との目撃内容からは飛行高度が約1,000m以下であることがうかがえるが、驚いたことに事故調の報告書によれば、この時点で123便は「7,500m」という途方もない高さで飛んでいたことになっている。事故調の意図的な捏造だと言わざるを得ない。

　さて、次は、事故機の機体の形状についてであるが、同氏は機体に奇妙な模様、印を発見して

いる。

　「機体の左下のお腹です。飛行機の後ろの少し上がり気味の部分、おしりの手前くらいでしょうか、貨物室のドアがあるような場所、そこが、真っ赤に抜けたように見えた。一瞬火事かな、と思ったけど、煙が出ている様子もない。ちょうど垂直尾翼のあたりがグレー色でギザギザの尻尾みたいだったのでそれが煙に見えたけど——、煙なら、たなびくけど、それは動かなかった。それは千切れた尻尾のギザギザが煙のように見えたんです」
　「真っ赤な火事かと思いきや、そうでなかった。そのお腹の部分、飛行機の左側のお腹の部分、4～5メートルぐらいになるのかな。貨物室ドア2枚分ぐらいの長さでしょうか。円筒形で真っ赤。だ円っぽい形でした。濃いオレンジ、赤という色です。夕日を浴びて赤い、という感じでもない。夕日は機体の背を照らしていたので、逆にお腹はうす暗く見えました。円筒形のべったりとした赤色がお腹に貼り付いているイメージ」
　この証言は極めて正確で、123便がその垂直尾翼を失った直後に目撃された貴重な証言である。小林さんは航空機の知識も豊富で正確に証言している。123便は相模湾上空での垂直尾翼の破壊から、西方向に飛行し、藤枝市まで飛行している。かつ相当に低空飛行で、右旋回してから北方向に飛行して行った。
　注目されるのは、123便の貨物室部分に真っ赤なものが貼り付いているという証言である。これは恐らく曳航標的機の標的、すなわち「吹き流し」だと推察できる。標的機の吹き流しは、先に述べたように赤系統に着色されている。標的機が123便の垂直尾翼を直撃した後、標的機が曳航索を介して引っ張っていた標的（吹き流し）が日航機に巻き付き、それが下部の腹部に貼り付いたと推察できるのだ。

＊

●上野村小学生文集「小さな目は見た」、中学生文集「かんな川　5」に掲載された目撃証言
　上野村小学生148名が日航機墜落事故についてまとめた文集「小さな目は見た」（1985.9.30発行）と上野村中学生87名が書いた文集「かんな川　5」（1985.10.1日発行）は、子どもたちが実際に遭遇した事態を鋭敏な目でとらえ、率直に感じた事実を記憶が鮮明な内にしっかりと詳細に書いている。同小学校の神田養守氏が、実体験が生々しいうちに、印象が新鮮なうちにそれを深め、まとめておくことが尊い犠牲者の皆さまの御供養に通じるものと考え、日航機事故について、文集を作ることを計画したと語っている。
　実際に小さな目が何を見たのか、その概略を記す。
1）墜落前に大きな飛行機と小さなジェット機2機が追いかけっこ状態であった。
2）真っ赤な飛行機が飛んでいた。
3）墜落前後、稲光のような閃光と大きな音がした。
4）墜落場所は上野村と特定できて報告したにもかかわらず、テレビ、ラジオでは場所不明または他の地名を放送し続けた。
5）墜落後、多数のヘリ、自衛隊の飛行機、自衛隊や機動隊の車を目撃した。さらに家の前を機動隊や自衛隊、パトカー（群馬県警）が何十台も通っている。
6）ヘリは墜落場所をサーチライトのような強い明かりで照らしながら、多数行き来していた。
7）煙と炎の上がった山頂付近をぐるぐる回りながら、何かをしている何機ものヘリがブンブン飛んでいた。
　これらの「小さな目」は何の利害関係もない子供の目だからこそ、語られていることは真実である可能性が極めて高い。これらの証言は、後に述べることになる救助の遅れに関する自衛隊の

説明の嘘や、いち早く現場に駆け付けた米軍の救助活動を日本側が拒絶したことなど、多くの疑惑を裏付けるものにもなっている。それらの点は後に改めて述べるとして、

　ここでは、2）の「真っ赤な飛行機が飛んでいた」ことに注目しておこう。小林氏の証言に重なる内容であり、123便は赤系統の色の何かを付着させて飛行していたのだ。

＊

　123便の尾翼付近に赤系統のものが付着していたという情報は、123便が墜落した後の墜落現場からももたらされている。

　「現場にヘリコプターで降り立って見たら、JAL123便の尾翼付近に一直線のオレンジ色の塗装が付いていた。また、まわりの樹木や草が燃えていなかったのに、ただ遺体だけが真っ黒に炭化していた。12日夜中の０時に翌日の朝刊１面に「標的機の衝突」の自分の記事が載ることを確認したが、翌朝13日、自分の記事はなくなっていたので大変驚いた」（全国紙の某記者の証言）。

⑱状況の推論推察

　123便の垂直尾翼を破壊脱落させたのは、自衛隊の無人標的機である。

　自衛隊は123便の墜落後、標的機が衝突した可能性について聞かれて、「標的機を発射できる艦船は、今、呉港にいるので、事故原因は標的機ではない」と言い訳した。これは、物理的、技術的に衝突の可能性を否定する証言ではなく、護衛艦のアリバイを示すことで自分は無実だと表明しようという発言である。だが、逆に言えば、相模湾近海に護衛艦さえいれば標的機が発射されて衝突に至った可能性があることを暗に示す言葉だとも言える。

　当時、自衛隊には標的機を発射させる艦船が２隻しかなかったが、中曽根康弘総理大臣のもと、政府は軍事力の増強と能力アップのために新式護衛艦を発注している。自衛隊のアリバイ説明証言は在籍艦艇が呉にいることを述べているが、それでは配備を控えた「未納入艦船」はどこにいたのだろうか。同日、納入前の護衛艦「まつゆき」が相模湾付近で活動中であったことがわかっている。

　さらに、この時期の標的機については注目すべき報道がある。

　1987年３月17日付の朝日新聞に一つの記事が掲載された。「財産の守りが薄い防衛庁」と題された記事で、そこでは「高速標的機の撃墜　１機1,472万円」という損失の事実が報じられていた。記事によれば、「尻尾の吹き流しを狙うはずの高速標的機を実際に撃ち落した」という事案があり、その損失が１機1,472万円にもなるというのだ。経理上はこの損失は簿外処理され、実際に撃ち落としてしまった時期は1985年11月から1986年10月の間としている。

　だが、記録上の操作はいくらでも可能だ。標的機が失われたのは1985年８月12日18時24分であり、喪失の理由は誤って撃ち落とされたからではなく、誤って123便の垂直尾翼に衝突させたからである。自衛隊が標的機の123便との衝突の事実を否定するのなら、未納入護衛艦のアリバイと標的機の喪失日の２点について説明責任を果たす必要があるが、それは今も果たされていない。

　標的機が日航123便の垂直尾翼に激突した場合、どのようなことが起きるのか。上記の目撃者である小林美保子氏の観察描写は具体的かつ的を射たものであり、まさに標的機の吹き流しが123便の後部の腹部に貼りついている様子を証言している。

　その経緯は推察推論しかできないが、恐らく次のプロセスではなかろうか。

　曳航標的機は、先頭のロケット推進、制御部とその推進力を伝える金属線の曳航索と最後尾の標的部（吹き流し）部から成る。これの視認、認識を確実にするために、先頭のロケット部と吹き流し部はオレンジ色に塗装されている。

先頭のロケット部が垂直尾翼の中心部に激突する。相当な速度（マッハ２〜５）であり、激突によって垂直尾翼は破壊される。垂直尾翼を破壊しながら進むことで標的機の推進力は吸収されるから、一瞬速度が低下する。遅れて到達した標的（吹き流し）は、そのまま垂直尾翼部付近に接触する。この段階で垂直尾翼の破壊脱落が起きる一方、曳航索は中ほどで切断される。空気気流との乱流で、取り残された曳航索が機体に巻き付くのに続いて、吹き流し部も追随して、機体を巻き込む形で張りつく。この曳航索の巻き付きと吹き流し部の巻き付き固定までには、123便の飛行に伴って若干の時間がかかり、恐らく数分を要したと考えられる。高速の飛行機に吹き流し部が巻き付き、それをしっかりと固定する形で曳航索が標的部（吹き流し）を抑え込むのに数分を要したのだ。この時間差が、垂直尾翼の破壊脱落18：24分からCVRの記録での奇妙な音が始まる18：29：30までの時間差である。

　そして、まさにこの時点で小林美保子氏が事故機123便を藤枝市市内で目撃したのだ。この機体に巻き付いた標的機の赤い、オレンジ色の吹き流し部が機体周囲での気流の流れで振動し、大きな奇妙な音が26分間も鳴り響いていたのだ。事故機123便のCVR（ボイスレコーダー）に記録されたヒュー、ヒューという音声は、機体に巻き付いたこの吹き流し部が気流との乱流で発生したと結論できるのである。

*

　日航123便の墜落の事故原因について事故調は「隔壁破壊」が直接原因だとは明確に結論を記載していない半面、そのような結論だという印象を導き出すという情報操作を行っている。だが、前述のように修理ミスに起因する隔壁破壊、それによる空気の噴出が引き起こした垂直尾翼の破壊脱落というシナリオは生還者・落合由美氏、日本航空の整備部長・河野氏らの証言から否定されており、後の前橋地検の山口検事正も隔壁破壊説が成り立たないからこそ日本航空やボーイング社、航空局を不起訴とするという判断を下した。

　そもそも123便は垂直尾翼の破壊脱落の後も飛行を継続しており、それが墜落に至った原因は他にあると考えるほかない。だが、123便墜落事故（事件）全体の流れの端緒が相模湾上空での垂直尾翼の破壊脱落にあるのは事実であり、破壊脱落の原因を探ることには大きな意味がある。

　上記に見てきたように、垂直尾翼の破壊形状から構造の専門家は「外部破壊」と判断しており、それは日航の整備部長が提起したこととも一致する。その破壊状況から航空機同士の衝突でなく、より小型の飛行物体で高速物体による衝突破壊だと考えられる。事故犠牲者が窓越しに撮影した点影、百里基地司令官の発言、それを裏付ける地上からの目撃証言、墜落現場を目撃した記者の証言、そしてCVRに録音されていた福田機関士の発言と風切り音。これらの数々は、高速で飛行する無人標的機が垂直尾翼に衝突し、曳航される標的（吹き流し）が123便の機体に巻き付いたことを示している。123便の垂直尾翼が破壊された場所は、伊豆半島の河津町から視認できる距離の相模湾上空であり、これは無人標的機を用いた射撃訓練場所の条件とも合致する。

*

　自衛隊標的機の123便との衝突事象（８月12日18時24分）を時系列的にまとめておこう。

　日航123便は大阪へ向けて西方向に飛行。一方、標的機は小田原沖から、南方向に飛行。河津町沖で、ほぼ直角に交差して衝突した。

　その直前、事故犠牲者が窓越しに撮った写真は123便の右方向に点影を視認しており、コックピット内の機関士もまたオレンジ・エアー（「オレンジ色の飛行機」）と叫んだのではないかと推定できる。

　先頭のロケット部が垂直尾翼の中央部に激突し、突き抜けるようにして垂直尾翼は破壊脱落。

曳航索が一瞬緩んだ後に再び引っ張られて切断し、123便の機体に吹き流し部がまとわり付いた上から曳航索が絡みつき、吹き流し部を押さえつけた。

　これを藤枝市の小林氏が目撃し、機体後部に赤いものが付着しているのを目撃している。上野村の子どもたちもまた、飛行機が赤かったことを目撃している。この巻き付いた赤い吹き流し部は墜落まで巻き付いていたはずであり、後にそれが墜落現場で記者らに目撃されている。

　一方、自衛隊の訓練監視員も望遠鏡などで目撃して、すぐに公的試運転中の未納入護衛艦「まつゆき」の指揮官に報告した。これが幕僚長に届き、衝突相手の民間機（123便）の破損状況の調査のために、高速偵察機を持つ百里基地司令官に緊急出動を要請した。その結果、司令官が友人に電話で伝えた言葉が「えらいことをした。標的機を民間機（123便）に当ててしまった。偵察機２機を発進させたところだ」であった。

　発進したのは戦闘機を改造した偵察機であり、武器を外す代わりに撮影機器を備えた「マッハ２以上の高速偵察機」（この偵察機は戦闘機の高速性を利用し転用したもので、自衛隊幹部は日航機が墜落するとの予測のもと、その墜落場所の特定、写真撮影による特定のために急遽投入した。ミサイルや機銃を装備していたかは不明であるが、通常軽量の機銃は装備している）として有名である。それが123便を追尾する様子も、小林氏や上野村の子どもたち、角田氏らによって目撃されている。

　また、百里基地司令官の「えらいことをした」「当ててしまった」という言葉は自衛隊が加害者であるという認識を端的に言い表しており、民間機の飛行ルートに自衛隊標的機が進入して、衝突したことを意味する。

　かくして百里基地を飛び立った高速偵察機は、約５分で藤枝市付近にて事故機123便に追い付き、その後追尾しながら123便の損傷状況を視認して報告している。その報告内容は幹部らにとって、衝撃的なものであった。

⑲追尾した自衛隊機のパイロットが見たもの

　百里基地の司令官が発進させた偵察機のパイロットには、特別任務が課せられていた。標的機を民間機・123便に衝突させた事態そのものはおそらく過失事故であるが、自衛隊にとっては極めて深刻な不祥事であって、国民に知られたら困る重大な事態であった。それは、自衛隊としては絶対に隠蔽したい事故だったのである。

　だから、偵察機のパイロットには事態は厳重な隠蔽を要することが伝えられ、事故機の被害状況や飛行・操縦状況は墜落場所などを視認し調査して至急報告することが厳命された。その目的は垂直尾翼を損傷している旅客機の窮地を救うことでなく、状況を調べていかに対処すべきかの判断を自衛隊の幹部、幕僚長が行う判断材料にすることにあった。

　したがって、自衛隊機パイロットは視認した123便の損傷状況を機長に教える気配は全くなく、極秘裏に後ろから近づき、123便とは何の連絡交信も行わずに状況を調査し、百里基地を介して自衛隊幕僚長に報告していたのだ。

　もし自衛隊機パイロットが視認した事態（垂直尾翼が全壊）を123便機長に告げ、あるいは何らかの援助を申し出ていればその後の123便の運命は大きく変わっていたはずである。なぜなら、何度も述べるようにこの時点で123便は飛行を継続していた、飛ぶことができていたからである。だが、事態は幕僚長以下の自衛隊にとって、あるいは自衛隊を統括する政府にとって驚愕すべきものだった。追尾した偵察機の自衛隊機パイロットが見たもの、自衛隊幹部に報告したことは、次のようにまとめられる。

１）当該の民間機（123便）は重要な垂直尾翼が壊滅的に破壊脱落していること。

２）同機は垂直尾翼を失ったが、操縦・飛行できていること。

３）同機は羽田空港でなく横田基地に向けて飛行しており、着陸の可能性があること。

　さらに偵察機は追尾を続けるうちにもっと重要な事態、驚愕すべきものを発見し、追加報告しているはずだ。

４）オレンジ色の「吹き流し部」が後部胴体に巻き付いているという事実。

　藤枝市の小林美保子氏らが目視した赤い付着物、すなわち機体に張りついた赤ないしはオレンジ色の標的機の吹き流し部の姿である。小林氏が見た機体は高度約数百メーターないしはそれ以下にあったと考えられるが、自衛隊機パイロットはさらに接近してより至近距離で機体に巻き付いた吹き流し部を見たはずである。

　これが意味することは何であろうか。軍隊である自衛隊としては完全隠蔽を考えていたが、この標的機の吹き流し部が垂直尾翼を失った事故機の機体胴体後部に巻き付いている事態を報告されて、幕僚長以下の幹部は驚愕の声を出して言葉を失ったに違いない。しかも事故機は操縦できる状態にあり、飛行場に着陸する可能性があるという。それは、事故原因の歴然とした証拠を伴っての着陸であり、自衛隊はいかなる言い訳もできない事態状況に追い込まれることを意味する。ここから事態は大きく変質する。自衛隊が完全隠蔽を基本とする限り、123便の飛行場への着陸は絶対に阻止しなければならないことになるからだ。

　事故機は安全に地上に降りてもらっては困る。

　これが意味するところは一つである。標的機の衝突という大失態、不祥事を隠蔽しようと考える政府・自衛隊の側から見た場合、なおも飛行を続ける乗客乗員524人はもはや救うべき被害者ではなく、隠蔽を妨げて国、自衛隊らの立場を危うくする生き証人となった。仮に、標的機の吹き流し部が機体に巻き付いていなければ、このような事態の急展開はなかったかもしれない。

　救助するか、撃墜するかの判断の分岐点は、この吹き流し部の巻き付き事象であったと推察思慮できるのだ。この123便への吹き流し部の巻き付きこそが、524人の命が失われた原因となった可能性が高いと推察できる。

⑳垂直尾翼の破壊原因の調査が必要な理由

　さて、墜落地点の123便の機体残骸には、「垂直尾翼」「APU」「第４エンジン」「水平尾翼」の４つの重要な保安部品が見当たらなかった。この４つの破壊脱落状況を探ることが、123便墜落の原因を突き止めることにつながる。

　このうち「垂直尾翼」と「APU」の破壊脱落とそれに付随する油圧配管の破壊は、内部破壊すなわち隔壁破壊でなく、外部破壊すなわち自衛隊の標的機の衝突よって引き起こされたことを明らかにしてきた。

　だが、これまで繰り返し述べてきたように、それは日航123便が墜落した原因ではない。衝突事故の後も123便は飛行を続けており、墜落が起きるのは衝突事故から32分も後のことだ。

　墜落の直前１分以内に起きた出来事こそ、墜落の原因である。

　普通の航空機事故の場合、墜落の原因だけが事故調査の目的である。この観点に立てば、垂直尾翼の破壊の原因についてこれまで見てきたように詳細に調査し、検証する必要はない。墜落地点周辺の残骸の分布の分析で検討したように、「第４エンジン」と「水平尾翼」が墜落地点の数百メートル手前に落下しているのが見つかった事実こそ、墜落原因を探るカギを握る。

　それにもかかわらず垂直尾翼やAPUの破壊脱落の原因の調査が必要な理由は、次のように整

理することができる。

一つは、垂直尾翼の破壊が自衛隊の標的機の衝突による破壊であることを証明することで、自衛隊が早い段階から123便墜落に関与した理由を明確にすることができるからである。

二つは、墜落に直結すると考えられる「水平尾翼」の脱落が生じた原因が、最初の垂直尾翼、APUの破壊時の衝撃が関与していると考えられるからである。

　これらは日航123便の墜落の真の事故原因に関わる重要なポイントなのである。一つ目の項はすでに詳細に説明した通りである。落合証言、日航整備部長の証言、自衛隊司令官の友人への電話内容、有識者の証言、前橋地検の不起訴理由、垂直尾翼破壊後の自衛隊戦闘機の急発進、多くの戦闘機の追尾目撃証言、そして乗客が撮影した点影など、数々の証拠から判断して自衛隊の標的機の衝突による垂直尾翼の破壊は間違いない事実である。こうして起きた「垂直尾翼」と「APU」の破壊脱落と油圧装置の破壊は、日航123便の墜落事故の端緒として重要なのである。

　一方、二つ目の項は、123便の墜落事象の最初に激しい横揺れが発生したと落合氏が証言していることに関わる。水平尾翼が墜落地点の手前に落ちていたことは、この激しい横揺れの際に「水平尾翼」が脱落したことを示しているが、どうして水平尾翼は突然落下したのだろうか。

　その理由を明らかにすることは、著者も苦慮した点であった。

　このヒントを与えてくれたのが、事故調の「事故報告書」であった（資料⑮—日航機の飛行、墜落状況）。

　「事故調査報告書」62-2　81〜83頁（資料⑮）には、DFDRによる墜落直前の飛行状況の推定が記載されている。その記述の中には「U字溝における一連の経過の中で、……破壊が進んで強度不足になっていた残存垂直尾翼及び水平尾翼が脱落し、飛散したものと考えられる」とある。

　この中で「残存垂直尾翼」はこの部分の本筋とは関わりのないもので、墜落を起こした真の重要部品は「水平尾翼」である。事故調は残存垂直尾翼を先に取り上げた後に「水平尾翼」を記述することにより、読者である遺族や国民に与える印象を薄めようとしているに過ぎない。

　いずれにしても、落合氏の証言から、まず事故機には大きな横揺れが発生し、その後数秒で123便は急降下、墜落事象に陥っている。この横揺れ発生時の衝撃で「水平尾翼」が脱落したことになり、事故調の報告書の「破壊が進んで強度不足になっていた水平尾翼が脱落し、飛散した」との文言が論理的にも技術的にも成立することになる。

　では、ここで言う「破壊が進んで、強度不足になった」とは、いつの時点で生じた破壊が「進んだ」というのか。それは墜落までの一連の事件の端緒となった18時24分の標的機の衝突、それによる垂直尾翼とAPUの破壊のことしか考えられない。

　水平尾翼（水平安定板）は垂直尾翼の真下に位置し、さらにAPUの真前に位置する。垂直尾翼もAPUも重量1,000kgもある自衛隊標的機が高速マッハ2〜5で激突したことによって破壊された。とすれば、垂直尾翼とAPUに挟まれた水平尾翼にも相当の衝撃が加わったはずだ。

　さらに水平尾翼はもともと3点で固定されているにすぎず、なおかつ可動式である。したがって、水平尾翼の固定箇所も相当に破壊が進んでいたと推測できる（資料⑯—垂直尾翼、APU、水平尾翼の位置関係）。その破壊が、何らかの理由で機体に巨大な衝撃が加わったことでさらに進み、後方に脱落したと推測できるのである。

　このように、標的機の衝突による最初の垂直尾翼の破壊脱落事象と最後の墜落が決定づけられた時の水平尾翼の脱落事象との間には連鎖的な関係が成立することは、合理的・技術的に説明できる。

5　墜落原因なき「事故報告書」

①事故報告書では「墜落原因」が特定されていない

　旅客機墜落の事故調査の目的は、当該機の「墜落原因」を調査特定することにある。しかし、123便の墜落事故に関しては、いくら報告書を読んでも事故機の墜落したときの状況は詳細に書かれているが、何がその状況をもたらしたのかという「墜落の事故原因」を特定しようとしていないし、明確な結論は一切出されていない。

　先にも述べたように、結論部に書かれているのは「……姿勢、方向の維持、上昇、降下、旋回等の操縦が極度に困難になり、激しいフゴイド運動、ダッチロール運動が生じ、その抑制が難しく、不安定な状態での飛行の継続はできたが、機長の意図通り飛行させるのは困難で、安全に着陸、着水させることは不可能であった」という内容である。そして、運輸省、航空局、事故調査委員会は「ボーイング社の隔壁部の修理ミスにより……」と、修理ミスに起因する隔壁破壊が墜落の事故原因だと暗示しているだけなのである。

　日本独特の暗示の文化で、事故調は「ボーイング社の隔壁修理ミス」⇒「隔壁破壊による機内空気の流出」⇒「垂直尾翼を吹き飛ばして操縦不可にした」という三段論法を国民と遺族に示し、それが事故原因であるかのようなイメージを定着させた。これが演繹法に近い発想の単なる「仮説」であることは先に指摘した。この種の仮説はきちんと技術的、科学的な検証を行って、その整合性を証明せねばならないが、一切行っていない。それどころか、重要な落合由美氏や川上慶子氏ら生存者の体験、目撃証言、後に述べるアントヌッチ中尉の証言にも背を向けて無視しているのである。垂直尾翼の破壊を起こしたのが隔壁破壊という内部破壊でなく、標的機の衝突という外部破壊であることはすでに述べたとおりだ。

②無視された操縦性と飛行性

　18時24分に垂直尾翼が破壊脱落した後の事故機の操縦性、飛行性の調査。これこそが、乗客乗員の命を助けるための努力がなされたのか否か、緊急着陸が模索されたのか否か、そして何が最終的な墜落原因だったのかを明らかにする上で必須不可欠な調査事項である。

　航空機は重力と揚力のバランス、飛行性の操作すなわち操縦で安定飛行している。しかし、何らかの異常、異変が生じた時は、緊急に迅速に最寄りの飛行場に緊急着陸を敢行する。旅客機の場合は多数の乗客を乗せているから、乗客乗員の命を助ける唯一の方法は最寄りの飛行場への緊急着陸しかない。

　この緊急着陸を行う場合、異常が発生した飛行機の操縦性、操作性が鍵になる。緊急着陸を行う場合、少しでも操縦できることが前提条件になることは当然である。一切の操縦や制御が不能であれば、着陸どころか瞬時、1分以内に墜落する。それは実際の事故事例が証明している。

　したがって、垂直尾翼を喪失した後の123便事故機が操縦できたかどうか、飛行できたかどうかについての調査は不可欠である。仮に操縦可能で飛行できていたのであれば緊急着陸の可能性があったことになり、乗客乗員には生還の可能性があったことになる。その操縦性すなわち生還の可能性を奪ったものこそ、真の墜落原因である。

　しかし、事故調の調査内容、結論では「……姿勢、方向の維持、上昇、降下、旋回等の操縦が極度に困難になり、激しいフゴイド運動、ダッチロール運動が生じ、その抑制が難しく、不安定な状態での飛行の継続はできたが、機長の意図通りの飛行させるのは困難で」というように技術

的、論理的に矛盾に満ちた記述を散りばめるばかりで、実際に起きた操縦状況の調査や検証を通して事故機の操縦性を科学的に解明していない。

事故調が報告書の中で推論している「不安定な状態での飛行の継続はできた」ということと、「機長の意図通り飛行させるのは困難」「安全な着陸は不可能」との三段論法は基本的に成立しない。国民あるいは世間はこのような論法で語られると、何となく分かったように思うが、実はこれらは虚偽の仮定項目の羅列に過ぎない。

例えば、この中で「不安定な状態」とは垂直尾翼破壊による「ダッチロール、フゴイド運動」のことを指していると日航は説明した。だが、実際の123便は山梨県大月市上空でスパイラル（螺旋）降下によって高度を下げて低空域に入り、それによってこの「ダッチロール、フゴイド運動」を解消させている。それはDFDRのデータからも判断できるし、飛行状況を書き記している乗客の遺書の「機体は安定している」という記述からも判断できる。

また、「飛行の継続ができた」とは、18時24分から32分間も飛行できたことを指している。重要な垂直尾翼が破壊した後も飛行が32分間もできたということは、「操縦ができた」ことを意味している。ボーイング社も「事故機が旋回、上昇、降下でき、長い時間飛んでいた」として、米国FAAに対して「操縦不能」を否定したうえで「操縦できた」と報告している。つまり、事故調の「機長の意図通り飛行させるのは困難」との結論は成立しない。高濱機長は正確な命令、指示を出し、佐々木副操縦士が実際にそれにしたがってエンジン出力を調整することにより、高濱機長の意図通りの飛行、操縦をしているのであり、この操縦状況は123便のCVRに記録された機長と佐々木パイロットの会話から証明されている。これは123便が操縦でき、意図に即した飛行を行っていることを意味しており、「機長の意図通り飛行させるのは困難」とは機長らの懸命の操縦を愚弄した虚言である。

緊急着陸は事故機の乗客の命を助ける唯一の手段であって、機長の最大の仕事は緊急着陸しかない。操縦ができるとは飛行できることを意味し、事実、事故機は旋回や上昇、降下飛行ができた。このことは、同機が容易に着陸できたことを示唆している。

ところが、事故調は「飛行」と「操縦」を切り離して国民を欺き、誤った結論、仮説を押し付けてきた。国民の間に「操縦できないのなら飛び続けることはできなかっただろうし、墜落したのもやむを得ない」というイメージを植え付けてきたのだ。これは事故調やその上部組織である航空局、さらには政府がそのようなイメージを国民に持たせようと考えたからである。

123便は、垂直尾翼を失い、油圧機能を喪失した後もエンジン出力の調整で飛行できたのである。そして、飛行性があるということは操縦できたことの結果であり、証なのだ。操縦によって飛行できたことはボーイング社が認め、日本航空の現役パイロット・上谷部長もエンジン調整で操縦・飛行が可能であったことを認め、日航のパイロットの神様と尊敬される杉江弘氏もまたその著作で事故機は操縦できたと認めている。例えば、杉江弘著『JAL123便墜落事故』（宝島社、2017年）によれば、日航機はエンジン出力の調整で飛行できた。杉江氏はこれと同様の知見、判断により、油圧機能を失ったUA232便がほとんど操縦不能と思われる事態でも飛行場に着陸を敢行し、多くの乗客の命を救っていることを指摘している。

③無視された「第４エンジン」と「水平尾翼」の破壊脱落

旅客機の墜落は、その直前１分以内に原因となる異常な兆候、事態が起きる。だから、CVRは30分しか記録されない。本当は10分程度で良いのだが、その前の操縦、飛行状態を確認するために30分なのである（現状は２時間デジタル記録）。

123便は墜落直前の18：55：45に機長が絶叫し、落合さんが「物凄い横揺れ」を感じてから10秒後から急降下し、操縦不能に陥って56：30に墜落している。ここでは異常事態の発生後10秒で急降下に移り、20秒間にわたって恐怖の垂直降下、すなわち墜落するが、横揺れ45秒後に御巣鷹の尾根に激突して墜落している。

　実はこの急降下事象について事故調は克明に報告書のp.81に記載しているが、それが単なる急降下飛行であり、何かフラップの作動で起きたらしいとごまかしている（資料⑮）。この急降下事象について事故調はさらに詳細な資料を作成しているが、その資料は極秘扱いで隠蔽されたままだ。

　123便は1,500mを20秒で降下しており、機体は最高時速320kmで真っ逆さまに降下したことを意味する。落合由美氏はその時の様子を、「頭の髪を後ろに引っ張られる」ほどの恐怖の墜落であったと証言している。このような急降下は事象的にはまさに「墜落」であり、それは、もはや機長らが制御できない「操縦不能」であり「制御不能」なのである。このような急降下・墜落が突然始まったということは、この時点になって何らかの異常事態が123便事故機に発生したことを意味する（資料⑰—国が隠蔽した極秘資料、墜落前20秒間の飛行高度状況記録。TBS-TV放映。2015.8.12　2枚の映像図）。

　事故機は墜落直前、炎を上げて黒い煙を出して飛行しているのが目撃されている。さらに事故機に目がけて、「流れ星」が追いかけているのも目撃されている。いずれも利害関係のない地域住民の目撃情報である。それと時を同じくする55：45に落合由美氏が「凄い横揺れ」を感じ、機長らは絶叫している。墜落直前に飛行機から出ていた黒い煙は、突如としてエンジンを外部から破壊されたことによって起きた火災だと判断できる。墜落前に破壊脱落したのが右翼外側の「第4エンジン」であったことと重ね合わせれば、その衝撃の後に事故機が終始右旋回飛行していることとも合致する。さらにそれほどの強い衝撃が加われば、垂直尾翼の破壊の衝撃で劣化していた「水平尾翼」の取り付け部が破壊され、その脱落につながったという因果関係が成立する。

　この「水平尾翼」の脱落は　急降下、墜落事象の直接原因となったと考えられるのである（資料⑮）。

　では、エンジンを外部から破壊し、機体に強い衝撃を与えて水平尾翼の脱落を招いたものは、いったい何であったのだろうか。事故機を追いかける「流れ星」とは、何だったのだろうか。

　なぜ、墜落の前から事故機は炎と黒煙を出していたのだろうか。

　その何らかの異常事態こそが、この恐怖の急降下、墜落を引き起こした原因、すなわち墜落原因ということになる。この墜落が始まる寸前に重要保安部品である「第4エンジン」「水平尾翼」が破壊脱落しているということは、これが墜落原因に直結する事態だったと容易に判断推察できる。ところが、事故調はこのように重大な事象を検討していない。ましてや事故調は、上記のいくつもの目撃情報や発言について一切検討を加えていない。

　何よりも事故調は、先ほど述べたように「第4エンジン」「水平尾翼」が破壊脱落する前までは機体の操縦性や飛行性が保たれていたという事実に目を向けず（それにもかかわらず事故調は、事故機は「飛行の継続ができた」とも記述しているのだが——）、その操縦性や飛行性を検証していない。操縦性や飛行性が保たれていたことが明らかになれば、必然的にその操縦性や飛行性を奪ったものは何かを検証せざるを得なくなる。それを検証したくないからこそ、操縦性や飛行性が保たれていたことから目を背け、突然の操縦性や飛行性の喪失理由に触れずに済ませようとしているわけだ。事故調の行った「調査」からは、最も肝心な墜落原因を隠蔽しようという意図が明確にうかがえるのである。これが先に私が述べた「演繹法」の行き着いた果てだ。まず結論

を「隔壁破壊」に絞り、それに合わせた三段論法を仮構し、なんとなくそれが墜落原因であるかのような印象操作を国民や遺族に対して行う。こうしてできた事故調の事故報告書は、国が責任を持って行うべき調査報告書と呼ぶに値する資格がないことは歴然としている。

　では、真の墜落原因とは何だったのか。以下では事故調が意図的に目を背けてきた事実や証言に注目し、順に解き明かしていく。

　まず、最初に確認しなければならないのは、垂直尾翼が破壊脱落した後の123便の操縦性・飛行性である。

6　垂直尾翼破壊脱落後の操縦性・飛行性

①旅客機の操縦性

　123便が墜落した場所には、「垂直尾翼」「APU」「第４エンジン」「水平尾翼」が発見できなかったことは、再三にわたって記述してきた通りだ。旅客機をはじめとする航空機は、飛行中にこれら重要な保安部品を故障などで脱落させることがないように設計製造されて初めて飛行が法的に認可される。飛行にとって極めて重要な保安部品が４つまでも墜落よりも前に脱落しているということは、その脱落が墜落の原因に関わっていたと判断するのが自然だ。

　すでに見てきたように、私はまず「垂直尾翼」および「APU」が破壊された要因を調査した。その結論として、この破壊要因として隔壁破壊説（修理ミスに由来する隔壁破壊による機内空気で破壊されたとの事故調の結論）は成立しないことが明らかになり、外部の力、具体的には自衛隊の無人標的機の衝突によって破壊されたと推測判断できることがわかった。

　次は、残る「第４エンジン」「水平尾翼」が墜落の事故原因であるかを調査することが必要となる。だが、その調査の前提として、垂直尾翼が破壊された時刻である18時24分から墜落までの32分間にわたって123便が飛行していることに目を向ける必要がある。事故調の事故報告書は垂直尾翼の破壊によって123便が墜落したかのような印象を与えようとしているが、それではこの32分間にも及ぶ飛行という事実は説明がつかないからである。

　32分間も事故機が飛行したということは、操縦できたということではないのか。真の墜落原因を明らかにするためには、まずこの大きな疑問と謎を解明し、事故機の操縦性や飛行性について再調査しておくことが必要になる。操縦性・飛行性があったということが確認できれば、当然の帰結としてそれを奪ったのは何か・誰かという次の「問い」に進むことができる。それは、2006年の８月に遺族会が声明で「もしかしたら乗客らは　助かっていたかも……」と訴えた可能性に目を向けさせ、その再調査・検証を要求する根拠を示すことにもなる。

＊

　操縦とは「あやつり」「動かす」ことである。特に機械を人などが思うままに「あやつり、動かす」ことである。「運転」とも言い、「操作する」とも言う。英語では「manage」「operate」と表現される。旅客機の操縦とは、国の資格を持ったパイロットが操縦桿などで、航空機を思うままに動かすことである。

　<u>多くの乗客を乗せる旅客機の操縦は、次のように分解してとらえることができる。</u>
- 巨大な主翼と強力なエンジン⇒「推進力」と「揚力」を生み出す
- 後部の垂直尾翼、水平安定板⇒「機体の縦、横方向の安定」を維持
- 垂直尾翼の方向舵⇒「左、右への旋回」
- 水平尾翼の昇降舵⇒「上下への高度変更と姿勢の制御」

飛行機が飛行できるというのは、このようないくつかの要素で成り立つ操縦ができたことの結果であり成果なのである。

　旋回、上昇、降下飛行を行い、長い時間にわたって飛行できる前提には、機体の縦、横の姿勢の安定がなければならない。また、機体が空中に浮かび続けているためには、地球の重力に打ち勝つ揚力が常に生み出されていなければならない。そのためにも、常に機体の姿勢制御を行うことは不可欠である。特に水平方向の姿勢は揚力を生み出すために重要であり、機体の仰角がある一定の範囲に保たれていることが絶対条件である。これを逸脱すると、機体は操縦不能になり、

「失速（ストール）状態＝揚力喪失」に陥り墜落に繋がる。

　機長が一番注意するのはこの「失速（ストール）」である。すでにそのような多くの事故例があり、通常、機長は失速による墜落事象との危険を避けながら操縦し飛行するのである。

　失速の回避には機体の姿勢の制御を司る水平安定板の制御が不可欠である。このために、水平尾翼（水平安定板とも呼ばれる）には二つの制御システムが付いている。一つ目は水平安定板自体が上下に動いて、姿勢のコントロールを行う。これは原則電動モーターによる微調整であるが、油圧でも制御されている。二つ目は水平尾翼に付く尾ひれのような昇降舵で、急速な上昇、降下を行う装置である。これは油圧によって制御される。先回りして述べておくと、水平尾翼にはこのような機能を実行して果たすことが期待されているからこそ、それが破壊脱落すると機体は一気に急降下し、それは墜落に直結する。この水平尾翼と123便墜落事象との関連は、後述するが、まず、「第4エンジン」の破壊脱落に続き、「水平尾翼」も脱落し、その姿勢制御は不可能になり、墜落したことは確実であり、墜落の事故原因はこの「水平尾翼」の脱落であると帰結できるのである。

②事故報告書は事故機の操縦性、飛行性をどのように判断したか

　18時24分日航123便はその垂直尾翼とAPU、油圧機能を喪失したが、その後も32分間飛行している。突然、何らかの原因、理由で墜落しなければ燃料が切れるまで飛行できたはずである。しかし、垂直尾翼の喪失という異常事態が発生した123便に遊覧飛行を楽しむ余裕はないはずである。飛行の継続ができたにもかかわらず、なぜ緊急時の課題として、最寄りのいずれかの飛行場に着陸しなかったのかという最大の疑問が生ずる。後で詳細にこの疑問を解くことにするとして、まず事故調がCVR、DFDRなどに基づいて飛行状況や飛行経路をどのように判断したかを検証していく（資料②―日航123便飛行経路図）。

　事故機の飛行状況として、事故調は「日航機は圧力隔壁が破壊し、後方のAPU全体を含む胴体尾部構造の一部の破壊、脱落が生じた。垂直尾翼の破壊が始まり、トルクボックスも損傷したため、方向舵は脱落し、4系統の操縦系油圧配管も全て破断した。このような機体の破壊によって、方向舵、昇降舵による操縦不能、水平安定トリム変更機能が失われ、ほとんどの操縦機能が失われ、姿勢、方向の維持、上昇、降下、旋回等の操縦が極度に困難になり、激しいフゴイド運動、ダッチロール運動が生じ、その抑制が難しく、不安定な状態での飛行の継続はできたが、機長の意図通り飛行させるのは困難で、安全に着陸、着水させることは不可能であった」と結論付けた。

　この事故調査員会、航空局の結論を簡単に整理すると次のようにまとめられる。

１）重要機器、部品が喪失し、飛行は困難になった。

２）姿勢、方向、旋回、上昇、降下の操縦が極度に困難になった。

３）フゴイド、ダッチロールの抑制が困難であった。

４）しかし、不安定な状態での飛行の継続はできた。

５）機長の意図通りの飛行は困難であった。

６）安全な着陸は不可能であった。

７）（そして墜落した。）⇒この項：記載なし（推測誘導）。

　しかし、この結論には論理の飛躍、矛盾が顕著に表れている。すなわち、１）２）３）は操縦が困難だとしているが、４）では飛行の継続ができたとしており、これは論理的にも技術的にも大きな矛盾である。また、４）と５）、４）と６）も互いに矛盾している。さらに４）と７）と

の間に必然的な因果関係はなく、これも論理的、技術的に矛盾している。

　このように、事故調の説明、結論は技術的、論理的に大きな矛盾に満ちており、この操縦性、飛行性についての説明は成立しないのである。以下、それを確認していこう。

③ CVR から読み解く事故機の操縦性、飛行性の真実

　事故機の操縦性、飛行性は後の墜落事象と深い関係、因果関係があり、重大な機能を喪失した後の同機の操縦性、飛行性は、その飛行経路図、CVR ①や DFDR ②の記録、目撃証言、生存者証言、乗客遺書などから、先入観を持たずに調査し検証しなければならない。

　操縦性の点から判断すると、垂直尾翼と油圧機能を喪失したために方向舵、昇降舵が作動せず、通常のように油圧を用いた操縦が不可になったのは事実である。しかし、事故機は油圧機能、垂直尾翼、APU を喪失してから32分間も飛行しており、かつ事故調も事故機は「飛行の継続ができた」ことを認めている。これは事故機が手動でエンジンの推力調整を行うことによる操縦によって飛行できたことを意味する。

　事故調はこのエンジン推力調整という観点から操縦性、飛行性について検討も言及もしていない。手動でのエンジン操作による手動操縦の可能性を無視したうえで、操縦性や飛行性を喪失したという推測を捏造しているということである。

　事故機の機長らは、健全で強力なエンジン4基と電動モーターで作動するフラップを使って事故機を操縦している。油圧機能を失った他の事故例でも、機長が健全なエンジン出力を操作することで同じく操縦を行った例は存在する。

　123便がエンジン出力の手動操作によって操縦可能だったという判断は、飛行経路図を根拠として導き出すことができる。

　旅客機では通常でも離陸、着陸の時は油圧による基本的な操縦以外に、一部エンジン出力調整での手動操縦を行う。123便のように油圧機能が喪失した場合には、この手動によるエンジン出力の調整しか操縦の手段は残されていない。機長としては、524名の人命を助けるために必死に手動操縦を行うことは当然であり、それがこの場合の機長の最大の責務だったとも言える。

　事実、123便の高濱機長は自衛隊で戦闘機を長年操縦した経験の持ち主であり、エンジン出力調整による手動操縦には慣れている。経験豊富で優秀な高濱機長は佐々木パイロットに操縦を指示し、佐々木パイロットはこれを忠実に実行することで操縦が行われたのである。そのことは、CVR の分析からも明らかである。

　18時24分に123便は垂直尾翼の全壊と APU の破壊脱落の直後に油圧配管も断絶して、油圧による自動操縦機能が失われ、事故調は「事故機の操縦が困難となった」との結論を報告している。だが、先に述べたように同じ事故調は「飛行の継続ができた」との認識も示している。

　このうち「操縦に困難があった」とは、後年の日航技術部長の説明によれば「油圧による自動操縦ができない」ことと、垂直尾翼が全壊して、「横方向安定が制御、維持できず、（機体が）左右に横移動して旋回や降下飛行が伴うダッチロール、機首が下がるフゴイド運動などの事象」が発生したことを指しているという。しかし、その後の調査で、事故機はダッチロールやフゴイド以前に墜落の危機にあったことが判明している。これを示すのは藤枝市の小林氏の目撃で、機体高度は1,000m以下。つまり、垂直尾翼が破壊された段階の高度7,000mから6,000mも降下している急降下、いや墜落事象が起きていたことが分かる。この時、機長らによるエンジン出力の調整で機体の墜落事象は修正され阻止された後に操縦ができるようになった。機体にダッチロールの現象が出て来たのは、その後になってからの話である。事故調はこれを操縦に困難が発生したと

して誤魔化している。呆れた調査報告書の欺瞞であり、国民への侮辱、冒涜の嘘の事故調査報告書である。

この「ダッチロール」「フゴイド運動」は繰り返し続いており、それによって墜落には至っていない。しかも、このダッチロール、フゴイド運動は垂直尾翼の喪失の20分後には大月市上空で123便が旋回、降下飛行を行って飛行高度を下げてから解消している（資料⑱—事故機のDFDRデータ。大月市の旋回降下飛行後、ダッチロールは解消した）。

この時の旋回や降下の意味は後に詳述するが、飛行高度を下げて空気密度が大きくなるとダッチロールやフゴイド運動は自動的に自然に修正される。密度の高まった空気の抵抗によって、横方向への機体の移動も縦方向の移動も反対方向に修正されるのである。この様子はDFDR②（資料⑱-2）にも記録されている。もちろん、修正作用が生じない場合は、着陸を試みる場合には重大な支障となる。

さて、このように事故機はダッチロールやフゴイド運動を修正しつつ32分間も飛行継続し、その間に旋回や上昇、降下も行っている。このことは、機長らが何らかの方法で機体を操縦・操作したことを裏付けている。油圧機能がすべて失われていることと通常の離着陸時の操縦を合わせて考えれば、それは残された「エンジンの出力の調整」と「フラップの操作」以外に考えられない。そして現実に機長や佐々木パイロットがこれらの手動操縦を行っていたことは、DFDRからも確認されている。

このエンジン出力調整による操縦性については、日航のパイロットの神様と言われた杉江弘氏がその著書『JAL123便墜落事故』の中で言及し、123便と同様に油圧機能の喪失したUA232便の緊急着陸で生かされた事例を紹介している。

＊

このエンジン出力調整の模様を、CVR①と、DFDRの記録から証明する。

8月12日、日航123便のコックピット（操縦席）に座ったのは高濱機長、佐々木副操縦士、福田機関士の3人であり、当日は佐々木副操縦士の機長昇格のテストが行われることから佐々木副操縦士が機長席に座り、操縦桿を握った。高濱機長は副操縦士の席に座り、通信の業務を担当するとともにテスト教官の役目を担っていた。

高濱機長は垂直尾翼の全壊の重大な異常事態ですぐに操縦を替わるのではなく、機長の立場、権限で佐々木副操縦士に操縦を任せ、自分自身は全体の状況の把握と飛行状況の把握を行うことで的確な指示を与えることによってこの苦境、操縦困難を克服しようとしたのである。この冷静な判断が一般の機長と異なるところで、高濱機長の卓越した優秀な素質と技量を表している。

● **CVRに記録された機長と佐々木副操縦士、福田機関士との会話記録**

18：37	機長	「あたまを下げろ」（「あたま」とは機首のこと）
	佐々木	「はい」
18：40	機長	「あたまを下げろ」
18：42	機長	「ストールするぞ」（「失速するぞ」の意味）
	佐々木	「はい」
18：42	機長	「ライト　ターン」（右旋回の意味）
18：43	機長	「レフト　ターン」（左旋回の意味）
	佐々木	「はい」
18：43：23	機長	「あたまを下げろ」

18：43：47	機長	「もっと　もう少し　あたま下げろ」
18：43：56	機長	「下がるぞ」
18：44：22	機長	「いっぱい　やったか」
	佐々木	「いっぱいです」
18：44：47	機関士	「フラップ　下げますか」
：49	機長	「まだ　早い」
18：44：53	機関士	「ギア　降りてます」（「ギア」とは降着装置、つまり車輪と緩衝装置などを指す。事故機が着陸態勢に入っていることを示している）
18：50	機長	「あたま　下げるな　下がってるぞ」
	佐々木	「はい」

　以上の会話文言は、すべて事故調の事故報告書からの抜粋である。この会話からはコックピットの三人が協力して操縦を行っていること、機長が事故機123便の飛行状況を綿密に把握して、佐々木副操縦士に指示を行っていることがわかる。機長が的確な操縦指示を出し、それに副操縦士と機関士がそれに応じて操作することによって123便は飛行を継続していた。なおかつここでの会話で極めて重要なのは、機長らが飛行場への着陸を敢行して乗客乗員の命を助けようと懸命の努力をしていたことが読み取れることである。

　このCVR記録から、事故機は機長の意図に沿った操縦ができたことが読み取れる。事故調は「不安定な状態での飛行の継続はできた」としながら、「機長の意図通りの飛行は困難であった」という二つのことをつなぎ合わせているが、これは技術的に真逆の説明であり、成立しない。

　なぜなら、「飛行が継続できる」ということは、「操縦できた」ことを意味するからだ。旅客機というのは、一度宙に放り投げれば風まかせでしばし漂うことができる紙飛行機ではなく、巨大な機械の塊である。その旅客機が、操縦もできないのに飛行し続けることなどあり得ない。

　上記の会話では機長が細かく的確な指示を与え、佐々木副操縦士がそれに従って操縦を実行している。そこで実行している操縦とは、エンジン出力の調整を行うことによる手動操縦である。機長の指示を佐々木副操縦士が忠実に実行しての飛行なのだから、操縦の定義が「機長の意図通り」の制御を行うことであるとすれば、まさに機体は機長の意図通りに制御されていたことになる。

　以上のように、事故調が述べる「機長の意図通りの飛行は困難であった」とは、真っ赤な嘘であることは明らかだ。ということは、「機長の意図通りの飛行は困難であった」ことを根拠として「安全な着陸は不可能であった」という結論を導き出したのも、根拠のない戯言だということになる。

　さらに「緊急着陸」というものについても考えると、異常事態に見舞われた旅客機が飛行場に緊急着陸を行う場合、通常通りの水準で「安全」な着陸を前提に緊急着陸を敢行することなどできるはずがない。可能な限り多くの乗客乗員の命を助けるための緊急着陸であって、それは一般の運航時の目的地への着陸とは質が異なる。一人でも多くの命を救うことを目的とした緊急着陸は一定の危険を伴う着陸になるのが当然であり、それは航空業界の常識なのである。

　それにもかかわらず、事故調は「安全な着陸は不可能であった」という部分でわざわざ「安全」を持ち出すことにより、着陸の余地が一切なかったかのような印象を生み出そうとしている。垂直尾翼の喪失という緊急事態に見舞われた旅客機が着陸するのだから、それが危険を伴う緊急着陸になることはわかりきったことだ。重要なのは通常の着陸同様に「安全」かどうかではなく、

一人でも多く助かることを目指した緊急着陸の可能性があったのか・なかったのかというところにある。それにもかかわらず敢えて論点を「安全な着陸」へとずらした事故調の書きぶりは、国民の間に緊急着陸さえもできなかったかのような印象を与え、国民を騙すために事実を捻じ曲げて伝える謀略的な表現である。

④目撃証言から見た事故機の操縦性と横田基地への接近

すでに紹介したように、日航123便が高度を下げて低空飛行しているのを多くの人が目撃している。その目撃証言からも、事故機の操縦性、飛行性を判断することができる。

合わせて注目できるのは、同機が米軍横田基地に接近し、次いで長野県川上村のレタス畑の上空に出現したという特異な飛行経路だ。

●小林美保子氏の目撃証言（藤枝市　22歳）8月12日　18：30頃）

駿河湾から、飛行してきた123便が富士山のある北の方角に向かって、ゆっくりと右旋回しながら、飛行していった。はっきりと窓が見える程、高度が低い状態であった。飛行そのものは安定している感じであった（青山透子著『日航123便墜落の新事実　目撃証言から真相に迫る』（河出書房新社）。

＊この目撃内容から飛行高度は約1,000m以下と思われるが、事故調は事故機の飛行高度を7,500mという途方もない高度として発表している。事故調の報告書には多くの疑惑があるが、これも事故調の意図的な真実の捏造、DFDRの捏造の一つである。

●角田四郎氏の目撃証言

大月市の近くの倉岳山（990m）へのハイキングに行った。午後6時40分過ぎに夕食の準備で高台に立ち、天を仰いだ時、場違いと思える大きな飛行機が目に飛び込んで来た。ほぼ南を向いて立っている、私の左手に、北から南に向かって、少し右に傾いた民間航空機であった。民間機と思ったのは、窓が一列に沢山見えたからである。すぐに水平飛行に戻り、ゆっくりと南下して行く。やがて、飛行機は再び右に傾きながら、倉岳山の東側を南西に向けて山陰に消えた。飛び去った飛行機はその山の右へ姿を表した。今度は西に向かっている。少し小さく見えるが、あまり上昇していないと感じた。今度はすぐに山陰に隠れて見えなくなった。「あの飛行機の高度、速度では、これから着陸する」と思った。西の空が色づき始めているのを見た。その時、また飛行機が見える。木の間に見え隠れしていたが、今度はごく小さい機影で、北西に向かって夕焼けの中にどんどん小さくなっていく（角田四郎著『疑惑—JAL123便墜落事故』早稲田出版、1993年）。

＊この目撃証言は事故調の飛行経路図で事故機が右旋回によって大きく円を描いて降下したスパイラル降下の際の南西への飛行とその後の左方向への飛行、そして北方向への飛行の部分に相当する個所である。米軍横田基地の近くに住んでいる著者の目撃内容の描写は極めて具体的であり、事故調の飛行経路図とも合致する。この描写からは、事故機は安定した操縦で低速飛行しており、着陸を想定した飛行をしていたことをうかがわせる。事故調が操縦性を否定したはずの123便が、なぜこれほど見事に円状のスパイラル飛行を行ったのか、事故調にはこれを解明し、説明する責務がある。それは「事故機は操縦できた」ことの証拠なのだ。

●飯塚利明氏の目撃証言（静岡市田町3）

西南から進入してきて、静岡駅方向に右旋回し、今度は左へ翼を傾けてＳ字状に旋回するジャンボ機を見た（『朝日新聞』1985年8月13日朝刊）。

＊123便は富士山を横に見ながら北西に進んで河口湖上空に達し、大月市西方で右旋回して東に向かい、すぐに南下、やがて西に向かい、再び北へ。このように、大月市上空でループを描きながら高度を下げ始めた。先ほどの角田四郎氏が目撃したのはこの時の飛行である。一回転して再び東進し、相模湖をやや北側から、東北東、北東、北、やがて、北北西へと機首を向ける。この時点から123便は東京都下に入っている。

●南澤輝明氏の目撃証言（五日市町入野750　35歳、会社役員）

「8月12日は私の誕生日なので、良く憶えています。町の南側にある今熊山（八王子美山町）の方向から、大きな飛行機が現れ、北北東の方向へ水平にゆっくりと飛んで行き、秋川や町の上空を横切って日の出町方向の山に消えました。五日市高校の上空あたりを飛んでいる様子でした。時間は午後6時45分頃の20〜30秒間です。」（角田四郎氏取材）

＊この証言が重要なのは、日航123便の飛行中の最東端地での目撃証言だからだ。この点についての事故調による飛行航路図は真っ赤な嘘であり、123便は実際には事故調が発表した航路図よりも数十キロも横田基地に近づいたところを飛んでいた、これを立証する上記の目撃証言は、事故機が横田基地に接近していたことを証明している。

●123便乗客・村上良平氏の遺書

　機体は大きく左右に揺れている。

18：30　　急に降下中。水平飛行している。

18：45　　機体は水平で安定している。

18：46　　着陸が心配だ。スチュワーデスは冷静だ。

＊この証言は時系列的に、事故機に搭乗していた乗客自身が目撃し体験したことを遺書に記入している点で極めて重要である。ダッチロールは18：45には解消し、水平飛行に移ったこと、さらに「着陸」のことを心配している記述からは、機長からの連絡で乗客に「着陸」が知らされていたことがわかる。この遺書を介した証言は、123便はこの段階で操縦可能であり水平に飛行していたこと、さらにこの時点で付近の飛行場への着陸を敢行しようとしていたことを物語っているのだ。先に述べたように、飛行できていたのであれば操縦できたということであり、操縦ができるのなら着陸もできる。この遺書は、まさにそのことを雄弁に物語っているのである。付近の飛行場とは、後述するように米軍横田基地をおいて他にはない。

●石川哲氏の目撃証言（神奈川県相模原市古淵、38歳、当時は長野県南佐久郡川上村のレタス畑で作業中）

　石川氏は12日午後、南佐久郡川上村梓山の実家近くの畑で、レタス葉の消毒作業をしていた。墜落現場の南約6キロの地点だ。辺りが薄暗くなり始めた午後7時頃、東南にある甲武信ケ岳（2,475m）の北側の尾根から、突然大きなジェット機が姿を現わした。飛行機は石川さんら、数人が働いていた畑のほぼ真上を西方向に通過。「まるで、石を投げたら、当たるような超低空飛行だった。真上に来たときは、空が真っ暗になるように感じた」と石川さん（注：レタス畑は奥行数km、幅数百mもある平坦な土地で、不時着に適した広大な畑地であった）。「飛行機は千曲川に沿って西に進んだが、正面に扇平山（1,700m）が迫っていた。右翼を下げて飛行機は約90度

右旋回した。が、進行方向には三国山（1,818m）がある。」「もう、ぶつかると思ったが、機首をぐっと持ち上げて、山の斜面を這うようにして上昇していった。<u>機首の上部が後ろからでも見える程の急角度のまま、やっと尾根を越えた。</u>姿が見えなくなって、数秒後に、黒い煙が、続いて白い煙が上がった」という。

　この日航123便の飛行状況の描写から、事故機は川上村梓山レタス畑に不時着を敢行しようとしていたと考えられる。高い山である扇平山、三国山との衝突を避けるべく、急旋回、急上昇の飛行を行っていることがわかる。補足しておくと、後述するように事故機はこの後、三国山から群馬県上野村の山岳地帯に入った段階で機体に異常が発生し、最初に黒い煙（エンジン火災）、続いて白い煙（墜落炎上）が立ち上ったのである。

　以上の目撃証言、乗客の体験証言から、事故機123便はエンジン出力調整で操縦できたことが歴然としている。さらに123便はあてもなくさまよっていたのではなく、横田基地への緊急着陸、川上村のレタス畑という明確な目標を持って飛行していた事実が浮上してくる。そこでわかるのは、機長らの緊急着陸、不時着への意志だ。事故機は操縦できたからこそ飛行していたのであり、さらに同機は着陸できる態勢、能力があったのである。事故調が事故報告書の中で述べる「飛行の継続ができた」という記述は正しく、それだからこそ後に続く「着陸は不可能であった」との記述は嘘であると判断できるのである。

⑤ボーイング社の証言と「パイロットの神様」日航・杉江氏の指摘

　それでは、世界の航空機製造会社のトップに位置し、123便で使用されたB747を製造したボーイング社の事故機の操縦性についての証言を見ておこう。
　隔壁の修理ミスを認めたボーイング社だが、同社は日航機123便の飛行状況に関しては「事故機は操縦できた」と報告している。

　　　FAAの事前通知書には、全ての油圧系統が切れた場合、操縦不能になるとの記載があるが、これは正しくない。<u>事故機は推力レバーを操作することによって、操縦できた。</u>
　　　分析によると、<u>旋回、上昇、降下などの操縦性が維持されていたほか、フラップ（下げ翼）を出すこともできた。</u>事故機は垂直尾翼や方向舵の相当部分を失ったにもかかわらず、全ての油圧系統が切れた場合も長時間飛んでいた（1987.4.17付　ボーイング社文書。1995.8.10「朝日新聞」朝刊、角田四郎著『疑惑』）

　このボーイング社の公式文書は事故機が操縦・飛行できたという重要な証明、証拠である。
　世界のボーイング社は最高レベルのテストパイロットを抱えており、設計、製造機体の性能の評価、確認、飛行能力限度の確認を行っている。B747機の操縦技術、一般航空機の操縦技術については、事故調や日本航空の技術水準よりはるかに高いのであり、その信頼性は高い。これに対して日本の事故調の操縦、飛行技術についての結論は、<u>墜落に至るまで間の実際の操縦性の評価や飛行状況の検証が行われておらず、論理的にみても信用できないことは明らかで</u>、事故報告書の結論は誤りである。
　米国における「123便の操縦性」については、日航の「パイロットの神様」である杉江弘氏も著書『JAL123便墜落事故』で論じている。同氏は操縦不能に陥ったUA232便の着陸失敗事故について論じた章の中で、日航123便事故機の操縦性に対する米国のパイロットたちの認識を述べている。すなわち「<u>JAL123便がエンジン出力の調整だけで約30分間も飛行した事実をパイロッ</u>

トは熟知しており、機体の降下や制御もエンジン出力のみで、コントロールできることも分かっていた」というのだ。

　米国の航空業界はボーイング社の事故機の操縦性の判断（操縦性に関するFAAの判断に対する批判と問題提起）を信頼しており、事実、その後の事故でも立証されている。それを受けて杉江氏は日本の事故調査について、「（アメリカにおける）UA232便着陸失敗事故でのクルーの行動についての調査、分析は、『死者に鞭打つ行為』などと言って、きちんと検証も議論も行わない日本との大きな違いである」と述べ、123便の操縦性や飛行性を否定した日本の事故調査の欠点、悪行について批判しているのである。

⑥事故機の飛行経路の確認

　事故調は事故機の垂直尾翼とAPU、油圧配管断絶が同機の操縦不能に近い状況をもたらしたと短絡的に断定して結論をまとめ、それが墜落に至った原因であるかのような杜撰で非科学的・非論理的な結論を出している。事故調査においては事故機の実際の操縦性、飛行性、CVR、DFDR、さまざまな証言などの分析から帰納的に結論を引き出す必要があるが、事故調はここでも「演繹法」を用いることによって間違った結論、端的に言えば「嘘」の結論を導き出している。

　それでは、帰納法に基づく分析から、18時24分垂直尾翼破壊から18時56分に墜落するまでの実際の飛行経路を分析し、事故機の操縦性、飛行性、着陸可能性、その意図について検証する。まずは、その飛行経路の確認である。

＊

　事故機の飛行経路図（資料②）を分析すると静岡県の焼津市、藤枝市で右旋回し、北北東方向に向かって飛行しており、明らかに東京都の横田基地、次いで長野県川上村（前述のレタス畑での証言の場所）に向かって飛行している。

　特に山梨県大月市で右旋回し円状に360度連続回転降下飛行して東京都八王子市の方向に飛行していることについて、2014年にはフジテレビ、2015年にはTBSテレビが日航機事故の飛行航路を分析し、「事故機は横田基地方向に飛行していた」と断定している（資料⑲─事故機は横田基地に緊急着陸出来た‼）。

　特に2014年8月12日に放映されたフジテレビの特別番組では、「日航123便は横田基地への着陸を目指したが、その前面に『風』と『雷雲』が立ち塞がり、123便はその飛行方向を急遽変えて、西方向に飛行した」と説明している（資料⑳─日航機の横田基地への緊急着陸の敢行）。

　この「風」と「雷雲」という障害物は比喩であり、暗に123便が抗いようのない妨害行為に直面したことを示唆する表現である。横田基地を目前にして、なぜ事故機は左旋回して長野、群馬に向かったのか。さらに川上村を過ぎた後、どうして着陸できる場所がない群馬県の上野村付近、すなわち墜落地となる山岳地帯へと飛行したのか。優秀な高濱機長が杜撰な飛行方向を指示することはあり得ないことで、それがこのような飛行経路をたどったことには大きな矛盾がある。この矛盾を生んだ「風」や「雷雲」が何だったのかは後に詳述するが、ともかく事故機は横田基地を目指して飛行してきた後、基地を目前にして急に左旋回し、長野、群馬方面にほぼ一直線に飛行している（資料②）。いずれも行き当たりばったりの迷走飛行などではなく、目的を定めての飛行だ。

⑦大月市上空での事故機の右旋回スパイラル飛行、降下飛行

　事故機123便の横田基地への飛行途上、誰もが注目せざるを得ないのが先にも言及した山梨県

東部の大月市上空での奇妙な旋回飛行である。ここで同機は旋回しながら極端な降下を行った後、再び横田基地に向かって飛行している。この奇妙な飛行について、事故調は旋回の理由を明らかにしていない。

まず、明確に言えることは、4回もの急な右旋回を連続して行い、かつ降下飛行によって飛行高度を下げたということは、事故機が操縦できたということの明確な証だ。通常、垂直尾翼を失うという異常事態の中にある事故機がこのような旋回を連続して行うのは、そこだけを取れば無謀の誹りを受けても仕方がないはずだ。旋回飛行は旅客機の安全性を確保する上では非常に危険な飛行、いわば冒険飛行と言わざるを得ないからである。しかし、事故機は果敢に右旋回を4回も連続して行っているうえ、それによって墜落といった事態には立ち至っていない。旋回を終えた同機は再度まっすぐ横田基地を目指している。高濱機長は横田基地を目前にして、それなりの目的を持ち、自信を持って意図的に危険な飛行に挑戦したことになる。

この大月市での360度の旋回飛行では合計4回の右旋回を行い、それを通じて123便の飛行高度は6,600mから1,500mまで降下している。これは事故機が横田基地への着陸を準備するための飛行行動だったと判断できる。機体に異常が発生して操縦に困難がある時は、速やかに最寄りの飛行場に緊急着陸を行うことが最善策であり、たとえ多少の危険が伴っても着陸しなければ全員死亡するのは必定だ。着陸するためには、高度を段階的に下げていかなければならない。それがこの時のスパイラル降下の意味だ。

このような降下飛行は、通常飛行における着陸時にも行われている。高高度を飛ぶ飛行機は、いったん1,500m程度にまで飛行高度を下げ、そこから最終着陸態勢に移る。ただし、この123便の場合は「失速」を避けるため、飛行速度を落とさずに降下する必要があった。そこで用いられたのが、右旋回を続けるという方法だった。このように連続旋回で高度を下げる方法は他の事故例でも実行されており、着陸を成功に導いている。

その点で、これは見事な操縦技術だったと評価できる。

なおかつ、この連続右旋回飛行による降下飛行で、ダッチロールやフゴイド運動も解消し、機体の姿勢の安定性という点でも緊急着陸の準備が完了したことになる。250トンもある巨大な機体（事故機は燃料、乗客、貨物を含めると400トン近くに達していた）を90度以上の旋回飛行のくり返しによって降下させ、姿勢を安定させる。それを手動によるエンジン出力調整によって行うというのは機長が意図して行ったものであり、事故機が手動で操縦できたことを示している。それと同時に、高濱機長、佐々木副操縦士、福田機関士の協力による操縦技術は賞賛に値するものだったことを意味する。後に述べるように同機長らは最後の墜落の途中に急降下する機体を水平飛行に戻して地面と激突する際の衝撃を緩和し、後部座席の乗客乗員のおそらく50〜100名の即死を回避させている。それはまさにパイロットとして顕彰に値する功績で、パイロットの鑑として後世に語り伝えられるべきである。

ちなみに、墜落事故から2年後の1987年、この墜落によって殉職した機長・高濱雅己氏、副操縦士・佐々木祐氏、航空機関士・福田博氏に対し、国際定期航空操縦士協会連合会は「ポラリス賞」を贈っている。この賞はパイロットらの優れた飛行技術や英雄的行為を表彰するものであり、民間航空に関係する賞としては最高位の賞と言われる。そのことをここに書き記して称えるとともに、国際航空界の人々もまた事故機が3人によって操縦され、飛行していた事実を認めていることを指摘して確認しておきたい（資料75）。

さて、この大月市上空の旋回飛行でさらに重要な点は、これだけ大胆な旋回をしているにもかかわらず、CVRを文字に起こして採録したという事故調の公開資料の中にはこの時の操縦に関

する会話が一切記録されていないということである。先に見たように、機長は佐々木操縦士に逐一指示を出しながら機体を操縦している。それにもかかわらず、大掛かりな旋回と降下をくり返している場面での会話記録が一切ないということは、明らかに事故調あるいは運輸省航空局による会話文の削除が行われたと推測せざるを得ない。

そのようなことが起きる最も有力で合理的な理由は、事故調が事故報告書の中で「着陸は不可能であった」と強調しているからだ。その事故調の結論と整合性を持たせるためには、着陸を目指しての操縦・飛行やそのためのコックピット内の会話が存在しては困る。つまり事故調は、123便が着陸しようとしていたことを知られたくなかったのだと考えるほかない。

⑧川上村のレタス畑への不時着試行

事故調の報告書は、事故機が操縦不能で着陸は不可能だったという断定を前提とし、同機が横田基地のはるか手前で左旋回行してから、一直線に上野村山岳地帯に直行したように結論している。だが、これは遺族や国民を欺く卑劣な嘘だ。

123便は横田基地への着陸を目前にしながら、同基地への着陸を断念せざるを得ない状況に追い込まれた。それがどのような状況であったかは後に詳述するが、横田基地を前にした同機は確かに左旋回している。だが、乗客の命を助けることを最優先に考えて横田基地への着陸を敢行しようとした高濱機長が、着陸できる場所がない山岳地帯の上野村（群馬県）方向に直行するはずがない。事故機は墜落地点となる上野村に向かう前、川上村（長野県）の梓山付近のレタス畑に不時着しようとしているのを住民から目撃されているのである（資料㉑—川上村、上野村山岳地帯への事故機の飛行経路図）。

先にも紹介した石川哲氏の目撃した光景を再度確認しよう。

「12日午後、川上村梓山の実家近くにあるレタス畑で、レタス葉の消毒作業をしていた。墜落現場の南約6km南の地点だ。辺りが薄暗くなり始めた午後7時頃、東南にある甲武信ケ岳（2,475m）の北側の尾根から、突然大きなジェット機が姿を現した。飛行機は石川さんら数人が働いていた畑のほぼ真上を西方向へ通過。まるで、石を投げたら当たるような低空飛行であった。真上に来た時は、空が真っ暗になるように感じた。飛行機は千曲川に沿って西に進んだが、正面に扇平山（1,700m）が迫っていた。右翼を下げて飛行機は約90度右旋回した。が、進行方向には三国山（1,818m）がある。もう、ぶつかると思ったが、機首をぐっと持ち上げて、山の斜面を這うように、上昇して行った。機首の上部が後ろから見えるほど、急角度のまま、やっと尾根を超えた。数秒後に黒い煙が、続いて白い煙が上がった」（角田四郎著『疑惑』）。

この目撃証言は、事故機がレタス畑への不時着を目指したこととその後の飛行経路を、詳細かつ正確に説明している。

この証言の真実性を証明する事故調の記述がある。事故調の「報告書」81ページには、「事故機は扇平山に近づいた後、急激な右旋回を始め、三国山の北側で東西約2.4km、南北約2.5kmの楕円を描くように、右まわりして墜落した」との記載がある。この事故調の記述は、上記の石川氏の証言を採用したものと推測できる。

だが、事故調は事故機が川上村、扇平山を通過したことをここで認めていながら、飛行経路図では川上村及び扇平山への軌跡を意図的に削除している。これもまた重大な矛盾であり、人々の印象に残るのを避けるための隠蔽の意図は明らかであろう。

こうして事故調は、123便の横田基地への緊急着陸と川上村での不時着が試みられた事実を隠

蔽し、「着陸は不可能であった」と切り捨てた。乗客乗員が当初から助かる見込みなどなかったかのような印象を振りまく国の事故報告書は、人の生死を、乗客乗員の命をゴミのように扱うことで何を護ろうとしているのだろうか。

　護ろうとしたのは、真の加害者（中曽根総理、自衛隊幕僚長）であった。

7　米軍横田基地に着陸を目指していた123便

①油圧配管断絶後の操縦・着陸例

　旅客機に異常が発生した時、機長は乗客乗員の命を助けることを最優先に考え、まず機体の安定性をキープし、操縦性を確認して、最寄りの飛行場に緊急着陸を行う。これが航空業界における機長の取るべき鉄則である。123便の場合、垂直尾翼を喪失した後も機体の操縦は可能であり、操縦できたということは飛行場に着陸できたということだ。先にも述べたようにこのような異常事態での着陸は通常のように安全最優先ではありえず、できるだけ安定した着陸を目指しながらもできるだけ多くの命を助けることが最大の目的になる。緊急着陸は機長の専権事項であり、何人（ぴと）も妨害し制止することはできない鉄則で、航空常識である。たとえ失敗しても、責めることはできないのである。

　この件に関連して、実際に起きた緊急着陸についての実例を見ておこう。異常事態に陥った旅客機の最大の課題である「緊急着陸」について、最新の調査結果を説明しておく。油圧機能が失われながらもエンジン出力調整による手動操縦で飛行し、飛行場に着陸して乗客乗員の命を救った事故例を示し、日航123便の緊急着陸の可能性を検討するのがねらいである。

●タイ航空機爆破事件（1986年10月26日）

（エアバス A300、乗客乗員247名）

　高知県土佐湾上空10,000mを飛行中にトイレで手榴弾が爆発し、圧力隔壁の70％が吹き飛び、機内は急減圧になった。しかし、後部の垂直尾翼、APU、水平尾翼とも異常はなかった。他方、油圧系統は3系列のうち2系列が破損破壊され、操縦不能になった。エンジン操作などで大阪空港に緊急着陸し、全員無事であった。ただし急降下で乗客14名が重傷、95名が軽傷を負った（生存率100％）。

●ユナイテッド航空232便不時着事故（1989年7月19日）

（ダグラス DC10、乗客：285名、乗員：11名）

　第2エンジンが疲労破壊したために油圧操縦系統が破壊され、操縦不能に。しかし、エンジン操作で最寄りの空港に接近して右旋回を続け、降下して緊急着陸。見事にタッチダウンしたが、バランスを崩し、発火して横転。機体は回転しながら滑走路を滑って行き、大破炎上した。185名生還（生還率63％）。4人のクルーは卓越した操縦技術と英雄的な行為でポラリス賞を受賞している。

●フィリピン航空434便爆破事件（1994年12月11日）

（B747機、乗客：273名、乗員：20名。）

　時限爆弾が爆発し、乗客1名が死亡。操縦系統が損傷を受け、方向舵の操作が困難になった。那覇空港に向けて左旋回し、エンジン出力を微調整しながら緊急着陸した（生存率100％）。

●カンタス航空32便事故（2010年11月4日）

（エアバス A380、乗客乗員469名）

　第2エンジンが爆発。他のエンジンも出力低下。計器異常、油圧系統も損傷し、操縦不能の状

態に。エンジン出力微調整で急遽旋回飛行して、チャンギ空港に緊急着陸した（生存率100％）。

（以上、小田周二著『日航機墜落事故　真実と真相』2015年、文芸社より）

　以上の発生の事故例事象から、油圧配管が破壊され、自動操縦機能が不可能になっても、旋回、上昇、降下などの操縦性が維持されていれば飛行は可能であり、機長が乗客乗員の命を助けるために空港への緊急着陸を行えば十分に着陸が可能であることがわかる。

　このような事故例からは、1985. 8. 12の日航123便墜落事故時のエンジン出力による操縦技術が、その後の実際の油圧トラブル事故の際に参考にされて使われ、乗客の命を救ったことが分かる。これが、日航機の高濱機長らが世界の「ポラリス賞」を受賞した理由の一つである（資料⑦）。

　日航事故機123便も旋回、上昇、降下飛行が可能であり、大月市上空で高度を6,600mから1,500mまで下げた後、米軍横田基地に向かっていた。機長が横田基地への着陸を意図していたことは明らかで、事故機の操縦の状況から考えて横田基地への着陸は十分に可能であったと判断できる。特に、上記のユナイテッド航空232便不時着事故の操縦不能の事態と日航123便の操縦性を比較すると、123便が横田基地に着陸できたこと、着陸すればほとんどの乗客乗員が助かっていたことは間違いないと推測結論できる。

②事故機の高濱機長らがエンジン出力による操縦技術を開発習得と実用化──それは墜落を回避するために機長らが必死に模索し試行し成功した新規操縦技術、画期的な「エンジン出力の微調整による機体制御操縦手法」であった!!

　18時24分日航123便は突然垂直尾翼が破壊され、油圧配管の断絶によって油圧を使った操縦はできなくなった。だが、墜落事象に陥った事故機の高濱機長らはエンジン出力の調整による手動操縦に活路を見いだし、習得してその後32分間も飛行を継続した。高濱機長は佐々木副操縦士に操縦の操作を任せる一方、垂直尾翼破壊後の飛行経路と操縦状況を勘案しながら乗客乗員の命を助ける唯一の手段として横田基地への着陸に挑むことになる。ここでは、操縦不能による墜落の危機に直面した機長らが、墜落を避けるために必死に模索しながら発見し、開発した「エンジン出力調整」による新規エンジン出力による操縦技術の開発の経緯を調査して記述する。

　すでに述べたように、いくつかの改竄が施された事故調による飛行経路図を見てさえも、垂直尾翼を破壊された後の123便が横田基地への着陸を目指して飛行したことは間違いない。高濱機長は、操縦に困難をきたした事故機を横田基地に着陸させようとしたことになる。機長として乗客の命を助けることを最優先にするのは当然であり、それは機長に課せられた責務であるのだ。

　では、機長はいつの時点で横田への着陸を決意したのだろうか。それを考えるには、まず機長らが、事故機を操縦して着陸することは可能だという確信を得たのがどの時点なのかを探る必要がある。それは、垂直尾翼が破壊されて油圧機能が失われた18：24頃の河津町のタクシー運転手の目撃証言から18：31頃の藤枝市の小林美保子氏の目撃証言までのわずか7分間の飛行の間に隠された機長らの格闘の結果だ。この時の格闘の中から新規の操縦技術が編み出され、垂直尾翼の喪失直後の墜落の危機から乗客の命を救ったのである。

●目撃証言─①　河津町：タクシー運転手による事故機への自衛隊標的機衝突事象と、その後の事故機の飛行状況の目撃証言

　18時24分、123便は垂直尾翼を破壊され、油圧配管が破壊されたことによって操縦に困難が生

じた。この時の事故機の姿を、河津町のタクシー運転手が目撃していた。タクシー運転手・近持芳太郎氏（58歳）と渡辺武夫氏（51歳）の証言によれば、「ボーンという音が聞こえ、（機体は）灰色の煙を出していた。河津町の上空で北方向に90度も旋回した」という。

しかし、地上からは「事故機は右旋回した」と見えたが、これは機長らが意図的に旋回したのではない。事故機が急に西方向から北方向に90度もの右旋回をする必要はないからだ。

では、この時の事象はどのようなものだったのだろうか。

事故機は垂直尾翼が破壊された後も、しばらくは慣性によって真っ直ぐ西方向に飛行した。

しかし、垂直尾翼と方向舵を壊滅的に破壊された事故機は横方向の安定の制御ができず、機体が横滑りをくり返すダッチロールや上下動であるフゴイド運動が始まる。さらに、河津町付近で機体は右側に傾き、次第に傾斜が増して右方向へと急降下する事象、いや、正確に言えば墜落事象に入った。この事象を停止して墜落を回避するために必要なのは、まず機体の傾斜を修正することである。エンジン出力を上げての揚力回復も行う必要はあるが、何よりも先決なのは機体の傾斜の修復だった。

だが、CVRの記録によれば、計器類を点検した機関士は機長に報告している。

「油圧、全部ダメ」

油圧配管の断絶により、油圧が完全に失われたのだ。もとよりこの時の機長らは、自機の垂直尾翼が壊滅的に破壊されたことなど知る由もないが、計器を見れば油圧機能が失われてしまったことはわかる。ブレーキオイルの通うパイプを切断された自動車でいくらブレーキペダルを踏んでも車を止められないのと同様、油圧が失われた機体で油圧装置を通じた操縦を試みても機体は一切反応しない。いくら操縦桿を操作しても補助翼や昇降舵などは作動せず、足元のペダルを踏んでも方向舵は動かない。油圧操縦に関する限り、機体はいわば糸の切れてしまった操り人形に等しい状態に陥っていた。

この状況下では、機長らが従来通りに操縦桿を操作し続けて油圧操縦を試みても墜落を防ぐことはできない。そこで機長らは、すぐさま新たな方法による操縦を試みはじめた。電動モーターを用いたエンジン出力の調整である。

この時の事故機に残されていたのは、油圧装置を媒介としないエンジン操作系統だけだった。電動モーターを用いれば4基のエンジン出力は調整可能であり、モーターによるフラップの出し入れもできる。通常の飛行の場合でも、離着陸時にはこれらの操作が行われている。機長らはとっさの判断で、この機能を使った。右第3、4エンジンの出力を上げ、左右のエンジン推力の差で右傾斜を修正しようとしたのだ。右エンジンをより強く噴かせば右側の推力が上がるから、機体は左への旋回を始め、右傾斜は修正に向かう。

だが、モーターの作動には時間がかかるうえ、それが飛行中の機体ではどのような動きとなって表れるかはやってみなければわからない。一つの操作によって機体がどう反応するかを確かめ、反応に行き過ぎがあれば別の操作を試みて修正を図る。その試行錯誤を繰り返しながら、油圧装置に頼らない操縦の技術をみいださなければならない。

右のエンジン推力を上げることで右傾斜は修正されたものの、今度は傾斜が左側に移り、機体は再び機首を下げようとする。したがって、エンジン4基を一斉にふかして機首を上向かせたうえで、次は先ほどとちょうど逆の要領で左側の傾斜の修正に移る。左第3、4エンジンの出力を上げて左側の推力を上げるわけだ。右傾斜を修正したら左傾斜が始まり、左傾斜を修正すれば再び右傾斜に。その試行錯誤は右に旋回しては揺り戻しのように左旋回が来るという緩やかな蛇行となって表れ、事故機はS字状の飛行軌跡で飛行することとなったのである。機長らはこのエン

ジン出力調整での機体の傾斜の修正で事故機の墜落事象を制御すると同時に、油圧機能に頼らずに左右の旋回をする方法、すなわち新たな操縦の技法を開発習得したのだ。

このエンジン出力調整での飛行過程で、事故機はかなりの飛行高度を失った。そのことは、次の小林氏の証言からわかる。

●目撃証言—②　藤枝市：小林美保子氏が操縦できた事故機の飛行状況を目撃

小林氏は「事故機はジャンボ機の窓がはっきりと目視できるほどの低空飛行から急激な旋回、急上昇を経て北方向に飛行した」（青山透子著『日航123便墜落の新事実　目撃証言から真相に迫る』河出書房新社）という詳細な視認、目撃証言を語っており、事故機は操縦できたことがわかる。同時に窓が目視できるほどの低空という証言からは、藤枝市に飛来した段階で飛行高度は1,000m以下になったと推測できる。

自衛隊標的機が123便に激突した18時24分から、小林氏が目撃した18時30分ごろにかけての機長らの会話もまたCVRに記録されていないことから削除が疑われるが、この5〜6分の間の事故機はかなり激しく急降下し、そのまま降下が続けば墜落したと推測できる。18時24分に河津町で目撃された時点で高度7,000mを飛行していた事故機は、藤枝市での目撃証言までの7分間にわたって一時的に操縦不能の危機に陥り、6,000m以上も飛行高度を降下させていたことになる（ただし、飛行高度について事故調は、飛行高度は7,000mのままだったとしてごまかしている）。その危機をエンジン出力調整の試行によって回避することを通じ、機長らは新たな操縦技術を習得した。こうして事故機は駿河湾を横切って西方向に飛行して静岡県に入り、焼津市を経て18：30頃に藤枝市付近に達したところを小林美保子氏に目撃されたわけである。

以上のように、二つの目撃証言からは、日航123便の垂直尾翼と油圧装置が破壊された直後の飛行状況が最悪の状況でありながら、それがエンジン出力調整という新規の操縦技術の開発に繋がったことがわかる。これによって機長らは、垂直尾翼破壊直後の墜落の危機から乗客乗員の命を救ったのである。

先にも述べたように、123便の墜落事故から2年後の1987年、高濱機長、佐々木パイロット、福田機関士には世界的に有名な「ポラリス賞」が贈られている。そこで称えられた優れた飛行技術と英雄的行為の中には、間違いなく垂直尾翼破壊から7分間の機長らによる墜落回避のための必死の操縦活動が含まれている。すなわち、世界のパイロットの団体は、機長らが危機の中でエンジン出力の調整による操縦という技術を獲得したことを、乗客の救命につながる卓越した操縦活動として認めたのである（資料㊵）。

だが、垂直尾翼と油圧機能が失われてから約7分間の間、エンジン出力調整での操縦技術の獲得に挑む機長らの必死の会話も、CVRの文字採録版には載せられていない。突如生じた異常事態の中、必死で機体の制御にあたる機長らの間に会話がなかったとは考えられず、これもまた事故機が操縦できたことを明らかにしたくない事故調、航空局の陰謀と言うほかない。

続く大月市上空の360度スパイラル旋回、降下飛行でCVRの会話が削除されている不自然さは先に指摘したとおりだが、その先の川上村、扇平山、三国山付近での飛行についてもCVRが削除されている。いずれも「事故機が操縦できた」という事実を隠蔽するための削除である。

さて、普通のパイロットであれば、日航123便は油圧機能の喪失に端を発して墜落し、地面あるいは海上に激突して全員死亡していたはずである。だが、自衛隊出身で経験豊富な高濱機長、優秀な佐々木パイロットによるエンジン出力調整による操縦技術の開発習得が功を奏し、機体は急降下したものの安定を取り戻した。油圧機能が喪失した中でも操縦性を獲得した彼らは、この

時点で524人もの乗客乗員の命を救う「操縦の神様」になるライセンスを得たはずであった。

　事故調の飛行経路図からも日航事故機123便は、静岡市付近から北方向に進路を取っており、この時点ではすでに横田基地に向けての飛行を目ざしていたと判断できる。

　機長は「横田飛行場への着陸」の実行に移ったのである。

③なぜ緊急着陸先は「横田基地」だったのか

　18時24分の異常異変の発生後、機長は即座に「羽田に戻る」と管制官に告げた。だが、123便はなぜか北方向に飛行して横田に向かった。この決断はどの時点で下されたのだろうか。

　垂直尾翼が破壊された直後に発した機長の言葉「羽田に帰る」は、事故機の損傷状況や操縦状況、その後の事態を検討する以前の咄嗟の言葉でしかなかったはずだ。垂直尾翼の破壊直後の事故機は突然の油圧機能の喪失によって墜落の危機にあったはずで、とにかくこの危機的状況から脱することが先決だった。危機的状況を救ったのは、エンジン出力の調整による手動操縦という方法の習得であった。左旋回が起き始めたら右旋回を行うといったＳ字状の飛行を試みながらエンジン操作での操縦性を把握し、機体の安定を取り戻したのである。この時点になって、やっと機長はどこに着陸するかを真剣に考えたのである。

　最初の大きな衝撃と轟音が起き、その直後、事故機は油圧が作動しない状況に追い込まれた。機長はこの事象が123便の機体自身の故障によってもたらされたものでなく、外部からの衝突ではないかと判断したはずである。機体後部の突然の衝撃、轟音が発生する直前に、123便に飛行物体の機影が急接近した異常事象を思い出したのである。垂直尾翼が破壊されて吹き飛ぶ直前に乗客小川氏が飛行物体の機影を見たのであれば、操縦席から機長以下のクルーも容易にそれを視認できたはずだ。操縦席は機体の最上部にあって最も視認性がよい場所なのだ。

　小川氏が目撃した機影は、恐らく自衛隊の無人標的機のロケット（機体）部分であったと思われる。機長席からの位置関係を解析すると、標的機は右前方方向から123便に接近している。123便は時速700kmで西方向に飛行していたのに対し、標的機は北から南への飛行航路を取り、右横から、時速1,000～2,000kmで123便の進行方向を横切ろうとしていたはずである。

　そして、標的機の一番大きい部分は最後の吹き流し部である。吹き流し部は直径３～４ｍ、長さは４～５ｍもあり、オレンジ色の塗装がされていて視認しやすい。吹き流し部は曳航索でロケット部と連結されている。機長らは、この「吹き流し部」が一番良く視認できたはずである。機長である高濱機長は長年自衛隊に在籍しており、恐らく標的機の射撃訓練も受けているから、瞬間的に認識できたと思われる。自衛隊の隠蔽主義、軍事優先の原則から、これは自衛隊が関与した飛行物体の衝突事故であると判断できただろう。ここで、機長が123便は自衛隊の標的機などの飛行物体の衝突を受けたと判断するのは当然のことであった。

　自衛隊機と民間機との衝突は頻発しており、その背景には後述するように自衛隊のさまざまな意味での杜撰さや傲慢さがある。この種の自衛隊の不祥事で自衛隊は、慣習として不祥事の事実を否定して隠蔽を図るのが常だった。だとすれば、123便の羽田空港への着陸は何らかの理屈を付けて自衛隊によって阻止される可能性が高いし、自衛隊基地も当然のことながら着陸を拒否するだろう。このように考えれば、安全に着陸できる飛行場として日本の管轄外の米軍横田基地が最適と判断したと推察できる。ここは自衛隊が関与できない外国の軍隊、米軍の基地であり飛行場だからである。

　また、高濱機長はエンジン出力調整による操縦性をほぼ習得したことによって飛行場への着陸は十分に可能だと判断していたが、同時に垂直尾翼や油圧機能を喪失するという異常事態の中で

は万が一のことも考慮しなければならない。その点からも一般の多数の民間機で混雑している羽田空港よりも、また民間人がほとんどいない米軍横田基地飛行場の方が緊急着陸先としては最適だと判断したのだ。

④大月市上空のスパイラル降下の意味

　このような背景で、高濱機長は一路、横田基地方向に飛行を行い、その途中でさらにさまざまな飛行の可能性を試行し、操縦性の精度を上げて着陸時の安全性を高めようとしている。

　事故機は静岡市から北上し、富士山の横を飛行した後、山梨県東部の大月市上空に到着している。すでに述べたようにこの大月市上空での壮大な360度スパイラル旋回、急激な降下で飛行高度を下げているが、この飛行の意味について事故調はもちろん無視したまま一言も触れていない。操縦技術で商売している日航も操縦不能だとしか説明できない。有識者らの中にもこの点を調査して説明した人はいないし、そのような著書もない。

　事故調による事故機の飛行経路図（資料②）だけを見るならば、この大月市上空での360度スパイラル旋回飛行と飛行高度の低下飛行はとても余計な飛行事象に感じられる。事故機は、大月市上空に差しかかった時の最初の右旋回の後、そのまま東方向に進めばすぐに東京都八王子市上空に到達する。そこで、旋回して北方向に飛行すれば航路は横田基地の滑走路の方向に一致する。そこで飛行高度を下げれば、着陸態勢に入れるからだ。

　日航123便はその垂直尾翼と油圧配管を破壊され、油圧による自動操縦が不可能になったが、その後わずかな時間の間での試行錯誤を通じて機長らは健全な4基のエンジンの出力調整で手動操縦する技術を見つけ出し、旋回や上昇、降下を行うことを習得した。この操縦性であれば飛行場に着陸できるという判断と、垂直尾翼を破壊したのが自衛隊標的機である可能性が高いという認識。これらを突き合わせ、自衛隊によって着陸を阻害される可能性が低く、なおかつ多くの民間人がいない横田基地への緊急着陸を行うべく、北東方向に飛行進路を取ってきたのである。

　したがって、通常のパイロットならすぐに横田に直行し、緊急着陸を模索したはずである。

　しかし、冷静沈着かつ優秀な高濱機長は、着陸時の安全をさらに高めるために時間的な余裕があると判断し、緊急着陸の予行練習を行ったのではないかと推論できる。その理由は、油圧機構による自動操縦が一般化している航空業界において、エンジン出力による微調整で操縦しながらの着陸など例のないことだったからだ。突然の事故によってエンジン出力の調整による手動操縦を余儀なくされ、その操縦によって着陸する。このような訓練を積み重ねているパイロットなど、どこにもいない。だから、高濱機長としては、習得したエンジン出力による手動操縦を用いた着陸の予行演習を実施し、少しでも着陸時の安全性を高めねばならないと考えたのではないか。

　そこで、実際に行ったエンジン出力の微調整による手動操縦での360度スパイラル旋回と高度下げの操縦について、緊急着陸との関連を検討しよう。

　横田基地飛行場に近づいた旅客機が着陸する場合を想定すると、次のような必要条件が考えられる。

1）まず、飛行高度を6,600mから第一段階として1,500mまで下げる。

2）旋回して、飛行場の滑走路の方向に機首を向ける。

3）捻じれのない正しい機体姿勢を保持する。

　1）と2）は素人でも考えることだが、パイロットにとって、着陸時の原則は機体の正しい姿勢なのである。特に123便の場合、操縦や着陸に障害となる飛行事象である「ダッチロール」「フゴイド運動」の除去が必要不可欠な課題だった。着陸時の車輪の接地では、主翼の下部の全ての

ギア（降着装置）の車輪に重量が均等にかからねばならない。また、機体の重量がかかる方向は重力と一致し、機体の着陸方向が滑走路の方向と一致することも必須である。車輪に均等に機体重量がかかるというのは機体が傾斜していないということであり、ダッチロールによる機体の傾斜は懸念材料である。機体が横方向に傾斜していると、250トン超（実質は400トン）の機体重量が4連の降着装置（6基あるから合計24個の車輪）のうち、一番外側の車輪4個に全ての重量がかかってしまうということになる。この場合、過剰な負荷がかった降着装置の車輪4個の根元が破壊されることになり、着地直後の機体は大きく傾斜して主翼先端が地面に接触し、根本から破壊された主翼から燃料が噴出して火災が発生する。さらにこの主翼の破壊で機体には回転エネルギーが生まれるから、機体は回転して破壊が進む。火災と合わせて悲惨な着陸失敗の事態、事実上の墜落事故になってしまう（これと同じ着陸失敗の事故例が1989年7月19日ユナイテッド航空232便不時着事故であった）。さらにダッチロールによる連続的な左右への重心移動と傾斜の繰り返しで機体重心は重力方向とは捻じれており、これは機体の回転エネルギーとして蓄積されることになる。着陸の接地の時には機体が回転力を有していることになり、着地直後に回転して転倒する危険性を孕んでいることになる。このような観点から、ダッチロール、フゴイド運動は着陸時の重大な障害となるから、絶対に避けねばならない。

このように、高濱機長は上記のうち3）のダッチロールとフゴイド運動が着陸時に重大な障害になると考えたはずである。したがって、機長としては123便の高度を1,500m程度に下げた時に、機体の姿勢の安定性がどのようになるのかを予め確かめたかったはずだ。この3項目を実際に確かめておけば、緊急着陸した場合の危険性を予測し回避できるからである。

実際に、高濱機長が大月市上空でエンジン出力の調整での「360度スパイラル旋回飛行」「高度下げ飛行」を行った状況は次の通りであった。

大月市での360度旋回回転飛行では4回の右旋回を行い、飛行高度6,600mから1,500mまで降下させている。これは横田基地への着陸準備行動であり、上記の問題点を確認しつつ問題の解決を図るための行動と考えられる。

最初の右旋回は大月市上空の近くで、旋回後そのまま直進している。旋回すると機体は右に傾き、降下飛行に移る。その状態でエンジンの出力を均等にして直進。次に再び右旋回して、また直進。これを3回繰り返し、123便は再び最初の地点近くに戻っている。この旋回の状況は三角形に近く、けっしてなだらかな円状ではない。この旋回降下飛行の航跡は事故調報告書のDFDR（フライトレコーダー）、飛行経路図からも裏付けられる。これは手動によるエンジン出力調整での旋回飛行であることを示し、機長が意図して行ったものであること、すなわち事故機が手動でエンジン出力を調整することで操縦できたことを示している。

以上のスパイラル旋回の分析からは以下のことがわかる。

• 三回の右旋回はいずれも旋回の角度は異なる。すなわち三種類の右旋回の角度を試行し、それぞれごとにスロットルの位置や旋回に要する時間などが把握されていることになる。ここで取得した知見は横田基地への着陸の際、八王子市の周辺で旋回降下しながら同基地に接近する時に役に立つ。

• 大月市上空の地点に到達して旋回を一巡させた時は、ほぼ同じ地点に戻っている。高濱機長、佐々木副操縦士の空間認識力は極めて正常であり、まったく狂っていない。つまり彼らは酸欠で朦朧としてなどいない証拠でもある（事故報告書では機長らは酸素マスクの装着を忘れていたので酸欠症状だったと非難している。しかも日本航空は自社のパイロットらの名誉を損ねるようなこの記述に対して抗議していない）。

- 旋回して飛行高度を下げる技術を習得している。123便は横田基地への緊急着陸する基本的な準備、予行演習に成功している。
- 最大の問題点であるダッチロールやフゴイド運動の状況について見ると、旋回して降下飛行に移った段階で、ダッチロール、フゴイド運動は次第に少なくなり、完全に減殺し、解消している（この点は後に日本航空も認めている）。高濱機長らは、ダッチロールやフゴイド運動は飛行高度を下げると軽減するとの情報を知っていたが、それを試行することによって実証できたのである。このダッチロール、フゴイド運動の解消については乗客の小川氏もその遺書に「機体は安定している」と記載していることで証明されている。

　これで、前述の三つの問題点１）〜３）は全て解決、すなわち横田基地飛行場への緊急着陸の際の心配事は解消し、以後、事故機は横田基地の南側に位置する八王子市に向かって飛行を続けることとなったのである。

＊

　通常の着陸時にはいったん飛行高度を1,500mまで下げるが、事故機は危険な失速を避けるために飛行速度を落とさず右旋回を続けることでそれを成功させている。大月市上空にさしかかった時点で高度6,600mだったものが７分後の八王子市では高度1,500mまで降下している。

　ところが、先に述べたように、このように困難を克服しながら行われた360度旋回と降下飛行であるにもかかわらず、CVRに録音されたはずのコックピット内での高濱機長と佐々木副操縦士の間の会話は事故調の削除によってほとんど記録されていない。

　佐々木副操縦士は高濱機長の指示で操縦しており、指示があると、必ず「了解」の返事をしている。ところが、このスパイラル降下に関しての二人の会話はなく、佐々木パイロットは独断で黙々と操縦していたことになってしまう。公開されたCVRの記録によると機長と副操縦士の会話は少ないうえ、全く成立していないのである。この緊急着陸を想定した危険の伴う降下の試行で、会話や指示がないことはあり得ない。したがってCVRの内容は事故調、航空局が修正削除していると考えるほかない。その理由は、そもそも報告書が「着陸は不可能であった」という結論を先に置き、事態を隠蔽しているからである（資料㉒─事故調のCVR、DFDRは意図的に修正され、捏造されている‼）。

　さて、ここですべての端緒となった相模湾上空における垂直尾翼、油圧装置の破壊脱落事故から大月市までの飛行を時系列的に整理しておく。

18：12　　日航機　羽田空港を出発
18：23　　　　　機長：異常飛行物体を視認。福田機関士：「オレンジ・エアー」と２度絶叫。
　　　　　　　　勿論、機長らもこのオレンジ色の飛行物体を視認していたと推測できる。
　　　　　　　　「シートベルト」着用指示。
　　　　　　　　乗客・小川哲氏：右窓方向に異常飛行物体を視認、写真撮影（資料⑫）
18：24：35　「ドーン」との異常音。垂直尾翼、APU、油圧装置が破壊される。
18：25　　　　　航空自衛隊百里基地司令官が「自衛隊標的機が日航機に衝突」を確認（後に友人に告白）、偵察戦闘機F4E2機（ミサイル未搭載）緊急発進。
18：29　　　　　百里基地偵察機２機（ミサイル不搭載）：事故機に追いつき、追尾監視。
　　　　　　　　⇒　基地司令官に報告「垂直尾翼、APUは完全に脱落」「しかし、飛行可能」
18：30　　　　　事故機は手動でエンジンを調整して操縦することにより墜落の危機を回避。
　　　　　　　　自衛隊偵察機パイロット「123便機体の胴体部に、赤色の巨大な布状の物体が張り

付いている。これは自衛隊標的機の吹き流し部である」と司令官に報告。

（ここで事故は事件に変質するが、それについては後述）。

18：31　焼津市藤枝市付近で右旋回、北方向に向けて飛行。

機長：「横田基地への緊急着陸」を決める。

藤枝市小林氏：事故機の急旋回、急上昇を目撃。機体が赤い（吹き流しが張り付いている）のを目撃（青山透子著『日航123便墜落の新事実』）。

18：32　新鋭最強戦闘機F15（ミサイル搭載）追加緊急発進。

18：40　事故機は「大月市」上空で、360度円状回転旋回（スパイラル）飛行に入る。旋回飛行で高度を低下させ、最終的に北方向に姿勢を向けた。⇒この方向は横田基地への南側からの着陸方向と一致。事故機は飛行高度を6,600mから最終的には高度を約1,800mまで下げている。

18：40：22　着陸ギアを降ろす。⇒着陸の準備行動

18：43：23　機長「あたまを下げろ」

18：43：47　機長「もっと　もう少し　あたま下げろ」

18：43：56　機長「下がるぞ」

18：44：22　機長「いっぱい　やったか」　副操縦士「いっぱいです」

18：44：47　機関士「フラップ　下げますか」

　　：49　機長「まだ　早い」

18：44：53　機関士「ギア　降りてます」

⇒事故機は着陸態勢に入る。これらの言動は機長らの着陸準備の行動で、佐々木副操縦士に明快に指示していることが分かる。

18：44　機長：乗客に横田基地への着陸の通告と安全姿勢を指示。「着陸準備」の機内放送。

⇒乗客はこのような具体的な指示で、自分らが非常に危険な着陸に挑むことを知らされて驚愕し、「死」の恐怖に狼狽し動顛した。「非業の死」を予期して乗客は一斉に家族への最後の手紙、書簡を作成し始めた（これが世界を驚愕させた遺書であった）。

18：45　乗客（村上良平氏）の遺書：「機体は水平で　安定している」

⇒事故機のダッチロール等は解消し、安定した飛行状態、すなわち着陸が可能な操縦状況であった。

18：45：50　機関士「コンタクトしましょうか」⇒相手は「横田基地」と考えられる。

18：46　乗客（村上良平氏）の遺書：「着陸が心配だ。スチュワーデスは冷静だ」

⇒乗客がすでに機長から着陸準備の指示を受けていることを示唆している。

18：46：03　副操縦士「相模湖まで来ています」⇒あらかじめ飛行経路のチェックポイントとしていた相模湖に達したことを機長に報告。相模湖は上空から容易に識別できる着陸の途中通過経路でのチェックポイント、飛行での重要な「Sight Point」であった。

（注）：通常の旅客機でも陸地上空を飛ぶ時は必ずチェックポイント（Sight Point）を確認して飛行する。相模湖から横田基地の真南の地点まで18kmの距離であり、飛行速度230ノット（425km/h）で飛行すれば、あと2分30秒程度で到着できる。そこから大月市上空と同じく360度旋回を繰り返して北方向に進路を取るか左旋回をすれば横田基地に着陸できる。

18：46：20　（機内放送）「着陸に備えて、安全姿勢を取るように」

⇒機内乗客乗員は機長からの連絡放送で飛行場に着陸することを知っていて、安全姿勢を取って待っていた（落合氏もシートベルトを締めて安全姿勢を取ったと証言している）。

⑤機長の緊急着陸の申請を許可していた米軍横田基地

さて、以上のように123便は米軍横田基地に向けての着陸態勢に入ったわけだが、ここまでの文章では緊急着陸を試みようとする機長らの行動を中心に記述してきた一方、この着陸に関するもう一方の重要な当事者の反応を記していない。その当事者とは、言うまでもなく機長らが緊急着陸先として選んだ米軍横田基地である。横田基地の側が着陸を受け入れなければ着陸することはできない。だが、上記の通り、遺書からは乗客らが着陸態勢に入っていることを知っていたことがわかる。それは機長らが横田基地の空域への進入を続けていたということ、すなわち受け入れ側である横田基地からも了解を得ていたことを示唆している。

この段階で米軍横田基地は、123便に対して同基地への緊急着陸を許可していた。つまり123便は米軍横田基地の了解のもと、同基地への緊急着陸を試みようとしていたのである。その驚くべき事実が明らかになったのは、123便の墜落から10年も経った後の1995年7月のことだ。

しかも、それは日本側の調査によって明らかになったのではなく、一人の米軍兵士の告白証言によって明らかにされた事実である。もちろん事故調の事故報告書には一言の言及もない。それは後の墜落後の日本側の救出活動の実態を暴いたことと合わせ、まさに衝撃的な告白証言だった。

＊

日航123便が墜落して10年後の1995年7月、米国在住のアントヌッチ元大尉（123便事故当時は中尉。以下、アントヌッチ中尉と表記）が国防総省公認の米軍準機関紙「星条旗」に日航123便の救助活動についての告白を投稿して、墜落事故の真実を語った。世界はその投稿の中で語られる衝撃的な事実に驚愕するとともに、日航機の墜落に日本政府、あるいは自衛隊の黒い影すなわち謀略を見たのだ。なぜなら、それまで日本政府は墜落事故直後にアントヌッチ中尉らが登場する米軍C-130輸送機による救助活動が開始されていた事実を全く隠蔽しており、しかも自衛隊には後述するように生存者救助についての明らかに意図的な不作為があったことが判明したからだ。これは墜落後も生存していた多くの乗客に対する見殺し行為として、世界の驚愕と非難を浴びることとなった。

「星条旗」紙へのアントヌッチ中尉による投稿の「見出し」は「1985 air crash rescue botched, ex-airman says」である。同中尉は123便墜落時の日本側の救出活動について botched、すなわち「下手な細工」（下手なつくろい、たくらみ、策略などとも訳せる）と総括している。すなわち日本の政府や自衛隊の対応は、「誰が見ても、明らかな策略」だと結論付け、日本政府や自衛隊による「見え見えの残酷な見殺し殺人の陰謀、策略」であるとしているのだ。

さて、救出活動をめぐる驚くべき証言は後述するとして、ここではその証言の中で、123便の横田基地への着陸に関わる部分の概要を記しておこう（資料㉓─米国アントヌッチ元中尉の機関紙への投稿文書）。

アントヌッチ中尉は、輸送機C-130の通信士であり、任務で沖縄から横田に向けて飛行しており、途中18：30頃に日航123便が非常事態を宣言するのを傍受し、事態を注視していた。その後、事故機と東京管制との交信で、「高濱機長と管制官との会話が英語でなく、日本語であることで日航機は緊急非常危険事態である」ことを認識した（航空管制では英語が用いられることになっているが、緊急事態であることに鑑み、管制官は高濱機長らに日本語での通信を許可したの

である）。その後も日航123便の様子を懸念して日航機の無線交信を聞きながら、中尉は事態の推移を注視していた（資料㉔）。

　さらにアントヌッチ中尉は周波数を横田基地・事故機の会話周波数に切り替え、中尉の搭乗するC-130は「Okuraでホールデイング（待機）する」よう指示されている。そしてこの旋回待機中に、米軍の横田管制が日航123便に「横田基地への着陸を許可する」のをアントヌッチ中尉は聞いている。

〈We heard Yokota Approach clear JAL123 for landing at the base.〉

　この時から、アントヌッチ中尉らは日航機の非常事態を一層真剣に注視するようになったのである。事実、日航123便の緊急事態は相当深刻であった。中尉は「めったにないことだが、日航パイロット（高濱機長）は米軍基地への着陸を要求した」との内容を傍受したことを証言している。

〈The pilot wanted to land at a U. S. military base — an extraordinary event.〉

　この日本語訳の「めったにないことだが」は、「民間旅客機が米軍の軍事基地に着陸することは極めて稀である」との意味で、それほどの異常事態であることを示す。

　すでに述べたように、高濱機長は自衛隊、政府が自機に起きた異常事態（垂直尾翼の破壊）に関与しているとの推察に基づいて羽田や自衛隊基地を避け、米軍横田基地に着陸することを決めた。羽田や自衛隊基地では「付近住民への膨大な二次災害」の防止という名目で断られるとの判断で、唯一許可される可能性の高い米軍軍事基地を選んだと考えられるのである。

　緊急着陸を要請する日航事故機とそれを許可する米軍横田基地との交信は、非常事態の事故旅客機が取るべき行動と最寄りの飛行場の対応行動として何ら違和感なく、航空業界の常識に照らして至極当然な交信内容である。

　このように高濱機長と横田基地管制官の間の無線を傍受していたアントヌッチ中尉の10年後の告白証言は、高濱機長が明らかに横田基地への着陸を行おうとしていたことを示す明確な証拠である。大月市のスパイラル降下をはじめとするこれまでの123便の飛行と操縦は、横田基地への着陸を目的としていたことが明らかになったわけだ。

　以上のアントヌッチ中尉の告白証言から、日航123便は横田基地に「着陸申請」を行ったことが推定でき、逆に言えば日航123便が間違いなく着陸できるだけの操縦性を習得していたと判断することもできるのである。後にこのアントヌッチ中尉の告白証言を受け、日本航空安全推進本部の福田部長や上谷パイロットも、著者（遺族・小田）に対して事故機は操縦性を有していたことを認めた。

⑥機長の「このままでお願いします」は自衛隊戦闘機パイロットへの着陸許可の懇願であった！

　だが、CVRに残された会話の断片からは、この横田基地への着陸を目前にして緊迫した事態が発生したことがわかる。CVRでは、ある時点から高濱機長の奇妙な会話が突然始まる。

　相手の名前もその発言内容も記録されていない、それだけを読んだのでは意味不明な会話だ。それはこのようにして始まる。

18：46：16　　機長「このままで　お願いします」

　この言葉は、それまでのCVRに記録されている他の高濱機長の語調とは大きく異なる。高濱機長は元自衛隊パイロットであり、その語調は簡潔で命令調である。しかし、機長のこの言葉は、上位の地位の人に対する人への懇願調なのだ。したがって、これが事故機コックピット内の佐々木副操縦士、機関士に対するものでないことは明らかである。

さらに、これが東京の管制官との交信の言葉でもないことも明白である。もし管制官であれば、その前後に管制官の言葉がなければならないが、それは全然ないからである。日本語で話されているからその相手は日本人であり、懇願する相手は地位的に格上の存在、機長でさえ下手に出なければならない怖い相手なのだ。

その相手はすぐ近くにいる。飛んでいるのだ。

事故発生直後、百里基地の稲吉司令官が「えらいことをした。標的機を民間機に当ててしまった」と友人に告白し、百里基地から偵察機（F4E改造機）2機に追尾させていることを口走っている。この自衛隊の偵察機がすでに緊急発進し、事故機に追尾して並走飛行していることは角田四郎氏ら、多数の住民が目撃している。藤枝市での小林美保子氏、群馬県吾妻郡東村の自衛隊員　M.K.氏、上野村の小学生、中学生が2機の戦闘機と123便を何回も目撃している（青山透子著『日航123便墜落の新事実』）。

このことから、高濱機長が懇願した相手は並走して飛行しながら機長が操縦する事故機を監視している自衛隊機のパイロットであると推察でき判断できる。

状況から考えて、「このまま」とは横田基地への着陸態勢の続行を意味する。「このままでお願いします」とは、このまま横田基地に着陸させてほしいという懇願にほかならないだろう。「このまま」を願うということは、会話の相手がこのまま着陸することを許さない姿勢を示しているということである。自衛隊機は123便の横田基地への着陸を禁じてきたのだ。

謎の会話はさらに続く。

18：46：？：——（謎の相手の言葉があるはずだが、CVRの採録からは削除されている）

18：46：21　機長「このままで　お願いします」
　　　　　　　機長は先ほどと同じ言葉を繰り返している。機長は並走する自衛隊戦闘機パイロットに横田基地への飛行継続を再度懇願したが、これも拒否されている。

18：46：？：——（ここでも謎の相手の言葉があるはずだが、採録されていない。だが、ここには恐らく自衛隊パイロットからの最後通告、脅迫があったはずだ。）
　　　　　　　そして、コックピット内で高濱機長の悲痛な言葉が漏れた。

18：46：33　機長「これはダメかもしれんよね」
　　　　　　　自衛隊機に最後通牒を突き付けられた機長は、ここでついに横田基地への着陸を断念せざるを得なかったと考えられる。恐らく自衛隊側は横田基地の周辺住民への二次被害を持ち出し、「横田基地への着陸禁止命令に従わねば、撃墜する」との最終通告の脅しを掛けられたと推測される。

「これはダメかもしれんよね」。この言葉は自衛隊機が懇願を拒否したために着陸を断念せねばならなくなった機長の悲痛な叫びであり、彼が「多くの乗客乗員の命が助かる可能性が無くなった」と想定せざるを得なくなったから発せられた言葉である。

機長の心中には、横田基地に着陸さえできれば、多くの乗客乗員の命を助けることができると自信があったと推測できる。なぜなら、ここでの機長の言葉は、それまでは「ダメとは思っていなかった」ことの裏返しだからである。

この後間もなくして事故機は、相模湖から約5kmの地点で徐々に左旋回を開始し、長野県方面、すなわち西寄りに機種を向けて北北西方向に飛行している（資料⑲）。この謎の会話を機に事故機の方向転換を証明できる目撃者がいた。西多摩郡五日市町、日の出町の住民が八王子市方面から飛来する日航機を目撃していたのだ。

「12日は私の誕生日なので、良く覚えています。町の南側にある今熊山（八王子市美山

町）の方向から、大きな飛行機が現れ、北北東の方向へゆっくりと飛んでいった。秋川や町の上空を横切って日の出町方向の山へ消えました。五日市高校の上空あたりを飛んでいる様子でした。横田基地に降りると思いましたが、普段米軍機は低空でこんなところを飛ばないので、墜落するのでは——と感じました。時間は18時45分ごろの20〜30秒間です」（南澤輝明氏・35歳）。　　　　　　　　　　　　　　　　　　　（角田四郎著『疑惑』）

　CVRの会話と多数の目撃証言から、その飛行経路を作成すると資料⑲のようになる。実際の地図で相模湖と青梅市の位置関係を確かめると、青梅市は相模湖の真北（上）方向よりも少し東（右）側5kmの位置にあることがわかる。ところが、事故調の飛行経路図（資料②）では、相模湖のはるか手前約10kmで左旋回に入っている。これは事故機が横田基地に接近していたことを否定して国民を騙すために意図的に横田基地、八王子市から約20kmも離れた地点で事故機が左旋回したかのように装うためとしか考えられない。卑劣な捏造が加えられた飛行経路図である。このような飛行経路図が作られたことについては、日航の福田技術部長も著者との議論（後述するように「技術会議」と題された議論の場である）の席上で、「事故調が意図的に（嘘）の飛行経路を作成した」ことを認めている。

⑦操縦できた事故機が横田基地着陸を断念させられた理由

　先に紹介したように、この123便が横田基地に着陸できなかった事態について、フジテレビは2014年8月12日の特別番組で「日航123便は横田基地に着陸を目指したが、その直前に立ち塞がったのは、「風」と「雷雲」であった」と説明した。この比喩は国に情報統制されている報道機関として、精一杯の抵抗であったはずだ。それは「風」＝「権力」、「雷雲」＝「武力」を意味し、権力とは国、武力とは自衛隊戦闘機の機関砲、ミサイルを意味するものであったのだ（資料⑳）。

　この機長の思いと冷静沈着な着陸の準備行動にもかかわらず、524人を乗せた123便は結局、横田基地に着陸できなかった。いや、着陸させてもらえなかった。その理由は何か、整理してまとめて推測する。

●なぜ米軍基地への着陸を目指したのか

　普通のパイロットであれば、機体の異常への対処としては出発地である羽田空港に帰ることを考える。だが、高濱機長が躊躇なく米軍の軍事基地である横田基地に向けて飛行した背景には、高濱機長が元海上自衛隊の戦闘機パイロットであったという経歴がある。彼は自衛隊の体質、悪質な慣習を身をもって体験しており、かつ戦闘機の射撃訓練で「標的機」が使われていることもおそらく体験している。

　自衛隊関係の不祥事は常に隠蔽される。標的機の垂直尾翼への激突という事態も、自衛隊の幕僚長以下の幹部が完全隠蔽するはずだ。全日空機への戦闘機激突事件（全日空機雫石衝突事件、1971.7）では乗客乗員162名が犠牲になったが、当時の佐藤栄作総理大臣は防衛庁長官を更迭したものの、飛行訓練の自衛隊パイロットの個人的な責任に帰す「トカゲの尻尾切り」に等しい結論を引き出して事を終わらせている。本来ならば自衛隊最高指揮官である総理大臣が責任を取るべきだが、防衛庁長官の首でごまかしているのだ。当時在職していた現場の自衛官らは、この責任の取り方に大きな衝撃を受けたはずであった。当時の高濱機長らも幕僚長や最高権力者らが取るべき責任を取らないことについては疑問、疑惑を持っていたはずである。

　このような背景のもと、元自衛隊パイロットである高濱機長は18時24分の垂直尾翼への衝突事故の直前、急接近する飛行物体を目撃している。佐々木副操縦士はたとえ目撃してもそれが何で

あるか良く分からなかったと推測できるが、高濱機長は「その物体は自衛隊の標的機だ」と直感し、その先に起きることを考えたのである。

　高濱機長は事故機の安定性の確保と手動操縦の目処が立った段階で、自衛隊は羽田をはじめとする日本の飛行場、自衛隊基地への着陸は「二次災害の回避」を理由に拒否されると直感し、独立性が高い日本の管轄外の米軍横田基地への緊急着陸を思い付いたのであった。

●自衛隊・政府が横田基地への着陸を阻止した理由

　自衛隊は事故当日の12日、未納入護衛艦「まつゆき」で新兵器の実験を行っていた。新規開発した「曳航標的機」の実験もその一つであった。標的機の予定飛行経路は先に述べたように旅客機123便の飛行航路を横切って交差するものだった。高度的に衝突を避ける位置であったはずだが、なぜか激突している。この時、123便は巡航高度に達する前の高度約7,000mだった。自衛隊実験部隊には、この時間帯（18：20頃）の空域に旅客機は飛んでいないとの判断があったかもしれないが、123便は12分遅れでの羽田出発だったから、そのぶんのズレを読み違えたことが激突の原因だったかもしれない。

　標的機の飛行状況は実験部隊によって監視され、常に遠隔操縦を行っている。彼らもまた標的機が民間機に激突したのを目撃している。旅客機が墜落することなくそのまま西方向に飛行したために、すぐに衝突した旅客機の損傷状況、標的機の残骸の付着などの把握のために茨城県の百里基地の偵察戦闘機の緊急発進、調査を要請したのだ。

　標的機の実験部隊の責任者には、標的機の暴走と民間機への衝突事象が自衛隊にとって最大級の不祥事であるとの認識があったはずだ。それは、その時点から14年前の全日空機雫石衝突事件の事態の再現を想起させ、愕然となったはずだ。

　この全日空機の墜落事故は、撃墜訓練中の戦闘機の主翼が全日空機の尾翼部に衝突し、その垂直尾翼、水平尾翼、エンジンを破壊するという大事故、事件だった。全日空機は急降下して墜落。落下速度は音速を超えて機体は空中分解し、乗客乗員162名はバラバラに粉砕されて遺体の確認すらできない損傷ぶりに、遺体を見慣れている自衛隊員も震えたという。この垂直尾翼、水平尾翼、エンジン1基が破壊され、猛烈な急降下で墜落したという事象は、奇しくも日航123便の破壊墜落事象（垂直尾翼、水平尾翼、第4エンジンの破壊脱落）と全く同じである。遺族はその共通性に愕然とするとともに、自衛隊の加害行為と隠蔽工作を推測せざるを得ない。

　この全日空機墜落事故では、自衛隊パイロットは同じく墜落する戦闘機からパラシュートで脱出して無事であり、この対照的な結末に遺族、国民は悲憤に怒り心頭であったと言われている。そのうえ、事故調査は臨時の調査委員が行う形式的なもので、パイロットが引き起こした単独事故だとされたうえ、自衛隊側に対する調査では機密保持を理由にほとんど何も解明できなかった。結局、パイロット個人に責任を押し付ける「トカゲの尻尾切り」であった。前述のように事故調査も行われぬうちに防衛庁長官は更迭されたが（その後すぐに再任されている）、加害責任は不明であり、このために、補償は何の責任もない全日空が30％で残り70％は自衛隊員の寄付金、積立金で賄うという形でごまかされ、真の加害者である自衛隊は責任がなく、一銭も支払っていない。これでは、とても国民の納得が得られるものではなかった。

＊

　通常、一般的な殺人事件では、慎重にかつ丁寧に捜査して犯行の原因と犯罪者を突き止めて処罰することは、警察が行う最大の業務である。ところが、政府、自衛隊（軍隊）が関与した犯罪行為については、たとえ膨大な犠牲者が出ても、真剣な捜査や技術的、帰納的な調査は行われず、

杜撰な結論が出される。最初から、国、自衛隊に都合の良い結論を決め、報告書はこの結論に合った内容を作成するという手順で作成される。これが、国、とりわけ自衛隊が関わる事件や犯罪における演繹的な調査、捜査手法である。日航123便墜落事故でもこの手順が躊躇なく実行され、あの疑惑に満ちた「事故報告書」が２年後に公表された。

　民主主義国家である日本は、選挙で選ばれた国会議員集団の選挙で最高権力者が選出されて、行政を司る。日本国民と国のために施策を慎重に考えて、実施する。そこには、権力者の人間性、正義、公正、憲法尊重が問われることになる。この時に権力者やその政党が国民に「嘘」を吐き、真実の隠蔽を図ることは、絶対に許されないことであり、これが政治の最大の原則なのである。しかし、この政権も権力者も長年の間、60年以上も政治権力を独占していると必ず腐敗する。

　国民はこうした政権の腐敗や不祥事、犯罪行為を監視して質して行く責務と権限を有しており、この機能が政治を正義に戻すことに繋がる。この政治の不正行為を見抜くには、行政の経緯を記録した文書を見て説明を求めて行くという方法がある。ところが、この文書さえも正確に記録されているとは限らない。正確に記録されていたとしても、情報公開時には往々にして該当文書は黒塗りのものが堂々と開示される。いわゆる「海苔弁当」の類が提示されるわけだ。ここで、腐敗した不正義の権力者やその政党、例えば自民党政権が国民をだます方法は二通りある。

　一つ目は嘘の記録を作成する捏造である。

　二つ目は、嘘を述べてごまかすという方法である。そして、最後は言い訳が通用しないと「不正、不正義の証拠を出せ」と居直るのである。

　だが、権力者が部下に不正、不正義を指示したり命令を出したりする場合、その証拠は存在しないのが普通だ。それは口頭で指示するからであり、たとえ部下が真実を告白証言しても権力者が否定すれば告白証言の真偽をめぐる水掛け論となる。

　行政機関のうち、最も機密が多いのは軍隊であり、日本で言えば自衛隊である。自衛隊員は公務員であると同時に就職、奉職の時には自衛隊の機密を絶対に漏らさないことを誓約させられ、誓約書に署名捺印する。これは、自衛隊法に記載されている。かつては退役後の告白、告知は許されたが、新たに秘密保護法が制定され、現在は自衛隊員には死ぬまで守秘責務があると改正された。

　自衛隊（軍隊）は国を守る業務というのが建前だから、その機密はあらゆる状況に及び、ほとんど全てのことが守秘義務の対象になりうる。このような機密遵守規定を利用すれば、何でも隠蔽することが可能になる。

　他方で自衛隊は武器、高速の飛行機など、一歩間違えると人を殺傷しうるものを保有している。また、軍人には大きい権限が与えられているので、国民への優越感を抱き、傲慢になる。空軍戦闘機などは、民間の旅客機の規則の実情を知ろうとせずに自分勝手な行動を起こす。何事もこの調子で行動し、国のために敵を倒すという崇高な目的を有すると自負するが、国民への安全遵守には無頓着である。このような素地があるから自衛隊の不祥事については敏感で、特に幹部らは絶対に国民に知られてはならぬとの基本的なスタンスを持っている。そこで優先されるのは「自己保身」であり、「責任回避」であり、「権力者地位の維持確保」である。

　自衛隊組織は軍事組織としての制服組と行政面で監督統制する背広組からなる。いわゆる文民統制と呼ばれ、これが形の上では民主化された自衛隊の統制システムである。その最高指揮権限者は内閣総理大臣であり、その下に防衛大臣、幕僚長以下の幹部、自衛隊員という命令系統がはりめぐらされて機能しているが、その命令系統が政治権力者の自己保身と責任回避のために駆使

される。つまり、日本では現在に至るまで、本来の文民統制は機能していない。

　相模湾で標的機を民間機に当ててしまった実験責任者は、驚愕と恐怖の中ですぐに上司に報告したことだろう。報告を受けた護衛艦「まつゆき」の艦長は、この最悪の不祥事を如何に隠蔽するかに苦慮したはずである。百里基地に偵察機による調査を要請して相手方の民間機すなわち123便の飛行状況の調査を頼んだが、それは極秘の調査飛行とし、123便の機長に事態を説明しないことはもちろんのこと、一切を悟られることがないようにと念を押したはずだ。

　百里基地を発進した2機の偵察機は、10分後に日航123便に追い付き、後方から事故機の状況を目視し調査を開始した。そこで、事故機を見たパイロットは、〈事故機は垂直尾翼が壊滅的に破壊されている〉〈機体腹部に赤い布状の物体が付着している〉〈機体は操縦性を維持〉、さらに〈事故機は横田基地への着陸を模索の模様〉と基地司令官に報告した。この報告を伝え聞いた幕僚長は仰天し、総理に事態を報告して完全隠蔽と横田基地への着陸禁止、妨害を進言している。これでは、もし横田基地に着陸すれば、自衛隊が関与している証拠を身にまとっての着陸ということになる。それは国民に、「民間機への自衛隊標的機衝突」という事実を公表するに等しい事態だ。

　ここに至って幕僚長は、事故機の「横田基地への着陸」を強制的に禁止、阻止するようにと、偵察機パイロットに伝えたのだ。

　表向きの理由は「横田基地の周辺住民への二次被害防止」であった。事故機123便が着陸に失敗して住宅街に墜落すれば住民への二次被害が起きるので、着陸を禁止するとの理由であった。だが、旅客機の飛行場への緊急着陸の権限、判断は全て事故機の機長にあり、何人もこれを妨害し阻止し禁止することはできないことは航空常識、世界の常識である。それは、機長こそが事故機の操縦性と着陸性を熟知しているからで、たとえ総理大臣であっても着陸を禁止する資格がないことは明らかだ。事故機に着陸を許さなかった理由として、自衛隊からこのような大義名分が語られたとするならば、事故調は「安全な着陸は不可能であった」などと言わずに「二次被害の防止として、日航123便の横田基地への着陸を禁止した」と説明すべきである。

　しかし、仮にこのような自衛隊の側から説明、理由づけが語られたとしても、そこに正当性は成立しない。何故なら、自衛隊は垂直尾翼への衝突破壊の不祥事を隠蔽しており、さらに事故機への救助の意思もなかった。全て隠蔽することで済まそうという方針であり、着陸を禁止したのもその延長線上での処置であり、そこに「二次被害の回避」などという「屁理屈」は論理的に成立しない。

⑧自衛隊の横田基地への着陸阻止は正当化できるか？

　横田基地への直前に追尾してきた自衛隊機パイロットから着陸禁止を申し渡され、機長が思わず「これはダメかもしれんね」と漏らした言葉がCVRに記録されている。唯一の救命手段である「飛行場への緊急着陸」の断念を強いられた機長が吐いたこの無念の言葉が、遺族の胸を締め付ける。それは乗客乗員を救うための唯一の「梯子」が外されたことへの無念の言葉である。

　では、この自衛隊幕僚長らから「二次被害防止」の名目で発せられた非道で残虐な命令は、正当な理由や大義名分があると言えるのだろうか。

　たしかに横田基地の近くには多くの住民が住む市街地が存在する。事故機がもしこの住宅街に墜落すれば、多くの市民が犠牲になるはずだ。自衛隊関係者は約3,000人が犠牲になると予測したという。およそ長さ70m、横幅60m、250トン超（実質400トン）のジャンボジェット機が住宅街に墜落して数10mも滑り、燃料が発火して火災が起きた時には相当な死傷者が出るはずだ。

航空機は滑走路から出発し、滑走路に着陸するように設計され製造されており、これが安全運航の鉄則として義務付けられている。123便は垂直尾翼が破壊されているうえ、油圧配管が断絶して油圧による操縦が不可能になった。機長らはエンジン出力の調整による手動操縦技術を習得して操縦していたが、それで着陸までできたのかという疑問は当然出てくる。

　だが、ここで緊急着陸飛行とは何かを考える必要がある。その大前提となるのは、当該の飛行機が旋回し上昇や降下などの飛行ができることである。事故機の場合、問題の垂直尾翼の全壊によって起きたダッチロール、フゴイド運動を、飛行高度を下げて着陸ギアを降ろすことで解消させている。これで事故機が傾いたまま着陸する可能性がなくなり、水平な状態での着地が可能になっている。

　さらに、仮に住宅街への着陸に支障が生じた場合には、再度急上昇する「復航」を行えば良いのだ。現に同機は横田基地の次に向かった川上村レタス畑で「復航飛行」すなわち「タッチ・アンド・ゴー」を実行していることから見て、123便が住宅街に墜落することは有り得なかったと考えられる。また、着陸失敗の危険を避ける必要があるからこそ、高濱機長は大月市上空で360度のスパイラル降下飛行で着陸の練習を行っている。以上のように検証すると、「安全な着陸は可能であった」と言える。

　飛行場に着陸するとは、長い滑走路の端部の中央部に車輪ギアを着地させ、滑走路を約2,500m滑走しながらブレーキをかけ、衝撃を弱めながら機体を停止させる作業である。このために、機体の方位、すなわち機首を滑走路の方向に向けることが重要で、そのために機体の不用意な旋回を防いで機体の進む方位と滑走路の方位を一致させることが不可欠だ。滑走路は幅100mしかないから、その中央部に着地させるには若干の横方向の変更修正が必要である。事故機が横田基地に進入する直前にその機首方位を横田基地の滑走路の方位（南北方向）に合わせるための旋回飛行は、左右のエンジン出力の微調整で行うが、これはすでに大月市上空での実験練習で成功している。高度を落としながらの３回のスパイラル旋回の後、同機は最初の旋回地点の場所に戻っているうえ、機首は北方向に向けられている。これは南北に延びる横田基地の滑走路の方向と完全に一致するのだ。高濱機長が横田基地への着陸を想定し、この壮大なスパイラル旋回降下飛行を行ったことは明らかである。

　航空機は、機長席の真正面に「方位計」があり、機首方向がすぐに分かる。また、機体の位置を緯度、経度で示す計器も備えられている。横田基地の位置は分かっているので、その経度の南方向にある八王子市付近で大月市上空と同様のスパイラル旋回飛行を行えば、旋回終了時に機首は横田基地の滑走路方向に向き、そのまま北上して飛行すれば横田基地飛行場の滑走路の南側の端に到着する。すなわち横田基地に着陸できることになる。

　このような着陸のイメージを持ち、高濱機長は大月市上空でのスパイラル旋回、降下飛行を行ったと推測できる。高濱機長は初めてのエンジン出力調整による着陸を安全に実施するために、着陸の予行練習を行ったと考えられるのだ。

　この練習で自信を持った機長は、自衛隊パイロットに「着陸は心配ない」と返事をして説得したが、自衛官であるパイロットは上司からの命令に忠実で、頑として拒否したのに加え、おそらく着陸を試みれば「撃墜する」と脅し、最後通告を伝えたはずだ。ここに至って高濱機長はやむなく着陸をあきらめ、機種を西方向に転じる決心をせざるを得なかったのだ。

　その時の無念の心境から出た言葉が「これはダメかもしれんね」であった。

＊

日航123便の着陸行動での操縦性については、横田基地から西方向に転進した後に同機が「川

上村梓地区のレタス畑」で試みた不時着行動からも判断できる。

123便は川上村で機長は「フラップ10」にして着陸態勢に入る。その時、レタス畑に居合わせた農民は同機が石を投げれば届く高さを飛んでいたと語り、真上に来た時は空が真っ暗になったと証言している（公務員・石川氏）。この時、123便は間違いなく、次善の着陸地点と定めたレタス畑に着陸しようとしていたのだ。

だが、着陸接地の直前に同機は再上昇飛行（復航）すなわち「タッチ・アンド・ゴー」を敢行して不時着を中止している。それはレタス畑に農民の姿を視認し、真の意味で二次被害を回避するためだったと考えられる。自衛隊が着陸阻止のために持ち出した着陸地点から数百メートルも離れた場所の市街地などではなく、眼下の着陸予定地に人影を視認してのタッチ・アンド・ゴー。それは同機がいかに高い精度で着陸地点の位置を設定し、降下飛行していたかを物語ると同時に、着陸地点への進入に失敗しても十分に復航が可能だったことを示している。したがって、事故機は横田基地においても、仮に滑走路の位置から外れて進入してもやり直せる操縦技術を持っていたことになる。

自衛隊が事故機の横田基地への着陸を禁じた理由である「横田基地の付近住民住宅街への墜落」は稀有な事態であり、禁止を正当化するための大義名分に過ぎない。

百里基地の偵察戦闘機は、事故機の救援、助言のためではなく損傷状況と墜落場所の確認のために発進したのであって、事故機の機長に救援のための交信はしていない。国民の生命と財産を守るべき自衛隊の航空機が、瀕死の状態にあっても飛行を続ける123便の乗客乗員への援助、助言を行うことなく、ただ追尾監視するのは、人道的にも業務上からも許されることではない。

すなわち、日航123便の乗客乗員524人の命乞いにもかかわらず、自衛隊は、中曽根総理は、無慈悲にも緊急着陸を禁止し、その要請を武力と権限で撥ねつけ、助かるための梯子を外したのである。遺族小田の著『524人の命乞い』の題名はこの事態を指しており、政府の残虐な殺害行為を非難し、犠牲になった520人に成り代わって、怒りを中曽根総理に真正面から表明して抗議し、真実の告白を要求するものであった。

それでいて横田基地周辺住民への二次被害の防止での着陸禁止という大義名分を振りかざすのは大きな矛盾であり、人道的にも正義の観点からも正当化できない矛盾した理屈だ。

先に述べたように世界の航空界の常識として、事故機の着陸行動の判断は当該機の機長の専権事項であり、外部の机に座っている権力者が判断すべき事態ではないのだ。

ここに、事故機123便の乗客乗員524人は見殺しにされ、命が助かるための唯一の「梯子」が外された。もとをただせば標的機の衝突という不祥事を隠蔽しようという自衛隊、あるいはその最高指揮官たる総理大臣の自己保身や責任回避、権力維持のために524人の乗客乗員の「命」が抹殺されるなど、到底受け入れられるものではない。これは憲法と法律、そして人道的な観点から責任を追及すべき犯罪行為、日本の歴史上でも特筆すべき重大な犯罪行為なのである。

第二部

8 日航123便墜落の事故原因は外部からの破壊だ

①事故調査委員会による「123便の墜落の事故原因」

　旅客機が墜落すると、地面との激突で凄まじい衝撃を受け、機体はもちろんのこと、多くの乗客乗員が粉砕されて死亡することになる。墜落事象とは機体の操縦が不能になり、ほぼ70〜80度という真っ逆さまに近い角度で急降下する事象である。このように機体が急降下するのは、機体の縦・横方向の姿勢制御ができない状態であることを意味する。つまり、このように姿勢制御が不能な状態を引き起こす原因が、いわゆる「墜落の事故原因」として定義されるものの中味だ。

　したがって、事故調査の目的とは、このような意味での「墜落の事故原因」を調査し、分析と検証を通じて明らかにすることなのである。

＊

　事故調は1987年6月19日に最終報告書を発表した（資料⑮）。結論の主文である報告書（62-2）4.1.6項「異常事態の概要」（125頁）には、すでに述べてきたように次のような結論が書かれている。

- ボーイング社の隔壁部の修理ミスによって機体後部の圧力隔壁が長年の金属疲労で劣化し、亀裂が成長して一気に破壊した結果、機内空気が流出した。これが垂直尾翼とAPUを破壊し、同時に操縦に不可欠の油圧配管を断絶破壊した。
- このような機体後部の破壊によって方向舵、昇降舵による操縦不能、水平安定板のトリム変更機能などほとんどの操縦機能が失われ、姿勢や方向の維持、上昇、降下、旋回等の操縦が極度に困難になった。激しいフゴイド運動、ダッチロールが生じ、その抑制が難しく、不安定な状態での飛行の継続はできたが、機長の意図通り飛行させるのは困難で、安全に着陸、着水させることは不可能であった。

　隔壁破壊説が成立しないことはすでに論じたとおりであり、垂直尾翼やAPU、油圧配管等を破壊したのは自衛隊の標的機である。また、油圧装置による操縦ができなくなったのは事実だが、機長らが健全なエンジン出力の調整で操縦することによって123便は飛行を継続した。証言に基づいて正しい飛行経路図を地図に再現してみれば、米軍横田基地、川上村への飛行が行われたことが歴然としており、123便は操縦できた。事故調の「機長の意図通り飛行させるのは困難」という文章は全くの偽りである。

　また、最後の結論である「安全に着陸、着水させることは不可能であった」との文章は事実と相反するもので、事故機は横田基地に着陸を試行したにもかかわらず、それを自衛隊戦闘機に阻まれており、川上村レタス畑に不時着を敢行しようとしたのも目撃されている。そもそもこのような事故機の着陸では、もちろん「安全な着陸」を目指しはするがそれは結果次第であり、それよりも何よりも「何％の命を助けられるか」を追求するのが航空常識である。この異常事態での緊急着陸で通常の旅客機が想定する「安全な着陸」はもともとあり得ないのだ。

　さらにこの事故報告書の主文の致命的な欠陥は「墜落の事故原因」が明示されていないことであり、国の事故報告書としては明らかに失格である。嘘の墜落の事故原因であった。

②日航事故機の墜落直前の飛行状況

　事故報告書の項目3.1.7.4に「DFDRによる墜落直前の飛行状況」（p.81〜83）が記載され

ている。この資料は長文なので、ここでは簡単にまとめて記す（資料⑮）。

51：14より「フラップ」が作動していた。

54：40〜55：40までの間、フラップの左右の不均衡で右バンクが増大し、右旋回したとしている。
　　　　　　　高度10,000フィート（約3,000m）

55分過ぎ　：三国山の西、右横揺れ角30〜40度、右旋回続く。

55：40　　：左側エンジン出力優位、この状態は墜落まで継続。

55：42　　：フラップ角25ユニット、右バンク増加50〜60度に

55：57　　：縦揺れ角15度、機首下がり続ける。高度10,000フィート。右バンク角は数十度、右
　　　　　　　横揺れ角は80度以上に。

56：07　　：機首頭下げ30度、降下率15,000〜18,000フィート／分。
　　　　　　　降下速度270km/h〜324km/h。⇒高度を急激に失った。

56：17　　：高度5,500フィート、右横揺れ角40度（回復）、対気速度340ノット。
　　　　　　　320km/hの急降下事象。―急旋回、降下速度停止、上向き垂直加速度３Ｇが５〜６
　　　　　　　秒続く。エンジン出力最大限。⇒降下墜落事象が止まった。

56：23　　：（事故機：「一本から松」と接触）前後方向加速度は後ろ向き0.14Ｇの衝撃、機首下
　　　　　　　向きに。⇒水平飛行状態に。
　　　　　　　第３、４エンジン、急激に異常低下（第４エンジン実質ゼロ）。
　　　　　　　第４エンジン脱落。

56：26　　：（事故機右翼先端：Ｕ字溝との接触）後ろ向き加速度、機首方位、前後加速度異常
　　　　　　　値―第１、２、３エンジン出力低下。
　　　　　　・第１、２、３エンジン脱落。500〜700m飛散（御巣鷹の尾根まで）。
　　　　　　・機体の姿勢は傾いているが水平状態で飛行。
　　　　　　・水平尾翼破壊、脱落。

56：27　　後ろ向き加速度0.26Ｇ。右向き加速度約0.5Ｇから、左向き加速度約0.5Ｇに反転する。
　　　　　　機体右側から左側に200トンの力を受け、「Ｕ字溝」を挟った。
　　　　　　・「水平尾翼が脱落飛散した」⇒進行方向右真横に500mも飛散した。

56：30　　墜落時の事故機の姿勢
　　　　　　縦揺れ角頭下げ42.2度、横揺れ角131.5度、機首方位277.1度、対気速度263.7ノット。
　　　　　　航跡（方位）304度
　　　　　　⇒機首を大きく下げ、ほとんど裏返しになっていた。

　以上のように事故報告書は比較的詳しく墜落直前から墜落に至るまでの飛行状況を記述してい
るように見えるが、よく読むと墜落の原因についての記載は一切ない。なぜ、このように急激な
降下が始まったのか。その肝心な点についての言及が一言もないのだ。これをさらに簡単に整理
してまとめて記載すると、以下のようになる。

55：45　　　事故機に異常事態発生　⇒（事故調はこの事象を無視している。CVRに機長らの驚
　　　　　　　　　　　　　　　　　愕の声が記録され、落合氏証言では猛烈な横揺れが起きた
　　　　　　　　　　　　　　　　　という事実、証言が無視されているのである。）

55：47〜56：18　事故機：急激な急垂直降下飛行＝墜落事象＝操縦不能
　　　　　　　　　（CVRでは　55：50〜56：20まで急速に飛行高度が低下している。）

そして事故機は「水平飛行状態」に移行した。

56：23　　事故機：「一本から松」と接触。第4エンジン脱落

56：26　　事故機：「U字溝」を抉る。第1、2、3エンジン脱落、500〜700m飛散。

　　　　　　・水平尾翼：右方向500mに落下飛散

56：30　　事故機墜落（御巣鷹の尾根に）

　ここで事故調は、55：45の異常事態発生を一切無視して記述していない。CVRには機長の叫び声が記録され、生存者が激しい横揺れを感じたと証言しているのに、「それが何だったのか」を考えた形跡すらないのだ。さらに事故調は、55：47〜56：18の事故機の急激な垂直降下飛行について、これが事実上の墜落事象であることを隠蔽している。つまり55：45の異常事態発生が55：47〜56：18の急垂直降下飛行すなわち墜落を引き起こしたこと、55：45の異常事態発生が墜落の原因に相当するということを隠しているのである。

　このように事故報告書では事故機の姿勢や方向、横・縦の加速度、機首下げ角度、高度などが比較的に細かく記載されているにもかかわらず、肝心の急降下墜落事象がなぜ生じたかが記載されていない。墜落の事故原因が特定も記載もされておらず、事故原因が不明なのである。これは事故報告書としての基本的な欠陥であり、報告書としての資格はない。結局のところ、それまで飛んでいた123便がなぜ墜落に転じたのかは分からずじまいである。これでは国の報告書の名に値しないのは明らかで、安全委員会には「日航123便の墜落の事故原因」の再調査しか残された道はないのだ。

③ CVRに記録された機長らの絶叫（55：45）

　旅客機が墜落する時というのは、理由もなく突然に急降下して操縦不能になるわけではない。何かの異常事態が発生するはずで、その異常事象は必ず墜落の1分前頃に起きる。機長はじめ操縦側のミスか、あるいは何らかの異常が機体に起きているのだ。したがって、123便が上野村上空に入ってからのCVR、DFDR、目撃証言、生存者の証言などを探ることにより、そこから必ず異常事象を見つけ出すことができるはずである。

　123便は18時24分に突然垂直尾翼を破壊され、機体の姿勢が崩れ、操縦に困難が発生している。この突然の破壊とその際の衝撃に、機長以下のクルーや乗客らは驚きの声を出す。機長らが最初に発したのは「アーア」という驚きの声であり、いきなり「爆発したぞ」などと言うはずはない。何か起きたかは不明だからだ。その驚きの声はCVRに記録されている。

　このような機長らの驚愕の声は、垂直尾翼が破壊されてから墜落までの32分間に、計3回記録されている。2回目は横田基地から離れた時であり、最後の3回目が上野村上空に入った時の叫び声である。このように、機長らが絶叫する時は機体に極度の異常が発生したことを示している。

　そしてこの3回目の絶叫は機体に致命的な異常が発生した際に発せられており、その後、事故機は操縦不能に陥り墜落に至っている。すなわちこの3回目の絶叫は、墜落に繋がる事態を引き起こした原因を探る重要な手がかりであり、この点を調査することが重要である。

　川上村のレタス畑への不時着は困難と見て復航に転じた123便は、眼前にそびえる扇平山や三国山との衝突を避け、高度1,300mから一気に高度3,000mまで上昇した。安堵したその時、大きな衝撃が起き、機長らは3回目の驚愕の声を上げている。

　ここで、川上村を経て上野村上空に入るまでのCVR音声を記載して状況を確認しよう。

●川上村レタス畑から上野村への飛行の軌跡

54：03　機長「はい、左」→五郎山を避ける。

54：46　機長「あたまを下げろ」→レタス畑への着陸態勢に入る

55：01　機長「フラップ、降りるね？」→減速指示

55：03　副操縦士「フラップ10？」→減速しつつ揚力を高めて降下する操作。
　　　　　⇒着陸に入る前の標準的な操縦である。

　しかし、ここで機長はレタス畑に多数の農民を発見。接地場所、高度などから不時着が無理と判断して着陸を中止し、「復航」飛行に切り替える。いわゆる「タッチ・アンド・ゴー」である。

55：15　機長「あたま上げろ」→急上昇指示（復航飛行へ）

55：17　機長「あたまを上げろ」

55：19　機長「あたま上げろ」→扇平山への衝突を避けて急右上昇

55：27　機長「あたま上げろ」→三国山への衝突を避けて急左上昇

55：34　副操縦士「ずっと、前から支えています」

55：42　副操縦士「パワー！」

55：43　機長「フラップ止めな」⇒上昇飛行の中止ストップ。

　事故調の飛行記録と目撃証言による飛行経路がここは一致している。事故機は3,000mの飛行高度に上昇し、上野村の険阻な山岳地帯の高度1,500m級の山岳との接触を避けられる安全高度に達して、安全高度の飛行を開始した。

　その時であった。

55：45　機長らの絶叫音「アーッ」⇒事故機に異常事態が発生したことを示す。
　　　　　生還した落合氏の証言「物凄い横揺れがした」と一致する。

55：57　事故機急降下開始（制御不能の墜落事象の開始）。
　　　　　DFDRデータの飛行高度を参照
　　　　　（資料⑱―フライトレコーダーの18：56：00の飛行高度の変化）

56：30　123便、御巣鷹の尾根に墜落

　以上のように、18時55分45秒に異常事態が起きてから45秒後の56分30秒に123便は墜落している（520人死亡、4名重傷の被害）。ここまでの会話と飛行状況は、著者（遺族・小田）が作成した事故機の飛行経路図（資料㉑）と完全に一致することがお分かりいただけるはずだ。

　だが、事故調の飛行経路図では川上村上空を飛行した軌跡が削除されている。事故調とその報告を受理した国は、レタス畑における複数の農民による生々しい証言があるにもかかわらず、「川上村での不時着行動（着陸）」そのものを隠蔽して遺族、国民を騙し、「事故機が操縦不能で着陸は不可能であった」と印象づけようとしているのだ。

●CVRから導かれる、「機長の絶叫」と「墜落の事故原因」との関係

　さらに重要なことは、55分45秒の機長らの絶叫を出させた事態が、55分57秒からの墜落事象の引き金になったことが推論できるということだ。55分45秒の叫び声はこの時に何か重大な事態が事故機に起きたことを示唆し、その事態が墜落の事故原因にあたるということはごく自然に推測できる。ところが、事故調はこの事態を無視し、先に見たように報告書では墜落時の事象だけを詳細に説明している。最も重要な「原因」に結びつきそうな事態からは目を背け、その「結果」

として生じた現象だけを詳細に記述する。これ自体、卑劣な印象操作を通じた隠蔽工作なのだ。

④墜落時についての生存者証言と目撃証言

CVR の記録から、事故機は18時57分頃から急激な降下飛行に転じたことが読み取れる。

この時の機内の状況について、生存者である落合由美氏、川上慶子氏、吉崎氏らはそれぞれ急激な降下飛行、つまり墜落飛行を証言している。

●落合由美氏の証言

安全姿勢をとった座席のなかで、体が大きく揺さぶられるのを感じました。船の揺れなどというものではありません。ものすごい揺れです。しかし、上下の振動はありませんでした。（著者：すなわち横揺れ）前の席のほうで、いくつくらいかはっきりしませんが女の子が「キャーッ」と叫ぶのが聞こえました。聞こえたのはそれだけです。

そして、すぐに急降下がはじまったのです。まったくの急降下です。髪の毛が逆立つくらいの感じです。頭の両わきの髪がうしろにひっぱられるような感じ。ほんとうはそんなふうにはなっていないのでしょうが、そうなっていると感じるほどでした。

怖いです。怖かったです。思いださせないで下さい、もう。思いだしたくない恐怖です。お客様はもう声も出なかった。私も、これはもう死ぬ、と思った。まっすぐ落ちていきました。振動はありません。窓なんか、とても見る余裕はありません。いつぶつかるか分からない。安全姿勢をとりつづけるしかない。―以下略（吉岡忍著『墜落の夏』1986年、新潮社）。

55分45秒頃、落合氏は「ものすごい揺れ（横揺れ）」を感じ、それからすぐに恐怖の急降下が始まり、髪の毛が逆立つような急降下であったと証言している。このような衝撃の証言から、同時刻ごろの機長らの絶叫は落合由美氏が感じた「ものすごい揺れ（横揺れ）」であることがわかる。

同じく奇跡の生存者である吉崎博子さんの証言によれば、123便は「ほぼ垂直と思えるような角度で急降下、墜落した」。また、川上村消防団長・林岩氏も、「事故機が右旋回しながら、真っ逆さまに落ちて行った」と証言している。これらの証言は、事故機がほぼ垂直角度で真っ逆さまに落下したことを示している。つまり、これらは操縦の結果による急降下などではなく、制御できないほどの急激な墜落事象がこの時に起きたことを示しているのだ。

●多くの住民による目撃証言

異常事態は、事故機が三国山を経由して上昇し、高度3,000mに達した段階で発生している。レタス畑のある川上村は標高1,200〜1,300mにあり、その住民らは比較的高い標高の地域に住んでいる。そのため、高さ1,500m位の急峻な山が乱立する上野村の山岳地帯を飛行した事故機の模様を、周辺から目撃できたのである。あのレタス畑（標高1,300m）で作業していた公務員・石川氏も、事故機が三国山を左旋回するのを目撃している。

他の住民も、次のような目撃情報を語っている（角田四郎著『疑惑』）。

「真っ黒い煙を上げながら、群馬県境の山中へ墜落した」（川上村　鶴田汪氏）

「胴体から煙を噴きながら、超低空で東北の方角へ飛んで行った」（相木村　栗生の主婦）

「飛行機の飛んで行った後から、流れ星のようなものが飛んで行った」（南相木村中島地区の住

民3名）

「飛行機が赤い炎を上げ、やがて黒い煙を残して南相木村の群馬県境に消えた」（中島初代、主婦　川上村）

　これらの証言からは、川上村から北東側の上野村方面に入った事故機の様子が良く分かる。墜落直前の事故機は赤い炎を上げ、黒い煙を出して飛行していたのだ。

　飛行中に急降下しただけでなく、墜落前に炎上して黒い煙を出しており、これは主翼の燃料に引火して火災を発生させている。これは右主翼の第4エンジンが破壊され、引火したものと推測できる。第4エンジンの破壊状況が他の3基のエンジンの破壊状況と大きく異なる上、墜落の前に脱落しているからである（事故調の分析資料）。

　本書の最初に述べたように、墜落場所には「第4エンジン」「水平尾翼」「垂直尾翼」「APU」が発見されず、いずれも墜落する前に破壊脱落している。この破壊脱落のいずれかが、墜落の事故原因なのだ。

　もう一つ注目されるのは、事故機が飛んで行った後から「流れ星のようなものが飛んで行った」という証言である。飛行機の後を追いかけるようにして飛ぶ「流れ星」。これは、ミサイルの航跡と考えられる。このミサイル（100kg、速度マッハ2～5）が右第4エンジンを直撃したと考えれば、落合由美氏が感じた「ものすごい」横揺れという事象と完全一致する。

　このように考えるのは、単なる著者の空想によるものではない。123便の墜落に関して「ミサイル」という言葉を最初に発したのは、当の123便を運航する日本航空の最高幹部の一人なのだ。

⑤「日航機はミサイルで撃ち落とされた」…日航副社長・町田直氏の発言

　1985年8月12日、日航123便が墜落した夜の10時頃、乗客の家族たちに墜落事故の状況を詰問された老役員・町田直副社長は、日本航空の立場を擁護するべく、123便の墜落について同社がいち早く知らされていた真実を口走った。

　「日航機は北朝鮮のミサイルで撃ち落とされたんや。今はそれしか分からん」

　墜落場所も特定されていない緊迫した状況で、機影の消えた旅客機に乗る肉親の安否を気遣う家族らに取り囲まれ、冗談を口にする運航会社の役員などはいない。この役員の発言が、日航には墜落についての責任がないことを明らかにして自社を擁護したい一心で、知り得た事実、情報を語ったものであることは間違いない。これはその場に居合わせた多くの遺族が聞いた発言であり、今も鮮明に記憶している言葉である。

　このことは、後に元日航客室乗務員の青山透子氏がその著書『日航123便墜落の新事実』の中でも明快に書き記しているし、角田四郎氏の著作『疑惑』でも詳細に発表されている。

　墜落当日の8月12日は日航の民営化に向けての役員会議があり、日航の幹部関係者が一堂に会していた。その場に政府から、おそらくは窓口である運輸省航空局から「ミサイルによる撃墜」という驚愕の事実が通告されたと考えられる。この情報はまたたくうちに社内に広まり、多くの社員も知っていた。すなわち日航内では、すでに公然の秘密になっていたと推測できるのである。

　この町田直氏の告白内容を疑う人もいるが、前後関係を調査し考察すると真実であると判断できる。

　まず、後に詳しく述べることになるが、町田直氏は運輸省航空局出身であり、同省の事務次官という事務方の最高責任者を務めた人物である。将来は社長との含みで日航に天下りし、事故当時は日航の副社長だった。運輸行政の実務上のトップを務めていた人物が、このような場面で自分の思い付きや軽々しい言い逃れで「ミサイル」という言葉を持ち出すことはあり得ない。

垂直尾翼の破壊は自衛隊標的機の衝突で起き、機長らの必死の手動エンジン出力調整で操縦性を回復した事故機は、用意周到な準備の後、横田基地飛行場に着陸を実行しようとした。だが、察知した自衛隊の禁止命令で着陸を断念している。やむなく航路を転じて平坦で広大なレタス畑への不時着を敢行したが、畑に地域の住民、農民の姿を視認して断念し、緊急復航（タッチ・アンド・ゴー）を経て山岳地帯である群馬県上野村方面に入った。

　このように、墜落に至る全体の流れをたどると、垂直尾翼の破壊に自衛隊が関与しただけでなく、横田基地への着陸も自衛隊が妨害しており、乗客乗員は無慈悲な殺人の犠牲になったと言うほかはない。また、これから順に明らかにしていくように、123便の墜落後、政府はすぐに自衛隊部隊を緊急派遣しながら、生存者の捜索救助を行うのではなく自衛隊の関与の証拠となる残骸をいち早く回収したばかりか、事実隠蔽のために生存者を殺害している。国、すなわち政府の権力者と自衛隊は、123便の乗客乗員の全員を殺害するとの謀略を企画し、その責任回避、権力維持、自己保身を図ったのである。

　<u>その過程で123便の墜落を決定づけたのが、町田副社長が口走った「ミサイル」である。</u>

　そこで、まず、この発言の性質を考えてみよう。

１）町田副社長の告白は日航自身が確認した事態でなく、誰かからの連絡で知ったと考えるのが順当である。日航は運航会社に過ぎず、自身で123便の墜落場所、墜落原因を特定することは不可能だったからである。

２）運航会社の副社長である町田氏が、墜落の報を聞いて駆け付けたお客様の家族に対して突拍子もない嘘を言うことはあり得ない。すなわち、この時の彼は自分が政府筋から伝え聞いた事実をそのまま話している。

３）墜落時の真相を知り得る立場にあるのは、垂直尾翼破壊後すぐに123便を追尾した自衛隊以外には考えられず、横田基地への着陸禁止処置や救助不作為から考えても、自衛隊幹部以外に該当する者はいない。

４）自衛隊及び政府中枢を介して自衛隊と連絡を取り合う運輸省航空局は事実を知っているが、通常であれば運航会社にこのような重大な極秘事項を知らせることはあり得ない。公になれば重大な社会問題となる極秘事項を日航側に伝えたのには、何らかの別の目的、要求があったと考えられる。その意味では、町田氏が満座の乗客家族たちの前で「ミサイルによる撃墜」を口にしてしまったのは航空局や自衛隊、政府にとっては想定外の失言だっただろう。

５）当時の報道によれば、日本航空の整備士や技術者50数名が事故の翌日の13日午前１時には早々と上野村に向かう入り口にあたる長野県南牧村に到着している。逆算すると、この派遣部隊は東京羽田を事故発生当日12日の午後９時頃に出発していたことになる。世間では墜落場所さえ公式には特定されず、さまざまな情報が飛び交っていた段階である。この段階で事故当事者であるはずの日本航空の技術者が集められて現地に送り込まれたのは、123便への標的機の衝突、ミサイル撃墜による自衛隊証拠残骸を秘密裏に回収するのに、日航の技術関係社員の識別能力が必要であったからだ。

　ジャンボ機の機体残骸と自衛隊の関与を示す遺留品との識別ができる者がいなければ、証拠を隠滅することはできない。そこで墜落現場への技術者の派遣を要請するにあたり、政府（自衛隊、運輸省）としては、事前に日航側に墜落の事実の一端を説明せざるを得ない。「<u>ミサイルによる撃墜</u>」という説明は、技術者の派遣を要請する前提条件であったと推測できる。技術者の出発が

午後9時ごろだったとすれば、12日午後7時半ごろには航空局から日航に「ミサイル撃墜」の話がもたらされていたというのも納得できる。

＊

　自衛隊は本来ならば被害者の側にあるはずの日航をみずからの犯罪の協力者として取り込み、証拠隠滅に協力させることが必要と判断したと考えられる。航空局からの連絡を受けた副社長町田直氏は、日航整備関係者を墜落現場に緊急派遣した。事実、遺体収容作業が始まったばかりの墜落現場で、白いつなぎ服姿の日航の技術者が後部尾翼に取り付き、残骸を選別しているのを目撃されて写真に撮られている。群馬県警の河村本部長（当時）もテレビ映像でこの事実を知り、日航の行動を批判している。また、後年、著者が日航との間で開催した「技術会議」と称する議論の場でも、日本航空はこの技術者派遣の事実を認めている。

　以上の検討からも、日航副社長・町田直氏が口走った「ミサイルで撃墜されたのだ。今はそれしか分からん」というのは事実だと判断できるのである。すなわち、123便墜落の事故原因は自衛隊のミサイルによるエンジン破壊と水平尾翼破壊脱落である。その動機は自衛隊標的機の垂直尾翼への衝突事態を完全に隠蔽し、乗客乗員の口を封じるともに証拠隠滅を図るためである。それは政府権力者、自衛隊幕僚長の「責任回避」「権力維持」「自己保身」のためであった。

　これが犯罪の動機であり、墜落の真の原因なのだ。

⑥ミサイル攻撃によって合理的な説明がつく123便墜落状況

　先に述べたように事故調の報告書の81〜83頁は墜落事象を比較的詳細に説明しているが、そのきっかけとなったのは事故機で発生した急激な衝撃と横揺れだった。その際の機体の破壊部位と操縦について、具体的に調査し分析した結果を説明する（資料⑮）。

　事故調の墜落事故報告書での「墜落事象の説明」では、18時55分45秒に事故機に発生した異常事態、すなわちCVRに記録された機長らの驚愕の声や落合氏が証言する猛烈な横揺れなどを無視したうえで、その後の事故機の姿勢や方向、横、縦の加速度、機首下げ角度、高度などのみについて細かく記載されている。この急降下墜落事象がなぜ生じたかという分析が、意図的に避けられているのだ。

＊事故機の墜落状況は、次の三つに整理することができる。

１）18：55：45の非常に強い衝撃と激しい横揺れ。

２）機体の右への傾斜と右旋回飛行（これは墜落まで続く）。

３）約10秒後からの激しい急降下・墜落事象（「まっさかさま」の降下飛行）。

　この事象に至る前の事故機は、上野村付近上空に入るまで操縦でき飛行できていた。事故調も「事故機は飛行の継続ができた」と認めている。したがって、機長らの操縦ミスで１）、２）、３）が起きたわけでないことは明らかである。このような事象は、機体に外部から強い力が加わり、発生したとしか考えられない（資料㉕）。

　それは、本来なら機体残骸を調べればすぐに分かるはずのことである。本書の最初に記述したが、墜落が起きた際の事故調査では、まず、機体の残骸分布を調べることが一番重要である。

　それが航空機事故の調査の原則だ。

　ここで、墜落場所での機体残骸分布を事故調資料で再確認すると、墜落地点には「垂直尾翼」「APU」「水平尾翼」「第４エンジン（右翼の外側）」が存在しないことが分かった（資料③）。このうち垂直尾翼とAPUは墜落よりもはるか前の18時24分に自衛隊標的機の衝突で破壊脱落して、

同時に起きた油圧配管の破壊は操縦に難をきたしている。APUもこの時に破壊された。従って、墜落直前に破壊脱落したのは残る「水平尾翼」と「右第4エンジン」だと判断できる。

その脱落は18時55分45秒から、墜落時刻である56分30秒までの45秒間の間で起きているのだ。その引き金は55分45秒の激しい衝撃と横揺れである。

この事故機に起きた激しい衝撃を「ミサイルの衝突」ととらえると、墜落や重要保安部品の突然の脱落との前後関係は次のようにまとめられる。

1）18：55：45の激しい衝撃、横揺れ＝自衛隊機が撃ったミサイルの激突
　　（CVRの機長の絶叫、落合氏の証言、住民の目撃証言、日航・町田副社長の発言）。
2）事故機の右旋回事象＝ミサイルによって右翼外側に付く第4エンジンが破壊され機能停止したことによる（飛行中の火災、黒い煙の目撃証言）。
3）まっさかさま急降下・墜落事象＝水平尾翼の破壊脱落による（落合、川上、吉崎氏の証言、DFDRの高度変化、住民目撃）。

事故調は一切触れていないが、このようにまとめてみると見事に因果関係が導き出され、経過のごく自然な説明が成立する。事故調が一切触れていないのは、自衛隊機によるミサイル攻撃を隠蔽したためである。

＊

残骸分布と重要部品（水平尾翼、第4エンジン）の位置から、飛行経路と墜落原因をより明確にしよう。墜落現場付近の機体残骸分布は先に資料③に示した通りである。事故調の報告書では、事故機は「一本から松」から「U字溝」を経由して墜落地点に入り、裏返しに衝突して墜落したという。これ自体は間違いない飛行軌跡である。だが、不可解なことに事故調の報告書には、それ以前の飛行経路が示されていないのだ。

●水平尾翼の脱落と飛行経路

事故調は事故機が右旋回飛行していると報告書に記載しており、かつ「水平尾翼」の完全な残骸は「U字溝」の真上部500mの位置に列をなして落下している。巨大な水平尾翼である金属性残骸は飛行航路のほぼ真下に落下するはずであるから、事故機はこの水平尾翼の残骸落下地点の上を飛行したことになる（資料④および資料㉖——一列に並んで落下している水平尾翼の残骸）。

事故調は　事故機がU字溝で右主翼先端が地面を削り取った際の衝撃で、水平尾翼がとんでもない方向に飛び散ったという。この理解不能の愚説を群馬県警本部長・河村氏は著作の中で水平尾翼が「あらぬ方向に飛んだ」と表現している。だが、巨大な金属隗である水平尾翼が飛行方向の真横に500mも飛散するということは科学的に成立しないことは明らかである（資料㉖、㉗）。

さらに事故機は18時55分57秒から猛烈な急降下、すなわち墜落事象に陥っている。これは操縦不能となって急降下したことを意味しており、姿勢制御にとって死活的に重要な水平尾翼の破壊脱落が原因であると考えるのが自然だ。しかし、事故調の主張は「U字溝での接触で水平尾翼が吹き飛んだ」との仮説に立っており、その時刻は18時56分26秒である。これでは時系列的には「墜落事象の発生後に水平尾翼が脱落した」ということになり、順序が逆転してしまう。

したがって、「U字溝で水平尾翼が脱落した」との事故調の結論は間違っており、ここにも意図的なごまかしがあると考えなければならない。

では、水平尾翼はいつ、どのような状況で脱落したのか。この点を考えるには、もう一つの第4エンジンについて検討することが必要になる。

●第４エンジンの脱落と飛行経路

B747機旅客機のエンジンは250トン超もの重量の機体（実質400トンの飛行機体）を持ち上げるための強力なエンジンであり、１基が全長７ｍ、直径３ｍもあり、左右両翼に２基ずつ取り付けられている。第４エンジンは右翼外側に位置するエンジンである。

この第４エンジンの落下位置は、水平尾翼の落下位置よりさらに進んだ先のU字溝の位置である。だが、よく見ると第４エンジンは、すでに「一本から松」との接触から「U字溝」までの間の約500ｍにわたってエンジン内部の部品をばらばらと散乱させている。部品を次々に落とした末、この「U字溝」でついに本体（外枠部）が落下しているのだ（資料㉘、資料㉙）。この破壊状況から、第４エンジンの内部は機体が「一本から松」と接触する前に大きく破壊されたことがわかる。そうでなければ、エンジン内部の部品がまるでこぼれ落ちるように次々に落下していった理由が説明できない。

したがって、ミサイルは第４エンジンの内部を破壊したものと考えられる。通常、ミサイルで攻撃されるとエンジンはその場で吹っ飛ぶような全破壊を起こすものと考えられがちだが、ここではエンジン内部だけが破壊されていたのである。

強力なミサイルでエンジンを全壊させれば、残骸の形状からミサイル攻撃という事実が露呈しやすくなってしまう。そこで自衛隊は、精密な小型のミサイルでエンジン内部だけの破壊を行ったと推測できる。自衛隊の関与の証拠を消すための謀略作戦として考えれば、これは当然の策だ。

第４エンジンがミサイルで破壊されたのなら、第４エンジンが水平尾翼よりも先に落下するのが常識的な順序に思える。だが、それが実際には逆の順序になった背景には、このような事情があったのである。

まず、ミサイル攻撃で第４エンジンの内部が破壊されて機能を停止し、部品がバラバラに崩落し始める。同時にミサイルが命中した際の衝撃で機体は激しく横揺れし、その衝撃によって水平尾翼が脱落。以後、第４エンジン内部が崩落しながら機体は右旋回しながら飛び続け、最後に第４エンジンの外枠部が脱落。このような順序をたどりながら、第４エンジンと水平尾翼は飛行経路に沿った形で脱落したのである（資料④、㉖、㉗、㉘、㉙）。

⑦水平尾翼（水平安定板）の機能とその役割

さて、第４エンジンに先だって脱落した水平尾翼は水平安定板とも言い、機体の水平安定を確保するための重要な制御装置だ。旅客機B747SR-100の水平尾翼は全幅21.6ｍ、全奥行9.2ｍという巨大なもので、浅い後退翼のような形をしている。ただ、「翼」とは言うが、その役目は後述のように機体の後方に向かって流れる気流の向きを整えるところにある。

その後縁には昇降舵が取り付けられており、油圧で制御する。昇降舵だけでなく水平尾翼（水平安定板）自体も上下に微妙に動き、機体の上下の姿勢制御を行う。したがって、水平安定板は後部胴体に完全固定されているわけではなく、隔壁の後ろ側の位置の３点で可動固定されている。前方１点の固定箇所ではスクリュージャッキ（ネジのように溝が切り込まれた丸棒）と水平尾翼の前縁が連結されており、このジャッキを回転上下させることで水平尾翼の前側が上下に動く。水平尾翼は後方２点を支点として、傾斜角が変わるわけだ。このスクリュージャッキの回転は油圧と電動モーターでコントロールされて制御される。

旅客機の飛行には、「推進力のエンジンと揚力を生み出す主翼」の機能と「縦方向の制御を担う水平尾翼と横方向の制御を担う垂直尾翼」の機能の二つが必要であり、どれが無くても飛行機は飛べない。主翼は揚力を生み出すための形状と大きさを持っているのに対し、「水平尾翼」と

「垂直尾翼」は翼とは呼ばれているものの、気流の向きを整えるのがその役割である。したがって、機能の面から正確に言えば垂直尾翼は垂直安定板であり、水平尾翼は水平安定板なのである。

　後年、日航の幹部・福田技術部長は著者との技術会議の場で、水平尾翼は形状が翼の形をしているので、機体後部から脱落しても飛行方向と全然違う方向、横方向に500mも飛行することができたのだと著者に語った。事故調も似たようなことを述べているが、そのあまりにも非科学的な話に唖然としたことを覚えている。

　「垂直尾翼」と「水平尾翼」はともに重要だが、どちらが重要なのかと問われるなら、それは「水平尾翼」だ。なぜなら垂直尾翼は方向を決め、横方向の安定性を維持する機能があるが、これはエンジン出力の調整で代替できるからである。123便の場合、垂直尾翼と油圧機能が喪失したが、機長らがエンジン出力の調整で横方向の安定性を修正して墜落を免れ、操縦性を取り戻していたことはすでに述べたとおりだ。さらに世界には、最初から垂直尾翼が付いていない航空機も実存する。これに対して、世界に航空機で水平尾翼がない飛行機は存在しない。空を飛ぶ鳥も水平尾翼に相当する尾翼を持っているが、垂直尾翼に相当する尾翼は持っていない。

　また、垂直尾翼には方向舵しかないが、水平尾翼には昇降舵が付くと同時に、それ自体が動くことによって水平姿勢を制御するという二通りの制御機能を持っている。

　水平尾翼が機体の水平安定性維持に重大な役割がある証だ。

　水平尾翼の働きは、主翼との釣り合いによって、機体の水平方向の安定性を与えること、及び水平尾翼に付いている「昇降舵」によって機体の機首上げ下げの運動を制御することである。その機能を十分に発揮させるべく、二つの可動装置が付いている。先に述べたように一つは水平尾翼自体がその迎角を変えられる装置であり、二つ目は水平安定板の後方の昇降舵を上下に動かすことで機体後部を上下させる装置である（油圧作動）。この二つの姿勢制御装置で機体の姿勢が正常に維持され、それによって機体の揚力も維持され、飛行が可能になるのである。

＊例えば、飛行中に突風を受けて機首が上を向いてしまったとする。すると水平尾翼の迎角が大きくなって上向きの揚力を増す。機体の後部を持ち上げようという力が自然と働いて機首は押し下げられ、姿勢を元に戻してくれる。逆に機首が下を向いてしまった時は水平尾翼に負の迎角がついて下向きの揚力を増し、機首が上がることでやはり姿勢を戻そうとしてくれるわけである。

　ところが、突然機首が下がった場合に水平尾翼が失われていれば姿勢回復力が働かず、機体はそのまま機首を下にしてまっさかさまに垂直降下しはじめることになる。つまり墜落事象に陥るわけだ。これは生存者・落合由美氏、吉崎博子氏の証言とも完全に一致する。事故機の急激な垂直降下は、同機が水平尾翼を喪失したことを裏付けているのである。

　この機体の正常な姿勢維持は、正常の飛行を行う必須の重要機能だ。航空機は、機首を数度ほど持ち上げた状態で飛行する。この姿勢で気流の流れが翼の両面を通過することにより、本来の揚力が生み出されて飛行できるのである。しかし、飛行姿勢が過度に上向きあるいは下向きに外れると揚力の発生が生まれず、重力に負けて「失速」（ストール）の状態に陥る。このまま推移すると過剰に上向いていた機体はより上を向いて棒立ちになり、次いで前側の重心によって急激に機首を下にして墜落する。過度に下向きの場合も、より大きく下向きになって失速して墜落することになる。

＊

　ここで123便墜落直前の飛行状態を、飛行高度と水平迎角の関係を分析した資料で解析、推

測・検証した結果を見てみる（資料⑰および資料㉚―TBS映像からの「高度」と「ピッチ」―時間との関係図）。

　この資料は18時55分57秒からの事故機の急降下事象を時間的に図示したもので、基本的にはDFDRのデータ図と同じだが、より詳細なもので時間は1分刻みとなっている。

　時間的には18：56：18から降下速度が徐々に低下し、降下が下げ止まっているのが良く分かる。ここで、事故機は水平飛行に移っている。

　次に機体姿勢（ピッチ）と時間との関係を見てみる。

　55：58時点のピッチデータは、先に見た事故調の墜落事象の説明をプロットしたものである。実際はもっと急速にピッチが下がったと推察できるが、ピッチが下がる傾向は変わらないものと考えられるので、この図で検証する。

　何らかの理由で（自衛隊のミサイル攻撃）で水平尾翼が脱落したとたん、機体ピッチは急速に下がって、－40度程度で最低となっている。ただ、ここから次第にピッチが改善され、急速に正常な姿勢に向かって復元している様子も見て取れる。この事象は機長らが墜落の最中にも「フルパワー」（エンジン全開）に努力し続けた結果、機首を上向きに引き上げる力を増大させることに成功し、それが機首ピッチの改善に繋がったものと推察できる。

　いずれにしても、この図からわかるように水平尾翼は機体の水平安定性を左右するものであり、水平尾翼が脱落すると水平維持が困難になり、急激に機首から下向きに降下して操縦不能の事態に陥るのだ。

　先に述べたとおり、ジェット輸送機、旅客機では適切な上向き姿勢を得るために水平尾翼の取り付け角を調整する。操縦桿の片側に設けられたスイッチをパイロットが操作すると油圧機能、または電気モーターによってスクリュージャッキが回転し、水平尾翼の取り付け角を機首上げ、機首下げの方向に迅速にセットすることができる。つまり、水平尾翼はたとえ油圧機能が故障していても電動モーター作動可能であり、事故機においても電動モーターで機能していたことは明らかである。

　だが、それは水平尾翼が機体に付いていればこその話だ。水平尾翼が破壊脱落すればこれらの機能は一切消えてなくなるから、猛烈な垂直降下すなわち墜落を防ぐのは不可能であったと推測できる。

⑧水平尾翼が関係する墜落事故例

　水平尾翼（水平安定板）の形状、構造とその機能を説明したが、航空機の安定飛行に寄与する役割は歴然としている。そして、このような重要な水平尾翼が破壊され脱落した場合、操縦と制御が不能となり、航空機の突然の急降下墜落に結びつくとは実際の墜落事故例でも証明されている。ここではそのような航空機墜落事故の例を挙げて記載して、墜落事故と水平尾翼の重大な関係を確認しておく。

●アラスカ航空261便墜落事故（2000.1.31）

　261便ダグラスMD-83（リアエンジン2基、T字形尾翼）は、メキシコ空港からサンフランシスコ経由でシアトルに向けて午後1時37分に出発した。LAX（ロサンゼルス国際空港）に緊急着陸をすることになり、着陸準備を始めた午後4時19分、高度5,500フィートから衝撃音とともに、再び猛烈な機首下げになり、完全に裏返しになって太平洋上に墜落。乗員、乗客全員88名が死亡した。

この事故のそもそもの原因は、水平安定板の迎角を制御するスクリュージャッキへの潤滑油の供給が、同社においては規定の600時間をはるかに超える2,500時間に変更されたために油切れとなり、ナットの溝が削り取られていたことにある。宙に浮いたボルトを支えるものが無くなって水平安定板が大きく立ち上がり、機首が下方向に固定されてしまったために墜落したのである。メンテナンス不良、点検整備改竄などによる墜落であった。

●コンチネンタルエキスプレス2574便（1991.9.11）

2574便エンブラエル社EMB-120（30人乗り双発ターボプロップ機）は、ヒューストンに近づいていた。パイロットが降下の準備に入った時に機体が急激に落下。わずか数秒で、数千フィート降下し、農場に激突して大破した結果、乗客乗員14名全員が死亡。墜落時の衝撃は大きく、残骸が航空機のものだと判別できないほどだった。

事故原因は、水平安定板の前縁板（長さ3m、幅20cmの板）のネジによる固定がされていなかったことだった。すなわち事故原因は、水平尾翼の「整備ミス」であったのである。着陸の準備前段階で、最高速度266ノット（492km/h）に達した時に水平尾翼左側前縁板が剥がれて、墜落地点の1km手前で脱落落下し飛び散り、機体は急降下（垂直降下）に移り、途中、垂直尾翼、水平安定板も200m後方に脱落し、一瞬にして乗客乗員らは失神した。この墜落のメカニズムは技術的にも検証され、水平尾翼の前縁板が外れると急降下（垂直降下）が起きることが証明された。そして、この事象は目撃証言とも一致していた。水平安定板の前縁板が外れただけで機体が垂直降下に移るという現象は不可解に見えるが、それだけ水平尾翼の重要な役割を示す事故だった。

なお、この事故例でも水平尾翼は飛行経路の下に落下している。日航123便の事故で事故調は水平尾翼が飛行経路から真横の500mの地点に落下したと主張している。だが、機体から脱落した水平尾翼だけが飛行経路から大きく外れた地点に向かって飛んでいくとの主張は成立しないことを、この事例は実証したのである。

●英国欧州航空706便墜落事故（1971.10.2）

同航空会社は現在のブリテッシュエアウエイズの前身の一つである。使用された機種バンガード951はロンドンのヒースロー空港を離陸し、オーストリアのザルツブルクに向けてベルギー上空巡航高度19,000フィートを順調に飛行していた。突然機体は操縦不能に陥り、まっさかさまに墜落し、空中分解しながら激突大破して炎上した。搭乗していた乗客乗員63名全員が犠牲になった。垂直降下で墜落して地面に叩きつけられると乗客乗員は即死する。一方、水平飛行で地面に衝突すれば相当数の乗客乗員が助かる可能性がある。それは乗客が受ける衝撃力の大きさで決まる。日航事故機は最後に水平飛行に移っている。これが墜落直後は数十名の乗客が生存した（後述）理由である。

事故原因は水平安定板が崩壊したことである。機体は安定姿勢を維持できず、操縦不能になって垂直降下し、地面に激突したのである。

●全日空機雫石衝突事故（1971.7.30）

雫石上空を飛行中の全日本空輸の旅客機（ボーイング727-28、エンジン3基、T字形尾翼）の水平安定板先端付近前縁に、演習中の自衛隊戦闘機F-86Fの右主翼付け根が衝突したもので、全日本空輸乗客乗員162名が全員惨死した事故であった。この衝突で、後部に集中的に設置され

ていた垂直尾翼、水平尾翼、第3エンジンが破壊脱落。全日本空機は操縦不能になり、しばらく降下しながら、飛行していたが水平安定板と昇降舵の機能を喪失していたために降下姿勢を回復できず、降下速度が急加速。音速の壁を突破したことにより、約5,000m付近で機体が空中分解して墜落。搭乗していた乗客乗員162名はバラバラに粉砕され、極めて凄惨な状況で死亡した。

　事故原因は、自衛隊戦闘機の全日空機への衝突による水平安定板の破壊脱落である。この衝突でB727機は垂直尾翼の上に設置されている水平尾翼を喪失し、操縦不能となり、機体の安定回復ができずに墜落し、バラバラに粉砕されたのである。

●アエロメヒコ航空498便空中衝突事故（1986.8.31）

　ロスアンゼルス郊外の上空で起きた空中衝突で、AM航空498便（DC-10）と自家用機（ハイパーPA-28-181）とが衝突、分解し、両機に搭乗していた67人と地上15名（負傷8名）が死亡した。この衝突でDC-10（T字形尾翼：垂直尾翼の上に水平尾翼がある）は、垂直尾翼の大半と水平尾翼全てが剥ぎ取られ、上下逆となって急降下し、乗客乗員は全員が粉砕されて死亡した。

　事故原因は管制官ミスと両機の機長の視認ミス、レーダーの老朽化などで、FAAは空中衝突防止装置（TCAS）の設置、自家用機にトランスポンダーの搭載を義務付けた。この急降下の原因も水平安定板の脱落によるもので、一瞬の内に操縦不能になった機体は上下逆（裏返し状態）になり、機首から約70〜80度というまっさかさまの角度で墜落した。その墜落状況は白黒写真が撮られており水平安定板の重要性を証明している。すなわち水平尾翼（水平安定板）が脱落すると、機体は水平安定機能を喪失して急垂直降下し、墜落するのである。

＊

　以上の墜落事例から分かることは、「垂直尾翼」を失っていったん操縦不可になってもエンジン操作で操縦を回復できるが、「水平尾翼」を失うと完全に操縦不能になって墜落する可能性が極めて高いということである。航空機の水平尾翼は機体の水平安定にとって極めて重要で、この水平尾翼が破壊し脱落すると機体は操縦不能になり、急降下（垂直降下）の末に地面に激突することが証明されたわけだ。ここから推察できるのは、日航機の場合も突然急降下（垂直降下）をしているが、その前段階で水平尾翼が脱落していることから、まず水平尾翼の破壊脱落が起き、それによって急降下（垂直降下）したということだ。これはDFDRのデータや落合由美氏の証言ともよく一致する。

　事故機は「隔壁破壊」に起因する「垂直尾翼」「油圧装置」「APU」の破損脱落で墜落したのでなく、外部からの強力な破壊力（ミサイル）を受けた衝撃で水平尾翼が脱落させられたことが墜落原因なのである。

⑨事故機の水平尾翼はなぜ脱落したか？

　水平尾翼は最後尾の胴体を貫く形で取り付けられており、一番後部のAPUの真前に位置している。組み立て時には、APUを取り付ける前に後ろ側から胴体に差し込まれ、前述のように3点で固定される。つまり、APUが破壊されると水平尾翼の固定が緩み、後ろ側に外れる可能性が生ずるのだ。このことが、ミサイルによるエンジン破壊の衝撃で水平尾翼が外れたことにつながる。事故報告書にも、「破壊が進んで強度不足になっていた残存垂直尾翼、水平尾翼が脱落し、飛散した」という記述があることは先に述べた。この記載は、ある意味では重要なヒントだ。

　すでに水平尾翼の取り付け部は、自衛隊標的機の衝突によって強度不足に陥っていたのである。123便に自衛隊標的機（重量約1トン）が高速（マッハ2〜5）で激突し、垂直尾翼とAPU

が破壊脱落した。それほどの衝撃であれば、標的機が水平尾翼に直接に激突しなくても垂直尾翼の真下に位置する水平尾翼にも強い衝撃力が働いたことは容易に推測でき、その固定部分が「強度不足になっていた」という事故調の説明にも合致する。水平尾翼の固定の強度不足の原因は、18時24分の垂直尾翼への自衛隊標的機の激突が原因だとするのが最も合理的で技術的にも適切である。すなわち、ここで強度不足が生じた3個所の固定部は、18時55分45秒のミサイルの激突による衝撃で破壊され、水平尾翼は標的機との衝突で生じていた機体最後尾の開口部から後方に抜けるように脱落し落下したと推測できる。さらに水平尾翼の残骸はばらばらに散らばっているのではなく一列に整然と並んでいるが、これはまさに飛行軌跡の反映である。

＊

　小型で精巧なミサイルが第4エンジンに命中してその内部を破壊した際、大きな横揺れが発生している。落合由美氏が感じた「ものすごい揺れ」であり、これによって水平尾翼の緩んでいた固定箇所の破壊が進み、一気に後方に滑り落ちて飛散したのである。

　自衛隊は垂直尾翼が破壊されて油圧機能が効かない状況で、ミサイルで第4エンジンの機能を停止させれば、機体は右旋回して墜落すると考えたはずだ。この時、作戦の計画立案者たちは、まさか水平尾翼が脱落するとは想定していなかっただろう。だが、墜落地点とはまったく異なる場所に水平尾翼が整然と脱落していたことが、日航123便の墜落が故障や操縦ミスなどによるいわば「自然」な墜落事象ではなく、外部からもたらされた衝撃に起因する墜落だったことを暴くことにつながったのである。

⑩自衛隊によるミサイル攻撃と撃墜の意図

　事故機は垂直尾翼を破壊された後、新規な手動操縦によって飛行を継続していた。このような飛行を継続している事故機のエンジン1基を停止させれば、エンジン出力調整による手動操縦では機体の安定性が維持できずに墜落すると予測し、自衛隊はエンジンに小型ミサイルを命中させ、機能を停止させるという謀略を計画し、実行したと考えられる。

　ミサイルでエンジンを狙う場合、左右の4基のエンジンのうち一番外側に位置する第1エンジンか第4エンジンしかない。第2、3エンジンは水平尾翼が張り出しており、後方から正確に攻撃するのは不可能だからだ。したがって、胴体中心から20m離れた第1エンジンか第4エンジンしかない。それではなぜ第4エンジンなのか。右の第4エンジンが破壊すれば、右側の推力が落ちるから機体は右旋回して上野村の山岳地帯に墜落するからであった。第1エンジンを破壊すれば左旋回して長野県側に墜落することになるが、その場合には捜索や救助活動が容易で、極秘のうちに証拠隠滅することが難しくなってしまう。

　人里離れた山岳部で、捜索が困難な地域。それが自衛隊にとって最適の墜落場所だった。

　墜落地点での捜索と救助を困難にさせ、自衛隊が一連の事態を引き起こした証拠となる残骸の回収が容易だからである。

　しかし、この計画で実行したが想定外のことが起きている。水平尾翼が脱落して猛烈な急降下（墜落）が一気に起きたことは、撃墜という目的に照らせば成功であった。ところが、この水平尾翼の脱落により、事故調や航空局は水平尾翼が墜落に先立って脱落した理由やその場所の合理的な説明を求められる羽目に陥った。嘘の不合理な説明でごまかすことになり、墓穴を掘ることになったのだ。

＊

　18時55分45秒に123便はミサイル攻撃で右第4エンジンを破壊され、その機能を喪失するとと

もにミサイル激突の衝撃で55分50秒頃には水平尾翼が脱落し、以後は激しい急降下、つまり墜落事象に入った（資料㉕、資料㉛－墜落直前の飛行経路から、導かれる事故原因）。

だが、先に示した事故報告書の墜落状況の概要で見たように、機体は激しい墜落を経た後に水平姿勢を取り戻している。まっさかさまに降下したものの、123便はそのまま頭から地面に激突したわけではなかったのだ。これは機長らが墜落を食い止めようと、降下姿勢を改善するために最後の努力を続けた結果だ。

この最後の段階での123便は飛行バランス機能と操縦機能を完全に失い、もはや飛行機というよりは主翼とエンジン3基からなる金属の塊でしかなかった。それでも機長、佐々木副操縦士は諦めず、乗客乗員の命を助けるために飛行姿勢を元に戻そうとしている。CVRには彼らが〈スロットルをフルパワー（全開）する〉〈フラップを出す〉といった操作を叫ぶ悲惨な声が記録されている。その結果、急激な降下時には70〜80度もの降下角だった機体は次第に機首を持ち上げ、20秒後に機体は水平の姿勢になっていた。まっさかさまに急降下している123便の一番前の操縦席でエンジン全開の努力を続けるのは非常に勇気がいる行為であり、凄まじい恐怖との闘いである。急降下する機体でエンジンを全開にすればさらなる加速が起き、まっさかさまの機体姿勢が変わらなければ機首から地面に猛スピードで激突する。落合由美氏が述べた「頭の髪が後ろから、引っ張られる」ような恐怖と同じかそれ以上の恐怖を、機長らは感じたはずである。それでも機長らは前を見ながら、すなわち眼前に迫る直下の山肌を見ながらスロットルを全開にして加速している。このフルパワー、フラップ全開の結果、墜落事象発生から20秒後に機首が持ち上がり、機体は水平の姿勢になり、頭から地面に激突する危険は回避されることになった。

だが、123便は第4エンジン、垂直尾翼、水平尾翼を失っており、それ以上の姿勢の制御は不可能であった。左側の推力が強いため機体は約30度右に傾いて、まず「一本から松」で樹木をなぎ倒し、第4エンジンの内部部品をまき散らしながら飛行して次第に右傾斜を強め、次には機体の傾斜50度で地面を抉って「Ｕ字溝」を作った。さらに事故機の傾斜角は135度、すなわちほぼ一回転して裏返しの状態となり、有名な「御巣鷹の尾根」に衝突して機体はバラバラに破壊され、同時に乗客乗員の多くも粉砕されてばら撒かれたのである（資料㉜—最後の45秒間における墜落状況の真実）。

ただ、機長らが最後の努力で機体を水平の姿勢に戻した結果、激突した123便機体は中央で折れ曲がり、後部胴体部は右方向に山を滑り落ちてスゲノ沢に留まった。急傾斜の山肌を滑る過程で後部胴体部の乗客らは強い衝撃を弱められ、この部分に座っていた多くの乗客は「即死」を免れている。急降下姿勢のまま地面に激突することを回避し、水平飛行で御巣鷹の斜面に衝突したことにより、後部胴体部の乗客らおそらく100名近くは重傷ではあるものの一命をとりとめ、迅速な救助を待つことになった。機長らは乗客乗員524人すべての命を助けることはできなかったが、およそ100人の命を即死から救ったのである。自衛隊のミサイル攻撃にさらされながら、それでも全員死亡でなく100人近い命を救ったことは、勇敢な高濱機長、佐々木副操縦士、福田機関士の執念が生んだ奇跡とも言えるほどの功績であり、高く評価すべきである。

犠牲者や著者をはじめとする遺族、そして日本国民にとって誇りとすべき機長であり、クルーであり、最後まで人命救助の可能性に賭けた行動に心から敬意を表して感謝したい。犠牲者や遺族のみならず、一般の国民にも高濱機長らの行動に対する感謝と敬意を表し、事故調が述べるような筋違いの非難（注）でなく、国としてこの業績を顕彰してその操縦ぶりを讃えることを提唱したい。事実、国際定期航空操縦士協会連合会は、日航123便の操縦クルー3名、すなわち高濱機長、佐々木副操縦士、福田機関士を表彰して「ポラリス賞」を与え、その業績を称賛している

（資料⑦）。

　しかし、このような英雄的な功績を運輸省も日航は隠蔽し、それどころか「クルーの酸欠症状で正常な操縦ができなかった」と非難さえしている。日航もそうした操縦士たちへの侮辱行為を受け入れており、このことは日航もまた撃墜・墜落の真相の隠蔽に加わったことを示している。
（注）　事故調は高濱機長らが機内気圧の低下にもかかわらず、酸素マスクを着用せず、酸欠症状での操縦だったとして報告書で非難している。だが、隔壁は破壊されておらず、機内は静粛であり気圧も下がっていない。それにもかかわらず機長らの操縦に責任を転嫁しているのだ。事故調や航空局が「死人に口なし」とばかりに、英雄的な行為の末に殉職した機長らに責任転嫁するというのは許されない暴挙である。

⑪日航123便の突然の墜落に至る経緯に関する結論

　日航機墜落事故の端緒は、自衛隊標的機による垂直尾翼の破壊であった。自衛隊、国はこの不祥事を徹底的に隠蔽することに決め、証拠残骸の密かな回収と証人となりうる乗客乗員の全員の殺害を行うことにしたのだ。
　なぜ、全員の殺害か。この墜落では最終的に４名だけが生き残り、落合由美氏や川上慶子氏らの証言で、例えば事故調および航空局が捏造した事故原因「隔壁破壊説」は否定された。このこと一つを見ても、彼らにとって<u>事実の隠蔽のためには生存者を残さないこと</u>が必須だったことが分かる。
　垂直尾翼、油圧機能を喪失しながらも操縦性を回復した123便の横田基地への着陸を自衛隊が阻止し、川上村への不時着の試みも事故調は無視して削除している。国、自衛隊は上野村の山岳地帯を演習場所としているため熟知しており、この場所に事故機を墜落させれば全員を墜落死させることが可能であるうえ、捜索に手間取る間に証拠残骸の回収するのにも格好の場所と考えたのだ。そこで自衛隊は、上野村上空の空域でミサイルを使って撃墜するという暴挙を意図的に実行したのである。
　自衛隊は武器を持つ公務員であり、幕僚長以下の上級幹部の命令には事の善悪を考えず、忠実に従うロボット人間の集まりでしかない。悪逆な権力者はこのような危険な殺人集団＝軍隊を「自己保身」「責任回避」「権力維持」のために用い、極悪で非道な殺害命令を出したのだ。
　だが、実際には墜落直前の機長らの果敢な努力により、墜落後も相当数の生存者がいた。この後に詳述するように、墜落の後、自衛隊・国はこれら多数の重傷の生存者までも殺害し、そのうえで証拠残骸の回収を極秘裏に実行している。
　現代ではどのような人が殺されたとしても、警察は殺人事件を捜査するものである。ところが、日本の事故調は真摯な調査も行わず、国の指示に従って、墜落事故として、処理するのが通例となっているのだ。日本には、民主主義も憲法もあるが、権力者はこれを無視して国民の命を犠牲にし、自己の「権力維持」「責任回避」「自己保身」を企むのである。

＊

　ここで、ここまでの墜落事故の全貌の検証を整理したのが、資料㉝──日航123便墜落事故の全貌と事故原因である。
　この表の先、すなわち事故機の墜落の後も政府とその意向を受けた事故調、航空局、日航の極秘、隠密行動が続くわけだが、墜落に至る過程でも多くのことが隠蔽され、事実が捻じ曲げられている。多くの遺族、国民は騙され、信じこまされているのである。日本の権力者たちの間では、このような常套手段で国民を騙すという悪行、裏切りが定着しているのだ。敗戦により、外国か

ら、与えられた「民主主義」「憲法」の理念が浸透し定着するのは何時のことになるのか。

　123便の墜落は単純な事故でなく、524名全員の謀殺を目論んだ事件である。当時の自衛隊の最高指揮官は中曽根康弘総理大臣であり、彼と自衛隊幕僚長らは日航123便の乗客乗員の殺害を計画し実行したのである。ここに、その墜落までの真実を事故調報告書との比較で示す。

事故調報告書の嘘の内容

- 隔壁破壊により垂直尾翼を破壊したとの嘘。 ⇒
- 日航機からの「スコーク77」の発信に対し「自衛隊機は緊急発進をしなかった」との嘘。 ⇒
- 事故機は油圧機能喪失で「操縦不能であった」との嘘。 ⇒
- 事故機の飛行場への着陸は「不可能であった」との嘘。 ⇒
- 「川上村レタス畑への不時着行動はなかった」との嘘。 ⇒
- 「事故機が突然急降下した後に水平尾翼が脱落した」との嘘。 ⇒
- 事故機は「油圧機能喪失による操縦不能で墜落した」と示唆する嘘。 ⇒
- 事故報告書には「墜落の事故原因」が記載されていない。 ⇒

墜落事件の真実と真相

- ＊自衛隊標的機が日航機尾翼に激突して破壊した。
- ＊航空自衛隊百里基地稲吉司令官は「標的機を民間機に当ててしまった。偵察機２機を緊急発進させた」と告白。２機の戦闘機の追尾の目撃証言多数。
- ＊手動操作でエンジン出力を微調整操作して操縦できた（大月市上空の飛行や川上村の不時着、扇平山への衝突回避飛行など）。
- ＊横田基地飛行場への着陸は可能であったが、自衛隊がこれを阻止した（CVR、アントヌッチ中尉の証言）。
- ＊レタス畑への不時着敢行は多くの住民が目撃しており、事実である。
- ＊事故報告書にも「事故機が川上村扇平山での右旋回」が記載されている。
- ＊事故機はミサイルで攻撃され、その直後に水平尾翼が脱落したことによって急垂直降下（墜落）した。
- ＊事故機は操縦可能だったが、ミサイルで第４エンジンを攻撃され、直接的には水平尾翼の破壊脱落が原因で墜落した。
- 事故原因の記載なき報告書は事故調査報告書として失格である。

9　日航123便墜落場所の捜索と救助活動の実態

①「墜落場所捜索」と「生存者救助活動」の真実

　東京管制は日航123便と交信を続けていたが、そのレーダー機影が18：56頃に消えた。この情報はマスコミに伝わり、TVやラジオを通じてそれを伝え聞いた日本国中の人々が「安全神話」のあったジャンボ機が墜落して500余名の乗客乗員の安否がわからないことに胸を痛め、特別番組に釘付けになった。特に乗客の家族の中には、驚愕のあまり失神した人もいる。彼らは運航会社である日本航空の羽田東急ホテルに殺到した。もちろん乗客の多数を占める関西、大阪方面の家族も、日航のチャータ便で急遽東京に向かった。

　一方、墜落場所の捜索と救助の活動も表向きには一斉に開始された。しかし、この捜索・救助活動における自衛隊と群馬県警の動きは極めて奇妙なもので、後に大きな問題となって国内外の非難と輿望の的となる。特に問題視されたのは、墜落場所が特定されて公表されるまで約10時間、生存者の救出には実に16時間もかかったという点だった。

　この点について事故調の報告書は、「墜落地点は山岳地帯であり夜間であったため、捜索、救助まで16時間もかかったのはやむを得なかった」「関係機関は最善を尽くした」「（奇跡の生存者4名を除く）520人は即死だった」などと記載している。事故直後、国民やマスコミは時間的な遅れを非難したが、国はその批判を一切無視したのだ。

　事故直後、墜落現場に登って調査した朝日新聞は現地調査団を派遣し、その概要を『日航ジャンボ機墜落―朝日新聞の24時』（1985年）として出版している。その中でも捜索・救助活動についてさまざまな疑問を明らかにしている。やがてそうした疑問や批判の中から、自衛隊特殊部隊による「生存していた乗客乗員の殺害」「標的機の残骸の回収隠滅」などが次第に明らかになっていくことになる。

＊

　鉄道の衝突事故や旅客機の墜落、船の沈没、自動車の衝突事故などで、犠牲者、重傷者が助けを求めている時、身動きができない時は、発見した最寄りの人が警察などに通報したり、発見者自身が救助活動を行ったりする。人命は唯一無二の存在であり、最も大切にしなければならない存在である。これを救助活動と言い、アメリカではこのような活動を「レスキュー」と言う。

　この活動は基本的には所轄の警察が行うが、最寄りの人が重傷者を見つけた場合には声をかけて励ますことが非常に重要であり、重傷者を死への世界から現実の世界に引き戻す効果があると言われる。とにかく救助できる人や最寄りの警察などが、迅速に駆けつけることが重要なのである。そして、このレスキューのモットーは「may survive, shall survive」（生きている限り、必ず生かす）である。

　しかし、この基本的なレスキュー活動を自衛隊救出派遣部隊、群馬県警が実行していないことが、さまざまな報道と目撃で明らかになった。日航123便墜落事故での捜索、救助活動で自衛隊、群馬県警は、通常の事故等のレスキューとは全くの次元の異なる異様としか思えない行動をとっている。日航機に自衛隊標的機が衝突した事態の隠蔽と自衛隊ミサイル撃墜事態の隠蔽のため、生存者の捜索や救助活動において、自衛隊、群馬県警部隊は「救助不作為」をはじめとする異様な行動を取っていたことがわかったのである。異様な行動の第一は、救助のために上野村に駆けつけたはずの自衛隊、群馬県警の部隊が墜落地点に向かうことなく同村で長時間にわたって待機していたばかりか、自発的に救助に駆け付けようとする地元の人々の登山を阻止してその活動を

妨害していたことである。

　大きな事故・事件の過程で起きる一連の出来事というのは、全て連鎖的に生じるものである。上記のような自衛隊、群馬県警の行動は、123便の墜落が「隔壁破壊」に起因する純然たる墜落事故、自損事故であるならば生じるはずのないものである。この点一つとっても「隔壁破壊説」は成立しないことが明らかであり、自衛隊、群馬県警の異常な行動も真の事故原因を隠蔽するためだったと推察できる。そこで、自衛隊、群馬県警の疑惑に満ちた行動を明らかにし、墜落事故の本質的な原因をより明確に特定したい。

　その大前提として、まず確認しておきたいのは、墜落直後の現場には多数の生存者がいたという事実である。最終的に生還したのは、奇跡の生還者と言われた4人の乗客、落合由美、川上慶子、吉崎博子、吉崎美紀子の各氏である（資料㉞、資料㉟）。だが、落合氏や川上氏は次のように述べているのだ。

●落合由美氏
「呼吸は苦しいというより、ただ、ハー、ハーとするだけです。死んでいく直前なのだとぼんやり思っていました。墜落直後の「ハア、ハア」という荒々しい息遣いが聞こえました。一人でなく、何人もの息遣いです。そこら中から、聞こえてきました。周り全体からです。〈お母さん〉と呼ぶ男の子の声もしました」

　墜落後、自分の上に椅子が被さり、身動きできない状態だった。ヘリコプターが見えたので、手を振ったが、向こうでは分からない様子であった。火炎は周囲では発生しなかった。やがて眠ってしまった。

●川上慶子氏
「墜落した後、ふと気が付いたら、周囲は真っ暗だった。あちこちで呻き声が聞こえ、私の両親もまだ生きていたような気がする。しばらくすると、前方から懐中電灯の光が近づいてきたので、助かったと思った。その後、また意識がなくなり、次に目が覚めると明るくなっていたが、救助の人は誰もいなくて、周りの人たちはみんな死んでいた」

②地元住民・目撃者・生存者の証言
　墜落直前の123便の姿を至近距離で目撃したのは、川上村と上野村の住民である。
　事故機の飛行経路の順序で分析する
1）川上村レタス畑への不時着行動時の農民の目撃者：石川哲氏の証言
　　　すでに紹介したように、同氏は川上村のレタス畑で123便の低空飛行に遭遇し、同機が三国山（1,818m）を越えるのを目撃し、さらに数秒後に黒煙、続いて煙が上がったのも見ている。事故調も同じ経路を記述しているから、事故調もこの飛行状況は把握したということになる。その他、多くの川上村住民は同じ飛行経路を目撃している。彼らは政府の対策本部に電話で連絡報告したが、地元から伝えられた貴重な情報は一切無視された。
2）上野村住民による目撃証言
　　　上野村は西側の山岳地帯が大きな面積を占めており、住民らは東側の神流川の周辺に生活している。したがって、この住民たちの目撃場所と墜落場所とは数キロしか離れていない。住民たちは上野村の真上に飛来した超低空飛行の123便と自衛隊戦闘機を目撃している。
　　　上野村住民、消防団、猟友会の目撃証言も多数あるが、このうち子どもたちが文集に書き

残した証言はすでに紹介した。墜落前に大きい飛行機と小さなジェット飛行機２機が「追いかけっこ状態であった」という記述は自衛隊機が追尾していたことを示しており、「真っ赤な飛行機」が飛んでいたという形容は123便が炎を出していたか、赤い「吹き流し」を巻き付けて飛んでいた様子を物語っている。また、「墜落前後、稲光のような閃光と大きな音がした」という証言からは、村役場や小学校のある上野村集落と墜落場所が極めて近いことを示している。

　村民は墜落場所が上野村であると特定してNHKなどに通報したが、なぜかTVやラジオは「長野県御座山」という場所を墜落場所として放送し続けていた。中でもNHKは驚くべきことに墜落翌日の13日朝４時まで、「御座山だ」と放送していたのである。NHKも墜落場所の特定を遅らせて隠蔽に協力していたことをうかがわせる。

「自衛隊ヘリは墜落場所をサーチライトのような強い明かりで照らしながら、多数行き来していた」「煙と炎が上がった山頂付近をグルグルと回りながら何かをしている何機もの自衛隊ヘリがブンブン飛んでいた」。これらの証言は、自衛隊が墜落場所を早い段階で知っていたことを意味し、自衛隊のヘリが炎と煙の上がる墜落場所の上で乱舞していたことを物語っている。

＊

　自衛隊は墜落場所が長野県「御座山だ」と公表した。だが、自衛隊、群馬県警の救助部隊は、なぜか長野県御座山方面ではなく、隣の群馬県上野村に大挙して出動している。しかも、どういうわけか「待機命令」が出て、両部隊は上野村に到着後も捜索、救助活動を始めていない。人命救助のためには一刻も争う時、自衛隊上官から「待機命令」が出されたというのは極めて異常だ。

　上野村上空に飛行して来た日航123便、自衛隊ファントムの飛行高度は約1,500m程度の超低空であり、上野村の高度（約1,200m）から推察すると、住民らからの距離は数百m程度と推測できる。それはすでにミサイルで第４エンジンを破壊した後と考えられ、ミサイルで攻撃した後も自衛隊ファントム機は最後の墜落まで追尾、監視を続けていたことを示す。自衛隊はこの段階で墜落場所を知っていたのだ。

　ところが、自衛隊、政府が行ったことは、御用放送局であるNHKに圧力をかけ、「長野県の御座山」という偽りの墜落場所を６時間以上も放送し、国民を騙すという暴挙であった。後日、「墜落場所の捜索発見に時間がかかり過ぎた」との国民の非難に対し、自衛隊幹部は「捜索が困難だった、ヘリの現場への降下は不可能だった」と言い訳しているが、それは全て嘘であったことが判断できる（資料㊱―墜落直前の飛行経路と目撃証言）。

　後に詳しく紹介するが、123便が横田基地への着陸目前だったことを暴露した米国アントヌッチ中尉（当時）の10年後の告白証言（資料㉓）の中では、123便の異変を知った後にアントヌッチ氏らが墜落を知ると同時に捜索活動を始めたことも語られている。中尉らは事故後20分で現場を特定し、救助活動のために他の米軍ヘリを誘導。さらに、そのヘリコプターからは兵士が救助活動のために降下しようとしていた。このことは、自衛隊が墜落場所の特定に時間がかかったというのは表向きのことであり、実際には意図的な時間稼ぎであることを示している。

墜落場所を公にするまでの時間を稼ぎ、その間に隠蔽工作を行ったのだ。

　さらに国、自衛隊が犠牲者遺体の検視、救助の本部を上野村から離れた群馬県藤岡市に決めたのは、捜索救助に活躍した上野村住民、消防団員らとマスコミとの接触を避け、救助や捜索の実態を隠蔽するためであった。

　事故機の垂直尾翼に標的機を衝突させた後、自衛隊は百里基地から、偵察機２機を発進させて

追尾し視認し、最後はミサイルによって撃墜している。したがって、墜落場所はもちろんのこと、墜落状況までしっかりと確認している。この時、事故機の機体は当初は垂直降下して墜落事象に陥ったが、1,500m付近で水平飛行に転じたことは先に述べたとおりだ。偵察機はそれを目撃し、多数の乗客乗員が重傷でも生き残った可能性があると判断したはずである。そもそも自衛隊が123便の着陸を阻止して墜落に追いやったのは、不祥事を完全に隠蔽し、生き証人（乗客乗員ら）を残さないためであった。だが、水平飛行に転じた上での墜落だったことを知った自衛隊は、撃墜だけでは「全員殺害」という命令を達成できなかったことを悟ったのだ。

　この生き残った乗客乗員の息の根を完全に止めるため、自衛隊特殊部隊に緊急出動が命じられた。しかし、多くの人が救助に殺到する可能性があり、特殊部隊の活動のためにはこれを排除するところから始めなければならない。ここに、さらなる謀略が必要とされたのである。

　このために、まず自衛隊は墜落場所が長野県の御座山（2,112m）であるという誤情報を流し、国民の目線を長野県に釘付けにした。同時に自衛隊は、事故直後に自衛隊救出部隊を自衛隊幕僚長の独断で上野村に急行させた。これは通常ではあり得ないことだ。自衛隊法によれば、自衛隊は県知事の要請で初めて動くことが可能になるからである。一方、群馬県警も上の権力者からの指示受けた県警本部長の独断で極秘の指示を出し、多数の警察官を緊急出動させている。これは自衛隊と群馬県警の連携があったことをうかがわせる。両者の上官、指揮官は墜落場所を共通の情報源、すなわち自衛隊の高官、そして中曽根総理から知らされ、以後の謀略行動を指示されたのであった。彼らは上野村に到着したが、一刻も争う事態であるにもかかわらず待機命令が出された。待機した自衛隊は隊員が単独で救助活動に動くことを禁じ、群馬県警は驚くべきことに現場への道路を封鎖して検問所を設置し、自主的に救助に向かおうとする人々を追い返している。それは救助活動の妨害であり、禁止であった。

　さらに御用放送局のNHKは緊急放送で「救助に急ぐ自衛隊員を射殺した」との放送を流している。この放送は、救助に急ぐ良識的な自衛隊隊員への警告の意味を持つ特別業務命令であった。自衛隊幹部は墜落機体の残骸の中で救助を待つ重傷乗客らの救助でなく、救助の妨害のために部隊を上野村に急行させたのだ。

　この時、自主的に救助に向かおうとしながら阻止されたのは、上野村消防団、猟友会のメンバーらである。彼らの墜落場所への登山を禁止し妨害することが、自衛隊や群馬県警の最初の任務だった。なぜなら、墜落場所への道路事情、地理を一番知っているのはこれら上野村の人々であり、山岳地帯は彼らの「庭」であったからだ。後に救助を渋る自衛隊を地理の複雑な山を案内して墜落場所に誘導したのも、彼ら上野村住民であったのだ。

　以上をまとめると、次のようになる。

- 一連の事件の隠蔽のための生存者の殺戮を企図し、自衛隊は極秘のうちに特殊部隊を墜落場所に派遣している。
- この極秘命令を受けた特殊部隊の殺害行動を一般市民、とりわけ地元住民に目撃されないために、現場への立ち入りを禁じる必要があった。
- 早々に上野村に送り込まれた自衛隊の先遣部隊や群馬県警は上野村住民の墜落場所への登山を禁止したのは、特殊部隊に約6時間の猶予を与えるためだった（123便の墜落は12日18時56分であったが、捜索・救助のための入山は13日午前5時まで足止めされた）。自衛隊、群馬県警の各部隊は、上野村消防団が墜落現場に急行するために入山するのを妨害すべく、迅速に上野村に入ったのだ。12日22時頃に自衛隊、群馬県警部隊に「待機命令」が出され、自衛隊捜索機が13日朝4時まで墜落現場を特定せずにいたという意図的なサボタージュの背景もここにあっ

たのだ。

③アントヌッチ証言と自衛隊捜索機による捜索救助活動のウソ

●自衛隊機による捜索のウソ

　自衛隊による捜索の初期段階に関連し、後に自衛隊報道官は、捜索救難のために戦闘機を発進させたことを明らかにしている。それによれば、「123便が墜落した直後、午後7時ごろに自衛隊は戦闘機を発進させて、墜落場所の上空を飛び、計測計器で、緯度、経度を記録して基地に帰って、地図で場所を特定する」との方法で墜落場所を特定したと公表した。

　だが、それによる現場の特定には、じつに10時間も要している。

　戦闘機発進が午後7時頃墜落の直後であるというのは、国会で自衛隊幹部も報告した内容だが、すでに航空自衛隊百里基地司令官の発言で見たように、実際には18時24分の123便垂直尾翼の破壊直後に要請を受けた同基地は、同26分ごろには戦闘偵察機2機を発進させている。

　この2機が藤枝市の小林氏、上野村学生らに目撃されているほか、角田四郎氏も自著の中で目撃情報を記載されており、123便の垂直尾翼破壊後すぐに戦闘偵察機が急発進したのは間違いない。

　自衛隊が国会で完全な嘘を述べた理由ははっきりしている。それは、18時30分頃から123便を戦闘機が追尾していたことを認めれば、「垂直尾翼の破壊」「123便の操縦性」「機体に付着している標的機の吹き流し」「横田基地への着陸申請と許可、そして自衛隊による妨害」「川上村レタス畑への不時着行動」「上野村上空での自衛隊のミサイル攻撃」など、すべてを芋づる式に正直に告白せねばならなくなるからだ。

●捜索、救助活動における自衛隊の役割と実際の行動

　123便の墜落場所の捜索と救助活動は、基本的には群馬県警の管轄である。しかし、この権限は今回に限り、自衛隊に移っている（現場で朝日新聞記者が自衛隊指揮官の指示命令を目撃している）。警察庁と自衛隊がこの現場管轄権限の取り合いをしたとも報じられた。墜落現場は敵国との戦場ではない。事件・事故の現場管轄権限を軍事組織である自衛隊が握ることなど、到底あってはならないことであり、非常に奇怪な現象である。このように法の枠組みを無視してまで自衛隊に捜索、救助の権限が移った背景には、官邸（中曽根総理大臣）の意向が働いたと推察できる。

　墜落現場では、自衛隊の二つの部隊が捜索と救助活動に参加している。また、警察組織としては群馬県警だけが自衛隊と協力し、隠蔽作戦を援護している。自衛隊の二つの部隊のうち、一方は捜索や救助という名目で上野村に出動し、そこで長時間にわたって待機したA部隊である。そしてもう一つは、極秘裏に生存者の殺害と自衛隊関連残骸の証拠品の回収をはじめとする隠蔽を行う特殊部隊、すなわちB部隊である。この両方に対して指示命令を出せるのは、自衛隊幕僚長しかいない。さらに、生存者の殺害といった重大な行為は、より上の権力者すなわち防衛庁長官（現在では防衛大臣）、総理大臣の許可がなければ実行できないことは、自衛隊組織では当然のことだ。自衛隊法にも規定されている。

　また、現場の管轄権限を自衛隊に与えつつ、地元警察をそれに協力させるにも、政府の高いレベルでの判断や命令が必要である。当時の総理大臣は中曽根康弘氏であり、その彼は奇しくも群馬県を地元とする政治家である。しかも群馬県警本部長の河村一男氏は元幼年兵であり、上官の命令に忠実に従う素質を持つ人物である。群馬の殿様である中曽根康弘氏（元海軍将校）の事件

隠蔽の要請に、河村氏が協力したことは明らかであった。

　12日、午後遅くに河村氏はどこかに行き、命令を受けてすぐに「県警部隊に上野村への緊急出動」を命じている。この段階で墜落場所は「御座山（長野県）」と報じられているのに、なぜ群馬県警が緊急出動なのか。この点について彼は、「墜落場所は長野だが、群馬も準備しておかねば」という不可解な言い訳をしているが、群馬県警は自衛隊に歩調を合わせて行動している。

　自衛隊は相模湾で新型標的機の実験中、標的機を123便に当ててしまった。これを知った政府や自衛隊幕僚長らは1971年の全日空機雫石衝突事故で多数の犠牲者を出して世論の批判を浴びた事件を思い出し、このような事態が国民に知られて自衛隊の存在や政治権力の維持が困難になることを恐れた。ここに、完全隠蔽の方針が決定され、乗客乗員全員の墜落死の証拠である標的機の残骸の極秘裏の回収による隠蔽が決まった。

　しかし、123便はミサイルによるエンジン破壊で撃墜されたが、機長の優秀な操縦によって最終的に水平姿勢を取り戻しており、その姿勢のまま御巣鷹の尾根に衝突した。機体が二つに分断され、後部胴体部は樹木が生い茂る急斜面を滑り落ちる過程で衝撃が緩和され、最後はスゲノ沢渓流付近に止まった。123便を追尾して監視していた戦闘機は、スゲノ沢に滑り落ちた胴体部で多数の乗客らが生き残った可能性を察知して報告した結果、その対策が講じられた。墜落後に「自衛隊標的機、ミサイル機材の証拠残骸の回収」と「多数の生存者の殺害」が実行されたのである。

　自衛隊は計器調査などで墜落場所を特定しようとしたと説明し、それに10時間も費やしたとしている。しかし、現場は人跡未踏の広大なアマゾン流域などではなく、日本の群馬県上野村の村人が熟知している山岳地帯である。しかも墜落場所では123便の燃料で火災が発生している（付言すれば、後述のように自衛隊のB部隊は火災現場にさらに火炎放射器で大量の燃料をまき散らし、それは13日の朝まで燃え続けた）。日没後の空からは、一目瞭然で発見できる場所であり状況であった。その場所をあえて長時間にわたって特定せず、あえて救助の人を立ち入らせないこと。それが自衛隊とそれを補完した群馬県警の最初の仕事だった。

● アントヌッチ証言が明らかにするもの

　前述のとおり、123便が横田基地に着陸しようとしていたことを傍受した米軍輸送機C-130のアントヌッチ中尉（当時）らは、近隣の空域で上空待機を続けた後に墜落を察知した。アントヌッチ中尉の乗る輸送機は、123便墜落から約20分後の19時15分にはすでに現場上空に到着し、米軍の救難ヘリを呼び寄せている。アントヌッチ氏の証言によれば、ヘリが救出活動のために兵士をロープで吊り下げ、生存者の救出を行おうとしたまさにその段階で、横田基地から救出活動中止の命令が伝えられた。救出活動は中止され、同氏らは撤退して基地に戻るように命じられた。この救出行動の中止は、驚いたことに日本政府からの要請によるものであった。

　同氏の証言によれば、横田基地に対して日本政府は「自衛隊がすぐに救出に行く」と言明し、だから米軍は撤収してほしいという要請をしてきたのだという。アントヌッチ中尉らは不承不承、救出活動を打ち切って基地に帰投しなければならなかった。帰投して報告を済ませたアントヌッチ中尉らは、上官から緘口令を言い渡されている。

　ところが、翌朝の新聞でアントヌッチ中尉らは、「自衛隊がすぐに救出に行く」という約束を反故にされたことを知って愕然とした。自衛隊は迅速な生存者救出を実行しなかったばかりか、表向きは墜落場所さえ特定できずに朝を迎えていたのだ。墜落事故当時、自衛隊幹部はこのアントヌッチ中尉らの救出活動の存在そのものを隠蔽し、「自衛隊の救出行動は世界一であり、米軍

もできなかった」と自賛したが、これは全くの虚偽であった（資料㉓）わけだ。

アントヌッチ氏は、その後、落合由美氏が墜落後の現場の様子を語った証言を目にする機会があった。それによって123便の墜落現場に助けを待つ生存者がいたことを知ったアントヌッチ氏は、当時救出活動を続けられなかったことを悔やみ、退役してから当時の模様を詳しく証言するに至ったのである。この証言がなければ、日本側がアメリカ軍による救出を中断させていたという重大な事実は今に至るまで隠蔽されたままだっただろう。

一方、陸上からの捜索救助活動は、場所が特定できなくても、大体の様子が分かれば、墜落場所の上空で乱舞するヘリ、航空機の姿を見ながら、上野村の消防団らの案内で接近すれば2時間程度で墜落場所に到着できるものである。すぐ後で述べる民間人の「M氏」は、実際に上空の航空機やヘリを手がかりにしながら墜落場所にいち早く到着している。墜落現場上空を飛ぶ航空機が上空から、陸上部隊を導けば良いのだ。

しかし、自衛隊が用いたのは、最も手間がかかり、なおかつ時間のかかる位置測定の手法であり、おまけに先行して現場に到着したアントヌッチ中尉らの米軍機やヘリからもたらされた情報を生かさないどころか、救出活動を始めようとした地元住民らを追い払ってさえいた。このような愚策、サボタージュの目的は、乗客生存者殺害を命令されたB部隊の任務作業を助けるためであった。

● 平沢勝栄議員の証言

この救助活動の遅延について、事故発生段階で急遽発足した国の「対策本部」での状況を、当時の内閣官房長官秘書だった現衆議院議員・平沢勝栄氏は2015年8月12日、TBS放映の特別番組の中で次のように証言している（番組タイトル「墜落事故30年目の真相」）。

「事故発生時、官邸は完全に空っぽだった」（お盆休み）

「警察、自衛隊、消防庁は、捜索開始は13日朝4時からと決めていた」

「夜間の捜索を避けた理由は、二次災害の可能性があること」（防衛庁）

「だから、陸路で捜索するとの方針」→しかし、実施していない。

「まず生存者はおられないだろうと、考えていた」（対策本部）

「米軍は最も早く現場を確認したので、米軍への救助要請が検討されたが、実現せず」

そもそも対策本部が「生存者はおられないだろう」などと決めてかかり、一刻を争うレスキュー活動を「翌朝4時から」と早々に決めていたということは常軌を逸した判断である。さらに、アントヌッチ中尉らが19時15分には現場上空に到着し、すでに救出活動を開始しようとしていた。「救助要請が検討されたが、実現せず」というのは真っ赤な偽りであり、日本政府は米軍への救助要請ではなく救助中止・妨害のために動いていたのである。

自衛隊部隊、群馬県警は12日22時ごろには墜落現場の至近距離にある上野村に緊急出動していながら、翌日13日朝4時まで待機命令が出ている。遺族の一人として、また、一人の国民として、このように生存者の生命を軽視、あるいは無視した政府組織の行動があったことには激しい怒りを感じる。それと同時に、それなら22時から翌日4時までの間、彼らは何をしていたのかという強い疑問もわく。国民の命を守るべき群馬警察、自衛隊が当初から「全員死亡」を想定し、捜索は「13日朝4時から行う」と決定していたということからは、生存者がいてはならないという政府の意思と組織的謀略がうかがえるからだ。翌朝までの間に、乗客乗員の生存者の抹殺を実行すること。これこそが派遣された自衛隊部隊に課された任務であり、遺族や国民は当初、そのようなことが行われていたことは想像すらできなかったのであった（資料㉝）。

④目撃証言…自衛隊特殊部隊の極秘任務

　自衛隊のB部隊、すなわち自衛隊特殊部隊はどこを発って墜落場所に向かい、墜落場所に到着してから何をしたのか。これを明らかにした目撃者がいた。

　8月12日20時頃、上野村三岐に総勢100人にもならんとする自衛隊の一団が集結し始めた。彼らは何かの合図を待っているように静かに待機していた。この場所は自衛隊基地から遠く離れており、日航機墜落事故の発生直後にこれほどの部隊が迅速に集結できるわけはなかった。したがって、この集団は群馬県の山岳地帯で極秘演習していた特殊部隊と考えられる。この秘密部隊は密かに墜落場所を知らされ、移動・集結したのである。なぜなら、自衛隊が123便の墜落場所を公式に特定したのは13日午前5時だったからだ。後に述べるように日本航空も極めて早い段階で墜落場所に向かって技術陣を出発させており、日航も早い段階で墜落原因、墜落場所を自衛隊もしくは航空局から伝えられていたと考えるほかない。公式の特定とは無関係に、自衛隊は墜落地点を早々に把握していたのである。

　上野村三岐は交通の要衝にあたり、墜落地点である御巣鷹の尾根付近に急行するには最適の待機地点と言える。現場への登山をするには、この「三岐」を経由することは不可欠で、群馬県警がスゲノ沢へ急ぐ上野消防団らを足止めしたのもその理由の一つである。

　21時30分過ぎ、JAL123便墜落地点の御巣鷹の尾根方向から信号弾が上がった。これに呼応し、この自衛隊特殊部隊は整然と行動を開始し、墜落現場に登山行進を始めている。この午後21時30分とは、米軍C-130と救難ヘリが横田基地からの命令によって生存者の救出を断念し、引き揚げた時刻と一致する。つまり、米軍の引き揚げを待って、その動向を注視していた自衛隊の監視部隊が信号弾を打ち上げたと思われる。これを合図に登山を開始した特殊部隊は、13日深夜0時頃には墜落現場に到着し、それから午前6時頃まで特別極秘任務を行っている。

　この特殊部隊が命じられた極秘任務こそ、「日航機の墜落事故に自衛隊が深く関与している証拠を回収し、墜落現場から一切の証拠を抹消すること」であった。それは日航機に「自衛隊標的機が激突して垂直尾翼を破壊したこと」「横田基地への日航機の着陸を阻止したこと」「日航機にミサイル攻撃を行い撃墜したこと」の各証拠を全て回収し抹消することを意味し、中でも最大の任務は、事実解明につながる多くの事象を知る乗客乗員524名全員を殺害することであった。

　上野村三岐とは、墜落場所に行ける唯一の地点で上野村の外れに位置する。ここに集合した自衛隊部隊を隠蔽し守るために、群馬県警は御巣鷹の尾根に至る道路に検問所を設置して封鎖し、一般の人の通行を規制した。さらに御巣鷹の尾根に至る道、通路は獣道であり、村人以外は知らないが自衛隊だけで登山したということは、自衛隊の特殊部隊が地理的に熟知していたことを意味する。

　彼らは隠密行動を取っていたが、実は予想外に多くの人が自衛隊特殊部隊の存在と行動を目撃し、証言している。角田四郎氏の『疑惑』で触れられているM氏もそんな目撃者の1人である（角田四郎著『疑惑』）。

●長野県住民：M氏の目撃証言

　ここで匿名とするのは、証言者の生命の危険回避のためである。M氏は海外滞在が長いが、日本で証言する際には当局に生命を狙われ、危機に遭遇している。M氏は日航機事故の墜落場所での異常な事態の目撃内容を講演会で発表しており、その講演の内容はインターネットでも公開されている。この講演会の主催者は、元日本航空社員の佐宗邦皇氏（故人）で、同氏も事故原因について自衛隊標的機の尾翼への衝突、ミサイル撃墜を主張している。

M氏（大学を卒業した社会人）は事故現場の西側の長野県の実家に帰省していた。事故の速報を聞いて、川上村の知人に電話をかけたが墜落は確認できず、南相木村の山間部と考え、友人２名と事故現場に行こうと行動した。オンロードとオフロードバイクに乗り、21時頃、南相木村の林道に入った。

　〈林道から先に進んだのは、オフロードに乗った２人だけだった。墜落地点は判明していないが、上空で、戦闘機が２機ぐるぐる旋回している音がしているので、その音の中心付近だと判断した（すでに自衛隊戦闘機２機が上空で乱舞していた。この機は百里基地からの戦闘機だと推測できる）。そこで、バイクで林道を可能な限り進み、その先は徒歩で山に入った。当時、警察も墜落地点は分かっていたはずで、南相木村に向かっていた時は白バイも付いて来ていたが、相手は普通のバイクなので山道で難渋して付いて来なかった。林道の終点から山に入ってから、途中、山の頂へ登る度にヘリの音がする方向を探し、墜落地点を確認した。ヘリは同じところを一晩中、飛んでいたので、墜落地点は当然分かっているものと思った（自衛隊は墜落場所をすでに知っていたことになる）。

　あのあたりの山の持ち主の息子と一緒に入って遊んでいたから、大体分かっていた。松の木とか岩が多いところだ。もちろん急峻で険しい所であり、先に進むのはなかなか大変だった。とにかく、墜落場所に向かって真っすぐに進むことしか考えていなかった。きつい傾斜や時にはオーバーハングを越え、山道など関係なく強引に幾つも尾根を跨いで行った。直線距離でわずか７、８kmの行程なのに、山に入ってから現場に着くまで６〜７時間くらいかかった。着いたのは午前４時前後だったはずだ。当時、時計を身に付ける習慣がなく、着いた時に山の尾根付近が白み始めていたので、恐らくそれくらいの時間だと思った。

　すでに墜落現場には自衛隊員が70〜80名、いや100名位は来ていた。それを見て、自分達は一番乗りできなかったと思った（この自衛隊部隊は、上野村三岐に集合していた自衛隊特殊部隊と考えられる）。

　同時に事故犠牲者の呻き声が谷にこだまし、響き渡っているのがはっきりと聞こえた。声の響き方からすると、少なくとも40〜50人はいたと思った。実際に、苦しそうな声を上げている人を私も間近で、何人か見ている。

　自衛隊の人たちがいる以上、自分ができることは負傷者のいる場所を教え、早く救助して貰うことだと思い、呻き声のするあたりを探しては、その場所を隊員に伝え、早い手当を頼んでいた。

　ただ、隊員の対応には不信感を覚えた。「へたに動かすと危険なので、後から来る部隊が手当てをすることになっている」と言うだけで、何もしようとしない。

　隊員たちは手にした40〜50cm位の丸いバッグに、地面から拾った物を黙々と入れ続けている（この行為は事故の証拠品の回収であり、隠蔽行為である）。まだ暗くて、その物が何か良く見えなかったので、何かまでは分からなかった。ボイスレコーダーとか、何か貴重なものなのだろうと思っていた。隊員の装備は、バッグの他に、片手に抜き身の大型アーミーナイフ、目には暗視ゴーグル、また靴はつま先の短い短靴を履いており、傾斜のきつい山のことを良く調べて入っているなと思った（すなわち自衛隊特殊部隊で、山岳訓練中の部隊であったと思われる）。

　ちょっとひどいなと思ったのは、傾斜面を登り、尾根の反対側に出たら、向こうの谷では、ヘリコプターがホバリングしているではないか。ヘリが来ているなら、さっさと救助

しろと思った（著者注：自衛隊は13日午前０時頃から、証拠品を秘密裏に回収し隠蔽したことと、生存者の殺害で手段は火炎放射器と毒ガスであった）。

　しかも、ヘリの下には、さきほど隊員が何かを入れていたバッグを10数個まとめ、ネットに入れて吊り上げており、全部で70個くらいのバッグが回収されたと思う。

　ずっと不思議に思っていたのだが、下山を開始する朝の５時頃には谷の呻き声はピタリと止んでいた。その後、僕が見た負傷者の中に指先が一本ちぎれただけの男の人がいた。「この程度なら、死ぬことはない」と思い、救助活動の隊員に声をかけて後回しにされたのをはっきりと覚えている。あの人がどうなったのか、僕にも分からない。

　報告書では４名（著者注：落合由美氏ら）以外は全員即死だとのことですが、これは嘘で、明らかにもっと多くの方の命を救うことができたはずだ。

　不思議に思ったのは、山で遭難して遺体になるとキツネやタヌキなど山の動物にひどく食い荒らされるのだが、現場で見た遺体には奴らが手を付けた痕跡がまるでない。それは山を知るものとして大変不思議なことだ。

　到着してから、１時間後くらいに、自衛隊の次の部隊が続々と到着して来た。この部隊は山で歩きにくいブーツ姿だったので、歩けるのかなと思った。また、暗視スコープを装備していた最初の部隊も引き上げる態勢に移ったので、もう、これで大丈夫さと思い、この時に下山を始めた。〉

　それから数年後、このM氏はスゲノ沢の上流付近で携帯用VXガスと思われる容器（直径６㎝、長さ７㎝）を見つけている。容器には、微量の液体が残っており、持ち帰る際には、何重にもビニール袋で密封した。が、調査を依頼した職員２名が密封を解いた途端、二人とも気分が悪くなり、数日間寝込んでいる。この内容物がVXガスとは断定できないが、無色透明、揮発性の劇薬であることに間違いない。これを用いて自衛隊が重傷の乗客乗員を薬殺したことを考えるだけで、悪寒が身体中を駆け抜ける。

　この目撃証言で13日早朝に到着していた自衛隊部隊は、その装備から見て特別の訓練を受けた特殊部隊であると推測判断できる。このM氏の話の内容は現場の状況、環境を忠実に記述しており、フィクションで話したものではなく信憑性は極めて高い。

　また、自衛隊特殊部隊の隊員が袋に入れていたのは、生存者殺害に使った劇薬（VX、サリンか）の空瓶であるとも考えられる。彼らは重傷者の傍にこのような劇薬瓶を置き、蒸発させて殺害し、その後にその劇薬瓶の回収をしたことも考えられるのである。重傷者の呻き声は、劇薬に苦しむ乗客の声と考えると納得が行く。

　事故調査研究者のA・I氏は、先の目撃者M氏に2010年２月３日、大阪のホテルで面談している。M氏は年齢40歳半ば過ぎになっており、職業は医者（？）。健康状態は現場の放射能等のせいか良くなく、肺がん（？）。誠実な人という印象を受けたという。A・I氏の「なぜ、墜落現場で目撃者M氏が殺害されなかったのか」との質問にM氏は「同じく現場に入った立命館大学深井教授の一行に見えたのだろう」と回答した。

　単独行動者であれば、目撃者の抹殺の可能性が高かったはずだ。

（注：事故直後には乗客ら７名の生存をマスコミが確認しているが、３名は蒸発したかのようにその後の行方は不明になっている。この３名も自衛隊が火炎放射器で焼き殺したか、薬殺した可能性が高い。）

●生存者・川上慶子氏の目撃証言（島根県の祖母宅に帰った時の話）

先に紹介した生還者・川上氏の証言によれば、墜落直後にはあちこちで生存者の呻き声が聞こえ、「しばらくすると、前方から懐中電灯の光が近づいてきた」。その後、いったん意識を失って再び目覚めると、「救助の人は誰もいなくて、周りの人たちはみんな死んでいた」という。

暗闇の中、懐中電灯で何かを探し回っているのは自衛隊特殊部隊にほかならない。これこそ墜落現場に暗殺の任務を帯びた特殊部隊が存在していたことを証明するものであり、同時に彼らの目的が生存者の救助でなかったことも明白である。特殊部隊は乗客が気絶、仮死状態の人には殺害行為を行わなかったことが分かる。

特殊部隊の極秘任務は、墜落場所で生き残った乗客乗員を完全に殺戮することだったと推測できる。事故機の乗客乗員の生存は、自衛隊に起因する123便墜落事故（撃墜事件）の真相の隠蔽には最大の障害であり、隠蔽のためには完全に殺戮を行う以外にないと考えたのに違いない。最も事実をよく知る操縦室の機長の遺体が全然発見されていないのも、この部隊が回収して持ち去り、隠蔽したと考えられる。

●立命館大学教授：深井純一氏の目撃証言

立命館大学の深井純一教授は長野県南牧村に夏季ゼミで４名で来ており、現場到着は墜落翌日の13日午前10時頃だったという。墜落現場は静まり返っており、誰も到着していなかった。その後「南側の急斜面：スゲノ沢方面で自衛隊のヘリが何かを吊り上げている」と手記に書き記している。

川上、落合さんら生存者の吊り上げは、朝日新聞によると、13日13時29分である。では、自衛隊ヘリはそれに４時間も先立つ午前10時頃、秘密裏に一体何を吊り上げていたのか。

事故現場から、乗客生存者を救出する以外、ヘリで許可なく何かの残骸を引き上げることは許されるはずはない。それは事故証拠品を勝手に持ち出すことになり、事故調査を邪魔する、事故原因を隠蔽する行為であるからである（証拠隠滅罪）。

また、事故の発生を知った深井教授らは、13日早朝４時半には車で出発し、北相木村から群馬県上野村に入ろうとしている。しかし、深井教授らの一行は群馬県警の検問で追い返され、長野県側から現地に入りなおしている（資料㊲—御巣鷹への道は三か所あり、上野ルートは警察が通行を禁止した）。

この時、群馬県警は道路を封鎖して入山を禁止し救助を妨害している。群馬県警は上野村の消防団、猟友会に対して行った救出阻害行為同様、ここでも道路封鎖を行って部外者の現場立ち入りも禁止したのである。ここで重要な点は「群馬県警による検問、入山阻止行為」である。これは生存者の見殺し行為を意味した。

● NHK報道の意図と真実

事故発生直後、NHKは「救助に向かおうとした自衛隊員を射殺した」と字幕速報し、世間は驚愕した。この報道はすぐに「誤報だ」との訂正がなされた。しかし、上野村住民は同じ時刻に「驚愕的な射撃戦があった」と証言している。

なぜ、災害派遣された自衛隊員が武器を持っていたのだろうか。通常は救出に必要な器具、装備で出動することが決められているはずである。この災害派遣の決定は、「陸上自衛隊幕僚長が決めた」と報じられている。この救出を急いだ自衛隊員は、上野村住民あるいは川上村住民であった可能性がある。地理に詳しい地元出身の自衛隊員が待機命令に反して救出行動に出て、射殺

された可能性がある。

　通常、航空機事故調査の報告書が、捜索・救助活動について詳細に説明し記述することはない。しかし、123便の墜落の端緒は自衛隊の標的機衝突であり、最後の墜落は国、自衛隊による乗客乗員全員の殺害を意図して引き起こされたものである。したがって、当然のこととして加害者側は必死に証拠物件の隠蔽や目撃者の抹殺、口封じを行ったと考えられる。自衛隊、群馬県警部隊が救出活動において不作為と放棄を行い、米軍アントヌッチ中尉の救出活動を中止させて撤退を要求し、さらに救出に向かうさまざまな人を妨害して生存者の殺害のための時間を稼いだのである。

●「長野県御座山」という捏造情報が流された意味

　先に述べたように、自衛隊は「墜落現場が長野県御座山だ」という誤報を流し続けた。その誤報の原因の一因は、自衛隊が墜落地点上空で測定して割り出した位置情報と墜落地点との計測誤差によるものだという言い訳が語られている。だが、この誤報の原因は、本当に測定誤差だったのだろうか。現実的に考えれば、飛行機が墜落したのを目撃した最寄りの住民が真っ先に炎上場所に向かい、炎上場所の上空を旋回する救難ヘリを目標に登山するなど、より早く墜落場所を特定する方法は幾らでもある。地点の確定が計測誤差によって10時間もかかったというのは、多数の旅客が生存している可能性のある事故の対応としてはあまりに奇妙な言い訳である。

　事実、長野県側の住民・M氏が自力で登山して一般人として一番早く現場に到着しているが、その登山の目標としたのは墜落地点で飛行するヘリ、航空機の姿であった。要は、自衛隊は早い段階で墜落現場を特定していながら、助ける気持ちが全くなかったのだ。

　自衛隊による言い訳を崩壊させたのは、すでに紹介したアントヌッチ中尉証言である。墜落から約20分後、中尉らの機は墜落地点に到着し、その地点情報を横田基地、及び日本側に連絡している。そして横田はこの情報にもとづいて救難ヘリを飛ばし、迷うことなく墜落地点に到達してアントヌッチ機と合流している。つまり、少なくとも墜落から20分ないし30分後には、正確な墜落地点の位置情報が日本側にも伝えられていたのだ。自衛隊側は、墜落から約30分後には現場の位置を知っていたことになる。

　また、川上村や上野村の住民は、墜落地点が群馬県側だと伝え、長野県警も「墜落場所は御座山だ」との自衛隊情報に基づいて現地調査したが見つからなかったことを受け、「墜落地点は群馬県側だ」と報告し連絡している。ところが、自衛隊側はこれらを無視し、NHKも貴重な情報を報道しない共犯者となった。自衛隊は正しい墜落地点を知っていたが、意図的にこれらの情報を無視して正しい墜落地点の情報を隠し続けたのである。

　この自衛隊の不可解な行動の理由は、上野村に緊急に出動した群馬県警や自衛隊部隊の行動を見ることで明らかになる。上野村に午後10時頃に到着した彼らは休憩したうえ、救助活動を急ごうとする地元の「消防団」や「猟友会」に対して登山を妨害、禁止した。一刻も早く救助が必要な緊急事態で、救助に駆け付けようという付近住民の足を引っ張るなど、およそあってはならないことだ。ここに自衛隊、群馬県警の意図的な謀略が明確に見えてくる。

＊

　旅客機墜落などの事故の際、多数の生存乗客の命をいち早く助けることが最優先である。時間との勝負だから、最寄りの住民がいち早く駆け付けることが求められる。組織的な救助はその後なのだ。まず群馬県警であり、その後の遺体収容が多数の人間が遊んでいる自衛隊の仕事だ。

自然に抱かれて生きる上野村、川上村の住民は素朴で、純真な市民、人間である。命の大切さを一番知る人々である。僅か1,500人の村民はお互い助け合いながら長年生きてきた人々であり、山と川の恩恵の中で生活してきた。当時の応対ぶりから、その素朴さは遺族も身にしみて感じている。だからこそ、近くで飛行機が墜落したと知った彼らがいち早く駆け付けようとしたのは十分うなずけるところだ。

　住民らは早い段階で墜落場所を「スゲノ沢」だと推定し、それを自衛隊、群馬警察に進言している。もし、この情報提供を受けた自衛隊が、上野村山岳地帯を墜落場所として公表すれば、川上村からも上野村からも数キロの地点だから、両方の住民らはすぐに救助に出発したことは間違いない。両村民は急遽登山して数時間のうちに現場に到着し、生存して助けを求める多数の乗客乗員を助けていたはずだ。

　だが、そうなってしまえば、自衛隊特殊部隊は生存者の殺害と証拠の残骸、標的機の吹き流しなどの回収ができず、それらの残骸を通して自衛隊によるミサイル攻撃と標的機の衝突の事実が白日のもとにさらされて自衛隊が窮地に陥ることは確実だ。したがって、自衛隊は正しい位置情報が知られることを絶対に避けねばならず、墜落地点の場所をわざわざ川上村と上野村から遠い場所である「長野県御座山」と定めて報道したのである。

　こうして意図的に誤報が流された結果、御座山から遠く離れた川上村側は、御座山近辺の住民が駆け付けるだろうと判断して初期段階での登山救助を躊躇することとなった。同様に群馬県側の上野村も長野県へは国道を通って10kmもの距離をかけつけねばならず、距離的にもはるかに遠いから、これも当初の救助の活動に躊躇せざるを得なかった。

　このように、自衛隊による「墜落場所が御座山だ」との情報発信は、意図的に誤った場所を伝えることによって真の墜落場所の隠蔽を図る謀略だった。その報道は長野県警が御座山への救助活動を開始したとの報道であったため、両村の住民の初動は遅れ、当初、彼らは救助登山を取りやめてしまったのである。

　しかし、御座山付近を捜索した長野県警は墜落現場が見つからず、「墜落場所は長野ではなく、群馬だ」と連絡。ここに至って川上村と上野村の住民は墜落現場が群馬県上野村の山岳地帯であると判断推測し、救助登山の支度にとりかかったのであった。

　ところが、この事態を予期した自衛隊は、事前にさらなる妨害策を計画していた。上野村、川上村への監視と救助登山の妨害、禁止への布石として、群馬県警本部長・河村一男（中曽根総理の信奉者）を説得して部隊を出動させ、同じく自衛隊も自衛隊捜索救助部隊を急遽投入して上野村に出動させた。自衛隊の派遣は災害派遣が名目だから補助的な存在であり、単独では警察権限が行使できない。そこで群馬県警に自衛隊の捜索・救助部隊を同行させる形を取ったのである。そして群馬県警は住民、消防団、猟友会に対し、危険だからという理由で、急遽の登山を禁止して救助活動を妨害したのだ。同時に御巣鷹の尾根への道路を封鎖して検問所を設置し、ここも登山禁止にしている。

　このように、自衛隊は多くの生存者が予想できる中、自衛隊特殊部隊による「生存者の殺害と標的機の残骸、ミサイルの残骸の回収」を目撃されるのを避けるべく、事故直後に「長野県御座山」という情報を流したのであった。自衛隊による生存者の虐殺や一連の事件の真相を物語る自衛隊機材の回収を行うため、上野村や川上村の住民の関心を遠く長野県の御座山へ向ける。これは、自衛隊の国民への卑劣極まりない謀略であり、これが救助に関して自衛隊が流した情報の真の目的だったのだ。

以上のように検証してきたことの意味を、以下にまとめておく。

1）事故直後に自衛隊を「災害派遣」することは「自衛隊法」の災害派遣の条項と矛盾しており、このような異例の自衛隊派遣からは、この事故が自衛隊の関与する事態であるという推測が導き出される。

2）嘘の墜落場所の情報によって遺族・国民を騙して捜索、救助を遅らせた行為は「生存者の見殺し行為」であり、このような行為は123便墜落が墜落事故でなく加害事件であったことを示している。すなわち、ここからも隔壁破壊による事故などではないことが証明できるのである。

3）群馬県警は事故調査における捜査を担当する部署として参加しており、それが上記のような言動に及んだということは、「市民の命と財産」を守るという警察業務に反する行為であり、警察法に抵触する犯罪行為である。これも隔壁破壊説を否定するものであり、同時に群馬県警が自衛隊による犯罪行為に加担したことを示す証拠でもある。

　以上のように、自衛隊による「墜落場所は長野県御座山だ」という情報の発信は、自衛隊特殊部隊の「自衛隊の残骸証拠品回収」と「生存者虐殺の極秘命令実行」を目撃されないようにするために国民の目を欺く謀略だったのである。

⑤自衛隊による重傷生存者殺害の意図と手法

　自衛隊特殊部隊は、生存した乗客乗員を秘密裏に殺害するべく、アントヌッチ中尉の救助飛行機が退却したのを知らせる信号弾を見てから、上野村三岐から秘かに墜落場所に登っていった。彼らはどのような手段で生存者の息の根を止めたのか、目撃証言、現場に残された証拠、遺体の損傷状況などから推測して論じる。

　結論から言えば、二通りの手法・手段であった。一つは火炎放射器による焼殺、二つは揮発性猛毒による薬殺であった。そのための準備は万端で、かつ検視の段階で警察に、医師に見つからない手法であった。自衛隊は外敵を殺した実績はないが、外国の市民も含めて700人（全日空機雫石衝突事故と123便事故）も殺したことになる。無法な暴力団と変わらないことを、合法的な国家組織がしてのけたのだ。権力者である総理大臣のいわば私兵として扱われ、かつ自衛隊も権力者の不当な命令に盲従するギャングの子分に等しく、国民や国を守るとかの理念とは無関係な武力集団であり、そこには正義の志が微塵もない。

　524人の乗客乗員のうちたった4人だけが殺害されず生き残ったということは、520人が123便旅客機の墜落で全員が死亡したのと同じ状況だ。群馬県警で検視所長であった飯塚訓氏の『墜落遺体』（2001年、講談社）には、死亡者の検視状況、結果が詳しく報告されている。その正確で詳細な報告は事故調の報告書と比較してもはるかに優れたものであり、嘘が書かれていない。あのアントヌッチ中尉も退官後が告白証言を書いているのと似ている。この中で、遺族は「日航が加害者だ」との怒りと勘違いから、日航職員に怒りをブチまけ、当たり散らした様子が書かれている。

　それは当然であった。すでに日航はこの時点から、「自分たち（日航）は加害者だ」「自分たちが123便を墜落させてしまった」とみずから認め、同社の世話役もそれぞれが担当する遺族に謝罪していたからだ。日航はなぜか何の事故調査もしていない段階から「（自分たちが）加害者だ」と言い続けたのだ。後述するように、これが日航の突然の補償交渉提起の端緒ともなり、それはまた国、運輸省が描いたストーリーでもあった。そして、この作戦が後の「隔壁破壊説」への布

石であり、遺族、国民を騙すことになる隠蔽作戦の基軸であった。この構図、絵を描いた公務員はある意味で極めて優秀で、後に大きな昇進をしているはずだ。

　さて、このような雰囲気が醸成されている中だったから、肉親を殺された遺族の日航への攻撃や罵声は当然であるが、遺族が遺体検視所での遺体と対面した光景はまさに地獄絵図であり、あまりにも異常で凄惨だった（資料㊳）。

> 「炭化して、人間として原形すら残されていない父と対面した姉と妹が仮の救護室となった放送室に運びこまれる」
> 「『家の人を返せ！馬鹿野郎！　人殺し‼』日航社員の胸元を掴んで怒鳴る女性の大きな声に医師、警察官らの動作が一瞬止まった」
> 「息子の遺体の傍で、年老いた母が床に付して泣き叫んでいる。９歳の子供が一人で飛行機に乗り、事故で死んだ。母親が狂気のように叫び、抑えようのない激しい悲しみと怒りに床の上をのたうち回っている。」
> 「『馬鹿野郎！』また男の怒声が響き渡る。見ると怒りに狂った男の前で日航職員は土下座をして謝っている」
> 「他の列でも、日航社員が正座して、棺桶の中に顔を半分入れて謝っている。そこには、下顎部から下の女性の挫滅遺体が納められている。『いいか、よく見ておけ。私の娘だ。おまえらに殺されたんだ』白髪、初老の男性が職員の後頭部を右手で押さえ泣きながら、呻き声で言う」
> 「一家の希望が突然虚しい残骸遺体に変わり、どんなに心が破壊され、喪失したとしても、失ったものは帰らず、人生はそのまま進行して行く」
> 「前頭部が飛び、両手の前腕部、両下肢がちぎれた黒焦げの父の遺体の前で『僕は泣きません』と14歳の長男は唇を嚙んだ」
> 「妻はドライアイスで冷たく凍った夫の胸を素手のままでさすっていた」
> 「素手で、手首のない子供の胸をさすり、片側半分だけが残った頭部に頬ずりする母親」
> 「泣き疲れ、涙も出尽して、夫の棺桶に縋り付き、離れようとしない妻」

（飯塚訓著『墜落遺体』前掲）

　──どうにもならない程の深い悲しみを、じっと心の内奥に閉ざし、必死に耐えるのも人間の究極の姿なのである──

＊

　この肉親を殺された遺族らの日航への怒り、言動はかくも激しく、強烈であり、それは人間として自然な感情の発露でもあった。ただ、この遺族の言動は、「墜落事故で520人を殺したのは日航だ」という日航自身の示唆、日航の「（自分たちが）加害者だ」との自供、告白に誘発されて起きたものでもある。これまで述べてきたように、日航自身は墜落事故を引き起こしていない。それにもかかわらず日航は自分たちが加害者であるという嘘を言うだけでなく、実際に「補償交渉」を提起し、偽りの隔壁破壊説を擁護し、以後、遺族と国民を騙して、35年間も加害者の代理（影武者）を務めて来たのだ。

　それがなぜなのかは、先の遺族たちの姿からわかる。

　事故直後に自衛隊、国が「123便を撃墜して520人を殺したのは自衛隊部隊であり、自衛隊最高指揮権限者である中曽根総理大臣の指示命令であった」という真実を明かしたとすれば、一体どのような事態になっていたであろうか。<u>藤岡市の体育館では身震いするほどの激しい怒りの渦が</u>

自衛隊、総理、幕僚長らに向かって噴き出し、それが、やがては世論全体の自衛隊、国（政府）への怒りや抗議となるだろう。そのことを、中曽根総理、自衛隊幕僚長らが恐れたのである。

　彼らは「責任回避」「自己保身」「権力維持」のために隠蔽を決めて実行した。そして隠蔽を確実なものにするためには、加害者の代理を引き受ける者が必要であった。それが遺族の怒りを一身に引き受けた日航である。

⑥遺体の「二度焼き」現象

　旅客機墜落で乗客が衝撃で死亡した遺体は悲惨である。通常、まっさかさまに墜落して地面に激突すれば、人間はバラバラに分解し粉砕される。しかし、日航123便の場合は途中までまっさかさまに墜落したが、1,500m付近で水平飛行の姿勢になったので、この衝撃は大きく緩和され、折れ曲がって分断した後部胴体部は急傾斜の山林をなぎ倒してスゲノ沢まで滑り落ちて止まったので、受けた衝撃は100G程度に緩和され、乗客への衝撃は少なくなり、その破壊は少なかったのである。

　遺体の破壊、破損状況別をまとめると以下のようになる（飯塚訓氏・前掲書）。

- 520人の遺体は離断遺体を含めて2,600体以上になった。
- 436体の遺体のうち、完全遺体（＝頭と首が繋がっている状態）は157体であった。
- 損傷状況と死因について、518遺体を分類すると以下のようになる。

　　　全身打撲、離断等　　　298　体
　　　脳挫傷　　　　　　　　188　体
　　　頭部離断　　　　　　　 10　体
　　　内臓破裂　　　　　　　 10　体

　このデータは全体的な統計であるが、後部胴体部の乗客は完全遺体の比率が高く、それは機体のこの部分では人間への衝撃力が少なかったからだ。奇跡の生還を果たした4人の生存者はいずれも後部胴体部の座席であり、このことからも後部胴体部では衝撃力が少なかったことがわかる。落合氏、川上氏は、墜落直後にはこの後部胴体部で多くの乗客が声を出していたことを証言している。

　当時、検視と身元確認の方法は「指紋」と「歯形」が中心であった。特に、炭化遺体の場合には、この歯形による識別、決め手になる。歯科医師である大國勉氏は、青山透子氏のインタビューに「遺体の骨の奥まで炭化するほど、燃えていた。まるで『二度焼き』をしたような状況だ」と指摘している。この指摘が、日航123便乗客に加えられた自衛隊特殊部隊による加害行為の手法がどのようなものだったかを浮かび上がらせた。

　青山透子氏は、このような遺体の状況で、遺体の黒焦げ、炭化に焦点を当てて調査することに尽力している。その著書『日航123便墜落事故　遺物は真相を語る』には、このような観点からの調査、科学的な調査、研究の成果が盛られており、遺体が完全に炭化した理由、根拠が収められている。

　ここでは、青山氏の同書に依拠して議論を進める。同氏の疑惑の着目点は以下の通りだ。

- 13日朝まで、墜落場所では火災状況で燃えていたところがあった。
　　⇒普通、揮発性の高いジェット燃料の火災は数時間で消える。
- 現場では、灯油でなく、ガソリンとタールの臭いが充満していた
- 墜落現場の上空では自衛隊のヘリが終夜乱舞していた。
- 上野村消防団：「生存者を助けたのは、私たちであって、自衛隊員はなぜか山頂から降りて来

た」と証言した。⇒夜間、乗客を殺害した自衛隊特殊部隊だ。

- 上野村住民は「ジャンボ機が自分の村に落ちた」と認識していたにもかかわらず、一晩中墜落場所不明とした報道は何だったのか。

- 群馬県医師会副会長は「12日夜21時30分に群馬県内各地区警察署捜査1課から、警察医師に電話連絡あり、出動待機との要請」⇒医師らが「群馬で墜落した」と警察から連絡を受けたのは公的には墜落場所が明らかにされず、NHKなどが長野県に墜落したという誤報を流し続けていた12日の夜のことであった。

この医師らが検視して一番驚いたことは、遺体の炭化現象であった。遺体の炭化現象は、従来の墜落事故での遺体の状況と全く異なるのである。米国の医学用の学術書でも航空燃料（ケロシン）で焼けた遺体は火傷の状態であり、このような遺体は見当たらない。名古屋空港での中華航空事故で遺体を検視した医師も、火傷で黒くなっても炭化の状況はまれにしか見られないとのことであった。日航機事故の遺体はその裏側まで、反対側まで、表と同じに燃えていることである。

先に紹介した大國勉氏（歯科医師、群馬県警察医会副会長）によれば、「私は群馬監察医として、1,000体以上の焼死体を見て来た。歯は煤で黒くても、裏側や一部は白いままだし、骨もそこまで燃えていない。それなのに、あの日航機事故の遺体は骨の奥まで炭化するほど燃えていた。まるで『二度焼き』したような状況だ」。

この乗客の「二度焼き」の事象は、通常の焼死体とは違って遺体に対して2回目の焼殺行為があったということなのだ。最初は123便が墜落し、主翼に収納されたジェット燃料（ケロシン）が乗客を燃やしたと考えることができる。では、2回目の何らかの燃料による燃焼は何なのか。

さらに、墜落場所で見つかった「黒焦げの少年の遺体」の写真がある（資料㊴—黒焦げになり、炭化した犠牲者：少年の残酷な遺骸）。

これは完全遺体で体の部位は全部揃っており、かつ「少年だ」ということも分かっている。この少年は黒焦げになり、骨の芯まで焼かれているが、付近の樹木は燃えた形跡はない。この付近は123便の燃料では燃えていないのである。

関連して、ある全国紙の記者は次のように証言している。

「現場にヘリコプターで降り立って見たら、JAL123便の尾翼付近に一直線のオレンジ色の塗装が付いていた。また、まわりの樹木や草が燃えていなかったのに、ただ遺体だけが真っ黒に炭化していた。12日夜中の0時に翌日の朝刊1面に、これら自分のスクープ記事「123便に自衛隊標的機が衝突した」が載ることを確認したが、翌朝自分の記事はなくなっていたので大変驚いた」と、この記者は述べている。

さらに資料㊴には自衛隊員の姿も映っているが、何も気にすることもなく通り過ぎているように見える。残酷な遺体に慣れているだろうとはいえ、このような奇怪、奇妙な事態に留意もせず、調査する気配もない。自衛隊員らは、ただ遺体の回収作業を命じられただけなのである。

これは生きていた少年を燃えていない場所に連行し、火炎放射器で焼殺した結果と推察できる。自衛隊は墜落した乗客らの焼殺に「火炎放射器」を使った可能性が推察できるのだ。

＊

100名余の自衛隊特殊暗殺部隊の任務目的は重傷の生存者の全員殺害であった。

真夜中の真っ暗闇の中で、さらに123便の巨大機が墜落し、山林は倒壊し、機体も粉砕して、散乱している中での乗客、乗員を自衛隊員が探し出すのは容易ではない。まして、自衛隊員が乗客らの状況を観察しての息の根を止めるなど、時間的な制約もある。

そこで、123便の燃料で火災を起こしている場所では、さらに火炎放射器で、着火した燃料を一面に放射して焼き尽くすことは、ある意味では生存者の殺害には有効で簡単で合理的な手法であった。そして、一度火災を起こしているので、さらに2回目の火災を起こさせても、警察に疑惑、疑念を生じさせないのである。すなわち、容易に偽装できたのだ。青山氏は、墜落現場での123便燃料による火災範囲と火炎放射器による証拠と言うべき塊状異物の分布が一致することを地図で示している。

　では、なぜ、火炎放射器を使ったのか。火炎放射器は火で敵を殺すための兵器である。粘着力のある燃料が燃焼状態で放射されて相手に絡みつき、相手を火に包み込んで殺す。この兵器は第二次世界大戦末期、沖縄戦などの塹壕戦で日本軍に対して使用され、米国は大きな戦果を上げた。自衛隊も火炎放射器を保有しており、それは本来、外敵に向かって使用されるはずのものだ。しかし、この兵器が日本の無辜の市民に向けて使用されたのである。

　有機溶剤などは揮発性が高く、火を付けると瞬時に燃え上がる。自動車用の「ガソリン」、航空ジェット機用の燃料「ケロシン」も、同じく石油から精製されて製造される揮発性の高い燃料である。強力な爆発で巨大な力を生み出すので、自動車、航空機に大きな推進力を与える。ほとんど単一の成分からなり、「ケロシン」は低粘度で揮発性が高く、燃焼性が極めて良い。したがって、航空機燃料は燃焼時間が短い。

　この123便の燃料は、主翼の中に収容されているが、自衛隊のミサイルで、右第4エンジンが破壊されて、炎と煙を出して飛行しているのを目撃されている。さらに、上野村の御巣鷹の尾根との衝突で主翼がもぎ取られ、大量の燃料がばら撒かれて広範囲に火災が発生した。墜落で、機体から放り出された乗客乗員がこの燃料火災で焼死したことは容易に推察できる。

　ただ、この火災は本来なら数時間で鎮火したはずだが、実際には13日の午前中まで現場は燃えていたと報じられている。これは、最初のジェット燃料火災の後、自衛隊の火炎放射器が使われたという推測と一致する。

　燃焼で殺傷効力を高めるには、長い時間燃え続ける燃料の方が適している。例えば、東京大空襲で一夜に10万人が焼殺されたのは、同じ機能を持つ米軍の焼夷弾の効果であった。すなわち、長い時間燃える性質を持たせるために複合材料で開発されたのが「焼夷弾」や「火炎放射器の燃料」であった。これらは燃焼性の高い揮発性の物質と燃焼性の悪い物質を組み合わせ、混合した燃料だ。焼夷弾はヤシ油とガソリンで構成され、火炎放射器ではピッチ、タールにガソリンを混ぜたものである。

　このタールとガソリンはどちらも石油から精製し分離されたもので相溶性が良く、一体化した燃料を作ることができる。この混合溶解した材料が燃えると、まず揮発性の高いガソリンが燃え上がって材料全体の温度を上げる一方、ガソリンの比率の低下で燃焼速度は落ちてくる。だが高温で難燃性のタール、ピッチの熱分解が進み、今度はこれらが長時間にわたって燃焼する。

　こうして全体としての燃焼時間は長くなる。ガソリンの蒸発、燃焼に伴って燃料の体積が縮小し、最後は燃えカスが小さく丸く黒い塊となり、マグマが固まって冷えた岩のように見える。

　そして123便墜落現場からは、まさにそのような塊状物が多数、無数に見つかっている。

　その大きさは最大幅12cm、縦11cm、重さ520グラムであったという（青山透子著『日航123便墜落事故』前掲）。

　人間は有機生命体であり、一部カルシウムなどの無機物である骨なども含むが組成の大半は有機物と水である。火炎放射器から発射された燃料物が人間の身体に付着して燃焼が始まると、まず水が蒸発し、次に有機物の分解が始まる。さらに、分解の後は「炭化（カーボン化）」が起き、

炭となる。これが「炭化現象」なのだ。この現象は内部まで起き、骨まで、黒くなる。この現象が「二度焼き」の事象となり、歯科医師を驚かしたのだ。

　乗客の遺体の回収に来た自衛隊救難部隊すなわちA部隊は、遺体収容の時に遺体の周辺にある物も遺体袋に詰めるように指示されており、彼らは忠実に遺体の近辺の黒い塊状の残渣を詰め込んだ。この黒い塊状の塊も一緒に納められたが、検視所の医師による調査は行われずに処分されている。

　この塊状物の一部を上野村消防団らが現場から持ち帰り、上野村に保存保管されていて、当時の黒澤村長が、後日調査するようにと言い残していた。事故から30年を経て、青山透子氏がこの村長の遺言に応えて、大学の協力を得て黒い塊状物を分析した。その結果、この黒い塊状物は航空燃料の塊でなく、火炎放射器の放射物であることを突き止めている。

　サンプルを分析した結果、機体を構成する超ジュラルミンに含まれるアルミニウム以外は「ベンゼン」と「硫黄S」であった。特にこの「ベンゼン」が問題であった。このベンゼンは航空機燃料「ケロシン」には含まれていないのである。「ベンゼン」を含む燃料は「ガソリン」である。分析の結果、「ベンゼン」と「硫黄S」を含むタール成分が付着し、黒い部分を構成していることがわかった。飛行機の構造材料の超ジュラルミンを溶かすほどの燃焼促進物が上野村の墜落地点にあったということになる。これは現場に入った消防団が、「ガソリンとタールの臭い」を感じたという証言とも一致する。この組成はベンゼンを大量に含むガソリンと、硫黄成分を含むゴムのような粘着性の高い物質（タール）であると判断できる。それは火炎放射器の燃料の特徴に酷似しているのである（資料㊵──現場に残る多数の塊状物質の化学的分析により、火炎放射器の使用が判明した‼）。

　以上の詳細は同氏の前掲書を参照されたい。青山氏の渾身の功績であり、その尽力に心から敬意を表し感謝したい。

　さて、このような乗客乗員の生存者、遺体に見られる「二度焼き」事象は、自衛隊の秘密殺害部隊：B部隊による火炎放射器による遺体および生存者への焼殺行為があったことを推察させるものだ。自衛隊による乗客乗員、すなわち市民に対する残酷な武器を用いた焼殺事件なのだ。

　この自衛隊による焼殺、殺害事件は元気な乗客乗員に対しても行われた。例えば、落合氏は墜落後に意識を取り戻した際、「ようし頑張るぞ」と叫んだ少年の声を聞いている。また、ある新聞記者は当初、４人ではなく７人の生存者を報じていた。それは元気な生存者が他にもいたことを示している。このような元気な生存者は、自衛隊にとって殺害せねばならない標的であった。この元気な３人も火炎放射器で焼き殺されたと推察出来る（資料㊶──生存者７名が４名に激減したのは自衛隊が殺害したからだ‼）。

⑦劇薬による生存者の薬殺

　自衛隊は火災現場以外の墜落場所でも化学兵器、すなわち劇薬による殺害行為を行っている。123便の航空燃料による火災現場では、火炎放射器で生存乗客の殺戮を行ったが、火災が起きなかった場所では、この火炎放射器による殺戮行為は後の検証ですぐに発覚するので、使えないのである。

　これは主として、火災が起きていないスゲノ沢での薬殺犯罪行為であった。このスゲノ沢では、123便の後部胴体が滑り落ち、100名もの多数の乗客乗員が機体に閉じ込められて救助を待っていた。123便は御巣鷹の尾根に裏返しの姿勢で激突して、胴体中央部で折れた後部は急斜面を滑り落ちる間に衝撃が吸収され、多くの乗客ら50〜100名は重傷を負いながら救助を待っていたので

ある。

　さらに、後部胴体部だけの滑落であったので、燃料火災は起きなかった。自衛隊も墜落状況を観察しており、多数の乗客乗員の生存を予測して、その対策を考えた対応を準備していた。それは、検視の段階で検出されないサリンやVXガスなどによる薬殺であった。

　スゲノ沢に滑落した機体後部の乗客乗員は144人であった。完全遺体はほぼ同数。ほぼ同じ程度の損傷状況から見て、後部胴体の乗客人間への衝撃がその他の部分の遺体に比して少なく、即死でなかった可能性が高いことが推測できるのである（青山氏前掲書）。

　このスゲノ沢で最終的に生還したのは、奇跡の生還者と言われた4人の乗客、落合由美、川上慶子、吉崎博子、吉崎美起子の各氏であったが、この4人はからくも薬殺を逃れたと言える。

　以下、落合、川上両氏の証言とM氏の証言を再整理しておこう。

●落合由美氏
・墜落直後、周囲のそこら中から「ハア、ハア」という息遣いが聞こえ、〈お母さん〉と呼ぶ男の子の声もした。ヘリコプターが見えたので手を振ったが気づいてもらえず、やがて眠ってしまった。

●川上慶子氏（島根県の祖母宅に帰った時の話）
・墜落後、あちこちで呻き声が聞こえ、両親もまだ生きていた。
・前方から懐中電灯の光が近づいてきたので助かったと思ったが、また意識がなくなり、次に目が覚めると明るくなっていた。救助の人は誰もおらず、周囲の人々はみな死んでいた。

　ここでの落合氏の証言を聞いたことが、米軍アントヌッチ中尉（当時）の衝撃的な告白証言につながったことは先に述べた。海兵隊のヘリは落合さんが見つけられるところまで、接近していたのだ。米軍ヘリはスゲノ沢の近くに降下しており、このような救助でのヘリからの降下は、燃えている地帯を避けるのは当然である。これに対して横田基地からの指令が出て救助は中止されてしまったが、その中止は日本側からの要請だった。もし、このような要請がなかったら、数十名の乗客らが助かっていたはずで、日本の権力者の「米軍の救助中止、撤退要請」は乗客を殺害したに等しく、その冷酷さ、残虐さに、遺族らは声も出ない。

　この落合さんも後者の川上さんも再び意識を失い、助けを呼ぶことはできなかった。

　だが、その結果として特殊部隊に生存を気づかれることがなく、薬による殺害行為の犠牲にはならずに済んだと推測できる。

●長野県住民M氏
・M氏は長野県出身で、夏休みで帰省中。日航機墜落の事態を知り、友人とオフロードバイクで、南相木村方向に出発。山岳を縦走し、7時間かけて13日4時頃に墜落地点に到着（スゲノ沢付近）。
・そこで100人ほどの自衛隊員を目撃。彼らの装備は暗視ゴーグル、アーミーナイフ、急峻な山での作業に適した短靴であった（自衛隊A部隊＝特殊部隊）。
・墜落現場には生存者50数名の呻き声が響き渡っていた。
・呻き声の人を探しては自衛隊員に訴えたが、彼らは後続部隊の人が来るからと何もしなかった。
・自衛隊員は黙々と何かを回収して大きな袋に詰めており、後にその袋は自衛隊ヘリで吊り上げ

られていた。

・M氏が軽傷の人を見つけて自衛隊員に報告したが、一向に手当をしようとせず、大声をかけて
　励ますような救助活動もしなかった。

・M氏らが山を下る時には、生存者の「呻き声」は一切聞こえなくなっていた。

・それから１時間後に多数の自衛隊員が到着。山では歩きにくいブーツを履き、遺体搬出作業と
　残骸回収を始めた（上野村からの自衛隊Ｂ部隊）。

・数年後、M氏はスゲノ沢の上流で、携帯用VXガスの容器（直径６㎝、長さ７㎝）を発見。調
　査を依頼された職員はこの容器を開けた途端、気分が悪くなり、数日間寝込んだという。

　VXガス、サリンは超猛毒である。これらの毒ガスはその蒸気を嗅ぐだけで失神し、やがて死
に至る劇薬である。オウム真理教は地下鉄「霞が関」でサリン攻撃を行い、多数の乗客を殺害し、
重傷者数も多かった。オウムはサリンをビニール袋に入れて、床に置いて傘の先で破裂させて液
を床に流して蒸発させ、ばら撒かれた蒸気を吸った乗客らが多数、死傷している。

　自衛隊特殊精鋭部隊は、このVXガス、またはサリンなどの猛毒液を入れた容器を開封して、
重傷の生存者に吸わせて、殺害したと推察できる。この猛毒ガスを吸うと、人は猛烈な呻き声を
出して苦しむという。M氏が墜落場所で聞いた「乗客生存者の呻き声」はまさしく、この声に相
当すると考えられる。そして、完全に「呻き声」が途絶えた時には死亡しているのである。M氏
らが山を下りる時に「呻き声」が聞こえなかったというのは、重傷の生存者が殺された時に相当
するのである。

　オウムは案外この自衛隊の猛毒ガスによる殺害を真似た可能性もある。人を殺すことが業務で
ある自衛隊にとって、とりわけ特殊部隊によってこの薬殺は簡単な手法であり、慣れた業務であ
ったかもしれない。

　さて、以上の証言から、導かれる結論は次の通りである。

　自衛隊がミサイルで日航123便を撃墜したが、犯罪の証拠になる「標的機」「ミサイル」の残骸
は自衛隊が現場管轄権を持っているので何とかなるが、問題は「生存している目撃証人（乗客乗
員）」であった。この殺害を行うのが自衛隊特殊部隊であり、彼らが活動できる時間帯は13日０
時頃から朝６時まで。この間、特殊部隊の殺害活動のために部外者の立ち入りは禁じられた。前
項で述べたように、火災現場では火炎放射器で人間や証拠を「二度焼き」して焼き尽くしている。
しかし、火災が起きていない場所、そして多くの生存者がいる可能性の高い場所であるスゲノ沢
には殺害部隊を送り付ける必要があった。

１）スゲノ沢には多数の自衛隊部隊がいて、暗視ゴーグルを付け、抜身のアーミーナイフを持ち、
　　危険な急峻な山での作業に適した短靴を履いていたことが目撃されている。すぐ後で到着し
　　た救助の自衛隊員との装備の差から、これがＢ部隊：特殊部隊だと推察判断できる。

２）午前１時ごろスゲノ沢に入った彼らは午前６時ごろにかけ、何ら生存者の救出や手当てはせ
　　ず、逆に何らかの手段で生存者の殺害を行っていた。

３）後の検視で発見できない劇薬、毒ガスでの薬殺を行っている。地下鉄サリン事件と同様、被
　　害者である乗客らは、呻き声を出して苦しむという悲惨な状況の中で死亡した。

４）現場は漆黒の暗闇なので、懐中電灯を持った自衛隊員は動いたり声を上げたりしている生存
　　者を見つけ出し、その傍に「VXガス」の瓶を置いて封を解き、その蒸気を吸わせたと推察
　　できる。それは、地下鉄サリン事件を彷彿とさせる殺害方法であった。

５）生き残った４人は幸いに「気絶、失神」した状態であったので自衛隊が死体と判断し、殺害

を免れたのである。

6）この123便が墜落直後に中央で分解し、折損破壊した時に多数の乗客が外に投げ出され、死亡者や重傷者が出た一方、一部は軽傷であった可能性がある。それは、現場での遺体分布から、容易に導かれる。後に、軽傷の人が気絶から回復し、元気に姿を現わした可能性がある。後に4人の生存者が発見された時に、「7、8人が生存していた」との記者による報道があったが、最終的な生存者4名という数字との該当する数人を、自衛隊はどのように処理したのか。その点も今後追及されるべき事項である。

＊

日航123便墜落で乗客乗員の多くは即死であったが、それでも数十名が重傷ながら生き延びて救助を待っていた。奇跡的に元気であった乗客も数名いたが、それらも含めて自衛隊は救助不作為、火炎放射器、薬殺によって殺傷した。自衛隊、群馬県警は共同で殺害作戦を行動し、結果的に乗客乗員520人を殺害したが、失神し気絶していた落合氏、川上氏、吉崎氏親子の合計4名が毒牙を逃れて生還した。

4人の体験証言で事故調の「隔壁破壊説」は否定されてミサイル撃墜の事実が明らかになり、自衛隊およびその最高指揮者である当時の総理大臣は今や窮地に立たされている。

航空局、事故調は　確認して再調査して、真実を明らかにする責務がある。自衛隊、最高権力者が必死に、全員殺害を企画し実行した意図、根拠とその目的が、「自己保身」であり、「責任回避」であり、「権力維持」であることが明確になり、4名の殺害に失敗したことが彼らの首を絞めることになった。520人の元気な生命力と高濱機長、佐々木パイロットの必死の操縦が墜落事故の真実の扉を開けたことは間違いないのである。

正しく、「天網恢恢疎にして漏らさず」─神の張る天の法網は目が粗いようだが、悪事を見逃すことはないのである。

遺族、国民よ　怒れ！
許されざる者─それは、国家最高権力者、日本国の自衛隊、運輸省・航空局、日本航空、国会議員、日本の公務員、そして真実報道の責務を放棄したマスコミである。

10　軍事組織と旅客機の墜落・撃墜の真実

①軍用機に起因する旅客機の墜落

　軍隊（自衛隊）が戦闘機やミサイルなどで民間機に乗った市民、国民を墜落死に追いやり、生存者までも殺傷する。それは、現代日本の一般国民にとっては驚愕すべき事態、信じがたい事態かもしれない。だが、実際には世界のあちこちでこの種のことは多発しており、日本もけっして例外ではないということである。いずれの国家権力も、その時はさまざまな策謀でごまかし、隠蔽し、あるいは個々の兵士（パイロットなど）に責任を押し付け、組織母体である軍隊や政府・政権に責任が波及しないように細工して国民を騙して済ませる。

　以下にその代表的な事例を挙げておこう。

1）「もく星号」撃墜事件（1952年4月9日）

　　米軍占領軍は日航「もく星号」を伊豆大島（東京都）で撃墜し、当時米軍が握っていた管制システムを利用して、その墜落場所を12時間も隠して、その間に証拠品を回収した。

　　乗客乗員37名が惨死した。占領下の事件で米軍が協力せず、未だに事故原因、動機の詳細は不明である。

2）全日空機雫石衝突事故（1971年7月30日）

　　自衛隊の演習中の戦闘機が、正規の飛行ルートを飛行中の全日空機B727機（T字形尾翼）の水平安定板、垂直尾翼、第2エンジンに衝突してこれを一挙に破壊し、全日空機は音速を超える速度で落下して空中分解。乗客乗員162名がバラバラになって惨死した。

　　この事件は自衛隊の演習計画が杜撰なために起きたものであったが、単に戦闘機パイロットだけの過失として処理され、組織としての自衛隊や政府は責任を免れた。この時の事故調査は当時の運輸省の事務次官であった町田直氏、すなわち後に日本航空に天下りして副社長となった人物が関与して自衛隊の責任を回避させており、これは政権から見れば町田氏の「功績」であったと推測できる。この雫石事件の直前まで防衛大臣だった中曽根康弘氏と深い信頼関係を築いたと思われる。

　　この事件を機に急遽設立された臨時事故調査委員会は表面的な事故原因で処理し、本来、追及すべき自衛隊の演習計画、及び自衛隊組織の問題点を究明せず、当時の佐藤栄作内閣総理大臣や事件直前まで防衛庁長官を務めていた中曽根康弘氏臣の責任問題を放置したのである。この事件で事故の本質的な原因に踏み込まなかったが故に、その後の自衛隊組織、体質の改革が進まず、1985年8月の「日航機墜落事故」に繋がったのである。

3）日航機123便墜落事故（1985年8月12日）

　　これも自衛隊の演習訓練中、標的機が日航機の尾翼部に激突し、油圧配管、APUを破壊した。高濱機長らは新規操縦性を獲得し回復したが、緊急着陸地として選んだ横田基地への着陸準備段階で政府、自衛隊は着陸を阻止し、乗客乗員が助かる機会を奪った。これは准殺害行為であり、乗客乗員が助かった場合に標的機衝突への関与が明らかになることを恐れた政府・自衛隊が全員の死亡をねらった謀略である（作家安部譲二氏はその著書『日本怪死人列伝』で、事故機が横田基地に着陸しておれば、中曽根内閣は吹き飛んでいたと記述している。中曽根総理は責任回避、自己保身のために全員の殺害を指示したのである）。

　　次いで事故機は川上村レタス畑への着陸を目指したが、レタス畑では農民が多数作業して

いたために着陸できず、群馬県上野村の山岳地帯に入った段階で、自衛隊は戦闘機からミサイルを発射して日航機を撃墜。これにより、乗客乗員520名が死亡し、4名が重傷を負った。

　さらに後述のとおり、日本政府は全員殺害を徹底するために墜落場所の表向きの特定に10時間もかけた。さらに、墜落のわずか20分後に墜落場所上空に到達して救助活動を始めようとしていた米軍に対し、日本政府は救助活動の中止と米軍の撤退を要請したことが判明している。このことからも、日航機事故は乗客乗員の全員の殺害をねらった「事件」であることは明白である。

4）チェルミス・ロープウエイ切断事件（1998年2月3日・イタリア）

　米海兵隊のVMAQ−2に所属する電子戦機：EA−6Bプラウラーが低高度飛行訓練中、イタリアのチェルミス山の山頂と麓を結ぶロープウエイのケーブルに接触した。機は時速540マイル（864km/h）で260〜330フィート（80〜100m）の高さを低空飛行していた。米国国防省の指針では、この地域での最低飛行高度は300mであった。機はケーブル線を切断し、20名の乗客乗員が乗っていたゴンドラが80m下の地面に激突し、全員が死亡。戦闘機は右翼に損傷を負ったものの、所属基地のアヴィアーノ空軍基地に帰還した。

　事故調査は当初NCIS（海軍犯罪捜査局）が当たっていたが、米軍司令官は米国の軍事法廷で裁くことに決定した。陪審裁判員が全員パイロットという不公平な裁判で、操縦士アシュビー大尉とシュワイツアー大尉は「20名の非故意故殺と過失致死容疑」で裁かれたにもかかわらず、当然のことながら無罪となった。なお、飛行中に撮影していたビデオテープが廃棄されており、証拠隠滅の理由で、不名誉除隊になった。

　クリントン米国大統領は公式に謝罪すると共に、賠償金の支払を確約した。イタリア政府は6万5000ドルの一時金を支払った。しかし、米国議会は4,000万ドルの補償予算を否決した。一方、イタリア議会は190万ドル／人の補償金を承認した。その後、米国政府はこの内の75％を支払った。

　この事件は米国海兵隊側に全面的な責任があるにもかかわらず、隠蔽裁判で大尉2名を無罪にした。アメリカにおいても軍隊の犯罪行為についてはかくも卑劣な裁判が行われ、責任者を無罪としたうえ補償金についても当初の約束を反故にして支払いを渋っているのである。

5）エールフランス1611便火災墜落事故、又はミサイルによる誤射撃墜事件（1968年9月11日・フランス）

　1611便（機体：F−BOHB　カラベル3）はコルシカ島のアジャクシオから、ニース行きのフランス国内線として運航されていた。しかし、現地時間の午前10時半ごろに着陸しようとしていたニースの沖40kmの地中海で消息を絶った。

　事故の直前3分前に操縦員から、「トラブルが発生した」と送信があり、「機内で火災が発生した」と報告している。AF1611便の最後の通信は「このままだと墜落する」であった。墜落死者は95人であった。事故機の残骸は深さ2,300mの海底で発見され、2年をかけてそのうち10トン弱が回収された。回収された残骸からは海面に急角度で衝突したこと、客室右後部に火災の痕跡があることが発見された。

　火災は便所とギャレー近辺から出火し、火災原因は温水器の故障で電気火災が発生したか、便所のゴミ箱に乗客が火を消していないタバコの吸い殻を捨てたかのいずれかと推定されたが、断定できなかった。急角度で海面に激突する直前に操縦不能に陥っていたことは判明したが、その原因としては操縦士が意識を失ったと推定された。

　以後、43年間は「事故原因は火災だ」とされていた。

ところが、事故から43年後の2011年、元フランス軍秘書官ミシェル・レイティがフランスのテレビ局ＴＦ１の番組に出演し、「AF1611便の墜落事故はフランス軍が誤って、ミサイルでフランス機1611便を撃墜して、95人を殺したのが真相だ」と証言した。その説明によれば、「当時フランス軍はルバン島のミサイルテストセンターで地対空のミサイル発射実験を行っており、古い軍用機をテスト用標的として発射されるようにプログラムされていたが、レーダー探知範囲に入ったエールフランス機に誤って発射された」「弾頭はテスト用のダミーだったので、命中しても空中で大爆発を起こすことなく、あのような墜落になった」ということである。

　これに対し、フランス国防省は同年12月５日の時点でコメントはしていない（資料㊷）。

　（以上参考：エールフランス1611便火災墜落事故－ウィキペディア）

＊

　１）の「もく星号撃墜事件」では占領下の事件とはいえ、米軍は事故現場である伊豆大島を静岡県だと称して日本国民を騙し、12時間もの間、隠蔽し、証拠品を回収して、事故原因の開示を拒否した。２）「全日空機雫石衝突事故」と４）の米海兵隊による「ケーブル切断事件」では、加害者がそれぞれ自衛隊、米軍であることは明らかであるにもかかわらず、いずれにおいても真実と真相の開示を行わず、結局軍隊（自衛隊）側は責任を取っていないのである。犠牲になった人間は「犬死」に等しいのである。

　３）の「日航機墜落事故」では自衛隊の標的機が日航機の尾翼部に衝突し、同機が手動操縦飛行で横田空港に着陸を試行しようとしたにもかかわらず、自衛隊、政府はこれを阻止して最終的にミサイルで撃墜し、全員殺害を図っている。墜落直後に積極的に救助活動を開始しようとしていた米軍アントヌッチ中尉らの行動を中止させ、現場から撤退させている。さらに事故原因として矛盾に満ちた「隔壁破壊説」という嘘を掲げ、その後には事故資料を廃棄処分して再調査を妨害している。現在、この点で「日航機墜落事故」と全く同じ状況にあるのが、５）の「AF1611便ミサイル撃墜事件」である。

　以上、日航123便撃墜事件では、他の軍隊が関与した墜落事故と大きく異なる。他の軍隊による墜落事故は瞬間的に墜落しているが、日航123便の場合は、事故機が操縦できたにもかかわらず着陸を禁止し、責任回避と隠蔽のために意図的に事故機の乗客乗員全員の殺害を図った残虐な虐殺事件であったからだ。日本の権力者の異常な残虐性が発揮され、国を挙げての隠蔽で遺族、国民を騙す行為が35年間行われ、歴史に残る残虐な事件であった。日本の権力者の犯行で世界に恥を曝し、その後この事件を機に日本は巨大な経済的な負担を強要されており、今後もこの脅迫に日本国は大きな犠牲、損害を受け続けることは間違いないのだ。これも権力者の犯罪とその隠蔽に尽力した公務員、航空局の責任であり、この真実の隠蔽に協力し無視したマスコミの無力が続いている。

②日航123便事故とAF1611便墜落事故における類似性と国の隠蔽体質

　日航123便ミサイル撃墜事件は自衛隊が標的機を衝突させて破壊した垂直尾翼、油圧装置での操縦機能の喪失の不祥事を隠蔽するために乗客乗員を殺害した事件であることは、これまで説明してきた通りだ。日航副社長の町田直氏がミサイルによる撃墜という事実を口走ったことからも、それは明らかである。

　一方、AF1611便墜落事故では、フランス軍のミサイルでの撃墜事件が火災による墜落との意図的な事故調査で捏造されたが、元軍の秘書官の告白証言で白日の下に晒され、軍の不祥事であ

ることが判明した（資料㊷）。51年前の事故だが、元軍人の証言内容は具体的で、事故原因との関連も理解できる。いずれも、軍の飛翔物体、ミサイル、標的機の民間機への衝突であるが、「責任回避」「自己保身」「権力維持」との卑劣な理由で、真実を隠し、捏造し隠蔽を図った点は全く同じだった。特に日航機事故では衝突事故後も操縦し飛行できた事故機が、隠蔽すなわち口封じのために着陸を妨害され、乗客乗員の全員を死に追いやることが企図された。このような形で全員殺害を企てるというのは史上例を見ない悪質で残虐な事例であり、その責任は重大である。ここで両事件の内容を対比しながらまとめる。

● AF1611便墜落事故の現時点での事故調査状況

以下では、「The Guardian」で報道された文書（We need to hear it'：families' 51-year wait for truth about French plane crash）の要点を紹介する。

1968年9月11日、アイルランドの銀行のマネージャー、アーサー・オコナーと13人の子供を含む他の94人が、コルシカ島のアジャクシオから南フランスのニースまでのエールフランス1611便に搭乗。

52歳のオコナーは妻のキャスリーンと4人の娘、マーガレット、フェリシティ、ダーバル、セレナと一緒に暮らしていたダブリンのボールズブリッジに向かう途上だった。

コート・ダジュールのすぐ近くの飛行場から離陸。3分後の午前10時33分、カラベルSE-210の機影はレーダー画面から姿を消し、海に突入しました。オコナーら犠牲者の家族は、機内での火災で飛行機が墜落したと告げられた。フランス軍および報道機関が現場に駆けつけるにつれ、別の理論が浮上してきた。AF1611は、フランス海軍の船から発射された地対空ミサイルによって撃墜されたというものだ。

51年間、撃墜を示す証拠は軍事秘密だった。過去50年、乗客の家族は愛する人を思い出すためにニースに集まり、フランス政府が文書の機密を解除し、真実を解明することを求めてきた。

「とにかく政府は知っているはずであり、それを聞く必要がある」とマーガレット・オコナー（71）はガーディアン紙に語った。「51年後になってまで、どうして秘密にしておけるのか理解できない」。セレナ・オコナーは次のように付け加えた。「この時期、毎年、辛い思いになる。私はそれが苦痛だ。それは決して消えない破片のようなものだ。冷戦と重なる非常に特異な時代だったので、彼らが当時それを秘密指定した理由は理解できる。だが、半世紀後の今、彼らが毎年9月に私たちにこのような思いをさせるのを止めてほしいだけだ」。

カラベル機が地中海上空を飛行中に遭難を告げときには軍事演習が行われていた。最後の通信ではこう告げられた。「どうすることもできない。このままだと墜落する。」

その後、墜落の原因に光を当てる可能性のあった文書と写真は消えた。この地域のフランス海軍の船「ルスフラン」の記録の9月11日のページは破棄された。家族には「ブラックボックスやフライトレコーダーは破損している」と告げられた。以前のフライトデータはすべて回復可能だったが、AF1611の記録は読み取り不能だった。海底から回収された残骸は、フランス軍当局によってすぐに没収された。

2011年、元陸軍従業員のマイケル・レイティはフランスのテレビに、熱探知ミサイルが標的を外れてAFの航空機カラベルのエンジンの1つに衝突したと語った。「私はこの事件に関する軍隊の調査をタイプした。国益のために秘密にされた。カラベルは撃墜され

た。プログラムされた標的の代わりに民間航空機に衝突して墜落させたのだ」とレイティは言う。

　公式の調査では、飛行機のトイレで火災が発生したと結論付けた。今日、以前は表に出なかった証拠を押収した憲兵による新しい8年間の調査が、別の方法で発見されたと報告されている。

　乗客の家族を代表する2人の弁護士の1人であるステファン・ネサは、火災理論はナンセンスだと言い、「これは45年間信用されていない。それは完全に技術的に不可能だ」と語る。エールフランス1611便の死亡者数は、地中海で発生した航空事故の中で最も多い。「調査中の裁判官は政府に「防衛秘密」の分類を解除するよう要請したが、1年以上経っても回答はない。このような政府の態度が長引くほど、50年以上経っても真実を明かしたくないのだと感じる。」

　ネサは次のように付け加えた。「遺族はお金が欲しいのではなく、真実を知りたいのだ。」

　75歳のマシュー・パオリと72歳の兄弟のルイ、81歳のジャックは、事故で母親のトゥサンテ（59）、父親のアンジュ・マリー（60）を失った。「調査中の裁判官は、飛行機がミサイルに衝突したことはほぼ100％であると事実上確信している」とマシューは言う。「一部の人々は私たちに尋ねます、あなたは何を探しているのか、と。私たちの両親は海の底にいるのだから、彼らに本当は何が起こったのかを知らなければ弔うことはできません。」

　オコナーの姉妹は事故のことをめったに語らないと言うが、それは毎年の記念日に再発する心の傷のためだ。「常にそこにあります」とセレナは言う。「当時、私は小さすぎて父のことをあまり思い出せませんでしたが、私たちは自分自身でいたという認識を覚えています。15年前に亡くなった母親は、40代前半に4人の子供を連れて未亡人のままにされました。彼女はそれについて決して話しませんでしたが、それは常に彼女の心の中にあり、悲痛な思いだったはずだ。」マーガレットは次のように付け加えた。「彼が留守の間、彼は私たち一人一人にポストカードを書いて、約3週間来続けた。多くの乗客家族が真実を知りたがっているのに、まだ知ることができない。」

　フランス国防省は、ガーディアンの情報提供の要請に応じなかったが、軍の大臣であるフローレンス・パルリが機密解除を決定した。記念日の24時間前の火曜日、フランスのエマニュエル・マクロン大統領はパオリ兄弟に手紙を書き、事件が機密解除されることを望み、事故に関連する文書を公開するプロセスを開始するようパルリ国防大臣に依頼した。

　マシューにとって、真実を確立することは彼の人生の使命となっている。「お金は欲しくない。誰を責めるつもりもない。謝罪を求めるつもりもない。真実を聞くのを待っているのだ。51年も待った。」

https：//www.theguardian.com/world/2019/sep/10/flight-af1611-and-families-51-year-wait-for-truth-about-french-plane-crash?CMP=share_btn_link

日航123便墜落事故と対比してまとめると、二つの事件の共通項と違いが見えてくる。

- AF1611便の墜落の原因として、国の「火災理論」はナンセンス（弁護士）火災での墜落でこのような垂直急降下、墜落はしない。
- 事故原因としてミサイルが仏機に激突したことは100％確実である（裁判所）。
- 仏軍艦の航海日誌の当日分破棄。

- 仏軍CVR、DFDRは破損して、解読不能（それまでのCVR、DFDRはすべて解読可能だった）。
- 該当する「文書」と「写真」が消えた。
- 仏軍秘書官ミシェル・レイティ氏「ミサイルの誤射での撃墜」。

- 仏国防大臣、大統領はAF1611便墜落事故の機密解除を決定した。当然、公開されるはず。
- 遺族は墜落の真実を51年間待ち続け現在も要請活動中である。
- 模擬ミサイル弾頭の衝突で墜落。

- 軍が事態を認め、遺族と公式に対応を開始。

＊ 日航123便の墜落の原因として、事故調の「隔壁破壊説」は嘘の仮説。嘘が判明し、日航も認めた。

＊ ミサイルがエンジンに激突したことは確実である

＊ 相模湾の「まつゆき」の存在を説明せず隠蔽、その他多数の証拠を隠蔽

＊ 日航機CVRは非公開、隠蔽。文章採録版ではCVR、DFDRの修正・改竄

＊ 全資料の廃棄処分（事故調による）

＊ 元運輸相事務次官、航空局幹部、日航副社長町田氏「日航機はミサイルで撃墜された」

＊ 日本政府は一切無視。機密のまま、公開せず。新たに法律を制定して、機密隠蔽を画策した。

＊ 遺族は政府、航空局に35年間事故の再調査を要求中。

＊ 標的機の123便に激突（事故の端緒）
＊ 横田基地への着陸を阻止、妨害
＊ 上野村上空でミサイルで撃墜
＊ 生存者救出を不作為、妨害、見殺し
＊ 生存者を焼殺、薬殺

＊ 権力者、自衛隊、航空局は一切無視。
＊ 機密の解除を行わず、今も機密扱い。逆に秘密保護法で自衛隊機密の漏洩隠蔽を強化し、自衛隊員に遵守を法的に規制した

　以上のように、AF1611便墜落事故の原因は仏軍のミサイルでの誤射による撃墜だったが、フランス軍と当時の政権は真実を隠蔽するために、証拠資料を隠蔽し焼却した。一方日本政府と自衛隊は標的機衝突の事故を隠蔽するために嘘の事故原因を公表し、異議や矛盾の提起を無視し、重要な事故資料を廃棄処分して真実解明の道を閉ざした。いずれも軍隊がその不祥事を隠蔽するために嘘の事故原因を捏造し、証拠資料を廃棄し、隠滅したものであり、両国政府とも異議、矛盾は一切無視して説明責任を放棄している。

　なお、軍のミサイルによる撃墜事件と疑われている事件として、TW800便ミサイル誤射事件（1999.7　230名死亡）もある（資料㊸―トランスワールド航空800便墜落事故）。

　米国の沿岸を飛行中のTW800機（B747機）が突然爆発して墜落した事件である。電気配線の

ショートによる火花が燃料タンクに引火して爆発とされているが、真相は不明だ。機体が三つに分解して落下するという奇妙な事態は、説明が付かないのだ。機体底部に巨大な穴が開いて三つに分解した機体が別々に落下するとの様相は映像化され、乗客らは炎に包まれて死亡したと推測されている。この配線のショートとの仮説は、あまりにも幼稚であり、むしろミサイルの誤射による撃墜との仮説が真実で的を射ている。米国の軍が関与する事件であるため、必死に隠蔽したという推測が成り立つ。

　さて、このように軍事組織が関与する撃墜・墜落事故は極めて多く、多くの軍事組織や国家がその真相を隠蔽しようとしてきた。だが、日航123便墜落事故の場合、同種の事故・事件の中でも際立った特異性、残虐性が多数ある。以下ではその点に触れておこう。

③日航123便墜落事故の特異性
●日航副社長・町田直氏の存在
　すでに言及したように、町田氏は元運輸省事務次官であった。運輸省の実務上の№１だった人物である。

　1918年10月生まれで、東京大学卒業後、運輸省航空局に。70年6月に運輸省事務次官となり、74年7月に国際空港公団副総裁、81年には日本航空副社長に就任している。85年8月12日の日航123便墜落事故当時は事実上の社長と目されていた。2003年7月、85歳で死去している。

　彼は1971年7月の全日空機雫石衝突事故の際は運輸省事務次官を務めており、戦闘機を衝突させた自衛隊の責任を回避した立役者であった。さらにこの凄惨な旅客機への自衛隊機衝突の反省に立った対策として構想された「事故調査委員会」設置の法案を策定して成立させ、その後の運用に関して、当時の警察庁長官・後藤田正晴氏とその運用に関する「覚え書き」を締結した航空行政の中心人物であった（資料㊹—町田事務次官と警察庁との覚書）。

　もちろん自衛隊との間でもこの「事故調査委員会」の設置に関して、緊密に水面下で相談したであろうことは、言うまでもない。結果としてできた事故調査委員会は、専門性に乏しく政府からの独立性も、調査権もない組織となった。日航機123便の事故の14年前の町田氏の行動を見れば、彼が設置した事故調査委員会を事実上「骨抜き」にして政府の傀儡的な存在にした張本人でもあることがわかる。

　こうした経歴を持つ町田氏は豊富な人脈を持つ航空業界の超大物であり、自衛隊や警察との関係も密であることは明らかである。日航に天下りしたのは次期社長との含みであり、日航機墜落での処理、対策で陣頭指揮を執ったのは　町田氏が14年前の全日空機雫石衝突事故の処理の「実績」を買われたからだ。彼はこの520名の乗客乗員殺害の事件を「隔壁破壊説」でごまかし、日航をあえて「加害者」にすることによって「補償交渉」を遺族に持ちかけ、遺族と国民を侮辱した人物である。71年の事件では運輸事務次官として佐藤栄作総理と自衛隊幕僚長の責任回避に奔走したのと同様、1981の日航123便事件では日航の事実上のトップとして中曽根総理、自衛隊幕僚長らの責任回避、権力維持に貢献した大参謀であったのだ。

　その彼にしてみれば、唯一の失敗は多数の遺族の前で日航123便が「ミサイル」で撃墜された事実を口走ったことだった。しかし、その後の日航の事故対応において、中曽根総理の意向と指示を受けた運輸省とかつて同省の最高幹部だった町田副社長が謀議を重ねるのが容易だったことは間違いない。航空行政のトップとして軍事組織の責任の隠蔽に立ちまわった経歴の持ち主が、今度は運航会社の事実上のトップとして同様の隠蔽に加担する。これは各国の類似の事件・事故例と比べても、際立った特異性の一つだ。

●意図的な撃墜墜落・殺害であるという特異性

　ほとんどの事件は軍隊の飛行物体、兵器などが衝突、激突し、それが致命的な損傷を与えて引き起こされ、瞬間的に墜落した事件である。軍事組織が政府の根幹をなす部署であり、その不祥事は政府権力者の不祥事とみなされるがゆえに責任逃れに全力を挙げる。先に紹介したように、軍事組織が関与して民間機を墜落させた事故、事件としては「日航もく星号撃墜事件」「全日空機雫石激突事故」「チェルミス・ロープウエイ切断事件」「AF1611便ミサイル撃墜事件」など多数ある。それが偶然か過失かを問わず軍隊の責任であることは変わらないが、意図的な衝突、撃墜の行為での結果ではない。

　しかし、日航123便墜落事故の場合、他の類例と比較して非人道性と残虐性が際立っている。123便墜落事故は、「結果として起きてしまった墜落事件」の責任逃れという次元の事件ではないからだ。詳細は繰り返さないが、自衛隊の標的機の衝突後も123便は飛行を継続し、着陸準備を整えつつあった。しかし、自衛隊幹部、国の権力者は「自衛隊標的機の123便への衝突」が責任問題を発生させ、権力維持が不可能になることを恐れ、「責任回避」「自己保身」「権力維持」のために自衛隊の不祥事を完全に隠蔽するべく、乗客乗員全員の口封じを命じたのである。

　横田基地に無事に着陸すれば、自衛隊の標的機の吹き流し部が事故機の機体に巻き付いており、いかなる釈明やごまかしも不可能だからだ。

　そこで、自衛隊は緊急着陸の能力を持った123便に対し、横田基地への着陸を禁止して全員が助かる唯一とも言える着陸機会を奪ったのである。これは、起きてしまった墜落の責任問題をうやむやにするということとは本質的に異なり、不祥事の責任回避のために、操縦できて飛び続けている飛行機を墜落に追いやる道を選んだ事件だ。つまり、123便の乗客乗員524人は、この段階で2度目の、そしてより致命的な加害殺害行為を受けたことになる。

　さらに日航123便の墜落の直接の原因は、すでに述べたように第4エンジンへのミサイル攻撃がもたらした衝撃による水平尾翼の破壊脱落であった。自衛隊の戦闘機からのミサイル発射は自衛隊幕僚長による命令がなければ不可能であり、最終的には自衛隊最高指揮官である中曽根総理大臣の命令・許可がなければ実行できないことは明らかである。したがって、主犯は中曽根康弘氏であり、それに連なるのが自衛隊の幕僚長たちであると帰結できる。このミサイルでの撃墜事件で、日航123便乗客乗員524人は3度目の加害行為を受けたことになる。

　しかも前章で述べたように、墜落直後には重傷を負いながらも相当数の生存者がいたにもかかわらず、政府はこれら生存者の救助活動を遅延させ、現場では自衛隊による生存者の薬殺や焼殺という衝撃的なことが行われた。いち早く救助活動に動きはじめた米軍や上野村住民の活動は妨害され、その間に残骸の中から自衛隊の関与を想起させる証拠品は早々に回収されている。

　このように、軍事組織の不祥事を隠蔽するためにわざわざ民間機を墜落させて500人を超える民間人を殺傷し、しかも命を取り留めた生存者たちをわざわざ死に追いやるというのは、軍事組織の関わる墜落・撃墜事件の中でも残虐さが突出している。

　乗客乗員は死してなお二度焼きされ、重傷を負って生き残った者さえも自衛隊の火炎放射器と毒ガスで殺害されたのである。乗客乗員524人は4度目の加害行為を受けたのである。

　いずれの国においても軍事組織はしばしば旅客機などとの衝突事故を起こし、政権や軍事組織はその責任を回避しようとしがちである。さらに軍事組織は上からの命令に躊躇なく従う組織であり、人を殺すことを任務とする組織だ。自衛隊幹部は「責任回避」「自己保身」「権力維持」のために戦力を使い、忠実な隊員に命じて実行させ、犯罪事実の秘密保持を図ったのである。

　123便墜落事故当時の自衛隊幹部は第2次世界大戦での高級将校が幹部を務め、戦前の軍隊体

質が引き継がれていた。彼らは民主主義的な思考を習得していない人種であり、政権権力者の指示に忠実に従ったと考えられる。

　これまで自衛隊は全日空機雫石衝突事故で162名、日航123便事故では520名の計700名近くの市民を殺している。さらに、事故（事件）の真実を告白しようとした自衛隊員数十名も、自殺を装って殺されている可能性がある。自衛隊は災害救助に出動し、過去に外敵は一人も殺していない。だが、その自衛隊が不祥事の隠蔽のために国民、市民の命を奪うということは、日本の文民統制システムがまったく機能していないことを意味するだけでなく、権力者の保身の道具として機能してしまうことも意味している。今後の課題として、日本の軍事組織すなわち自衛隊の責任のあり方、その統制のあり方を再検討し、改善を急がねばならない。

　それに加えて根本的な課題として、自己保身のために市民、国民の生命を犠牲にする権力者の存在は、絶対に許されてはならない、ということを強調しておきたい。このような権力者が事実を隠蔽し、さらにその後継者が代々同じく事実を隠蔽し続けて国民を騙し、情報を統制しながら国民を愚弄する行為を、国民は看過してはならないのである。

11　撃墜・墜落事故の真実の隠蔽

①日航123便撃墜事件の「第二幕」の開始

　日航123便墜落事故は、相模湾上空で起きた自衛隊標的機の民間機への衝突という不祥事が端緒であった。この不祥事を引き起こしたのは自衛隊であり、自衛隊幹部の求めに応じてその完全な隠蔽を決断したのは、自衛隊の最高指揮官であった当時の中曽根総理大臣であった。

　生存者がいないが故に、組織責任の追及をかわし切った全日空機雫石衝突事故の経験を踏まえ、「組織防衛」と「自己保身」「責任回避」「権力維持」のために123便を乗客乗員もろとも葬り去るという決断。これによって、524人が乗った同便は撃墜された。

　これが123便墜落事件の「第一幕」というべき撃墜事件の発生であった。

　だが、この政府、自衛隊による撃墜事件にはいくつかの「ほころび」があった。「ほころび」の端緒となったのは、機長の必死の事故機操縦の結果、墜落直後の現場に相当数の生存者がいたことである。いち早く現場上空に駆け付けた米軍のアントヌッチ中尉らの救出活動を阻止した政府は、救出活動の意図的遅延と特殊部隊の活動によって多くの生存者を抹殺し、事件の真相に繋がる無人標的機やミサイルの残骸も回収した。だが、それでも落合由美氏をはじめ、4人の乗客が奇跡的に救出され、524名全員殺害という目論見は破綻することになった。

　4名は事件を直接体験・目撃した証人であり、その証言が詳細に分析されれば、政府・自衛隊の犯罪が露見する可能性が出てくるのだ。

　また、撃墜から墜落直後の証拠隠滅に関わった自衛隊の幹部や隊員、あるいは救出活動を中断させられた米軍関係者への緘口令は徹底させたが、いつかこれらの関係者の中から、真相を内部告発する者が出るかもしれない。ましてや純粋に救出活動と信じて働いた末端の自衛隊員や警察関係者らの口に戸を立てるのは難しい。

　さらに墜落機体の製造元であるボーイング社やアメリカの国家運輸安全委員会（NTSB）の専門家が日本の事故調査への協力という名目で墜落現場や機体残骸を調査すれば、事件の真相が明るみに出る恐れもある。

　それに加えて墜落現場には多くの報道関係者の目があり、川上村、上野村をはじめとする多くの地域の人々も墜落前後の模様について、さまざまなものを目撃している。4名の生存者たちの証言とこれら多くの関係者の見聞きしたことが突き合わされ分析された時、果たして123便撃墜という事件の真相を隠し通せるだろうか。

　それが政府・自衛隊にとっては最大の課題であった。

　この段階で中曽根総理は123便の撃墜と生存者の抹殺に次ぐ「第二の犯罪」を決断した。

　真相を覆い隠すために虚構のシナリオに基づく事故の解析、すなわち事故原因や全体経過の捏造を、今度は運輸省（当時）の航空局に依頼・指示したのだ。すなわち、事件の「第二幕」、墜落事件の真実の隠蔽のための壮大な虚構の始まりであった。

　総理大臣は自衛隊の最高指揮権限者であり最高指揮官であるのと同様、各大臣を通じて政府のそれぞれの省庁を指揮監督する行政機関のトップだ。しかも当時の中曽根総理大臣は、14年前の雫石での自衛隊機の衝突事件の時に佐藤内閣が巧みに情報を隠蔽し続け、ついに責任追及をかわして延命したのをすぐ間近で見ていた人物である。

　その経験を持つ彼は、行政組織の最高権力者としての地位を利用し、運輸省航空局に隠蔽の全権を委任指示した。総理大臣は国民の常識からかけ離れた存在であり、その政治の本質は、国、

国民のための政治でなく、「自己保身」と「権力維持」が大前提となっている。日本の総理大臣は国会議員の選挙で選ばれるのであり、国民が選ぶわけではない。国会議員が経歴や世襲、派閥の勢力などに応じて総理大臣を決めることが常態化していることはよく知られている。総理大臣の多くはその人間の人格、哲学、思想などではなく、国会議員の権力維持、保身にとって誰が最も好都合か、誰が一番自分に利益をもたらしてくれるかで決まる。

　過去の権力者を輩出した家系、門閥から平凡で哲学も思想もない者が選ばれ、議員はこの平凡な総理に媚びて、次の大臣の座を射止めようとする。だから、政治の権力争いの場にあって、総理は「権力の維持」に執着することになる。このことが、自分に関わる不祥事で自分の立場、権力が脅かされることを絶対に拒否し、この不祥事を隠蔽するという事態を生む。不祥事の隠蔽を通じた権力の維持・継続のために、行政組織の自衛隊、外務省、国土交通省などを指示命令し、悪用して、実行させることになるのである。このように総理大臣というものの本質やその座に就こうとする者の資質が、何の罪もない無辜の民を不祥事隠蔽のために躊躇なく殺害して口封じするという行為に結びついているのである。

　さて、航空事故の事故原因の解明を装いながら事故の全体像を隠すことは、航空局にとって初めてのことではない。先に述べた通り、1966年の日航羽田沖墜落事故で事故原因の解明に取りくんでいた東大の山名正夫教授は「先に結論が決められている」と怒りの記者会見を開いて、辞任したが、この時に事故原因の結論を先に決めて事故調査員に押し付けたのが運輸省・航空局であった。事故調査委員会は航空局の指揮命令下にあり、航空局が事故調調査の方向性、事故原因をあらかじめ決め、それを事故調査委員会に押し付けるのが日本の航空機事故調査のやり方なのである。航空局は政府、運航行会社、製造会社に責任がないように「演繹法」で、事前に事故原因の結論を捏造することは本書の最初の段階で述べたとおりだ。

　すなわち、日航123便事件でも運輸省航空局は、先に「結論ありき」で捏造した「隔壁破壊説」に基づく議論を主導した。「垂直尾翼」の破壊、APUの破壊脱落、油圧装置の破壊、全滅という客観的な事象。そこにボーイング社による7年前の隔壁の修理ミスが結び付けられ、「隔壁破壊説」が立ち上げられた。シナリオにとって邪魔となる証言や証拠の分析を切り捨て、123便が操縦できたことも、横田基地に着陸できたことも無視され、遺族国民の目線から隠蔽された。航空局の主導のもと、事故調は墜落が「機長の意図通りの操縦ができず、着陸は不可能であった」ことに起因するかのような印象を作り、ボーイング社の修理ミスに起因する123便の不幸な自損事故として片付けようと画策して「隔壁破壊説」を捏造したのだ。

　だが、隔壁破壊説に基づく虚構のシナリオを発表するだけでは、航空局・事故調は真の加害者である政府・自衛隊を守りきることはできない。すでに8月12日の段階でさえ、自衛隊標的機の衝突、川上村での不時着行動、炎上して飛行する123便の姿、ミサイル攻撃の目撃、町田副社長の「ミサイル撃墜」の告白、自衛隊・群馬県警の救助不作為など、自衛隊の関与を疑わせる目撃が相次ぎ、そのままではとても隠しきれる事態ではなかった。その後も未来にわたって真の加害者に責任追及の矛先が向かわないようにするには、遺族・国民に123便事件・事故は一件落着したという気分、雰囲気を強引に生み出す必要があった。そこで政府・航空局は常識では考えられない「大ばくち」を迅速に企画することを決めた。それは遺族・国民を驚愕させ、同時に遺族の興味を引く方策であった。

「真の加害者は国、自衛隊である」ことは公然の秘密であり、行政の幹部は全部知っていた。

だが、その真の加害者に代わる「悪者」を仕立て上げ、世間に「アイツが悪いのだ」と思わせ、多額のお金で命を買うという利益供与の形式で遺族の不満、怒りを抑えれば、事件の真相解明や責任追及の機運は消滅する。そこで、代理加害者の役目を担わされたのが「日本航空」だった。

この事件でボーイング社は事故調の描いたシナリオ「隔壁破壊説」を受け入れてはいないが、製造会社としてB747機旅客機の安全性評価維持の目的のために、国は「ボーイング社」に加害者の役目を押し付け、「日航」「ボーイング社」の両社は共同責任会社として遺族に自供告白し、架空の「責任」を取ってみせる行動として遺族に「補償交渉の提起」を行った。これは、日本、米国の両国の政治決着、合意のもとで行われたものであり、無謀かつ不法な墜落事故の真相のもみ消しとその後の事故調「隔壁破壊説」の擁護であり、真実を求める犠牲者・遺族への裏切りと侮辱であった。

32分間の飛行の末、日航123便は自衛隊の不祥事をもみ消すために自衛隊機によってミサイルで撃墜された。だが、それで事件は終わりでなく、真実が露見するのを避けるためにさらに大がかりな隠蔽が積み重ねられ、それは35年目の今も進行中である。

私たち遺族は123便のミサイル撃墜事件によって愛する家族を無残に殺されたばかりでなく、権力者、行政組織の隠蔽工作によって、墜落の事故原因を不明のまま意図的に放置され、誰にも責任を問うことができないという理不尽な苦しみを味わい続けているのだ。

以下では、日航、ボーイング社が共同で「加害者だ」と詐称し、遺族に「補償交渉」を提起して、日航が前面に立って遺族に強引に補償交渉を押し付け、金で殺人事件の真犯人の特定をウヤムヤにした経過、経緯を記述し説明する。著者を含む乗客遺族は長年にわたって123便の運航会社・日航と対峙と交渉を重ね、日航の言動に接してきた。そこでつぶさに見た言動から、事件の第二幕とも言うべき35年間にも及ぶ大掛かりな隠蔽工作の存在を浮き彫りにしていきたい。

②123便の運航会社・日航と乗客家族（遺族）との接触

1985年8月12日、著者は会社から帰宅して、夜7時のTVで子供達が乗った日航123便の機影が消えたとの放送を聞いた。一瞬、妻の絶叫、悲鳴が響いたのを覚えている。すぐに羽田東急ホテルに急いだが、どうして辿り着いたかは今も思い出せないぐらいだ。

乗客名簿で名前を確認し、現実に愛する子供達の死を感じざるを得なかった。

ホテルの会場は乗客の家族らで一杯で、怒号と罵声と驚愕の言葉で大混乱であった。この中で、乗客の家族らは日航の老役員に詰め寄り、墜落の状況を聞きただしたが、答えや説明がない。ますます混乱が大きくなり、ついに老役員、すなわち日航副社長（当時）の町田直氏が顔を真っ赤にして、安否を尋ねる家族に向かって「日航機は北朝鮮のミサイルで撃墜されたんだ。今はそれしか分からん」と告白した。

突拍子もないこの発言に家族らがあっけに取られてひるんだ隙に、日航社員は老役員を何処か奥に隠したのである（角田四郎著『疑惑』、青山透子著『日航123便墜落の新真実』、安部譲二著『日本人怪死事件』）。

このような衝撃的な日航役員の告白発言を遺族の意識から消し去ろうということなのか、その日の13日の午前1時過ぎには日航がバスを用意し、墜落場所に家族を連れて行くと言いだした。老役員（副社長・町田直）の発言をうやむやのうちに済ませようとしたのだ。

妻や長男と一緒にバスに乗り、一路長野に向かった。ちょうどお盆の時期で幹線道路は大混雑で、バスは遅々として進まなかった。バスの中は誰も喋らず、沈黙だけが流れる異様な世界であった。重苦しい雰囲気は当然のことで、誰もがおそらく死亡したであろう肉親のことを思いなが

らの道のりだった。

　13日の午前11時過ぎ、ラジオ放送で、「生存者４名、落合、川上、吉崎（親子）」の名前が読み上げられた。車内は大きくどよめいたが、その車中に誰も該当の家族はおらず、再びバス車内には沈黙が流れた。

　長野の小海に着いたのは、14時（午後２時）頃であった。そこで小休止してから再出発したバスは、上野村方向に向かってハンドルを切った。藤岡市の体育館に着いた頃には夕刻になっていた。その時、家族が見たのは数百の棺桶の列だった。驚くべき日航の準備の良さである。いよいよ「肉親の死を受け入れよ」との、日航から家族らに対する宣告であった。

　そこからは、家族は別々に民宿に送られて一睡した。そこで飲んだビールはとても苦かった。その晩は眠れなかった。

　14日からは藤岡の体育館で床に座って遺体の検分検視を待ち、ただ遺体との面接確認を終えて家に連れて帰るのみであった。

　そこでは、不可解な日航役員の行動が皆を呆れさせた。体育館前方の演壇に座る老役員が遺族の方向に対峙し、傲然と扇子を取り出して自分を扇いだのだ。この不遜な態度が非難を受け、その後、この老役員は更迭されたと聞く。この人物こそ、運輸省で航空局から運輸省事務次官まで務めた後、日本航空に天下りしていた町田副社長、あの「ミサイル」の件を口走った人物であった。

　館内では、ちょうど夏の甲子園野球の放送が流れていた。今も夏の甲子園高校野球を見ると、あの時の状況が思い出されるのですぐにスイッチを切る。

　その時の新聞情報を切り抜いた記事が、今も私の手帳にある。その時の私は、救出活動をしている自衛隊員の奮闘にとても感謝していた。政府や日航の温かい対応にも。しかし、それが１年もしない段階で、大きな疑惑へと転じ、それが遺族を怒り苦しませることになったのだ。日航側は虚実を取り混ぜながら、詐欺行為紛いの補償交渉を始めて遺族を侮辱したのである。

　それを語るのに先立ち、当時の実質的な日航側の責任者、前述の町田直氏の経歴を再確認しておこう。

③日航副社長・町田直氏の経歴と２つの旅客機墜落事故

　当時の日航副社長・町田直氏はこれまでも述べてきたように、運輸省事務次官を務めた人物である。すなわち航空行政を管轄する運輸省の実務上のトップだった人物なのである。

　1918.10生まれ、東京大学卒業、運輸省航空局。

　1970.6　　運輸省事務次官。

　1974.7　　国際空港公団副総裁。

　1981.　日本航空副社長に就任。

　1985.8.12　日航機墜落事故当時の事実上の社長であった。

　2003.7　死去。（85歳）

●運輸省事務次官・町田直氏と全日空機雫石衝突事故（1971）との関係

　1971年７月の全日空機雫石衝突事故当時、町田氏は運輸省事務次官を務め、自衛隊の戦闘機衝突の事件をウヤムヤにして、自衛隊の責任を回避することに尽力し、佐藤内閣の総辞職を防いだ功労者であった。この事件は自衛隊戦闘機が撃墜演習中に全日空機旅客機に激突して墜落させ、全乗員乗客162人を殺した凄惨な事件であった。全日空機は定められた民間飛行ジェットルート

を飛行しており、自衛隊が訓練中にそのルートに侵入して衝突したことが事故の原因であった。すなわち、自衛隊側に全面的に加害責任があったのだ。

撃墜訓練では教官機と生徒練習機との模擬撃墜飛行が行われ、特に教官機を追いかける練習機のパイロットは教官機の飛行しか見ていない。その結果、練習機が全日空機の垂直尾翼、水平尾翼、第２エンジンを破壊し、墜落させたのである。

なお、激突した生徒練習戦闘機のパイロットは、緊急パラシュートで急遽脱出降下して無事であった。加害者パイロットは無傷で、無辜の乗客162人は全員が粉砕されて悲惨な肉片となり死亡した事件なのである。

しかるに、この事件で自衛隊側は「機密」を理由に一切情報を開示せず、パイロットの前方不注意が原因として、教官機のパイロット個人の責任を事故原因とした。だが、このような戦闘機の撃墜訓練は飛行空域を限定し、民間機の飛行ルートに侵入しないことが原則だ。それが侵入してしまったということは、自衛隊の訓練計画に不備があったということだ。

責任はパイロットではなく、組織としての自衛隊にあるはずであった。

当時、事故調査委員会に相当する組織はなく、臨時の事故調査機関で対応したが、メンバーは事故調査に関しては素人にすぎない研究者だった。その調査の結論は、運輸省がすべて主導してまとめられた。

当時も現在も政府の政策、結論の決定プロセスは同じであり、政府は特別の調査組織を臨時に設立して、研究者、有識者を集め、事務局が作成した原案を提示して議論させ、結論を引き出す。このような手法では、集められた調査メンバーの議論は原案の審議に終始し、事務局の原案通りの結論を回答することになる。これを政府は専門家の結論と称して国会に示し、それを多数決で強引に通過させる。

このように民主主義の原則を否定した手法は、今も日本の政治の悪習として定着している。この雫石の墜落事件の時の事務局は運輸省であって、その最高指揮者は町田直事務次官であった。彼は運輸省の航空局の知識、経験、事故調査を生かして事故調査、事故原因の特定作業を指導し、佐藤内閣や自衛隊の責任をウヤムヤに終わらせる結論を出したのである。

運輸省の強引な結論に押し切られ、刑事裁判では自衛隊側の過失責任は問われず、教官機パイロットの前方視認不注意によるとして、教官機パイロットの責任とされた。所謂「トカゲの尻尾切り」の判決であった。民事での補償は全日空機側が30％、教官パイロット側は70％との割合で決着（民事訴訟では遺族、全日空や保険会社が国に補償を求め、いずれも国に補償を命じる判決が出ている）。組織としての自衛隊は教官側が支払う補償金を負担せず、自衛隊員の協力でその積立金が流用されたという。佐藤内閣はこのあいまいな決着で責任回避し、それは運輸省の事務次官町田直氏の「功績」である。

しかし、このような不当な事故原因としたことで、事件の反省に立った真の再発防止策は取られなかった。もし、自衛隊に責任があるとの結論が出ていれば、それは自衛隊の訓練、演習の改革改善をうながし、日航123便垂直尾翼への標的機の衝突はなかったと考えられる。残念である。すなわち、雫石事件の際の運輸省事務次官・町田氏が主導した不当な事故調査の幕引きによって14年後の日航123便の撃墜事件が引き起こされたと言うこともできるのだ。さらに、すでに述べたように「事故調査委員会」の設置法案を運輸事務次官として策定して成立させたのも、運用のあり方を警察庁や自衛隊と相談して骨抜きにしたのも町田氏である。

この雫石の事件の直前まで防衛庁長官だったのが中曽根康弘氏である。中曽根氏と事務次官の町田直氏とは深い交流と友好関係が成立し、町田氏が巧みに事故調査をうやむやのうちに終結さ

せた手腕を中曽根氏が評価したであろうことは想像に難くない。だからこそ中曽根総理は日航123便墜落事件において、日本航空に天下りしていた町田氏とその古巣である運輸省航空局に隠蔽工作を委任したと推測できる。

●日航副社長・町田直氏と日航123便ミサイル撃墜事件

　次期社長との含みで日航に天下りした町田氏は、事実上の社長としての権限を行使して日航機墜落での処理、対策で陣頭指揮を執った。14年前の全日空機雫石衝突事故の処理の実績を買われて、この520名の乗客乗員殺害の事件を「航空局」と連携して「隔壁破壊説」でごまかしただけでなく、彼は自分が副社長を務める日航を「加害者」にして、「補償交渉」に乗り出す。このことは事故の真実を隠蔽し、乗客ら犠牲者の命を遺族から金で買い取るという申し出に他ならない。乗客乗員の命を簡単に金で買って済ませようという言動は、まるで牛や馬の売買に等しいもので、乗客の命はこれほどまでにも軽いものとして扱われてきたのである。日航は人間の命を運ぶ会社であることをやめ、今後は貨物の運航だけを行うべきである。

　このことは遺族と国民を侮辱したことにほかならない。事故後の日航の言動は、すべて町田副社長の指示で行われた。つまり彼は、1971年7月の全日空機の事件と1985年8月の日本航空123便撃墜事件の両方でその隠蔽作戦に関わった中心人物だったのである。前者では乗客乗員162人が犠牲になり、後者では520人が犠牲になり、自衛隊は計682人の無辜の国民、市民を虐殺したことになる。両事件の真の事故原因が調査されないことにより、この682人の犠牲者の魂はその後の国民の安全性向上に寄与することもできず、今も「犬死」あるいは「ムダ死」として国、航空局によって意図的に放置されているのだ。この「ムダ死」「犬死」に深く関与したのが、運輸省事務次官、日航副社長・町田直氏であった。

　その後、中曽根康弘元総理は長く自民党の重鎮として安泰な生活を送り、余生を憲法改正に注力できた。それはひとえに町田元運輸省事務次官・日航副社長による謀略作戦のおかげであり、彼は町田氏の墓に足を向けて寝られなかったはずだ。その中曽根康弘氏も2019年11月29日、101歳で死去した。老衰死した彼は、生前、「事故の真実を墓場まで持って行く」と豪語していた。

　自民党は、2020年10月に中曽根元総理の慰霊式典を国費で行う計画を立案し、国民の顰蹙と怒りの中でそれを強行した。あまりにも理不尽な言動に言葉もない。一方、雫石村の慰霊塔と上野村の慰霊の園では、「遭難者の慰霊」との名目で形式的な慰霊式典が開催され、偽りの儀式が行われており、遺族は屈辱の涙とともに参加している。

　そこに、日本国民の正義は存在しない。

④日本航空の歴史

　日本航空は、戦後間もない1951年に日本政府主導の半官半民の企業として設立された。53年に日本航空株式会社法という法律に基づく特殊会社となり、87年の民営化以前は半官半民の経営体制だった。

　当時の日航が「親方日の丸」企業の典型とされていたことは、ある年代以上の方は良く知っているはずだ。財務面で見れば、当時の日航にとって日本国は大株主であり、人事面でも航空行政を司る当時の運輸省と深く結びついていた。

　航空局は航空業界のあらゆる分野の許認可権を握り、日航や全日空がその意向に逆らうことはできない立場にあった。特に元運輸事務次官である町田直氏が副社長、事実上の社長として権力を振るった日航が、完全に運輸省の配下であったことは歴然としている。国策会社である日航に

は各省からの「天下り」が数多く幹部として入社し、その中にはもちろん航空局出身者もいる。そのような会社の経営陣にとって、中曽根総理に忖度する航空局が加害事件の事実を覆い隠すために事故調に書かせたシナリオに沿って「123便墜落の加害者役」を引き受けることは当然のことだった。

　強大な許認可権と人的な、経済的な繋がりを通じて、航空局は日航に加害者役としてのさまざまな振り付けを施し、日航は事故直後から今日に至るまで一貫して加害者の代理役を演じ、それを通じて遺族、国民を騙し、123便墜落事故の真実の隠蔽に協力してきた。

　民営化後の現在も政治権力者、国の下僕であり、国土交通省の外局の一員であると言ってよいほどの情けない運航会社なのだ。加害者でもないのに「加害者だ」と称し、遺族、国民を侮辱しつつ騙して金で買収する。こうして人命を無視することが、日航の本質なのである。何ら改革がされていないその実態を知る者にとって、未だに悪逆、非道の日航でしかない。

　日航は死亡した乗客乗員をあたかも自然災害の犠牲者であるかのように「遭難者」と名付け、嘘の事故原因を信用すると豪語し、補償の名のもとに「乗客の命を金で相殺する」との態度をとっている。

　事件の真実を明らかにすることなく慰霊祭で「加害者だ」と自称し、「安全運航の堅持」を口にすることは、正に犠牲者、遺族を侮辱するものである。いまなお「隔壁破壊説」を語って遺族、国民を騙し続ける日本航空に、人間の命を運ぶ航空機を運航する資格はないのである。

⑤事故後の遺族と自衛隊・航空局・事故調・日航の対応

　日本だけでなく世界を震撼させた日航ジャンボ機墜落事故の際の喧噪は、今も語り継がれている。ちょうど夕食時にテレビがけたたましく520名余を乗せたジャンボ機の墜落を伝え、市民は自衛隊による救助救出活動を見つめ、情報に耳を傾けたのだ。そこから始まる乗客乗員の家族の苦悩と喪失感は今も脳裏から離れず、苦しみが続いている。

●墜落事故に関する日航、自衛隊、航空局、事故調、遺族の動き（時系列）

　1985年8月12日18時57分、123便上野村御巣鷹の尾根に墜落
　　（520人死亡、4人重傷の最悪の航空機墜落事故）。

1）生存者救出の名目で派遣された自衛隊部隊、群馬県警部隊は捜索、救助活動を放棄し不作為し、かえって、真の救助活動を妨害した。「見殺し犯罪」。

2）自衛隊特殊部隊は123便墜落生存者を火炎放射器と毒ガスで殺害した。

3）12日19：00頃（推測）、航空局から日航に「123便がミサイルで撃墜」と「日航の整備士を現場に派遣して選別作業をすること」について要請がなされた。さらにこの段階で国は日航に対し、「加害者」となって「加害者としての言動」を行うことを命令し、日航副社長・町田直氏が受諾したと推察できる。

4）12日21：30頃、日航整備士50人余が車で長野県相木村に向けて出発。
　　（⇒13日午前1時に相木村に到着。記録あり）。

5）12日22：00日航副社長・町田直氏が遺族に「123便はミサイルで撃墜された」と告白。
　　また、このころ日航は1,000個の棺桶を東京の葬儀社に発注。まだ墜落場所は「長野県御座山」と報じられている段階であったにもかかわらず、群馬県藤岡市に届けるように指示。

6）12日20：00頃から遺族は羽田東急ホテルに集合
　　（⇒13日早朝にバスで長野県小海に直行⇒群馬県民宿⇒14日藤岡市体育館に到着）。

7）13日、自衛隊特殊部隊が朝早く墜落現場に入り、生存乗客の殺害を開始（⇒午前6時頃まで）。

8）13日、日航は「安全神話が崩壊した」はずのボ社B747旅客機の運航を開始。
（⇒本来なら同型機747機を点検して、安全確認までは運航を自粛するのが航空常識）。

9）14日、朝、遺族数百人が藤岡市の体育館に到着。

10）14日、奇跡の生還者・落合由美氏は日航役員から事情聴取を受ける。そのメモが公開され、後に「隔壁の破壊」を否定する根拠に。

11）14日、自衛隊員による遺体の回収が始まり、藤岡市の体育館にヘリで搬入。
（⇒群馬県警、医師による検視開始⇒遺体の遺族への引き渡し）

12）14日、日航は遺族に個別に「世話役」を付け、「日航が加害者だ」と説明し、応対を開始。

13）19日、日航羽田の河野整備部長が「垂直尾翼は外部の力で折れ破壊した」と公式に説明。
（⇒これも隔壁破壊説を否定するものである）。

14）20日頃、多くの犠牲者の葬儀に、日航重役が参列して、日航からの金を遺族に提示（150万円／人　内訳：香料50万円、葬儀料50万円、ほか）。
（⇒日航は黙って遺族に「補償金」を事前に強引に渡していた）。

15）1985年9月末、日航は49日忌に遺族に対する「補償交渉の提起」を行った。
　　共同の加害者として、製造会社・米国ボーイング社も補償を行うと文書で遺族に提出。日航が窓口として対応すると表明。ボ社は「製造会社」として補償すると文書に記載。だが、日航、ボ社とも「補償」を提起しておきながら、高木社長文書に「加害者だ」とは明記されていない（資料㊻㊼）。

16）1987年6月、事故調は「墜落事故調査報告書」を公表。⇒墜落事故の事故原因は「修理ミスに起因する隔壁の破壊」だと結論した。⇒この結論を信じた群馬警察、遺族は前橋地検に容疑者である三者「ボーイング社」「日航」「航空局」を告訴した（資料㊺）。

17）1990年7月、前橋地検は告訴された三者を不起訴判断にした。⇒事故調の事故原因を否定し隔壁破壊説を却下。三者の異議申し立てもなく、司法的に無罪が確定した。

18）1999年6月、事故調査委員会は日航機事故の関連資料の全てを極秘裏に廃棄処分にした。

19）2006年8月、8.12連絡会は「事故原因の再調査を行う」「（横田基地に着陸していれば）乗客らは助かっていた可能性あり」と声明文を公表発表。

20）2011年7月、運輸安全委員会は遺族だけを集めて「事故原因の解説集会」を開催し、嘘の説明で隔壁破壊説を受け入れさせて遺族を騙した。これで、8.12連絡会は機能を停止し、単なる慰霊行事の会に転落し沈黙の状況に陥り、「事故調査を継続する」という会としての方針は失われた。⇒その準備過程で航空局、日航は8.12連絡会幹部を何らかの方法で懐柔し傘下に取り込んだ。

21）2016年8月　航空局は事故後30年間、加害者として慰霊式典に毎年10名もの航空局幹部を出席させている。この年の上野村慰霊の園でも、航空局幹部は「航空局に事故責任がある」と認めた。しかし、その後10月にこの回答を撤回し、「航空局に法的責任はない（つまり「無罪だ」）」と文書で通知してきた。その根拠は事故から5年後の前橋地検の不起訴判断であると述べ、その後の2017年の幹部との面談でも同様の見解を繰り返し、航空局は「手落ちがなかった」からと言い訳し、無罪になったとの見解を示した。

＊同年に日航も、前橋地検の不起訴判断で「法的責任がない（＝無罪）」と判断されていると述べ、31年間も「加害者だ」と自称してきたことが嘘であったことを事実上認めた。さらに日航は、これまで支払った金についても「お見舞金だ」として、「補償金」としてき

た従来の言い分を訂正した。⇒ここに、事故調の隔壁破壊説に基づいて「加害者だ」と自称してきた日航と航空局がともに加害者性を否定したことは、隔壁破壊説の虚構性が明らかになったことを意味する

⇒事故調がボーイング社、日航、航空局を「加害者」とする虚構を報告書としてまとめていたことが判明したことになる。これによって航空局は、事故調の監督部署としての責任を問われる立場になった。

⇒日本の空の安全を司る航空局は、事故後５年の前橋地検が事故調の「隔壁破壊説」を否定して不起訴判断した事態にすぐに対処し、事故調に「再調査」を命じるべきであった。だが、航空局は完全に「不作為」のままであり、逆に自ら「加害者」であるかのような演技で遺族、国民を騙し続けた。これは「真の加害者を隠し、隠蔽する」ことに等しい言動である。

＊

　このような墜落事故の事故調査は１年以上の時間がかかるものであり、実際に事故調は２年間を要している。ところが、事故報告書では「墜落原因」が特定されておらず、公文書としての、あるいは国の事故報告書としての資格はない。かつ、この杜撰な事故報告書に基づいてボーイング社、日航、航空局は告訴されたが、前橋地検は不起訴とした。つまり、検察も事故調の「隔壁破壊説」の信用性を否定し、同説は崩壊したのだ。

　こうして日航に加害責任がないことが確定していることから、事故直後の段階から日航が「加害者」を自称してきたことは詐称行為だと判断できる。だが、本来なら被害者であり、なおかつ撃墜の真実を知らなかったはずの日航がこのように詐称するということは、上位の権力者からいきさつを知らされ、加害者の身代わりになることを強制された結果と推察できる。

　日航が「加害者」と自称して「補償交渉」を提起した理由は、事故の真実を隠蔽し、真の加害者を隠して権力者の責任を回避するという極めて規模の大きな陰謀の一環である。

　それは、そもそもは事故原因の究明のために行った日航との議論の過程で明らかになった。

⑥「遺族への補償交渉提起」の謎

　事故後49日経過したときに、遺族に突然日航は「加害者だ」として、遺族に「補償交渉」を提起し、「多くの遺族はこの補償交渉に応じ、約90％が応じた」とボーイング社幹部はTVで語っている。しかし、この補償交渉には決定的に奇妙なことがある。事故調の調査によって、まがりなりにも事故報告書が出たのは事故後２年経った1987年７月のことだったからだ。事故の概要も原因も何ひとつ明らかになっていない段階で、「自分が加害者だ」と名乗り、補償を申し出る。これは、通常考えられる法的手順とは真逆である。

　この問題は遺族、国民があまり疑問疑惑を感じることなく30年以上も放置されてきた。墜落事故の究明を行ってきて、遺族の一人である著者（遺族・小田）が、突き当たったのはこの日航の不可解極まる異例の遺族への対応であった。

　この疑問が解けた端緒は、2016年の慰霊式典に出席していた航空局幹部との面談と議論だった。その後、墜落事故原因との関連で「日航は加害者だ」と宣言してきた日航社長や幹部と「技術会議」と名付けた議論を交わし、それを通じてほぼその全貌を明らかにできたと考えている。そこには恐るべき陰謀、壮大な謀略が隠されおり、それは本書前半で明らかにした123便の真の事故原因、そして墜落原因と深く結びついていたことが判明したのだ。これについて日航とのやり取り、議論の内容に触れながら明らかにして行く。

　1985年8月12日、愛する子供らが乗った123便旅客機の機影がレーダーから消えたとの報道に接してから14日に藤岡市の体育館にたどり着くまでの経緯はすでに記したとおりだ。

　15日、遺族らは体育館の床にダンボールを敷いて座り、当然のことだが愛する肉親の死を嘆き、沈黙によって苦しみと悼み、そして怒りを示していた。

　この時、体育館の演壇に上がった日航役員が折りたたみ椅子に座り、遺族側に向かって傲然と対峙し、扇子を持ち出して盛んに自分を扇いだのである。この傲慢な姿勢の役員が副社長の町田直氏と分かり、これが更迭の理由になったということも先に述べた。

　だが、傲慢に見えるこの態度は事実上の社長だという権力の誇示ばかりではなく、日航こそ悪者だという印象を遺族に植え付けるためだったのではないか。いかにも傲岸な加害者だとの印象操作は、続いて起きる「補償交渉」への道筋として考えれば、老練な元運輸省事務次官の経験に基づく用意周到な計画による行動であり、見事な演技だった。

　肉親のバラバラの遺体を引き取り、葬儀を行った寺で、遺族らは日航から多額のお見舞金を受け取った。なんとそれは150万円／人という金額であった。この時、遺族はこれを、乗客の死亡に対して日航が運航会社としての心情を表わした志であると考えて受け取ったのだった。

　しかし、この金額はすでに「補償金」の中に組み込まれていたことが判明して、遺族を激怒させた。その内訳は香典と葬儀料と手荷物料のそれぞれ50万円で、このうち葬儀料と手荷物料は補償金に相当する。さらに香典の50万円は運航会社としては高額であり、明らかに加害者としての高額香典と判断できる。この時すでに、日航は「加害者」としてふるまい、遺族に「補償金」の一部を既成事実的に払い始めていたのだった。

　その後、事故から49日が過ぎたある日、世話役が来訪して文書を差し出した。それは、遺族に対して「日航は加害者だ」と認める趣旨の文書であり、さらに加害者として遺族への「補償交渉」を提起するとの内容であった（資料㊻—「日航は加害者だ」と「補償交渉提起」の高木社長書簡）。

　封筒の中には日航だけでなく、123便の製造会社である米国ボーイング社の文書も入っていた（資料㊼—ボ社からの遺族への補償交渉提起の書簡）。ボーイング社の書簡は、英語と日本語の2通あった。しかし、ボーイング社の文書は製造、修理した会社として補償するとの趣旨であって、「加害者だ」と認めての補償でなく、補償の理由は書かれていないのが理解不能であった。さらにこの2社の補償交渉について、日航が代表して遺族に説明して補償に取り組むとも書かれていた。その後、さらに詳細な文書で補償の内容を書いた文書が提示され、説明があった（資料㊽—日航からの具体的な補償内容の提起の文書2通）。

●遺族の心理と補償提起の意味

　日航機墜落の犠牲者は524人であるが、死亡したのは520人であった。そして、その遺族は約3,000人と言われる。日航はその実数について一切公表していない。日航が得意とする極秘扱いらしく、「社外秘」なのだ。しかも日航は亡くなった520人を、事故の犠牲者ではなく「遭難者」として取り扱っている。よってその遺族もまた「被災者」であって、「被害者でない」との立場である。

　だが、それでは、なぜ「補償」を行うのだろうか。日航は根本的なところで、みずからの位置付けと犠牲者や遺族の位置付けとの間の矛盾に陥っている。補償とは、加害者が被害者に対して行うものだからである。事件・事故が解明されて加害者が特定されない限り、「補償」という概

念は生まれない。だが、この時点で123便墜落事故の調査は始まったばかりであり、誰が加害者であるのかは何もわかってはいなかったのだ。

日航は遺族には格好良く、「誠心誠意」の対応を行うとの約束を宣言したが、これ自体が誠意のかけらもない行為だ。突然の「補償交渉提起」は、事故原因が不明の段階、つまり肉親の命を奪った事故の真実が何一つ明らかになっていない段階で、お金を犠牲者遺族に受け取らせれば「済んだ話」になるとばかりの姿勢を見せたということである。これは遺族を侮辱した行為であると同時に、「補償」というものの性質とは完全に矛盾する言動だ。

123便は空のビジネス特急便であり、乗客の内訳としては東京出張の帰路にあった大阪方面の会社員が多く、遺族はその妻と子供であった。次に多いのは、夏休みのディズニーランドなどでの東京観光を楽しんだ子供、家族の犠牲者である。20歳以下の子供は100名近い人数であった。被害者はその親であり、子供を殺された親の気持ちは、まさに苦悩、苦痛、逆縁の悲嘆の極限状態にあった。さらに、一家の全滅の数家族もおり、家族のうち2〜3名に親戚を加えて一挙に6〜8名が亡くなる惨劇もあった。

家族の死は遺族にとって、極限の苦痛、喪失感である。このような事態は多くの交通事故での死亡、戦争における死亡で残された遺族にも降りかかりうるものとはいえ、平和な時代に安全だと言われる旅客機による旅行での墜落、死亡、そして、32分間のダッチロール、急上昇、恐怖の墜落事象などの恐怖体験に怯えての飛行と棺桶に匹敵する客室での肉親の死亡である。

さらに、当初は多数の生存者が存在した事実、炭化し粉砕された肉親の遺体、さらに生存者を意図的に助けようとしなかった自衛隊や群馬県警の対応、事実を明らかにしない国や自衛隊、日航の姿勢、横田基地あるいはレタス畑に着陸しようとしていたとの証言、標的機の衝突という情報などが明らかになるにつれ、遺族は苦しみ、心を塞ぐ苦悩は増していた。このような状況の中で、遺族は「肉親の死」を受け止めることができなかったのである。

夜、物音に気付き、肉親が帰ってきたと真剣に錯覚する遺族。いまだに生きていると考え、亡くなった犠牲者の環境、衣服、道具を保管している遺族。こうして今も亡き肉親への哀惜に心を奪われている遺族には、事故原因はもちろんのこと、補償での金銭の交渉など全く念頭になかったことは歴然としている。

日航機事故の遺族らは遺族会を結成し、「8.12連絡会」と命名して活動を開始した（資料㊺）。遺族らが自らの環境、事態を話し合い、慰め合う場所であった。いろんな事故関連の情報はマスコミ、新聞で知ることはできたが、それらにあまり関心はなく、精神的に日常的に生活をどのように過ごして行くか悩んでいたのである。遺族の苦しみは、遺族でなければ分かってもらえないし、亡くなった520人は集団で一緒に苦しみに耐え、そして死んでいった同胞でもあった。それだからこそ遺族同士は親戚以上の関係であったのだ。すなわち、遺族らはこの8.12連絡会をはじめとする場で語り合い慰め合うことに精いっぱいであり、当時はとても事故原因や補償交渉について話し合っている余裕などなかったのだ。

したがって、その時期にこのように無神経に「加害者だ」と自称して「補償交渉の提起」を行うことは、遺族、犠牲者への侮辱であり、その補償とは遺族ではなく何か別の目的のための提起であると感じたのだ。手早く補償して「済んだ話」にしてしまいたいと考えている者がいる。

それは日航なのだろうか、それとも国なのだろうか。そんな疑問、疑念が生まれ始めた。

しかし、この日航の遺族への侮辱に満ちた補償交渉提起は、国民に多大な興味、関心を引き起こし、かつマスコミが大々的に取り上げた。それが遺族間に補償交渉合戦の火をつけ、補償交渉は非常に早く浸透して妥結を早めた。このころの実情をよく知るボーイング社幹部は、後の2011

年に「日航は墜落の加害責任がないと知りながら遺族に補償交渉を提起し、遺族らは90％がこれに応じた」とTVで暴露し告白している（資料㊾―ボーイング社、NTSB幹部が告白した事実、2012年TV放映）。

　遺族らは、マスコミ情報で誰が幾らの金額で妥結したと知らされるたびに急かされ、補償交渉に邁進させられたのである。このような展開こそ、日航、航空局の意図するところであったのであろう。

　このような仕儀になったのは、日航が遺族、国民に対して十分な事前の準備を行っていたからである。事故発生後から日航の世話役が遺族の世話を行い、絶えず遺族に「申し訳ない」と謝り続け、遺族に「日航は加害者だ」との印象を醸成していったのだ。そのために世話役らは、バラバラの遺体が納められた棺桶の中に頭を突っ込まれても我慢し、耐えていたのだ。本当に冷静に考えてみれば、日航もまた大切な顧客と優秀な乗務員たちを失った被害者という立場でもあるのに、である。

　さらに、町田副社長の体育館の演壇での「扇子事件」は、遺族に「日航こそが加害者だ」との強い印象を与える演技、遺族の心情を大きく動かした演技であった。そして、葬儀では日航の重役らが頭を畳に付け、多額の香料・香典（含・補償金の一部）を提出する演技も重ねられた。これらによって正常な精神状態にない遺族らは、墜落の事故原因や実際の事故の状況を知る由もないままに「日航が加害者だ」と決めつけていったのであった。遺族の一人である著者もまた、この当時は一連の日航の言動、姿勢から、日航が加害者であると思いこみ、長年の間、それを疑うことはなかった。

　日航が調査も終わっていない早期に「加害者だ」と宣言して補償交渉を行ったのは異常な申し出であったが、このような背景の中で遺族らはそれを信じ込まざるを得なかった。このように日航は用意周到な準備のもとで、遺族を騙し、補償交渉を成功させたのであった。そのことが持つ本質的な意味を問う人は、極めて少ない。だが、これは123便墜落事故そのものにとって非常に大きな意味を持つ出来事だったと著者は考えている。日航がはやばやと補償交渉を進展させたことは、123便墜落事故をある一つのイメージの中に押し込むための極めて大きな原動力となったからである。

　ここで明確に述べておこう。この補償交渉の進展は、事故原因が日航およびボーイング社に責任があるという「隔壁破壊説」、すなわちジャンボ機の「自損事故」であるかのように遺族に信じ込ませる効果を持った。遺族たちが隔壁破壊説を信じ、肉親の死を自損事故による犠牲と思い込めば、「別の加害者がいたのではないか」と疑う声はあがらなくなる。それこそが、日航あるいは運輸省航空局が意図したことであったはずだ。「日航の補償交渉提起」の真の目的は、自衛隊が関与したという真の原因を葬り去り、自衛隊最高権力者の中曽根総理の関与を隠蔽することだったのである。

● 日航の「加害者宣言」と「補償交渉提起」の不当性

　日航が事故調査も進んでいない段階で、突然「日航は加害者だ」と自称し、さらに「補償交渉」を遺族に提起したことは、旅客墜落事故はもちろん他の事故、事件でも、歴史上前例のない驚くべき異常事態であった。通常の事件や事故でもそうだが、123便墜落事故での520人もの死亡事件では、法に基づいて警察が出動し、捜査し、死因を特定しなければ「加害者」が誰なのかは特定できない。そのために事故の原因を明らかにするのが警察の業務である。警察組織は国民の命と財産を守ることが仕事であるからだ。

例えば、複数の人間が乗っていた自動車が交通事故を起こしたときのことを考えてほしい。事故を起こした時、事故当事者は救急と警察に通報し、けが人の救助救命に努めると同時に警察には現場検証、事情聴取その他の捜査を仰ぐ。その捜査結果である事故証明書もないまま、加害側の自動車に乗っていた複数の人間の誰か一人が「ボクが運転していました」と自称し、被害者に補償を申し出ることはできない。もしかしたら、酒に酔っていたドライバーをかばうため、同乗していた者が加害者を自称している可能性もありうるのだ。

　これは犯人隠避に該当する大きな犯罪である。

　だから、航空機の墜落事故でも最初に駆けつけるべきは、最寄りの住民であり、一義的には警察であり、その墜落場所の管轄権も警察にあることは明白である。ところが、123便の墜落場所では自衛隊が管轄権を握り、証拠品を密かに回収して隠したことが目撃されている。

　通常、事故事件で死者が出ると警察の出番だが、航空機事故や鉄道事故、船舶事故では、国の調査機関である事故調査委員会が特別に事故原因の調査に当たる。それは特殊な環境、機体構造、システム、操縦、捜査など、警察では手に負えない要素が多いからだ。このため旅客機墜落事故では、国の事故調査委員会（運輸省航空局の管轄）が担当し、墜落の「事故原因」を特定するのが原則である。もちろん警察も同時に捜査に当たり、両者が協力して真相の究明に当たる。今回の日航機123便墜落事故では国の事故調査委員会、航空局が墜落の事故原因の調査解明に当たり、同時に群馬県警が事故捜査に当たったのである。

　もちろん、事故調査委員会は警察と連携して調査を行う。特に事件性があるとの判断があれば、警察が前面に出てくることがとり決められている。これが法的な組織的調査、捜査であり、どこの国でもこのようなシステムが取り入れられているのである。

　人間の命は地球より重いと言われる。命は唯一無二であり、誰も再生できない。ゆえに警察は人の命が失われれば捜査して、なぜ死んだのか、誰が殺したのか、死亡原因は何かなどを捜査する。

＊

　事故調査委員会は、旅客機が墜落して多数の死者が出た「墜落の事故原因」を調査する。警察は別の面から捜査して、事故の真相を究明する。事故調は墜落の事故原因を特定して、さらに事故の状況も明確にする。出てきた結論から墜落に関与した人、部署、組織を導き出し、警察はそこに事件性を認めれば容疑者を告訴し、検察が起訴か不起訴かを決め、起訴されれば裁判所が判決を下す。裁判所が起訴の内容を認めれば、そこではじめて容疑者は加害者と断定され、加害者は法的に責任を負うことがはっきりする。

　この後になってはじめて、命を失った遺族への補償が加害者と遺族の間で話し合われ、見解の相違が埋められない場合は民事の裁判になり、補償金額、条件が争われる。この裁判で金額、条件が決められて、和解となる。

　全ての事故、事件では、必ずこのような経緯で事故原因を明らかにして加害者を特定し、処罰し、同じような事故の再発防止策に生かして安全性の向上に生かす。これによって犠牲者の死は今後の空の安全に生かされ、その死は「ムダ死」「犬死」とは異なる意味が与えられるのである。補償は犠牲者の金額による査定であるが、基本的に犠牲者の命は金額に換算できない。遺族にとって、事故・事件の状況も加害者も不明なまま死の意味が宙づりにされたまま、犠牲になった肉親の命の価値を金で換算して「和解」の名の下に話を済ませることは、極めて残酷な事態なのだ。何よりも大切なのは、肉親の「死」を後の世にとって意味あるものにすることである。

　このような過程、経過で事故原因、加害者が決まってこそ、補償条件が成立する。この調査、

告訴、裁判などの手順は、間違いのない命の評価を行うという国の責務、国民の命に対する国家の使命である。これが民主主義国家である日本での法的な事故調査、事故原因の特定、警察による告訴、検察、裁判所において犠牲者の死を類似の事故の再発防止に生かす手順であり、誰もこのような手順、経緯を無視した違法な行為は許されない。それが国の法律、法的な手続きなのだ。

　したがって、何の調査権、捜査権のない組織、人物（日航）が根拠もなく「加害者だ」と自己判断することは、先の交通事故の例からもわかるように厳重に処罰すべき違法行為だ。たとえ結果的にその行為が正しかった場合でさえも、警察や事故調の捜査、調査によって裏付けられない限り正当性は認められない。だからこそ専門の事故調査組織や警察組織があるのだ。

　加害者が特定されれば検察に告訴し、その容疑者を裁判にかけて審査し、加害行為と加害者を特定する。日航123便事故においても、事故調査委員会が2年もかけて調査し、墜落の事故原因は「隔壁部の老朽化破壊が原因のようだ」との結論で、修理ミスを犯した「ボーイング社」、点検整備ミスの「日航」、検収ミスの運輸省「航空局」が告発されて検察に告訴された。

　しかし、前橋地検は、事故調の調査結論はあやふやであり、隔壁部の破壊は信用できないとして三者を不起訴判断して無罪にした（資料⑩―航空局が2017年文書で「無罪だ」と認め、遺族に通達し、説明している。資料⑭前橋地検の不起訴判断の理由説明内容）。

　事故の加害者の特定にはこのような手順が必要であり、それが真実を間違いなく決める手法、肉親の死に意味を与えるための原則でもあるのだ。

　したがって、日航が1985年の9月、事故の調査も十分に行われていない段階で遺族に「日航が加害者だ」と自称したこと、及び「ボーイング社も加害者だ」と文書によって通達したことや、それに基づく補償の提起は違法で間違っている。それは、一刻も早く「日航こそ加害者だ」というイメージを定着させるための巧妙な嘘であり、これは巨大な隠蔽工作、謀略行為の一環だったのである。

●**違法な補償交渉を航空局が黙認した謎**

　補償交渉は遺族側との話し合いで合意できれば金額が決まるが、一般的には簡単に決まることは少ない。結局、補償金額は民事裁判で審議されて決まるのが一般的な経緯である。加害者側は少なくしたいが、被害者側が高い評価を提示するのも当然だ。『人の命は地球より重い』との格言もある。このように認識の差は大きく、このため第三者である裁判所の判断で決まるのである。

　ところが、日航は根拠がないにもかかわらず「加害者だ」と自称し、遺族に「補償交渉」を提起して強引に交渉を要求し、妥結に追い込んだ。この日航の補償交渉は乗客の命を金で買い取るものであるが、司法の判断や了解、許可を経たものではない。たとえ運輸省の暗黙の了解を得ていたとしても、あるいは国と謀略作戦で一致していても、それは法的に許されることではない。

　さらに付言しておくと、日航の補償内容は、勝手に自社に都合の良い補償条件を付けている。補償の金額は「自動車事故の補償」を基準とするという卑劣卑怯なもので、かつ交渉に先立って「遺族に選択の余地がない」ということ通告するという事実上の脅迫文であった（資料㊽―日航が遺族に押し付けた補償条件は自動車事故の水準で、脅迫的な言動であった）。

　このように、日航がいくら「加害者だ」と自称しても、それは警察、運輸省、航空局、事故調査委員会の調査あるいは捜査を経ていない段階であるのだから、日航が「加害者」だとは認められない。「加害者」ではない以上、被害者への補償を行う資格も全くない。それを強行することは、あきらかに違法行為だ。

＊

ところが、この123便墜落事故をめぐる補償交渉をめぐって、運輸省航空局や事故調、群馬県警のいずれも、日航に対して補償交渉の中止勧告をしていない。日航はこの件に関して何の咎、罰、叱責も受けていないのである。このことは　国すなわち運輸省航空局、事故調、群馬県警が、日航が「加害者だ」と自称することや、調査・捜査も終わらぬうちに遺族に「補償交渉の提起」をすることを容認していたことを意味し、むしろ指示し命令したことが推察できる。

　これはマスコミなども検証していないが、極めて重大な問題である。先の交通事故の例を、交通事故よりもはるかに規模の大きな航空機事故に当てはめて考えてほしい。はやばやと「自分が加害者だ」と何者かがしゃしゃり出ることによって本当の加害者が隠避される可能性があるにもかかわらず、123便墜落事故に限っては、あらゆる行政機関、捜査機関がそれを容認し、既成事実が作られてしまったのである。

　この日航の「加害者だ」との告白及び「補償交渉」の提起は犠牲者の命への侮辱であり、遺族を騙すものでもある。遺族として受け入れることができないのは当然であるが、問題はそれだけではないはずだ。例えば日航幹部は自社社員にまで「加害者、殺害者」の一員という汚名を着せ、社員の名誉を棄損し、遺族に対していわれなく肩身の狭い思いをさせている。これは一般の日航社員に対しても人権蹂躙であろう。さらに言えば「加害者」と認定されたわけでもないのに補償のために高額の金銭を用意するということは株主利益にも反し、損失を負わせている。日航の社長、幹部が日航の財産略取による「背任行為」であり、違法である。また、日航は保険会社から多額の保険金の支払いを受け、遺族に補償金として支払っている。加害者でもない者が補償費用を保険で調達することは保険会社に対する詐欺行為であり、法的に詐欺罪が成立する違法行為である。

　このように日航は運輸省、国から命ぜられるままに補償交渉を遺族に提起し、二重三重に社会国民を裏切る実行犯となったのである。

⑦前橋地検の「不起訴」判断が持つ意味

　本来「無実」の運航会社である日航を「加害者」に仕立て、遺族に「命の代償としての補償金」を支払わせるというのは、事故原因の究明に至ることなく遺族や国民に「終わったこと」という印象を与える大博打・謀略であった。この策は遺族に対する高度な騙し討ちの技であり、結果的に遺族、国民は見事に騙され、事故原因への疑いを忘れてしまった。政府の最高権力者の号令の下、公務員らが一体となって謀略を張り巡らせて、マスコミの情報を統制し、圧力を掛ければ国民を騙すことは簡単であることが証明されたのである。

●「補償交渉の提起」の問題性を認識していた日航

　遺族らに対して日航側の世話役が「申し訳ない」を連発して遺族を慰める姿勢や丁寧な対応ぶり、一方では、町田副社長の体育館での扇子事件で示された傲岸な態度。いずれもほとんどの遺族に対し、日航は憎むべき加害者であり、今回の墜落事故は日航が引き起こしたに違いないと信じこませることに成功した。

　藤岡市の検視場所での肉親の遺体との対面では、遺族は世話役の頭を棺桶の中に突っ込みながら激怒したが、それでも世話役は一切抵抗しなかった。遺族は肉親の突然の死に動転し、喪失感で一杯であり、事故原因に考えを及ぼすこともできなかった。まして、事故に関する情報は事故調、日航などから伝えられず、新聞、TV、ラジオしかなかった。そもそも、遺族には事故調査などの知識も経験もなかった。そこで運航会社の日航の言動から、すべてのことを判断するしか

なかった。目の前の当事者である日航は怒りをぶっつける格好の相手であり、そして憎むべき相手とも思えたからだ。

だから、日航が遺族に自分たちが「加害者です」と宣言、告白したとき、遺族はそれを当然にように受け止めたのである。先に述べた本来の事故調査と警察の業務の関係を知らない遺族らは、早々に日航の言動、説明を受け入れ、補償交渉を信じたのである。

しかし、事故調査が始まる前に「加害者は日航」と自称して補償を宣言することに疑惑を感じた人、遺族がいても不思議ではない。国、運輸省、日航はこのことを心得ていて、日航の高木社長が遺族宛の公式文書で以下のような趣旨のことを述べている。

〈日航機墜落事故で、多数の命が失われたこと誠に申し訳なく、お詫びする。重大な責任を感じている。補償に関する話し合いはご遺族の納得が得られるように誠心誠意行う。未だ、事故原因の究明がなされる以前であるが、事故機の製造修理に携わったボーイング社と共同で一元的に行い、弊社：日航が皆様方と直接話し合いたい。昭和60年9月30日日本航空取締役社長・高木養根〉（資料㊻）

この文書では事故原因には一切言及せず、事故調査の始まる前で、事故原因も不明であるという意味の「ことわりがき」がさりげなく挿入されている。すなわち、日航は事故調査による加害者の特定と自分たちが補償交渉を提起することについて、法的、論理的な矛盾があることをちゃんと知っていたのだ。つまり日航はこの段階で「加害者」であると詐称したり「補償交渉」を提起したりすることの不当性を認識していながら遺族、国民を騙していたわけであり、この点からも申し入れがいかに不当で違法な行為であったのかがわかる。

だが、著者のこのような解釈、分析も、事故から30年以上も経た時点で判断できたことであった。事故発生直後に日航が自分たちは「加害者だ」と言い、「補償交渉を提起」した段階では、遺族のほとんどは、これを受け入れたのであった。

●補償交渉が関係機関から「制止されていない」ことが意味するもの

事故から30年後になって日航の補償交渉への疑惑が生じたのは、それまで長年、著者が「123便墜落事故の調査」に取り組み、過去の有識者の知識、事故原因の提起など知り、真の事故原因に自衛隊の関与を確信してからのことだった。

「隔壁破壊説」が前橋地検に否定され、三者「ボーイング社」「日航」「航空局」が無罪になっても、8.12遺族会、有識者、遺族会の顧問弁護士が指摘してきた「自衛隊の標的機の衝突」「ミサイル攻撃撃墜」との関連について再調査する方向には進まなかった。さらに、事故直後の日航による「加害者宣言」「補償交渉の提起」について、前述のように法的な規則に反することを知っているにもかかわらず、関係及び担当部署である運輸省、航空局、事故調査委員会、群馬県警は日航の行為を一切制止していない。今、現在になってこの黙認の実態を見る時、極めて奇妙な事態だと思うだけでなく、むしろ戦慄と恐怖を覚える。

例えば、運輸省、航空局は墜落事故の調査機関である「運輸事故調査委員会」を管轄する立場にあり、しかもそれは常設の機関なのだ。運輸省は事故調査の役割、意味、業務を知っているはずである。群馬県警もまた多数の乗客の死因を調査するというみずからの重要な役割を知っていたはずだ。

では、なぜ運輸省航空局、群馬県警などは、調査や捜査の結論も出ない段階での日航の「加害者」の宣言と遺族への「補償交渉の提起」を黙認し放置したのか。

日航は多くの墜落事故の経験もあり、それらの時にはボイスレコーダーを社内の労働組合に公

開しているし、当然のことながら遺族との補償交渉も経験している。つまり、日航にとって補償交渉はけっして初めてではなく、不慣れだから手順を飛ばして補償交渉を始めたわけではない。

　また、日航は運輸省には頭が上がらず、戦々恐々として航空局の顔色を窺う会社であり、みずから世間の常識や法に反する行動を行えるような会社ではない。しかも運輸省などから多くの天下りを受け入れ、それが上級役員を務めている。したがって、その体質は当時も相変わらず半官半民であり、幹部になればなるほど公務員体質を引きずっていた。その日航が事故調査の初期段階で、公務員なら何よりも大事にするはずの法的な手順を逸脱して「加害者」を詐称して「補償交渉」を提起するなど、本来なら、あり得ないのだ。

　その上、町田副社長は遺族に123便は「ミサイルで撃墜された」と説明しており、羽田の整備部長は「垂直尾翼は外部からの破壊だ」と言い、経験豊富な客室乗務員である生還者・落合氏は「機内空気は動かず、風切り音はしなかった、酸欠症状の客はいなかった」と証言して「隔壁破壊説」を否定していた。このように、日航は自身でも「日航は墜落の加害者でない」と確信しているのである。したがって、通常の正常な感覚であれば、みずから「加害者だ」などと言うはずがない。

　これらから考えると、結論は明快である。この日航が遺族に「加害者だ」と称して補償交渉を提起したのは日航自身の発案でもないし、単独の企画でもないのだ。

　日航がこのような行為を企画しようとした時、当然のことながら、航空局に相談するはずである。航空局、運輸省はこの違法な企てを聞けば、普通ならば叱責して「中止せよ」と命じるはずだ。ところが、この件の場合では航空局、運輸省も黙認している。ここから推測できるのは、このような危険、違法な企ては、むしろ運輸省、航空局が主体、首謀者だったということだ。123便の墜落事故の真実を隠すために日航を「加害者」に仕立て上げ、強引に「補償交渉」をさせたと考えられるのである。そして、日航副社長・町田直氏が共謀し、賛成したのである。

　運輸省航空局は墜落事故の調査を事故調査委員会に命じている。当然、事故調査の目的は、事故原因を明らかにして、事故の原因を作った者（加害者）を特定することにある。とすれば、その事故調の調査結果が出ないうちから日航が「加害者だ」と詐称し、「補償交渉」を行うという不届きな行為をすれば、監督官庁として看過できないはずである。制止して叱責するのが妥当な事態なのであるが、これだけの大事故においてなぜか航空局は黙認している。これは、航空局自身が許容し、教唆していなければ、生じ得ない事態なのだ。

　捜査を行う群馬県警もまた同じであり、県警も看過できないはずの補償交渉に対して何も具体的な制止、中止勧告を行っていない。群馬県警もまた、「同じ穴の狢」なのだ。日航が遺族に「加害者だ」と自称詐称し、「補償交渉」を提起したことは、マスコミでも大々的に報じられた周知の事実であるにもかかわらず、これら関係機関は何もせずに30年以上にもわたって黙認し、制止や中止指示を試みていない。

　その上、事故当時の日航には、運輸省から送り込んだ副社長の町田直氏が事実上の社長として君臨していた。この点からは、運輸省の企画、謀略には町田氏が関与しており、運輸省は彼を介して日航の行動を催促し、主導したと推測できる。「加害者」という悪役を日航に押し付け、補償交渉を行わせたのは運輸省であると考えられるのである。

　だが、言うまでもなく運輸省・航空局もまた、日航が加害者ではないことは重々承知している。2016年に航空局幹部は、前橋地検の不起訴判断は三者「ボーイング社」「日航」「航空局」が無罪であるとの判断であるとの見解を示し、それを著者に文書で通達しているのである。

　ここで、これまで何度か言及してきた前橋地検の不起訴判断とは何か、それがどのような意味

を持つものであったのかを確認しておこう。本書の以後の内容にとって、極めて重要な意味を持つ出来事だったからである。

●司法の判決：前橋地検の「不起訴判断」の意味

1987年6月、運輸省事故調査委員会は事故報告書を発表し、その中でボーイング社の修理ミスに起因する隔壁破壊が事故原因であるという見方を示した。これを受けて遺族会、群馬県警は、事故調の言う「隔壁破壊説」に基づいて、遺族は「ボーイング社」「日航」「航空局」を前橋地検に告訴した。隔壁破壊説に立つならば、ボーイング社は修理ミスを犯し、日航と航空局はそのミスを見逃したという点で加害者だということになる。その刑事責任を明確にし、処罰を求めようと考えたのである。

だが、1990年7月、前橋地検はこの三者を「不起訴」とする判断を下した。検察が不起訴と判断した時は裁判所に起訴せず、裁判所は罪を問えないわけであるから、不起訴判断とは無罪の判決に等しいことになる。

一般に検察庁が不起訴判断を下しても、検察はなぜ不起訴としたのかを告訴人に説明することはない。ごく簡単で形式的な不起訴理由が交付されるだけというのが通例である。しかし、世界史上最悪の墜落事故で520人の乗客乗員が死亡した事故についての不起訴判断ということもあり、前橋地検の山口検事正は20数名に及ぶ遺族、弁護士に対し、特別の対応として5時間にも及ぶ「不起訴理由」の説明を行った。山口検事正はロッキード事件で田中角栄氏の逮捕にもかかわった大ベテランである。この説明会の内容は遺族会が記録し、それは製本されて残されている。

それによれば、不起訴判断の理由の概要は以下の通りである（資料(51)、(74)―前橋地検の不起訴判断を山口検事正が遺族に詳細に説明した）。

その内容は次の通り。

1）山口検事正は、前橋地検の検事らのすべてが「起訴できない」という意見で一致していると表明。

2）前橋地検の判断として、事故調査報告書の内容は曖昧である。
- ・報告書では、事故原因は解らない。（→事故原因は特定されていない）
- ・123便で隔壁破壊が起きたことは疑わしい（タイ航空機での急減圧と比較）。
- ・奇跡の生還者・落合由美氏の証言は報告書には記載されていなかったので公式には前橋地検は知らなかった（事故報告書ではこの証言が無視され、記載されていない。事故調の「事故報告書」以外の資料は前橋地検にはなかった。しかし、生還した落合氏の証言は日航が事情聴取して公開されており、前橋地検はこの証言で隔壁破壊はなかったと判断している）。

3）ボーイング社が修理ミスを認めたことは、ボ社の旅客機（B747旅客機）の安全性評価を維持するためであったと推察した。

4）検察審査会は何も分からないので、前橋地検は全面的に協力し、検察審査会に山口検事正が出向いて、説明した。

以上からわかるように、この前橋地検の不起訴判断とは、つまり事故調の「隔壁破壊説」の全面否定であった。すなわち、隔壁部の修理ミスによる隔壁部の破壊による垂直尾翼が破壊したことを否定しているのである。

当時、著者は前橋地検の言う「事故報告書は曖昧だ」という見解はあまり理解できなかった。だが、自分自身で事故調査を真摯に進めた結果、本書前半でも述べたように「墜落原因が特定さ

れていない」事故報告書は国の公文書とは言えない代物であり、落合証言などさまざまな証言や隔壁破壊を起こした他の事故例を無視した事故調の隔壁破壊説は成り立たない。したがって、今は前橋地検と著者の主張・見解は完全に合致している。

　事故調の報告書は「垂直尾翼破壊についての考察、状況調査」に過ぎず、肝心の「墜落の事故原因」の報告書ではない。事故機の操縦性、着陸性を検討することなく「不可能」と切り捨て、横田基地、川上村での着陸行動も一切削除して切り捨てたのである。さらに、墜落直前の「水平尾翼」「第4エンジン」の破壊脱落事象が墜落原因の可能性が大きいにもかかわらず、調査し検証していない。このような内容の事故報告書を信用することなどできず、当時の前橋地検が不起訴判断したことは当然であり、十分に理解できる判断だったのである。

　このように、事故調の報告書は、墜落の事故原因を特定していない杜撰なもので、意図的にボーイング社、日航、航空局を容疑者（加害者）として位置づけた謀略的な色彩の強い文書であった。すでに述べたように、事故調査はいかに真実を隠し、真相を知られないようにするかという観点から、作文して事実とは異なるシナリオを捏造した。落合証言、自衛隊司令官の告白、日航副社長や整備部長の告白、その他多くの目撃者や関係者の証言、そしてCVR、DFDRの内容は事実を引き出す内容であった。CVR、DFDRの内容が修正したうえでしか公開されず、原データが現在に至るまで公開されていないことは、そのことを暗示している。

　ところが、事故調査で本来使うべき「帰納法」は使わず、事故調は「演繹法」：三段論法で結論を先に決めて「隔壁破壊説」を捏造したのだ。およそ航空機墜落事故で墜落の事故原因を明確に特定せず、技術的に成立しない「隔壁破壊説」なる偽説を捏造し、その上、「航空機製造会社」「運航会社」「国の航空行政機関」を容疑者にする結論は、技術的にも論理的にもあり得ないのである。

　だが、そのような内容では、とても前橋地検を納得させることはできない。したがって、国や航空局の側としても、たとえ三者が告訴されたとしても、前橋地検は必ず不起訴にするだろうという確信があったはずだ。何故なら、米国ボーイング社、国の航空行政機関：運輸省航空局を有罪にすることは絶対に避けねばならないことで、前橋地検の不起訴判断で無罪になることは織り込み済であり、それは米国側との政治的な決着の大前提であったのだ。

　事故調には三者を加害者とするストーリーを書かせて世論を誘導し、その一方で法的には自分たちも含む三者は処罰されずに済むという見通しを立てていた。

　こうして、「加害者」が誰なのかはあいまいなまま、立ち消えにさせていくことができると考えたはずである。恐ろしい国の残虐な陰謀であり、国民を騙す高等戦術であったのだ。

　法的な手続きに即するなら、最初に「事故調査委員会」の調査結果が加害者を明確にし、次に警察ないしは被害者（遺族）の「告訴」を受けて検察が起訴し、裁判所がこれを裁く。これによって事故原因を最終的に特定し、加害者の刑事罰と再発防止策を決定・実施することで同種の墜落事故の再発を防止することができる。また、これらを経たうえで補償交渉に入るのが、先に述べたように法律に基づく進め方なのだ。しかし、このような手順通りに進めば、かえって事故調査結果を検証する過程で国民が真実を知ることになり、「藪蛇になる」恐れが高い。

　これは真の加害者を隠蔽しておきたい者にとって、絶対に避けねばならない事態だ。

　例えば、単に検察側の不起訴判断だけが下されれば、それでは本当の加害者は誰なのかという当然の疑問が生じる。そこから新たな真相解明を求める声が高まったのでは、元も子もなくなってしまう。したがって、法的な不起訴によって真相を不明なまま放置する一方、国民を騙すには

一連の過程が終了したかのような既成事実を作り出すことが一番良い。

　その既成事実というのが、日航の「加害者」の詐称と「補償交渉の提起」だったのである。日本の国民は善良で、素朴で、国のやったことに寛容で、国の言い分を信じやすい国民性である。意図的に「加害者である日航は積極的に補償に応じ、その交渉は終了した」との既成事実を積み重ね、事故調の行動と歩調を合わせることが必要不可欠と判断したのであった。私がそのことに気づいたのは比較的近年になってからのことであり、上野村での慰霊式典における航空局幹部とのやりとりがきっかけだった。

●日航の「加害者だ」との告白が嘘と発覚した端緒

　遺族の多くは、毎年、上野村での慰霊式典に必ず出席して供養している。そこで遺族らは不可解な事象を目撃しており、この事態を何度も「慰霊の園」の理事長や日航に訂正し改善するように申し入れても改善されることはなかった。何か、上から、国から圧力が掛かっているとしか思えないのである。

　それは、具体的には次のようなことだ。

＊慰霊式典の名称は「遭難者」との間違った名称であること。

　　⇒正しくは「犠牲者」であるべきだが、524名の乗客乗員は「遭難者だ」と断定している。

＊慰霊式典では不可欠なはずの遺族の弔辞が禁止され、何度要請しても拒否されたこと。

　　⇒遺族の発言を封じる、すなわち墜落の事故原因への再調査要請の発言を封じるとの権力者の意向の存在。

＊事故後5年経ってから前橋地検は「ボーイング社」「日航」「航空局」の三者を不起訴判断、すなわち無罪としたが、日航、航空局だけが加害者だとして慰霊式典に出席し続ける一方、ボーイング社は一切出席をしていないという矛盾。

＊式典出席者の名前として「航空局」の名前があるが、「日航」の名前はないこと。

　　⇒前橋地検の不起訴判断にもかかわらず、「日航は加害者」で、「航空局は加害責任がない」という矛盾。

＊航空局は毎年10名近い幹部職員が慰霊式典に出席していること。

　　⇒不起訴となった航空局が、10名もの幹部を出席させ続けているという矛盾。

＊「慰霊の園」の設立に日航は10億円出資し、「ボーイング社」「航空局」は一銭も拠出していないこと。

　　⇒前橋地検の不起訴判断を日航は無視。

　慰霊式典の趣旨から考えても、前橋地検の不起訴判断との関係から考えても、このようにさまざまな問題点や矛盾がある。そのことを感じ続けてきた著者は、2016年8月12日の慰霊式典で、10名もの航空局幹部、職員が出席している席上、幹部に遺族の一人として次のように質問した。

　「毎年30年間も、10名もの航空局幹部が出席しているが、航空局は墜落事故の責任があるのか」

　これに対し、総務課長の祓川氏は「航空局は修理ミスを発見できなかった。航空局に加害責任がある」と即答した。

　しかし、前述のように事故から5年後の1990年7月、前橋地検は航空局を含む三者に「不起訴判断」をして、三者を無罪にしている。彼はこのことを否定したのだ。そこで、慰霊式典での議論には時間的な制約もあることから、後日、霞が関での航空局との面談会議を約束した。

　ところが、その2ヵ月後の10月、航空局から「航空局は加害者でない。慰霊式典には、犠牲者

への慰霊の気持ちを表すために出席している。1990年7月の前橋地検の不起訴判断で無罪が確定している」という趣旨で、式典会場での答えとは姿勢を豹変させた内容の文書が送付されてきた（資料㊿、「航空局は加害者でない。前橋地検の不起訴判断で確定」との遺族への公式文書）。

　この文書には極めて重大な判断が示されている。それは1990年7月前橋地検の「不起訴判断」が司法での判決と同様の効力があり、そのもとで三者が「無罪」であることを航空局が認めたことを意味するからである。

　そもそも三者に対する群馬県警や遺族らの告訴は、「隔壁破壊が事故原因」とする事故調の結論を受けてのものであった。隔壁破壊が墜落の原因であるなら、修理ミスを犯したボーイング社、それを見抜けなかった日航、および航空局には刑事責任があるという当然の論理だ。

　だが、前橋地検は事故調の隔壁破壊説を否定し、それゆえ三者の刑事責任は問えないとして不起訴判断を下している。運輸省の航空局がこの不起訴判断を根拠としてみずからを「無罪だ」とする文書を送付してきたということは、運輸省自身もまた事故調が事故原因だとする「隔壁破壊説」を否定していることを意味する。運輸省航空局自身が三者を「加害者」とみなした事故調の結論を否定する側に立ったのである。

　もとより著者は、事故後30年をかけて「墜落の事故原因は隔壁破壊でなく、自衛隊によるミサイル撃墜だ」と判断していたが、この時までは1990年7月の前橋地検の不起訴判断がそれとどのような相関を持つのかを明確に認識できていなかった。だが、国の運輸省において航空行政を司り、なおかつ事故調（事故調査員会の略称）を傘下に置く航空局自身が、この不起訴判断を根拠にしてみずからを無罪だと述べた。それは航空局自身が、事故調の「隔壁破壊説」は嘘であるという判断に立っていることを明らかにしたと解することができる。隔壁破壊説をあくまで信認するのなら、三者は加害者としての責任を負わねばならない。だが、前橋地検の不起訴判断に即して三者を無罪と見なすのなら、隔壁破壊説は嘘だということになり、真の加害者は別にいるということになるだろう。航空局はみずからの加害者性を否定した以上、後者の立場に立つということを意味するはずである。それならば、日航の加害者性も否定され、航空局としてはこれまで加害者と詐称して補償を行ってきた日航の行動の違法性を問題にせざるを得ないはずだ。

　さて、こうした航空局の姿勢のほころびは後に詳しく述べることにして、日航に加害者を装わせて補償という既成事実を作り出すという謀略がどのようにして生まれたのかを見ておこう。

●真実を隠蔽する謀略の一連の経過と構造
　123便墜落事故の直後、運輸省航空局は日航に送り込んだ元運輸省の事務次官であり、事実上の社長である日航の副社長・町田直氏と共謀して謀略行動に入った。謀略とは真の加害者を隠避することであり、そのために日航を実行部隊の一つとして動かすことを考えたのである。それには日航の実質的な最高権力者である町田氏の権力と、14年前に同氏が全日空機雫石衝突事故の真相解明をあいまいなままに終わらせた智謀と実績が生かされた。14年前に中曽根氏は全日空機墜落事件の直前まで防衛庁長官であり、町田氏と知己であったことも重要な要素だったはずだ。

　国、運輸省、航空局の遠大な計画と実行、その後の経過は次のようにまとめられる。
1）日航に「加害者の代理」を務めさせる⇒事故直後から、日航は自分たちが「加害者」である姿勢で遺族に対応。
2）日航に遺族への「補償交渉」を提起させる⇒日航の提起に遺族は90％が応じた（ボーイング、NTSB幹部の証言）。これによって遺族、国民は、騙されているにもかかわらず「日航が誠

意ある責任対応を行った」と評価し、隔壁破壊説が定着する布石となった（資料㊾）。

（ただし、ボーイング社、航空局は知らぬ顔で補償から逃げた）

３）日航が犠牲者慰霊の「上野村慰霊の園」の設立に資金10億円を拠出⇒日航が「加害者だ」との印象を国民、遺族に植え付けた。一方「ボーイング社」「航空局」は慰霊の園の設立の金銭の拠出はしなかった。

４）事故調の「隔壁破壊説」に基づく事故報告書（1987.7）を受けて遺族、群馬県警が前橋地検に日航、ボーイング社、航空局を告訴したが、前橋地検が不起訴判断。しかし、この段階では日航、航空局とも「無罪だ」との姿勢は見せず、特に日航は「加害者」としての演技で30年間遺族対応を続行。

５）前橋地検の不起訴判断で「隔壁破壊説」が否定された以上、国、運輸省、航空局が当然「再調査」の指示を事故調査委員会に出すべきであったが、不作為のまま放置した（墜落事故の真実追及をしないとの業務上の重大な違法不法行為である）。

６）事故調査委員会は1999年に「日航機墜落の資料」を極秘裏に全廃棄処分⇒再調査の妨害。

７）事故調の後継組織である「運輸安全委員会」が2011年７月、遺族だけを集めて前橋地検に否定された「隔壁破壊説」を解説する集会を開催し、ここでも捏造した嘘の説明で遺族を洗脳して騙した。

８）自民党安倍政権は、2013年11月に「特定秘密保護法」を強行採決して成立させた。防衛関係、自衛隊機密の漏洩に対する報道の制約であり、それは「日航123便墜落事故」での自衛隊の関与についての取材規制とも言われ、マスコミの自衛隊への取材を規制する効力を有する。

９）運輸安全委員会は2016年10月21日、遺族（著者）に「（隔壁破壊説を否定した）前橋地検の不起訴判断で、航空局は加害者ではない」と文書で通達した（資料㊿）。

10）航空局の姿勢転換を受けて日航もみずからが「加害者」であることを否定
⇒日航は「隔壁破壊説」の否定を事実上認めたことを意味する。

このような経緯から、国、運輸省、航空局、日航は、123便撃墜事件の真実を完全に隠蔽するために、極めて大掛かりな謀略に携わってきたことがわかる。この首謀者が運輸省航空局と日航の副社長である町田直氏であることも容易に推定できる。航空局は航空の安全向上を旨とする航空行政の中心機関であることよりも、権力者に寄り添い忖度することを優先させてきたし、お客様の命を預かる日航は乗客や大切な社員である乗務員の命を「ムダ死」のまま放置しようとしてきたと断じざるを得ない。

⑧国家権力者・中曽根総理の国民虐殺と隠蔽の犯罪行為

すでに述べたように、123便墜落事故は二つの事件、あるいは第一幕と第二幕から構成され、それぞれがさらに細かな犯罪行為によって構成されている。

大きくまとめると、第一幕は中曽根総理が、自衛隊標的機の123便への衝突の不祥事を隠蔽するために全員殺害を自衛隊に命じ、操縦できた事故機の横田基地への着陸を禁止して見殺しにし、最終的にはミサイルで撃墜殺傷したという事件である。

一方、第二幕は中曽根総理から運輸省への指示に基づく真相の隠蔽事件であり、嘘の事故調査結果の捏造と報告、日航に加害者を演じさせて補償交渉させたうえ、その違法行為を航空局、群馬県警が容認ないしは教唆した事件、ボーイング社との共謀補償事件、事故資料の廃棄処理事件、

前橋地検の不起訴判断にもかかわらず再調査を拒否している事件などから構成される。

この構図を図式で示しておこう（資料⑤―墜落事故は「乗客の殺害事件」と「航空局による隠蔽事件」の二つの事件構図から成る）。

　第一の事件（第一幕）も第二の事件（第二幕）も、中心にいるのは自衛隊の最高指揮官である当時の中曽根康弘総理大臣であった。総理大臣は自衛隊の最高指揮官であるのと同様、各大臣を通じて、政府行政の省庁を指揮監督する行政機構のトップだ。

　しかも中曽根氏は14年前の雫石戦闘機衝突事件の時に佐藤内閣が巧みに情報を隠蔽し続け、ついに責任追及をかわして延命したのを間近で見ていた人物である。その経験を持つ彼は、行政組織の最高権力者としての地位を利用し、運輸省航空局に隠蔽の全権を委任し指示したのだ。

12　航空局の説明責任

①航空行政を司る航空局

　横田基地への着陸行動、自衛隊による着陸妨害、川上村畑への不時着敢行、上野村山岳地帯での自衛隊ミサイルによる撃墜、自衛隊、群馬県警による救助放棄、生存者暗殺、日航の「加害者」の自称、詐称と違法な補償交渉、航空局・事故調による事故原因の捏造、事故調による事故資料の廃棄、遺族を集めての隔壁破壊説の解説集会、政府の「特定機密保護法」の制定……。

　日航123便墜落事故・事件では、膨大な数の出来事が整然と連鎖している。123便の墜落を隔壁破壊による自損事故と片付けた事故調のシナリオでは、以上の発生事象を説明できない。この事件の根底にあるのは、権力者と自衛隊による口封じのための大量殺戮であり、それは多くの有識者の調査結果と著者独自の調査から導きだした仮説だ。その仮説の信憑性についてさらに確信を深めるために、一連の事件で重要な一角を構成する「航空局」を中心に、それが事故調の結論の矛盾、疑惑に対していかなる見解を示してきたかを確かめることにした。

　行政組織、省庁は一般国民にとって関係が薄く、関心もないので、よく知られていない存在である。また、日本の国民は行政に対し、あまり悪いことはしないだろうという性善説的な認識、評価を持っている。例えば、前述のように123便墜落についての事故調の結論で「修理ミスの隔壁が破壊した」との事故原因が示されたことから、遺族、群馬県警は「修理ミスのボーイング社」「点検ミスの日航」「検証ミスの航空局」を群馬県前橋地検に告訴した。この時、遺族らは容疑者すなわち加害者として「ボーイング社」「日航」を強く意識した半面、なぜか「航空局」に対する疑惑という意識は薄かったというのが正直なところだ。それは、航空局とはどのような組織なのかよく知らなかったからであり、それゆえ疑念も少なかったのである。

　しかも、事故直後に遺族有志は遺族の一人である川北氏が事故対策として提言した「乗客の座席構造」の改善について航空局の技術部との会議を開催したが、この時の技術部長の応対は親切で、好印象を持った経緯がある。したがって、遺族は航空局への対応においてはあまり厳しい目線を持っていなかったのである。遺族の一人である著者が航空局への姿勢、見方を一変させたのも、先にも述べたように事故後32年目の慰霊式典でのやりとりを経験してからであった。

　航空局は運輸省（現・国土交通省）の重要な部局（内局）で、航空行政を司る部署であると豪語している。航空行政は運輸省が一手に握っており、その業務のほとんどが航空課、後の航空局によって担われてきたからである。

　その行政内容は航空会社の許認可、路線の許認可、運賃の許認可、操縦免許の交付、航港使用の許認可、空路管制、航空機の就航許可、航空機の修理許認可と検定など多岐にわたる。これを見ても一般国民にはよく分からないが、強大な許認可権を握っていることは何となくわかる。

　許認可権を通して航空機製造会社、運航会社に対しては極めて強い立場にあり、日航、全日空などの運航会社は航空局の命令、指示には絶対に逆らえない。運航会社は航空局にその死活を握られ、服従せざるを得ない構造のもとに置かれているのだ。

　このことは政府権力者、すなわち政治家の利権への介入にも繋がり、過去においてもロッキード事件などの収賄汚職が生じてきた。航空局は運輸省の内局で政権との関係が深く、利権との関係からも政府権力者との繋がりが深い。そのことが今回の日航機事故における真実隠蔽に関しても、大きな影響力を及ぼしたと推測できるのである。

②航空局と日航機事故の事故調査との関連

　さて、事故調が「隔壁破壊説」を認定したために、遺族らは、「隔壁を修理ミスしたボーイング社」「点検ミスの日航」「検証ミスの航空局」を前橋地検に告訴した。航空局の業務として、「修繕航空機の飛行許認可」があるが、この項目における「隔壁修理ミスの検証ミス」が航空局を告訴した理由だった。しかし、前橋地検は1990年に三者を「不起訴」、つまり裁判になぞらえて言えば三者を「無罪」にしたことはすでに述べたとおりだ。

　著者は遺族として、事故発生直後から事故調の「修理ミスによる隔壁破壊」という説に疑問を持ち、事故原因、墜落原因について調査してきた。種々の事故原因に関する有識者の著書、文献を読み、自分でも文書にしてまとめて訴えてきた。

　その過程では、事故発生直後から「加害者だ」と自称する日航とは文書による質疑応答を行ってきた。だが、事故調の報告書の内容をくり返すだけの回答が続いたので、その後、日航幹部技術者と直接の面談、議論（「技術会議」）を開催し、報告書の疑惑、疑問や著者が究明した事実や著書を基に真摯に質疑してきた。日航は逃げ腰で、報告書に対する多くの疑問点について技術的、論理的な説明、回答ができなかった。それを通じ、日航が点検や整備ミスを通じて隔壁破壊を招いた加害者などでないことは、確信できたのであった。

　また、落合証言、前橋地検の不起訴判断、アントヌッチ中尉の衝撃的告白、事故調の資料の廃棄処分など、政府、事故調の説明責任を果たさない態度、事態から、自衛隊、政府が事故に関与したことも確信できた。事故後25年目頃から本格的に調査に取り組み、30年目に第一次の調査結果を著書『日航機墜落事故　真実と真相』として刊行し、世に問うた。この時点で、事故原因は自衛隊の標的機衝突が端緒で、権力者および自衛隊はこの自衛隊の不祥事を隠蔽するために123便を撃墜し、乗客乗員の全員抹殺を図ったという結論に至ったのであった。

　著者はこの本を出版した直後、運輸安全委員会（事故調査委員会の後継）に事故原因についての何通もの公開質問状を提出した。だが、一切無視され、回答も説明もなく、面談しての技術討議を要請しても一切拒否されたのであった。

　事故調査にあたる部署が発表した最終報告書の不備や疑問、矛盾が遺族から技術的、論理的に指摘されたなら、当然のことながらその担当部署には説明責任が生じ、質問状に回答しなければならない。公的機関である以上それは当然のことであり、これは法的にも人道的にも、事故調査の趣旨からも当然のことであるはずである。これを避け、遺族からの疑問の声を無視するということは、事故調、運輸安全委員会には事故報告書の妥当性を説明する自信がないということを意味している。それは報告書が間違っていることをみずから認める行為に他ならない。

　しかも、事故報告書を作成した「事故調査委員会（運輸安全委員会）」は、前橋地検が隔壁破壊説を間違いであると指摘し、不起訴判断を確定させているにもかかわらず、なぜか一切の説明や反論をしていない。また、不起訴になったことでいわば「無罪」が確定しているはずの日航は、その判決後も依然として「自分たちは加害者だ」という姿勢を取り続けている。なぜこのような状況が続いているのかについて、日航も航空局も一切説明責任を果たしていない。

　著者・遺族小田は、遺族の多くは、このような不可解な事態に戸惑った。

　特に奇妙なのは、前述のように航空局が事故後一貫して、10名近い多くの幹部、局員が慰霊式典に出席していることである。法的、論理的にしか動かない公務員が、加害者でもないのになぜ35年間も多数出席するのか。この矛盾に気が付いた遺族は少ない。

　この矛盾を解くには、残された「航空局」に疑問をぶっつけ、確認することが不可欠だと考えた。その機会となったのが先にも述べた2016年8月12日に慰霊の園で行われた慰霊式典だった。

③航空局は「加害者」なのか

犠牲者を慰霊する「慰霊の園」は、単に慰霊を行う儀式の場所というだけではない。上野村の慰霊の園には、壮大で豪華な慰霊碑が立っている。多くの国民は知らないが、この慰霊碑の後ろ側には、520名の犠牲者の未確認の遺骨、遺品が収納されている。墜落の衝撃で、乗客乗員520名は2,000余の遺体に分断、破壊された。遺族が持ち帰った遺体は520個程度だが、多くは部分遺体だった。墜落では機体前部、中央部の乗客は分断されバラバラになり、そのうえ燃料で焼かれ、遺体の検視、特定には難渋した。遺体の特定は歯形、身体の特徴、衣類に依存していたから、焼かれたら歯形しか手がかりはない。当時は、現在のようにDNA鑑定ができなかったのである。したがって、身元が確認できずに残された遺体は遺族に渡された特定された遺体より多く、7割近くに達したという。

残された遺体は未確認遺体ではあったが、520名の中の誰かの遺体であることは間違いない。そこで、身元を確認できない部分遺体は上野村、藤岡市で荼毘に付されて520個の骨壺に入れられ、慰霊碑の後ろの部屋に整然と並べて納められ安置されているのだ。慰霊式典では、その場で520本のろうそくが点灯される。つまり、520名の犠牲者の墓地は、各遺族の墓地と上野村「慰霊の園」の「共同墓地」の2か所にあり、遺族らが毎年慰霊式に参列して供養するのはこのためなのだ。遺族は各家庭の墓地で事前に供養し、そのうえで誰かは分からないが犠牲者である未確認遺体の遺骨の収められている慰霊の園の共同墓地にお参りする。これが犠牲者慰霊式典なのである。

ところが、正式には慰霊式典の名称は遭難者慰霊式典となっている。国は遺族が供養する犠牲者、肉親の死は「遭難死だ」と判断し、遺族はこの国の意図の意味を知らないのだ。

恐ろしい、国の犠牲者への侮辱であり、遺族への名誉棄損なのだ。

さて、34年間、遺族らが出席した慰霊式典では、式次第に名前が記載された「航空局」と名前が記載されていない自称加害者の「日航」が同席している。そして、この不可解な出席者名簿のあり方については、ほとんど誰も気づいていないのであった。

2016年8月の31周年慰霊式典で遺族小田が出席していた航空局幹部に申し出て面談を行った。そこで、先に紹介したように、航空局祓川課長が言った言葉が「航空局には事故責任がある」「航空局は修理ミスを見つけることができなかった」として、自分たちは「加害者だ」と述べたのである。

彼らとしては、その場ではそう言わざるを得なかっただろう。多くの遺族、日航、関係者が著者と航空局幹部が大きな声で議論しているのを聞いていたからだ。それまで長年の間、多数の航空局幹部、職員が喪服に身を包み、厳粛に出席し、献花するのを見ており、誰もが「航空局が加害者だ」と見ている。この厳粛な場所で多くの関係者の前で「自分たちは加害者ではない」とは絶対に言えなかったはずだ。もし「加害者でない」と断言すれば多くの出席者は異様に思い、特に遺族は驚くと同時に怒るであろうことは間違いない。

だが、このことは犠牲者の遺骨が埋葬されている厳粛な霊地、墓地において、「加害責任がない」ことを熟知しているはずの航空局幹部が喪服を身に着けてまで「加害者だ」と詐称し、犠牲者の魂にも遺族にも嘘をついたことを意味する。「航空行政を司る航空局幹部」として、かつ「安全運航が第一の目的だ」と豪語する航空局の責任ある者として、公然と犠牲者の霊前で嘘を吐いたのであった。

「嘘は泥棒の始まり」だと子供の時から教わったが、「泥棒は犯罪」である。このように航空局

が嘘をつくというのは犠牲者、遺族への侮辱であり、唾を吐くに等しい行為である。このような犠牲者、遺族への侮辱行為に対し、航空局が後ろめいた様子も反省の姿勢も見せないことは残念至極だ。航空局は正義の航空行政を行う組織、人間の良心を持ち国民の公僕の名に値する行政組織でなければならないはずだ。

しかし、このように航空局職員が「加害者」を自称したことが、思いがけず31年目の真実の告白を引き出す端緒になった。その最初の糸口は、この時の面談の最後に、航空局祓川総務課長が著者と改めて霞が関で面談することを快諾したことだった。

この面談が実現するまでは6カ月もかかった。

まず2カ月後、航空局から、通知文書（2016.10.21付）が届いた（資料㊿—遺族への航空局の文書「航空局は加害者でない。前橋地検の不起訴判断で確定」）。

> ……今年の慰霊式で総務課長から小田様へ「国土交通省にも責任がある」とお話ししたのは、「航空行政を司る我が省は、航空機によりお客様を安全に目的地へ到着させることが第一の目的であり、このような悲惨な事故により、それを達成できなかったことを遺憾に思う」との趣旨で申し上げたものです。
>
> ご存じの通り、本件事故につきましては、国土交通省（当時の運輸省）幹部が業務上過失致死容疑で書類送検されましたが、司法（前橋地検）の場で不起訴との判断が確定しており、当局（航空局）は本件につき「加害者である」との認識は全く持っておりません。航空局としてはこの点については、議論の余地はないと考えており、この点につき、ご理解頂くことがお会い（面談）する前提になると考えております」

すなわち、航空局は、慰霊の園で遺族に語った「航空局は加害責任がある」「航空局は修理ミスを発見できなかった」という主張を全面的に否定したのである。また、航空局は34年間も慰霊式典に10名近い多数の職員が参加したのは、安全航空を達成できなかったことについて遺憾の意を表するためと言い訳し、これこそ犠牲者を侮辱する説明をしている。遺族はこのように侮辱されたことに、愕然とせざるを得ない。

だが、さらに重要なのは、前橋地検が「隔壁は破壊しなかった」とし、「隔壁部の修理ミス」は事件と関係ないとの判断から不起訴としたことに依拠し、航空局は加害責任がないと明言したことである。そして、この「航空局は加害者ではない」とのことを了解しなければ約束の面談は行わないという。

これは、いわば卑劣な脅迫ではあるのだが、著者は自分の調査の結果として、航空局や日航、ボーイング社の三者には123便の墜落に関しての責任はないとの結論を出し、それを確信している。そこで著者は即座に「航空局の無罪を了解する」との文書を提出し、面談の実行を求めた。

航空局の通告は、「小田は航空局が加害者でないことを理解しない、認めないだろう」との前提で作成されたものだから、著者がいとも簡単に了解して面談を要求したので、航空局は困惑したに違いない。航空局は、今度は面談の内容に制限を加えることを画策し始めた。

すなわち次のような制限である。

• 航空局の出席者：当初、技術課長、企画課長と総務課長という予定だったものが、総務課長だけになった。
• 会議時間：3〜5時間のはずが1時間に短縮された。
• 会議場所：航空局会議室が一般行政相談室に変更された（一般通路の横に）。

全く遺族に説明責任を果たそうとせず、形骸化した会議でごまかそうとしているのである。し

かも、このことを通告してきた再度の文書には「航空局担当部の見解」として以下のことが記されていた。

- 隔壁修理に関しての航空局の点検、確認の実施内容（調査、確認、認可）
- 事故調査報告書（昭和62年6月19日発表、関係部分）（p102～p103）
- 事故原因確定後の事故再発防止策の指示
- 前橋地検における告訴告発と不起訴判断結論と航空局の判断

　これらを読めば会議は必要ないし、これで終わりだ（問題はない）と宣言しているのである。
　航空行政を司り、航空安全を第一の目的とする「航空局」は、その安全が破綻したとも言える日航123便事故に関して遺族に対する説明責任があるはずである。しかし、このような説明拒否の姿勢は、何かを意図的に隠蔽したいことがあるという表れでもある。
　このような経緯で約束から6カ月後に実現した会議もまた、酷い内容であった。

④航空局との霞が関での面談

　2017年2月15日、航空局との面談がようやく実現した。

　　　　場所：霞が関・運輸省航空局ホットラインステイション・一般行政相談室（この相談室はドアが無く、すぐに通路があり職員が通行していた）
　　　　航空局：総務課長・祓川直也、二宮祐介庶務係長
　　　　遺側族：小田周二（子供2人を殺された遺族)、土肥慶子（小田の妹）

●航空局の業務内容、範疇について

「航空局は日本の空の航空行政を司る部局である。航空局はお客様を目的地まで安全に到着させることが第一の目的である。すなわち航空安全を担保することである」。

　　⇒安全運航の裏返しである墜落事故も航空局の業務であり範疇に入るのだ。
　　⇒墜落事故の事故調査も航空局の管轄である。墜落死亡事故が発生した場合、事故原因を調査し事故原因を把握して再発防止策を策定して安全体制、システムを構築するのが航空局の仕事の範疇に入るのである。
　　⇒航空局は事故調査委員会への指示命令権を持っており、事故調査の報告書は航空局が指示し、事故調に作成させたもので、真実を隠蔽して捏造した報告書、結論は航空局の意図したことになる（航空局が調査報告書の内容が意図するものでない場合、受取りを拒否し無効とできる。したがって最終報告書を受け取ったことは、航空局の意図通りのものと判断できる。事故調の報告書は運輸省、航空局、内閣総理大臣、群馬県警が承認したものと判断できる）。事故調査委員会が事故調査を行い、事故原因を報告しても、これをチェックして認め、受け取るかどうかは航空局の航空行政の業務である。外局の事故調査委員会は事故調査を行うだけで決定権限はなく、事故調査の結果をふまえて日航やボーイング社、米国NTSBといった関係者に指示を発するのは航空局の業務だからである。
　　⇒航空機事故で死亡した犠牲者の遺族に対し、航空局は平易に説明する責務があり、事故調査、事故原因関連についての説明責任が存在する。
　　⇒一方遺族側は説明のつかないような報告書であれば、その受け取りを拒否することができるのだし、また、拒否しなければならない。

●航空局による「事故原因について、遺族と議論し、答える立場にない」との言動について

⇒これは航空局が第三者的な立場であるとの意味。事故原因については事故調査の運輸安全委員会に聞き、そこで相談しろと言いたいわけだ。だが、この発言は航空局の責任を放棄して事故調に転嫁する言動であり、この発言は事故調の上部組織である航空局として法的に間違っている。しかも、事故調が議論に応じるように航空局が命じてくれるかというと、それも約束はできないという。事故調査委員会に説明するように連絡はするが、面談するかどうかは委員会の判断だから、航空局は知らない、関係ないというのだ。これではもはや居直りである。

（小田）事故調査委員会は何の説明議論も行わず、面談も断って来た。

（祓川）航空局は調査委員会（外局）に強制はできない。⇒不当な言い草。

（小田）航空行政を司る航空局は調査委員会に指示できる権限がある。
祓川課長の「答える立場にない」「第三者だ」「委員会は別組織だ」との発言は法的に矛盾しており、成立しない。法律、業務上、違反している。これは詭弁であって、航空局幹部として、責任放棄である。航空行政の範疇に事故関係が入る以上、議論したり答えたりする立場にないとの発言は詭弁であり、責任回避の言い訳である。

● 「慰霊の園」での航空局祓川総務課長の発言（2016.8.12）
⇒祓川課長は「慰霊の園」では「航空局にも加害責任がある」と言った。さらに「航空局は修理ミスを発見できなかった」と発言し加害責任を認めた。これは航空局が「加害者」として慰霊式典に参加している事象とも合致する。こうした加害者を装った言動は、現在の政界で話題の「印象操作」の最たる行動である。

（小田）日航は「加害者だ」と言って、毎回慰霊式典に役員のほとんどが出席している。航空局も幹部職員が10名近い人が出席しており、遺族、国民は全て「航空局も加害者だ」との判断をしている。祓川課長が2カ月後になって「不幸な事故が起きて悲惨な多数の犠牲者が出たのは遺憾（残念、可哀そう）の趣旨で言った」と述べた説明文言は、これまでの加害者然とした式典出席と整合性のない詭弁であり、卑劣な責任回避である。

● 「前橋地検の不起訴判断」と「航空局の無罪判断」の相違についての議論
遺族は事故調の結論を受けて「隔壁の修理ミスのボーイング社」「点検整備ミスの日航」「検査ミスの航空局」の三者を前橋地検に告訴した。1990年7月、前橋地検は「隔壁は破壊していない」として不起訴判断を下し、三者を「加害者でない」と無罪の決定をした（資料⑭）。

航空局はこの不起訴判断を根拠にして「無罪が確定している」と公言した。ということは、航空局もまた「隔壁破壊説」が成り立たないことを認めたことになるはずである。

（祓川）しかし、「隔壁が破壊したとの仮説」は正しく、確定している。

（小田）前橋地検は「隔壁は破壊していない」と否定し、不起訴にした。すなわち隔壁破壊説は否定され、崩壊した。だから、告訴された三者は不起訴になり、「ボーイング社」「日航」「航空局」は「加害者でない」ことが確定した。

（祓川）航空局の検査に「手落ちがない」ので、不起訴になったのである。
しかし、隔壁は破壊している。⇒この説明は論理的、法的、技術的に矛盾である。

（小田）その見解が正しいのなら、「航空局」「日航」は無罪となり、「修理ミスのボーイング社」だけが有罪になるはず。しかし、「ボ社」も無罪であり加害者でないと断言している。完全に矛盾であり、航空局の説明は成立しない。しかも「ボ社」は慰霊式典に出席して

いない。航空局の見解に立てば無罪である「日航」「航空局」が慰霊式典に出席し、有罪となるはずの「ボ社」が欠席しているのだから、航空局の説明は矛盾していて成立しない。遺族は何度も「ボーイング社」の慰霊式典への出席を要求したが、日航、慰霊の園の理事長からは一切返事、回答が無かった。すなわち、日航、慰霊の園も隠蔽の共犯なのである。

（祓川）前橋地検の判断は司法の場であり、事故の調査とは別である。「前橋地検は破壊していない」と言うが、航空局は「隔壁は破壊している」と考えている。前橋地検の見解であり、見解の相違である。刑事責任がないとされたが、それは「検査に手落ちがない」からとの判断から不起訴判断したのだ。

（小田）それでは前橋地検の不起訴判断では「ボーイング社」「日航」「航空局」の三者に事故加害責任がなく、「加害者でない」ということか？

（祓川）そうです。事故原因を議論するのであれば、事故調とやってくれ。事故調は事故原因を究明する部署である。事故調に面談するように話をしておく。

（小田）事故調査は航空局の指示命令で行われ、事故調査の結論は航空局が先に決めて、事故調が従って、作成している。航空局は、運輸安全委員会は日航と一緒になって、遺族を集めて隔壁破壊説の解説集会を行っている（2011.7）。責任回避の態度は卑劣であり、その主張は成立しない。

（小田）運輸安全委員会にこの航空局の見解指示（遺族と技術会議の開催）を伝え、面談説明を求めたが、拒否された。航空局の指示を無視したのだ。事故原因については小田と航空局の見解の相違であると言うが、真の事故原因は一つであって、航空局は真実を追究する航空行政上の担当の立場で事故原因を追及し明確にして再発防止策を実施して空の安全を向上させる業務のはず。航空局の業務範囲からは事故の真実を明らかにして再発防止に生かすことであり、見解の相違との言い訳で拒否するのは詭弁でしかない。航空局の業務、目的に反する重大な違反事態である。事故調の事故原因の推察は、法的な司法の判断で決定されるもので、これが事故調査とその決定のプロセスである。責任転嫁は、航空局としてできないはずだ。

　（これが航空局への公開質問状ですと質問状を直接提出）

（祓川）結構です。要りません。（怒って突き返す）

（小田）公開質問状を突き返すのは情報公開法の趣旨、公務員法違反だよ。

　（その５分後、二宮係長が質問状を取りに来た。呆れた暴挙。著者は航空局局長に抗議の申し入れを行ったが、もちろん何の返事もない。）

＊

　航空局の慰霊の園での発言、その後の面談交渉の経緯、そして霞が関での航空局幹部との面談から、導かれる結論は次の通りである。

１）前橋地検の不起訴判断により、告訴された被疑者三者「ボーイング社」「日航」「航空局」は無罪となった。

　⇒事故調の事故原因である「隔壁破壊説」は否定され、崩壊した。

２）航空局、日航は無罪にもかかわらず、その後も依然として「加害者」を演じて、34年間、遺族、国民を騙してきた。

　⇒それは真の加害者である「総理大臣」「自衛隊」の責任を隠し隠蔽するためである。

　⇒隔壁破壊は起きておらず、垂直尾翼の破壊は外部破壊であって、高速の自衛隊の重量物体

が衝突した結果である（それは標的機だ）。

⇒事故の真実の隠蔽は航空局と日航が首謀者であり、それは政府の最高権力者・中曽根総理の指示による暴挙である。

⇒隠蔽の協力者は事故調査委員会、日本航空である。

⇒ボーイング社は自社製造の航空機（B747旅客機）の安全性評価の維持のために、嘘の「隔壁修理ミス」を提起して、「隔壁破壊説」の捏造に貢献したが、隔壁の破壊が起きても垂直尾翼が破壊されないように設計し製造しており、隔壁が破壊しても、尾翼破壊は起こらないことを知っていた（資料㉔）。

３）事故調査委員会は航空局の支配下にあり、航空局の決めた結論をただ指示命令されたままに報告書を作成して、公表しただけである。

⑤遺族から航空局、日航への「公開質問状」

　航空局、日航とも事故の真実解明に関して重要な位置にいて深く関与しており、事故について説明責任を負う立場にある。だが、隠蔽の首謀者である航空局、日航との面談は、時間的な制約もあり、核心の部分についての質疑は簡単にできず、又回答も言い訳でしかなく、嘘であった。

　日航についても直接に面談しているが、同時に途中段階で論点をまとめて「公開質問状」を提出し、回答をもらっている。議論には有効な手法である。

　霞が関での航空局との面談でも時間制限を付けられ、進展はほとんどなかった。そこで遺族として航空局に対する「公開質問状」を用意し、面談の最後に祓川課長に直接提出した。しかし、前項で記したように、課長はこの受け取りを拒否したのだ。これには驚かされた。航空局は遺族からの異議申し立てや質問に答える責務がある。まさか総務課長が受け取りを拒否するとは、想定しておらず、呆れ果てることであった。結局、付き人の庶務係長が取りに来て受理したのではあるが、この件で航空局は回答を出さずじまいだった。次の慰霊式典では総務課長は出席せず、更迭されたようであったが、以後この回答は著者に届けられることはなかったのである。

●遺族が提出して、航空局が受理した公開質問状

　著者（遺族小田）は長年真摯に事故調査を行い、その結果を著作『日航機墜落事故　真実と真相』（2015年、文芸社）なる本を出版し、多くの賛同を得ている。さらにその後2017年8月には『524人の命乞い　日航123便乗客乗員怪死の謎』（文芸社）を出版し、これも大きな反響があった。いずれも、事故調査委員会の結論が成立しないことを証明し、123便墜落事故は中曽根総理、自衛隊による乗客乗員の殺害のための自衛隊ミサイルでの撃墜であることを証明したのだ。

　一方、事故調の後継組織である運輸安全委員会は、日航の協力で、遺族対象の説明会の開催（2011.7）を突如通告し、その趣旨として事故報告、事故原因について多くの疑問があることを認め、できるだけ、分かりやすく説明を行うと述べている。だが同時に運輸安全委員会は、事故報告書には新たな解析や原因の推定を加えないとの予防線を張った。案の定、その説明会は機内空気が動かないまま機内空気が噴出することもあり得るという、科学性を欠いたもので終わった。

　事故調の報告書のポイントは「隔壁破壊説」であるが、事故調は、重要な生還者である落合由美氏の機内空気は動かなかったという体験証言を無視して、嘘の隔壁破壊説を捏造している。およそ機内空気が動くことなしに、その機内空気が猛烈に噴き出して垂直尾翼を破壊することなど、世界のどんな著名な研究者でも説明できない。

　さらにボーイング社も「事故機は旋回し、上昇し、降下して、長い時間飛行していた」と操縦

可能と提起し、また日航のパイロットの神様である杉江弘氏がその著作で、健全な「エンジン出力の微調整で操縦できた」ことを実際の事故例を挙げて、認めている。事故調も「事故機は飛行の継続ができた」と結論しており、操縦できたことを認めている。123便事故機が操縦できたということは、垂直尾翼の破壊が墜落の原因ではなく、「隔壁破壊」も墜落事故原因でないということになる。

これに基づき、著者は運輸安全委員会に、事故調の結論についての疑惑、矛盾を指摘し、その結論が成立しない根拠を示し、垂直尾翼の破壊事象、事故機の操縦性、横田基地への着陸可能性、川上村レタス畑への不時着行動、上野村山岳地帯でのミサイル攻撃と撃墜について、またその後の救助活動の疑惑、残虐な自衛隊による殺害行為、そして日航による違法な補償交渉、航空局による隠蔽工作などついての質問を「公開質問状」に記載して、航空局に提出し、回答を求めたのである。

その公開質問状提出の経緯と遺族と航空局との面談経過を以下に記す。

△公開質問状―①　2016.3 運輸安全委員会（旧事故調査委員会、以下「安全委員会」）
△公開質問状―②　2016.5 安全委員会（資料㊾「事故原因は隔壁破壊説だ」）
△公開質問状―③　2016.12安全委員会
○安全委員会に面談会議の要請　2016.8　（→拒否された）
○遺族と航空局との面談　2016.8.12　慰霊の園（祓川課長）
○航空局幹部との面談　2017.2.25　霞が関（祓川課長）
◇公開質問状―①　2017.2.25　航空局
○航空局幹部と面談　2017.8.12　慰霊の園（安全部長、中村課長）
　　・「質問状は受理した。回答を送る」と約束した。
　　・8.12連絡会美谷島会長が面談の邪魔をした。
　　（すなわち、8.12連絡会美谷島会長が航空局、日航に懐柔されていた）
○航空局幹部と面談　2018.8.12　慰霊の園（高野部長、中村課長）
　　・質問状は受理している。必ず回答すると約束した。
　　・日航権藤常務、福田部長が航空局との面談を妨害した。
　　⇒権藤常務は「小田が慰霊行事に迷惑を掛けたので、注意した」と居直り。
◇公開質問状―②　2019.7.26　航空局
○航空局幹部と面談　2019.8.12　慰霊の園（川上安全部長、平嶋課長）
　　・質問状受理している。回答する。霞が関で面談すると約束

以上の如く、公開質問状は安全委員会に３通、航空局へは２通である。運輸安全委員会は航空局の傘下であり、支配下にあり、何の権限もない「外局」であるので、今回航空局に安全委員会宛の質問状も含めて最終の質問状を提出した。運輸安全委員会は独自に回答を提出する権限はなく、航空局に運輸安全委員会への質問状の回答も含めて要求したのである。

2020年12月12日時点で「運輸安全委員会」「航空局」からの回答は一切届いていないのが現状である。完全に無視しているのだ。これが日本の空の航空行政を司る部局と豪語した「航空局」の遺族への対応なのである。現在、航空局に回答の催促と面談日程を連絡するように文書で要請している。航空局は墜落事故で死亡した犠牲者、遺族に対し、疑惑、矛盾の提起に対して親切に説明する説明責任があることを2011.7 解説集会での配布資料で航空局大須賀事務局長が認めているからだ。

●なぜ、国、航空局、安全委員会は公開質問状に回答しないのか

　４年以上も一切、無視し、何の返事もしない態度が続いている。航空局も運輸安全委員会（事故調査委員会）も同じく公開質問状の回答を無視して回答をしない理由は大きく二つある。

　一つは基本的に「事故調の結論は嘘である」ので、技術的、論理的に回答できないから。

　二つ目の理由は、回答文書の取り扱いは航空局が決めており、権限のない運輸安全委員会への支配力が強力であるため、事故調査を任務とする安全委員会は回答しないのだと推測できる。

　また、著者は日航とも技術会議と題した面談を行っているが、その回答姿勢も基本的に「質問があれば回答する」というものであり、決して分かりやすく説明するという姿勢ではない。そして、その回答内容は「日航は独自に事故調査した」と言いながら、すべて事故調の結論、報告書の域を出ないのである（資料㊵）。日航も同じく航空局の配下、下僕であり、厳しい監督の下で政府の事故原因への関与を隠蔽する協力を誓っていることは間違いない。

　この日航の説明責任については後述する。

　航空局は、霞が関での面談会議の場で、次は技術者（技術課長、企画課長など）が出席しての会議を約束したが、３月10日に面談拒否の通告文書が届いた。航空局は航空行政を司る部局と豪語し、日航機事故の事故原因を明確にする責任があると言いながら、このような姿勢は、「航空局は事故の真実を隠蔽する首謀者の姿勢である」と明確に断定できる。

⑥日航機墜落事故の真実隠蔽の「司令塔」としての航空局

　遺族国民は、事故当初から、国、航空局、日航の情報操作、印象操作で惑わされ、当事者である「日本航空」「ボーイング社」に容疑者の疑いを持ちながらも、情報操作で全体構造を理解できず、戸惑いながら、苦しんできた。

　特に事故原因は「修理ミスの隔壁が破壊した」との情報宣伝操作は、事故に詳しくない遺族、国民の関心を集めた。遺族はまた、被害者特有の感覚で疑惑を看破しながらも、「加害者」を演ずる日航の卓越した演技や「補償交渉の提言」に見事に騙され、信じ込まされたのである。私は事故後、25年目には真の原因を特定し、遺族、国民、報道各社に提言したが、この流れを変えることはできなかった。

　巧妙な隠蔽作戦は、日航を加害者にする囮作戦を柱に、ほぼ成功したようであったが、実はこの航空局の著者との面談での言動は、その真の隠蔽作戦の首謀者、司令塔であることを自供告白するに等しいものであった。

　「航空局が自分たちは加害者ではないと告白するまでには、32年間の歳月が必要」であった。この時間の経過は真実を曝け出しているとはいえ、余りにも大きな時間的損失であったと反省している。事故後25年目には、日航機墜落事件の加害者は中曽根総理、自衛隊幕僚長の犯罪行為との確信を持っていたが、事故調査委員会、日本航空の見事な偽証、嘘の演技で遺族、国民を騙した。この隠蔽の指示、強制の主が中曽根総理であることは推測できた。しかし、総理自身がみずから直接に事故調、日航に指示し、強制するような冒険を犯すことは考えられない。本当に悪賢しこい悪辣な奴は、表面に出ないのが古今東西、世界の共通の事象である。

　さらに事故調は何の権限もなく、このような画期的な嘘の報告書を勝手に捏造するとは考えられないし、日航も民間企業として、このような恐ろしい隠蔽策略を主体的に勝手に自身で行うとは考えられない。その見事な隠蔽工作を行った中心的な存在が誰・どこであるかについては、全く不明で闇の中であった。32年間の沈黙を守っていた航空局が隠蔽の首謀者として、突然その本性を現したのが、2016.8.12の慰霊式典での言動と、その後の文書及び2017.2.17の霞が関におけ

る面談での態度、回答であった。

　ここで明確に認識できた事象は次の通りだ。
＊航空局は日本の航空行政を司る部局であること。
　　⇒その発言は日本政府の航空行政の見解であり、完全に一致する。
＊航空行政の目的は航空機によりお客様を安全に目的地へ到着させることが第一の目的であり、航空安全にあること。
＊航空局は航空安全を阻害した航空機事故が発生し、乗客が死傷した場合、その事故原因を調査し原因を把握して再発防止策を策定して安全体制、システムを構築するのが仕事の範疇に入るのである。
＊航空局は事故調の結論「修理ミスの隔壁破壊説」を必死に守ろうとしていること。なぜなら、事故調の結論は航空局が指示した内容であるからだ。すなわち、真の加害者を隠すためであること（これが日航123便撃墜事件の主な動機である）。
　　⇒前橋地検は事故調の結論「隔壁破壊説」を否定し、航空局の目論見は完全に破綻した。
＊航空機事故で死亡した犠牲者の遺族に対し、航空局は平易に説明する責務があり、事故関係の説明責任が存在する。事故調、安全委員会に遺族への説明を平易に行うことを命令し指示する立場にある（航空局自身の見解である）。
＊航空局は、1990.7の前橋地検の不起訴判断で「修理ミスの隔壁が破壊していない」とされたことを認識し、三者「ボーイング社」「日航」「航空局」が無罪であることを知っている。
＊航空局は日本の航空行政を司る部局でありながら、前橋地検が事故調の結論が間違っているとの指摘をしているにもかかわらず、意図的に放置し、「再調査を行うなど具体的な処置、対応」を行っていないこと。
＊航空局は運輸省の中核組織である「内局」であるのに対し、運輸安全委員会（事故調査委員会）は何の権限もない「外局」で隷属関係にあること。
＊日本航空は、航空局の航空行政に服する立場であること、さらに日航は、国策会社で国の意向に従わねばならない会社で、多くの国の官僚、公務員が天下りをしているので、完全に公務員体質であること。⇒日航は航空局と隷属関係にある。
＊航空機事故に最も詳しい立場にある航空局は、その強力な権限で事故調査の方向と結論を決め、事故調査機関（事故調、安全委員会）に対して指示し命令することができ、123便墜落についても、まず、航空局が結論を決めて事故調に押し付けたのである。過去、事故調査を行った東大山名正夫教授は記者会見して、「航空局が事故原因を先に決めている」と暴露し、辞任した。この証言と同じことが今回も日航123便でも行われたと推察できる。
　　事故調は独立した機関でなく、航空局に隷属した下請け機関に過ぎない。
＊航空局は前橋地検の判断を認めてみずからは「加害者ではない」と主張しながら、その一方で「隔壁は破壊した」との矛盾を堂々と主張する。この理由を「見解の相違」という言葉で済ませる説明は司法を無視するもので、それを法治国家の行政部門である航空局（運輸省、国土交通省、政府）が主張するのは憲法、民主主義を無視することにほかならない。「航空局は加害者でない」「検証に手落ちがなかった」と主張しながら、同時に「隔壁は破壊した」と主張するのは決定的な、大きな論理矛盾であり、このような矛盾した主張が成立しないことは誰の目にも明らかである。
＊航空局は、自ら「加害者でない」と主張し、一方同じ立場の日航も「加害者でない」との前橋地検の不起訴判断にもかかわらず、依然として、公然と「加害者」を演じる言動を放置し、む

しろこれを助長するような行動を行っている。航空行政を司る立場だと言いながら、日航の加害者としての補償交渉の違法性を指摘したり是正を勧告したりしていない。これは<u>日航を監督すべき航空局の業務、責務を放棄している</u>ことになる。

＊航空局や日航に「過失責任がない」が「隔壁は破壊した」というのが真実と言うならば、123便墜落の責任は全て「ボーイング社」だけにあることになる。だが、<u>ボーイング社は無罪判決の後は慰霊式典にも参加せず、自分が「加害者」だとの言動は一切ない</u>。これは重大な法的、論理的な矛盾であり、成立しないことは明らかである。

＊航空局は、慰霊式典で35年間も毎回10名もの幹部職員が喪服に身を包んで出席し、いかにも<u>「加害者」との印象を与えて遺族、国民を騙している</u>（印象操作）。

　これは隠蔽工作の一環だと判断できる。

＊日航が「加害者」を自称し、遺族に「補償交渉」を提起し、補償金を強引に支払ったことを航空局、群馬県警が容認したことは、日航の補償行動を了解したことになり、航空局と群馬県警とで「日航は実行犯である」と断定したに等しい犯罪行為であった。

　日航高木社長も遺族への書簡で、「……事故原因の究明がなされる以前ではありますが……」と記述しており、事故原因が全く不明の段階で日航の「加害者宣言」と「補償金提起」を航空局と群馬県警が容認したことは、明らかに国による謀略犯罪であると帰結できる。

＊事故直後、1985年8月14日、日航は技術者を動員して、墜落現場で残骸の選別作業を行い、事件証拠残骸の隠蔽に協力した。日航はこのことは「事故調からの要請だ」と言い訳したが、そのような権限のない事故調はこれを明確に否定している。事故が発生した12日にまだ墜落事故の情況、詳細を知らない事故調がこのような要請を出すことはできないことは明らかである。この日航を指示して動かせる立場にあり、また、墜落事件の真実を知りうる立場の航空局しか、日航に指示し要請できない。すなわち、<u>航空局は隠蔽の首謀者であると断定できる</u>のである。

第三部

13　運輸省の下部組織「事故調査委員会」（外局）

①航空機事故調査委員会（運輸安全委員会）の業務・役割

　事故調査委員会（事故調）は、1971年の全日空機雫石衝突事故を契機に設立された組織である。佐藤栄作内閣は犠牲者162名の自衛隊機衝突事件の反省として当初「独立した調査能力のある調査機関」を設置すると約束したが、実際は運輸省に隷属した傀儡組織を1974年に設置した。

　これは自衛隊などが関与する衝突事故等が多発する可能性が高く、政府の権力維持、責任回避、自己保身のために権力者の意図通りに動く組織である必要があったからである。これでは運輸省の航空課（後の航空局）の下請け組織であり、何の権限もない傀儡組織である。名前は立派だが、実質は「事故報告書作成委員会」なのである。

　これと対照的なのが米国のFAA（連邦航空局）とNTSB（国家安全運輸委員会）であり、これらはそれぞれ独立し、強力な調査の力がある点で日本とは全く異なる。

　日本の事故調の実態は運輸省の外局の調査機関であり、運輸省官僚が事務局として強力な権限を有し、調査方針や結論を決める。3年という短期の委嘱を受けた著名な研究者が調査委員となり、その結論を科学的、論理的に装飾して仕上げる仕組みになっており、かつ調査、捜査権限も弱い。運航会社や航空機製造会社に資料提出を「お願いする」という貧弱な組織で、運輸省、政府からの「独立性のない組織」である。ここで出された過去の墜落事故の調査の結論は、「事故原因不明」か「パイロットのミス」がほとんどである。すなわち、事故の本質に迫って事故原因を究明しようとする組織でなく、形式的に調査を終わらせ、事故原因を捏造する傀儡の調査組織なのである。

　これでは、事故原因を究明し再発防止に生かすとの目的は達成されるはずがなく、その責任を果たすことができないのは明らかである。123便墜落事故直後の新聞報道でも、この点を指摘した記事で埋め尽くされている。

（読売新聞　1985.9.11）

＊事故調の調査の能力、態勢は不足——米国NTSBと大差あり

　垂直尾翼破壊　　実機テストを要求する

　予算　　事故調　　　2,700万円／年

　　　　　NTSB　　　　50億円／年

＊事故調の情報操作誘導

　空気流出⇒隔壁破壊の可能性（事故調査が始まったばかりの段階での新聞を使った情報誘導）

　これでは、空の安全を向上させるとの目的を果たせず、真実の調査ができず、国民の命を守ることができない。全く不要、無用の存在と言うべき機関なのである。このように役立たない組織は即刻解体廃止するべきであり、政府が当初約束したように米国のNTSBのような「独立した調査、捜査権限を有し、強力な能力を有する組織」を新たに設置することを提言する。

②事故調査委員会の実態

　事故調は航空局の下請けで、何の権限もなく、ただ命じられたことだけを忠実に実行する組織で、決められた結論に適合する証拠、状況、証言だけで辻褄を合わせて、報告書を捏造し作成する組織になっている。

事故調は、大学の航空工学の教授、運輸省の役人、航空会社関係者、学識経験者という名の素人の寄せ集め。委員の中に実際に航空機を操縦できる人はいない。理論が分かっていても、実際に運転できないと自動車免許は取得できない。航空機についても、このように学問の域を超える「現実」を把握し得る経験が必要だが、それを調査委員たちは持っていない。

　また、本書の前半で述べたように、事故調査の手法は警察の殺人事件の捜査手法と同じく「帰納法」で行われるべきものだが、日本の航空機墜落事故の調査手法は「演繹法」である。

　演繹法はすでに確立した「事実」「法理」「定理」などの三段論法で行う推論であって、実際の墜落事故ではそのような手法は使えるはずがない。発生事象、目撃証言、CVR（ボイスレコーダー）、DFDR（フライトレコーダー）、残骸などを基に推論せねば、事故の真実は分からないからである。いかに著名な研究者である事故調査員も、演繹法での研究手法では520名もの犠牲者を出した墜落事故の正しい調査、捜査はできないのである。

　すなわち、日本の事故調査は間違っており、ほとんど結論は間違っていると言われるし、真実を追究できないことは明らかなのである。

　　　「その上、互いに権威を立て合ったり、譲り合ったり、年功序列でモノを言ったりして、
　　　全く原因に迫れないのです。欧米のように、調査結果を徹底的にぶっつけ合わないと、何
　　　も解明できません」（週刊文春　85.9.5号、小川和久氏）

　さらに、ジャンボ旅客機は超ハイテク航空機である。航空機の専門家でも自分の専門分野以外のことは皆目分からない。現在の日本の調査委員にはこの種の飛行機の専門家に該当する人がいないことは歴然としている。

　航空評論家や乗員組合の人は、「日本の航空機事故の原因の多くは、原因不明かパイロットの操縦ミスになっている」と抗議する。すなわち、パイロット個人の問題などと原因不明となって、どういうわけか運航会社や監督機関である運輸省、航空局やメーカーに責任が及ぶような原因にはならないのである。政府やメーカーに累が及ぶような原因を厳しく追及する主張をする委員がいても、その種の意見はいつも無視されてしまう。

　過去にも委員会内部の不調和や、異論を唱える委員が調査途中で辞任してしまっている。1966年2月4日に起きた全日空のボーイング727機の羽田沖墜落事故（乗客乗員133人全員死亡）の調査中、首席調査官2名も更迭され、委員であった山名正夫東大教授は、あらかじめ「求めるべき結論が決められている」ことに反発し、記者会見で不満をぶちまけた後に辞任した。

　山名氏の辞任理由はさらに重大なことを教えている。山名氏は全日空機の機体調査の際、事故機のエンジン取り付け部に着目して調べた結果、そのボルトに大きな疑問を抱いた。その実験のために、ボーイング社に同じボルトの提出を求めたところ、事故機のボルトは1本も残っていないと言われ、ボルトの提出を拒否されたのである。当時、ボーイング727機の墜落事故が多発しており、その原因がエンジン取り付け部のボルトであることが後に明らかになっている。山名氏の指摘は正しかったのであるが、航空局はこれを否定し、その意見を潰したのである。

　このように、事故調査員会は真実追究の事故調査を行わない組織で、航空局が決めた結論に合わせて報告書だけを作成する傀儡組織なのである。

③航空局・事故調が墜落の事故原因と称する「隔壁破壊説」の虚構

　123便の墜落に関する事故調の結論は、繰り返し述べてきたように「ボーイング社の隔壁部の修理ミスに起因する隔壁破壊〉→〈機内空気の流出による垂直尾翼とAPUの破壊と油圧配管の破壊〉→〈ほとんどの操縦機能の喪失〉→「操縦が極度に困難になり、激しいフゴイド運動、ダ

ッチロール運動が生じ、その抑制が難しく、不安定な状態での飛行の継続はできたが、機長の意図通りの飛行させるのは困難で、安全に着陸、着水させることは不可能であった」であった。すなわち、「隔壁破壊が日航機の墜落の事故原因である」というのが、事故調が曖昧な形で示唆する結論なのである。この内容、結論の間違い、虚構についてはすでに詳述したので、そのポイントだけを確認する。

1）事故報告書には「墜落の事故原因」が特定されておらず、その記述がない

　旅客機墜落の事故調査の目的は墜落原因を調査特定することにある。事故調の報告書を読んでも事故機の墜落状況は比較的詳細に書かれているが「墜落原因」を特定していない。

　上記のとおり、結論に書かれているのは「……機長の意図通り飛行させるのは困難で、安全に着陸、着水させることは不可能であった」というあいまいな文言であり、事故調はその前の「ボーイング社の隔壁部の修理ミスにより……」を墜落の事故原因だと暗示しているだけである。

　日本独特の暗示の文化の中で、事故調は〈隔壁破壊に起因する垂直尾翼などの破壊が操縦不可にした〉という印象を国民や遺族に定着させた。この論法は完全な三段論法であり、演繹法に近い発想による単なる仮説なのである。

　そして、仮説は技術的、科学的な検証を通じて整合性を証明せねばならいが、一切行っていないばかりか、重要な落合由美、川上慶子両氏の体験、目撃証言にも背を向けて無視している。事故原因の決定は先に航空局が行い、事故報告書は事故調に結論を押し付けて作成させたもので、真実を技術的、科学的、論理的に分析し検証して書いたものでない虚偽の事故原因のでっち上げであった。不起訴にした前橋地検の山口検事正が「事故原因は解らない」とした理由を明らかにしたことと一致する（資料㊹）。

　遺族と群馬県警は、事故調の結論に基づいて「隔壁の修理ミスをしたボーイング社」「修理ミスの隔壁部の点検ミスの日本航空」「最終点検検収ミスした航空局」を告訴したが、でっち上げの事故原因は前橋地検によって正式に否定された。

　日航機が垂直尾翼の破壊を起こした原因が隔壁破壊でないことは、「機内空気は動かなかった」「風切り音が無かった」「機内の静粛な状況写真」「乗客に酸欠症状の人はいなかった」という落合氏の証言から証明された。前橋地検の不起訴判断が落合氏の証言に基づいていることは明らかで、このことから事故調が落合氏の証言を無視して「隔壁破壊説」を捏造していたことは歴然としている。日航羽田の整備部長も、この落合証言に基づいて8月19日には「垂直尾翼の破壊は外部破壊だ」という考えを公表している。すなわち、内部からの隔壁破壊でなく、外部からの何らかの力が作用したとするものであったのだ。

　日航機の墜落原因は、CVRや目撃証言、落合由美氏の体験証言などで明らかになった。自衛隊、政府権力者は相模湾上空での自衛隊標的機が日航機垂直尾翼に衝突した事態の隠蔽、乗客乗員全員の口封じのためにミサイル攻撃で撃墜したのである。落合氏は「物凄い横揺れ」とその後の「髪の毛が後ろに引っ張られる恐怖の垂直降下＝墜落」を証言している。日航機は「第4エンジン」と「水平尾翼」が破壊脱落し、機体の安定性能が失われて失速して急降下して墜落したのである。これが科学的で技術的、論理的に導き出される結論であって、誰も否定できない正しい結論なのである。

2）日航事故機の垂直尾翼・油圧機能破壊後の操縦性、飛行性の調査を行っていない

　垂直尾翼が破壊脱落した後の事故機の操縦性、飛行性の調査は緊急着陸に関わる重要な事項で、事故調査では必須不可欠な調査事項である。緊急着陸を行う場合、異常機、事故機の操縦性が鍵になる。一定の操縦ができることが緊急着陸を行う場合の前提条件になるが、操縦不能、制御不

能であれば飛行機は墜落する。123便が操縦できたか、飛行できたかについての調査が不可欠なのである。

　しかし、事故調は事故機の操縦性について、実際に起きた操縦状況の調査、検証を行っていない。このため、「不安定な状態での飛行の継続はできた」「機長の意図通り飛行させるのは困難」「安全な着陸は不可能」という、実際には成り立たない三段論法を展開している。国民はこのような論法で語られると何となく分かったように思うが、実は真っ赤な嘘の項目の羅列に過ぎない。「不安定な状態」が意味する「ダッチロール」「フゴイド」は123便が大月市上空でスパイラル降下した後は解消している。「飛行の継続ができた」とは32分間も飛行できたことを意味し、それはすなわち「操縦ができた」ことを意味しているのである。ボーイング社も「事故機が旋回、上昇、降下でき、長い時間飛んでいた」と米国FAAに述べ、操縦不能を否定している。事故調の「機長の意図通り飛行させるのは困難」との結論は成立しないのである。

　操縦ができたということは飛行できたということであり、旋回、上昇、降下飛行ができたことは、容易に着陸できたことを示唆している。ところが、事故調は「飛行」と「操縦」を切り離し、国民を欺いて誤った結論、仮説を押し付けた。

３）日航123便が横田基地に緊急着陸できたことを調査せず、無視し、かつ真の飛行経路と会話CVRが削除されている !!

　旅客機に異常事態が起きたときに数百人の命を助けるには最寄りの飛行場に速やかに緊急着陸することが不可欠な対処方法で、それは世界の航空業界の常識であり鉄則である。その判断は当然操縦している機長の専権管轄事項であり、権利管轄範囲であり、当然の権限でもある。

　着陸する飛行場側は、人道的な立見地から緊急着陸を拒否できない。

　着陸の前提条件は、ある程度操縦ができることである。数百人の命を助ける緊急着陸の機会は限られ、異常事態が起きた旅客機には完全で、安全な着陸はできない。すなわち、緊急着陸とはもともと一定の危険性を伴った不安定な操縦による緊急行動なのである。事故調は「機長は意図通りの飛行が困難で安全な着陸は不可能であった」としているが、この記述は極めて意図的に異常事態の旅客機では完全に安全な着陸は望むべくもないことを捨象し、ある程度の危険性を伴いながらでも緊急着陸が可能であったことを隠蔽している。緊急着陸の可能性を「安全な着陸が不可能であった」との理由で否定するのは理不尽な論理であり、科学的にも技術的にも不当な理由でしかない。

　すでに詳しく述べたように、事故機は大月市のスパイラル降下を通じて高度を7,000mから1,800mまで下げており、このような飛行高度の下げは着陸の準備以外考えられないのである。さらに乗客が遺したメモの記載からは「機体姿勢が安定し、乗客に着陸の準備（安全姿勢を取ること）を指示されている」ことが証明されている。

　さらに決定的な証拠は機長と横田管制との交信である。それは横田基地のアントヌッチ中尉（当時）による衝撃的な告白証言で明らかになった事実であり、「横田基地は日航機の緊急着陸を許可した」ことと「高濱機長は横田基地への着陸を要請した」ことが傍受されている。日航123便が、横田基地飛行場に緊急着陸を行おうとしていたことが明白なのであった。

　しかし、事故調の報告書では、このような状況の分析も記述も一切なく、意図的に削除され、隠蔽されている。種々の証拠、CVR、DFDR、目撃証言を無視して着陸の可能性を否定した事故調の報告書と、日本政府が米国のアントヌッチ中尉の行動を完全に隠蔽し、さらに「米国側に緘口令を要求した」ことは、着陸事態を隠蔽する謀略が実行されていると判断できる。CVRでの機長の会話分析から自衛隊戦闘機の阻止行動が明らかにできることも、すでに本書の中で述べた

とおりだ。

４）墜落直前の「第４エンジン」や「水平尾翼の破壊脱落」を調査し解析し、検証していない

　　旅客機の墜落はその直前１分以内にその原因である異常な兆候、事態が起きる。日航123便は墜落直前18：55：45に機長が絶叫し、落合さんが「物凄い横揺れ」を感じ、その10秒後から急降下して56：30に墜落している。その時に起きた異常事態が墜落を引き起こした原因なのである。

　　それまで事故機は垂直尾翼の破壊脱落から31分間飛行し、途中で横田基地への緊急着陸や川上村レタス畑への不時着を敢行している。機体は安定し、エンジン、フラップが正常であることを物語っている。すなわち、18：55：45まで機器は正常で、この墜落は外部からの攻撃によってしか起きない。さらに事故機は、墜落直前に飛行中に炎を上げ、黒い煙を出して飛行しているのが目撃され、事故機を流れ星が追いかけているのも目撃されている。

　　これらを分析していれば、「水平尾翼」の破壊脱落と機体の急降下、墜落事象には強い因果関係があることがわかり、それがミサイルによる撃墜であることは事故発生直後の12日夜、日航副社長・町田直氏が「ミサイルで撃墜されたんだ」と告白したことと一致する。

　　実はこの急降下事象について事故調は克明に報告書のp.81に記載しているが、それは単なる急降下飛行状況であり、何かフラップの作動で起きたらしいとごまかしている。この急降下事象について事故調は詳細な資料を作成しているが、極秘扱いで隠蔽している。

　　航空局、自衛隊、総理は「自衛隊のミサイルが日航機を撃墜したこと」を徹底的に隠すために、事故調に「嘘の報告書、事故原因を捏造させた」ことは明らかである。総理に隠蔽を指示された航空局が作成した嘘の原因を、事故調に作成させた卑劣な作文であり、そこには乗客乗員520人が殺害された、意図的な墜落事象への真摯な調査姿勢は見られない。

④事故調査員会の調査姿勢

　　旅客機が墜落すると、事故調査委員会の出番である。しかし、123便墜落事故後の初期段階では捜索救出活動も調査活動も滅茶苦茶であった。123便の異変発生時以来の自衛隊、墜落後の自衛隊や警察の行動の異常についてはすでに述べた。通常、警察が現場の保全に努めて遺体や残骸の保存を行う手順は無視し、自衛隊はやりたい放題に極秘の隠蔽活動を行っていた。このことは、自衛隊の活動を容認する航空局の外局に過ぎない事故調には、現場の保全を命じる現場管理の権限がないことを示唆している。事故調査の権限も能力もないことが露呈したのである。

　　８月12日18時56分30秒、日航123便は自衛隊ミサイルの攻撃を受けて御巣鷹の尾根に墜落した。この事実は航空局を通じて日航に伝えられ、日航は証拠隠滅の協力を強要された。航空局はこのような秘密の重大犯罪を、なぜ民間運航航空である日航に伝えたのか。それは、政府、航空局の壮大な謀略作戦の始まりであった。

＊

●事故調査をめぐる航空局、事故調、日航の言動

（８月12日）

18：24	自衛隊標的機が123便の尾翼に衝突し破壊した。 ⇒垂直尾翼と油圧装置の破壊⇒操縦不能、墜落事象⇒エンジン出力調整で墜落回避 ⇒新規操縦方法の獲得
18：30	自衛隊百里基地司令官：「民間機に標的機を当ててしまった」「偵察機２機を緊急発進させたところだ」と友人に電話した。

18：56：30　日航123便、自衛隊ミサイルで撃墜され、墜落（520名死亡、４名重傷）

19：10　　　米軍：横田基地輸送機（アントヌッチ中尉）墜落現場上空に到着

19：30　　　政府は航空局に事故の隠蔽を命じる。日航副社長・町田直氏、遺族に「日航機はミサイルで撃墜された」と告白。

19：50　　　総理は米国大統領に米軍の救出活動中止と撤退を極秘裏に要請。

20：00　　　航空局は日航に「ミサイル撃墜の通告と墜落現場への技術者の派遣と残骸選別作業」を要請。自衛隊、群馬県警部隊は13日朝５時まで待機命令。待機命令に違反し捜索に急行した自衛隊員を射殺報道（NHKが放送）

21：00　　　日航技術者、極秘裏に長野県相木村へ緊急派遣出発

21：30　　　米軍輸送機、救難ヘリ、墜落場所で救出活動中に横田基地幹部から、「救助活動中止」と「撤退」を命令され、活動を中止して撤退。（生存者落合由美さんは、この時、ヘリに手を振って「帰ってはいや」と叫んだという。米軍側の緘口令によって10年間隠蔽されたが、1995年８月にアントヌッチ中尉がこの時の救出活動の真実を告白証言している）。

21：30　　　自衛隊乗客殺害特殊部隊100名余、米軍アントヌッチ部隊の撤退の信号弾連絡で上野村三岐から墜落現場へ登山開始

（８月13日）

01：00　　　日航派遣の技術部隊、長野県相木村に到着

01：10　　　遺族ら、臨時バスで現地に向けて羽田を出発

04：50　　　自衛隊、墜落場所を公式に特定（123便墜落から10時間意図的に不作為）

11：00　　　遅れて登山し到着した長野県警、上野村消防団、４名の生存者発見、救助

16：00　　　４名の生存者、藤岡市病院に入院

（８月14日）

＊日航役員２名、緊急処置室の落合由美さんに強引に面談、事情聴取（事故捜査の群馬県警は、許可なく接触したと不快感を表明）。落合証言…垂直尾翼破壊時（18：24）、「機内の空気は動かなかった。風切り音はしなかった」、急降下：墜落時（18：55）、「物凄い横揺れがした。すぐに急降下、墜落した。髪の毛が後ろに引っ張られるほどの恐怖であった」

＊日航技術者、事故調査委員、墜落場所に到着。

＊日航技術者、残骸の選別作業を開始。自衛隊員、自衛隊残骸回収開始（重要な証拠残骸の極秘の隠蔽行動）。

＊米国事故調査団（NTSB、FAA、ボーイング社）が横田基地に到着。「事故調査に協力したい」との申し出に日本側は２日間現地立ち入りを拒否した（日本側は、できるだけ証拠残骸の回収、隠蔽を図り、米国側に事件の真実を悟られないように立ち入りを先延ばしした）。

（８月19日）

＊日航の河野宏明整備部長が会見。コンピューター解析結果を発表し、「突風など、何らかの力で垂直尾翼が折れ、それに伴い、隔壁に傷が付いたとの推測できる」と外的要因を強調した。

　　　⇒ほとんどデータがない段階でコンピューター解析はできず、この外的要因の仮説は落合由美さんへの事情聴取内容と、町田副社長の「ミサイル撃墜」発言の内容を受けての結果だと推察できる。この時点では、日航は隔壁破壊説を否定していたのである。

（８月20日）頃

＊事故調担当から、機内空気流出による隔壁破壊が垂直尾翼を破壊したとの情報が流出した。新

聞報道で「隔壁破壊説」なる情報が国民の耳、目を刺激し、事故原因であるかのような示唆が行われた。航空局、事故調の情報統制が明確になり、後の「隔壁破壊説」の布石が敷かれた。

（9月30日）

＊日航は事故原因が不明の段階で、遺族に「補償交渉」を突然に提起した。多くの遺族はこれに応じ、90％が日航と補償交渉に応じて和解した。ボーイング社も共同責任者として補償交渉にあたると文書で通達（ボ社は製造会社として補償すると説明）。事故調、群馬県警が調査、捜査の開始前であり、このような暴挙は許されないが、航空局、群馬県警はこれを容認し、黙認した。すなわち日航の補償交渉は航空局、群馬県警が教唆・指示した違法行為であり、三者の共謀による犯罪であった。

（10月）

＊事故調の突然の変更人事

8月12日当時の事故調査員	10月10日からの事故調査員
委員長　八田桂三（東大教授）	委員長　武田　峻（航空宇宙技術研究所所長）
委員　榎本善臣（運輸省審議官）	委員　榎本善臣
委員　糸永吉連（日本アジア航空）	委員　西村　淳（日本空港取締役）
委員　寺尾治朗（東海大教授）	委員　東　昭（東京大学教授）

　この人事異動は任期満了が理由だが、このような重大な事故で初期捜査、調査を行った委員を変更させるのは不自然な更迭である。航空局が忠実で言いなりの人物を新たに任命し配置したと推測できる。

（11月）

＊中曽根総理、墜落現場（御巣鷹の尾根）に入り、慰霊した。事故現場が清掃され、何もない場所に登山する最高権力者・総理大臣の行動は、完全に第三者意識に立った印象操作、演出でしかない。世界では重大な事故現場へは事故直後に行くのが国の権力者が示すべき視察姿勢であり、それが常識・慣例である。中曽根総理がそれをしなかったのは、自分が出した虐殺命令で虐殺した乗客乗員の遺体が散乱する現場に直後に行くことを躊躇したからである。

（1987年6月）

＊事故調査委員会が「墜落事故報告書」を発表。

（1990年7月）

＊前橋地方検察庁が告訴された三者「ボーイング社」「日航」「航空局」を不起訴判断にした。事故調の「隔壁破壊説」が否定された。これで日航機事故の事故原因は不明となったが、航空局は何ら再調査・捜査などの対応を取らず不作為のまま黙認し、慰霊式典では以後も喪服を着て加害者の振りをして遺族の目をごまかしていた（印象操作の実行）。日本航空も「加害者だ」と公言し、会社を挙げて、慰霊式典に出席し、かつ慰霊式典を運営して来た。「慰霊の園」の設立に10億円を拠出した。さらに事故直後から、「日航は加害者だ」と詐称し、事故原因が確定していない状況で、事故後、1カ月経過した時点で、遺族に補償交渉を申し入れ、篭絡し、低額の補償金を強引に渡し、遺族の和解を持ち去ったのだ。

（1996年7月）

＊トランスワールド航空800便が米軍のミサイル誤射で撃墜された事件発生（乗客乗員230人全員死亡）。機体中央部がまず破壊脱落し、次に機首が破壊脱落、その後に後部胴体部が脱落と不可解な分解が起きたことは、漏電による火災事故との原因では説明は不可能であり、後にミサイルが中央部に命中したと推測された。この件は内部火災破壊墜落だと米国は説明してきたが、

日本のマスコミは一切報道せず、日本国の報道管制がマスコミを無力にして、事実報道を禁止したのだ。

（1999年6月）

＊事故調査委員会、日航機事故の関連資料をすべて廃棄処分。法律「情報公開法」の施行直前に公開請求されかねない事故関連資料を廃棄し、事故の真実を隠蔽した。

（2006年8月）

＊遺族会（「8.12連絡会」が「今後新たな事故原因の調査究明を行う」「横田基地に着陸しておれば、全員助かっていた」という趣旨の声明を発表した雑誌「旅路」（上毛新聞社）。

（2006年7月）

＊運輸安全委員会、事故遺族だけを集めて「隔壁破壊説」の解説集会の開催
（遺族を洗脳して、遺族会の再調査方針を変更させた。）

（2011年7月）

＊航空局幹部：前橋地検の不起訴判断で「航空局には加害責任はない」と初めて明言しながら、それにもかかわらず「隔壁破壊はあった」という矛盾した考えを示した。
　⇒前橋地検は事故調の「隔壁破壊説」を否定したから不起訴としたのである。

（2016年10月、2017年2月）

＊日航は「隔壁部の点検で過失はなかった」「隔壁は破壊しなかった」と言明
　⇒日航は「加害者ではなく無罪だ」と初めて明らかにした。支払った金についても「補償金でなく、一時的なお見舞い金だ」「損害補填のために、運送約款の規定で支払った」と述べたが、すぐに約款には適合しないことが判明して撤回した。また、日航社長・赤坂佑二は著者との面談議論の中で、発生した事象は必ず連鎖性があることを認めた。赤坂社長は、すでに「隔壁破壊説」が落合証言で崩壊したことを知っている。墜落直前の重要保安部品である「第4エンジン、水平尾翼が破壊され脱落すれば、それが123便の墜落と深い因果関係がある」ということになる。

＊

　このような事故発生当時の航空局、事故調、日航の言動と関連する米国調査団の行動は極めて不自然で、疑惑や矛盾が非常に多い。

　事故調調査員が現地に入ったのは14日である。それにもかかわらず日航は事故発生直後の12日に事故調から、「技術職を墜落現場に派遣せよ」との指示を受けたと説明していることは大きな矛盾であり、このような説明は成立しない。そのような指示を出せるのは事故の真実を知っている自衛隊であり、中曽根総理であり、防衛庁長官・加藤紘一あるいは運輸大臣・山下徳夫なのである。

　中曽根内閣は当時最強の内閣で、官房長官・藤波孝夫、大蔵大臣・竹下登、外務大臣・安倍晋太郎などそうそうたる顔ぶれである。この中曽根内閣が辞職すれば、自民党が崩壊する。

　そして自衛隊は憲法違反だとして解体論議に発展する危険があった。それがために123便乗客乗員524名の全員殺害、秘密漏洩防止のための口封じを図ったのである。

　事実、自衛隊を中心に事故の証拠残骸の隠蔽も自衛隊が粛々と極秘裏に行ったのである。事故調はもちろん、群馬県警も手をこまねいて見ているだけで黙認することしかできなかった。まして事故調査委員会は運輸省の外局であり、真実が知らされていない、何の権限もない、飾りの調査機関であり、下請け、傀儡組織である。

　我々遺族は「事故調査委員会」という名前に惑わされ、国民も騙されたのである。運輸省の中

で航空行政を司る「航空局」が事故の真実を隠蔽する直接の組織、機関であり、総理大臣は完全隠蔽工作をこの「航空局」に全てを任せた。事故調はその航空局の下僕である。事故調は航空局から言われるままに事故報告書を作成するだけである。

さらに「日本航空」は「国鉄」「郵便局」などと同じく国が出資者であり、国の下僕である。

国策会社だから絶対に国に反抗できる立場でなく、ここでも航空局が主人であり、支配者なのである。当時の日航の幹部、及び社員が驚くほど公務員気質、体質であったことは面談して実感した。それは現在でも続いている。

あの稲森会長が破産した日航の立て直しに就任した時、新聞で「日航幹部には心がない」と驚くべき発言を吐露した記事があったが、著者もこれにまったく共感できた。このような支配関係から、「事故調」と「日航」は自分たちの主人である「航空局」の指示命令の下に隠蔽謀略に従事したと推察できる。

もちろん、重大な事態では中曽根総理自身の出番もある。それは、米国レーガン大統領への「アントヌッチ中尉所属部隊の救出行動」への中止と撤退要請であった。2009年の9月、中曽根総理はやっと「アントヌッチ中尉の驚愕の証言」を認め、「真実は墓場まで持っていく」と豪語して事故に関与したことを認めている。中曽根康弘元総理　大臣は、1985年8月12日に520名の日航機の乗客乗員を虐殺した事件の首謀者なのである。

●事故調調査委員会の武田委員長の言動

1987年6月19日、事故調の武田委員長が報道関係記者に事故報告書を発表し、その内容を説明した。新聞記者の前での言動は次のようであった。

> テーブルを前にして着席した武田委員長の手は、どういう訳か震えていた。そして記者に説明する声は引きつり、目は落ち着きを失っていた。その表情は酷く疲れているのが見て取れた。東京大学を卒業し、航空宇宙技術研究所所長などを歴任するという輝かしい経歴を持つ工学博士。2年間の調査結果を総仕上げと言うべき場面に臨んだ武田委員長には、事実を解明したという自信はもちろん、学者らしい威厳はなく、おどおどして苦しげであった。
>
> さらに、遺族が面食らったのは、最後の結びの言葉であった。
> 「これで全てが終わったのでなく、この報告書をもとに様々な討議、検討を加えて航空機の安全と事故の再発防止に役立てて頂きたい」。
> 2年間調査し、まとめた報告書は「結論」でなく、これからの討議や検討のたたき台に過ぎないというのである（角田四郎著『疑惑』）。

この事故報告書は「事件の経緯や原因を特定し説明できた」と考えていない武田委員長が、良心の呵責に耐えかねて、暗にそのことを告白していると国民、遺族らは推察し判断したのだ。

●垂直尾翼破壊についての武田委員長の見解

事故原因が「隔壁破壊」に傾いている中、遺族が武田委員長に「垂直尾翼」の相模湾海底から引き揚げについて質問した時、武田氏は「垂尾翼を引き揚げると事故原因は変わってくる」と回答発言している。武田氏は事故の真の原因について知っており、政府、航空局への反発と良心の呵責から、このような発言を行ったのである。

事故調は航空局からの押し付けられた「隔壁破壊説」の成立に苦労したが、垂直尾翼破壊の真の原因は、自衛隊司令官が告白したように「自衛隊標的機の激突」であった。常識的に判断して

熟慮すれば、隔壁のすぐ前に座っていた落合氏の証言（機内空気は動かなかった、猛烈な風切り音がしなかった）は「修理ミスの隔壁が破壊していない」ことを示すものであることは誰でも理解できることなのだ。

●事故報告書の結論が前橋地検に否定された時の事故調の対応

　運輸省、航空局、事故調が「修理ミスの隔壁が破壊して垂直尾翼を破壊し、123便が操縦不能になった」との結論を出したことを受け、遺族は全国26万人の国民の賛同署名を得てボーイング社と日本航空、運輸省航空局を前橋地検に告訴した。「隔壁修理ミスのボーイング社」「点検ミスの日航」「検証認可ミスの航空局」である。群馬県警も地元の警察として、同じくその権利、業務使命を行使している。しかし、前橋地検は事故から5年後、「隔壁は破壊しなかった」として告訴された三者について不起訴とし、無罪とした。すなわち事故調の「隔壁破壊説」を否定し、「隔壁は破壊しなかった」としたのである。これは落合由美氏の体験証言を採用し、技術的、科学的、論理的に「隔壁が破壊しなかった」と判断したことを意味する（資料㉔）。

　この司法の判断について、事故調査委員会、航空局は一切何の見解も示さず、事故原因についての結論が間違っているとされた点についての説明を行っていない。公式の調査報告書の間違い、誤りを指摘されても何の反論、説明を行わないのは事故調査組織としての責務を果たしていないということである。事故調、航空局が調査して出した結論が否定されれば、調査究明の責任部署は国民、遺族に謝罪して再調査、捜査を行うのがその責務であるが、何も実施しなかった。これは極めて異常であり、責務の放棄であった。

　この点について、2011年7月、事故調の後継組織である運輸安全委員会（以下、安全委）と日航は、遺族だけを集めて「隔壁破壊説」の解説集会を開催した。前橋地検に否定された当時に反論も再調査もしなかったのに、20年も経てから遺族だけを集め、「隔壁破壊説は正しい」と言いくるめようとする。これは矛盾した行動であると同時に、前橋地検すなわち司法の判断に対する軽視と侮辱である。しかも、安全委はこの解説集会で隔壁破壊説の正当性を解説・説明したが、それは嘘に満ちた説明で、科学的、技術的に合理的な説明はできなかったのである。この行動も矛盾であり、安全委への疑惑が深まっただけである。

　そのうえ、安全委はこの「隔壁破壊説」に対して寄せられてきた疑惑、矛盾への批判について26年間も十分な説明しなかったことを、遺族、関係者に対して謝罪している。だが、航空行政を司る航空局も一切何の説明を行わず、逆に慰霊式典で喪服を着て10名近い航空局幹部、局員が34年間も加害者を演じて「自分たちは加害者だ」という印象操作を行い、事故調の報告書が正しいとの印象を与え続けて遺族、国民を騙してきたのである。前橋地検の無罪との判断指摘に反論もしない一方でこのように、ひたすら印象に訴えかける姿勢を取り続けてきたことは、「事故調」「安全委」および「航空局」が自分たちの結論が間違っていたことを認めたに等しい。

　事故調は航空局の下僕であり、傀儡組織であるから、何も言えないし反論もできないであろうことは容易に理解できる。しかし、嘘の事故原因を捏造した航空局自身も一切反論できなかったということは、航空局が実際に起きた事象を無視し、目撃証言などの事実、証拠を意図的に無視し、「演繹法」で先に結論を捏造したことに由来する。

●運輸安全委員会（旧・事故調査委員会）による遺族対象の解説集会

　事故調は、犠牲者520名、重傷者4名の重大事故の調査を行ったが、遺族、国民、有識者らの疑惑、矛盾の指摘を一切無視し、説明責任を果たしていない。事故調とその後継である安全委は

垂直尾翼破壊の原因として「隔壁破壊」を挙げてきたが、その合理的な技術的な説明に彼ら自身も苦慮してきたのである。

その事故調の後継組織である運輸安全員会（以下、安全委）が、2011年7月になって突然、「事故報告書の解説集会」を開催した。この集会の解説理由の一端が、集会の資料「事故報告書の解説」（大須賀英郎：事務局長）序文に記載されている。

> 航空事故調査委員会は、組織再編を経て平成20年に運輸安全委員会となりましたが、その際に、情報の提供に関して、「被害者及びその家族または遺族の心情に十分配慮し、これらの者に対し、当該事故等調査に関する情報を、適時、かつ適切な方法で提供する」ことが法律上、明記され事故等調査の実施に当たっては、適時適切に被害者等の皆さまにご説明を行うこととしております。

だが、この解説集会を開催する目的として、「事故報告書」の「隔壁破壊説」に多くの国民、有識者からの疑惑、矛盾が提起されているということを挙げつつ、「調査報告書に新たな解析や原因の推定を加えるものではない」とわざわざ注記している。この内容から、解説集会は矛盾や疑惑満載の「隔壁破壊説」の疑問を解くためのものでなく、虚偽に満ちた事故報告書の内容を分かりやすく解説するだけの行為であることは明白であった。すなわち、「説明責任」（疑惑、矛盾を解き、合理的な説明を行うこと）を果たすことと「解説」とは異なる次元のものであり、この解説集会は安全委の単なる偽善的な自己保身的な、形式的な行為だと判断できるのである。

さらに、序文には「事故犠牲者家族である美谷島邦子、河口真理子氏のご協力を頂いた」とあるが、これも不可解で理解不能だった。美谷島氏は遺族会「8.12連絡会」の事務局長であるが、事故から25年の間、一貫して、「隔壁破壊説」に反対して日航機墜落事故の真の事故原因究明に陣頭に立って闘ってきたはずである。しかも「8.12連絡会」はすでに述べたように事故調の結論に従って、国民26万人の賛同を得て、前橋地検に「日本航空」「ボーイング社」「航空局」の三者を告訴したが、前橋地検は「修理ミスによる隔壁破壊説は疑わしい」として不起訴にしたのである。すなわち、地検は事故調の結論である「隔壁破壊説」は事故原因でないと判断したのである。それ以降「8.12連絡会」は「隔壁破壊説」の矛盾を指摘し、真の事故原因の解明を訴えてきた。その中心にいた美谷島事務局長は、2010年までの事故関連講演では「事故原因の追及」を行うとの態度で一貫して行動してきた。

ところが、2011年7月の「解説集会」では、なぜか安全委と協力して解説集会の資料作成に協力しており、それ以降は事故原因追及の姿勢を豹変させて慰霊行事だけに傾倒している。

この「解説集会」を機に、「8.12連絡会」美谷島事務局長の事故原因追究の姿勢はなぜか豹変したのである。このような背景から、美谷島事務局長は航空局、運輸省、国土交通省、日航の側に取り込まれた可能性が高いと判断せざるを得ない。さらに美谷島事務局長らは、解説集会の資料作成の準備に1年前から、安全委員会主催の事前準備会議に参加して協議している。この集会以降、美谷島事務局長に連絡しても一切返信はないのが現状である。多くの遺族の先頭に立って、「隔壁破壊説は事故原因でない」と真の事故原因を調査、追究していた事務局長がこのように態度を豹変させたことは、著者から見れば520名の犠牲者、遺族の信頼と期待を裏切る行為であり、残念至極である（資料㊾—美谷島遺族会会長の遺族小田への書簡。「ミサイル説には無理があります」と）。

さて、解説集会資料の本文は計34頁である。疑惑の出ている隔壁破壊説が論理的に、技術的に成立すると説明しているが、そのほとんどは非科学的な記述であって、何ら理解できる説明がなされていない。このような「説明」を連ねる行為自体、明らかに遺族の幹部らを洗脳して騙す目

的の「解説集会」であることは明らかである。つまり、真の原因究明を求める「8.12連絡会」を潰すことが目的なのだ。これもまさに国、航空局、日航による真実の隠蔽工作の一端であり、最終的な目的は主犯である政府権力者、自衛隊幕僚長の責任回避にある。

　特に事故調の報告書では「事故機の操縦性、飛行性」「レタス畑への事故機の不時着」「上野村山岳地帯（御巣鷹の尾根付近）での突然の急垂直降下飛行とその後の墜落」「重要な第4エンジンと水平尾翼の破壊、脱落事象」についての記述がなく、これは事故報告書には「墜落原因」が記載されていないことを意味する。当然のことながら、解説集会資料でもこれについての解説はなかった。解説集会の核心部分として扱われているのは、隔壁破壊による機内空気の流出と機内の空気の動きについてである。

　事故調の隔壁破壊説では「修理ミスの隔壁が破壊して、機内与圧空気が大量に流出して、垂直尾翼を破壊した」ことになっている。しかし、繰り返し述べてきたように生存者である落合、川上両氏が「機内は静粛で空気の動きはなかった」「破裂音以外に空気流出による風切り音はなかった」「酸欠者はいなかった」ことを明らかにし、事故調の隔壁破壊説は否定された。

　事故調の報告書によれば、隔壁部に1.8㎡もの巨大な面積の破壊が起き、そこから大量の機内空気が109m／秒という高速で流出し、200㎥／秒もの空気が流れて強固な垂直尾翼を破壊したということになっている。だが、二人の生存者の証言からは、そのようなことが成立しないことは明確である。一般人が静かに考えれば、証言と事故調が言うような事象とが結びつかないことはすぐに理解できることであり、かつそれは科学的にも技術的にも証明されることだ。

　垂直尾翼の外部からの破壊によって瞬間的に「減圧」が起きたが、これは垂直尾翼が倒れる時に胴体取り付け部に「亀裂」ができたためで、それはエアコンによる機内への新規の空気の供給により相殺され、減圧はすぐに通常に戻ったのである。また、落合証言を基に日航の整備部長が8月19日に「隔壁破壊を否定し、外部の物体が衝突した」との仮説を発表したことも、まともな技術解析能力さえあれば　隔壁破壊説は否定されることを示している。

　この隔壁破壊説と証言から明らかになった事実とが矛盾するという問題は、運輸安全委員会、事故調査委員会にとっても悩みの種であった。事故調査委員会は2008年に運輸安全委員会に改編新発足したが、その時に犠牲者家族、遺族らに適時適切な説明責任が法的に定められた。だが、安全委はすぐにこの法的な責務を果たすことはできなった。結局、2011.7の解説集会までの実に26年間、事故調・安全委は説明責任を果たすことを意図的に怠っていたのである。

　では、この解説集会で安全委はどのような「説明」を試みたのだろうか。

　安全委は123便の垂直尾翼の破壊は、あくまでも「修理ミスの隔壁部が破壊して、機内空気が流出することによって生じた」とした事故調の結論を維持しようとしている。解説集会ではこの事故調の隔壁破壊説を実証すると称し、本書の最初の方でも紹介した「サウスウエスト航空2294号機急減圧事故（B737、2009.7.13）を持ち出した。

　この事故は、2009年7月13日、米国上空35,000フィートを飛行中のサウスウエスト航空2294便（B737-3H4）の客室の天井（座席20列目）に約0.135㎡の穴（フットボール大の面積）が開いて急減圧が発生したが、近くの空港に緊急着陸したという事故だ。乗り合わせていた非番の同社機長2名によれば、「突然脱出用スライダーが膨らむ時のような大きな破裂音と大きな風切り音が発生して急減圧を知覚したが、耳の苦痛はほとんどなかったという。機内の何も飛ばされず、誰も穴に吸い込まれることはなかったし、座席に置かれた書類もそのまま。客室がやや冷えて薄い霧が出たが、これもすぐに消えた」という。

この機長らの証言は、隔壁破壊について一般的に考えられているような「激しい耳の痛み」「激しい風」「機内の物品が移動し散乱する」「霧が発生し、継続する」などの事象が起きていなかったことを意味する。そこで安全委はこの「サウスウエスト航空2294便での急減圧の機内状況は日航機事故での機内状況（落合証言）と全く同じである」と説明し、だから隔壁破壊説は正しいと強調したのである。

だが、この論理展開には大きなまやかしがある。そもそも事故調は「日航機事故での修理ミスの隔壁部が破壊し、1.8㎡（平方メーター）の開口部から、機内与圧空気が大量に流出し（200㎥／秒）、垂直尾翼、APUを破壊した」との仮説を提起して、それを結論にしている。わずか0.135㎡の穴が天井に空いたというサウスウエスト航空の事例とは、規模が全く異なるのだ。事故調が言う規模の破壊が起きて大量の機内空気が流出したとすれば、機内、客室内は台風、ハリケーン以上の速度（流速100m／秒）で空気が移動して大混乱するはずである。だが、大破壊を起こしたという隔壁に最も近い場所に座っていた落合、川上両氏は「機内は静粛で空気の動きはなかった」と証言しているのだ。

このように、安全委の説明は科学的、論理的に成立しない偽説であることは明らかで、この集会においても、その疑惑、矛盾は技術的・合理的に説明はできなかった（資料(55)—解説集会での「まやかし」の航空局、日航の説明の虚構。資料⑥〜⑧、(56)、(57)も参照されたい）。

この解説集会は、国、国土交通省からの強い要請で安全委が開催し、かつ日航の技術者も参加して協力しており、遺族を騙してごまかそうとするものに過ぎなかったのである。

ここに至って、著者は安全委に対して初めて公式に事故調が事故原因とする「隔壁破壊説」が成立しないことを指摘し、対案として『日航機事故の真実：「仮説X」』を提起（資料(58)）して反論を求める「公開質問状」を2016年4月に提出した。

「公開質問状—１」は、事故調の説明、結論について具体的に矛盾、疑惑を指摘し、科学的に論理的に成立しないことを証明し、発生事象を合理的に説明できる「真実の事故状況、事故原因」を提起し、安全委員会の反論、説明を求めたものである。質問項目は20数項目になり、計76頁の書状である。

しかるに、安全委員会はこれに対する回答を書かず、「事故調の報告書の通り」との文面を寄せただけであった（資料(59)—運輸安全委員会の回答。「隔壁破壊説は正しい」と一蹴した）。

さらに「公開質問状—２」を2016年5月に安全委に提出した。質問は9項目で11頁であった。これに対する安全委の回答文書も第1回と同じで、「前に送った通りである」との文面だけを送りつける卑劣で非人道的な対応だった。

その後、公開質問状に対する回答の督促を行ったが一切無視され、返事回答はなかった。並行して、安全委に対して面談会議を要請したが、これも拒否された。真摯に証拠を揃えて、かつ調査した結果、事故調の結論の瑕疵を指摘し、演繹法での事故原因、結論が間違っていると指摘して反論を求め、会議を要請したが、何の説明、理由も示さずに拒否されている。

乗客乗員520名が死亡した事故で、事故調、安全委が瑕疵または問題があると暗に認めながら、遺族からの正式な質問状に対して一切無視するという対応は、その真実の解明を業務目的とする組織としての責務違反である。事故調の結論が間違っていることを指摘されたら、真摯に議論し検討するのが事故調の役目であり業務のはずで、このような対応は許されないことである。

この不当な事故調の対応に関して、遺族からの指摘で事故の再調査を行った米国NTSB（事故調査委員会）の事例を以下に示す。

●事故の再調査例：ユナイテッド航空811便貨物室ドア脱落事故（1980.2.24、B747-122機）

　ハワイ上空約6,700mで貨物室ドアの施錠が勝手に解除され、開いたドアが脱落して機内は急減圧状態になった。この結果、約5×4m（20㎡）のドアと胴体部分が破壊されて吹き飛び、付近に座っていた乗客9名が外部に吸い出されて死亡した（資料⑥）。機体はエンジン2基が停止し、フラップも作動せず、操縦不能に陥ったが、緊急着陸に成功した。

　米国NTSBが事故調査に着手し、2カ月後、予備審査を開催して調査資料を全て公開した。この資料公開システムは、日本も見習うべきである。それから1年後、NTSBは事故原因は「作業員がドアの取り扱いを誤った」（作業員ミス）ことによると結論付けたのである。

　しかし、この事故原因に疑問を持った（息子を失った遺族：ケビン・キャンベル夫妻：ニュージーランド）は審問会で得た資料を解析し、「ドアのオリジナル設計上のミス」との指摘に着目して本格的な調査と解析、研究、検証に奔走した。2年間、事故関係者と面談を繰り返したほか、独自にドアロックの模型を製作してNTSBの結論と異なる事故原因を突き止め、NTSBに提示した（資料⑥─遺族の再調査提起で、事故原因が明確になった事故例）。

　NTSBはこの指摘提示を受けて太平洋の海底水深4,200mに沈んだドアを引き揚げ、回収して再調査した。その結果、「ドアの破損原因は電気系統の欠陥である」という新たな結論が導き出され、それをボーイング社が認めたのである。

　このように、1組の夫妻遺族が2年間かけて事故を徹底的に調査、分析検証して真の事故原因を明らかにしたのである。その結果、新たな事故対策を取ることが可能となり、同種の事故の再発を防止できたのである。

　当のキャンベル夫妻は、次のように語っている。

　「息子の死をムダにしないために事故原因を調査究明して811便の真実を明らかにできた。この事故調査究明は2度と同じ事故を引き起こさないためには不可欠なことである。遺族は真の事故原因を亡き肉親の墓前に報告し供えることが最大の供養なのである」と。全く同感である。

　犠牲者の家族肉親の、真情溢れる崇高な至言である。

＊

　この事例は事故調査の本来の目的が「事故の真実の解明」であることを示しており、異論、反論提起に対しては面子に拘らずに向き合って真の事故原因の究明に役立てることが事故調査委員会の取るべき姿勢、対応であることを示している。これに対して日本の事故調、安全委の対応は異常であり、問題提起を無視したり反論や説明を行わなかったりする。それは、事故調の結論が間違っていることを知っているからである。別の言い方をするなら、事故調、安全委が反論できないからであり、真実を究明することを権力者、航空局から禁止されているからである。事故調は上位の航空局の捏造した「隔壁破壊説」を命令によって結論に据え、それに即して報告書の文章を作成しただけであったからである。

　航空局と事故調査委員会、運輸安全委員会との関係は、航空局が内局であるのに対して事故調は外局、事故調およびその後継組織である安全委は航空局の下僕なのである。調査能力も低く、かつ何の権限もない、そして権力もない傀儡組織では、航空局には反抗できない。

　2017年2月15日に航空局幹部と面談した時、彼は「事故原因については安全委と議論するように」と著者に回答し、「このことは安全委員会に連絡しておく」と断言した。これに基づいて安全委に面談を申し出たが、従来と同じく拒否されている。航空局と運輸安全委員会は同じ欺瞞、共同謀議の貉であって、遺族からの公開質問状も無視し、さらに面談議論も拒否した。航空局への「公開質問状」についても同様の状態であることは、先に述べたとおりだ。

情報公開法の精神から言って、国民が、遺族が「公開質問状」を提出すれば、説明責任を果たすのが行政機関、公僕としての義務のはずだが、これをも無視することは、航空局、運輸安全委員会が事故調の結論について、間違いを認めることができない立場にあることを自白しているのである。すなわち航空局は「隔壁破壊説」を捏造した張本人であり、隠蔽作戦の首謀者であることを認めたことになる。航空局が演繹法で決めた事故原因が司法で否定されたなら、「ユナイテッド航空811便のドア破壊による事故」のNTSBの再調査の実施に倣って、1990年7月に「再調査」に実施に踏み切ることが不可欠であった。航空局が2017年に「隔壁破壊説」が成立しないと実質的に自供してもいまだに航空局が何の再調査の行動を起こさないのは、業務上の重大な犯罪行為に相当するのだ。

●事故調査委員会による資料廃棄の蛮行：違法行為

　1999年5月14日に「情報公開法」が制定された。これは官公庁が情報を独占し秘匿してきたことに対し、情報公開と説明責任を果たさせることによって民主主義の根幹を補強することを目指したものでもあった。しかし、運輸省は「情報公開法」の施行前の1999年11月に、突然、日航機墜落事故関連の膨大な資料、証拠など1,160kgを一気に廃棄した（朝日新聞報道、情報公開法による資料開示請求による）。日航機事故は日本はもちろん世界でも最大、最悪の航空機事故であり、その資料は永久保存すべきもので、このような暴挙は決して許されるはずがない。

　まして、事故報告書の出した結論については、事故調、航空局みずからも多くの人々から疑惑を持たれていることを認めているのである。その中にあって、なぜ事故調はこのように法律の趣旨を無視した暴挙を行ったのだろうか。

　その目的は明らかである。事故調の結論、内容は「嘘」の塊だからなのである。法律に基づいて日航機事故の資料を開示請求されると、その資料を提出せねばならない。しかし、これでは運輸省、事故調の「嘘」が発覚することになる。そこで事故資料を廃棄してしまえば、「事故資料は存在しない」と回答すれば済むからである。これにより、事故の真実は隠蔽され、真の加害者はその責任を回避できるのである。まさに真実の隠蔽であり、責任回避を図ったのである。

　520名の乗客乗員が死亡し、4名が重傷で奇跡的に生還した「日航123便墜落事故」の調査資料は世界最大の墜落事故の資料として、日本国として永久保存すべき重要なものなのである。

　それは今後の再調査、検証のためにも不可欠な資料でもある。そのすべてを突然廃棄したという暴挙は、遺族にとっても国民にとっても信じられない事態であり、運輸省、航空局は狂ったとしか思えなかった。

　しかし、この暴挙は「狂った」のでなく、意図的かつ計画的に明確な目的、意図のもとで行われたことは明らかである。この暴挙は「事故調査員会が廃棄した」と報道されているが、それはあり得ない。事故当時の事故調査員はすでに交代しており、15年後に別の事故調査委員たちが廃棄を発案する根拠も背景もないのである。事故調は主体的に行動できる組織でなく、上位の航空局の指示でしか動けないことはすでに述べたとおりだ。それでは、航空局、運輸省が独自の判断で行ったのだろうか。これもまた、できたばかりの法律の趣旨に対する重大な背信行為であり、実質的な犯罪行為でもある。だとすれば、官庁を監督管理するさらに高いレベルの黙認、指示がなければ、このような暴挙にふみきれないことは明らかである。すなわち、運輸省自身での判断でなく、日航機撃墜事件の首謀者である中曽根総理大臣、その後の後継権力者などの真実隠蔽指示で運輸省に廃棄焼却を実行させたことは間違いない。

　事故調の結論である「隔壁破壊説」が真実であるならば、このような暴挙が起こり得ないこと

は容易に推察できる。このような暴挙が実行されたのは、結局のところ事故調の出した結論が真実でない嘘であったからだと判断せざるを得ない。重要な証拠資料の廃棄という暴挙それ自体、この123便墜落事件をめぐって繰り返されてきた「真実の隠蔽」「真の加害者の隠蔽」の一環であることは明白である。

重要な証拠資料の廃棄。これと同じことは、終戦直後にも起きた。政権中枢の高官が日本政府の犯罪の証拠である資料、書類を一気に廃棄したことが報じられ、後の法務大臣もそのことを新聞に告白している。重要資料の廃棄というのは、あらゆる権力者が責任回避のために意図的に行う常套手段なのだ（資料⑥―事故資料の破棄は、事故原因の際調査を妨害する国家的犯罪である）。

終戦直後までさかのぼらなくても、私たちはごく最近の事例からそのことを確かめることができる。森友学園、加計学園の設立段階で総理大臣が関わったとされる共謀事件についての疑惑を隠蔽するため、文部科学省や内閣府が議事録、資料を廃棄したと説明し、疑惑を追及する声に対して「そんな事実はない」「資料は存在しない」と開き直った。このように、資料廃棄の目的は実の加害者の責任を追及されないための動機、理由であることが多い。

資料すべてを廃棄するという暴挙は政府、運輸省、自衛隊が一体となって行った隠蔽工作に他ならないのである。

この構図は自民党政権の伝統的隠蔽体質である。たとえば、森友学園に関する財務省の公文書改ざん問題で、自殺した元近畿財務局職員の赤木俊夫氏が残した、改ざんの経緯を記した「赤木ファイル」について、2021年5月、国はそれが存在することをようやく認めた。すでに財務省の部長がその存在を認めているにも拘わらず、この始末である。財務省は公開の際にはのり弁のように黒塗りで行うという弁明は、真実隠蔽の宣言であり、また麻生太郎財務相はこの訴訟による調査について「今の段階で再調査を考えない」と拒否表明している。

安倍元総理の進退に関わる事態での麻生大臣の発言は、安倍元総理の責任回避のために隠蔽を行うとの意思表示である。掛かる事実の隠蔽は、安倍元総理の「責任回避」「自己保身」「権力維持」のためであって、中曽根総理の日航機撃墜事件の真実隠蔽事件と同じ次元の謀略である。

⑤事故調査委員会、運輸安全委員会の本質

事故調査委員会の誕生は、あの自衛隊戦闘機が民間機と衝突して、162人がバラバラになって死亡した事故：全日空機雫石衝突事故（1971.7）の直後であった。この時までは「事故調査委員会」というものは存在せず、急遽、臨時事故調査員が選出されて事故調査にあたった。もちろんこの調査員には著名な研究者が選ばれたが、彼らは操縦方法も航空機の機構、構造も知らない事故調査については素人であり、調査団を主導したのは運輸省・航空局であった。その結果、真実の究明を行うことなく戦闘機のパイロット個人に責任転嫁し、「トカゲの尻尾切り」の結果に導いたのである。

このような経過からも「航空局」の影響力が常に事故調査に絡んでいることは、明らかである。恒久的な事故調査委員会の設立にあたって、佐藤政権では当初米国NTSBのような独立した組織にすることも検討されたが、実際にできた組織は運輸省直属の下部組織（外局）であった。

旅客機墜落事故は運輸関連の多くの組織、すなわち運輸省、運航会社、機体の製造会社などの利益、権益と密接に関係し、自衛隊が関与する事故も多い。事態によっては総理大臣の責任まで追及される羽目になる可能性もあるのだ。したがって、政府権力者としては、事故調の調査における事故原因の特定には政府が介入できる組織にする必要があると考えた。これが傀儡の事故調査委員会の骨格につながり、この事故調を監督し、管理する権限が運輸省・航空局に与えられた

のである。このような経緯から、実際の事故での事故原因が「パイロットミス」か「原因不明」で処理されることが多い。したがって、事故の再発防止が実行できず、空の安全性は低下したままであるのだ。このままでは、日本には「事故調査委員会」は不要で、税金の無駄使いでしかない。米国のNTSBに事故調査を委任することが一番確実で、空の安全が保たれることは間違いない。

　事故調査委員会は、高名な研究者が2〜3年の短い任期で務める調査員と、これを支える事務局からなる。調査員は雇われマダムに過ぎず、時期が来れば交替する。事務局は20名に満たない陣容で、調査の補助を行うが、航空、鉄道、船舶の三分野に分かれている。それゆえ、123便事故発生時に新聞報道で辛辣に指摘されたように、調査の権限、能力は極めて貧弱だ。事故調と一緒に仕事をした群馬県警本部長・河村氏さえも、この情けない実態を著書で述べている。

　日航機墜落事故では垂直尾翼破壊から、横田基地や川上村への緊急着陸・不時着の敢行、御巣鷹の尾根での墜落までの事象が複雑で、その捜査・調査の範囲は極めて広大であるうえ、目撃証言も多い。事故調の陣容では、調査能力が圧倒的に不足していることは明らかだった。墜落現場での機体残骸の調査一つをとっても広範囲に及び、重要な水平尾翼の発見も事故調ではなく群馬県警特捜本部が調査して分かったとの報道もあるのだ。陣容も能力も不足し、権限もない事故調が、率先して主体的に事故調査することなど　もともとできなかったのである。

　これを補ったのが、「航空局」からの出向調査員であった。そして、事故事件の真実を知る立場にある航空局が事故調査に介入すれば、嘘の事故原因を捏造するのが当然の帰結である。航空局が事故調に「嘘の隔壁破壊説」を押し付け、真実でない報告書を作成させたことは、前述の武田委員長の記者への最終発言からも容易に判断できるのである。

　事故調は、事故後4日には、機内空気の流出の可能性を提起し、これが「隔壁破壊説」の原型となった。事故の全体状況さえ未だ調査している段階であるにもかかわらず、早々と事故原因に関連する情報が意図的に報道陣に漏らされ、流れる情報や世間の見方が方向づけられていく。事故調は情報統制、情報管理をしていたのだ。

　また、新聞を賑わしたのは、「事故の真実の調査を優先させるべきであり、警察による犯人捜しは後だ」との報道だった。犯人捜しは関係者を委縮させ、重要な証言を関係者が拒否する恐れがあるからだとの言い分であった。

　しかし、事故調の調査のもとで、重要な目撃証言はことごとく無視されている。むしろ犯人捜しは後だというキャンペーンは、疑惑への目を摘み取ってしまうものであった。一般的には、旅客機墜落で事件性が出てくれば事故調査の前に当然警察が捜査に入らねばならない。123便が御巣鷹の尾根付近で炎を上げ、黒い煙を出して飛行していたとの目撃証言があれば犯罪行為が推測され、警察がその事態の捜査を行うのは至極当然である。これは犯人探しという次元ではなく、事件の真実の調査としても必然なのである。警察の捜査で事件性がないと判明してから、事故調が事故調査に入るのが本来の手順である。

　ところが、この123便墜落事故においては多くの住民の目撃証言があるにもかかわらず、警察もまた事件の捜査を行った形跡は一切なく、河村県警本部長も著作の中で記述していない。著書で彼は事故調の「隔壁破壊説」を信用し、これを否定し反論する有識者を電話で脅迫して、出版社には「謝罪文」を書かせて発表させている。彼は事故発生直後、上野村に大変早い段階で「対策本部」を立ち上げているが、救助、捜索活動を行わず、救助のために墜落現場に急ぐ人を足止めさせて立ち入り規制している。河村本部長も自衛隊の不祥事を知らされており、かつ極秘のミサイル撃墜のことを官邸筋から聞かされ、隠蔽工作に協力していることは明白である。

ここから出てくる帰結は、ミサイル撃墜、現場での証拠残骸回収、生存者の殺害は自衛隊が担当し、犯罪事態の隠蔽は「航空局」が主体的に関与していたということである。航空局は隠蔽の首謀者であり、最高レベルの権力者から、全権を委任されていたと判断できるのである。

　一方、事故調はその航空局が手足の如く使い、隠蔽の片棒を担がされたと考えるのが妥当だ。

　もちろん、権力による強制であっても、事故調に責任がないとは誰も考えない。戦時中、捕虜の首を上官の命令で切り落とした兵隊も、戦後は戦犯として裁かれ、死刑判決で絞首刑が実行された戦犯も多い。

　このように、123便墜落事件は国家権力者による事件、犯罪であり、航空局は事故調に「嘘の事故原因」を書かせることで隠蔽を行った。事故調査員会も命令であったとはいえ、同じく事実の隠蔽犯罪に加担したことは間違いない。日航も被害者であったが、国からの強制で『加害者』と詐称し、遺族に「補償金」を支払った違法事件を通して遺族国民を35年間も騙し、真の、本当の加害者を隠した続けた。それを国は功績として評価したが、遺族国民はこの犯罪行為を厳しく弾劾する。まして、助かる乗客乗員524人を横田飛行場に着陸させず、最後はミサイルで撃墜し、生存者まで、焼き殺す、毒ガスで殺害する行為は、近代国家、民主主義国家の日本で起きた出来事とは到底思えず、犠牲者の家族、肉親は供養に際して震えを止めることができない。墜落事故の真実は総理大臣：中曽根総理の自己保身、責任回避を動機とする究極の国民に対する虐殺であった。

14　日本航空

①日本航空株式会社

　日本航空（以下、日航）は123便の運航会社であるが、事故直後から自分たちは墜落に責任を負う「加害者」だとの印象を与える姿勢、態度で遺族に接してきたことはすでに触れたとおりだ。

　日航は遺族には「誠心誠意」の対応を約束している。しかし、日航はさまざまな疑惑に満ちた言動を公然と行い、理解不能な言い訳で済ませることで切り抜けてきた。しかも、事故調の結論である「隔壁破壊説」が前橋地検によって否定され、日航は「加害者でない」ことが確定した後も、依然として今に至るまで「加害者だ」と言い続けている。私企業がみずから好んで「加害者」になろうとするなど大きな矛盾であり、この裏には国家的な重大な謀略が潜んでいるのである。

＊

　日本航空が戦後間もない1951年に日本政府主導の半官半民の企業として設立され、以来、「親方日の丸」の体質を引きずってきたことはすでに述べた。財務面で国に依存し、人事面でも航空行政を司る当時の運輸省と深く結びついていたのである。例の副社長・町田直氏が元運輸事務次官であることを典型として、日航は完全に公務員体質に染まっていた。日航が「加害者役」を引き受けた背景には、このような運輸省航空局からの天下りが日航を牛耳っていたことと深く関わっているのである。

　そのような会社の経営陣にとって、航空局が事実を覆い隠すために、事故調に書かせたシナリオに沿う形で「123便墜落の加害者役」を引き受けることは当然のことだったに違いない。強大な許認可権と人的、経済的な繋がりを通じ、航空局は日航に加害者役としてのさまざまな振り付けを施し、日航は事故直後から今日に至るまで一貫して加害者代理役を演じ、遺族、国民を騙しながら、123便墜落事故の真実の隠蔽に協力してきた。

　123便墜落という重大事故の発生後、日航は杜撰な経営によって一度倒産したが、またもや国が救済出資して再生させ、その後も国のオモチャのような存在である。現在では、大学生の人気就職先の地位を占め、優良会社と見なされているが、加害者でもないのに「加害者だ」と自称することで遺族、国民を侮辱しつつ騙すのが日航の本質なのである。何度となく改革の必要性が叫ばれながら改革がされていない日航の今の姿、実態を知る者から見れば、日航が人間の命を運ぶ航空機を運航する資格は全くない。

②墜落直後の日航の動き

　123便撃墜事件の真犯人は中曽根総理、加藤紘一防衛庁長官、自衛隊幕僚長であるが、これが自ら真実を告白して認める可能性はない。航空局は事故調査委員会に嘘の事故原因の作成を押し付け、遺族、国民を騙すことを画策した。だが、生存者である落合由美氏や川上慶子氏らの証言で、虚構に過ぎない「隔壁破壊説」が破綻するのも時間の問題であった。さらに事故調の結論に基づいて「ボーイング社」「日航」「航空局」が加害者として告訴されたが、それもやがては「無罪」となるのは明らかであった（事実、前橋地検は1990年7月にこの三者を不起訴と判断している）。ここで、航空局は事故の「加害者」として、遺族、国民の前に出て矢面に立つ加害の代理者が必要不可欠だと考えたのである。

　深刻な事件事故で誰かが「加害者だ」と言えば、それがたとえ本当は無実、無罪の者の口から

発せられたものであったとしても、傷心の遺族にしてみれば相当のインパクトで受け入れられることは間違いない。そこで航空局が目を付けたのが、運航会社である日航だった。

日航は政府の出資を受けていることに加え、航空行政を司る航空局が膨大な許認可権を握っている点から日航や全日空は航空局の意向にはさからえない立場であった。全日空機雫石衝突事故でも、自衛隊に全面的な責任があったにもかかわらず、全日空はパイロットの「見張り違反」との責任を押し付けられ、やむなく賠償責任の一端（30％まで）を負担しなければならなかった。そこで航空局はこの雫石事件を参考に、123便の運航会社日本航空を加害者の代理に仕立て上げることを謀略の中心に置いたのである。

まず、航空局は日航に「123便撃墜の真相を話し、総理、自衛隊の関与で墜落した」との情報を流し、「日航を真の加害者の協力者、共犯者として取り込んだ」演出、それは、日航にしかできない特別の秘密業務があったからでもある。すなわち、日航は123便の機体構造を熟知しており、その技術者に「日航123便機」と「自衛隊標的機、ミサイルの残骸」の選別を行い、極秘裏に回収し隠蔽することが必要不可欠なのであった。したがって、まず日航には最も衝撃的な情報である「ミサイル撃墜事態」を通告し、〈極秘扱い〉を強要。「日航には墜落の責任がない」ことを請け合ったうえで、自衛隊、ひいては中曽根総理の責任回避のために証拠残骸の選別協力を要請し、至急の派遣出動を指示したのである。

これを皮切りに、その後も航空局は日航を加害者に仕立て上げ、本当の加害者である中曽根総理や自衛隊幕僚長らの責任回避、隠蔽のために謀略作戦を実行したのである。たとえて言えば、演出の監督は航空局で、主演者は日本航空、助演は事故調査委員会であった。この大掛かりな謀略映画は1985年の8月12日に始まり、今も全国の映画館で上映され、人々の脳裏に焼きつき、国民を騙している。さらに強力な黒幕は自民党政権であり、政府幹部、公務員である。

真実の報道が責務であるTV、新聞、ラジオ、雑誌などの報道機関も権力者に媚びへつらい、123便撃墜事件の真実報道を放棄し、知らぬ顔で間違った政府報道を垂れ流している。ここでは政府、自民党幹部、航空局による「日航123便撃墜事件の隠蔽工作」の主演者である日航の言動について詳細に記述し、その点から事件の真相に肉薄したい（資料㊿）。

＊

日航123便が墜落してレーダーから消えたのが8月12日18：56：30であった。それからすぐに、航空局から極秘電話が日航の高木社長、町田副社長にあった。日航はその時、民営化の会議でほとんどの役員が羽田工場に集まっており、会議に出席して民営化を議決して喜んでいた。

そこに飛び込んできたのは、まさに驚愕すべき極秘電話であった。

その趣旨は「123便が北朝鮮のミサイルで撃墜された」とのことで、やがて真相は「自衛隊による撃墜であった」ことが告げられ、さらに「ミサイルの残骸、標的機の選別を、日航技術者に実行させる」ことが依頼、要請された。

日航としては、123便の墜落は日航に責任がないことが明らかになったという意味では朗報であったが、残骸選別業務の要請は相当に衝撃的であった。だが、政府、航空局からの極秘要請を断ることは不可能であった。ここから、日航も政府、自衛隊の陰謀、謀略の秘密を共有する仲間に引き入れられたのである。日航が正義、公正の道を踏み外した出発点、端緒でもあった。

もちろん、このくだりについて具体的にこのような状況であったという確たる証拠はない。だが、その後の日航の言動がこれを裏付けることになった。ほかならぬ町田副社長が日航機の「ミサイル撃墜」を早い段階で口走り、後に日航の権藤常務も「残骸選別行為」を認めたからである。

●日航副社長・町田直氏による「ミサイルによる撃墜」との遺族への告白

　墜落の前から日航は123便の異常事態を把握しており、123便の機影が消えた段階で墜落を悟ったはずである。我々遺族もTV等で12日午後7時には墜落事態を知り、日航の羽田に集合し始めた。羽田の東急ホテルは乗客家族、関係者で騒然として緊迫した状況であった。家族ら（後の遺族）は、日航役員に詰め寄っており、喧騒、怒り、悲しみの坩堝の中にあった。乗客の家族にとって、当然の心境であり状況であった。

　家族（後の遺族）は日航の役員を取り囲み、墜落場所や乗客の情報を聞こうと詰め寄った。

　何の情報も聞けない家族はある老役員に詰め寄り、役員の胸倉を掴み「ハッキリ言え！　一体飛行機はどうしたんだ。どこへ行ったんだ‼」「申し訳ありません」、そんな言葉の繰り返しをやっていた。「お前じゃラチがあかん」とか「社長を出せ」と詰め寄る人が増え始めたとき、その紳士は唐突にとんでもないことを口走り始めたのである。

　真っ赤に顔を紅潮させ、「ウチの機は北朝鮮のミサイルに撃ち落されたんだ。今はそれしか分からん！」

　一瞬、家族達は何のことやら意味が分からずにいた。そのひるみに乗じ、若い社員が老役員をスーッと抱え出してしまった。家族達はそれを黙って見送っていたのである（角田四郎『疑惑』）。

　これが事故直後に日航役員が最初に口走った衝撃の墜落の事故原因であった。

　元日航乗務員（スチュワーデス）であった青山透子氏は、後にその著書『日航123便墜落の新事実』（2017年、河出書房新社）でこの役員の名前を明らかにした。

　それは、日航副社長・町田直氏であった。

　町田副社長は誰かから知らされない限り、御巣鷹の尾根での墜落事態を直接知る立場にないことは明らかである。まして詰めかけた乗客の家族に、役員が間違った、いい加減な話をする状況でもない。さらに、町田副社長が知っていたということは、当時の日航役員の全員が知っていたことになる。彼は、余りにも執拗な日航に対する家族らの詰問に興奮し、政府の隠蔽の厳命を瞬時忘れて自分が知らされていた情報を告白し、「日航は加害者でない」と擁護しようとしたのであった。しかし、遺族にとってこれはあまりにも驚愕すべき情報であって、当時の緊迫した状況では誰からも信じられる発言内容ではなかったのである。

　だが、いま検討すると、この発言は日航機墜落での事故原因、真実に極めて近いものを告白したものと判断できる。この発言があったことは多くの遺族が聞いており、間違いのない事実である。その発言内容はあまりに衝撃的かつ深刻であり、日航が独自に考え出せるものではない。高度な航空技術と戦闘撃墜技術を持って外敵に対応している自衛隊、そこから情報を得た政府運輸省からでしか得られないはずで、国としては「最高の極秘事項」（トップ・シークレット）に該当する。このようなトップ・シークレットが日航にもたらされたということは、意図的に政府・運輸省が日航に通告し、合わせて何らかの極秘密命を依頼したものと考えると辻褄が合うのである。

　航空局からの極秘通告の目的の一つは日航を秘密共有の仲間、共犯者に引き入れることであり、第二は墜落現場にある「標的機の衝突、ミサイル激突」の証拠になる自衛隊機材の残骸の選別と回収である。これこそ、真の加害者の責任回避のための隠蔽工作として早急に必要なことだったのである。このことは、日航がその後すぐに技術者達を緊急派遣する手はずを整え、車で出発させていることから裏付けられる。日航は航空局からの極秘連絡を通じて「墜落事故は日航に責任がない」ことを確信して安堵したうえで、積極的に緊急派遣と残骸選別要請に応じて協力したのである。

日航は極めて早い段階で、事件の真相を伝えられていた。そのことを示す副社長・町田直氏の告白があったことで、その後の日航の行動を矛盾なく、合理的に説明できるのである。

●中曽根総理の名を出すと震えはじめた日航高木社長

123便の墜落原因の秘密情報の件で、当時の高木社長と面談した遺族・吉備素子氏の証言が青山透子氏の前掲書の中で紹介されている。

夫を事故で亡くした遺族・吉備素子氏は不自由な体でありながら、未確認遺体の検視作業を慎重に行うため血液検査を実施することを要求していたが、警察側は強引に荼毘に付そうとしていた。そこで吉備さんは、日航本社に高木社長を訪ねて、中曽根総理に一緒に直談判しようと持ちかけたという。

しかし、この時、高木社長は「ブルブルと震えだし、『そうしたら、私は殺される』」と言ったのである。傍にいた世話役もブルブルと震え、怯えたのである（青山透子、前掲書)。

この証言から、日航の社長、福社長、役員、幹部などは、自衛隊によるミサイル攻撃を知らされ、中曽根総理から「何か喋ったら、怖い人が来るよ」と脅かされていたと推測できるのである。

結論としては、ミサイル撃墜の情報は政府から日航に伝えられ、多くの日航幹部はその極秘情報を知っていた。さらに事実の隠蔽に協力を求められると同時に、政府権力から脅迫されていたことが浮かび上がる。すなわち副社長町田直の「ミサイル撃墜」告白と、高木社長の極端なまでに怯えた言動は、当時の日航が極秘情報を通告されると同時に脅迫も受けていたことを、如実に物語っている。その後、35年間も今も国から、日航への脅迫が続いているのだ。それは、日航との墜落事故究明技術会議の応対、回答の内容をみれば、明白で、推察判断できる。

そして、緊急に必要な日航側の協力は、墜落現場に落下している標的機残骸やミサイル残骸の回収のための技術者の派遣と選別作業であった。このことは、吉原公一郎氏の目撃とも一致している。(吉原公一郎著『ジャンボ墜落』人間の科学社、1985年)。日航にもたらされた「ミサイルによる撃墜という極秘情報と、それを口走ってしまった日航副社長の発言、そしてその直後の日航整備員の墜落場所への派遣と残骸選別作業は、強い因果関係、連鎖関係があるのだ。これはまた、ミサイル攻撃が事実であったことを証明できる状況証拠でもある。

③日航機機体と自衛隊機材残骸の選別

●緊急に派遣された日航の技術整備社員

日航は技術社員数十名を招集し、すぐに長野県「御座山」付近に向けて出発させている。この派遣部隊は「13日朝1時頃に長野県南牧村に到着した」と公式に記録されている。ここから逆算すると、この部隊は羽田を12日午後9時頃という極めて早い段階で出発している。この緊急派遣は上記の「ミサイルで撃墜された」という告白と密接な関係があり、町田副社長らが非常に早い時点で航空局から事件の真相を知らされていたことが端緒であることは確実だ。

日航はこの緊急派遣の存在を認めたが、その理由については当初、「事故調の要請であった」という苦しいごまかしと言い訳をしてきた。結局その後、権藤常務が残骸選別だと認めている。

この事実が極秘事項とされてきたのは、事故調、対策本部が一切公表していないことを国民に知られては困るからなのであった。このような隠蔽行為はアントヌッチ中尉の捜索、救助活動があったことと同様、極秘事項なのである。しかし、著者（遺族小田）の質問に対し、日航権藤常務が2005年２月の書簡でついにこの極秘派遣の事実を認めたのである（資料61―日航権藤常務の遺族小田への書簡、2005.２）。

そもそも123便の運航会社である日航は、墜落直後の段階では事故の「容疑者」の筆頭の立場にある。それなのに墜落現場に自社の技術者を送り込むというのは、異常で不可解な行動である。交通事故を起こして人をはねてしまったドライバーが、現場で警察の許可もなく事故を起こした自分の自動車に触れたり、破片を回収したりすることなど許されるわけがない。そのことを想起すれば、容疑者である日航が自社の社員に墜落現場で作業させるというのが、いかに異常で不可解なことかはわかるはずだ。

それを考えあわせれば、これが日航自身の考えに基づく行動ではなく、外部の権力ないしは武力のある部署からの強力な要請で動いたことは間違いない。このような異常な行動は政府、自衛隊の「自衛隊標的機の日航機への衝突」「ミサイル撃墜事態」の隠蔽工作の一端であることは明確であり、隠蔽謀略の重要な一部だからこそ日航に要請されたのであった。

この日航派遣部隊は14日には墜落現場に入山し、垂直尾翼付近で作業している新聞写真が掲載され、墜落現場で何か極秘作業を行っていることが確認されている。この極秘作業は「事故調が特別任務を指示した」と日航は言い訳しているが、その実施内容は頑なに開示を拒否している。絶対に言えない内容なのである。

この作業は有識者らに目撃されており、行われていたのは日航機の残骸と日航機機体でない残骸、すなわち自衛隊に関わる残骸との選別なのであった。日航社員は日航機の機体残骸には「荷札」を付けて名称を記入し、そうでない残骸（自衛隊機材）には「荷札」を付けないという形で選別していた。このことは墜落現場に日航機以外の残骸が存在していたことを示唆している。墜落現場に残る自衛隊残骸とは自衛隊標的機とミサイルの残骸であり、この選別作業は日航123便が自衛隊標的機に衝突され、ミサイルで撃墜された事実を裏付けるものであった（吉原公一郎著『ジャンボ墜落』）。

このような極秘作業は政府対策本部が秘密扱いとしているから、日航は緊急派遣と極秘命令の業務内容を説明するわけにはいかない。この内容は極秘扱いで、公式に公表されていない。だが、日航権藤常務も「事故調からの緊急要請で派遣した」としながらも、「極秘命令を受けていた」と文書回答で認めている（資料(61)―日航権藤常務の遺族小田への書簡、2005. 2）。残骸選別は事実なのである。日航は説明できないことは自衛隊の関与の証拠品の回収であることは容易に推測できる。

13日に生存者４名を救出して、本格的な遺体収容作業は14日から始まった。私が藤岡市体育館で、犠牲者となった愛息、浩二、娘の陽子の遺体を待っていた段階で収容搬入された遺体は、８月14日に数百体（部分遺体を含む）であり、15日は600体。その後も搬入は１週間以上も続いていた（当時の新聞情報から得た内容）。

つまり自衛隊による遺体収容作業は１週間以上も続いており、しかも14日は遺体収容の初日である。犠牲者と遺族にとって最も重要な遺体収作業が開始されたこの日の現場において、日航の技術社員は残骸をひっくりかえしては荷札をつけてまわるという作業をはじめた。あまりにも不謹慎で、周辺に散らばる遺体への尊厳を忘れた行為を、遺族として断じて許す訳には行かない。救出捜索に当たった群馬県警の河村本部長も、その著書で日航の花村会長、高木社長には救難活動への取り組み、協力姿勢がなかったと強く非難している。日航に乗客乗員の救難、遺体収容への協力姿勢がないことは、県警本部長ですら眉を顰めたのである。

航空機墜落事故での捜索、救助救出、事故調査の順序は事故調査的にも、人道的に見ても世界共通である。まず、墜落場所に最寄りの人が駆け付けて、最初に「生存者」の救出である。そして、次は死亡した乗客乗員の遺体の収容なのである。これが終わった段階で、事故調査に入る。

証拠の残骸は決して逃げないのであり、遺体の収容が終わらない段階での残骸選別回収作業は有り得ないのだ。

　ところが、日航技術社員が遺体収容の最中、それも収容作業の初日に堂々と機体残骸の選別を行う神経に唖然とする。事故調が指示できるのは、事故調の調査員が現場に出向いて状況を確認してからのことであり、12日に事故調が日航に緊急派遣の要請することは　論理的、時間的にあり得ない。したがって、日航技術者の派遣は事故調の要請ではあり得ず、政府、航空局からの要請である。

　しかも、乗客遺体は日航のお客様である。このように誰が見ても無神経で、遺体に敬意を払わない行為を日航の社員が好んで行う理由は通常考えられないのである。個々には礼儀正しいはずの末端の日航社員がこのような蛮行を行うのは、絶対に拒否できない権力からの命令すなわち日本の最高権力者からの要請だと考えざるを得ないのである。それはとりもなおさず、日本の最高権力者である総理大臣、あるいは自衛隊幕僚長ないしは運輸大臣からの指示命令だと判断できる。

④123便墜落直後、なぜB747の運航停止処置を行わなかったのか？

　長年、その安全性が神話化するほど定着していたB747旅客機が突然墜落したのだから、重大な機体異常が原因である可能性もある。その後の安全の確保のためには、事故原因がはっきりするまでは念のために日本のB747機の運航を停止するのが業界の常識であり、それは企業、国の航空行政の責任であり、国際常識でもある。しかし、日本航空は一切そのような提案をせず、事故発生の翌日にはB747旅客機を運航させた。乗客の安全の担保の観点から、これは絶対に看過できない悪行であろう。しかも、運輸省航空局も知らぬ顔で沈黙を守るだけで、運航停止の勧告もせず、何の叱責も行っていない。これは極めて不可解なことであった。

　日本航空はB747機がこの時点では原因不明の墜落事故を起こしたのに、平然としていたのだ。また、運輸省航空局もまた国の航空行政の要として国民の命を守る気概も使命、役割も怠っており、その資格がないとしか思えない態度を示していた。

　その上、事故調査委員会は、墜落の7日後にはすでに「隔壁破壊説」に原因を絞り、盛んに国民に対する情報操作、統制を行っている。マスコミを使って嘘の発生事象を誇大に喧伝して「隔壁破壊説」を強調し、国民を騙したのである。これはちょうど、警察が容疑者の行動、証拠などの情報を意図的にマスコミに漏らし（情報操作）、犯人に仕立て上げる手順と同じだ。

　これらの状況を総合的に判断すると、運輸省、自衛隊は真の事故原因を知っているので「嘘」の事故原因を強調する一方、B747の機体とは関係のない特殊な事件であるという真相を知るからこそ、国内のB747旅客機の運航停止処置を行わなかったと推察できる。日航もまた政府筋からの通告により、123便墜落は「自衛隊の謀略、撃墜事件である」ことを知っており、運航停止処置など必要ないと判断したと考えられる。すなわち、世界最大規模の航空機事故であるにもかかわらず運航停止を行わなかったという事実は、彼らが123便の撃墜事態、事故原因を知っていたことの隠れた証の一つなのである。

⑤なぜ日航はあんなにも早く墜落場所、遺体収容場所を知り得たのか？

　日航機が墜落した12日、NHKをはじめとするマスコミ各社は「墜落場所は長野県御座山である」と自衛隊の情報を報道し続けていた。ところが、その時すでに日航は遺体を収容して納める大量の棺桶を東京の業者に発注し、長野県ではなく群馬県の藤岡市の体育館を納入先に指定して

いた。12日夜のマスコミ各社の情報は自衛隊、運輸省が流していたものであるが、それとは別に日航はすでに墜落場所が上野村であり、遺体搬送先が藤岡市になることを知っていたわけだ。

このこともまた、日航がすでにマスコミ向けに流される情報とは別に、自衛隊、運輸省から「123便はミサイルで撃墜された」「墜落場所は上野村の御巣鷹の尾根」「遺体収容と検視場所は藤岡市」であることを知らされていたことを意味する。これは日航副社長・町田直氏が12日午後9時頃に123便は「ミサイルで撃墜された」と口走ったこととも符合する。日航は事故発生直後には、事故の真相を知らされていたのである。

⑥重傷の生還者・落合由美氏を日航が事情聴取した狙いは？

すでに述べたように、自衛隊と群馬県警は救助活動を意図的に怠る不作為を行ったが、それにもかかわらず13日の午後には4名の生存者（落合由美、川上慶子、吉崎博子、吉崎美紀子の各氏）が奇跡的に救出された。いずれも集中治療室で絶対安静の状態であった。落合氏らは事故機の32分間の飛行の中で恐怖を体験し、特に墜落時は「髪の毛が後ろに引っ張られるような急降下」（落合氏）の凄まじい恐怖を味わった末に地面に墜落して重傷を負い、それから真っ暗闇の中で16時間もの間、放置されたのである。精神的に極限状態に置かれ、肉体的にも重傷を負った4氏が絶対安静を必要としたのは当然だった。

ところが、日航は役員2名を落合氏の入院先に突然派遣し、「お見舞い」と称して病院長を騙し、落合由美氏から長時間にわたる「事情聴取」を行ったのである（これは事故調査での事情聴取であり、越権行為であり、警察の許可もなく違法である）。これは秘密裏に行った聴取だったが、病院前で待機していた新聞記者の知るところになり、その面談内容が報道陣に公開された。重傷であるにもかかわらず落合さんは驚くほど事故状況を詳細に語っており、それはまさしく「事情聴取」「事故調査」に相当するものであった。証言は、恐らく録音もされたであろう。特に隔壁の前の座席に座っていた落合氏が「機内空気は動かなかった」「風切り音はしなかった」と述べたことは、後に大きな意味を持ってくる証言であった。

だが、123便を運航した日航はこの時点で事故当事者であり、事故を引き起こしたかもしれない加害容疑者である。事故の当事者でかつ容疑者でもある日航は、警察などを差し置いて生存者への事情聴取、事故調査を行える立場でないことは明らかである。このような日航の落合氏への事情聴取は、明らかな違法行為である。では、なぜ日航はこのような違法の事故調査、事情聴取を行ったのであろうか。

中曽根総理をはじめとする政権、あるいは自衛隊にとっては、真の事故原因の隠蔽のために乗客ら524人を殺害しようとしたにもかかわらず4人の生存者がいたことは、まさに驚愕すべき事態であった。その予想外の生存者たちが何を語るのか。それは、総理や自衛隊幕僚長らにとって最大の関心事であり、最も恐れるべき不安の種であった。

ただ、生存者への事情聴取を早く実施したいが、生存者への健康状態や精神的なダメージを考慮すると、常識的には早期の実施は不可能であった。しかも14日からは、遺体収容搬送や現場の残骸調査などで事故調や警察、自衛隊も多忙で、とても早期の生存者への事情聴取はできないから、回復を待ってのことと考えていただろう。また、政府や航空局、事故調にとって日航への秘密通告は限定的で、核心である「ミサイル撃墜」を通告した後に日航に課せられたのは、あくまでも自衛隊の機材の残骸の選別、回収だった。

それにもかかわらず、日航はなぜ単独で無謀な事情聴取を行ったのか。

奇跡的に生還した落合由美氏は、この日は乗客として乗り合わせていた日航の社員（スチュワ

ーデス）である。しかし、この時点で日航が単独で面接、事情聴取することは明らかに違法行為であるし、重傷の落合氏に面談することは人道的にも倫理的にも許されることではない。それでも日航が面談を強行したのは、生還者の中で最も航空に関する知識を持ち、多くの経験を積んでいる落合由美氏が、事故の真実、真相について何を知っているかが航空局にとって極めて大きな関心事だったからだ。生存者が何を知っているかを把握しておくことは、事故原因を捏造する上で絶対に欠かせない要件だったのだ。

　そこで航空局は日航に対し、落合氏に面談して事情を聴取し、落合氏が知っていること、体験したことを聞き出すことを命じたのである。重傷の落合由美氏への事情聴取は「落合氏が日航の社員であり、日航は彼女の上司である」との立場を利用し、お見舞いとして病院の許可を得て成功したと推察できるのである。

　日航にしても、落合氏に早い段階で事情聴取したい事情はあった。日航は墜落事故直後、自社の責任の有無を最も心配していた。すでに12日のうちに航空局から「ミサイル撃墜」の通告があり、墜落そのものについて日航に責任がないことは確認できたが、もう一つ心配なのは18時24分に起きた油圧機能の喪失であった。油圧が効かずに操縦不能となった原因が、装置上の故障なのか、整備上のミスなのかは、日航として気がかりな点である。垂直尾翼の破損が日航の整備上のミスに起因するかどうか、明確に把握しておきたかったはずだ。

　日航は当初、「北朝鮮のミサイルで撃墜された」との通告を受けた。これは「北朝鮮の戦闘機が123便をミサイルで撃墜した」ということになるが、北朝鮮の戦闘機が米軍、自衛隊の防衛網を潜り抜けて上野村の山岳地帯に侵入することは不可能である。仮に「北朝鮮の戦闘機がミサイルで撃墜した」とするならば、自衛隊は迎撃するし米軍も報復攻撃をするから、北朝鮮は壊滅的な打撃を被る。北朝鮮の当時の軍事力はとても米軍に太刀打ちできるものでなく、そんな無謀なことをするはずはないのだ。

　これは当時の社会的常識であり、「北朝鮮」という言葉はカモフラージュに過ぎない。墜落後の自衛隊の捜索、救助の不作為行為を見れば、「北朝鮮」でなく「自衛隊」のミサイルによる撃墜だと判断するのは当然で、日航も日本の自衛隊が民間機を撃墜した背景には重大な理由があると考えたはずだ。

　例えば、123便墜落から14年前の全日空機雫石衝突事故を想起すれば、自衛隊の演習計画の杜撰さによる垂直尾翼への衝突の可能性が考えられる。全日空機の事件で全日空はまったく責任がなかったにもかかわらず民事で30％もの賠償責任を負わされている。

　この123便墜落事件でも、日航は同じように負担や責任を押し付けられる可能性があった。だからこそ、18：24の油圧異常事態について自社に落ち度がなかったかどうかで苦慮したのである。そこで生還した日航乗務員の落合由美氏が隔壁部の直前に座っていたことから、油圧配管関係の破壊の真実、状況が把握できるのではないかと考えたのである。

　この落合氏への事情聴取が航空局からの指示で行われたことは間違いないが、日航の自己保身のためでもあり、日航に課せられる責任の回避のためにも不可欠の行動でもあったのである。これもまた心身ともに重傷を負い、極限状態にある落合さんのことを心配するのでなく、日航の責任を心配しての暴挙であり、いずれにしても身勝手の誹りはまぬかれないのである。

⑦日航の当初の主張は「外部破壊説」だった！！

　8月19日は、まだ墜落の事象も事故原因も定まらない段階であり、「隔壁修理ミス」などの仮説が飛び交いはじめた頃だった。この日、日航は突然、運航会社としての斬新な仮説を発表した。

河野宏明整備部長が会見し、「突風など、何らかの外からの垂直尾翼が折れ、それに伴い隔壁に傷が付いたと推測できる」と、垂直尾翼の外部破壊説を強調したのである。これは「リング破壊説」とも言われるが、「隔壁破壊説」を中心とする内部破壊説が大勢を占めようとする中、このような外部からの破壊という仮説を日航の技術者は勇気をもって提起したのだ。

この外部破壊説の根拠は「コンピューター解析」によると説明されたが、ほとんど何の資料もデータもない段階での「コンピューター」の解析というのは不可解な話だ。根拠となったのは、14日に行われた前述の落合由美氏の事情聴取内容だと考えたほうが辻褄が合うのである。

12日	18：56	日航123便ミサイル撃墜での墜落事態発生
12日	20：00	航空局からの「123便はミサイルで撃墜された」との通告
12日	21：00	日航整備技術者、墜落場所に急遽派遣。残骸の選別作業
13日	11：30	生存者4名が救出され、病院に搬送
14日	10：00	日航役員2名重傷の落合由美氏を訪問し事情聴取
19日	13：00	日航河野整備部長、「外部破壊説」を発表

以上の経過を分析して推論すれば、生存者・落合由美氏の体験証言が根拠になっていることが歴然としている。後に証言した川上慶子氏の証言とも合致しており、「機内空気は動かなかった」「風切り音はなかった」との二人の証言は、科学的、技術的に解析すれば、「隔壁が破壊し、大量の機内空気が流出して、巨大な垂直尾翼を破壊した」という後の事故調のような仮説は成立しないことが容易に理解できるのである。

落合由美氏、川上慶子氏の「轟音は上から聞こえた」「機内の気圧変動は瞬間的であった（「瞬減圧」と呼ばれる）」との証言が「破壊音は外部から聞こえた」こと、「外壁の一部に亀裂ができた程度の破壊だった」という結論を導き出し、「垂直尾翼は外部からの何らかの衝突による破壊である」と無理なく判断できるのである。

日航も機体構造のプロであり、多くの破壊事象、機内の気圧変化には経験がある。「コンピューター解析」の名の下で落合由美、川上慶子両氏の証言を真摯に検証し、事故から1週間後に「外部破壊説」を提起したと考えられる。

しかし、この日航技術者からの当然の「外部破壊説」は、政府、航空局の意図する「隔壁破壊説」を無効にするとして即座に否定された。日航も会社総体としてはこの政治判断に従わねばならなかったから、以後の日航は「隔壁破壊説」を支持し、それに反旗を掲げることはなかったのである。しかし、日航はこの外部破壊説の提起を通じ、「垂直尾翼の破壊は自衛隊の何らかの飛行物体が衝突した」からであること、「墜落原因も自衛隊ミサイル攻撃による」ことを確信し、日航自身は123便の墜落に関して加害責任がないという確証を得たはずである。

⑧日航の「社内事故調査委員会」の実態

著者（遺族小田）は2013年から、日航の社長の許可のもと、日航の安全推進本部、技術部長と事故関連の「技術会議」を開催し、議論を重ねている。また、文書による質問状と回答書での討議も行った。

この会議での議論と回答書から、いくつかのことがわかった。

1）日航は「社内事故調査委員会」を発足させたと言うが、実際は形式的な組織であり、具体的な調査は行っていない（日航・相談室長の告白）。
2）日航には事故調査の専門家がいない（出席した部長も含む）。
3）日航の説明は「事故調の結論に同意している」ということに終始し、「日航が調査した内容

は全くない」のである。したがって、発生した事象をめぐる議論では、「事故調の矛盾を合理的に、技術的に遺族に理解できるように説明できない」のである。

　一応「日航は加害者だ」と認めながら、何の調査も行っていない事実は、「日航は真の加害者ではない」ことを示している。このような状況から、日航の言動は「第三者」としてのものであると判断できる。

４）小田が日航に「日航社内事故調査報告書」の公開を求めたが、日航は「社外非公開」との理由で拒否している。その上、「日航の事故の墜落原因は事故調の結論と同じだ」と注釈している。それならば、公開を拒否する理由はないはずであり、その言い訳は矛盾である。

⑨「加害者だ」と自称（詐称）することの問題性

　123便墜落事故は、最初の垂直尾翼破壊から横田基地への接近飛行、川上村レタス畑への不時着行動、そして上野村山岳地帯への飛行とミサイルでの撃墜と32分間にも及ぶ。広範囲の地域への機体残骸の落下、低空飛行を目撃した住民の証言、奇跡的な生存者の証言などの証拠類も多い。事故調査は相当に時間もかかり、その分析も困難を極めたはずである。

　さらに、123便の機体の重要な部品に関しては、18：24の「垂直尾翼」「APU」「油圧配管」破壊脱落があり、その後32分間も飛行して墜落直前の18：55頃に「第４エンジン」「水平尾翼」が破壊脱落していて、これらは墜落場所では発見されていない。このような残骸の脱落落下の分布から判断すると、事故調査では単なる「事故」でなく、外部からの攻撃すなわち「事件」である可能性を疑うべき要素が多い。墜落の直前に重要な部品「エンジン」「水平尾翼」が破壊落下している以上、墜落の事故原因はこの重要部品である「エンジン」「水平尾翼」の破壊脱落の可能性が高いことを日航社長・赤坂氏も認めている。

　さらに、そして重要な目撃証言として、「123便は炎を上げて、黒い煙を出して飛行」「123便の後ろから流れ星が追いかけて行った」というものがあり、墜落直前に123便が煙や炎を出して飛行していたという証言もこれらを裏付けている。

　123便は垂直尾翼が破壊脱落してから墜落事象前までの31分間は、旋回、上昇、降下飛行を行っており、事故調も「飛行の継続ができた」と結論している。この観点からも垂直尾翼の破壊を事故原因とすることは、事故調査の常識からも否定されるのである。

　事故機に備えていたCVR、DFDRの分析、目撃証言、体験証言などに加え、墜落場所での残骸分布の調査を考えると、これらの調査だけでも最低１カ月は要するはずである。さらにこのような資料の分析、検証を行うと、事故原因の解明にはさらに時間を要するだろう。

　通常、123便墜落事故のような事故の調査で最初に行うのは、「事件」としての捜査である。最優先の事項は事件捜査が第一であり、その間、事故調査は一旦中断される。これが事故調査における手順であるのだが、航空局はこれを避けた。

　群馬県警は約50名を擁する最大級の陣容で特別捜査本部を設置しているが、その設立は事故から50日も経ってのことだった。これは、事故の真実を知る河村県警本部長が、敢えて事件捜査を行わなかったことを意味している。

　自衛隊は救助不作為に加え、乗客生存者の殺害部隊を特別に派遣している。また、重要な自衛隊の加害証拠残骸は13日の早朝から秘密裏に回収し、ヘリで自衛隊基地に運び込んで隠蔽している。そして群馬県警特捜本部は最初の段階で事件捜査を行っていない。これがもし正常な事故調査であれば、警察の捜査で２〜３週間は事故調査が遅れたことは間違いない。

　一方、事故発生の４日後頃から、事故調は隔壁破壊により機内空気が流出した可能性について

情報漏洩させ、嘘の隔壁破壊説への布石を敷いた。そして、御巣鷹の尾根での墜落事象と目撃証言を無視して、一路「隔壁破壊説」に向けて世論誘導し続けたのである。

このような背景、状況から分かるように、事故調査は事件性を最初から検討することなく形式的に進められ、本当の事故調査はないがしろにされ、航空局は先に「結論」を決めて事故調査の方向を「隔壁破壊説」に絞ったのである（演繹法による事故調査手法である）。

だが、この「隔壁破壊説」が生存者である落合由美、川上慶子両氏の体験証言を無視して唱えられたものである以上、科学的にも技術的にも成立しないことは誰にでも分かることで、現に5年後に前橋地検がこの航空局の「結論」の杜撰さを暴き否定した。しかも検察庁の検事は、遺族に「我々検事は法科出身で、技術的なことは分からない」と言っているように、一般人や文系出身の人ですら、「隔壁破壊説」が成立しないことを認めたのである。

さて、ここでくどくどと、事故原因について改めて言及したのは、123便の事故原因が事故調の言う「隔壁破壊説」の矛盾を改めて指摘したかったからではなく、事故原因の調査、捜査には標準的な手順があり、それには相当の時間がかかることを強調したいからである。事故調が正式に「123便墜落事故報告書」を国民に提出し説明したのは約2年後である。事故調が一定の結論を出すのにさえ、2年もかかったのである。つまり、その間は事故原因が不明という状態であり、誰に責任があるかも不明であったのである。

ところが、我々遺族に対しての日航の態度、姿勢は、当初からまるで「加害者」だとの印象を与えるものだったのである。しかし、その姿勢は123便の運航会社の責任感から生まれる道義的な姿勢、態度とは全く異なり、何か形式的、義務的なものであった。私は、日航の表面的な平身低頭、謝罪の姿勢の裏に、何の誠意も感じることはなかった。それは常に空虚で、誠意がないことを直感的に感じていたのだ。遺族の多くの日航への姿勢も拒否的で、今でも顔を背けて会うことを避けている。もちろん、愛する肉親を失い、苦悩と寂寥の中にあった遺族にとって、「日航が加害者だ」との姿勢、発言から「運航会社の過失致死傷事故だ」との推測、判断が導かれたのも事実だ。「事故責任は日航にある」との結論に、何か諦めの気持ちを抱いたのかもしれない。

⑩遺族の心理と日航の補償交渉の意図

このような状況、背景の中、事故からわずか1カ月後、日航は前述のように突然に遺族に補償交渉を申し出たのである。日航が実行したことの中でも、最大の謀略と思えるのは、事故原因が全然不明の段階でもあるにもかかわらず、このような提起を遺族に対して開始したことである。これは大きな驚きであった。当時の高木養根社長の遺族への書簡でも「事故原因の究明がなされる以前でありますが……」と述べられており、原因が不明の段階にあることは日航自身が認めていたことは明確に記載されている（資料㊻─日航高木社長から、遺族への補償交渉の提起書簡）。

すでに補償交渉の問題点は指摘したが、改めて当時の遺族の心理との関わりから日航がしたことの意味を検討しておこう。

＊

この時期の遺族らは、愛する肉親の葬儀を終えていた頃だ。大きな衝撃、苦悩、悲嘆に苦しむ遺族も大きな節目の時期を迎えていた。まだまだ年忌、三回忌などを控えていたが、今後の生活についても考えねばならなかった。

犠牲者の多くは、東京への出張の帰路にあった関西地域のサラリーマンであった。大黒柱である夫を失った妻には子供がおり、「子供を頼む」との遺書を託された家族もいた。そして、世間の好奇の目が注がれている。夫を失った生活の立て直しには金が必要であった。このような補償

金は遺族にとって、まさに「渡りに船」なのであった。しかし、補償交渉に応じるとは、愛する肉親の命を金銭で売り渡すことでもある。したがって、簡単に遺族が日航の補償交渉の提起に応じたわけではない。

　墜落（残酷な兵器による殺害）からわずか1カ月のこの時期、遺族らは未だ肉親が、夫が、子供が、妻が帰ってくると信じているのである。したがって、このような申し出は遺族にとって過酷であり侮辱でもあった。遺族らはこの複雑な狭間にあって板挟みになり、苦悩の坩堝に入れられていた。それほど早期の補償交渉の提起は、残酷な申し出だったのである。

　ところが、このような日航の補償交渉の話が世間に漏れると、新聞雑誌、TVなどが大きく報道し、世間は補償金のことで、話題沸騰した。もはや「事故原因」のことはかき消され、焦点は「補償交渉」に移ってしまうという事態になった。報道各社は「垂直尾翼」の破壊が自衛隊の標的機の衝突で起きたことと、123便の墜落は自衛隊ミサイルでの撃墜であることは知っていたが、政府からの報道管制、真実報道の禁止命令で、墜落の事故原因には触れないように振舞っている。

　すなわち、報道陣にとって自衛隊の関与は公然の秘密になっていたのである。

　この補償交渉では、一部遺族が応じると、その金額が秘密にされ、遺族間の疑心暗鬼が始まり、遺族らの分裂に発展したのである。さらに、補償交渉での日航の金額提示は何と自動車事故並みの低水準だったため、旅客機墜落という特殊状況、最後の恐怖の20分への懲罰的な金額などが考慮されるかどうかなどが、世間の大きな関心を集めた（資料㊽）。

　このような補償に関する騒動で、事故原因への関心はますます、薄くなり、一旦交渉が成立すると、もはや遺族は、先の生活を優先するために、肉親への供養には最大限留意するが、事故原因への関心、すなわち肉親がなぜ死なねばならなかったのかとの疑問、問い掛けは、少なくなっていったのである。

　これが、遺族らの事故原因についての関心が薄くなった理由であり、これこそ、国、航空局が遺族心理を推察した結果から、まとめ上げた謀略作戦の核心であったのである。その謀略は次のように構成されている。

・日航が加害者を自称する演技で徹底的に謝罪する。
・事故発生直後、すぐに「加害者」だと名乗る。
・すぐに「補償交渉」を提起する。
・事故原因については触れない。
・慰霊式典を加害者として主導する。
・加害者として慰霊式典に出席し、安全運航の堅持を訴える（誓う）。
・航空局も加害者を演じ、日航の加害者役を補佐する。
・日航の「安全啓発センター」、上野村「慰霊の園」で「隔壁破壊説」の宣伝広報を行う。

……以上の手法が、結局は遺族を騙し、事故原因よりもむしろ今後の安全に関心を振り向けさせ、遺族の123便の事故原因への無関心を引き起こしたのであった。

⑪ボーイング社の事故原因についての立ち位置

　この補償交渉について、2012年の「衝撃の瞬間6―日本航空123便墜落事故」（NGC Network ナショナルジオグラフィックチャンネル）の中で、ボーイング社、NTSBの幹部は「日航は墜落の責任がないとしながら、遺族に補償交渉を持ち掛けた。遺族は約90％が応じた」と衝撃的な告白をしている（資料㊾―ボ社、NTSBの幹部が日航の補償交渉は無効だとTVで告白）。

　この遺族への補償交渉の提起の段階では、ボーイング社の補償交渉への共同参加の文書も遺族

に配布され、そこには「ボーイング社も加害者だ」との意味の内容が書かれており、この段階で「隔壁破壊説」を前提とした日米間の政治決着が行われていたことを示している（資料㊼ボ社の補償交渉）。

　ただ、ボーイング社も事故原因が不明の段階での日航の早期補償交渉には疑問を持っており、かつ墜落の原因と垂直尾翼の破壊とは関係がないと考えていた。そこで二つを分けて表現しており、ここからも「ボーイング社には墜落の責任がない」との態度が明確に出ているのである。

　航空局は「隔壁破壊」との情報を意図的に漏洩させ、その上、日航はこのような補償交渉を行うことにより、「墜落事故は日航の機体故障による事故、すなわち過失致死傷であり、日航は加害者だ」という構図ができ上がり、それによって、国民の間に「日航は加害者だ」とのイメージが定着していったのである。これこそ、安倍総理大臣（本書執筆時・以下同）の常套句である「印象操作」であり、35年前に航空局が国民に仕掛けた情報操作、謀略である。

　しかし、この謀略も大きな疑問、矛盾が出て来る。事故調の結論である隔壁破壊説では「修理ミスの隔壁が破壊した」となっている。だとすれば、墜落の責任としては、ボーイング社の責任が最も大きく追及されなければならないことになる。比重で示すなら、ボーイング社には95％以上の責任があるということになるのである。

　日航や航空局は隔壁部の点検、検証でボーイング社の修理ミスを発見できなかったとしているが、塗装された隔壁部の異常を見つけることは簡単でないし、実際、点検も整備も何もしていないのである。また、「隔壁破壊説」に立てば「主犯」ということになるボーイング社は、ただ単に「修理ミスをした」ことを認めたに過ぎない。「隔壁が破壊した」こと及び「機内空気が流出して垂直尾翼を破壊した」ことまで認めているわけではないのだ。

　米国の事故調査機関であるNTSBは独自に落合由美氏に事情聴取しており、その証言から「隔壁が破壊しなかった」ことを確認している。さらにボーイング社は、設計的に「隔壁が破壊しても、垂直尾翼、水平尾翼が破壊しない構造上の強化対策」を行っており、隔壁は破壊しなかったと主張している。つまり、ボーイング社は加害責任を認めていないのである。事実、隔壁が破壊したことによって後部の垂直尾翼、水平尾翼が破壊したという事故例は、これまでに発生していない。ボーイング社が認めたのは、「修理ミス」という事実だけなのである。

　事故調によれば、修理ミスのあった隔壁は7年間を経過して破壊したということになる。隔壁に応力が加わることの繰り返しが15,000回に達して亀裂が成長し、それが強度的に耐えられなくなって隔壁破壊に至ったと説明しているのである。一方、ボーイング社のB747旅客機は製造から、40年が経過している。事故調の理論、考えから言えば、正常な隔壁であっても、これだけの年月のうちには、ある回数で必ず破壊するはずである。それでは、正常な隔壁部が破壊する事態はあったのだろうか。

　123便と同じ時期に飛行を開始したB747旅客機は、その後32年間飛行しており、単純計算では、4×15,000回＝60,000回の離発着を繰り返している勘定になる。したがって、同じ時期に製造されたB747旅客機の離発着回数は35年間では70,000回以上になっている。しかし、B747旅客機の隔壁破壊事故の報告はない。まして、隔壁破壊で、垂直尾翼、APUが破壊脱落した事故例は一切ない。すなわち、事故調が123便墜落に関して描くような「隔壁が破壊して垂直尾翼、APUが破壊した」事故は起きていないのである。

　機体構造のうち、乗客のいるカプセル状の空間とその外壁部からなる胴体部、後ろの隔壁部、先頭の操縦席はすべて同じ構造、機構である。そして、操縦席外壁部や胴体部外壁部、後部隔壁部でも破壊事象は報告されているが、123便以外はすべて無事着陸している。123便事故での隔壁

破壊と、これに続く垂直尾翼の破壊脱落との事故例は今まで報告されていないのである。

　世界トップの航空機メーカーであるボーイング社、エアバス社は、外壁、隔壁部の破壊は起きうるということを前提にして旅客機を設計し、製造している。人間が居住する空間の外壁をより強固に設計、製造することは可能であるが、それでは重量が増すために旅客機として採算的に合わない。この対策として、メーカーは隔壁が破壊する前提に立ち、構造的に強固にするのでなく、後部尾翼部分の構造を強化することにしたのである。

　これまでの事故例をふり返ると、たとえ隔壁が破壊しても油圧配管が損傷せず、無事着陸できた例ばかりである。すなわちメーカーは、隔壁が破壊して機内空気が流出しても垂直尾翼、APU、水平尾翼などが破壊されないように設計を行って、その隔壁破壊対策としたのである。つまり、ボーイング社は隔壁破壊が垂直尾翼の破壊にはつながらないという根拠と自信を持っていたのだ。しかもNTSB調査員の落合由美氏への事情聴取からは、たとえ「修理ミス」があったにしても、「隔壁は破壊しなかった」との確証を得たのである。

　日本の前橋地検は「事故原因が特定されていない」「修理ミスの隔壁は破壊していない」「隔壁修理ミスによる垂直尾翼破壊をボ社が認めた理由は、当時の世界で飛行しているB747の安全性評価の維持が目的だ」との説明を遺族に公式に行っており、そこから司法は事故調の結論「隔壁破壊説」を否定した。すなわち事故調の「隔壁破壊説」は崩壊したのである（資料㊐）。

　だから、ボーイング社は「修理ミス」を認めたものの、墜落事故そのものについての「加害責任」はないと考え、それゆえに上野村の慰霊式典にも出席しないのである。

　ボーイング社、NTSBは、日本側がアントヌッチ中尉の救出活動の中止、撤退を要請した事実を知っているし、横田基地管制を介して自衛隊戦闘機が123便の横田への緊急着陸の阻止、妨害を行った事実も知っている。さらに横田管制はその精巧なレーダーで123便の飛行経路、突然の墜落事象の原因についても知っていたはずである。

　ボーイング社、米国NTSB、FAA、米国政府はいずれも「123便撃墜事件の真相」を熟知しており、「ボーイング社が無実であること、日本側が撃墜した」ことも知っている。だから、ボーイング社、NTSB幹部は、第三者的かつ批判的な論評をしており、それを堂々TVで論じることもできるのだ（資料㊾──ボーイング社、NTSBの幹部が「日航の補償交渉は違法だ」とTVで告白）。

＊

　さて、著者は以上の件で日航に「なぜ補償交渉を日航だけが行うのか」と」聞いた。すると日航は著者に、日航とボーイング社は補償交渉を一元的に行うとの協定を行ったとして、その証明としてボーイング社代表社長の通達書を示した（資料㊼──ボーイング社の遺族への補償交渉の提起書簡）。

　しかし、その書面には「ボーイング社は加害者だ」と認める文章は記載されておらず、「事故に遭った747機を製造、修理した会社」としか書かれていない。ごく形式的に書かれた文書であり、「ボーイング社が加害者だ」との文言は一切ないのだ。これは「製造、修理したボーイング社の修理ミスによって隔壁が破壊した」とか、「破壊した隔壁から機内空気が流出して、垂直尾翼を破壊した」との責任を認める書状ではない。ただ「修理ミス」だけを認めた文章であって、むしろ「加害責任はない」という書状としても読める内容であった。

　日航が隔壁破壊説に立って補償交渉を始める際、その説に立つならば最も責任が重いはずのボーイング社を抜きにして日航だけが単独で補償交渉を開始することを、世間は許さないはずである。ボーイング社も巻き込まねば、隔壁破壊説という事故原因そのものが疑われることになる。

そこで、補償交渉を始める時に窓口を一つにして「一元的に行う」と表現するというカラクリが考え出された。窓口は日航だから、実際にボーイング社が補償に参画するかどうかは外からは確かめようがないわけである。考えたのは、もちろん航空局であった。無実だと判明しているボーイング社にこのような妥協の産物とも言える書簡を書かせることができるのは、政府の航空行政を司る部局と豪語する航空局だけである（日米政府の政治決着による結論）。

　加害責任がないことを確信しているボーイング社に、「修理ミス」の事実だけは認めた文書を書かせ、同社が司法上の容疑者になっても不起訴または無罪にするという約束の上で、「暫定的な容疑者」なってもらう。補償交渉そのものは日航が一元的に行い、ボーイング社は一切矢面に立たない。それによって一見するとボーイング社も日航同様に加害者だという形式だけ整え、隔壁破壊説を維持する。そのような取り決めでボーイング社は納得し、このような不可解な通達文、書簡が遺族に送られたのである。

　したがって、日航に遺族へ補償交渉を提起したのは日航単独の考え、発想ではなく、それは事故の真実を知り、これを隠蔽する首謀者である航空局の構想である。この「日航に補償交渉を開始させる」という奇策はほぼ成功し、大きな成果を挙げた。もちろん、遺族側の諦めと早く忘却したいとの気持ちもこのような謀略を助ける背景となったことも確かであろう。航空局の思考形態は極めて単純であるが、急所を押えている。123便墜落の事故原因として「隔壁破壊説」はよく考えると矛盾だらけで成立しないが、航空機墜落事故に詳しくない遺族や国民にとっては「修理ミスの隔壁が破壊した」⇒「機内空気が激しく流出」⇒「垂直尾翼破壊」⇒「油圧配管断絶」⇒「操縦不能」との三段論法の筋書きは分かりやすい。こうして遺族と国民は、上手く騙されたのである。国会議員、公務員、役人は国民に嘘を吐き、騙すことが中心的な業務となっており、彼らは騙しの才に長けている。

　一方の国民は政府を監視する民主主義の本質を忘れ、簡単に政府の、総理の言葉を信用する。それは、「桜を見る会」「森友」「加計」の重大な問題が起きても安倍総理の嘘、言い訳に騙され、支持率が変わらない事態が証明している。このことは経済学者・植草一秀氏が著書『国家はいつも嘘を吐く』（翔伝社、2018年）の中で説明されており、この中には日航123便事故の例も記載されている。

　日航自身、「日航は被害者であり、加害者でない」ことは熟知している。それが事故原因も不明の段階で何も知らない遺族に突然補償交渉を申し出ることは極めて悪質であり、愛する肉親を失ってたった１カ月しか経っていない遺族を「金」で事の本質を忘れさせようとするに等しい悪逆な行為なのである。さらに５年後に前橋地検が不起訴判断にしたにもかかわらず、その後も補償交渉を続けて遺族、国民の前で「加害者」を演じ続け、事故調の「隔壁破壊説」を擁護し、「日航が加害者だ」とのメッセージを与え続けている。日航はいわば、事故の真実を隠蔽して真の加害者を隠蔽した功労者なのである。その意味では、日航は共犯者の仲間に入ったと言える言動である。

⑫日航が支払った補償金をめぐる説明の時系列的変質

　加害者でもないものが加害者だと称しての補償交渉は、法的に成立しない。したがって日航が拠出した金は、補償金でなく遺族への運航会社としての一時的な見舞金と判断されなければならないと考えられる。日航自身も前橋地検の不起訴判断で加害者ではないと認定された立場でありながら支払った「補償金」の性格を聞かれ、回答に窮した末に遺族への「見舞金」「一時金」という回答を行っている始末である（資料63—日航は犠牲者への補償の責任を有し、運送約款に記

載されているとの嘘）。

　まず、事故直後の高木社長の書簡には「日航8119号機事故により極めて多数の方々の尊いお命が失われましたこと誠に申し訳なく、謹んでお詫び申し上げます」とあり、補償に関する話し合いには遺族の納得が得られるよう誠心誠意行うとしている。また、「事故原因の究明がなされる以前ではありますが」、事故機の製造修理に携わったボーイング社も弊社と共同で一元的に補償を行いたいと表明しているとあった（資料㊻）。

- 事故原因の究明以前で、公式に事故原因が不明の状態である。
- 日航、ボーイング社に加害責任があるとは表明されていない。
- 事故原因について責任が不明にもかかわらず、なぜ一元的に補償を行うのかの理由が不明。ましてボ社が日航に話し合いを委ねる根拠、理由も明確でなく、何か、謀略があると推察できる。
- 製造修理のボーイング社が補償交渉を行うとの文言は、恐らく「隔壁部の修理ミス」というストーリーが前提になるが、確定されない段階でのかかる記述は意図的なもの。

　さらに2015年6月、日航・植木社長は著者宛の書簡中で、「弊社が引き起こした事故により亡くなられた……全ての御霊のご冥福をお祈り申し上げるとともに……深いお詫びを申し上げます」との文言が記載されている（資料㊽──『日航が引き起こした事故』との言葉は「加害者だ」との意図的な嘘の発言）。日航との「技術会議」（日航側出席者：安全推進本部、児玉部長、中野パイロット部長、上梅田相談室長）で何度も確認したが、ここでは日航に加害責任があることを明確に認めている。

　だが、これでは不起訴となった日航が加害責任を主張することになり、この補償交渉は法的、論理的に適合しない。当然のことながら、補償金は加害者が支払うものだからである。日航には「加害責任」がなく、日航は何らかの意図で遺族に「一時的なお見舞金」を補償金という装いのもとで配ってきたにすぎないと判断できるのである。事実、日航の福田部長は2017年の技術会議の席上、著者に対して遺族に「日航が支払った金は補償金でなく、お見舞金である」と明言したのだ（資料㊷）。

　著者に対して権藤常務は「（早期に補償を開始したのは）ご被災者のご負担をできるだけ早めに救済しなければならない」と考えたからだと説明している（資料㊺──権藤常務の遺族への書簡「加害者と補償金支払い」の真実の告白書）。しかし、事故発生後1カ月の時点では事故原因は調査開始した段階であり、何も分からない状況にあったのである。事故原因調査も開始されていない段階であることは事故当時の高木社長の遺族への文書でも記載されており、熟知していたことが分かる。しかも、よく読むと、ここでも日航は遺族を「ご被災者」と称し、天災の被災者であるかのように扱っている。

　さらにここで権藤常務は「当社は不起訴により刑事上の責任は問われませんでしたが、民事上の損害賠償責任を認め、損害賠償金の支払いを行った」と記している。しかし、これは明らかにおかしい。前橋地検の不起訴判断は事故後5年経過した1990年7月のことだ。それよりもはるか前、事故後1カ月あまり後に補償交渉を開始した理由として、「刑事責任は問われなかったが民事上の賠償責任は認めて賠償金を払った」という説明をするのは時系列的に矛盾があり、まったく辻褄が合わない。また、日航はここで、「刑事責任は問われない」すなわち「加害責任はなかった」ことを認めている。この言葉は1990年7月以降も「加害者だ」と自称してきた自分たちの言動は「嘘であった」「偽証であった」ことを認めたことになる。

　この点について日航は著者に「運送約款」を持ち出して説明を試みた（資料㊸──日航の持ち出した運送約款の写し）。

すなわちお客様を目的地まで届けなかったことが「加害責任である」というのだ。しかし、この約款第４節第43条３項には、「日航の責任がない場合は、適用できない」との条項が記載されており、この説明自体にも矛盾が生じた。日航の早期の補償交渉の説明、回答は、ここでも合理的に成立しないことが明確になり、2018年に赤坂社長は著者との直接面談時、「運送約款」を持ち出しての説明を撤回した。またもや嘘を吐いたことが明らかになって撤回したのだ。

こうした補償金に対する説明の右往左往ぶりにもかかわらず、日航は依然として現在でも加害者だとの姿勢を変えない。だが、法的に加害者でないのに「補償金」と称して支払った金は、事故当時から現在までの歴代幹部が会社に甚大な損害を与えた「背任罪」「横領罪」に相当する。不起訴判断により、日航は補償金を支払うべき立場にはないからである。遺族、国民への嘘を吐いての脅迫的な補償交渉は犯罪行為として、認識できるのである。現在の日航社長、幹部も引き続き、補償交渉が正当だと主張しているが、日航株主は歴代社長、幹部を「横領罪」「背任罪」で告訴するのが自然ではないだろうか。

最近のことだが、2020年１月、日航は権藤常務の著者への書簡で次のように述べてきている（資料㉕—権藤常務の遺族への書簡「加害者と補償金支払い」の真実の告白書）。

１）日航の加害責任
　＊不起訴判断によって刑事上の加害責任はなく、「無罪」である。
　・不適切な修理ミスの旅客機（123便機）を運航した責任がある（これを「社会的責任」「道義的責任」と称している）。⇒心情的な遺憾の意味（航空局の言い訳と同じ）
２）「補償交渉」と「補償金」について
　＊遺族の困窮を救うためのお見舞金であり、支払った金は補償金ではない。

これは従来の「日航が墜落を引き起こした」から補償するとしてきた説明が全て嘘であり、成立しないことを認めたのである。すなわち、日航には墜落させた加害責任がなく、「補償」とは道義的、心情的な遺憾の感情で支払った金に過ぎないと断言しているわけだ。だが、補償金は加害者が支払うものであり、日航は墜落を引き起こした加害者でないので、補償を行う資格がない。それがこのような補償交渉と支払いを行うことは論理的にも導き出されないし、法的に違法だ。支払われたお金は保険会社に虚偽の説明をして引き出した保険金の流用であり、保険会社に対する詐欺行為であることも示しているのだ。

このような経緯から、事故原因が明らかになっていない段階で日航が「補償交渉」を開始した件について権藤常務に直接聞いたところ、当時、監督官庁である「航空局」からも群馬県警からも、何らかの異議申し立て、中止勧告、命令が無かったと認めている。すなわち、日航が「加害者」を装って「補償交渉」をすることは　航空局、群馬県警が黙認し、容認していたのである。

⑬日航と上野村「慰霊の園」

1985年８月12日18時56分、群馬県上野村に524人の人間が墜ちて来た。うち４名の重傷の人間だけは生き延びたが、それ以外の520人が死亡という惨劇。山間に暮らすわずか1,500人ほどの村は、突然降ってきた520人の死者を抱えることになった。法律上、墜落死した520人はいわゆる「行き倒れ」死者として扱われる。小さな過疎の村は、人口の３分の１を超える数の行き倒れ死者を供養する責務を負わされたのである。やがて慰霊設備を作るという話が持ち上がった時、村は広大な村有山林を提供してくれた。人情に厚く、犠牲者への思いの深い純朴な上野村の人々。その協力がなければ施設建設などあり得ない話であり、遺族は今も決して上野村に足を向けて寝

ることはできないほど感謝し続けている。

　だが、村には慰霊設備の費用まで負担する義務などないのはもちろん、財政的にもそれは無理な話であった。それでも村が提供してくれた数千㎡に及ぶ山林は平地に変えられ、そこに壮麗な慰霊塔や納骨堂、管理棟や休憩棟などを備えた慰霊設備が建設された。それまでは舗装もなく、大半が片道一車線であった山道は立派な二車線道路に様変わりし、墜落地点にたどり着くために歩かねばならなかった「獣道」も途中まで車で通れるほどの道になった。この整備費用の10億円を、すべて日航が拠出したからだ。

　墜落事故に責任のない運航会社の日航が、このような巨額の金銭や労力を寄付するのは補償と同様に極めて奇妙であり、法的にも論理的にも筋が通らない。この費用負担のあり方じたい、123便墜落事件の責任を巡る不可解な矛盾の縮図になっている。圧力隔壁の修理ミスに起因する事故だと言う事故調からは、いわば主犯として名指しされた「ボーイング社」も、修理ミスを検査検証できなった責任を負う運輸省（現国土交通省）航空局も、この施設の建設にはお金を支払っていない。日航は後で半分の５億円をボーイング社に請求したと言うが支払い証明書の提示を求めても出そうとはしない。責任を認めていないボーイング社が支払っていないことは明らかである。日航はまた、航空局には請求したこともないのである。

　事故報告書のシナリオが政府の結論であるならば、墜落事件の責任は第一に「ボーイング社」であり、次は「日航」と「航空局」と続く。ところが、「日航」のみが加害者役を引き受け、「ボーイング社」も「航空局」も慰霊の責任を一切背負おうとはしていないのである。これは、両者が事故調の描いた事件のシナリオを初めから信じていない証しである。

　慰霊施設を運営する法人「慰霊の園」が設立された際、上野村村長が理事長を引き受けたほか、複数の村民が理事に就任。これに加えて「遺族代表」と「日航の代表」も名を連ねることになったが、ここでも「ボーイング社」「航空局」は加わっていない。矛盾はどこまでも上塗りされているのだ。

＊

　慰霊の園の慰霊式典で参列者に配られる「追悼慰霊式次第」の奇妙な文言に、遺族らの目はくぎ付けになった。「慰霊式次第」の中で犠牲になった520人は、「遭難者」と呼称されているのだ。123便墜落事件では、何の落ち度もない乗客が機体もろとも墜落死させられた。万歩譲って事故調のいう隔壁破壊説に立ったとしても、亡くなった乗客たちは隔壁修理ミスが引き起こした事故の「被害者」であり「犠牲者」である。ところが、式次第はその建前さえかなぐり捨て、死者達を「遭難者」と呼び、津波や火山噴火のような天災による死者と同様に扱おうとしている。

　これを見て思い出すのは、日航が遺族への「誠実な対応」の窓口として作った相談室の名前だ。相談室の名は「ご被災者相談室」。ここでも日航は、「被害者」や「犠牲者」という言葉をさりげなく避けているのだ。「被害者」や「犠牲者」でなく、「遭難者」「被災者」。これは123便墜落事件を、自然災害と同様の単なる偶然の不幸として記憶させようという意図的な言葉の操作だ。「被害者」がいるとすれば、必然的にどこかに「加害者」がいる。だが、「遭難者」や「被災者」と言い換えてしまえば、「加害者」や「責任者」はどこにもいないことになってしまうのである。

　このように、123便墜落事件は時間経過で風化しているだけでなく、意図的に事件性を脱色させられ、加害者のいない自然災害のようなものへと書き換えられようとしている。日航のみに加害者役を演じさせ、最後には事件を天災か何かのように蒸発させてしまうという歴史の書き換え。この壮大なプログラムを組み立て、実行してきたのは　誰なのだろうか。

　墜落直後から日航社員を動員して現場での残骸選別作業を手伝わせた者、調査もせぬうちから、

事故調にいち早く圧力隔壁破壊説を唱えさせた者、事故原因もわからぬうちから日航に補償交渉を開始させた者、墜落原因の記載がない事故報告書を作成させた者、前橋地検の不起訴判断で三者（「日航」「ボーイング社」「航空局」）が無罪になった後も日航に補償交渉を続けさせた者、慰霊式典で日航に加害者役を演じさせ、自身も加害者の振りをした者、……それらすべてが、航空行政を司り、事故調を操り、日航を隷属させる権力を有する政府の代弁者、「航空局」であった。墜落事故の被害者、犠牲者を「遭難者」と称し、遺族を「被災者」だと決めつける力を持つのは航空局以外に該当者がいないのである。

⑭「安全啓発センター」を通じた隠蔽

　事故調査終了後、日航123便の残骸および犠牲者の未確認遺品の処置について、日航と遺族の間では激烈な議論があった。日航は早期に残骸、遺品の廃棄処分を主張し、遺族はこれに反対して永久保存を求めた。

　この議論の間隙をついて、日航は2006年4月24日に「日本航空安全啓発センター」（以下、安全センター）という施設を開設した（資料66―安全啓発センター）。

　この施設の開設目的として、日航は「日航機事故の教訓を広く後世に伝え生かすため」と公言している。しかし、問題はその施設の内容である。

　安全啓発センターの案内書には「日航123便事故の概要」として、事故調査委員会が事故報告書で発表した事故原因がそのまま書かれているのだ。1990年7月には前橋地検が「隔壁部は破壊していない」として、事故調の隔壁破壊説を否定し、告訴された「ボ社」「日航」「航空局」の三者は「加害者でない」と断定し、それは司法の場で確定している。もちろん、「航空局」は前橋地検の不起訴判断を熟知しており、文書で「当然の判断」だという認識を示している。日航もまた、前橋地検の判断・結論を知らぬはずはない。自身が告訴されて審議されているのだから、当然その結果に無関心、無視では済むはずはないだろう。

　ところが、日航はこのような事態を知りながら、公然と「嘘の事故原因」を社員、遺族、国民に喧伝して騙し続けているのである。

　この安全センターの件について、著者は2013年に日航に対し、同センターには日航機事故の原因として、「隔壁破壊説」だけでなく、「外部破壊説」も併記すべきと申し入れたが、日航権藤常務は、文書で拒否した（2013年日航権藤常務書簡）。拒否の理由としては、「事故調の事故概要、推定原因（隔壁破壊説）は十分に信頼に足る」とか「事故調の結論（隔壁破壊説）は真の事故原因である」などと回答している。日航は真実を知りながら、かくも「嘘」をついて遺族を騙したのである。

　2008年5月に日航専務・安全推進本部長・岸田清は、「（安全啓発センターの）見学者は44,000名になり、社員、遺族、国民が見学した」と報告している。すなわち日航はこのような嘘の事故原因をこれほど多くの国民、遺族、国民に喧伝して騙し、洗脳していることを意味する。

　言うまでもなくこれは、嘘の事故原因である隔壁破壊説を国民に浸透させることにより、真の事故原因である外部破壊説に注目が集まるのを防ぐ。これは、真の加害責任者を庇って隠蔽するためである。

　すでに述べたように日航は、事故直後の8月14日には日航の役員2名が重傷で入院している自社社員・落合由美氏に、お見舞いと称して病院長を騙して面談し、詳細な事情聴取を通じて事故発生時の事態、状況を把握している。この結果、日航の河野整備部長が「垂直尾翼破壊原因は外部からの物体の衝突である」との仮説を発表していることからわかるように、日航は落合証言

から垂直尾翼の破壊は修理ミスの隔壁の破壊によるものなどではなく、外部物体の衝突だと知っていたのである。事故直後にこのような事実を認識しながら、その後かくも長きにわたって隔壁破壊説を喧伝したことにより、もはや日航は墜落事故の共犯者に成り下がったと言える。このような犯罪行為、謀略行為を遺族は決して許すことはできない。

　安全啓発センターのみならず、日航は墜落場所の近くに設置された上野村の「慰霊の園」にも同じく事故調の発表した事故原因を展示し、喧伝している。「慰霊の園」さえも、国・航空局、日航の指示に従ってこのような宣伝活動を強いられているのだ。著者は「慰霊の園」にこのような表示、喧伝の中止と慰霊式典の名称の中にある「遭難者」を「犠牲者」に訂正することを申し入れたが、拒否されている。これは犠牲者が眠る場所での侮辱行為であり、絶対に許されるべきではない（資料㉖—慰霊の園の概要）。

⑮日航との「技術会議」の開催

　著者（遺族小田）は、日航株主として毎年株主総会に出席し、日航の再生と事故関連について質問してきた。この際、総会に出席する理由説明の意味もかねて事前に質問状を提出している。100箇条の質問項目に、日航が総会で回答することはない。後で回答書が送られてくるが、この回答書にもまじめな内容が書かれていることはなく、送られて来るのは決まって核心を外した文書である。これが日航の姿勢であり、真実を回避することが基本方針なのである。他にも日航に対しては、「公開質問状」を提出して回答をもらったこともあるが、その回答書にも質問の趣旨に応じた内容はなかった。

　そこで、著者は日航と直接面談して技術的な議論をすることにして、2013年、日航に技術会議を提案した。日航はこれを受け入れ、日航側から安全推進本部の「構造とシステム」の担当技術部長２名、現役パイロットの３名、これに「ご被災者相談室長」が事務局として参加して２カ月毎に会議を行ってきた。

　日航は「加害者だ」と公式に認めているにもかかわらず、この会議での基本姿勢は「遺族から質問があれば答える」ということであり、自分から真実真相を話したり探求したりする姿勢、方針は見られない。つまり、加害者に求められるはずの「真実を明らかにして、事故の再発防止に役立てる」との立場は見られず、放棄している。

　機体構造などは詳しく説明するが、事故の核心については説明できない、いや、説明を回避して、最後は「事故調の結論は信頼できる」と語って済ませる。事故調の後継組織である安全委員会さえも結論に疑惑がもたれていることを認めているにもかかわらず、日航には疑惑を認めて詳しく真実を話し、解決しようとの気持ちがないことが判明した。この会議の議事録も拒否し、書こうともしない。

　例えば、次のようなやりとりがあった（重要な疑惑、問題点）。

●垂直尾翼喪失後の操縦性

　著者は、垂直尾翼を失った事故機の操縦性を尋ねた。日航側は、機長らは油圧機能を失って「機能しない操縦桿を握って、右往左往しているだけであった」と言うのである。事故調でさえ「事故機は飛行の継続ができた」と結論しているにもかかわらず、日航はそれを「操縦不能」「制御不能」と言い換えて説明するのである。この操縦性については、元日航最高のパイロットで「神様」とも言われる杉江弘氏が著作の中で「事故機はエンジン出力調整で操縦できた」と記述しているが、それでも依然として「事故機は操縦不能だった」と頑張る姿勢は、明らかに上から

の圧力・脅迫に怯えてのことであると推察できる。現在、2020年日航はようやくエンジン出力調整で飛行できることを認めたが、それでも上昇、降下はできたが、「旋回飛行はダッチロールを助長するので、できなかった」と根拠もなく説明する始末である。ボーイング社が「旋回、上昇、降下飛行して長時間飛行していた」とFAAに説明し、これが米国などの国では定説になっている。事故調もまた「事故機は飛行の継続ができた」と結論を記載している。

事故機が飛行できたということは操縦できたからであり、結局、事故機はエンジン出力調整で操縦できたのである。機長らが油圧機能喪失後にみずから編み出して習得した「エンジン出力微調整による操縦」に対し、1987年には世界の「ポラリス賞」が授与され、その業績は世界から評価されたのである。さらに、事故機の飛行経路でも上昇、降下はもちろん、右旋回、左旋回飛行を行っており、扇平山では急上昇と左旋回を行ったとの記載が事故報告書にあり、エンジン出力調整で操縦できたことは間違いない。

●「復元飛行」という造語の登場

また、最近では、日航安全推進本部長・常務の権藤氏が「事故機は操縦不能であったが、復元飛行で32分間、飛行経路図の飛行を行った。その結果が32分間の飛行経路である」と臆面もなく述べた。「復元飛行」とは、操縦不能のまま飛行中に何か変化があっても、元に戻る力が働くことであると彼は説明する。このような「復元飛行」という概念は、航空業界では定着している概念なのかを調査したが、そのような概念は存在しないことが判明した。すなわち、この「復元飛行」とは、権藤常務が発明し創作した言葉であって、何の根拠もない。そのような現象は起きていないのだ。権藤氏も日航の元パイロットだというがその彼がこのようなことを語るのに呆れる。

●水平尾翼

水平尾翼が墜落場所のはるか手前に落下していたことについて、事故調は水平尾翼が飛行方向に対して真横に500mも飛んだという無理な説明をしている。これをどう説明するのかを技術会議の場で尋ねたところ、日航側は「水平尾翼はブーメランのように飛び、真横に飛行した」と説明する。彼らは遺族に対し、技術的、科学的に無茶苦茶な話をするのだ。

●数々の反論不能

著者は事故調報告書には「墜落の事故原因が書かれていない」「事故機の操縦性、着陸性の調査がなされていない」「重要な落合証言、アントヌッチ中尉の告白証言が採用されていない」など、本書で述べてきたいくつもの論点を指摘しても、日航側はそれに反論できない。

事故調の結論が不当であることを、日航も暗に認めているのだ。

このように、「技術会議」であるにもかかわらず、日航は技術的に説明しようとしない、いや説明できないことが判明している。

＊

日航の一番の悪行は、事故の真実を知っていながら、自らを「加害者だ」と偽って遺族に「補償交渉」を提起し、強引に補償金を押し付けたことである。特に前橋地検が「ボーイング社」「日航」「航空局」を不起訴と判断をしたにもかかわらず、それでも「補償交渉」を継続したことは明らかに謀略であり、加害者の代理を務め、真の加害者を隠すための演技であることは明らかである。

個別に見ていけば、日航は副社長の町田直氏が遺族に「日航機はミサイルで撃墜されたんだ」

と驚愕の告白を行い、落合由美氏（スチュワーデス）が「機内空気は動かなかった」と証言し、河野整備部長が「垂直尾翼の破壊は外部の物体の衝突で起きた」と隔壁破壊説を否定しており、日航には加害責任がなく、むしろ日航は乗客乗員520人を殺された被害会社である。

　ところが、日航は絶対にこの事態を認めようとしない。

　高濱機長らについて事故調報告では、「機長らは酸欠で意識朦朧として、正常な操縦ができなかった」と記載しているが、CVRの記録からはこのような事態は起きていないことが判断できる。世界の航空業界はポラリス賞を贈り、機長らの勇敢な行為を称えている。その自社の殉職パイロットの名誉を貶めるこの事故調報告の記述についても、日航は、事故調や航空局、国に異議、抗議の申し立てを行うことを拒否している。

　さらに、アントヌッチ中尉の告白では、「日本政府が米軍の救助活動の中止、撤退を要請した」ことが明らかになった。著者は、日航が政府や自衛隊に対し事実の説明を求めるべきと要求した。早期救助で助かったかもしれない乗客乗員の命が、日本政府の妨害によって失われたということは、運航会社である日航にとっては当然問題視すべき重大な事実だ。だが、日航はこの件も一切不問にして、何ら行動を行うことを拒否している。

「加害者だ」と偽って遺族を騙して「補償交渉」を行った日航は、完全に墜落事件の真相を知っており、あらゆることに関して事故調の結論の範囲でしか回答しないのは、真の加害者からの脅迫と命令により、説明を回避しているとしか考えられないのである。

　この「技術会議」の初期段階での質疑の内容は、『日航機墜落事故　真実と真相』（文芸社）に掲載し、多くの遺族、国民に配布・市販して意見を頂いている。同書は123便の事故の真実に肉薄すると同時に、旅客機事故の捜査調査方法、多くの事故例を学術的にまとめたもので、今後の事故調査にも役立つものと自負している。

　最近の議論としては、前述した資料㊿「公開質問状─5」と「日航の回答書」（一部）を再確認していただきたい。

⑯123便墜落事故における日航の責務、被害、そして役割

　日航123便墜落事故は、中曽根総理の指示による自衛隊のミサイル撃墜事件であり、これについて日航には何の加害責任もないことは、すでに記述してきた通りである。

　他方で日航は、1951年の設立以来、国、運輸省航空局と深く結びついてきた。日航は完全に運輸省、国の傘下にある官僚体質の企業と化し、この傾向は運輸省の事務次官であった町田直氏が1980年「専務」として「天下り」入社したことは最も顕著な人事であった。1年後に副社長に就任し、85年の民営化に合わせて「社長に就任する」という筋書きだった彼にとって、まさに民営化を決定する役員会が開催された8月12日に日航123便が自衛隊に撃墜されるとは予想できなかった事態であった。

　自衛隊、国は標的機を日航123便に衝突させたことに端を発する乗客らの証人の口封じとしてのミサイル撃墜という全貌を隠蔽するべく、日航に協力してもらうことが不可欠であった。

　すでに巷では、新聞記者らの間には「自衛隊の標的機」「垂直尾翼破壊直後に自衛隊戦闘機の出動」「事故機は川上村レタス畑への不時着」などの情報が流れて事故の内容に不審、疑惑が出ており、国、自衛隊、航空局には真実の発覚に対する危機感があった。この緊急対策として、日航に加害者役を演じさせるという謀略が着想されたが、それには日航の協力賛同が不可欠であった。

　町田直氏をはじめ多くの「天下りの官僚」がいたことにより、この謀略は有効に実行された。

町田直氏はこれより14年前、全日空機雫石衝突事故で、運輸省事務次官として事故調査を主導して佐藤総理の苦境を救い、自衛隊の責任を回避することに成功している。その彼が、今回の日航機事故ではかねて懇意の中曽根から事故の真実の隠蔽を任されたのであった。このように、日航123便の真実の隠蔽は、航空局と日航副社長の町田直氏が中心となって隠蔽工作を練り、事故調査員会、日航に実行させた。

日航は、123便の墜落の加害者でないことは明白だが、それでは日航はこの事故で如何なる立場なのだろうか。日航はこの事故で、お客様505人と優秀な社員15人を失っている。通常の認識では、「日航は被害を受けた会社だ」ということになる。乗客らの家族は「遺族」「被害者」と呼ばれるが、日航も乗客の遺族とは、本来なら全く同じ立場にあるのである。

だが、日航はこの件について、「被害会社である」ことを否定する。

お客さま505人と自社の社員15人を殺された被害会社であれば、必死になってこれら犠牲者の死因を調べ、その霊前に真実を供えることが不可欠なことと誰もが考えるのだが、日航は前橋地検が否定した「隔壁破壊説」の結論を守り、いまだに「隔壁は破壊した」と回答し、「安全啓発センター」や上野村の「慰霊の園」の管理棟で「隔壁破壊説」の宣伝を行っている。このような不当な日航の宣伝活動を航空局が止めさせようとしないのは、航空局、日航との間に緊密な同盟、隷属関係があって嘘の事故原因を国民に定着させて騙すためである。

航空局はすでに「ボーイング社、日航、航空局は無罪」と考えていることを著者に言明しており、隔壁破壊説を実質的に否定している。日航もまた墜落原因として「隔壁破壊説」とは別の「左右のフラップの不均衡作動で墜落した」との回答を著者に寄せている。このように、航空局、日航は事故調の結論とは矛盾した判断を文書で提示しており、このことからも隔壁破壊説は崩壊し、事故原因は結局のところ初期の段階で日航の整備部長が指摘した「外部からの垂直尾翼への衝突」と副社長・町田直氏が口走った「ミサイル攻撃による撃墜」であったということが明白になっている。

墜落の加害者であることは否定された日航には、しかし、墜落事故の後に行ったことを通じて別の加害責任が発生した。事故調査委員会や群馬県警が調査・捜査を行う前に、自ら「加害者だ」と称し、遺族に「補償交渉」を提起したことである。民主主義国家の法的システムを無視して「加害者だ」と詐称し、「補償交渉」を遺族に提起することは、到底許されない暴挙でしかない。それは真の加害者である総理、自衛隊幕僚長を救うための謀略であることは間違いないのだ。

普通、加害者役を自ら申し出ることはあり得ないから、常識では考え付かない謀略である。それは、あの14年前の全日空機への戦闘機衝突の真実をごまかして佐藤内閣を救った日航副社長の町田直氏の手法であったのか、それとも謀略専門の自衛隊の参謀らの秘策なのか。おそらく、確たる証拠は見つからないが、輸省航空局と町田直氏との合作謀略が妥当な結論と推測できる。

＊

30年以上の間、この日航123便事故は主に「隔壁破壊説」の真偽に焦点が当てられ、議論されてきた。その議論は検察が「隔壁破壊説」の結論を前提として告訴された容疑者三者「ボーイング社」「日航」「航空局」を不起訴にしたことで結論が出ているが、いまだに日航、航空局が「加害者だ」と自称し続けて遺族や国民の顰蹙をかっている。

航空局、事故調はこの判決を受けて、再調査に乗り出すのが通常の手順であるはずだったが、いまだに無視して行動を起こす気配すら見せない。この事故の再調査に向けて、遺族、国民は犠牲者の名誉のために、また安全向上と再発防止のために、強く要求を行っていかねばならない。それには、我々が真実と真相を別の道から明らかにすることが第一歩となる。それは、「加害者

だ」と告白し、独断で「補償金」を支払った運航会社・日航の異様な行動をたどり、なぜそれほどまでに「加害者」の立場に固執するのかを問い続けることである。事故後の日航の言動を詳細に観察すれば、その真相、真実が浮かび上がってくるのだ。

1）1985年8月12日、18：24頃、自衛隊百里基地司令官は「えらいことをした。標的機を民間機に当ててしまった。今、戦闘偵察機2機を発進させたところだ」と旧軍の友人に電話した。
　　⇒自衛隊が標的機を123便に衝突させたことを意味する。
　　　この戦闘機は、藤枝市、上野村で多くの住民に目撃されていて、百里基地司令官の告白の「正しさ」を裏付けた。
　　⇒垂直尾翼は標的機の衝突で破壊されたことが裏付けられた。

2）12日、御巣鷹の尾根付近で住民が、123便事故機が炎を上げ、煙を出して飛行する様子を目撃し、「事故機の後ろを追いかける流れ星」を目撃している。
　　⇒これはミサイルの飛行軌跡である。

3）12日、横田基地の米軍輸送機C-130のアントヌッチ中尉らは、123便墜落後、19：15に現場上空に到着し、救難ヘリを呼び寄せて、兵士を吊り下げて、生存者の救出を行うとした段階で、横田基地からの命令で中止し撤退し基地に戻った。
　　この救出行動の中止は、日本政府からの要請であった。
　　⇒アントヌッチ中尉の証言によれば、「日本政府は自衛隊がすぐに救出に行く」としたが、その約束は、破棄されて、結局、自衛隊は生存者救出を実行しなかった。しかも当時、自衛隊および政府はこのアントヌッチ中尉らの救出活動を隠蔽している。そして、「自衛隊の救出行動は世界一であり、米軍もできなかった」と自賛したが、全くの虚偽、言い訳であった。

4）12日に日航123便が墜落した直後に、日航に天下りした元運輸省事務次官で、14年前の全日空機雫石衝突事故の事故原因を捏造し、佐藤内閣、自衛隊の窮地を救った、副社長・町田直氏が顔を真っ赤にして、後の遺族である家族に「（日航機は）ミサイルで撃墜されたんだ。今はそれしかわからん」と告白した。
　　⇒事故ではなく「123便は自衛隊ミサイルで撃墜された」という事件の告白を意味する。

5）12日、日航は羽田の整備員ら50数名を極秘裏に墜落現場向けて車で派遣し、この特別社員らは14日に事故調と一緒に墜落場所・御巣鷹の尾根に登山し、残骸の選別を行い自衛隊の証拠残骸の回収隠蔽に協力した。
　　⇒航空局の指示のもと、日航整備員が証拠残骸の選別隠蔽作戦に従事し、真実の隠蔽に協力したことを意味する。

6）墜落後、群馬県警、自衛隊は民間人の救出行動を妨害、意図的に救助活動を不作為、かつ自衛隊による乗客乗員生存者の殺戮作戦の実行。
　　⇒乗客乗員全員の「口封じ、殺害」計画の実行を意味する。

7）8月14日、日航スチュワーデスで乗客だった落合由美氏が「機内空気は動かなかった」「機内空気が流出する風切り音はしなかった」「酸欠の乗客はいなかった」と証言。
　　⇒隔壁破壊説を唱える後の事故調の結論はこの時点で否定されていることを意味する。

8）8月19日、日航河野整備部長がコンピュータ解析で、「何らかの外部の力で垂直尾翼が折れた」と推測して、外的要因を強調した。
　　⇒日航は落合証言などを基に、垂直尾翼の破壊は内部破壊でなく、外部破壊だと推測してい

たことを意味する。

9) 墜落事故の直後から、日航は遺族に「日航に責任がある」と述べ、その後49日忌の9月30日に「加害者だ」と詐称して遺族に「補償交渉」を提起した。その書簡には、墜落の「事故原因の究明がなされる以前であるが」とあり、事故原因、及び加害者が不明であることを知っていながら、補償交渉を強引に申し出た。同時にボーイング社も書簡で「製造修理の会社」として、補償を申し出た。これは、違法行為であり、それは航空局、事故調や群馬県警の事故調査・捜査に対する「偽計業務妨害」に該当する犯罪であったことを意味する。

⇒日航は、権力者の指示に従って加害者の代理を演じ、犠牲者の命の尊厳を侮辱して無知の遺族を騙し、強引に自動車事故基準の補償額を押し付け、10年以上もかけて補償交渉を終了させた。それは真の加害者を知っての演技であって、本当の加害者である中曽根総理、自衛隊幕僚長の責任を覆い隠し、隠蔽するためであった。

　一方、このような日航の「加害者」との詐称、「補償交渉」の提起は、事故調、航空局、群馬県警の業務をないがしろにする暴挙であったが、日航を監督する航空局、捜査当局である群馬県警が日航に何らかの叱責、尋問を行った形跡が見当たらない。

⇒航空局、群馬県警は日航に「加害者だ」と告白させ、「補償交渉の提起」を強制したと推測できる。日航の「加害者の代理」「補償交渉」は、航空局、運輸省、国の極秘謀略によるもと判断すると、極めて合理的なストーリーとして理解できる。航空局、群馬県警が日航の言動を黙認、看過したのは、予定通りの行動であったと推察できるのだ。

＊この犠牲者を侮辱する日航の補償交渉で補償金を受け取った遺族は愛する肉親の死を金銭に替えて、今後の生活に全力を集中することになり、一番重要な事故原因について、もはや考えることを忘れていった。

⇒国、航空局の狙いが見事に奏功し、「自衛隊によるミサイル撃墜」の真実の隠蔽に成功したのであった。

10) 米国、ボーイング社、NTSB の幹部は2012年の TV 放映で「日航は墜落の責任がないとしながら、遺族に補償交渉を提起し、約90％の遺族がこれに応じた」と告白している。

⇒ボーイング社、NTSB は最初から、123便墜落事故は自衛隊がミサイル攻撃で撃墜したことを知っていた（横田基地の情報）。

⇒ボ社が隔壁の修理ミスを自供したのは、世界に飛んでいる600機の B747機旅客機の安全性評価を維持するための偽装工作であり、123便が隔壁破壊によって墜落することは設計、製造上からもあり得ないことを知っていたからだ（資料㊽）。

11) 1987年7月、事故調査委員会は123便墜落事故の報告書をまとめ、国民に公表した（資料㊽）。
しかし、墜落の事故原因が記載されず、また重要な操縦性、着陸性が調査されておらず、アントヌッチ中尉、落合由美氏の体験証言を無視した内容は、捏造された報告書であり、公文書としての資格がない文書であった。それは、意図的に間違った内容で遺族国民を混乱させて、時間稼ぎを行ったのだ。

⇒日航が「加害者だ」と告白し、「補償交渉」を始めてから、2年後に事故調が事故原因などの報告書を作成している。この順序が転倒した展開は、通常では理解不能だ。この報告書では、「ボーイング社」「日航」「航空局」の三者を容疑者に名指ししており、「日航」と「ボーイング社」については加害者として補償交渉に乗り出したことと辻褄を合わせている。しかし、なぜか新たに「航空局」が入っており、これで、製造、運航、国の三者に加害責任があるとの結論は、旅客機事故では通常、あり得ない結論であった。

12) 遺族らは、日航から、「加害者だ」との告知を受けて補償金を受け取っていたが、２年後に事故調の報告書で「加害の容疑者として、ボーイング社、日航、航空局を特定した」ことを受けて、前橋地検にこの三者を告訴した。同時に群馬県警も三者を書類送検している。しかし、前橋地検はすぐに、不起訴の判断を決めている。しかし、その事故の重大性に鑑み、山口検事正が検察審査会に説明。検察審査会は「不起訴不当」としたが、前橋地検は再審査して1990年７月に再び「不起訴」判断を決めている。この結論に納得しない遺族らは、前橋地検にその理由を聞いたのである。山口検事正は「隔壁破壊説」を公然と否定して、無罪にしたと説明した（資料㉔）。

⇒これで、事故調の不可解で矛盾に満ちた事故原因：隔壁破壊は司法的に否定されたのであり、520人の犠牲者の死因を再度、調査することは、国、警察、航空局の業務規程に定められている当然の責務・課題となった。群馬県警、航空局は至急に再調査、捜査の指示をして123便の墜落の事故原因を改めて明らかにすることに全力を挙げることが重大で重要な仕事のはずであった。しかし、航空局も群馬県警も一切何もせず沈黙し、90年時点からでも30年間にわたって事故原因不明の状態が続いている。意図的な行政、司法、警察の共謀による不作為であるのだ。

この調査、捜査部署による真実解明の忌避は123便墜落事件の第三幕とも言える。

事故当事者による事故の真実と隠蔽にとどまらず、権力者の指示によって法律で規定された捜査業務さえも意図的に放棄された隠蔽事件なのである。

13) 1999年、重要な日航123便墜落事故の資料を事故調が破棄処分。前橋地検が「不起訴」判断して、三者を無罪にした以上、当然123便墜落事故の再調査が必要になるが、墜落事故から15年後、航空局、事故調は必要不可欠な事故資料を廃棄するという暴挙に出た。事故調は航空局の傘下にあり、実質的に何の権限もないから、事故調が独断で重要な資料を廃棄する権限はないことは明らかで、この廃棄処分は上部組織の航空局の指示命令で行われたことは間違いない。法治国家の日本でこのような暴挙は明らかな法律違反事件である。

⇒その廃棄処分の目的は重要事故資料を廃棄して、真実を隠蔽し、真の加害者を隠すことにあることは明らかである（真の加害者は中曽根総理であり、実行犯が自衛隊であることはすでに詳細に記述した通りである）。犯罪事件での発生事象には「連鎖性がある」との定説の通り、廃棄処分も隠蔽工作の一環である。

14) 123便事故から、20年目の2006年７月、遺族会「8.12連絡会」は特別声明を出し、「墜落事故の原因調査を継続する。犠牲者は全員助かっていたかもしれない」として、事故調の言う事故原因に不審感、疑惑を示し、調査を行うべきだとし、さらに横田基地への緊急着陸ができれば「乗客らは助かっていた」と声明を出した（資料㉙）。

⇒遺族会：「8.12連絡会」は美谷島邦子氏が一人で立ち上げた会であった。終始、日航に対して立ち向かい、隔壁破壊説に疑惑を呈した。この時の声明が国、航空局にとって懸念するべき事態と判断され、遺族会を動かす要注意人物とされ、その後、取り込むべき対象になった。それが表れたのが、５年後に安全委が開催した「遺族だけを集めての解説集会」である。

15) 2011年７月、運輸安全委員会の遺族対象の墜落事故についての「解説集会」の開催。事故調の「隔壁破壊説」の最大の問題点は、乗客として搭乗していた客室乗務員・落合由美氏の体験証言であった。それに対する科学的・技術的反証が困難なために事故調（後に安全委）は頭を悩ませていたが、彼らが想定した123便事故と同じ事故が発生したので狂喜し、その事

故を引き合いに出して「UW 航空2294便では天井部にフットボール大の穴が開いて急減圧が起きたが、機内は静粛であった」と遺族に説明した。しかし、この2294便事故を123便に当てはめることの妥当性について、運輸安全委員会はついに技術的に説明できなかった。

⇒この安全委の解説集会は1年前から計画準備したもので、連絡会の幹部遺族を準備会議に招集して懐柔していた。何らかの手段を用いてそれら遺族を取り込み、「解説集会の開催」に賛同させ、隔壁破壊説を認めさせたのであった。これは、航空局、日航などが共同して「8.12連絡会」の懐柔に成功した謀略であった。国は、事故の隠蔽だけでなく、遺族を追い詰めて遺族会の事故究明の方針を変更させることに成功した（資料54）。

遺族会はこれで存在する理由を失った。恐るべき国の遺族会潰しであった。

2020年1月、この件を日航・権藤常務に詰問すると、同氏だけでなくこれまで何ら関与してこなかったはずの新任の山西部長までこうした工作の存在を必死に大声で否定した。

⇒真実だと判明したのだ。

16）航空局、日航が「事故責任はない」と著者に告白。2015年8月、上野村の慰霊式典で著者が喪服で出席していた10名もの航空局員らの代表・総務課長に「墜落事故との関連」について質問したのが端緒となった一連の経緯は、先に述べたとおりである。この件を日航との技術会議で伝えて日航の見解を聞いたところ、それまで「日航は加害者だ」との主張、告白をしていた日航までもが、航空局と歩調を合わせ、日航も不起訴判断によって加害責任はない（つまり「無罪」）と回答した（資料50）。

⇒航空局、日航は無罪の根拠として前橋地検の「不起訴判断」を挙げるが、不起訴は事故後5年の1990年7月の出来事である。ということは、それ以来、30年の長きにわたって自分たちが加害者ではないことを認識していたことを白状したに等しい。

⇒このことは、日航が事故直後に「加害者だ」と勝手に自称し、「補償交渉」を遺族に提起し強引に妥結させたこと、その後長い年月にわたって遺族を騙し続けたことが「嘘であった」ことを自ら認め、自供したことを意味する。

⇒上野村の慰霊式典で、「日航は加害者」「航空局、ボーイング社は無罪」と色分けされてきたのも国・航空局の謀略の行為であったことが明確になった。航空局が毎年10名以上の幹部、職員を慰霊式典に出席させていたことは、航空局には加害責任はないが日航と共に意図的に加害者に成りすまし、事故調の結論である「隔壁破壊説」を擁護していたことを意味する。

17）日航、航空局が「加害者でない」と認めたので、日航との「技術会議」では一層核心に迫る議論ができ、事実関係が明確になった。

＊事故調の報告書には、「123便の墜落の事故原因が特定されていない」（資料74）。

＊報告書は操縦性、飛行場への着陸性を否定しているが、実は操縦でき、着陸できた（アントヌッチ中尉の告白、杉江弘氏の結論、ボーイング社の声明）。

＊123便の墜落の経緯、状況が記載されているが、事故原因は特定されていない。

＊前橋地検の不起訴判断は「事故調の隔壁破壊説」が否定されたことに相当する。

＊事故直後の「日航の加害者宣言と補償交渉」は違法であり、この暴挙は航空局により日航への命令で実行された。黒幕は航空局である（資料65）。

＊航空局、群馬県警は日航の「補償交渉」なる暴挙を黙認し、「真の加害者の隠蔽」を図った。

＊日航の暴挙：「加害者宣言」「補償交渉」は日航と日航社員の名誉を傷つけ、日航の金を略取して、経済的な損失を与え、保険会社に多大な金銭を支払わせる詐欺行為であった。

*おそらく航空局に強要されての補償交渉とはいえ、日航は犠牲者の命の尊厳をおとしめて侮辱した極悪会社である。

*34年間、遺族、国民に嘘を告げて騙した日航に、人間の命の運送を行う資格はない。

⑰新たな展開─究明を遅らせる航空局、日航の謀略
●社長交代と「加害者」への回帰

さて、このような発生事象と真実を基に、著者は2016年と17年、２度にわたって中曽根元総理、自衛隊幕僚長に対する告訴状を作成して前橋地検に提出した。その経緯と結果は次の15章で詳述する。ここでは直近の日航とのやり取りを軸にまとめておきたい。

航空局の方は、著者との面談で「航空局は加害者でないと前橋地検の不起訴判断で決まり、司法の場で確定している」と発言した担当者・祓川総務課長らを更迭した後も、なおも騙し続けようとしている。慰霊式典の犠牲者の遺骨の前で、航空局幹部の安全部長は、この４年間、著者に「質問状を受理した」「回答文書を提出する」「霞が関で面談して説明する」と約束しながら、それらは実現していない。航空局として、123便の事故原因について説明責任を果たさず、放棄しているのである。一方で自分たちは無罪だと認め、それでは誰に罪があるのか、すなわち誰が加害者なのかを調べようとはしない。これでは、航空局に空の安全を司る行政機関の資格がないことは明らかである。

その航空局は、日航を隠蔽の中心的な実行者として強引に引き込んで共犯者にした。

日航は35年間も忠実にその隠蔽犯罪の仕事を果たしてきた。2013年から「技術会議」で事故原因や事故調査の結果、その他の関連事項について、遺族である著者に説明せねばならない立場に追い込まれたのも、「加害者だ」と自称したゆえである。日航は何の加害責任がないにもかかわらず、乗客乗員を殺した加害者だとの責任を引きかぶり、遺族に嘘を吐いて騙し続けねばならない立場に置かれてきた。それによって真実が隠されたことによる被害は甚大である。日航の名誉、日航社員の名誉を棄損し、死亡した乗客乗員の遺族を長年騙し、保険会社にとっては詐欺行為を働いたことになる。代償として抱えた負債は大きく、今もその大きな被害を埋め合わすことはできないでいる。

ここで、航空局として一番警戒しなければならないのは、この運航会社・日航である。2013年からの遺族と日航との技術会議では、植木社長、権藤安全推進委員長、福田部長が対応して長年嘘をついてきた。ところが、2017年、発生事象や体験証言、目撃証言、アントヌッチ中尉の告白証言を通じて隠蔽された真実がすべて明らかになり、真実の事故原因の結論は「自衛隊、総理の犯罪であり、責任回避、自己保身、権力維持のための520名の殺害犯罪だ」と判断するほかない事態となった。著者の『日航機墜落事故　真実と真相』『524人の命乞い』のほか、青山透子氏の著作『日航123便墜落の新事実』をはじめ、角田四郎氏、吉原公一郎氏など、多くの有識者、さらに遺族らの事故調査で、かつ帰納法での解明が功を奏してのことである。直接、日航や航空局と議論しての対応に日航、航空局は苦悩し、真実隠蔽が不可能な苦境に陥っているのだ。

事故直後、かつて運輸省事務次官として大臣をもしのぐほどの力をふるった日航副社長・町田直氏が遺族らに「（日航機は）ミサイルで撃墜された。今はそれしかわからん」と告白している。

公務員の最高の地位にある役職を務めた彼が、事故直後に詰めかけた遺族の前で嘘や冗談でこのようなことを言うわけがない。つまり日航は被害会社であって、加害者であるはずがないのだ。それにもかかわらず、日航はそののちに態度を急変させて「加害者だ」と称すようになり、遺族に補償金を支払っている。このような無理、矛盾のある「加害者」の自称は、日航自身の判断で

なく、他の権力組織からの指示があったとしか考えられない。

　運輸省、航空局以外、該当する者はいないのだ。

　ところが、事故から34年間も加害者だと詐称して補償金を支払い、慰霊の園で「加害者」を演じてきた日航が、みずからは不起訴判断によって無罪であることを認めたうえで、支払ったお金が補償金でなくお見舞金だと述べ始めた。これは航空局にとっては、隠蔽の破局の危機を意味する。事態を再度元に戻そうとした航空局は、新たな謀略を開始した。

　その一つは著者による前橋地検への告訴状対策だが、それは後に述べる。これとは別に航空局は2018年、日航の社長交代の人事に手を出したのだ。そこでは植木社長の後任に技術出身の赤坂佑二氏が社長に任命され、さらに著者との「技術会議」のメンバーも刷新された。社長・赤坂氏、権藤常務（元パイロット）、児玉部長、中野部長（パイロット）で構成され、これに事務局として梅田室長と斎藤室員が加わる。2018年4月に赤坂氏が社長に就任して約6カ月の後、著者は赤坂社長と面談（権藤常務、児玉部長が同席）した。この時、社長から驚くべき発言があった。それは、2017年に日航側が示した「日航は加害者でない」との認識を社長が否定し、再び日航は「加害者だ」と宣言したのだ。日航は航空局かどこかの強大な圧力で、すでに表明していた「日航は加害者でない」との姿勢をまたもや変えざるを得なかったのである。

　2019年11月現在、日航の技術会議の出席者は児玉部長―中野部長―梅田相談室長―斎藤室員である。児玉部長は京都大学の秀才であるが、事故調査の知識、実績、経験のない部長である。航空機の構造、操縦については素人で、議論ができない。一方、中野部長はもともとパイロットであり、操縦のことしか分からない。

「技術会議」での議論は小田からの提起で始まるが、児玉部長はこれを聞いてからパソコンで調べて返答する。これではまるで議論にならない。つまり著者とは議論をしない、説明しないというのが日航の新しい方針であり、誠心誠意から議論に応じるのではなく、徹底的に著者を振り回すことにした訳である。真面目に議論すると事故調の結論が成立せず、結局、事故機は操縦でき、着陸できた、そして、最後は「ミサイル撃墜」というストーリーに行き着かざるを得ないので、これを避けるのが狙いなのだ。

　最近のことであるが、2019年に児玉部長は更迭され、京都大学で航空を専門にしていた山西聡部長が任命された。彼は技術整備、整備計画、過去の事故関連の事務方の経験はあるが、またもや、操縦もできない事故調査に疎い人物で、最初から「自衛隊謀略説の瑕疵」を並べたてる一方で隔壁破壊説を妄信している。今ネットで活動している平幸紀氏と同じく、猛烈な「隔壁破壊説」の亡者である。

　日航はこれまで杉江弘、福田久、児玉、大西、権藤の各氏、植木社長、赤坂社長というように、そうそうたるメンバーで遺族に対応し、これを騙そうと必死である。慇懃に頭を下げて遺族に挨拶するが、心では嘲笑いながらの説明、回答で、疑問が積み残されても「時間が来たので失礼する」と言って退席する無礼、侮辱をはたらく幹部である。そこには505人のお客様、優秀な社員15人の殺害死に真摯に向き合おうとする会社の姿勢は一切見られない。520人の死の原因を明らかにするとの意思も、死者の尊厳に対する畏敬の念も示さないのだ。「日航も被害会社だ」という回答も説明もできない姿勢、遺族への説明責任を果たそうとしない態度に唖然とするとともに、日航幹部は自社を犠牲となった520人と同じ運命に引きずり込もうとしているとしか思えない。

⑱ CVR（ボイスレコーダー）とDFDR（フライトレコーダー）の行方

123便墜落事故の調査では、CVRやDFDRが重要な証拠品であり、その解析が調査の最重要の事項になる。事故調はこのCVRとDFDR、そして残骸を調査し、墜落から2年後に事故報告書を完成させて公表している。しかし、その内容には多くの疑問や問題が含まれているために遺族、国民から非難され、報告書の信憑性が疑われたほか、別の観点からも「隔壁破壊説」は否定されて崩壊した。

事故調の報告書の中で文字化されて公表されたCVRの内容は、すでに本書の中でも述べたように、「会話が成立しない」「会話の内容が不自然な言葉に翻訳されている」「横田基地近くでの機長と横田との交信が記録されていない（アントヌッチ中尉の告白で会話があったことが判明している）」などの不自然な点が多い。また、同様に公表されたDFDRの内容についても、「目撃証言と飛行経路が大きく、異なる。変更、削除されている」「川上村への不時着、飛行目撃証言を無視して、川上村への飛行経路が削除されている」「目撃証言と飛行高度が大きく異なる（藤枝市上空、川上村上空など）」というように、至るところ問題だらけだ。

このように、事故報告書の内容は相互の連鎖性がなく、矛盾で一杯である。そのうえ、事故調査の目的である「墜落の事故原因」を明確に特定することに関しては、墜落の経緯が書いてあるだけで、日航も認めているように肝心の「墜落原因」が特定されていない。疑惑に満ちた報告書であり、「隔壁破壊説が成立しない」ことは明らかだ（資料㊹）。

これは、まず結論を決め、この結論に合わせて証拠であるCVRやDFDRの内容を適宜、編集し、捏造したことに由来すると推察できる。この点を疑うのは私だけではない。例えば、日航労組は、「今まで、事故後には、ボイスレコーダーを公開公表してきたが、123便事故では、この慣習は無視されてきた」と不信感、疑惑を提起している。だからこそ、これまで遺族や国民は、真のCVR、DFDRの公開、公表を求めてきた。

しかし、航空局、事故調、日航はその存在と保管場所をアヤフヤにして、これらの声を無視してきたのだ。このような行為は、事故の当事者としても、事故調査・捜査の当事者としても、その説明責任を果たそうとしない行為であり、真実の隠蔽を行おうとの意思を推察せざるを得ないのである。この件では、法的に公文書開示請求を行ってきたが、今回担当の運輸安全委員会から最終的な回答が出てきた。その内容は「調査報告書公表後、1990年7月にその所有者に返却した」とのことであった（資料㊽―運輸安全委員会からの遺族への書簡―CVR、DFDRの原本は日航が保管している）。これが意味するところは明白だ。

この123便の機体は、日航の所有物である。日航は123便の残骸である垂直尾翼、胴体、機内装置に加えてCVRやDFDRを収める外箱を、事故の悲惨さを後世に伝え、安全の向上に資するために、羽田の工場に作った「安全啓発センター」に展示して、国内外の人々に見学させ、隔壁破壊説に立脚した嘘の事故原因を喧伝している。これは123便の残骸、機体は、日航に返還されたことを意味している。つまり運輸安全委員会がCVRやDFDRを「その所有者に返却した」という「所有者」とは、日本航空にほかならない。

しかるに、日航は遺族らがCVR、DFDRの公開を求める声に対してあやふやな回答をくり返して34年間もごまかしてきた。これまでの最終回答は2019年4月5日に権藤常務から寄せられた回答だが、そこでは「事故調査委員会が解析を行ったDATAの原本は、日航にはございません」というものである。だが、事故調の後継組織である安全委は、所有者に返却したとしている。このように、日航は公然と遺族に嘘を吐いてきたのだ。日航は520人を殺した「加害者」だと自称しているが、事故原因の究明において最重要資料の一つであるCVR、DFDRの所在を隠蔽して

いるこの姿勢が、「加害者」として誠心誠意の説明責任を果たしているものだとは到底言えない。このCVR、DFDRを公表して真実を明らかにすることは、加害会社であるならば言うに及ばず、運航会社として当然の責務であり、それはまた航空行政の航空局に課せられた責務でもある。この点においてまで「不作為行為」を続け、CVRやDFDRの所在について嘘を吐くのは隠蔽を図り続けてきたことの動かぬ証拠であり、ここからも隔壁破壊説は嘘だと断ずることができるのだ。

　以上をまとめると、日航は航空局、国からの圧力で「加害者の代理」を引き受け、それを具体的な形で納得させるべく、自身が補償金を支払ったのであった。そのせいで日航は「加害者」との立場で遺族に事故原因を説明することになったが、事故調、航空局が捏造し作成した「嘘の隔壁破壊説」で説明しようとすると、さまざまな矛盾が噴出して四苦八苦し、今も説明できない苦悩の中にあって態度を二転三転させ続けているのである。

15　著者（遺族・小田周二）による真相究明の歩み

①遺族・小田周二による123便墜落の調査

　著者は123便墜落の真実と真相を調査し、真実を突き止めた仮説・推論を『日航機墜落事故真実と真相』『524人の命乞い』として出版し、遺族、国民に公表している。それは、「123便の撃墜事件」と「その後の事件隠蔽」まで拡張して事件の全体像を解き明かそうとした調査結果である。123便の墜落事件は単なる墜落事件ではなく、国家権力が関与し、いや主導して無辜の国民を虐殺し、この犯罪を行政組織を使って隠蔽するという巨大な事件だった。近代の世界史的にもこれほど専制的な思考で権力を悪用した計画的な殺戮、隠蔽はまれである。一般的なミステリーのように密室での殺人でなく、空の上で巨大旅客機が自衛隊標的機、ミサイルで撃墜され、それを体験・目撃した乗客乗員524人をはじめ、自衛隊員数千人、警察官数百人、マスコミなど数百人が関わり、一般住民数百人が目撃することとなった殺人事件なのである。

　しかしながら、自衛隊は墜落現場の管轄権を奪い、証拠残骸を素早く回収して基地内に隠蔽した。さらに群馬県警は墜落現場の捜査で不作為をなし、現場への通行を遮断して、現場の目撃を妨害している。事故調査担当の事故調査委員会、航空行政の要である航空局は事故の真実の隠蔽に主導的な役割を発揮し、事故調、運航会社を牛耳り、強い口封じ、緘口令で事実の発覚を防いでいる。事故調は航空局の命令で「嘘の隔壁破壊説」なる事故報告書を作成し、国民に嘘の報告を行った。日航は最高権力者、自衛隊幕僚長の犯罪行為を隠蔽するために「加害者」に成りすまし、補償交渉で実績を積み、嘘の事故原因を自社の「安全啓発センター」で、また「慰霊の園」の施設で大々的に宣伝広報して、同じく、遺族国民を騙したのである。

　権力者、政権は　公務員、マスコミ、政党関係者に堅く口止めして、報道管制を徹底させている。しかしながら、いくら重要な事故資料であるCVR、DFDRなどを修正し、変更しても、それは生存者、目撃者の証言で、覆されている。重要な残骸もほとんど自衛隊が密かに回収し、隠蔽したが、それも多くの目撃者が通報し、報道されているのでこれも真実が暴露された。

　これらを著者が調査・検証し、そこから導き出される結論を得るまでの経過を記載して、真実の事故原因を「仮説―X」（総理、自衛隊幹部の520人殺害事件）として明らかにした。

＊

　著者を含む日航123便事故の遺族は、事故発生時点から自衛隊の墜落場所の捜索引き伸ばし行為や救出活動の遅延行為があったのではないかという疑惑・疑念を感じており、事故調査委員会の事故報告書に対して重大な疑惑と不信感を抱かざるを得なかった。

　特に事故から10年後、横田基地所属であったアントヌッチ中尉の告白証言があったことは青天の霹靂であり、この証言で「乗客乗員524名は自衛隊が関与した重大な事件」に巻き込まれたことを確信したのである。すなわちこの墜落事故は「事故」でなく、「無辜の乗客乗員大量殺人事件」であると判断できたのである。

　著者はこれまで過去の数々の著作や自らの調査に基づき、「圧力隔壁説」の矛盾点や自衛隊の救助遅延行為、米軍アントヌッチ中尉の救出活動と政府の中止・撤退要請と緘口令について、自分なりの調査での文書を関係者に配布し、提起してきた。

　しかし、それはあくまでも資料や耳学問からの推察、批判であり、反論に過ぎなかった。それをあえて試みたのは、多くの遺族にとって、このような状況はとても容認できることでなく、事故原因が不明のままに終わるのではないかとの苦悩の中に閉じ込められていたからである。

著者は大学で技術系の工学を学んだ技術者であったが、旅客機に乗ったことはあるものの、基本的に航空工学の知識もなく航空機の構造も各部の名称も良く知らなかった。まして機体の内部構造を間近に見たこともなく、その操縦についても全くその知識はなかったのである。これでは、特殊で複雑な空飛ぶ精密機械である旅客機の事故を調査し、究明することはできない。

　そこで、徐々にではあったが、過去の航空機事故の実態とその事故原因の調査映像や調査報告書を見て日航機事故との共通点をメモし、それらについて整理していった。あまりにも多く複雑な事故原因に驚き、かつ事故調査の緻密さや、やり方、特に米国の国家運輸安全委員会（NTSB）の調査体制、調査能力の高さに驚愕したのであった。技術研究畑出身の私は、その論理的な実証的な進め方に共感できたし、理解もできた。なぜなら、そのやり方は科学的で、実証的な推論であって、基本的な調査方法には何ら変わることがないことを実感できたのである。そして、航空機の構造や整備体制、やり方、運航状況、管制技術、操縦技術、法的規制、などについての知識の習得が必要と考え、独自に調査し、研究と勉強を重ねた。

　航空機の構造については、日航の整備工場でB777機を見学調査し、特に旅客機の後部胴体や垂直尾翼、水平尾翼、APU、圧力隔壁、CVR、DFDRなどを実際に見て学んだし、改装中の機体を見て胴体部の構造などを知ることができた。さらに操縦席やエンジン本体構造、車輪などについては、成田空港の航空博物館で見学して勉強した。もちろん、事故機の残骸を展示している日航の「安全啓発センター」でも隔壁部と尾翼部を見学し、事故原因の検証の参考にしている。同時に、驚愕の目撃証言である横田基地、八王子市内の目撃者との面談、川上村住民との面談、梓地区のレタス畑の実地検証、墜落現場での地理的な検証により、日航123便の独自の調査、検証を行える下地ができ上がりつつあった（資料⑳―事故調の飛行経路図と目撃証言との相違）。

　犠牲となった肉親に対してできることは、悲嘆し、慰霊し供養することだけではない。大事なのは、事故を風化させないこと、広く国民に訴えることである。国民に同じ苦しみを味わせることがないようにすることである。それには、真の事故原因を明らかにすることが不可欠なのである。

　しかし、事故から25年経った時点でも、事故原因は不明のまま放置され、遺族は絶望の世界に苦しんでいた。著者はその時点ではまだ自身で立ち上がることもなく、このような情勢を静観していたというより、傍観していたのであった。

　このままではいけないと苦しんでいた時、進むべき道を示してくれたのが、海の向こうで実際に起きた航空機事故の真実と真相への重い扉を開いた、ある遺族の言動であった。それは前に述べた1989年の2月24日に起きたユナイテッド航空811便貨物室ドア脱落事故の遺族：ケビン・キャンベル夫妻の行動であった。

　すでに紹介したように、この事故で一人息子を失ったケビン・キャンベル夫妻は、事故原因に不審感を持ち、独自に調査し検証して、NTSBの結論と異なる事故原因を提起し、NTSBはこれを調べて結論を修正したのであった。

　このように、一組の遺族夫婦が事故を徹底的に調査、分析して真の事故原因を明らかにしたのである。その結果、新たに対策が実施され、同種事故の再発防止策が取られ、安全性は向上したのである。くり返しになるが、キャンベル夫妻がこの件について語った言葉を改めて記す。

「息子の死をムダにしないために、事故原因を調査究明して、811便事故の真実を明らかにする。これは二度と同じ事故を引き起こさないためには不可欠である。遺族は真の事故原因を亡き肉親に報告することが最大の供養である」。

旅客機事故の真実が不明とされた場合、あるいは事故原因とされる事象に何かしら疑惑がある場合、誰かがやってくれるとか、あるいは、誰かに聞けば分かるとか、公的な調査機関（事故調など）に聞けば分かるというように他人任せにするのではなく、遺族が率先して立ち上がり、勉強し、調査し、研究し、分析し、自ら結論を引き出して、それを提示、提起することが不可欠である。そのことをキャンベル夫妻が、著者に気付かせてくれたのである。

　そのためには多くの有識者や関係者の論文、報告書、出版本、著作を参考にした。それらの労作の著者の方々に感謝するとともに、自著で引用させていただいたことにも厚くお礼を申し上げておきたい。

　さて、著者がすでに刊行した前述の二冊は絶対的に自信を持っていた内容であったが、さらに、内容を確実にするには、関係機関である事故調査委員会、航空局、さらに「加害者」だと自称する運航会社・日本航空に著者の結論とした事故原因を提起して反論を求め、議論で確かめるとの手順が不可欠である。さらにかつて遺族らが事故直後に上記の三者を告訴した前橋地検には、30年後に改めて「自衛隊が引き起こした撃墜事件」として起訴し、その経緯も報告することで墜落原因についての30年前の司法判断の正当性を確認した。

　すでに記したことと重複するが、以下にこれら関係機関・企業との議論の概要をまとめておこう。

②日航との技術会議（墜落の事故原因究明会議）

　すでに詳述したので概略を記すにとどめるが、著者は事故後にまず日航株主として毎年の株主総会に出席して日航の再生と事故関連について質問すると同時に、事前に質問状を提出した。しかし、その後試みた公開質問状も含め、日航からまともな回答は得られないことから、2013年から日航に「技術会議」の開催を提起して2カ月毎に会議を行ってきた。

　だが、この会議での日航の姿勢も、「遺族の質問には答える」であって、自分から真実を話すとの姿勢、方針ではない。技術会議であるにもかかわらず、垂直尾翼を失った事故機の操縦性、水平尾翼が飛行方向の真横に500mも飛んだ事象について、日航は技術的に説明できない。例えば、群馬県警・河村本部長が著作で述べているように、重量の大きな水平尾翼が真横に500mも飛散するなど考えられないことだ。

　日航は副社長・町田直氏の「123便はミサイルで撃墜された」という発言、羽田工場の整備士ら数十名の緊急派遣と自衛隊の証拠残骸の選別と回収、落合由美氏への事情聴取結果に基づく整備部長の垂直尾翼外部破壊説などからわかるように、早い段階で真相を知っていた。旅客機の操縦でメシを食っているから、エンジン出力調整で飛行できたことも知っていたはずだ。なぜなら、ボーイング社も「事故機は旋回、上昇、降下飛行ができ、長い時間飛行していた」と公式にFAAに報告しているからだ。すなわち、事故機は横田基地に着陸できたことも知っており、アントヌッチ中尉の証言からも容易にそのような結論が引き出せるはずだ。事故調は意図的に「123便の墜落の事故原因を記載」していないが、航空局からの通告で、日航は真相を知っていたのである。

　2013年から日航との技術会議を始めたが、2017年に日航はこのような事態、状況を実質的には認めたに等しい姿勢に転じた。その姿勢からは、「日航は加害者でない」「事故原因は隔壁破壊説でない」「事故機は操縦できた」「事故機は横田基地に着陸を申請し、許可を得ていた」「事故機の墜落は、自衛隊のミサイルでの撃墜だ」ということが導き出されることになる。

　この日航が事故の真実を認めた端緒は、航空局が著者に対し、前橋地検の「ボーイング社」

「日航」「航空局」に対する1990年7月の不起訴判断によって航空局は無罪であるとの文書を送付してきたことであった。これを契機に、それまで加害者だと主張していた日航も、航空局の言動、書簡にしたがって、日航も加害者でない、加害責任はないことを認めたのだ。

正に、「天網恢恢疎にして漏らさず」の格言が生きている証拠であり、悪業は必ず発覚するのだ。

しかし、このような状況に危機感を覚えた航空局は、再度日航に圧力をかけ「全てを否定し、加害者になり、また操縦不能を主張し、墜落の事故の原因を隔壁破壊説に戻す」ように厳命して、4月には植木社長から赤坂社長に交代し、会議メンバーも更新して、以後は再び無茶苦茶な説明が新メンバー（権藤常務、児玉推進本部部長、中野パイロット、梅田室長、斎藤室員）によって繰り返されている。

③「国土交通省・運輸安全委員会（旧運輸省事故調査委員会）」への「公開質問状」

事故発生当時からしばらくの間、遺族はもちろん国民の多くは運輸省の外部組織「事故調査委員会」なる国の組織は事故の真相を究明する「正義の味方」だと考えていた。しかし、その美しい仮面を付けた組織の本当の実態は厚化粧の花魁であって、単なる飾り物でしかなかったことが判明したのである。

事故故調査委員長をはじめとする調査委員は優秀な研究者、著名人であるが、実質的な調査能力がない上に、権限がないという現実には呆れるほかない。調査委員の他は、空、海、鉄道に分かれた調査官、事務局からの集団だが、実績も経験も少ない机上の空論を弄ぶ公務員からなっている。この無能な集団、組織は常設の組織として運営されているが、上部組織の航空局などからの指示で報告書を作成する書記でしかない。これでは税金の無駄使いであって、百害あって一利なしである。即刻廃止すべきであろう。

この事故調査委員会は1987年7月に「日航123便墜落事故報告書」を発表した。事故調の結論である「隔壁破壊説」には、遺族、有識者から反論が出されたが　事故調は一切相手にせず、無視し続けた。ただ、これを国民に発表した事故調査委員長・武田峻は「これで全てが終わったのでなく、この報告書をもとに様々な討議、検討を加えて航空機の安全と事故の再発防止に役立てていただきたい」と述べて、最終結論でなく、今後の討議や検討のたたき台に過ぎないと強調した。さらに武田委員長は「もし、相模湾の海底から、尾翼残骸を引き揚げれば、結論は変わってくる」と遺族に説明している。

年月が経過して組織が改変され、新たな事故調査の担当部署となった「運輸安全委員会」は2011年7月、突然に遺族だけを集めて「隔壁破壊説」の解説集会を実施した。この解説集会で配布された文書は、冒頭で隔壁破壊説が多くの疑惑、矛盾が指摘されていることを認め、その説明を行わなかったことを詫びている。もとより疑惑、矛盾に満ちた隔壁破壊説だが、間違った結論はいかに解説しても正しくはならない。結局この解説集会では非科学的、非論理的な手法で遺族をごまかして騙すしかなかった。

さらに、この解説集会の目的は別にあった。それは遺族、国民に強い影響力を持ち、指導力がある「8.12連絡会（遺族会）」の幹部の洗脳であり、遺族会が掲げてきた事故原因調査の方針を変更させることであった。それまで遺族会の幹部は「事故原因は間違っており、真実を追究する」という趣旨の「遺族会の声明」を出しており、真の加害者である権力者、航空局に恐怖と危機感を抱かせてきたからである（資料⑲—事故遺族会の衝撃的な声明の内容）。

ここで、権力者の本心を忖度した「航空局」は「運輸安全委員会」に命じ、遺族会の幹部を招

集し、解説集会の準備会議を通じて議論を重ね、嘘の技術論と論理を用いることにより、これらに疎い遺族幹部を騙して洗脳したのであった。これ以降、遺族会は従来の方針を一変させ、慰霊にのみに専心することになった。著者から見れば、遺族会の事務局長（事実上の会長）・美谷島邦子氏は遺族らを裏切ったのである。著者は何度も翻意を促したが、拒否されている。

航空局の側に取り込まれたのだと推察するほかない。

航空局の指示で事故直後から、日航が代理の加害者を務めて補償交渉を行ってきたこともあり、これで遺族の多くもまた世間同様に「日航が加害者だ」という認識で統一され、「隔壁破壊説」への疑惑を口にしなくなった。隔壁破壊説が国民、そして遺族に定着して行ったのだ。恐るべきは、これほどの大がかりで長期的な世論工作を積み重ねてきた権力者であり、これを取り巻く自衛隊、航空局、事故調、日航の謀略である。これで日本の国民が完全に洗脳され、マスコミまで真実追究の責務を忘れ、「隔壁破壊説」への仮説定着への流れができ上がった。

しかし、遺族の一部や有識者、心ある人らの熱意は変わることなく、真実追究を続けていた。

著者が帰納法で事故調査を行い、科学的、論理的、事実に基づく調査で、「隔壁破壊説」が成立しないことを実証して、著作として世に問うたことは先に述べた。これはもちろん「加害者だ」と自称する日航との「技術会議」による検証も経ての結果であった。著者は「隔壁破壊説は捏造された仮説だ」と証明し、事故は「自衛隊の標的機の衝突が端緒でこの不祥事を隠すために、乗客乗員全員の口封じ、殺害を計画して、横田基地への着陸を禁止して助かる乗客乗員の生還を妨害し、最後は上野村山岳地帯でミサイルにて自衛隊が撃墜して520人を殺したものである」との結論を引き出したのである。

これを受けて著者は、2016年4月に事故調の後継組織である運輸安全委員会に「公開質問状」を提出して、「隔壁破壊説の問題点」と事故の真実として「自衛隊関与説」を提起し技術的な論議と回答を求めた。

この背景として、1987年7月の事故調の報告書が、事故調査の最大の目的である「墜落原因」を特定し記載していない空虚な報告書であり、科学的、論理的に検証されておらず、公文書としての資格はないという事実がある。肝心の事故原因が書かれていないことは日航も認めているのだ。安全委への公開質問状は、第一にこの点の指摘である（資料㊼—前橋地検の不起訴判断の根拠）。

しかも安全委は、前述の2011年7月の遺族対象の「事故原因の解説集会」を開催した際、その公式資料の中で「事故報告、事故原因について、多くの疑問がある」ことを認め、今後はできるだけ分かりやすく説明を行うと記述している。同じ文面の中では、それまで長きにわたって遺族らに説明責任を果たしてこなかったことを謝罪してさえいるのだ。

ゆえに、安全委員会がこの反省に基づき、親切で誠意ある回答を寄せることを期待し、著者は同委員会に公開質問状を提出したのであった。

●公開質問状提出の経緯
　　・公開質問状—①　2016.3
　　・公開質問状—②　2016.5
　　・運輸安全委員会に面談会議の要請　　2016.8 ⇒拒否された
　　・公開質問状—③　2016.12
　　・公開質問状—④　2017.2

●運輸安全員会の回答内容

いずれも「運輸省123便事故報告書の通り」との内容であり、公開質問状への回答にはなっていない（資料59―運輸安全委員会の遺族小田への回答文書）。

これは、解説集会での遺族、国民へのお詫びと反省、および「親切な説明を行う」との約束に反する。遺族、犠牲者への侮辱行為であり、また、事故調査の疑問を説明し、納得をさせるとの積極的な姿勢は皆無である。これでは520人の国民の墜落死の事故原因を明らかにしようとの姿勢があるとは到底言えない。

1）法的な問題

運輸安全委員会は「被害者及びその家族または遺族の心情に十分配慮し、これらの者に対し、当該事故調査に関する実施に当たっては、適時にかつ適切な方法で情報を提供する」ことが法律上明記され、だからこそ「事故等調査の実施に当たっては、適時適切に被害者などの皆様にご説明を行うことにしております」と解説集会の資料に記載して約束しているのである。したがって、著者の質問状に対する回答のあり方は、法律にも違反している。したがって、安全委を監督すべき航空局もこのような違法行為を強く戒め、遺族、国民への適切な情報の提供、事態の説明を行うように指導すべきである。

しかし、航空局はむしろ安全委に対し、このような違法な対応を指示していると判断できる。

2）真実の解明という観点からの問題

事故調の仮説、結論「隔壁破壊説」は、事故調査の途中の仮説であり、事故調も「墜落原因」でないことは分かっていたはずである。このことは、武田事故調査委員長がこの報告書を公表するときに記者らに「この報告書は中間報告で今後の検討の参考にしていただきたい」と述べていることからもわかる。

事故調査では、事故原因の候補としての仮説があれば、それを発生事象、証言、証拠を通じて検証してふるい落とし、ある仮説が否定されたら次の仮説について検証して真実を明らかにするのが手順である。しかし、事故調がこの作業を意図的に行っていないのは明らかである。最初から、「仮説でなく、結論として」調査を行い、かつ発生事象、落合証言などとの検証を省略しており、さらに、米国のアントヌッチ中尉の捜査、救助活動も隠蔽しているのだ。恐らく航空局の指示で「中途半端な仮説を事故原因にした」と判断できる。

3）前橋地検に否定された報告書の再検証という観点からの問題

運輸安全委員会は遺族対象の解説集会の資料の中で、「事故報告、事故原因について、多くの疑問がある」ことを認めている一方で、「解説集会では事故報告書に新たな解析や原因の推定を加えない」というまったく矛盾した姿勢を打ち出している。

だが、事故報告書に疑問があるだけでなく、「事故原因が特定されていない」ことは報告書の基本的な欠点であり、だからこそ前橋地検は事故調の結論を否定して、「ボーイング社」「日航」「航空局」を不起訴にして無罪にしている（1990.7）。事故調の報告書に「墜落の事故原因の特定記載がない」以上、「隔壁破壊説」は失格であり、このような判断を下された事故調査機関（安全委員会）としては、当然のことながら、「新たな解析や原因の推定を行う」ことが求められる。すなわち、墜落事故の再調査を行うべきなのである（資料74）。

しかし、何も行動を起こさなかった。もちろん何の権限もない安全委員会は独自にこのような行動を起こすことはできなかったのだ。なぜなら、独立機関とはいえ航空局が許さなかったと推察できる。むしろ、航空局は「加害者」との演技を続け、嘘の「隔壁破壊説」を擁護して遺族国民を騙している主体である。その航空局の傀儡である事故調、安全委員会は、たとえ「再調査」

を考えても実行できなかったと推察できる。安全委の著者への回答は、その反映でもあろう。

　安全委員会は遺族への説明責任を放棄して、遺族の質問を無視した業務違反の回答であった。それは質問の趣旨を完全に無視したものであった。だが、それは当然の結果であって、安全委は回答することができないのである。

　事故調査委員会、運輸安全委員会の名前は立派だが、実質上、調査能力も低く、何よりも権限がない。国土交通省の外局であり、「内局」である航空局の下僕である。事故調査報告書も航空局の指示命令で書いたもので、航空局が「隔壁破壊説」を捏造し、強引に事故調に押し付けたものである。したがって、事故調（安全委）が独断で回答することはできず、航空局の指示でしか動けないのである。

　すでに著者は日航の技術部長、パイロットと123便の墜落事故の真実と真相をめぐって議論しており（「技術会議」）、日航は「加害者」との立場上、まがりなりにも議論には応じた。しかし真実を知っていても、航空局の指示に従って真実を隠蔽せねばならない立場にあり、事故調の結論の疑惑、矛盾の説明を行うことはできなかった。日航は「事故調、航空局、群馬県警の言動、文書にコメントする立場にない」と回答を拒否している。これは、事故の真実を究明する上で必要不可欠な議論を避ける方便であって、筋違いの言い訳であった。

　日航は旅客機の構造、システム、操縦のプロである。長年の運航で、種々の起きた事故例の事故原因についても熟知している。これに比べて事故調査委員会、安全委員会は、CVR、DFDRの解読解析装置すら持たない貧弱な組織であり、事故調査能力も日航に比べて貧弱である。その事故調（安全委）が、日航ですら回答、説明できないことを回答したり説明したりすることは無理なのである。運輸安全委員会は、航空局の許可なく、勝手な言動はできない立場にある。ゆえに安全委には回答・説明の権限がなく、回答がない、回答できないのは当たり前なのだ。

　しかも事故調の事故調査の結論は、「演繹法」で導き出された不当な結論であって、矛盾、疑惑があって当然であり、これを技術的に回答できないのは当然であって説明不能なのである。そして、演繹法での結論が刑事事件で「冤罪」を生むことは良く知られている。

④「航空局」（国土交通省）との面談と公開質問状の提出

　航空局の日航123便墜落事故における位置づけは遺族にとっても国民にとってもわかりづらく、曖昧になりがちで、遠い存在である。遺族にとって、最初から前面に出てきたのは「日本航空」であり「事故調査委員会」であった。「ボーイング社」も隔壁修理ミスで焦点になったが、米国の製造会社であるという点から、これも遠い存在で早々に我々遺族の前から消えていった。

　事故調の「隔壁破壊説」で容疑者三者「ボーイング社」「日航」「航空局」を告訴した時も、「航空局」の容疑について良く知らない遺族が多かったのも事実である。やがて小田が123便の墜落事故を本格的に調査に入った段階で、「航空局」の業務、立場、役割を見た時に、初めてその重要な位置づけが認識できたのである。

１）航空局の航空行政業務と運航会社への支配力

　航空局は運輸省（現国土交通省）の重要な部局（内局）で、航空行政を司る部局であるとみずから遺族に豪語している。航空行政は運輸省が一手に握り、その業務のほとんどが、航空課、後の航空局が担っている。その行政内容は航空会社の許認可、路線の許認可、運賃の許認可、操縦免許の交付、航港使用の許認可、空路管制、航空機の就航許可、航空機の修理許認可と検定等、極めて多岐にわたる。だが、これを見ても国民には極めて多くの許認可権を握っていることしかわからないが、航空機製造会社、日航や全日空などの運航会社への強い権限を持っており、運航

会社は航空局の命令、指示には絶対に逆らえないのである。ことに日本航空は政府出資の半官半民の企業として出発しているから政府、運輸省の支配力は強く、それが今回の事故では、航空局の隠蔽工作に日航が協力した背景となっている。

　また、許認可をめぐる強い権限は利権を生みやすく、ロッキード事件などのような収賄汚職も招きやすい。運航会社は航空局に服従せざるを得ず、なおかつ航空局は政権との関係が深い。このような関係が、今回の日航機事故の隠蔽に関して、特別な関係が形成された背景にあると推測できる。

２）航空局からの極秘指示と日航副社長・町田直氏の隠蔽工作への協力

　日航副社長・町田直氏は８月12日の夜、遺族に対し「（日航機は）ミサイルで撃墜された」と口走って遺族を驚かせた。さらに、その直前に日航は羽田の整備士数十名を墜落現場に向けて緊急派遣しており、13日午前１時には長野に入り、14日には事故調と一緒に登山して、残骸の選別作業に従事して、自衛隊関連残骸の回収隠蔽に協力しているのが目撃されている。

　この二つの事象は深く結びついており、連鎖性がある。

　最初の町田直氏の「ミサイル」についての告白は、墜落の事故の原因を正しく伝えている。

　しかし、これは自衛隊の犯罪行為であり極秘事項だから、単にこれだけを日航副社長に伝えることはあり得ない。これが日航に残骸の選別と回収作業を手伝うように命令するための前提の事情説明だったとすれば、極秘事項の伝達と整備士派遣は極めて連鎖性のあることがわかる。では、誰がこのような極秘事項と整備士派遣（残骸選別）を要請し、命令したのか。

　日航は著者に対し、墜落場所への緊急派遣は「事故調査委員会」からの要請だと回答説明したが、これは合理的でなく、成立しない。事故調はこのような極秘事項を知る立場にないからだ。また、自衛隊が自身の不祥事という極秘事項を日航にみずから伝えることも考えられない。

　日航と政権ないしは自衛隊とを結ぶ線上にある情報源は、「航空局」しか考えられない。すなわち、自衛隊から政府中枢を介して運輸省に伝えられた極秘情報は同省航空局に伝わり、最終的に元運輸事務次官である町田直副社長に伝わったと推測できる。こうして事故の隠蔽作戦は航空局が首謀者となり、以後は同局が指示して日航を動かしてきたと考えられる。

３）航空局が捏造して事故調に押し付けた「隔壁破壊説」

　事故調査委員会は常設の事故調査機関という装いだが、内実は運輸省の「外局」に過ぎず、航空局の直属の組織であるから同局の意のままになる傀儡組織である。

　事故後２年かけて事故調が調査した結果は、1987年の７月に「事故報告書」としてまとめられたが、武田委員長は記者会見の場で「この報告書は中間報告だ」と苦しい言い方で真実の一端を告白しようとしていた。なぜなら、再三述べてきたように、この報告書は公式文書として失格だからだ。520人が死亡した日航123便墜落の事故原因が特定されていない「文書」は、国の公式事故報告書としての資格がないことは明らかである。これでは死亡した、撃墜死した乗客乗員は「ムダ死」であり、「犬死」でしかない（資料㉔—前橋地検の不起訴判断の理由）。

　事故調が運輸省の下部組織である以上、航空局の支配に服さざるを得ない。すなわち、「総理」と「自衛隊」を守るために、運輸省は「嘘の報告書」「隔壁破壊説」を作るしか道はなく、これを指示して作らせたのが航空局であり、事故調は言われるままに作文しただけなのだ。では、仮に事故調査委員会が独自に真に「事故報告書」に値するものを作成していた場合、運輸省、航空局はこれを受け取り、認めたであろうか。

　例えば、2019年に起きたことだが、金融庁が「退職後、年金以外に2,000万円が必要」との試算をして、それを含む報告書を財務省に提出したが、麻生財務大臣はその受け取りを拒み、その

金融庁の試算文書を公文書にしなかった。これと同じことで、たとえ事故調が独自に報告書を作成して提出しても、航空局が受け取りを拒否すれば公文書にならなかったはずである。

このように、今回の「日航123便墜落事故報告書」は航空局が企画した事故のストーリーに従って事故調が色付けし、完成させた代物である。すなわち、1987年7月の123便墜落の事故報告書は航空局が作成した捏造の公文書であった。

その結果、あまりにも発生事象と異なり、矛盾、疑惑が続出する報告書になった。これに対して武田委員長が反発した結果が、前述の記者会見での発言（「この事故報告は中間報告書だ」）になったのである。このような異例の発言からも事故調の「隔壁破壊説」は虚偽であり、報告書が航空局の捏造した文書であることは間違いない。

4）日航の「加害者」発言と「補償交渉」は航空局が日航に命じた謀略

日航が「加害者」と自称して違法な「補償交渉」を行ったのは日航の単独での自発的な行動でないことは明らかであり、航空局からの命令に従ったものである。日航はこのような「加害者代理」と不当な「補償交渉」を独自に行うほどバカでもないし、そんな度胸もないのだ。日航はすでに「事故の真実」を知っているし、乗客乗員に対し侮辱的な行動であることを知っているからだ。日航はそれまで多くの墜落事故を起こし、事故の調査にはある程度の経験と実績がある。したがって、落合由美氏への事情聴取で日航は「隔壁が破壊していない」ことをすぐに把握したのだ。

それはボーイング社も同じである。NTSBの調査員が落合由美氏を事情聴取して、「機内は静粛」「風切音がしなかった」「酸欠者はいなかった」との証言から、隔壁が破壊しなかったと確信している。また、横田基地のアントヌッチ中尉はすべてを上官に話しており、日本政府からの救助中止、撤退要請、口封じの要請などは米国側に筒抜けである。横田基地と123便機長のやり取りも全て記録されている。これらの情報を得たボーイング社は、日本国が123便乗客乗員の死亡に深く関与していることを知っているのだ。すなわち米国は、総理、自衛隊の不祥事の隠蔽のために、123便の乗客乗員の皆殺しを図ったという事件の本質を明確に把握していたのだ。航空局が如何に隠蔽を図ろうとしても、米国は知っており、これはいずれ日本側に多大な不利益を与えることになる。現在、米国は日本を守る同盟国だが、彼らは自分自身の利益のために日本を利用としているだけかもしれないのだ。航空局が行った隠蔽工作は事故調査委員会、日航に対して発動されてきた。今、その真実を国民に告白しなければ、アメリカに秘密を握られていることは将来的に大きな災いになると考えられる。

5）航空局との面談と公開質問状の提出

この疑惑で重要な位置に属する航空局と直接面談したのが、上野村での31周年慰霊式典の場であった。今まで著者は航空局員への関心がなかったが、31周年慰霊式典（2016.8.12）で、異様に出席者が多い航空局（10名の幹部）の席に行って、その責任者に質問したのが端緒であった。この時に、航空局として「加害責任があるので慰霊式典に参加している」との回答を得た著者は、さらに詳しく聞くために東京、霞が関での面談を要請して快諾を得た。

しかし、霞が関での面談ができたのは6カ月後（2017.2.15）であった。

まず、面談に先立って航空局から送付されてきた文書（10月7日付けの航空局の文書）では「慰霊式において、総務課長から小田様へ、『国土交通省にも責任がある』とお話ししたのは、『航空行政を司る我が省は、航空機によりお客様を安全に目的地へ到着させることが第一の目的であり、このような悲惨な事故により、それを達成できなかったことを遺憾に思う』との趣旨で申し上げたものです」との説明であった（資料㊿—航空局から遺族小田への書簡。「航空局は加

害者でない」）。

　これを受けて実現した面談では、航空局が言うように「乗客が目的地まで安全に到着すること」が第一の目的だとすれば、「墜落事故が起きた際に航空局は事故原因を解明して再発防止策を策定・実施して安全向上を図らねばならないのではないか」と著者が確認した。すると、総務課長も、それは「当然のこと」だと答えた。すなわち、航空機事故の調査・検証と再発防止策の策定と実施に責任と権限を持つのは航空局であることを総務課長は認めたのである。このように、123便墜落事故でも事故原因の究明と対策を実施するのは航空局の責務であり、事故調査を行う事故調への指示、事故報告書の精査、検証、日航、ボーイング社への指示、調査介入などは必須のことと判断できる。

　だが、その航空局は面談の場で、「前橋地検の不起訴判断で三者（ボーイング社、日航、航空局）は無罪が確定しており、司法ではこの判決で27年前（1990年７月）に確定している」「前橋地検の不起訴判断では航空局はその検証段階で『手落ちがなかった』から不起訴になった」「しかし、隔壁は破壊した」と説明した。

　しかし、前橋地検は「修理ミスの隔壁が破壊しなかった」から不起訴にしたのであって、不起訴の理由をめぐる航空局の主張とは合致しない。この点について理解できない著者はその根拠の説明を求めたが、航空局は「その違いは前橋地検（司法）と航空局（行政）の見解の相違だ」とまくし立てたのである。

　航空局の論理で行くと、加害責任は修理ミスの隔壁が破壊したことが事故原因になり、一人ボーイング社のみに全責任があることになるが、前橋地検は三者とも不起訴にしている。航空局の論理は、その点からも前橋地検の判断と食い違うことになる。このように司法判断を無視した発言は論理的にも法的にも成立しないことは明らかであり、合理的な説明を放棄した航空局は、隔壁破壊説が否定されて崩壊したことを認めたに等しい。

　この航空局の総務課長との面談時、著者は航空局に対し「公開質問状」を提出して、２月末までに回答の提出を求めた。しかし、その後一切回答がなく、何度も催促したが５年間返事はない。

　2017年８月12日の慰霊式典で航空局は同じく10名の幹部、局員を出席させていたので、回答を催促したところ、受け取ったことは認めて回答の提出を約束し、面談を約束したが、その後も同じく何の音沙汰もない。さらにその後、2018年、2019年にも慰霊式典で面談して、航空局幹部と面談し、回答の提出と面談の約束の履行を求めた。それぞれ約束の履行を約束したが、実行しないのである（資料⑦）。

６）航空局との面談を妨害した「美谷島遺族会会長と日航権藤常務」の行為

　この慰霊式典での航空局との面談では、2017年の時には「8.12連絡会」美谷島事務局長が、2018年の時は日航の権藤常務と福田部長が面談に強引に割り込んで会話を中断させ、対応に苦慮する航空局幹部を助けるという狼藉行為を行っている。これらはいずれも航空局に取り込まれているがゆえの介入であり、それは航空局が彼らを動かしうる関係にあることを示唆している。特に、日航幹部のこのような航空局への擁護姿勢は航空局と日航の支配関係を如実に示しており、日航が許認可権による支配に服していることを示している。また、遺族会の会長である美谷島氏がこのように航空局に協力するのは、事故原因を究明して来た姿勢を変えて、事故原因を究明したい遺族への裏切り行為であると考えられ、遺族会の会長が航空局、安全委員会、日航に完全に取り込まれたことを示唆している。残念無念な出来事に声もない。

＊

　航空局は123便墜落事故の真実を隠蔽工作し、事故調、日航などに実行させた首謀者であった。

航空局は自衛隊、運輸省、中曽根総理から、「総理、自衛隊の責任回避」「権力維持」「自己保身」のためにその真実の隠蔽を任されたのである。傀儡の「事故調査委員会」に嘘の事故原因の報告書を強引に書かせ、日航には「残骸の選別と隠蔽」の協力を命令するとともに「加害者代理」を押し付け、違法な「補償交渉」を実行させた（資料⑫─日航123便墜落事件の構図）。

　かつ、前橋地検が「ボーイング社」「日航」「航空局」を不起訴判断としても、これをウヤムヤにするために日航に補償交渉を継続させ、慰霊式典では航空局も加害者だと思わせる演技で毎年10名もの幹部社員を出席させて、遺族、国民を騙してきた。航空安全を至高の目的とする部局と豪語するが、今回の墜落事故では真実の隠蔽のための謀略に邁進し、真の加害者である中曽根総理、自衛隊幕僚長を庇って遺族国民を騙し続けてきたのである。そのもとで公務員、官僚らは情報統制することでマスコミによる真実の暴露や調査を禁止し、いまや司法や政党にもその矛先を向けて国民の目を眩ませている。国民、乗客の命を守る立場・業務を担う組織であるにもかかわらず、それに反する行為、行動は犯罪の共犯に該当する。

⑤「群馬県警による自衛隊の加害犯罪行為の隠蔽工作」について

　123便墜落事故の管轄警察である群馬県警とは、34年間、面談したり事情聴取を受けたりしたことはない。墜落死した私の二人の子供の検視は群馬県警が担当して実施したものの、その後、遺体は東京の自宅に引き取り、墓地を買い、葬儀を行った。管轄の警察として、誰が死亡し、被害者はどんな人物なのか、両親に聞いて調べたのであろうか。そんなことを私は気にしないが、国民が520人も死亡したにもかかわらず、警察はこの程度の対応で済ませるのか。これでは、まるで牛や馬の死亡への対応と何ら変わらないのではないだろうか。

　警察の業務の最大の目的は「国民の命と財産」を守り保護することにある（警察法）。現在でもそうだが、30年以上前はもっと厳しかった。1985年の123便墜落事故における事故の調査は「事故調査委員会」が、事故事件の捜査は「群馬県警」が担った。だが、この時に事故調査委員会は脚光を浴びたが、群馬県警の捜査活動はほとんど、報道されていない。ここでは、群馬県警の捜索、救助、捜査について、その言動を詳細に記述する。

１）群馬県警・河村一男本部長（当時）

　墜落事故発生後に外出した河村本部長はすぐに本部に帰ってきて、県警幹部に「日航機が長野に落ちたと言われているが、本県に墜落したと思って行動してくれ」と指示し、1時間後の22時過ぎに上野村に「現地対策本部」を開設している。まだ管轄でもないのに、急に群馬県警が管轄扱いで行動せよとの発言はあまりにも唐突で不可解である。この発言が発端となり、群馬県警は警察部隊を上野村に急遽派遣している。

　当時、長野県警は「日航機は長野県御座山に墜落した」との自衛隊情報に基づく報道を受けて警察部隊を派遣し、御座山付近を捜索している。このように墜落場所が長野県だとの自衛隊の情報しかなかった時点での群馬県警本部長の発言は異常、不可解だが、何らかの情報に基づくものと考えるとこの謎が解ける。日航副社長・町田直氏の「ミサイルでの撃墜」発言と重ねると、群馬県警にも墜落場所を熟知している自衛隊の極秘情報が何らかの形で群馬県警・河村本部長に届けられたことは十分に可能性がある。そうでなければ、このような迅速な行動ができたことの説明がつかないのだ。

　群馬県警が墜落場所を知っていたことの証拠として、県警は群馬県の葬儀社に棺桶の在庫を調査している。同じく、日航も東京の葬儀社に1,000個単位の棺桶を発注し、群馬県藤岡市に届けるように契約している。すなわち、日航も群馬県警も12日の段階で墜落場所を知っていたことに

なる。いったい誰が、群馬県警や日航に墜落場所を教えたのか。

その情報源は、123便を撃墜した自衛隊と総理、そして運輸省以外は考えられない。

２）群馬県警、自衛隊の救出部隊への「待機命令」の謎

墜落して救助を待つ123便乗客乗員の命を助けるために上野村に緊急出動したはずの群馬県警部隊に対し、上野村に着いた段階で理解不能の「待機命令」が出た。出動した隊員には税金から特別の費用が支給されるのになぜ「待機命令」なのか。レスキューに出動した警察、自衛隊員に休憩させるということは、国民の命を助ける意思がなかったことを意味する。

それは、河村本部長の事故発生直後の誰かとの面談に起因していると推察できる。上官、権力者からの特別極秘命令があったからだ。緊急派遣の謎とも関係するが、事後の群馬県警の行動を分析すればその意味は明確に推察できる（角田四郎著『疑惑』）。

県警の緊急派遣の目的は事故の生存者の救出でなく、素朴で純粋な上野村村民、消防団員、猟友会員が事故現場に急行し、生存者救出に急ぐのを足止めするためであった。すなわち、生存者を見殺しにする事態に協力するためであったのだ。これと関連した事態は、「救出を急いだ自衛隊員が射殺された」との12日のNHKの速報（字幕）とも完全に一致する。具体的には、地元で墜落場所をいち早く察知した上野村消防団、猟友会のメンバーが救助に駆け付けるのを群馬県警、自衛隊が屁理屈をつけて制止していたのである。さらに、群馬県警は墜落場所に至る唯一の経路である「三岐」付近に検問所を設け、交通を遮断して登山をさせないようにしている。この警察の行動は人命を守るという警察の義務行為に反し、生存者の見殺しという明らかな犯罪行為である。

墜落現場に至る道としては、川上村から三国山経由で現場に向かう道があった。川上村村民は123便が上野村に墜落した事態を目撃しており、同村の消防団員らは三国山経由で救助に駆け付けた。だが、そこでも自衛隊員が道を塞ぎ、この川上村村民を追い返している。このことから、群馬県警と自衛隊は密接に連絡を取り合い、交通を遮断して救助に駆け付ける住民の足止めを行ったことがわかる。これは、自衛隊と群馬県警の両方に指示できる立場の権力者が存在したことを意味する。それだけの権力者は政府権力者以外に考えられず、それが「真の加害者である」ことが容易に推察できる。

公式には墜落場所も分からないのに、どうして群馬県警、自衛隊は上野村に緊急派遣させられたのか。それは、上野村、川上村住民の救出活動を妨害し足止めするためであったからだ。

彼らは乗客乗員の遺体の収容に行っただけなのである。

このようにして救助に駆け付けようとする両村民と群馬県警や自衛隊との問答に時間が浪費されている時、別働の自衛隊特殊部隊が12日午後10時から13日午前４時にかけ、辛うじて生存していた乗客乗員を火炎放射器、毒ガスで口封じ殺戮していたのだ（資料⑩―「Ｍ氏の証言」、青山透子氏の著作等）。

もちろん、自衛隊が123便を撃墜した証拠であるミサイルの残骸や垂直尾翼に激突した自衛隊標的機の残骸の撤去、回収もこの別働自衛隊の極秘業務であった。

３）自衛隊の不自然な待機命令は、なぜ13日「午前４時まで」だったのか

群馬県警部隊、自衛隊部隊は上野村に緊急に派遣され、当然すぐに墜落現場に急行すると誰もが考えていたが、なぜか13日午前４時まで待機した。この件は政府の対策本部でも全く同じことが告げられていた。「救助活動は13日午前４時まで待機だ」との認識の共有が図られていたのである。このような奇妙な事態を決めて、関係部署に徹底させることができるのも政府の最高権力者であると推測できる。そして、その権力者こそ真の加害者である「中曽根総理」であり、知恵

袋として機能したのが運輸省や自衛隊幕僚長などだったと推測できる。

　午前４時に救出開始と決めておけば、自衛隊はすでに準備をしているはずだ。徒歩で登山しても１時間30分で到着できるし、ヘリならば30分もかからないが、自衛隊が墜落現場に到着したのは午前７時頃だった。迅速な対応をしなければ戦争はできないはずであり、このような愚鈍な行動では自衛隊の行動力が疑われる。さらに７〜８時頃に到着した自衛隊部隊は、生存者捜索の活動を行わず、現場の自衛隊指揮官は早々に「全員死亡」を宣言して、生存者捜索を行うことなく乗客らの遺体の捜索、収容に専念している。これに対し、群馬県警や自衛隊の妨害のために墜落現場に遅れて到着した「上野村消防団」と「長野県警部隊」は必死に生存者を探し、４名の生存者を発見している。奇跡の生存者を発見したのは群馬県警でもなければ、ましてや自衛隊でもなく、当初活動を妨害された長野県警や上野村消防団の人々だったのである。

　なぜ、先に到着した自衛隊の指揮官は、墜落現場で「全員死亡」を宣言したのか。それは、全員がすでに死んでいるとの確信があったからだ。そのような確信があったのは、自衛隊別働部隊から「火炎放射器」と「毒ガス」で生存者を口封じのために殺害したとの報告があったからにほかならない。長野県警による生存者救出に関して、自衛隊はみずからの捜索の不作為を隠すために、「この４人の捜索救出の功績を全員の成果にしよう」と申し出たという。自らの救出不作為を隠すための偽装を全員に諮る魂胆には、呆れて言葉もない。

　墜落現場は、13日朝まで燃えていたことが写真で証明されている。旅客機の燃料であるジェット燃料は短時間で燃え尽きてしまう。それにもかかわらず機体などが朝まで燃えていたのは、航空機燃料以外の異質な難燃性の物質が燃えていたことを意味する。それこそ火炎放射器の燃料であって、多数の火炎放射器が使用され、墜落によりジェット燃料火災現場で火炎放射器を使用したため、高分子の石油物質が時間をかけて燃焼し、長い時間燃えていたのであった。一方、火災が起きていない場所・スゲノ沢で彼ら自衛隊特殊部隊は「猛毒の毒ガス液」で生存者を毒殺した。これらが生存者殺戮の方法であり、これによって自衛隊は目撃証人を全員殺害して自衛隊の不祥事を隠蔽しようとした。そして、このような残虐な殺害行為の現場を一般人から目撃されないように、群馬県警、自衛隊部隊が捜索救助活動を妨害した。奇妙な不可解な「待機」と村民の救助活動に対する妨害行為は、このような理由だったのだ。

　この123便の墜落事故で群馬県警は、墜落場所のある上野村に一番早く到着しながら、現場捜索や救助の不作為、レスキューの原則を無視した待機によって生存者を見殺しにする醜態をさらし、国民から避難を浴びている。その背景には以上のような理由があったのである。

４）明かされない捜査結果（群馬県警）

　群馬県警の重要な業務は「123便墜落の事故原因」の捜査であり、加害者の特定と逮捕である。航空機墜落事故で犠牲者が出た時には、事故調査委員会が主体的にその事故原因の究明に当たる。しかし、乗客乗員が死亡しておれば管轄の警察がその事故原因の捜査を行い、事故原因を究明し、加害者を逮捕して処罰する。すなわち墜落事故ではこの両者が事故原因の究明に当たり、調査し捜査する。

　もちろん、捜査には航空関連の知識、操縦、運航、機体構造、システムなどについての特殊な知識が必要となる。警察はこれらについては不得手なので、たとえ刑事事件の疑いがあったとしても事故調査委員会の協力は不可欠である。

　群馬県警の捜査本部は、墜落事故発生直後に河村本部長が立ち上げたが、事態の推移を見て態勢を強化して本格的に動き出したのは20日後の９月２日であった。遠藤刑事部長をトップとし、人員50名の「特捜本部」を組織した。これは群馬県警の捜査史上例を見ない陣容であった。

しかし、史上例を見ないと言っても、地方の群馬県警の捜査には限度があり、世界史上最大の死亡事故であることを考えれば、警察庁の特捜本部が特別捜査態勢で捜査に当たることが必要であったと考えられる。

しかも、群馬県警は事故発生直後に、生存者の捜索・救出について不自然で理解できない不作為行動を取っている。これでは群馬県警に墜落事故の捜査の資格があるとは言えない。

以後、群馬県警の捜査に関する新聞報道などはほとんどなく、さらに航空局、国は意図的に「警察の犯人捜しは真の事故原因の究明を阻害する」という報道をあおるという情報統制を図り、さらにその捜査は委縮することになった。この結果、事故の調査に重点が移り、警察による加害事件の捜査は国民の認識から消え、当初は存在した外部破壊説、ミサイル撃墜などの報道が姿を消すことになったのである。これは、遺族をはじめ国民全体が、「事故調査」という言葉に惑わされた結果でもあった。

河村一男本部長は、「日航機事故対策本部長」としての活躍と成果を著作にまとめて出版している（『日航機墜落―123便、捜索の真相』2004年、『日航機遺体収容―123便、事故処理の真相』2005年）。この本は自己礼賛に終始する一方、日航の不手際に対する高木社長などの経営陣への厳しい攻撃が目立つ。だが、群馬県警の捜査については、何ら記述がない。事故調の調査権限と県警の捜査権限について不満げに主張しているが、彼には本来の航空機墜落事故の調査と捜査についての理解が乏しいようだ。

河村本部長は如何なる事故の捜査を行い、その結論はどのようなものだったのか。その点について彼は、日航123便の墜落の事故原因については事故調の「隔壁破壊説」を認め、かつ確信し吹聴して、事故調の結論を解説しているに過ぎない。群馬県警としての捜査結果は、未だ発表されていないのである。

しかるに、後年、角田四郎氏の『疑惑』や藤田日出男氏の『隠された証言』の出版時には、その記述内容に激怒し、出版社と著者を脅迫して謝罪文を書かせている。河村氏は、事故直後の捜索・救助の不作為によって生存者を見殺しにしたことを恥じることなく、自衛隊、国が関与した事態を暴露した「自衛隊主犯説」を主張した出版社と著者を攻撃するのだ。その説が違うというのであれば、群馬県警としてどうして正面から堂々と捜査結果を述べて議論し、相手の主張を聞こうとすることもなく横暴な攻撃に出たのか。

これこそ、彼が自衛隊や国と裏で繋がっている証拠であると推察できる。

さらに、事故調の結論に基づく告訴について、前橋地検は不起訴判断した。事故原因としての「隔壁破壊説」は前橋地検が否定し、告訴された「ボーイング社」「日航」「航空局」は「無罪」となったわけだ。この件について、河村県警本部長は著書の中で「前橋地方検察庁の下した最終判断は、現行法制上では、やむをえない妥当な措置である」と記載している。群馬県警も「隔壁破壊説」の結論に基づき、三者を告訴している。

しかし、この前橋地検の不起訴判断は、事故調の結論を否定したものであり、垂直尾翼の破壊は隔壁の破壊が原因でないと明確に判断したものである。この判断について遺族らは前橋地検の当時の山口検事正から直にその真意を聞いており、事故原因についての解釈は河村本部長の見解と根本的に相容れないものである。

さらに、123便事故の報告書には事故調査の目的である「墜落原因」が特定されていないのであり、それは武田委員長が公表の時の記者会見で述べた「この報告書は途中経過の中間報告だ」との苦しい弁明とも合致している。

それでも自分が指揮した群馬県警の捜査に基づいて「隔壁破壊説」を確信するというのであれ

ば、河村氏には群馬県警の特捜本部が捜査した結果の報告書を公開し、内容を遺族、国民に説明する責任がある。

　これに関連して、隣県の長野県警についてもひとこと述べておこう。長野県警は捜索救助のためにすぐに出動して当初墜落現場と報じられた長野県御座山付近を捜索したうえで「墜落場所は長野県でなく、群馬県上野村だ」と判断し、管轄外の上野村に捜索救助活動を伸ばして登山しようとしたが、群馬県警に追い返された。長野県側に戻ってから再度越境し、山越えして墜落場所に到達した隊員が、上野村消防団と一緒に協力して４人の生存者を発見している。

　著者は長野県警に『日航機墜落事故　真実と真相』送り、遺族の一人として謝意を伝えたうえで事故原因究明を要請した。だが、驚いたことに長野県警は、すぐに著者の著作を「群馬県警が捜査している」との理由文書を添付して送り返してきた。長野県警も真相を知っており、事態の深刻さ、謀略の深さにたじろいで関わり合いになるのを避けたのである。権力者からの圧力が長野県警に及ぶことを恐れ、自己保身に走った結果であった。

　いずれにしても、群馬県警は当時の権力者からの要請で生存者捜索救助において不作為を行い、救助に急ぐ市民や隣県の警察を妨害したことは、人道上からも警察法の見地からも許されざる犯罪行為であると判断できる。また、管轄警察として捜査を行わず、航空局が事故調に書かせた「隔壁破壊説」に賛同した挙句、「自衛隊標的機衝突説」の有識者を脅迫して撤回を迫るという蛮行を行ったことは、およそ国民を守る立場にあった者のすることではない。群馬県警には警察としての資格がないことは明白であり、ここに35年後であるが、その真実を告白し、犠牲者と国民に謝罪することが求められる。

　ちなみに河村本部長（当時）ら群馬県警幹部は慰霊式典には全然出席していなかったが、上野村の警官は出席している。国の行政からは国土交通省の前原大臣（民主党）が2010年に初めて出席したが、自民党の大臣が出席したことはない。2020年コロナ禍の最近、公明党の赤羽大臣が出席したのが特記すべき変化であろう。

⑥前橋地方検察庁に権力者犯罪を遺族小田が告訴

　以上までの経緯で、著者は日航123便墜落事故の真実と真相を「墜落の事故原因は自衛隊の標的機の衝突に端を発する自衛隊ミサイルによる撃墜」と結論づけ、真の加害者である中曽根康弘元総理、当時の自衛隊幕僚長らを前橋地検に告訴した。事故の５年後、前橋地方検察庁は不起訴判断の説明に際し、山口検事正は新たな証拠が出れば再審査することを約束したからである。

　前橋地検としても事故調の杜撰な報告書、結論を非難しており、事故原因に迫る真の事故報告書を熱望していた。すなわち、日航123便墜落事故には「時効がない」ことを宣言したに等しい。

　事故発生から31年、著者は事故調の結論である「隔壁破壊説」の矛盾、疑惑を完全に解明し、事故の真実を把握し、組織的な隠蔽工作を明確に解明して、『日航機墜落事故　真実と真相』（2015年）、『524人の命乞い　日航123便乗客乗員怪死の謎』（2017年）を出版し、多くの国民の賛同を得た。それを踏まえ、ここに真の加害者を524人への加害殺害行為で告訴することにしたのだ。

　だが、このような国家的犯罪事件を告訴することは、遺族として初めてであり、大きな障害が立ち塞がった。それは正義の味方であると考えた「弁護士」の協力を得ることができなかったからだ。多くの弁護士に事故の真実を説明したが、理解が得られなかった。

　そこで、著者は自分自身で告訴をすることにした。
１）告訴状の提出の経緯

　　　　　　　（・2015.3　小田著作『日航機墜落事故　真実と真相』提出）
2016.12.5　「告訴状―1」（310頁）前橋地検に提出して趣旨を説明。
　　　　　　受付担当は前橋地検・検事正・森悦子。
2017.1.19　「上申書―1」　提出（送付）
2017.2.20　「上申書―2」　提出（送付）
　　　　　　（・2017.7.30　青山透子著作『日航123便墜落の新事実』）
　　　　　　（・2017.8.12　小田著作『524人の命乞い』提出）
2017.12.12　「告訴状―2」（340頁）前橋地検に提出して趣旨を説明。
　　　　　　受付担当は前橋地検・検事正・森悦子。
　　　　　　（・2017.12.22　杉江弘著作『JAL123便墜落事故』）
2018.1.15　「上申書―3」　提出（送付）
2018.2.12　「上申書―4」　提出（送付）
2018.3.29　前橋地検からの処分通知。著者による告訴2件について「不起訴」の判断。
　　　　　　担当は前橋地検・検事正・片山巖、三席検事・寺尾智子。

　ここで、時系列で示した「告訴状の提出の時期」と「重要出版本の出版時期」と「事故調の結論による告訴に対する前橋地検の不起訴判断での航空局の無罪の告白時期」は、告訴に対する前橋地検の処置に関係している。国、航空局がこれらの本の刊行や著者との議論を通じて危機感を感じ、前橋地検にこのような迅速な不起訴判断を強制し、うながしたと推測できるのだ。
　すなわち、著者（小田）、青山透子氏の本は市民に大きな衝撃を与え、日航機墜落事故への疑念、疑惑が自衛隊の関与への疑惑に発展してきている。また、杉江弘氏の本は青山透子氏、池田昌昭氏の主張は謀略説だと主張したが、杉江氏は事故機がエンジン調整で操縦できたとの事態と事例も紹介したため、日航らも急遽、「隔壁破壊説」と「操縦不能説」を撤回せざるを得なくなった。
　また、航空局は慰霊式典で「加害者だ」と告白したが、すぐに1990年の前橋地検の不起訴判断を根拠として「加害者でない」と遺族に文書で通達した。日航も著者との面談会議で、「日航は加害者でない」と宣言して事故調の隔壁破壊説を事実上否定し、それによって補償交渉の根拠が消滅し、日航が渡した金は「お見舞金」であったと回答した。
　これらは特に航空局にとっては、危機感を募らせる要因となったはずである。
2）2018.6　前橋地検の寺尾智子・三席検事の不起訴判断の理由説明
　2018年6月4日、遺族・小田周二に対し、前橋地検は寺尾三席検事ほか2名による不起訴判断の理由説明を行った。それについて述べる前に、不起訴判断に至るまでの背景として前橋地検での人事異動による担当者や検事正の更迭があったことについて触れておきたい。
　　　　　　前橋地検の人事異動
　　　　　　検事正の交代　（2018.1.22付）
　　　　　　　　　森　悦子　⇒　片山　巖
　　　　　　審査担当者交代
　　　　　　　　中本検事（担当者）⇒　三席検事　寺尾智子（2018.4.1付）

　これを告訴状の提出から処分通知までの経緯に当てはめると次のようになる。
　　　　　・「告訴状―1」の提出　　　　　　　　　　2016.12.5

・「告訴状─2」の提出　　　　　　　　　2017.12.12
　　　・検事正の交代　　　　　　　　　　　　2018. 1 .22
　　　　　　（森検事正　⇒　片山検事正）
　　　・前橋地検からの処分通知（中本検事）　2018. 3 .29
　　　・担当者の交代　　　　　　　　　　　　2018. 4 . 1
　　　　　　（中本検事　⇒　寺尾三席検事）

　この経緯からは、二つの告訴状の処分決定までに複雑な人事異動、更迭が絡んでいる。
　検事正は地検のトップであり、これを突然交代させることは、何らかの目的、狙いがあるはず
である。突然の前橋地検の検事正の交代は、最初の「告訴状─1」の提出から1年後、そして二
番目の「告訴状─2」から、わずか1カ月後でもある。審査は相当にてこずったはずである。何
しろ、350頁の内容で、かつ検事が不得手な技術的な分野、とりわけ航空技術関連の分野である。
　最初の「告訴状─1」の提出から処分まで1年間であるが、第二の「告訴状─2」からはわず
か3カ月である。この審査期間と人事異動から、本処分の決定には疑惑が出てくる。
　寺尾三席検事の遺族小田への対応と不起訴の理由の説明内容は、その不信と疑惑、疑問をより
強く感じさせるものだった。その詳細は　以下に記す。
3）前橋地検の不起訴処分と理由説明のための面談
●前橋地検からの遺族、告訴人、小田周二への通達
　　処分：「不起訴」　平成30年（2018年）3月29日　検察官　検事　中本次昭
　　理由：「嫌疑ナシ」平成30年（2018年）4月2日　検察官　検事　久保　浩

●不起訴処分の告訴人への説明、会議の開催
　著者は不起訴判断になったことを受け、その不起訴理由である「嫌疑ナシ」について説明を求
め、面談が設定されて実施された。
・日時：2019年6月4日（月）午後
・場所：前橋地検会議室
・出席者：（前橋地検）寺尾智子三席検事、及川、市川事務官
　　　　　（告訴人、遺族）小田周二（賛同者の遺族の出席を認めず）
・面談会議（不起訴理由の説明会）に至る経緯
　　中本検事の後任は寺尾検事であるが、4月に横浜から転任したばかりであり、事故関連の内
　容や告訴状についてはほとんど素人であり、何も知らないのである。この新任検事が「不起
　訴」について告訴人に説明するには、準備に2カ月間が必要であった。
・説明会に関するさまざまな制限
　　著者は多くの遺族、関係者の出席を企画していたが、前橋地検は告訴人以外の出席を拒否し
　た。また、録音機の使用を拒否して認めなかった。
・告訴状の審査担当の中本次昭検事の配転と説明責任の放棄
　　告訴状を審査して「不起訴処分」を決めた検事が告訴人に対し、審査内容、その理由、結論
　を説明する責務があるのは当然である。
　　告訴状2件のうち1件についてはほとんど審査の時間はなかったはずであり、拙速な判断を
　行ったことは、不当なのである。これについても、前任の中本検事が説明する責務があるはず。
　（注）1990.7　前橋地検の山口検事正は、みずから遺族らに説明して不起訴理由を説明した。

出席者の制限もなく、録音器の使用も認めた。これについて寺尾検事は、当時の山口検事正の遺族への配慮は「特別な処置、配慮」だと言い訳した。

4）面談における寺尾三席検事による説明内容

①冒頭に「説明をするが、議論はしない。告訴人の質問を受けない」と宣言して、その通りの説明会であった。

②不起訴理由は「嫌疑ナシ」である。これは「証拠なし」のことではない。

　この説明は矛盾しており成立しない。

○「嫌疑」は十分にあり、小田が説明した。

　　容疑者・中曽根総理は、自衛隊最高指揮官であり、自衛隊は最高権力者の指示命令に忠実に従う体質に訓練されている。中曽根総理、自衛隊幕僚長の嫌疑は自衛隊員の行動で判断されるのである。自衛隊は垂直尾翼破壊後にすぐに戦闘機２機を発進させ、最後まで、追尾し監視している。事故機123便は横田基地と交信して、「着陸の申請と横田がこれを許可」しているが事故機は着陸していない。自衛隊は生存者の捜索救助活動で不作為をなし、見殺しにしている。町田日航副社長が遺族に「日航機はミサイルで撃墜された」と告白している。墜落現場では「遺体は二度焼き」されており、青山透子氏は自衛隊が「火炎放射器を使用した」ことを技術的に裏付けている。米軍アントヌッチ中尉らの救出行動を中止させ、撤退を日本側は横田基地に申し入れたことを証言している。これらの事態は十分な嫌疑であり、自衛隊員が勝手にこのような蛮行を行うことはなく、上の命令で動いたと、判断できる。

○「証拠なし」という理由付けもおかしい。

　　権力者の自衛隊員への指示命令は、口頭で行われる。権力者のこの口頭での指示命令は、確固たる証拠は存在しない。権力者自身が認めない限り、証拠はあり得ないのだ。一般殺人事件において、証拠物件よりも本人の自供がなければ決め手にならないと考えてきたのは、むしろ警察や検察の方だ。このために拷問的な取り調べが行われ、精神的に衰弱した段階で容疑者が自供したことが「証拠」として扱われてきた。昔は肉体的な拷問で自白を引き出し、決め手の証拠としたのである。

①事故調の結論である「隔壁破壊説」に対する片山検事正の評価と発言

　　寺尾検事は前橋地検・片山検事正も「事故調の隔壁破壊説が正しい」と認めたと説明した。しかし、1990年７月には同じ前橋地検の山口検事正が、事故調の「隔壁破壊説」に基づく容疑者であるボーイング社、日航、航空局を無罪にしている。当時、山口検事正は部下の検事全員が起訴できないと賛同したと断言した。今回の判断にあたった寺尾三席検事、片山検事正は、このような事故調査について、まったく無知でかつ無能であり、政府権力者から命令指示を受けてこのような暴論によって遺族を騙して不起訴にしたと判断せざるを得ない。さらに、航空局、日航も2017年には隔壁破壊説が崩壊したことを認めていたのだ。

②日航123便の「墜落の事故原因」について

　　事故調の事故報告書に「墜落原因が特定されていない」ことは、航空局、事故調、日航も認めている。したがって、事故報告書は公式の事故報告書しての資格がないのであり、これを根拠として、「嫌疑がない」とか、「証拠がない」とかの議論説明は論理的に矛盾する説明である。すなわち、自衛隊による「外部破壊攻撃」しかないのだ（資料㉔）。

　　著者は以上の論点と疑惑、矛盾の説明に対し、前橋地検の片山検事正に対し、「上申書」（2018.6.25）を提出して説明回答を求めたが、いまだに何の回答もないのが現状である。

5）前橋地検の不起訴判断の背景

　今回の不起訴判断は、自民党政権の権力者からの圧力で、強引に告訴状を門前払いして無効にした暴挙である。それが技術的、論理的に成立しないことは、明らかである。事故の真実を隠蔽する権力者の悪質な政治圧力が、司法の前橋地検にまで及んでいることが明白になった。

　国、航空局の「123便墜落事件」の隠蔽謀略工作は、まず「群馬県警」に生存者を見殺しにさせ、次に「事故調査委員会」に、「嘘の事故原因」を捏造させ、さらに運航会社「日航」に「嘘の加害者役」を押し付けて「補償交渉」を強要して真の加害者を隠蔽し、事故調の隔壁破壊説を擁護して遺族・国民を騙すという構造であった。

　さらに、最後の砦である司法の前橋地検にまで政治的圧力をかけ、まず、検事正を更迭し、後に権力者になびいた検事正を据える。次に担当検事の人事異動を発動し、どさくさに紛れて「不起訴判断」の決定を行って、遺族の告訴人に通知したのだ。それも何の根拠もない不当な理由を付けての謀略行為であった。

⑦最高権力者による犯罪の立証に「証拠」はいらない。発生事象の類推でしか特定できない

　普通の殺人事件での加害者は市民である。しかし、殺人容疑者が国の内閣総理大臣であり、軍隊の最高指揮官、最高権力者である場合、この容疑者はみずから手を汚すことなく犯罪を成功させるべく、すべて口頭による命令を下す。したがって、その実証は困難を極める。軍隊、自衛隊は強力な暴力組織であり、殺害を含む武力行使によって国を守ることになっている。

　軍隊は強力な武力を持つが故に、その実力行使が隊員の独断で行われると、悲劇に繋がり、国、国民に多大な損害を与える。

　軍人は正義感が強く、潔癖である、それゆえに時には暴走する。典型的な事例は反逆、反乱であり、2.26事件のようなクーデターにつながる。今も開発途上国ではこのような軍のクーデターにより、政権が転覆させられて交代している。この反省から、欧米諸国や日本などでは背広組と呼ばれる文官、国会議員によって軍事組織は統制される。これがいわゆる文民統制である。

　それゆえに軍事組織による武力行使は、民主主義国家の日本においては、文民統制のシステムのもと、最高権力者である総理大臣の命令によって行われる。したがって、軍隊、自衛隊の行動は、権力者の指示命令で行われたということになる。123便の墜落に関わる自衛隊の行動、言動は権力者（中曽根総理大臣、防衛大臣、幕僚長など）の指示命令の結果であり、指示命令の内容と一致しなければ自衛隊員らは処罰されるのである。

　したがって、部下である自衛隊の行動、言動を分析すれば、権力者の意図、言動、指示命令の内容を類推できるのである。自衛隊の隊員はおしなべて正直、かつ誠実であり、それは日頃から厳しく鍛錬された結果である。特に日本人が上官の指示命令に絶対服従してきたことは、歴史が証明している。戦争中、上官が「捕虜の首を切れ」と兵士に命じた結果、兵士はやむなく捕虜の首を切り落とした。しかし、敗戦でこの首を切った兵士は裁判で絞首刑に処されている。そうした事例に着想を得て作られたのが有名な「私は貝になりたい」というドラマであり、あのドラマの中で「私は貝になりたい」との遺言を残して処刑された兵士とは対照的に、彼に殺人を命じた上官の多くは処刑されずに戦後を生き延びている。真に問われなければならないのは、兵士、隊員に指示命令を下した上官、最高責任者の責任なのである。

　国の最高権力者である総理大臣になるには、長い年月と本人の努力、運や適切な年齢などの条件、そして周囲の協力も必要であると同時に競争相手を潰すことも必要である。こうしたいろい

ろな経過、経緯の果てにつかんだ権力の「蜜」の味は、権力者になった人しか分からないものだ。

　念願の最高権力者になった人は、次第に独裁的、専制的な権力者に変身する。そして、過酷な競争に打ち勝って、権力者になった人は　次は、この権力者の地位に汲々として、長く留まろうとする。自己保身であり、権力維持に奔走し、競争相手を警戒し、潰そうと躍起になる。この強大な権力、権限を失うことは最大の屈辱であり、失うことを避けようとする。

　権力を失うきっかけは競争相手の台頭であり、自分自身の失敗であり、自分の部下による不祥事の発生である。近年ではこの事例として、安倍総理大臣の「森友学園」「加計学園」での疑惑事件がある。この「森友学園」「加計学園」の問題は、総理の友人、夫人の利益のために発生した権力の横暴、不正供与という不祥事である。最強と言われる安倍総理とその取り巻きの部下、官邸、大臣らが協力して、実行された不正事件であった。この不正に疑惑の目が注がれたときに安倍総理が国民に向けて発した言葉は、権力の不正をめぐる「証拠」というものの性質について、その核心を突いたものであった。

　一つは「安倍が、また妻がこの森友、加計事件なる不祥事に関与していた場合には、安倍は総理も国会議員も辞める」との国会での発言である。これは、高級公務員への一種の脅迫として機能する言葉だ。権力者が不祥事に関与した場合、権力者の地位を去る（辞任する）というのが常識だが、もとより安倍は絶対に辞めたくない。したがって、この言葉は不祥事に関与したという証拠を絶対に漏らすなという暗黙の厳命である。

　二つは「憶測で非難攻撃するのでなく、証拠を出せ」との安倍の野党側への反論である。

　ここで総理が言った「証拠」とは、総理が部下に口頭で指示命令した事実であり、それは、安部総理自身と命令を受けた者の記憶の中にしか存在しない。安部はそのような証拠を見つけ出すことは不可能であると知っているのだ。だからこそ、彼は野党に「証拠を出せ」と叫んで居直ったのである。

　つまり、権力者の犯罪証拠とは、総理の自白、自供以外ないのであり、物理的な形では存在しない。国の最高責任者、最高権力者がこのような卑劣な人物であることは、日本国の悲劇だ。公平、正義、道徳心、良心のない権力者は、国民としてはゴメン蒙りたいものである。このような総理は国民が罷免を求めて、弾劾すべきだ。

　森友、加計学園の不祥事は、公開された資料、文書によって発覚した。その後、関係者の証言、告白で顕著になり、国政を揺るがす事態になり、安倍総理、自民党を揺るがす事態に発展している。だが、それでも安倍自民党は居直り、逆に、加害者の代理として佐川理財局長に責任を取らせるという「トカゲの尻尾切り」の隠蔽により、野党は追及に手間取っている。外国ではこのような事態になれば権力者の辞任が一般的だが、非民主主義国家である後進国日本では、「証拠を出せ」と居直ることで済ませるのが権力者の常道になりかねない事態となっている。日本国民の無関心が　このような権力者の居直りを許しているのである。「証拠を出せ」という言葉の前に、国民がすくんでしまっているのだ。森友学園に関する財務省の公文書改ざん問題での「赤木ファイル」の存在と開示についての麻生財務相の隠蔽工作は、185ページに記載した。

　権力者に明確な証拠がなくても、権力者の忠実な部下、下部組織の言動から、権力者の犯罪、加害の指示命令がされたことが推測でき、これで、権力者の犯罪行為を推測でき、特定できる。その場合、国民は権力者の責任を徹底して問い続け、弾劾しなければならない。123便墜落撃墜事件においても、現代の森友、加計学園と同じ因果関係が成立しており、当時の中曽根総理・自衛隊最高権限者、防衛大臣、自衛隊幕僚長の犯罪は客観的な状況から立証できるのである。すな

わち、権力者の犯罪は忠実な部下、下部組織の言動から推測できる有効な手法なのだ。

日航123便撃墜事件で隠されている真実、事実は何か。

自然科学では実験方法と結果を示し、誰が何回やっても同じ結果が得られることで、真理を確定する。これに対し、社会、人文科学は、類推をもって真実を見定める。そのための材料が部下の言動による文書、記録、証言などである。つまり歴史的事実の認定は、類推が許されなければ成立しないのだ。

総理大臣は、「私が事件に関与したというのは憶測であって、証拠がない」と否定する。だが、社会、人文科学的手法を使えば、総理の関与はすでに事実と認定するほかないのだ。安倍元総理の言う「証拠」とは類推を戒める点で、自然科学的真理を求めるのに似ている。前橋地検が著者の告訴を不起訴とした根拠である嫌疑不十分、証拠不十分というのも、それとまったく同じ論法である。この手法で、米国大統領の犯罪を追い詰めた事例を示す。

同じような事件として、世界的に有名なのがアメリカのウォーターゲート事件である。1972年の大統領選挙の時、ニクソン大統領の陣営が相手陣営に盗聴器をしかけるために侵入した事件から始まったこの事件では、当初、ニクソン大統領は関与していないと主張していた。だが、ワシントンポストは政権内部が関与していることを暴露した。大統領の執務室での会話の盗聴テープの存在、特別検察官の解任という司法妨害などが明らかになって世論が猛反発。議会の大統領弾劾の動きに、ニクソンは大統領任期中に辞任に追い込まれた。2年2カ月に及んだ政治の混乱が終了した後、ワシントンポスト紙の二人の記者の調査報道での活躍がニクソンを追い詰めたことが高く評価されている。権力者であっても、非正義、不正に関わった大統領でも罷免し、辞任させる機能が米国にはあるのである。うらやましい限りだ。

だが、そこで言う「証拠」は、タイムマシンで当時に戻ることでしか得られないものである。それができないと承知の上で、彼らは「証拠がない」と居直ってごまかしているに過ぎない。国民はそのような詭弁の土俵に上がる必要はないのだ。

＊

日本国最高権力者：総理大臣の123便乗客乗員の殺害行為と遺族小田が告訴した件を司法である前橋地検が「不起訴判断」した理由、根拠の正当性はあるだろうか。

日航123便墜落事故の加害者として、自衛隊部隊、群馬県警は加害行為を実行しており、それは十分に明確な嫌疑があることを意味する。このような自衛隊部隊、群馬県警の行動から、自衛隊最高指揮権限者である中曽根総理、加藤長官、自衛隊幕僚長らの指示命令でなければ行えないことが十分に明確に類推される。上位権力者の嫌疑というのは、すでに記述した通り、必ずしも物的な証拠を必要としない。

したがって、前橋地検が著者に主張し説明した不起訴判断の根拠、理由としての「嫌疑ナシ」そして「証拠ナシ」との判断は間違っていると言わざるを得ない。

なお、今回、前橋地検は1990年7月に同じ前橋地検の山口検事正が不起訴の根拠とした「隔壁破壊説に対する否定」を覆し、「隔壁破壊説は正しい」と言明した。科学的な解析もなくこのように立場を180度転換するのはあまりに無謀であり、検事正が替わったからとの理由でこれを正当化するのはもはや論理ですらない見苦しい事態だ。これこそ、寺尾三席検事が不起訴判断の真の理由を説明せず、苦し紛れに虚偽を述べていることを示すものである。

＊

航空局も日航も、すでに事実上「隔壁破壊説は事故原因でない」と認めているからだ。

遺族らには　事故原因の調査、捜査の権限はない。遺族らは真実を知りたいのであり、その真

実を犠牲者の霊前に供えることが真の供養であり、再発防止策に生かされるのだ。

　検察、警察は、遺族からの真摯な調査、加害事実の嫌疑の提出を受けて、特別捜査本部を設置して自衛隊、政府関係者などを特別の権限に基づいて捜査し、その真実を明らかにすることが使命でないのか。このままでは真の事故原因は不明のままになり、国民の空の安全は放置され、さらに犠牲者、遺族への命の補償金が支払われることなく、人間としての尊厳が無視され、侮辱されることが続いていく。これは命への冒涜であり、憲法にも違犯する事態であり、本件は政府、国土交通省が航空行政を担う資格が問われる殺害事件なのである。

　司法の砦を政権に売り渡す行為は、まさに司法の「自殺行為」に該当する。日本の司法までもが政治権力者に屈服したことは、日本に未来がないことを物語っている。これは恐ろしい事象であり、520人の犠牲者も地獄で泣いている。このような地方検察庁であれば必要はなく、即刻廃止すべき組織、機関である。

⑧航空局、事故調査委員会、日本航空、群馬県警、自衛隊の果たした役割

　公務員は所詮、公務員である。与えられた業務を法律、規則、慣例に従って忠実に実行するのが一般的だが、同時に特命事項の指示命令にも、忠実に行動する習性がある。さらに、不祥事、犯罪に関する指示命令にも全く同じく忠実に行動するのである。なぜなら、それは公務員の人生、昇進に関わって来るからで、無視したり、拒否したりはできないのである。

　中曽根総理から運輸大臣に直接に伝達した指示は、こうした背景で実行部署を航空局と定め、そこで隠蔽工作が立案された。隠蔽の実行段階での首謀者は航空局となったのである。

　最初に取り組んだのは事故調査をめぐっての隠蔽工作であり、事故報告書の作成を事故調査委員会に命じることであった。自衛隊が関与したとの報告書を作成することはできないので、嘘の事故原因を捏造し、それをいかに理解できる内容に仕立てるかを考えるのが事故調査委員会の仕事になった。すでに述べたように事故調には臨時の調査委員長、委員がいるが、これらはほとんど飾り物であって、調査能力は乏しい。実際は航空局からの派遣局員が陣頭指揮を取り、「結論が先にありき」の調査方針にしたがって活動した。

　国は、事故の原因は「外部攻撃破壊」でなく、「機体の故障」でなくてはならない。このためにボーイング社が提起した隔壁部の修理ミスを利用した「隔壁破壊説」を事故原因に据え、それに合わせて事故調査を進めて2年後に事故報告書をまとめ、遺族、国民を騙したのである。この「隔壁破壊説」は生存者の落合証言では技術的に成立しないので、一切目撃証言、生存者証言を採用しないで、CVR、DFDR、残骸などの物証の好都合な部分を証拠として使うことにしたのである。

　航空局はその強い権限とその位置付で、123便の墜落事故の間違った、捏造した事故原因「隔壁破壊説」を日本国民に押し付けて騙した。次いで彼らがやったことは、偽説の「隔壁破壊説」を守り、真の加害者を隠蔽するために、許認可権を振りかざして、支配下にある運航会社・日航に「加害者役」を引き受けさせることだった。さらに「日航が加害者だ」と強く印象付けるために、航空局はいまだ事故原因が皆目不明の段階で、苦悩する遺族に対する「補償交渉」を日航から提起させ、米国のボーイング社にも政治取引として補償交渉への共同参加を強引に了承させ、遺族に書簡を送付させている。

　また、隔壁破壊説を世間に印象づけるために、日航に「安全啓発センター」を設置させ、残骸、資料を展示させ、「隔壁破壊説」の宣伝広報活動も行わせた。同じく、上野村慰霊の園の管理棟に「事故の状況」の宣伝と事故原因として「隔壁破壊説」を映像にて宣伝させている。

このような状況から、真の加害者を隠蔽する謀略の首謀者は「航空局」であると判断帰結できるのである。すなわち、日航123便の真実を隠蔽させる謀略は中曽根総理の航空局への極秘指示で進められ、これを後継の総理大臣と航空局が連綿と引き継ぎながら、35年間にわたって現在まで強力な圧力で隠蔽が続いている。

　日航123便墜落事故は、二つの事件で構成される。すなわち一つ目は垂直尾翼から32分後の撃墜事件までの事件。二つ目は、35年間（2020年時点）の真実隠蔽事件である。

　最初の事件は524人への撃墜殺害事件である（資料㊿）。これは、相模湾上空で起きた自衛隊標的機の123便への激突の不祥事が端緒であった。自衛隊幹部の求めに応じて、かつ自分自身の責任回避のために完全な隠蔽を図る。そのために中曽根総理が123便乗客乗員全員を殺害、口封じして葬り去るという決断を下し、それが実行されて乗客、乗員をミサイルで撃墜したというのが、123便墜落事故の第一幕というべき撃墜事件であった。これは、生存者がいないがゆえに組織責任、自衛隊幹部の追及をかわし切った雫石事件の経験を踏まえ、組織防衛と自己保身、責任回避のために行われたものである。

　第二幕は、第一幕である自衛隊による撃墜事件に生じた多くのほころびを取り繕うために計画され実行された。機長の必死の操縦の結果、墜落現場には相当数の生存者がいた。さらに現場には、米軍アントヌッチ中尉らが救出活動のためにいち早く駆け付けていた。その救出活動を阻止した政府は、自衛隊による救出活動の意図的遅延と特殊部隊の活動で多くの生存者を抹殺し、事件の真相に繋がる無人標的機やミサイルの残骸を回収した。

　だが、それでも落合氏など４名の乗客が救出され、全員殺害の目的は破綻するに至った。この段階で中曽根総理は、123便撃墜事件に次ぐ第二の犯罪を決断した。すなわち、123便事件の隠蔽は、総理の命令のもと、航空局、群馬県警、自衛隊、事故調による共同の犯罪として実行されたのである。これらの隠蔽工作謀略は　完全な違法行為であり、犯罪行為であった。その被害者は遺族、国民であり、日航であり、日航社員であった。

　犯罪には、必ず犯行の動機が存在する。政府や中曽根総理、加藤防衛庁長官、自衛隊幕僚長らは、日航123便を撃墜して全員殺害を図り、かつ運輸省、航空局、事故調査委員会、群馬県警、公務員などに命じて隠蔽作戦を実行し、事実の隠蔽を命じた。これにより、遺族、国民は嘘の事故報告をはじめとする隠蔽作戦によって洗脳され、「隔壁破壊説」という虚構を多くの国民が信じる結果になり、今日に至っている。

　そして、現在は政府の陰謀と策略で、国民の中ではほとんど日航123便墜落の事故原因は放置され、黙殺される事態に陥っている。これは、政府による「墜落事故の隠蔽」がほぼ成功したような事態になっていることを意味する。墜落事故の隠蔽工作が成功しているのは、政府による事故の隠蔽、黙殺を意味する第三幕の真最中にあるからだと判断できる。

　しかし、遺族、有識者は、真実追究の動きを絶対にあきらめることなく続けているのである。

　この大がかりな事件の動機は中曽根総理、加藤防衛庁長官、自衛隊幕僚長の「責任回避」、「権力維持」、「自己保身」を図ることであった。

16 日航機墜落事故は「隠蔽」を本質とする事件

①123便墜落事故の本質は犯罪の消去・隠蔽

　日航123便墜落事故の「キーワード」は、「隠蔽」である。自衛隊標的機の123便への衝突を端緒として、自衛隊最高指揮官の指示によって「隠蔽謀略」が始まったのである。「隠蔽」とは、「覆い隠すこと」、「隠滅」とは「わからないようになくすこと」であり、「陰謀」とは「密かなはかりごと」などを指す。123便墜落事故は、隠蔽、隠滅、陰謀が多岐にわたって張り巡らされた事件であり、それを実行した側から見れば、まれに見る大掛かりな隠蔽隠滅作戦であった。そして、その隠蔽や隠滅、陰謀は、先に述べたように現代の安倍政治の体質にもつながっている。

　日航123便墜落事故では、いろいろの隠蔽が行われた。詳細はすでに述べたので、以下に項目だけを列挙しよう。

　隠蔽の基本行為は「あったことをなかったことにする」である。

「データ、資料を廃棄する」

「嘘の事故原因を捏造する」

「真の加害者の代理を見つけて、身代わりにする」

「証拠を迅速に回収して隠す」

「目撃者、証人の口封じをする」

「事故原因が不明の段階で加害者だと告白して、勝手に補償交渉する」

「目撃者の証言を無視する」

「生存者の救出活動を妨害する」

「説明責任を果たさない」

「真実を知っていても、知らないと言って、かつ嘘を言う」

「質問の回答をしないで、無視する」

「事故機が操縦でき、着陸できるのに、武力で着陸を阻止する」

「自衛隊、群馬県警は生存者の捜索を意図的に不作為的に放棄して、別の自衛隊が生存者を火炎放射器、毒ガスで極秘裏に殺害する」

「重要なCVR、DFDRの内容を消去し、修正し、捏造する」

「捜索に急ぐ自衛隊員を射殺する」

「事故調の結論と異なる自説を出版した有識者を群馬県警本部長が脅迫して、修正・謝罪を要求する」

「証言者救出作戦を行った事態を無視し隠蔽する」

「救出を急ぐ村人らを足止めし、妨害し生存者を見殺しにする」

「司法が事故原因を否定しても、その事態判断を無視して、嘘の事故原因を遺族に押し付ける」

「事故調の仮説が前橋地検から否定されても、航空局は再調査の指示を出すことなく放置する」

「日航は安全啓発センター、上野村慰霊の園の管理棟で嘘の事故原因を喧伝して、遺族国民を騙す」

「法律を作って、資料、文書の公開を禁止する」

「日航は遺族の質問に対し、言い訳し、事故調の嘘の事故原因を信用するとしか答えない」

……など、まだまだある。

　このようにあらゆる隠蔽、隠滅工作が行われ、日航123便墜落の真実を覆い隠す作業が、権力

者の指示によって、航空局、自衛隊、群馬県警、事故調、日航、官僚、公務員らが結集して行ったと判断できる。

　このような事実の隠蔽の端緒は、相模湾上空での123便垂直尾翼への自衛隊標的機の衝突であった。それ自体は何らかの偶然の出来事であったかもしれないが、その14年前に起きた全日空機雫石衝突事故の事例から、政権、自衛隊にとっては重大で看過できない事態であった。自衛隊最高指揮官であり総理大臣である中曽根康弘氏と自衛隊幕僚長の責任は重大で、たとえ民間機が墜落することなく犠牲者を少なく抑えられたとしても、辞職せざるを得ないことは明らかであった。

　特に、総理大臣の地位の獲得は容易ではないから、一旦その地位に就いた者の権力への執着は凄まじい。このような部下の不祥事での辞職引責は耐えられない事態であった。全日空機雫石衝突事故では乗客乗員162名が犠牲になったが、証人である乗客乗員が全員死亡したことと、運輸省事務次官の町田直氏が画策尽力したことにより、操縦していたパイロット個人の責任として処理することで自衛隊への責任が回避でき、佐藤総理も何とか安泰で済ませることができた。おかげで佐藤総理は後にノーベル平和賞まで授与され、有終の美を飾ったわけだ。このような事故処理を間近で見ていた中曽根総理大臣は、この前例を参考にして乗客乗員全員の抹殺による責任回避を図る方針に転じたと推測できる。

　このような決断は、その後の事故機の横田基地への着陸禁止処置、川上村での不時着行動、上野村山岳地帯での自衛隊によるミサイル撃墜、重症の生存者の虐殺、その後の日航、航空局などの隠蔽工作など、政府の全力を挙げての隠蔽工作をもたらした。それが遺族国民を騙して惑わし、補償金で遺族をごまかして嘘の事故原因で35年間も遺族国民を騙し続けてきたのである。

　2016年8月の慰霊式典でのやりとりに端を発する航空局の「加害者ではない」との告白で、ボーイング社、日航、航空局が墜落に関しては無罪であることが明確になり、事故調の「隔壁破壊説」は否定され、ここに「事故調の事故原因」の捏造が明確になった。そこから導き出されるのは、自衛隊ミサイルによる撃墜であり、航空局、日航などの隠蔽謀略が事故の真実を隠蔽するためであったことがはっきりしたのである。自衛隊によるミサイル撃墜事件は真実であり、遺族国民を長い年月にわたって騙してきた隠蔽工作が破綻し、ここにその残虐かつ陰湿な隠蔽事件も断罪されることになったのである。

② 「日航123便撃墜事件」と「殺害事件の隠蔽事件」の調査結果

　日航123便墜落事故は、撃墜、殺害の時間は約32分間の出来事であるが、この国の権力者による犯罪は、その隠蔽に自衛隊、群馬県警、航空局、事故調査委員会、日航、そして官僚、マスコミなどが協力したために、約35年以上もの歳月が費やされ、遺族国民を騙し続けてきたのである。

　今、明らかになったことは、日航123便墜落事故は、機体の自損破損事故でなく、相模湾での自衛隊標的機の123便への衝突破壊との不祥事事故を完全に隠蔽するために、目撃証人の口を封じるための殺害を行った加害行為、すなわち中曽根総理、自衛隊幕僚長によるミサイル撃墜事件だったということである。事故の真実は自衛隊の不祥事を隠すために行われた旅客機の撃墜と乗客乗員の殺傷であり、多くの部署と人間がその隠蔽に奔走してきた。2018年には、司法の砦である前橋地検までもが、遺族の新たな告訴に対し、隠蔽を手助けする判断を行ったが、やがて、正常な良識に基づいて真実の告白がなされることを期待したい。

　強力な権力を持った人物・中曽根康弘元総理が死去した現在、もはや、隠蔽に参加し協力した関係者も、良心に従って正義の告白を行うべき時である。国家権力者の犯罪は、自身では実行せず、部下に実行を押し付けるところに特徴がある。実際には検察の言う証拠は残っていないし、

国民には見つけられない。何故なら、国民には調査権も捜査権もないからだ。

　その調査、捜査は本来、それを業務・仕事とする警察、検察の役目である。遺族、国民は多くの状況証拠、目撃証言、体験証言、公開された事故資料：CVR、DFRD、報告書、関連資料、そして、独自の調査から、類推するしかないのだ。

　権力者の自供、告白が唯一の証拠であるからだ。だが、権力者は誰も自供しないこともまた、歴史が証明している。先に述べた米国の「ウォーターゲート事件」でも、新聞記者の活躍で関係証拠、証言で追い詰めたことが最後にニクソン大統領を辞任に追い込んだが、そこでもニクソン自身が自供したわけではなかった。

　ゆえに、権力者の言動、部下の行った言動、隠蔽、捏造などの数々を調査分析し、部下を捜査・尋問して権力者の犯罪を立証していく以外に方法はない。それによって得た結論に対して権力者の側が有効に反論できない場合、そのこと自体が決め手の証拠になる。加害者がいくら否認しても、論理的かつ科学的に推論して「原因はこれしかない」「彼しか該当しない」といった結論が得られた場合、司法はそれが真実であると判断するのである。

　また、旅客機の墜落事故は、多くの目撃証言、体験証言、関係者の証言などをCVR、DFDR、残骸調査分析に加えて類推して仮説を立て、これを検証することで真実を明らかにする「帰納法」の手法で事故原因が明らかになる。少なくとも、自衛隊、中曽根総理、自衛隊関係者、航空局、群馬警察、日航、事故調などが合理的、技術的、科学的な説明をすることが、墜落事故および隠蔽工作事件の解決の前提になるのだが、35年間も、未だ何の説明責任も果たされていないのである。このような中では、遺族らや有識者らが提起した類推の結論：「自衛隊、中曽根総理による撃墜虐殺犯罪事件と航空局、運輸書、事故調・安全委員会、日航、ボーイング社による虐殺事件を隠蔽した事件」こそが日航123便墜落事故の真実だと判断するしかないと帰結できるのである。

　以下、本書が上記の視点に立って明らかにしてきたことを順にまとめ、その判断のよりどころとしたい。

③「日航123便墜落事故」という事件の構造

1）事件の第一幕：自衛隊標的機の衝突と524人の証人の殺傷事件

　日航123便に自衛隊標的機が衝突したのが日航機墜落事故の端緒であった。

　この時、無人曳航標的機を民間機に衝突させるという不祥事を起こしたのは自衛隊であり、その完全な隠蔽を現場の求めに応じて決断したのは、自衛隊の最高指揮官である当時の中曽根康弘総理大臣だった。生存者がいないゆえに組織責任の追及をかわし切った雫石自衛隊戦闘機衝突事件の経験を踏まえ、組織防衛と自己保身、責任回避のために123便を乗客乗員もろとも葬り去るという決断を下したのである。

　これによって524名が乗った123便は撃墜された。この不祥事を完全に隠して責任回避、権力維持を図った中曽根総理、自衛隊幕僚長が乗客乗員524人の口封じ、殺害を行ったのが、日航123便の墜落事故の真実であった。

2）事件の第2幕：日航123便撃墜事件の隠蔽

　だが、この政府・自衛隊による撃墜事件にはいくつかの綻びがあった。

　綻びの端緒となったのは、機長の必死の機体操縦の結果、墜落現場に相当数の生存者がいたことである。いち早く現場に駆け付けた米軍のアントヌッチ中尉らの救出活動を阻止した政府は救出活動の意図的な遅延、不作為と特殊部隊の活動によって多くの生存者を抹殺し、事件の真相に

繋がりかねない無人標的機やミサイルの残骸も回収した。

　だが、それでもなお、落合由美氏はじめ4名が奇跡的に救出され、524名の全員殺害という目論見は失敗し、破綻することとなった。この奇跡の生存者4名は墜落事件を直接に体験経験した目撃者であり、その証言が詳細に分析されれば、政府、自衛隊の犯罪が露見する可能性が出て来る。また、撃墜から墜落直後の証拠隠滅に関わった自衛隊の幹部、隊員、あるいは救助活動を中断させられた米軍関係者への緘口令は徹底させたが、いつかこれらの関係者の中から、真相を内部告発する者が出るかもしれない。事実、AF1611便火災墜落事故（1968.9.11）の真相はフランス軍のミサイルの誤射で墜落したことが、2011年元フランス軍秘書官の内部告発により、42年ぶりに明らかになっているのだ。まして、純粋に救出活動と信じて働いた末端の自衛隊員や警察関係者の口に戸を立てるのは難しい。さらに、墜落機体の製造元であるボーイング社やアメリカの国家運輸安全委員会（NTSB）の専門家が日本の事故調査への協力という名目で墜落現場や残骸を調査すれば、事件の真相が明るみに出る恐れがある。それに加えて墜落現場には多くの報道関係者の目があり、川上村、上野村村民をはじめとする多くの人々が墜落前後の模様について様々なものを目撃している。

　4名の生存者たちの証言とこれら多くの関係者の見聞したことがつき合わされ、分析された時、果たして123便撃墜という事件の真相を隠し通せるだろうか。それが当時の中曽根総理、自衛隊幕僚長にとっては最大の懸念事項だった。この段階で中曽根総理は、123便撃墜に続く第二の犯罪を決断する。真相を覆い隠すために虚構の事故シナリオ、すなわち嘘の事故原因を創作して捏造することを、今度は運輸省（当時）の航空局に依頼命令したのである。これが事件の第二幕、「墜落事件事実の隠蔽事件」の始まりである。

　総理大臣は自衛隊の最高指揮官であると同様、各大臣を通じて政府の各省庁を指揮監督する行政機構のトップだ。しかも、当時の中曽根総理大臣は、14年前の全日空機雫石衝突事故の時に佐藤内閣が運輸省の町田直事務次官の協力で巧みに情報を隠し続け、遂に責任追及をかわして、責任を回避し、延命したのを間近で見ていた人物である。その経験を持つ彼は、行政組織の最高権力者としての地位を利用し、運輸省航空局に隠蔽の全権を委任した。雫石の事件で辣腕を振るった町田直元運輸相事務次官は、まさに日航の副社長として君臨している。町田元運輸事務次官に再び協力させることにより、中曽根総理は隠蔽工作を実行したのである。

　総理大臣は、国民の常識からかけ離れた存在である。政治権力者とは国、国民のための政治を行う人間ではなく、自己保身、権力維持が自己目的化した存在なのだ。例えば、現在（2020年）の米国のトランプ大統領の行動は、米国だけでなく世界を震撼させている。選挙に勝つために手段を選ばず、ロシアに秘密の要請をしたと報じられ、この捜査に着手したFBI長官を罷免したと国民の顰蹙を買った。

　日本の国会議員も、選挙の時は市民に快く受け入れられるようなことを言って選ばれるが、ひとたび当選すれば権力維持に汲々とし、総理の言動に無条件に賛成するだけで、全く無能の存在と言ってよい。日本の総理大臣はこの国会議員：自民党議員の選挙で選ばれるのであり、国民が選んだ人物ではない。議員がその経歴、世襲、派閥、勢力などの力学の中で誰が最も自分に利益を与えるか、誰が自分の権力維持に好都合かで決める。人間の人格、哲学、思想などで決めるわけではないのだ。過去の権力者を輩出した家系、門閥から平凡で哲学も思想もない人間が選ばれ、議員はその総理に媚びることによって次の大臣の座を射止める。

　こうした政治権力の争いの場にある総理は、「権力の維持」に執着することになる。何らかの管轄の不祥事が生じた場合、それが自分の立場、権力を脅かすことを絶対に拒否し、不祥事を隠

蔽することで権力を維持することに全力で取り組む。行政の長として支配下の行政組織の自衛隊、外務省、国土交通省などに指示命令し、国民の命を不当に奪い、知られたくない自衛隊の不祥事を隠蔽するのである。このような違法行為を実行して平然として知らぬ顔で済ませた中曽根元総理大臣は、「真実は墓場まで持っていく」とうそぶいたまま、2019年に102歳で死去したのだ。

　航空機事故の原因解明、究明を装いながら真相を覆い隠すことは、航空局にとって初めての経験ではない。先に述べた通り、66年全日空機羽田沖墜落事故で事故原因の解明に取り組んでいた東大の山名教授は「先に結論が決められている」という怒りの記者会見を開いて辞任したが、この時、「先に結論ありき」の議論を誘導したのが航空局であった。

　123便墜落事件でも航空局は「先に結論ありき」の議論を主導した。垂直尾翼とAPU（補助動力装置）の脱落、油圧系統の全滅という客観的な事象、そこにボーイング社による7年前の隔壁修理ミスが結び付けられ、隔壁破壊説が立ち上げられた。

　このシナリオにとって邪魔となる証言や証拠の分析を切り捨て、123便が操縦できたことも、横田基地に着陸可能だったことも、国民の目から遮断され隠蔽された。事故報告書の中で123便は「機長の意図通りの操縦ができず、着陸は不可能だった」とされ、事件はボーイング社の修理ミスに起因する、123便の不幸な自損事故として片づけられたのである。

　だが、圧力隔壁破壊説に基づく虚構のシナリオを発表するだけでは、真の加害者である政府・自衛隊を守りきることはできない。未来にわたって真の加害者に責任追及の矛先が向かわないようにするためには、事件は一見落着したという気分、空気を世間、国民の中に生み出さねばならない。

　そのためには真の加害者に代わる「悪者」を仕立て上げ、世間に「アイツが悪いのだ」と思わせることが必要なのだ。この事故調の描いたシナリオを、ボーイング社は受け入れていない。そこで、代理加害者の役割を担わされたのが日本航空であった。

　日本航空は戦後間もない1951年に日本政府主導の半官半民の企業として設立された。53年に日本航空株式会社法という法律に基づく特殊会社となり、87年に民営化される前は半官半民の経営体制であった。当時の日航は「親方日の丸」企業の典型だった。財政面で見れば当時の日航にとって国は大株主であり、人事面でも航空行政を司る運輸省航空局と深く結びついていた。航空局は航空業界のあらゆる分野の許認可権を握り、日航や全日航がその意向に逆らうことはできない。しかも、日航は国策会社で、各省からの「天下り」が数多く幹部として入社しており、その中に航空局出身の者もいる。8月12日に123便が墜落した直後、遺族に「（日航機は）ミサイルで撃墜された」と叫んだ役員は副社長・町田直氏であったが、彼はまさに運輸省空局出身であるばかりか、運輸省の事務次官という公務員の最高の地位に上り詰めた人物である。将来は社長との含みで天下りした彼は、123便墜落事故の際の事実上の社長であったのだ。

　そのような日航の経営陣にとって、航空局が事実を覆い隠すために事故調に描かせたシナリオに沿って、加害者役を引き受けることは当然のことだったに違いない。強大な許認可権と人的な繋がりを通じて、航空局は日航に加害者役としてのさまざまな振り付けを施し、日航は事故直後から、今日に至るまで、一貫してその「加害者役」を演じて来た。しかし、2017年航空局、日航は「1990.7の前橋地検の不起訴判断」を根拠として、みずからが公式に「無罪」であり「加害者でない」との文書を遺族に提起している。現在、日航と航空局は、「加害者ではない」と認めているのだ。

　32分間の飛行の末、123便は自衛隊の不祥事をもみ消すために、真実を知る乗客乗員524名を抹殺するために撃墜された。だが、それで事件は終わりでなく、真実が露見するのを避けるための

大掛かりな隠蔽行為が積み重ねられ、それが35年目の今も進行中である。

④中曽根元総理、自衛隊幕僚長、航空局、事故調、日航を告訴

　ほとんどの犠牲者遺族は、国の主張する「事故原因」を前にしても疑いを持ち、愛する肉親の死に悲嘆し、苦悩し、かつ深い悔悟の中で今まで30年以上も苦しんできた。深い疑念、疑惑を持った遺族らは、事故調査委員会に疑問、疑惑の説明を求めたが、何ら、理解できる説明を受けたことはなかった。事故調は、一切無視し逃げていたのであった。

　子供二人を殺された著者は疑惑を感じながらも20年以上も苦悩と悲嘆の中で彷徨った末、次第に事故調査に足を踏み入れていった。30年に近い技術者としての会社生活で培われた思考、研究、開発の経験から、事故の物証（CVR、DFDR）、事故報告書を再分析して調査し直した。航空機の構造、航空事故の事例、操縦技術、航空システムなどを検証し、航空管制機構、事故調査機関のシステム（国の運輸省、航空局、日航の相互関係、製造会社ボーイング社、NTSB、FAA組織）も勉強した。さらに、墜落現場の観察や目撃証言、関係者証言などを基にした有識者の著作、報告書などを事故発生事象と比較検証し、さらに遺族として「加害者」を自称する日航との面談、「技術会議」を重ね、事故調（安全委）への質問状の提出、航空行政を行う航空局との面談会議、質問状の提出と議論も重ねてきた。これらから、日航123便墜落事故の真実と真相を導き出すことができた。

　国、事故調の報告書は、真っ赤な嘘の報告書であり、その中では墜落の原因が特定されていない。これは、日本国総理大臣、自衛隊幹部による犯罪を隠蔽するため、123便の故障による墜落だと偽証し、捏造した事故報告書であることを突き止めた結論であったのだ。

　この内容、結論は、二冊の著書としてまとめ、多大の支持を得ることができた。しかし、日航、航空局、事故調は一切これを無視し、技術的・論理的な反論も説明も行わなかったし、実際は反論できなかったというのが真実なのだ。

＊

　事故遺族、群馬県警は、事故調の「事故報告書」の結論である「隔壁破壊説」に基づき、前橋地検に三者の容疑者「ボーイング社」「日航」「航空局」を告訴した。だが、前橋地検は1990年7月、この三者を不起訴とした。

　近年になって航空局と日航は、2017年、2020年に、この不起訴判断：「無罪判決」を根拠として、みずからが加害者ではないと説明し、文書で回答している。隔壁破壊説を否定して不起訴判断が下された以上、これは航空局と日航もまた隔壁破壊説が破綻したことを認めたに等しい。したがって、事故調の事故報告書の結論を破棄し、「墜落事故は123便の自損事故ではなく、何らかの物体による外部破壊である」との視点に立って再調査する方向へと転換するのが自然な流れだ。

　ところが、日航は不起訴判断を受け入れておきながら「加害者だ」という告白を続け、補償金の支払いを続けるという矛盾に満ちた姿勢をとっている。一方、航空局もまた、航空行政を管轄する者として事故原因を再調査するように運輸安全委員会に指示すべき立場であるにもかかわらず、これも不起訴判断を受け入れながら隔壁破壊説は成り立つという非論理的な態度をとり、遺族の前では相変わらず加害者を装う演技を続けている。

　そこで、著者は単独で、前橋地検に二つの告訴状を提出した。

　一つ目は「告訴状─①（告訴　平成30年検第641）」〈日航123便墜落（1985.8.12発生）の真相と自衛隊ミサイル撃墜殺害の真相（紙数：A4・311頁）〉。平成28年11月12日付、告訴人：遺族・小田周二、小田淑子。

二つ目は「告訴状―②（告訴　平成30年検第648）」〈日航123便撃墜墜落（1985.8.12）の真相隠蔽行為と遺族、国民を騙す詐欺行為事件（紙数：A4　377頁）〉。平成29年12月12日付、告訴人：遺族・小田周二、小田淑子。

　　　この告訴状には、趣旨に賛同する方20数名の署名を付けて提出した。

　　　これに対する前橋地検の審査処分結果は、先に述べたとおりである。

　　　処分：「不起訴」　平成30年3月29日　検察官　検事　中本次昭

　　　理由：「嫌疑ナシ」平成30年4月2日　検察官　検事　久保　浩

　このような結末、処分に至った経緯、背景には森検事正から後任・片山巌検事正への交代（2018年1月22日付）、担当の中本検事から寺尾検事への交代（同4月1日付）がある。この人事異動は小田の告訴状を潰すためのもので、国の圧力が前橋地検に及び、まず森検事正を更迭して、後に今までの審査担当者を人事異動で追放して、後任に何も知らない検事を配転したと推測できる。

　2018年6月4日、前橋地検において不起訴処分について前橋地検から告訴人・小田周二に対する説明があった。不起訴の決定から説明までの時間がかかったのは、新任の寺尾検事の勉強時間が必要であったためであろう。その寺尾三席検事の「不起訴判断」の理由の説明には真摯に説明しようとの姿勢はなく、こじつけの屁理屈は理解しがたい内容であった。

1）寺尾検事：「隔壁破壊説は一定の信用性がある」「隔壁破壊説は信用できる、正しい」と説明。

　　⇒すでに約30年前、同じ前橋地検の山口検事正が「落合由美の証言などで、隔壁の破壊はなかった」としてボーイング社、日航、航空局を不起訴処分としている。また、日航も航空局もこの不起訴処分を根拠に、みずからの加害責任を否定している。

　　⇒墜落の事故原因が隔壁破壊による垂直尾翼の破壊ではないことは明らかで、垂直尾翼の破壊は自衛隊の標的機の衝突で起き、それがその後の乗客乗員の口封じのための殺傷へとつながったことを前橋地検が理解することが不可欠である。

2）寺尾検事：「『嫌疑ナシ』とは『証拠がない』から。証拠がない場合は、処罰はできない」と説明。その上、不起訴判断の根拠や理由を聞くことに前橋地検まで行っているにもかかわらず、「告訴人の話を聞く場所でない。議論はしない」と遺族に宣言。

　　⇒かつて前橋地検の山口検事正は、みずから遺族数十人に5時間以上も真摯に説明し、地検内を案内し、地検の資料は事故調からの資料しかないが、それでも「隔壁は破壊していない」との結論を引き出したと説明した。もちろん、会話の記録も許可し、520人の悲惨な死の解明に努力しているのだ。これに対して今回の前橋地検は、告訴人に賛同する遺族の出席も許可せず、かつての山口検事正の対応は「特別なものだ」と居直った。

　　いまや、520人の乗客乗員の死を不明のままにしておくことが前橋地検の姿勢方針であることを曝け出した。前橋地検は変節し、国も圧力に屈して正義の検察の業務を放棄したのだ。

　　⇒自衛隊、群馬県警の嫌疑、疑惑行動は告訴状に詳しく記述しており、前橋地検の「疑惑ナシ」「証拠ナシ」の結論は間違っており、成立しない。これについての十分な議論もせずに独断で打ち切ることは、司法として許されない。

3）寺尾検事：日航副社長・町田直氏が口にした「日航機は北朝鮮のミサイルで撃墜されたんや。今はそれしか分からん」との内容とその証拠能力について、「『北朝鮮』との形容詞がついたので、証拠の資格はない」と述べた。

　　⇒この町田氏の発言は、多くの遺族らが直接耳で聞いており間違いない。町田氏は元運輸事務次官であり、14年前の全日空機雫石衝突事故（乗客乗員162人全員死亡）で、自衛隊の

責任を回避した張本人でもある。その彼の発言内容は自衛隊、運輸省から、町田氏に伝えられたもので、関係者に情報を伝えるにあたり当時から「敵国」に等しい北朝鮮に責任を被せた形で責任回避を図ったものであり、実は自衛隊の戦闘機が撃ったミサイルでの撃墜だった。

⑤前橋地検への反論と数多くの嫌疑

今回の前橋地検の不起訴判断と寺尾検事による説明内容は全く理解できない。不当な事態であり、遺族として、前橋地検に対して上申書を提出し、その中で具体的な質問を行い、回答を求めた。

●前橋地検への上申書（2018年6月25日付、7月12日付）

①不起訴理由での「嫌疑ナシ」について、文書にての説明を求める。

②山口検事正の結果と片山検事正の結論に大きな差があり、「事故調査」と「事故原因」について、対比して、説明を求める。

③説明会では事故に詳しい市川事務官がメモを取っており、後日、検察審査会への申請のために、この会議内容のメモを送付するよう要請。

しかし、前橋地検からは一切回答返事はなかった。前橋地検が旅客機墜落の事故調査というものについて、どれだけのことを知っているか、あるいはどれだけ真摯に研究検証した上での判断だったのか、極めて疑わしい。

同地検の今回の判断とその説明に対する著者の反論は、これまで刊行した二冊の著書及び本書そのものということになるが、以下にいくつかの重要な点に絞って要点をまとめておく。

1）事故調査の目的に照らした反論

●調査目的とその手法

＊事故調査の目的は、この墜落を引き起こした異常事象：事故原因を明らかにすることである。

＊事故原因は事故調が主張する物証であるCVR（ボイスレコーダー）、DFDR（フライトレコーダー）、機体残骸に明確に書かれているわけではない。目撃証言、生存者証言などあらゆる関係者の証言、告白と突き合わせて事故原因を導き出す必要がある。

●事故報告書は墜落原因と保安部品の破壊脱落との関係を無視している。

＊機体の重要な保安部品が破壊脱落すれば、この部品の破壊脱落事象は墜落の事故原因に相当する可能性が高い。123便は「垂直尾翼」「APU」「水平尾翼」「第4エンジン」が破壊され、墜落よりも前に脱落している。だが、事故調は「垂直尾翼」と「APU」の破壊しか調査せず、墜落の直前の「第4エンジン」や「水平尾翼」の破壊脱落を意図的に無視している。

＊123便事故機は垂直尾翼破壊後、32分間も飛行の継続ができ、すなわち操縦ができた。一方、墜落事故の原因が発生すると、「その1分以内に墜落が起きる」のが普通だ。したがって、直接の墜落原因は「垂直尾翼」の破壊脱落ではなく、「水平尾翼」および「第4エンジン」の破壊脱落である可能性が高い。

＊通信を傍受していたアントヌッチ中尉（当時）の証言により、123便事故機は横田基地に着陸を申請して許可されており、証言などから得られた飛行経路もそれと合致する。この点からも、垂直尾翼の破壊は墜落原因でない。

●事故報告書は証言を無視した虚構である。

＊アントヌッチ中尉の証言、落合由美氏の証言を無視した上で隔壁破壊説、垂直尾翼の自損事故による墜落という結論を導き出した事故報告書は、そもそも事故調査の目的を満たしていない。

⇒国、航空局が「自衛隊が加害者だ」との真実を隠し隠蔽するための謀略であったし、事故調へは嘘の事故報告書を押し付けた結果であった。

したがって、事故報告書に依拠して判断を下そうとすること自体が誤りである。

2）嫌疑①：垂直尾翼破壊と着陸の妨害について自衛隊の関与

●123便が垂直尾翼を破壊された段階で、自衛隊は偵察機2機を発進させている。

＊百里基地空軍司令官：「標的機を民間機に衝突させた」と告白。

＊上野村で墜落するまで、自衛隊機の追尾、並走飛行の目撃。

⇒自衛隊が123便の垂直尾翼破壊を即座に知っていた証拠。

⇒123便の垂直尾翼の破壊が自損事故（隔壁破壊説）であるならば、自衛隊機発進や追尾行動は連鎖性が成立しない。

⇒垂直尾翼の破壊に自衛隊が関与したから、偵察機を発進させたと推察できる。

●事故報告書は事故機の操縦性を認めながら、その着陸行動を調査、記載していない。

＊事故調、ボーイング社は事故機が操縦できたことを認めている。

＊アントヌッチ中尉は123便が横田基地への着陸を許可されたことを傍受している。

＊横田基地は事故機の着陸の受け入れ準備で忙しかったと兵士、幹部は証言している。

＊事故報告書には横田基地と123便機長との着陸交信、横田基地への着陸行動などが一切記載されていない。

＊事故機の飛行経路図は、多くの目撃証言と大きく異なる。

⇒操縦性があったことは垂直尾翼の破壊が墜落原因でないことの根拠、証明である。

⇒操縦できれば着陸も可能であり、報告書の「着陸が不可能であった」との記載と矛盾する。

⇒操縦できた事故機が着陸行動を取るのは航空常識。

⇒着陸交信の記載がないのは、事故調の報告の根幹をなすCVR、DFDRが修正、捏造された証拠である。

⇒飛行経路が証言と大きく異なるのは、事故機の着陸行動が不可能だったとするための捏造が行われた証拠。

嫌疑内容：自衛隊以外に、123便の横田基地への着陸の阻止、妨害の行為を行うことはできない。国、自衛隊による妨害で着陸できなかったと推察できる。

3）嫌疑②：墜落についての自衛隊の関与

●第4エンジン破壊と水平尾翼の破壊脱落

＊18：55：45　機長は「アーッ」と絶叫し、落合由美氏は「物凄い横揺れ」を感じたと証言。この時点から、事故機は右旋回に入り、20秒間の墜落事象に陥る。

＊一方、墜落場所よりもはるか手前に水平尾翼、次いで第4エンジンの残骸が発見されている。

＊事故機を追う「流れ星」の目撃証言、墜落前に事故機から出る炎・煙の目撃証言がある。

＊墜落が伝えられて間もない段階で、日航副社長・町田直氏は詰め寄る遺族に日航機が「ミサイルで撃墜された」と告白している。

４）　嫌疑③：生存者の殺害についての自衛隊、群馬県警の関与

●**墜落場所の公式特定の意図的な遅延。**

＊自衛隊は墜落場所の公式の特定に６時間もかかったが、米軍横田基地輸送機は20分で特定して、アントヌッチ中尉は日本側に正確な位置を連絡し報告している。

＊それにもかかわらず、自衛隊の捜索機が８時間以上も長野県だと報告し、日航、NHK も「長野だ」との情報を流し続けた。

＊米軍はヘリを誘導して２時間後、救出の兵士を降下させたが、途中日本側がこの救出中止と撤退を要請して、かつ緘口令を要求（アントヌッチ証言、米軍機関紙投稿1995.7）。

＊日本側が救出するとの約束のもとでの米軍の救出中止であったが、日本側はこの約束を履行していない。

＊日航も航空局の要求で12日21時頃には整備士、技術者らを長野の御座山方面に派遣。

＊「長野県」と伝えられている段階で、すでに群馬県藤岡市に向けた棺の準備が始まっていた。
　　⇒早い段階で墜落場所を知りながらその情報は一部の間で秘匿され、公式発表や救助捜索活動も10時間以上にわたって意図的に遅延させられたと推察できる。

●**救助捜索の不作為と妨害**

＊落合、川上両氏の証言により、墜落現場には相当数の生存者がいたことは明白。

＊自衛隊、群馬県警はいち早く上野村に入りながら捜索救助は行わず、検問によって地元住民らによる救助捜索の登山を妨害。
　　⇒その結果、10時間以上も墜落現場には自衛隊部隊以外立ち入れない状態が作られた。

●**自衛隊特殊部隊による生存者の殺害**

＊遺体の尋常ではない炭化と現場に残された火炎放射器の燃料の残滓と、VX、サリンなどの容器。

＊多くの生存者がいる墜落現場で救命活動を行わず、薬殺行為と思われる行動をしている模様が目撃されている（現場に登山したM氏の体験証言）。

＊遺体の収容の最中に、日航から派遣された整備士らが機体選別作業を行っているのが目撃されている（事故後２日目の異様な事態の目撃と写真報道）。
　　⇒自衛隊特殊部隊が先行して墜落現場に入り、生存者を焼殺、薬殺したと推察できる。
　　⇒日航整備士らの機体選別作業から、自衛隊の関心事は墜落現場に残る自衛隊関与の証拠の隠滅にあり、生存者も証拠隠滅のために抹殺されたと推察できる。

●**群馬県警の関与について**

＊河村一男本部長（当時）は、角田四郎、藤田日出男両氏の「自衛隊殺害関与説」に立った著作に関して両氏や出版社を脅迫・威嚇し、謝罪文の新聞掲載を強要。

＊一方、群馬県警は捜査活動を行ったが、その報告書を公表せず。
　　⇒自衛隊関与説を否定するのであれば、自身の捜査に基づいて反論すべきであるが、何らかの捜査を行った形跡はない。住民の救助捜索活動を妨害したことと合わせ、河村本部長は

中曽根総理に追随して現場での隠蔽活動を助力したことが推察できる。

> 嫌疑内容：以上から、自衛隊、群馬県警は救助捜索の不作為、10時間以上にわたる救助捜索
> の妨害を行い、その間に自衛隊別動隊が生存者の極秘裏の殺害、殲滅行為が行わ
> れたと推察される。

5）嫌疑④：航空局による真の加害者の隠蔽

●事故調の事故報告書に対する扱い

＊運輸省の外局である事故調査委員会の調査委員は、事故から3カ月で全員入れ替えられている。
任期期限だとの理由だが、このような大事件であれば、特に初期捜査段階での現場の調査検証
が重要であり、このような異動は異常。

＊1987.7　事故調は「隔壁破壊説」に基づく事故報告書を作成した。同報告書では墜落原因が
特定されておらず、国の公文書として瑕疵があるが、運輸省航空局はこの報告書を受理。

＊事故調の武田委員長も記者会見で「これは中間報告だ」と説明し、「垂直尾翼の残骸が回収さ
れれば結論は変わりうる」ことに言及。

＊1990年7月、前橋地検は事故報告書の「隔壁破壊説」を否定し、その判断に基づいてボーイン
グ社と日航、航空局を不起訴としたが、航空局はそれを受けても、なお事故調に再調査等を指
示していない。

＊2011.7の運輸安全委員会（事故調の後継組織）が遺族だけを集めて「解説集会」を開催した時、
安全委は事故調の事故報告書には疑惑、矛盾があることを認めながら、再調査は行わないと主
張している。

> ⇒嘘の内容の「事故報告書」で遺族、国民を35年間（2020年時点）騙し続けた。
> ⇒結果として520人が死亡した123便墜落の事故原因はいまだ不明のままであるのみならず、
> こうした航空局の不作為は航空業界の安全向上に責任を持つべき行政機関の施策として、
> 業務違反であり、違法行為である。
> ⇒墜落事故の再調査で必然的に外部破壊説が浮上し、自衛隊の関与が問題となる。隔壁破壊
> 説が崩壊したにもかかわらず再調査を行わないということは、それを隠蔽する意図がある
> ものと推測できる。

●運輸省航空局による123便墜落の調査不作為と資料の廃棄

＊航空局は、相模湾海底に沈んだと思われる垂直尾翼の残骸捜索を、予算不足を理由に短期間の
うちに打ち切っている。

＊1999年、航空局は情報公開法の施行を前にして日航123便墜落事故関連の資料をすべて廃棄処
分にしている。

> ⇒航空行政を司る行政機関自身による調査の不作為、さらには今後の再調査を困難にする証
> 拠隠滅事件である。

●日航の「加害者」の自称と詐称や「補償交渉」に対する航空局、群馬県警の対応

＊事故調の調査結果が出る前の段階で日航が遺族に「加害者だ」との立場からボーイング社と共
同で「補償交渉」を提起したことに対し、航空行政を司る航空局は一切の制止を試みていない。

＊前橋地検の1990年7月の不起訴処分後も同様である。

> ⇒航空局は真の加害者が不明のまま、日航を「加害者の代理」に仕立て続けている。

嫌疑内容：以上から、航空局は事故調を通じた隔壁破壊説という虚構の流布・定着、日航を
　　　　　通じて偽りの「加害者」像の流布・定着に努めることで事件の真の加害者の隠蔽
　　　　　を図ってきたと推察される。

6）嫌疑⑤：日航の「加害者」の詐称と「補償交渉」を通じた隠蔽への加担
●違法な補償交渉の提起と補償金の支払い
＊日航は事故調査の結論がまったく出ていない初期段階で、早くも「加害者」として振る舞い、
　「補償交渉」を遺族に提起した。
＊2017年になって、日航は遺族に支払った金は「お見舞金だ」と修正して説明している。2020年
　1月、日航権藤常務は正式に文書においても、このお金が「お見舞金だ」ということを認めた。
　　⇒補償とは加害者と認定された者が被害者に対して行うものであり、調査・捜査の未実施段
　　　階で加害者を自称して補償で解決を図ろうとすること自体が違法行為。

●さまざまな場面で「加害者」という印象操作を行ってきた
＊事故直後から遺族に「世話係」を設け、極めて低姿勢で「加害者」としての対応を実施した。
＊上記の補償交渉以外にも慰霊の園の整備費用を負担し、慰霊式典においては常に「加害者」と
　しての行動、言動に終始した。
＊羽田の「安全啓発センター」や慰霊の園において、隔壁破壊説の普及・宣伝に努めている。
＊他方で「事故報告書に墜落原因が特定されていない」こと、すなわち「隔壁破壊説が事故原因
　でない」ことを認めている。
＊2017年になって、1990年7月の前橋地検の不起訴判断を根拠として、「加害者」との立場を日
　航は否定に転じている。
　　⇒隔壁破壊説に依拠しながら「加害者」を演じてきたにすぎないことが明らかになった。
嫌疑内容：以上から、日航は当初から真の加害者でないことを自覚しながら、航空局、国の
　　　　　意向に沿う形で加害者を演じ、隔壁破壊説の流布と定着に努め、真の加害者の隠
　　　　　蔽に加担したと推察できる。日航は「真の加害者」が誰であるかを知っていた。

　まだまだ嫌疑、疑惑事象があるが、ここでは以上の代表的な嫌疑を列挙するにとどめる。
　このような嫌疑、疑惑行為を調査すると、123便墜落事故は墜落事故そのものも、それ以降の
経過も常識に照らしてあまりにも異常なことが多い。だが、それら一つ一つの奇異な事象も、自
衛隊の撃墜事件として考えることによって合理的な連鎖として説明可能になるのである。
　日航123便の墜落事故は自衛隊によるミサイルでの撃墜であり、端緒は18：24の自衛隊標的機
の123便への衝突だった。この異常の不祥事の隠蔽を決めて、事故機の横田基地への着陸を禁止
し妨害して、上野村山岳地帯で乗客乗員524人の目撃証人の口封じを行ったと判断できる。
　だが、いかに自衛隊といえども524人もの市民殺害を行うことは、自衛隊だけの判断で行える
ことではない。自衛隊がそれだけの組織的な犯罪行動を行うには、最高指揮権限者、すなわち当
時の中曽根総理大臣の指示が不可欠だったことは明らかである。
　また、あまりにも多くの目撃や関係者の告白がある以上、単純に隠しきることは不可能である。
そこで、運輸省航空局が首謀者となり、事故調を指揮する一方で日航の町田直副社長とも共謀し、
殺害事件の極めて大掛かりな隠蔽工作が企画され、実行に移されてきたのである。こうして航空
局、事故調査委員会、日航、そして部分的には群馬県警やボーイング社との共同行為で実行され、

事故から35年間も遺族、国民を騙し続けてきたのだ。

⑥最高権力者の犯罪と実行犯としての自衛隊の言動と犯罪行為について

—日航機乗客乗員殺害事件と法的な根拠による起訴について—

　前橋地検（片山検事正、寺尾検事）は、事故調の結論「隔壁破壊説」は信用できるとしたうえで、告訴した遺族への説明会では「総理の指示の証拠がない」からという理由で告訴内容を一蹴した。いわゆる門前払いである。

　だが、前橋地検は権力者の出した指示の証拠の有無を言う前に、疑惑、嫌疑の有無を明確にする必要がある。先にまとめた嫌疑内容を検討すれば、正しくは次のような言い方になるはずだ。

＊自衛隊部隊のさまざまな言動に疑惑、嫌疑があるが、中曽根総理、加藤防衛庁長官、幕僚長らが指示命令した証拠は、遺族、国民には見えないのだ。

＊自衛隊実行部隊の言動に疑惑、嫌疑があるということは、中曽根総理、加藤防衛庁長官、幕僚長らの言動にも重大な疑惑、嫌疑があるということになるが、中曽根総理、加藤防衛庁長官、幕僚長が指示し、命令した確実な証拠は隠蔽されている。

　嫌疑はあるけれども、証拠は明確ではない。これはある意味で当然のことである。すでに述べたようにこうした組織的な隠蔽工作は最高権力者以外に命令する者はいない。当時の最高権力者は中曽根康弘総理大臣である。しかし、この中曽根総理の犯罪内容を裏付ける命令の証拠、文書、記録音声がないのは当然である。そのような物証を残すはずはないし、日常の政務でさえもそのすべてが記録されて文書化されているわけではない。

　だが、これは考えてみると、一般殺人事件でも同じだ。いくら物証があっても、本人の自供、供述が最後の決め手になることは多い。だから、捜査当局は被疑者を長期間にわたって拘留し、自供を迫る。日産のゴーン元会長の捜査での長い拘留や保釈中の厳しい行動制限も、本人が犯行を認めて自供することを狙って行われたのだ。だからこそ金持ちである彼は、プライベートジェット機を使って日本から逃げたのだ。

　もとより一般的な犯罪の場合、日本では長時間、長期間にわたる脅迫的な捜査で容疑者は精神的に追い詰められ、容疑者はやむなく供述調書に捺印することも多い。これが冤罪事件の温床となっており、後に冤罪が判明して司法がそれを認めた後でさえ、再審裁判で以前の司法判断を覆すことには困難が伴う。それは警察、検察、司法やその担当者の体面、プライドを守ろうという力学が働くからだ。これが日本の悪名高い捜査の基本なのだ。

　だが、一般事件でそのように容疑者を追い詰める警察も検察も、この123便墜落事故に関しては中曽根総理あるいは自衛隊幹部を捜査した形跡はない。最初から中曽根総理や自衛隊は嫌疑の外に置かれ、警察もそれに同調したのである。今回の著者の告訴に対する前橋地検の不起訴判断も、それと軌を一にするものと言えるだろう。

　では、物的証拠を得ることも長期拘留によって自供を得ることも困難な場合、権力者を追及する手段はないのであろうか。

　軍事組織である自衛隊の行動、言動は、権力者である中曽根総理大臣をはじめ防衛庁長官や幕僚長などの指示命令の結果であり、権力者の行動、言動は軍事組織の行動、言動を分析すれば権力者の意図、指示命令の内容を推測できるのである。123便墜落事故の場合、自衛隊部隊の行動は123便墜落に深く関与しているという重大な嫌疑があり、自衛隊が520名の乗客乗員を殺害したと考えなければ合理的な説明はできない。このことは、最高権力者にも同等の容疑、嫌疑がある

ことを意味する。物的証拠や自供などの完全な証拠が少なくても、最高権力者の容疑、嫌疑は、命令を受けた実行者すなわち自衛隊部隊の犯罪、加害行為の側から導き出され、特定できるものなのである。

＊

　また、個々の自衛隊員たちにも一考を促したい。著者は123便墜落事故が最高権力者の指示命令で行われたものであることを承知のうえで、実行犯である自衛隊も提訴している。「命令を受けたから撃墜した」という言い分を素通りさせることは、民主主義国家の軍事組織である自衛隊にとっても見過ごせないことだと考えるからだ。

　軍事組織である以上、自衛隊の行動、言動は権力者の指示命令の結果あるいは反映であり、その行動内容は指示命令の内容と一致する。また、一般的には一致しなければ、軍事組織の構成員である兵士、自衛隊員は処罰される。そうでなければ、有事の際に軍事組織は機能しないからだ。

　他方で、兵士・自衛隊員の側に権力者の命令に対する絶対服従の原則がある以上は、権力者の側は不当な判断、間違った考えのもとで命令を出すことは絶対に避けねばないことは誰でも分かる。したがって、正義と到底思えない違法な命令があった場合、不当な命令に服従することは拒否できるはずである。不当な命令、犯罪行為の実行の命令は憲法、法律に反するから、それに服従するのを拒否することは法治国家として当然に認められなければならない。

　この点、ドイツでは、軍陣法第11条「服従」で「命令が人間の尊厳を侵し、勤務目的のために与えられたものでない場合は、従わなくても不服従とならない」「命令によって犯罪が行われるであろう場合には、兵士は命令に従ってはならない」と規定している。

　日本とドイツはともに第2次世界戦争の敗戦国であるが、ドイツにおいては人命に対する配慮、尊厳への対応にはこのような定めがあるのだ。それでは、同じ敗戦国である日本の自衛隊に対しては、この点に関してどのような法の規定があるのだろうか。

　軍隊が国民を、すなわち123便墜落事故に即して言えば乗客と乗員を虐殺することは、自衛隊法のもとでもご法度なのである。すなわち、それはたとえ中曽根総理大臣の命令があろうとも、あり得ない犯罪なのだ。そこには、戦後の自衛隊の成り立ちが深く関与している。

　そもそも軍隊である自衛隊は、日本国憲法では違憲の存在であり、組織である。だからこそ、自民党は憲法改正に必死なのだ。自衛隊は第二次世界大戦の後、隣国の朝鮮半島で起きた「朝鮮戦争」の余波で生まれた怪物組織である。

　それに先立つ第二次世界大戦で、300万人以上の日本国民が犠牲となった。この戦争を起こした軍人、政治家についての訴追や、戦争になった理由・根拠といった戦争に関する詳細な調査と反省がなされないまま、放置されてきた。それらが曖昧なまま、朝鮮戦争の勃発に伴い、最初は「警察予備隊」なる名称で再軍備がスタートしたのが自衛隊の起源であり、そこで誕生した軍事組織はその後肥大した結果、現在の自衛隊組織になっている。

　しかし、第二次世界大戦の多大な犠牲の記憶が残る国民の間には再軍備に対する強烈な反発と抗議があり、自衛隊への不信と嫌悪は大きかった。そこで政府としても、自衛隊に絶対に不当な行動をさせないとの決意を「自衛隊法」に記載せざるを得なかった。

　それが自衛隊法第58条「品位を保つ義務」である。

　自衛隊法第58条は、自衛隊が民主主義国家・日本に相応しい組織であり、戦前の日本軍のように無謀で悪辣な軍隊でないことを自己規定している。「自衛隊の隊員は常に品位を重んじ、隊員としての信用を傷つけ、または自衛隊の威信を損する行為は行わないこと」という規定である。これが、自衛隊の発足時からの国民への約束事項であるのだ。

これに照らして先に列挙した事象を検討すると、123便墜落事故において自衛隊が引き起こした事象は市民を殺害するという重大な犯罪であり、いずれの行動を取ってもこの自衛隊法第58条に抵触する重大な違反であった。

　一方、自衛隊の最高指揮権限者である当時の中曽根総理大臣も当時の幕僚長も、旧日本軍の上級将校である。また、群馬県警本部長の河村一男氏も、旧日本軍の幼年学校生であった。旧日本軍の体質を引きずる彼らは、新生日本の新たな軍事組織・自衛隊のあり方を規定した自衛隊法を知りながら、当然のことのように真実を隠すために、国民の口封じを行ったのだと推察できる。それは「自己保身」「責任回避」「権力維持」を目的とする犯行であり、これが123便撃墜の動機であった。これは権力者が自衛隊法を踏みにじって行った不当な権力行使だったのである。

　さらにその違法性は、自衛隊法だけでなく憲法や刑法にも照らしても明らかである。

　以下ではその点も含めて整理しておこう。

● 「日本国憲法」
＊第11条〈基本的人権の享有〉
＊第13条で〈個人の尊重。生命、自由、幸福追求の権利の尊重〉
　　⇒憲法はこれらを規定しており、何人もこの権利を犯すことはできないのである。

● 「刑法」
＊第199条（殺人）は「人を殺した者は、死刑又は無期若しくは五年以上の懲役」に処することを定めている。
　　⇒中曽根総理、自衛隊幕僚長がこの条項の対象。
＊第155条（公文書偽造等）
　　⇒航空局と事故調査委員会による「嘘の隔壁破壊説」の捏造が該当。
＊第156条（嘘偽公文書作成等）
　　⇒航空局が事故調査委員会を介して「隔壁破壊説」に基づく事故報告書を作成したことが対象となる。
＊第158条（偽造公文書行使等）
　　⇒航空局、日航の遺族、国民に対する虚偽の説明が該当。
＊第193条（公務員職権濫用）
　　⇒自衛隊、群馬県警の上野村住民の救助活動の妨害行為。自衛隊幹部が救出を急ぐ隊員らを射殺した行為、救助妨害が対象。
＊第133条（信書開封）
　　⇒日航（権藤常務、福田氏、梅田氏）が遺族小田の高濱夫人への信書を無断開封したことが該当。
＊第204条（傷害）
　　⇒ミサイル攻撃による乗客への傷害加害（自衛隊幕僚長）
＊第222条（脅迫）
　　⇒群馬県警河村本部長による角田氏、藤田氏の著作についての脅迫が該当。
＊第246条（詐欺）
　　⇒日航が加害者と詐称して遺族、国民を騙し、真の加害者を隠したこと、また保険会社を騙し、保険金を引き出したことが該当。

＊第247条（背任）

　⇒日航幹部が「加害者」の詐称や「補償金支払い」を通じて日航本社に経済的な損失を与えたうえ、同社の名誉と社員の名誉を毀損したことが該当。

＊第258条（公文書等毀棄）

　⇒運輸省、航空局による事故資料の廃棄。

● 「自衛隊法」：自衛隊の存在規定と守るべき事項

＊第3条（自衛隊の任務）

＊第7条（内閣総理大臣の指揮監督権）

＊第8条（長官の指揮監督権）

＊第57条（上官の命令に服従する義務）忠実に従うこと

＊第58条（品位を保つ義務）隊員は常に品位を重んじ、隊員としての信用を傷つけ、または自衛隊の威信を損する行為は行わないこと

＊第83条（災害派遣）人命又は財産の保護のための派遣

　⇒自衛隊は事故機に被害損傷情報を通知せず、救助の助言を連絡しなかった。

　⇒横田基地の緊急着陸を禁止して、乗客らを見殺しにした。

　⇒最後は上野村山岳地帯で事故機をミサイルによって撃墜し、乗客乗員520人を殺害し、4名に重傷を与えた。

　⇒さらに重傷生存者の救出での不作為行為などは、自衛隊の品位を落とし、信用を失墜させ、威信を損している。

　以上の行為は自衛隊法の上記各条への重大な違反である。

● 「警察法」

＊第2条（警察の責務）国民の命と財産の保護

　⇒群馬県警は生存者の命の捜査、救出を不作為したこと。

　以上、憲法や自衛隊法を含む法律において国民の命の尊厳を尊重し保つことが規定されている。

　特に自衛隊法第58条では、隊員の行為が「自衛隊の品位、信用、威信を失墜させる」ことを禁じている。すなわち、そのような行為を命じられても実行してはいけないのだ。

　たとえ日本の最高権力者の命令、指示であっても、今回の123便撃墜事件のように無辜の市民の命を奪うことは憲法違反であり、かつ重大な自衛隊法違犯であって、自衛隊としても、その最高指揮権限者である中曽根総理大臣としても、この禁止条項がありながらそれを実行したのは違法な犯罪行為であり、言い訳はできない。決して許されない犯罪行為であった。

　先に述べたようにドイツの軍陣法の第11条では、「服従」について、「命令が人間の尊厳を侵し、勤務目的のために与えられたものでない場合は、従わなくても不服従とならない」「命令によって犯罪が行われるであろう場合は兵士は命令に従ってはならない」と規定している。

　だが、以上の記載規定を見れば、日本の「自衛隊法」でも、ドイツと同等以上の法的規制がされており、中曽根総理および自衛隊幹部はこの規定を知りながら、「操縦できた事故機の着陸を妨害して、見殺しにする」「自衛隊員に不当な命令を行い、日航123便乗客乗員を見殺しにする」「操縦できた事故機をミサイルで撃墜する」「重傷の生存者まで、火炎放射器、毒ガスで殺戮す

る」という犯罪行為を指示している。

　それを拒む責任を負うのは、一人一人の自衛隊員である。日本の自衛隊法が先のように規定していることから考えれば、自衛隊員が無辜の市民を理由もなく、救助に行かず、見殺しにし、さらにミサイルで撃墜して、虐殺することが許されるはずはない。それは、誰が考えても正義に反する行為であるはずだ。自衛隊員も一個の国民であり、一般国民が入隊を申し込み、審査によって採用されることによって自衛隊員が誕生する。自衛隊員の採用試験は厳密であり、そこでは憲法、法律、自衛隊法を守るとの大原則があり、人間性も確認される。外敵との戦争、侵略してきて不法行為に及ぶ外国人との戦いで相手を殺傷することは理解できても、何の落ち度もない一般国民の乗った旅客機を撃墜することや、重傷の市民を見殺しにしたりすることは、当然ながら違法である。これを「上官からの命令だから」と平然と無条件で実行することは、自衛隊法に照らしても違法なのである。

　自衛隊、群馬県警部隊は12日午後10時頃には上野村に入ったが、墜落場所の捜索を開始せず、上野村に待機したことはすでに述べた。だが、自衛隊員の一部は、墜落場所への登山を行おうとしたが、この「自衛隊員らを射殺」との字幕放送がNHKのテレビに流れ、事実上、上官からの命令違反に対する処罰を行っている。一刻も早く救助せねばと考えての行動は、漫然と待機命令を出して、見殺しにする方針に反発してのものであったのだ。このように、自衛隊員の中にも良識を持ち、人命救助に対する正しい見識を有する者がいたことがうかがえる。
　だが、上官の命令に盲目的に従い、乗客乗員524人を殺害するためにミサイルで撃墜した事実を見れば、自衛隊組織が全体としては巷の悪逆非道な暴力団組織と変わらないことになるのである。このような組織のあり方は民主主義国家である日本の軍事組織として認める訳にはいかない。
　日航123便撃墜墜落事故は当時の中曽根総理大臣や防衛庁長官、自衛隊幕僚長が指示命令を発した主犯であるが、実行犯は自衛隊部隊である。「命令を受けたので撃墜しました」という言い訳で済ませることはできない。実行犯としての責任を追及し、告訴でも明確にその罪を提訴してきた。

　今回の日航123便墜落事故で、自衛隊は次の各場面で関与している。
＊自衛隊標的機による123便の垂直尾翼、APU、油圧装置の破壊。
＊横田に着陸目前の事故機に対し、自衛隊機が武力で着陸を阻止して乗客乗員の救命の機会を奪った。助かる命が自衛隊によって奪われた。殺人事件である。
＊上野村山岳地帯で自衛隊機はミサイルで事故機を撃墜した。
＊自衛隊部隊は墜落場所に近い上野村に大挙して到着しながら、救助を急ぐ村民の登山、捜索行為を禁止した。また、自衛隊、群馬県警は上野村で6時間以上も不当に待機し、捜索救助について不作為を行った（生存者の見殺し）。
＊重傷を負いながらも生存している50数名余の乗客らを自衛隊特殊部隊は火炎放射器、毒ガスで殺害した。
　これらの犯罪を糾明し、自衛隊を民主主義国家にふさわしい組織に改革改編することができるか否かは、一般国民はもとより個々の自衛隊員自身の良識と正義にもかかっているのである。

⑦今後、調査究明すべき事項

　1985年８月12日、日航123便は自衛隊のミサイルで撃墜され、乗客乗員520人が死亡した。私の子供たち二人も犠牲になった。子供を失った喪失感、悲嘆、苦悩に悩まされ、一家は離散し、生活はもちろん、精神的にもメチャクチャになり破綻した。

　墜落の事故原因への疑惑は確実になり、基本的な調査で墜落事故の真実は次第に明らかになり、「加害者だ」と言った日航、航空行政を司る航空局と技術会議で事故原因について議論し、「事故調査委員会」への質問状の提出、回答などの詰めで確実な結論を得た。墜落事故から、30年目には『日航機墜落事故　真実と真相』、32年目に『524人の命乞い』を出版し、墜落事故の全貌、真実を明らかにした。そして今（2021年７月）、最終版『永遠に許されざる者』を刊行し、告発する。

●墜落事故の真実の概要

　日航123便は1985年８月12日、相模湾上空で、自衛隊標的機による激突を受け、垂直尾翼、油圧装置が破壊され、操縦に難が発生し、墜落事象になり、機長らの緊急のエンジン出力操作により、墜落を免れ、新規なエンジン出力調整による操縦技術を開発し、習得している。

　ちなみに2020年の１月８日、イランはウクライナ航空機を撃墜して、176人が死亡するという事件があった。最初、イランは旅客機の設備不良と説明していたが、11日、外敵と誤認して撃墜したと認めた。さまざまな情報が把握されており、嘘をつきとおすことが困難となったからだ。このように、軍隊は不祥事を起こしても決してみずからは認めず、嘘を言う。日航123便の事件でも自衛隊幹部が「標的機を民間機に衝突させた」と語った事実があるにもかかわらず、国は「隔壁が破壊したのが原因だ」と嘘を言ってごまかしてきた。

　さて、機長らは垂直尾翼と油圧装置の破壊後もエンジン出力の調整による操縦技術を獲得し、飛行場に着陸できるとの確信のもと、米軍横田基地の飛行場に着陸申請して許可された。事故機は操縦ができたのであり、垂直尾翼、油圧装置の破壊は墜落の事故原因ではなかったことが明らかである。

　しかし、自衛隊の不祥事の発覚を恐れた中曽根総理、自衛隊は「自己保身」「権力維持」「責任回避」のために自衛隊標的機の日航機への衝突という不祥事の隠蔽を完全に優先させた。

　すなわち、目撃者である乗客乗員524人の口封じのために全員の殺害を行い、標的機残骸の証拠を回収し隠蔽するという犯罪行為を決断する。

　総理らが一時は123便の横田基地への着陸を容認しようとした可能性もあるが、機体に巻き付いた「自衛隊標的機の吹き流し部」の付着を確認したことにより、着陸を許せば隠蔽は不可能だと判断した。この段階で主犯である最高権力者は、全員殺害、証拠残骸の回収の方針に転換して、まず、横田基地への着陸を武力と権限で阻止した。後にフジTVはこの事故を扱った特別番組の中で、事故機の前方には「風と雷雲」が発生していて着陸できなかったという遠回しの比喩によって自衛隊の関与を暗示している。

　横田基地への着陸を阻止妨害された123便は、近傍で唯一着陸できそうな広大で平坦な川上村レタス畑へ向けて飛行した。広大かつ平坦な場所であり、不時着できる場所として高濱機長が最後に選択した場所であった。だが、予定通り畑に飛行して不時着を敢行したものの、多数の農民が作業しており、着陸直前で機長は不時着行動を諦めて復航飛行（タッチ・アンド・ゴー）を行った。

　その後、扇平山、三国山への激突を避けて、郡県県上野村の険しい山岳地帯に入った段階で待

ち構えていた自衛隊戦闘機から、ミサイル攻撃を受けた。垂直尾翼と油圧装置を失った123便は、必死にエンジン出力調整で操縦を行っていたが、もとより万全の操縦が可能な状況ではない。そこで自衛隊は操縦不能での墜落に見せるために、右第４エンジンの内部に小型ミサイルを撃ち込んで、エンジン機能を停止させたのであった。このために123便は右旋回して降下飛行に移ったが、それと同時に32分前の垂直尾翼への標的機の激突の衝撃で固定部強度が低下していた水平尾翼がミサイル攻撃の衝撃で脱落した。このために123便の水平安定性が破壊され、一気に急降下、墜落事象に陥り、18：56：30に御巣鷹の尾根に墜落した。

　ただし、機長らは急降下の最中にもエンジンをフルパワーにする操作を行うことで機体の姿勢を水平に戻し、垂直角での地面への激突は奇跡的に回避している。123便の墜落状況を確認していた自衛隊パイロットは事故機が水平飛行で墜落したことから、多数の乗客乗員が重傷ながらも生存していると判断して報告。これを受け、多数の重傷乗客乗員らの殺害のために自衛隊特殊殺害部隊が送り込まれることになる。

　この上野村の険しい山岳地帯は険阻で急峻な山が重なりあった広大な地域で、上野村住民の狩猟、林業の生業の場所であると同時に自衛隊の特殊部隊の秘密の演習場所でもあった。ゆえに特殊部隊は地理状況に詳しく、12日夜に極秘登山した自衛隊特殊部隊は上野村の住民の道案内もない状態で、御巣鷹の尾根に向かって登山している。

　一方、上野村に入った捜索救助の自衛隊、群馬県警部隊は同村で待機し、上野村住民らの捜索救助活動を妨害した。これが自衛隊、群馬県警部隊の捜索救助活動の不作為である。

　以後、隠蔽工作として、日航の「加害者の代理」「補償交渉」「嘘の事故報告書」「事故資料の廃棄」などが連綿と続いて今日に至ることは本書で詳述した通りで、ここでは省略する。

●検察審査会での「起訴相当」議決を目指す

　著者は以上の墜落事故の真実に基づいて前橋地検に告訴状２通を提出したが、前橋地検による処分は「不起訴」であり、その理由は「嫌疑ナシ」であった。その後、前橋地検の寺尾智子検事と面談して「不起訴の理由」の説明を受けたが、いずれも核心を外した説明であり、墜落事故の原因や事実認定、加害行為の認定についての前橋地検の判断は理解できなかった。そこで異議申し立ての上申書（2018年６月25日付、７月12日付）を提出したが、これについての返事はなかった。そこで、今後この上申書についての回答を面談で再度確認したうえで、検察審査会への申立を行うこととしている。

　事故原因とされた隔壁破壊による機内空気の流出という説はすでに破綻しており、残るは、外部破壊説に基づく検討しかない。だが、その墜落の事故原因が不明のまま放置され、警察も事故調も航空局も不作為のまま放置している。前橋地検はこの現実を理解せず、事故報告書に依拠して門前払いの対応に終始した。非力だが真摯に真実を究明しようとしてきた遺族の告訴に対し、杜撰な対応で済ませようとしているのだ。それでは真実を追究するべき検察の資格はなく、著者は前橋地検に抗議すると同時に、このような憲法に違反する行為を放置しないためにも、520人を殺害した者たちを免罪しないためにも検察審査会に「起訴相当」の議決を求めて申立を行うべく、「審査申し立て」を行って、検察審査会での市民代表による審査が行われる予定である。

●前橋地検：片山検事正、寺尾三席検事による「不起訴判断」とその理由「嫌疑ナシ」についての調査と検証（2018年４月の通達）

　発生事象の疑惑、嫌疑は事故原因を追究する基本的な、調査する根拠であり、墜落の事故原因

を明らかにする重要な状況証拠である。

前橋地検が遺族小田の告訴に関し、2018年4月に「不起訴判断」を下し、その根拠、理由は「嫌疑ナシ」であると説明した。しかし、この審査結果とその判断は不当であり、成立しない。この日航機事故で、不起訴判断の根拠として「嫌疑ナシ」と判断することは暴言でしかなく、門前払いの典型の手法である。1990年7月に前橋地検が、告訴された三者を不起訴判断にしたことこそ嫌疑がある証拠なのだ。事故調の報告書は、重要な多数の目撃証言、アントヌッチ中尉の救出活動、日航スチュワーデス：落合由美氏の体験・目撃証言をいずれも無視し、CVR、DFDRを修正し削除した事故調の犯罪行為は、これ自体が嫌疑なのだ。さらに「解説集会」でも安全委員会：大須賀事務局長は2011年7月の「隔壁破壊説」には多くの疑惑があることを認めており、又航空局、日航は2017年に「隔壁破壊説」は間違っていると認めている。

事故調の隔壁破壊説が、墜落事故の真実に照らして誤りであるだけではない。事故を捜査し調査した航空局、事故調、そして事故直後にみずからを「加害者」だと主張し、その上「補償交渉」を提起し、補償金を支払った日航の言動にも隠蔽工作としての重大な嫌疑、疑惑があることは間違いないのだ。

日航は、「遺族に支払った金は、補償金でなく、お見舞金だ」と明確に修正し、「日航は加害者ではない」ことを認めている（資料(65)―2017年、2020年1月の権藤常務の遺族への書簡）。ここでは、関係部署の言動について、その嫌疑、疑惑を纏めて列挙して、乗客乗員の殺害事件、その隠蔽事件の実態を明らかにする。

その対象部署、人物は「航空局」「日航」「自衛隊」「群馬県警」「中曽根総理、加藤長官」である。以下にその重要な「嫌疑」を列挙する。

⑧航空局・８つの疑惑（嫌疑・その１）

運輸省、航空局は国の空の安全を司る部局と言える存在である。安全性を向上させ、国民の生命、財産を守る組織であり、墜落事故でも国民の命が奪われた時には率先して、事故原因を明らかにして、再発防止策を実行して、安全性の向上を図ることが重大な責務であり、面談した航空局の幹部もそのように遺族に語っている。

●航空局の疑惑①：嘘の墜落原因の容認するのはなぜか？

航空局は配下の事故調査委員会（後継である運輸安全委員会）に事故調査を命じ、墜落の事故原因を明らかにする立場にあるはずである。

だが、航空局は事故調に、嘘の事故原因を押し付け、嘘の事故報告書を作成させ、これを受理している。すなわち、嘘の墜落の事故原因を認めることによって墜落の真実を歪曲し、遺族国民を翻弄し、騙して来たのである。この結果、告訴された三者「ボーイング社」「日航」「航空局」は、実際には加害責任がないわけだから、当然すぐに無罪となり、まさに「冤罪」を免れたことになっている。こうした事態を招き、真の事故原因の究明を怠った航空局の行為は重大な業務上の法令違反であり、人命を侮辱する行為であり、国民への反逆であり、挑戦である。これが航空局の第１の疑惑、違法行為であり、その行為の裏には事故の真実を隠蔽するとの魂胆、意図があると推測できる。

●航空局の疑惑②：「日航が加害者だと詐称した」のを航空局が容認するのはなぜか？

日航が「加害者だ」と自称して「補償交渉」を提起して実行に移したのは事故直後のことであ

り、事故調がまがりなりにも事故報告書を出すよりもはるか前の段階だった。事故原因の調査結果が出る前に事故当事者が「加害者」を名乗ったり、「補償金」の名の下に金銭解決を図ったりする行動は、航空行政の要にある航空局として看過できないはずである。航空局は、群馬警察とともにこれを制止することが業務のはずだが、実際には両者とも日航の行動を黙認している。

　このことからは、日航が「加害者の代理」を務めるのは　総理大臣の意向を体した航空局からの命令であると判断できる。これが航空局に対する第2の疑惑である。

●航空局の疑惑③：不起訴判断後も無罪の日航、航空局が加害者役を演じるのはなぜか？

　事故後5年を経て、前橋地検はボーイング社、日航、航空局を不起訴処分とした。すなわち三者は「無罪」と判断されたわけである。しかし、このように判断されたにもかかわらず、日航と航空局は上野村での慰霊式典で「加害者」として振る舞い、演技を続け、遺族・国民を騙してきた。しかも航空局は、前橋地検の不起訴判断で航空局の加害者性は否定された（＝「無罪」）と公言し、文書で遺族に回答しており、加害者として振る舞い、演技してきたこととの間に大きな矛盾を起こしている。これが第3の疑惑、違法行為である。

●航空局の疑惑④：なぜ意図的に誤った事故調査を行い間違った結論を出したのか？

　この不起訴との最初の判断は、前橋地検が「隔壁破壊が起きなかった」と判断したことを意味し、事故調の結論を否定したということである。航空局が事故調を介して行った事故調査の結果が根本的に間違っていたことを示しており、重大な違法行為なのだ。なぜ、航空局は意図的に誤った事故調査を行い、間違った結論を出したのか。これが第4の疑惑、違法行為である。

●航空局の疑惑⑤：なぜ123便墜落事故の「再調査」を命じなかったのか？

　さらに決定的な不作為行為は、事故調が唱えた事故原因が前橋地検によって否定された後も、航空局が30年にもわたって真の事故原因の究明：再調査を行わなかったことである。航空局は空の安全を確保し向上させる責務があるが、520人の乗客乗員が死亡した事故原因の調査内容が嘘だと分かっても知らぬ顔で無視し、事故原因を究明しようとの意図を放棄した。

　なぜ、再調査を行うことを避けたのか。これが第5の疑惑、違法行為である。

●航空局の疑惑⑥：なぜ種々の多くの貴重な証言を生かすことなく隠蔽したのか？

　航空局は事故調査を主導したが、この中で、落合由美氏の体験証言やアントヌッチ中尉の横田基地との交信、事故直後の救助活動に関する証言を無視し、隠蔽し続けたまま事故調査を進めている。なぜ、日本国の航空行政の主管者として、貴重な証言を生かし、真実を導き出すための事故調査を行わなかったのか。これが第6の疑惑、違法行為である。

●航空局の疑惑⑦：遺族対象だけの「隔壁破壊説」の解説集会の意図は何か。

　運輸安全委員会は2011年7月、遺族だけを集めて隔壁破壊説を徹底すべく「解説集会」を開催した。これは、機内が減圧になっても機内空気は動かない事故事例を示すことにより、隔壁破壊説を疑う遺族を黙らせようとしたものであるが、科学的・論理的な説明はできずに終わった。この解説集会に使われた資料の巻頭言に安全委員会の大須賀事務局長は次のように記載している。
＊隔壁破壊説には、多くの疑惑、矛盾があること。
＊新たな法律ができ、国は、遺族関係者に十分な説明を行うことが規定された。

＊今まで事故調および安全委員会、航空局は遺族、関係者にこのような説明責任を果たしてこなかったことをお詫びし謝罪する。
＊解説集会では、事故調査報告書に新たな解析や原因の推定を加えることはしない。

つまり、この集会の目的は不可解な事故報告書の内容を解説することにあり、報告書の疑惑、疑問を解明するためではないことを記載している。これは法律で決めた「説明責任」とは全く別次元のことであり、かえって法律に違反することを運輸安全委員会が実行したことになる。この解説集会を運輸安全委員会が単独で企画・実行することは不可能であり、隔壁破壊説をあくまでも死守したい航空局が安全委に実行させたものである。なぜ航空局は遺族を騙し、黙らせてまで隔壁破壊説を固守しようとするのか。また、遺族との接点がある日航もこの集会に賛同し資料の作成に協力している。航空局と日航は密接な関係で事故原因の隠蔽に共謀している。

これが第7の疑惑、疑問、違法行為である。

●航空局の疑惑⑧：国、航空局が遺族会に事故原因の究明を断念させたのはなぜか？

遺族だけを集めての解説集会の準備は、約1年前から始まっている。参加した遺族会の幹部（事実上の8.12連絡会　美谷島会長）から著者に文書が送付され、遺族会の幹部が安全委員会、日航などの関係者と一緒に技術会議を行い、先方の考え方に取り込まれていたことがわかった（資料(54)—航空局の遺族会幹部洗脳のための解説集会）。

特に「自衛隊のミサイルの攻撃はあり得ない」との文言が記載されており、遺族会の会長は自衛隊の関与を認めない方向に転換したのであった。この遺族会の幹部の変節により、遺族会は事故の再調査という方針を変更し、慰霊のみの遺族会になったのである。

すなわち、「遺族会：8.12連絡会を潰ぶすことが解説集会開催の目的であった」と判断できる。

事故後21年経った2006年8月に8.12連絡会は「21年の歩み」として、雑誌「旅路」に「真実を求めて21年」の遺族会の声明を発表した。この中で「事故原因の究明を続ける」ということと、「もしかしたら横田基地に着陸することによって全員が助かったのではないか」ということの二つを国民に提起している。遺族会（8.12連絡会）は遺族の信頼も厚く、マスコミも美谷島会長の発言に注目してきた（資料(69)）。

美谷島会長がこのような遺族会の方針を示したことに最も警戒し、危機感を抱いたのが隠蔽作戦の首謀者の航空局であった。遺族会が横田基地への着陸で乗客乗員が助かっていたかもしれないという視点で真実の追究を続ければ、国が必死に隠蔽した真実（自衛隊による着陸妨害とミサイルによる撃墜）が暴露される事態が予想される。

そこで航空局は、このような遺族会の方針を変更させることが不可欠であると判断した。その攻略目標は、遺族会を強力なリーダシップで引っ張る美谷島会長だった。そこで、遺族会の幹部に事故原因の追究解明の事前会議を行うと呼びかけ、月に一度の共同技術会議を開催したのである。

著者に届けられた途中経過の連絡文書にはその卑劣な会議内容が書かれており、航空局、安全委員会、日航が遺族会幹部の懐柔に成功したことがうかがえる。遺族会の幹部（女性、主婦）は航空技術には疎く、専門用語を織り交ぜて説明されると納得できるような気になり、ミサイル攻撃への疑いが喪失していったに違いない（資料(54)）。安全委員会が作成した「解説集会」の資料は技術者でも惑わされる内容であり、幹部らにはほとんど理解不能だったはずである。すなわち、騙されたのである。この会議の事前打ち合わせの意図を日航の権藤常務、山西部長に聞くと、必

死になって否定した。なぜ、航空局はこのようにして遺族会に真の墜落の事故原因の調査を断念させたのか。それが第8の疑惑、疑問、違法行為である。

＊

　2011年7月以降、遺族会（8.12連絡会）は慰霊行事（灯篭流し）だけに専念することになり、事故調査の活動を放棄して現在に至っている。著者小田は8.12連絡会員として、何度も書簡で変節の理由、真意を確かめたが、一切返事はなかった。また、面談も要請したが、回答がなかったのだ。だが、事故後35年間も事故原因が不明なまま放置されているということは、520人の死が「犬死」の状態で放置されているということである。

　国民の命を軽視し、侮辱する行為は国として、航空局として空の航空安全を守るとの行為を意図的に放棄したことになるのだ。著者は犠牲者の遺族として、35年間も事故の真実を隠蔽し、事故原因を不明にしたまま知らぬ顔で済ませてきた航空局に強く抗議し、上記の8つの疑惑について詳しく説明することと、運輸安全委員会に迅速な再調査を命じることを文書、面談で要求する。

　かつ、その内容を国民に広く伝えて真実を告白し、国民に詫びることも要求する。

⑨日本航空・8つの疑惑（嫌疑・その2）

　日航の不遜、卑劣な言動について、その真実を語り、遺族国民に告白し、自供して広く国民に説明を行うことを要求する。たとえ国、航空局からの圧力で実行せざるを得なかったとしても、加害者を演じたことは日航の責任でもあり、その意味では隠蔽の実行犯だからだ。

●日航の疑惑①：日航はなぜ加害者を演じ、偽りの補償交渉を行ったか？

　日航は、墜落から2日経った14日の遺体検視の段階から、遺族と接する社員らが「加害者だ」との演技を行い、事故後49日忌に正式に遺族に「加害者だ」と表明し、かつ「補償交渉の提起」を文書で提出し、補償交渉を開始した。いまだ事故調査を航空局、群馬県警が始めたばかりの段階であった。これは異常な事態であった。しかし、マスコミも「犠牲者への補償交渉との提起」は、美談として大々的に報道し、遺族も将来的な生活不安を考えて対応せざるを得なかった。この補償交渉の提起はなぜか米国のB747旅客機製造会社のボーイング社も同時に参加し、窓口は日航が一括してあたるとのキメ細かい対応を文書で遺族に通達してきた。その後30年間以上、この日航、ボーイング社の補償交渉に疑惑を感じた遺族、国民は少なかった。

　この点に気づかせてくれたのは、2016年8月12日の上野村慰霊式典での航空局幹部に対する著者の質問に対する航空局の回答であった。航空局が慰霊式典に毎年10名もの幹部、局員を参加させ、遺族・国民に「航空局も加害者だ」という印象を与えていた。この時も航空局の幹部は「航空局も加害者だ」と回答したが、その3カ月後、「航空局は加害者でなく、1990年7月の前橋地検の不起訴判断で無罪が確定している」と文書で通知して来たのだ。さらにこのことを日航に通達連絡すると、航空局だけでなく、日航も「加害者でない」との回答をしてきた（資料㊻、㉛―日航が、遺族への『日航は加害者でない』との書簡）。

　これまで加害者としてふるまってきた「航空局」「日航」が遺族である著者に対し、「前橋地検の不起訴判断で無罪だ」という認識を相次いで示したことは重大なことである。それによって航空局が毎年慰霊式典に参加してきたことや、日航が加害者と自称して補償交渉を提起・妥結してきたことの矛盾が明らかになり、違法行為だったことが鮮明になったからである。日航は「加害者」を30年以上も演じ、資格がないにもかかわらず、偽の「補償交渉」を行っていた。

　それは遺族、国民を騙してきたことを意味する。

事故調査の始まる前段階、つまり誰が加害者であるかもわからない段階で日航が「加害者」を名乗って「補償交渉」を行ったことは違法であるし、それを調査・捜査にあたっている事故調査委員会や群馬県警が黙認したことも異常なことだ。

　すでに述べたことではあるが、その異常さは自動車事故を想像すればわかるはずである。例えば、A氏が助手席にB氏を乗せて運転中、事故を起こして誰かをはねてけがを負わせたとしよう。当然、加害者はA氏であり、被害者に補償金を支払わねばならないのもA氏である。この時、A氏をかばうためにB氏が「自分が運転していて人をはねたのだから自分が加害者だ」とウソをついたり、B氏が被害者に補償金を支払ってことを穏便に済ませようとしたりすれば、明らかにB氏の行為は「犯人隠避」という犯罪である。また、B氏は実際には自分が起こしてもいない事故の補償金を自分が加入する保険会社に払ってもらうわけだから、B氏は保険会社に対しても詐欺行為を働いたことになる。当然、警察はこれらのB氏の罪を問うことになるだろう。

　だが、123便墜落事故では、こうした行為が30年以上も堂々と行われ、調査・捜査にあたる公的機関もそれを容認してきた。偽りの補償交渉には航空局や群馬県警、さらにはボーイング社も加担しているわけであり、国はもとよりアメリカのFAAやNTSBも了解を与えていたことになる。先の交通事故のたとえ話では、B氏はA氏をかばって「加害者」を詐称していた。では、123便墜落事故で、日航はこのように大がかりな形で「加害者」を詐称し、「補償行為」をすることを通じ、いったい誰をかばったのか。これが第1の疑惑、そして謀略であり違法行為である。

●日航の疑惑②：日航の整備士らは事故直後に、なぜ墜落現場に立ち入ることができたのか？

　日航は墜落後に整備士らを事故調査委員会と一緒に登山させ、「証拠残骸の選別を行った」ということを認めている。しかし、事故調は、そのよう要請はしていないと説明している。墜落事故において運航会社は、一番の容疑者と疑われる立場にある。この件では容疑者である日航は墜落現場に入ってはならないし、また、残骸に触れることは禁じられているのである。これも交通事故を思い浮かべればすぐにわかる。大きな事故を起こした後、ドライバーが事故現場で自分の自動車を勝手にいじくったり、道路に散乱する破片などを勝手に拾い集めたりすることなど絶対に許されないだろう。それは証拠隠滅罪につながるからだ。

　この容疑者の現場立ち入りの許可の問題は、米国の製造会社である「ボーイング社」にも当てはまる。14日に横田経由で来日した米国調査団（ボーイング社、FAA、NTSB）を群馬県警は、足止めしており、2日間、現場への立ち入りを許可していない（自衛隊や日航整備士らの作業で証拠残骸などの回収、隠蔽を行うために必要な時間だったと考えられる）。ところが、日航の墜落現場への立ち入りは、16日にすぐに実行されているのだ。

　この件で群馬県警委の河村本部長は日航の現場への立ち入りをTVで知り、驚くとともに怒りを感じたという。このことから、日航を墜落現場に立ち入りさせたのは航空局であると推測できる。日航の整備士らは、誰のどのような意図のもとで墜落現場への立ち入りを認められ、そこで何をしたのか。このことが第2の疑惑、疑問、違法行為である。

●日航の疑惑③：日航副社長は「ミサイルで撃墜された」ことを誰から聞いたのか？

　日航副社長・町田直氏は8月12日の事故発生直後、遺族に123便は「ミサイルで撃墜された」という驚くべきことを述べている。多数の遺族が肉親の安否を必死に尋ねた時の町田氏のこの言葉に、遺族らは驚愕した。では、事故発生後間もない段階で、町田氏はこの情報をどこから入手したのか。

これはかなり高い確率で運輸省の航空局からと推察できる。通常、ミサイル撃墜といった極秘情報を日航の幹部に漏らす必要はない。だが、それと前項で述べた日航の整備士、技術者の墜落現場への緊急派遣を関連づけて考えると、日航に自衛隊の残骸選別を手伝わせる前提として、極秘情報の通告が必要であったと推測できる。この「ミサイル撃墜」との極秘情報は、自衛隊から防衛庁長官経由で運輸省に伝えられ、その航空局から日航の町田副社長に伝わったことと推測できる。そこで得た情報が先の町田直副社長の発言となって飛び出したわけだ。こうして<u>撃墜事件の隠蔽は、運輸省航空局、日航副社長を軸とする両者の共謀で動きはじめた可能性が高い</u>。この時の情報の流れ、共謀の始まりが第3の疑惑、疑問である。

●日航の疑惑④：日航の落合由美氏への事情聴取は誰が何のために命じたのか？

　123便の墜落翌日である13日、落合由美氏、川上慶子氏、吉崎氏親子の4人は、上野村消防団、長野県警によって発見救助され、藤岡市の病院に収容された。この重傷の落合由美氏を14日日航の役員2名がお見舞いと称して訪ね、<u>何と事情聴取を行ったのだ</u>。これは極秘の調査であったがマスコミが知ることになり、その事情聴取の記録を日航がマスコミに配って内容が明らかになった。これが、有名な落合証言である。

　この日航の落合氏の事情聴取は、日航の独自判断による単独行動だったのだろうか。容疑者である日航がこのような無謀な行動を取ることは考えられない。前後の状況から考えられるのは、この事情聴取は航空局の日航への指示命令で行われたと推測できる。航空局は隠蔽の主管首謀者として、今後の事故対応として<u>経験豊富な乗務員でもある落合由美氏が墜落の体験</u>で何を知っているのかをつかみたかったと推測できるからだ。これが第4の疑惑、疑問である。

●日航の疑惑⑤：なぜ嘘だと知りながら隔壁破壊説を唱え、喧伝し、国民を騙すのか？

　前項で述べた落合由美氏への事情聴取の内容として公表された記録によれば、証言の中には隔壁破壊説をうかがわせるような事象も織り込まれている。だが、落合氏は後に、そのような事象の発生は目撃していないと言明している。つまり、すでにこの段階で航空局は隔壁破壊を事故原因にしようとの意向があり、落合証言に隔壁破壊を示唆する架空の証言を意図的に混入させ、織り込んだのだ。

　日航はこの事情聴取の段階で、長年の運航と事故の体験から18：24の垂直尾翼は隔壁破壊でなく、外部からの衝突で破壊されたと確信したはずである。これが、<u>日航羽田工場の河野整備部長が「垂直尾翼は外部物体の衝突だ」と発言した根拠</u>ともなっているのである。

　しかし、日航は航空局から、事故原因が不明の段階で「加害者」を演じ、遺族への補償交渉の提起を強制された。日航はこれを拒否できない立場であり、落合証言に手を加えるとともに、忠実に加害者を演じて補償金を支払ったのである。

　このように犠牲者、遺族、そして自社の奇跡的な生存者にまで背信行為をしておきながら、遺族への説明では「隔壁破壊説」を信認している風を装い、技術的にも論理的にも成立しない偽りの話で遺族を騙すのである。当初は外部破壊説を唱えた日航が、<u>隔壁破壊説の信奉者を演じるの</u>はなぜか。これが第5の疑惑、疑問である。

●日航の疑惑⑥：不起訴無罪と判断されてもなお、日航が隔壁破壊説に固執するのはなぜか？

　日航は、加害者だと告白し、補償金を支払ったが、これは根拠がない行動で遺族、犠牲者への侮辱であり、人間の死、犠牲者の死、乗客の死、自社社員の死にその尊厳を奪う対応である。し

かし、日航は上野村の慰霊の園に多額の金を支出し、上野村に圧力をかけてその運営を牛耳っている。

　日航はボーイング社も10億円の半額を支払ったと言うが、支払った証拠となる文書の提示も拒否しているうえ、ボーイング社は慰霊式典に参加していない。前橋地検が隔壁破壊説を否定した以上、「ボーイング社に責任がない」ことは明らかである。ボーイング社が遺族に金を支払ったという証拠もない。これも日航が裏付けの証拠書類の提出を拒否したからだ。

　その上、慰霊式典では、日航は航空局と共に「加害者だ」と演技し、遺族に謝罪し、「航空安全の堅持」なる虚言を堂々と陳述して、遺族、国民を侮辱する。さらに、上野村慰霊の園は日航の指示のもとに、「日航123便の墜落は隔壁破壊が原因だ」という内容の展示、説明を行って遺族・国民を騙し続けている。日航は羽田工場にも「安全啓発センター」という施設を作って123便の機体残骸や垂直尾翼、隔壁、CVR や DFDR の外箱を展示し、ここでも隔壁破壊説という嘘の事故原因を喧伝している。

　このように日航は、加害者でないにもかかわらず、司法から無罪だと判断されてもなお嘘の事故原因を遺族、国民に喧伝しているのはなぜか。これが、第6の疑惑、疑問である。

●日航の疑惑⑦：日航は何を根拠に「加害者だ」と言い張るのか？

　ボーイング社は事故直後から、「加害責任がない」ことを確信しており、航空局も2017年になって著者への文書で「加害者でない」ことを明言している。だが、不思議なのは1990年7月の前橋地検の不起訴とされた三者の中で、日航だけが今も公然と「加害者だ」と宣言し、補償交渉を続けていることである。特に「加害者」性をめぐる日航の立場は近年大きくぐらつき、加害者であるとする根拠も変遷している。

　2017年8月、航空局が「自分たちが加害者ではない」と明言したのに続き、日航もようやく「加害者ではない」旨を文書で告白したことにより、完全に三者が自分たちの「無罪」を認めたと思われた。ところが、2018年になると赤坂社長が「日航は加害者だ」と著者との面談に際して通告してきてから、再びおかしくなった。

　事故直後に日航は、遺族に対し「加害者だ」とし、さらに「補償交渉の提起」を高木社長書簡で提示して世間を驚かせた（資料㊻）。この時、日航は何の根拠もない段階で「加害者だ」と宣言している。これは、運航会社としての告白でしかなく、根拠はなかった。その後、加害者である根拠として、「修理ミスの隔壁の点検のミス」を挙げたが、これも前橋地検の不起訴判断と落合証言で否定された。その後、日航は「運送約款」を持ち出し、契約に基づく補償義務があると主張したが、その内容には「（日航の加害でない場合は）賠償の責に任じません」との記載条項があり、この主張は自ら撤回する羽目になった。

　さらに2019年、2020年段階では「墜落事故を引き起こしたのは日航だ」という内容の文書を提起し、この内容は「目的地まで客を送れなかったことが加害責任だ」というほとんど意味不明な主張をする状態に陥っている。このような内容は道義的、心情的な責任を感じていることの表明ではありえても、墜落事故において日航が加害者だという根拠になるわけがない。

　これも交通事故に置き換えればすぐにわかる。例えば、A氏がB氏を車で送っていく最中、信号無視のダンプに激突されてB氏が亡くなった場合、加害責任はあくまでダンプの側にあり、A氏が加害者だと言う人はいない。A氏が「自分が送ってやろうなどと言わなければ……」と道義的、心情的に負い目を感じることはあるかもしれないが、だから加害者であるなどということにはならない。つまるところ、今日の日航は何を根拠としてみずからを「加害者」だとみなしてい

るのか。これが第7の疑惑、疑念なのである。

　日航は1985年9月から遺族に補償交渉を開始したが、現時点ではその「補償」の根拠を問われると「犠牲者の家族、遺族が経済的な困窮を救うため」という奇妙な言い訳で済まそうと必死である。犠牲者の遺族の経済的な救助のために金を払うことは、「補償」ではなく「お見舞金」である。日航の安全推進本部・福田部長も、2017年に補償交渉の構造や法理を知ると、みずから「お見舞金だ」と訂正しているのだ（資料㊼）。

　日航の事故直後の「加害者宣言」「補償交渉」の宣言は、誰かの指示命令による日航の犠牲的な行動であり、日航自身の意思による宣言、行為ではない。墜落事故の加害責任者を明らかにするには、墜落を引き起こした事象を明確にし、その事象の原因を明らかにすることが原則であり先決である。日航123便は自衛隊のミサイルで撃墜されたが、それは実行犯である自衛隊の犯罪である。しかし、真の主犯は自衛隊に指示命令する立場の人間、権力者であり、その人物こそが加害責任者なのである。これが、第7の疑惑である。

●日航の疑惑⑧：日航に加害者を演じさせてきた究極の真犯人は何者か？

　法的な見地から言えば、事故から35年間、日航は加害者であったことはない。また、当然のことながら補償交渉を行う立場でもなければ、その権限・資格もないのだ。ということは、墜落の事故原因は35年間、現在に至るまで不明のままだということでもある。

　35年間、日航が遺族・国民に自分たちが「事故の加害者だ」と告白して見せ、「補償交渉」を提起したのは、法律に違反した行為である。犠牲者の死を侮辱し、遺族・国民を嘲り笑う行為でもある。このようなことが行われたのは、真の加害者を隠蔽するため、つまり犯人隠避のためである。しかし、この日航の卑劣な行為は日航が独断で行ったのでなく、恐らく、総理大臣、防衛庁、運輸省という経路で生み出された圧力が日航に行わせたものである。その意味では、日航もまた事故の被害者、被害会社であったのだ。誰が日航に加害者のふりをさせ続けてきたのか。これが第8の疑惑、疑念なのだ。

＊

　このように、日航は最初から、垂直尾翼、油圧装置が破壊脱落した後も事故機はエンジン出力の調整で操縦でき、横田基地に着陸できることを知っていた。さらに最後の墜落事故は自衛隊によるミサイル攻撃での撃墜であり、自衛隊、群馬県警による重傷生存者の捜索救助の不作為による見殺し行為も知っていた。

　日航は貴重な財産である旅客機123便を自衛隊のミサイルで撃墜され、乗客乗員520人を殺された被害者であり、その被害は甚大であった。そのうえ「加害者」になり、補償金（実は「お見舞金」）を支払ったために、多大な損害を受けたのである。さらに日航は運航会社としての安全性評価の低下、社員の名誉の失墜、保険会社への信用の失墜、撃墜された機体の金銭的損失、会社の信用など多くのものを失い、業績面でも全日空に追い抜かれて首位の座を明け渡した。そのうえ事故後の経営の失敗（内部の主導権争いによる抗争など）により、倒産も経験している。

　以上の事態をふまえ、遺族は不当に殺された犠牲者の名誉のために、日航に次の具体的な行動を迅速に実行することを要求する。

1）日航は123便墜落事故の加害者でなく、長期にわたって加害者の代理を演じてきたことを広く国民、遺族に告白し宣言すること（新聞、慰霊式典などで）。

2）日航123便墜落事故の真実と真相を、広く国民、遺族に告白し説明すること。

3）日航に「加害者」役を押し付けた行政機関等の名前とその理由を明確にすること（おそらく、

それは「航空局」だと推察できるが……）。

４）加害者の代理を引き受けたことは、真の加害者を知っていたことが前提であり、その名前を告白すること（おそらく、それは中曽根総理、自衛隊幕僚長だと推察できる）。

５）事故後の墜落現場で証拠の残骸の選別行動、落合由美氏への事情聴取の真実、「加害者」と称しての補償交渉の嘘、慰霊の園への10億円寄付行為の嘘、安全啓発センター設立と嘘の事故原因の広報宣伝の嘘、遺族への嘘の事故原因の説明の嘘などの真実を告白し、遺族・国民に説明と謝罪をすること。

６）日航の幹部らは警察に出頭し、事情聴取を受けて真相を供述すること（元社長、安全推進本部長など）。

７）2013年から８年間、著者小田との技術会議で嘘の説明を行ったことに対して、文書による謝罪を提出すること。

８）日航が保管しているCVR、DFDRを公開し、第三者の立ち合いの下で再生解読し、遺族・国民に文書で報告し公表すること。

９）日航が「安全啓発センター」に展示している「隔壁破壊説」の説明文書、資料を撤去して、真実の事故原因、捜索、救助などの事態を陳列し公開すること。

10）慰霊の園の管理棟での「墜落の事故原因としての隔壁破壊説」の説明、資料などを撤去して、真実の「自衛隊ミサイル撃墜事件」を展示し説明すること。

11）日航が遺族に強引に渡した金は、日航の心からの「お見舞金だ」と公式に認めること。

　以上の告白期限は2021年８月までとし、慰霊式典で日航社長が遺族、参列者に説明して謝罪し隠蔽の責任を認め、真実を語ることを要求する。

⑩自衛隊・日航123便墜落事故に関しての疑惑13項目（嫌疑・その３）

　本書で述べてきたように、自衛隊が日航123便の破壊墜落の実行犯である。これについて、自衛隊は命令で動く軍事組織であるので、上官の命令だからやむを得ないとの言い訳が聞こえてくるが、その責任回避は不当だ。無辜の国民への殺害が命ぜられた時、総理大臣や上官の命令と憲法、法律のどちらが法的に上位なのかは歴然としている。このようなことは自衛隊法、規則に書かれていなくても、憲法や法律が優先されねばならないことは、誰でも分かることだ。

　1985.8.12　日航123便が墜落した事件で、自衛隊が関係する状況とその言動について、疑惑、疑念を列挙する。

　日本の「自衛隊」という奇妙な軍隊は、朝鮮戦争の余波で生まれた警察予備隊がその起源だという。世界有数の装備を持ちながらリアリティのある戦争観に欠けた政府のもと、戦争ごっこをして遊び、隊員たちは実際に外敵に対して戦力を使う覚悟を迫られたことのない公務員である。災害救助に駆り出されて活躍する場面が注目されやすいが、その最大の問題点は文民統制が形骸化したまま放置されていることである。自衛隊は、中曽根総理の私兵と化したのだ‼

　123便墜落事故の14年前に全日空機雫石衝突事故も、訓練演習中の衝突惨劇で162名が死亡したが、当時の町田直運輸事務次官が奔走した結果、事件の責任はパイロット個人に転嫁され、自衛隊の組織としての責任は回避されている。高価な装備を用いた火遊びと戦争ごっこの訓練と杜撰な事故調査が、日航123便のミサイル撃墜墜落事件に繋がったのである。

　自衛隊の勝手な遊戯的演習と内閣の脆弱な文民統制のシステムがいつまで放置されるのか、国民はいつまで自国の戦闘機の脅迫に怯えねばならないのか。

●自衛隊の疑惑①：標的機（曳航標的機）の実験

　123便が墜落した８月12日、自衛隊は未納入軍艦「まつゆき」で兵器の実験、演習を秘密裏に行っており、特に戦闘機などの撃墜演習用の曳航標的機の新規試作品の実験を相模湾の北側沿岸地域で行っており、南側方向に打ち上げた標的機は伊豆半島の海岸近くで回収の予定であった。この実験には、自衛隊の演習実験部隊だけでなく、民間兵器製造会社数社が立ち会っていた。実験担当の民間人も標的機の発射実験を目撃しているはずである。

　これが、標的機の実験に関する自衛隊の行動であり、後に朝日新聞が「自衛隊が標的と間違えて曳航標的機を撃ち落として損失」の記事とも符合している。この標的機の実験の詳細はどのようなものだったのか。それが第１の疑惑、疑問、疑念、違法行為である。

●自衛隊の疑惑②：百里基地からの偵察戦闘機発進の経緯

　1985年当時、第二次世界大戦の生き残りの将校が、戦後発足した自衛隊の幹部に昇進して航空自衛隊百里基地の司令官を務めていた。８月12日、この司令官は、元軍人仲間に気楽な電話を掛けている。「えらいことをした。標的機を民間機に当ててしまった。いま戦闘機２機を発進させたところだ」。

　これは、どこからか（たぶん自衛隊幕僚長）の百里基地への通報と要請に応じ、偵察戦闘機を発進させたことを語ったものだ。標的機を激突された民間機（日航123便）の被害状況とその後の飛行状況を確かめ、写真をとり記録して確認することを実行した司令官の電話である。

　この百里基地および偵察機発進の経緯が、第２の疑惑である。

●自衛隊の疑惑③：日航123便を追尾飛行した自衛隊機

　123便への垂直尾翼の破壊から10分後、自衛隊偵察機は藤枝市で市民に目撃されている。以後、角田四郎氏、自衛隊員、最後は墜落寸前の上野村で、子どもたちを含む多数の住民らが自衛隊機を目撃している。すなわち、垂直尾翼の破壊以降、自衛隊機が123便事故機を追尾飛行していることは明らかであり、垂直尾翼破壊の事態を察知して戦闘機を発進させたとの司令官の発言と一致している。これは自衛隊が日航123便に標的機を衝突させた犯人であるという証拠、証明だと判断できる。機内の状況に関する落合証言とも合わせれば、隔壁破壊説は否定され、成立しないことは歴然としている。

　ここに自衛隊の標的機が日航123便の垂直尾翼に激突したことが司令官の証言で明確に判明した。自衛隊は後に国会で「墜落後に戦闘機を発進させた」と証言しているが、これは真っ赤な嘘であることが判明したのだ。嘘つき自衛隊の骨頂であり、以後、自衛隊は事故後の救助活動を含めて多くのことがらについて連鎖的に嘘を繰り返したのだ。自衛隊による123便の追尾が、第３の疑惑である。

●自衛隊の疑惑④：CVR から消された事故機と米軍横田基地との交信記録

　123便事故機は油圧機能を失ったが、機長らは健全なエンジン出力の調整による機体の操縦を行い、エンジン出力の調整による操縦技術を習得して飛行場への着陸を目指していた。123便事故機は、事故調も「飛行の継続ができた」との結論を出しており、これはボーイング社が「旋回し、上昇し、降下飛行して、長い時間飛んでいた」という判断から事故機は操縦できたことを認めていることと一致している。追尾する自衛隊機がもし事故機を助ける意図があったのであれば、当然無線で連絡して損傷や操縦について状況を確かめるはずだが、何の交信記録もない。

また、東京管制もそのような交信を聞いていない。だとすれば、緊急に発進した自衛隊機は標的機の衝突破壊の状況を確認することが目的であり、どのように対処するかは自衛隊の幕僚長をはじめとする幹部の判断に任せると考えていたことが推察できる。何らかの救助のために偵察機を急発進させたわけではないのだ。

　追尾飛行中の自衛隊パイロットは、奇妙な赤い物体が機体に巻き付いているのを目撃して、自衛隊幕僚長に報告している。それは「日航事故機は操縦できている」ことと「機体の後部腹部に赤色の布状の物体が張り付いている」ことを視認して報告した。この機体の様子は藤枝市の小林氏が目撃して青山透子氏の著作に記載されている。機体に付着した赤い布状の物体は標的機後部の吹き流しであると判断できる。軍事組織の最高指揮官は政府の最高権力者であり、軍の不祥事は政治権力によって隠蔽されるのが常道であることは歴史的にも証明されている。

　123便の標的機の衝突もまた自衛隊による不祥事であり、最高権力者としてはこのようなことに責任を取る（辞任する）のは嫌だというのが偽らざる気持ち、感情でもあった。

　2020年に発生したイランによるウクライナ旅客機の撃墜事件では、発生直後に関係諸国がミサイルによる撃墜と批判したが、当初イランは「設備異常による墜落だ」を発表した。全員死亡でごまかせると考えての隠蔽だったが、衛星写真、残骸の分布、ミサイル残骸、破壊状況などで、イランはごまかしが利かないと判断して、2日後にはミサイルによって誤って撃墜したと公表し、謝罪へと追い込まれている。

　123便の墜落に関しても自衛隊が関与したことを示す多くの証拠が出てきており、政府、権力者、自衛隊は正直に遺族国民に謝罪して説明を行うべき時期に来ている。日航123便の標的機の衝突事故では、自衛隊や政権は「事故機が墜落して相当の死傷者が出る」と判断予測して隠蔽を考えたが、戦闘機パイロットの視認結果の標的機の吹き流し部の残骸が付着していることで単純な隠蔽は困難となり、証拠の回収と全員殺害の方向に決着した。

　123便乗客乗員らの運命はこれで決まったのである。

　機長は十分な準備でエンジン出力での操縦技術の習得を行い、着陸を敢行しようと横田基地に申請し、許可を得たが自衛隊は強引に武力で脅迫し、横田基地への着陸を阻止したのだ。

　これに関連して、アントヌッチ中尉が機長と横田基地との無線交信を傍受しているが、この会話も事故機のCVRに記録されていない。これはCVRが修正され、改竄されていることを意味する。機長が着陸を申請して許可されながら着陸しなかった理由は、自衛隊による妨害以外に考えられないのだ。

　この交信内容は東京管制の記録、横田基地の交信記録に存在すると考えられ、今後この証拠資料を請求する。これが第4の疑惑、疑念、違法行為、隠蔽工作である。

●自衛隊の疑惑⑤：長野県川上村レタス畑への不時着敢行の隠蔽

　123便としては飛行場への着陸を禁止された以上、残された道は飛行場以外の空き地に不時着するしかなかった。機長は広大で平坦なレタス畑への不時着を考え、横田基地を後にして一路西方向に飛行した。123便はこのレタス畑に不時着を試みるが、多数の農民を発見して、住民の犠牲を回避するために急遽"復航"飛行して上昇するほかなかった。

　この不時着に対し、追尾していた自衛隊機は黙認したのか、止めたのかは不明である。自衛隊、国は事故機がレタス畑に不時着して、大破して多数の死傷者が出て、混乱した事態になった時、近くに待機する秘密部隊が出動して、証拠残骸などの回収ができると見ていたかもしれない。

　国民には自爆飛行と説明できると考えていたかもしれないが、これは推察でしかない。

しかし、不時着行動は中止となり、事故機は、扇平山、三国山との衝突を避けて群馬県上野村の山岳地帯に飛行して行った。しかし、事故機のレタス畑への不時着行動はまさに着陸行動と全く同じであり、事故機が操縦可能であったことを如実に示している。ところが、事故調は操縦不能だったという印象を与えるために、この川上村への飛行を隠蔽した。事故機が油圧機能喪失で操縦不能だったとの結論にしたい事故調は、川上村上空を通ったことを飛行経路図から消去し、123便が横田基地から上野村に直行した経路図を公開している。だが、同じ事故報告書には「扇平山の直前に右旋回、急上昇した」という記載があり、経路図との矛盾が起きている。事故調、航空局は見事に馬脚を露わしているのである。この川上村の不時着敢行を、自衛隊機パイロットは見ていたはずである。それが第5の疑惑、疑念、違法、隠蔽工作である。

●自衛隊の疑惑⑥：日航123便の墜落は自衛隊のミサイル攻撃による撃墜

上野村の領域に入るまでは、制約がある中でも順調な飛行であり、十分に事故調の言う「意図的な操縦」が可能であったが、突然、事故機123便に異常事態が発生する。

3,000mの安全な飛行高度に達したところで機長はフラップを戻すように命令している。ところが、ここで機長は大きな横揺れの衝撃を感じて、CVRに絶叫音が記録されている。なぜ大きな声を出したかを証言したのが、生還した落合由美氏である（自衛隊にしてみれば、生存者を全員殺しておけば、このような証言はなかっただろう）。落合氏は経験豊富な乗務員であり、その証言は信憑性が高い。彼女がこの時に経験したのは、回収されたCVR、DFDRにも直接書かれていない物凄い横揺れであり、その後生じた急降下である。この急降下は20秒間起き、パイロットが制御できない墜落事象であった。この横揺れは、通常の飛行では絶対に起きない事象であり、これは、第4エンジンへのミサイルン激突であると推察できる。それは日航の町田副社長が遺族に「日航機はミサイルで撃墜された」と語ったこととも合致する（ところが、この落合発言も事故調は黙殺している）。

機体中央から20mも離れた第4エンジンに高速のミサイルが激突すれば、大きな横揺れが生じることは科学的に立証できる。しかし、これだけでは機体の急降下は起きず、右旋回するだけである。一方、墜落地点には「第4エンジン」と「水平尾翼」がなかった。それらは墜落地点である御巣鷹の尾根のはるか前方、約500m、700mの位置に落下していたのだ。すなわち、「第4エンジン」への衝撃で「水平尾翼」も脱落したのだ。これで、機体の右旋回とそれに続く「急降下と墜落事象が技術的に説明できるのである。

しかも、水平尾翼が脱落したのは、その「固定部が緩んでいた」からだとの事故調の説明がある。この水平尾翼の固定部分の固定が緩んだきっかけは32分前の垂直尾翼の破壊時の衝撃であり、それは「垂直尾翼の破壊は外部からの衝突だ」との結論も引き出されるのである。

事故調は無視して採用していないが、超低空を飛行した123便は多くの人に目撃されており、「123便の後ろから、流れ星が付いていった」「飛行する123便は炎を上げ、煙を出していた」と証言している。

日航123便の墜落直後に日航副社長が遺族に語った、日航機は「ミイルで撃墜された」という驚くべき言葉は、元運輸事務次官である自分にもたらされた極秘情報を、日航の責任を回避するべく思わず語ってしまった真実の発言であったと思われるが、これがとりもなおさず第6の疑惑、疑念、違法、隠蔽工作の核心である。

●自衛隊の疑惑⑦：墜落場所について虚偽の情報を流した

自衛隊は百里基地から発進した偵察機、または新たな戦闘機が追尾して撃墜しており、墜落地点を知っていた。さらに、先に墜落場所に到達した米軍アントヌッチ中尉は自衛隊に正確な位置情報を伝えており、長野県の御座山との墜落場所の発表は完全に嘘であったことが判明している。しかし墜落後に捜索のために発進した戦闘機は「墜落場所は長野県御座山だ」と嘘の場所を発表した。長野県警はこれを受けてすぐに御座山付近を捜索しているが、その一方で自衛隊と群馬県警は墜落場所ではないはずの群馬上野村に緊急出動している。これは、墜落場所をめぐる情報が完全に謀略であったことを示している。

　軍隊が墜落事故などの真相を隠蔽する手法としては、まず何よりも現場に軍隊以外の人間を近づけないことが必須だ。その間に軍隊、すなわちこの場合は自衛隊が何らかの隠蔽、証拠回収を行うためである。この手法は、1952年4月9日に発生した日航機「もく星号」遭難墜落事故で米軍が取った墜落場所の捏造と、証拠品の回収という犯罪行為の中で用いられた。当時、空の管制は米軍の管轄であり、当初、日航機は静岡県沖に不時着し、全員無事だと発表した。しかし、12時間以上も消息が不明で、結局、三原山に墜落していたのだ。この墜落事件は戦争直後の米軍管制下での出来事であり、真実は分かっていない。この事件では、嘘の墜落場所に日本人の注意を引き付け、その間に証拠品の回収、事故原因の隠蔽が図られた。この手法は、今回の日航123便の墜落場所の偽装、捏造後の発表と全く同じであり、国が行う真実隠蔽の常套手段であることが推察できる。

　これが第7の疑惑で、倫理上、人道上の大きな犯罪疑惑でもある。

●自衛隊の疑惑⑧：証拠残骸の撤去と生存者の殺害

　自衛隊、群馬県警の緊急出動の目的は、生存者救出であるはずだ。第一目的は遺体の回収でも残骸の回収でもない。しかも、このような緊急出動には臨時手当が支給されるのであり、彼らはボランティア行為で上野村に集結したのではないのだ。レスキューの原則は少しでも生存の可能性がある限り、捜索して救出することにある。ところが、自衛隊と群馬県警は上野村で休憩し、住民らが捜索救助に行くことを禁じている。また、川上村消防団が三国山経由で救出に出動したが、これも自衛隊部隊が待ち構えていて追い返している。それでも住民の登山を禁止したうえで自分らが出動して登山すれば救助の余地もあっただろうが、実際は上野村で13日午前4時まで休憩していたのだ。

　一見、生存者の見殺し行為に見えるが、これは単なる見殺しではない。真の目的は墜落場所に自衛隊別動隊（特殊部隊）以外の者が立ち入るのを阻止するところにあり、そのために住民らの救助登山を禁止したと解釈できるのだ。すなわち、墜落場所で、自衛隊別動隊が何か秘密の行動を行っており、これを目撃されることの回避であったと推測できる。その行動とは、一つは自衛隊の飛行物体の残骸の撤去、二つは、目撃証人である生存者の口封じ（殺害）である。

　この自衛隊別動隊の極悪犯行を目撃したのが、すでに紹介したのがM氏であり、立命館大学の深井教授のヘリの目撃、生存者である川上慶子氏の証言、現場に残された黒い塊状物質が火炎放射器の燃料との分析結果を得た青山透子氏などによっても立証されている。

　これが第8の疑惑、疑念、隠蔽事件である。

●自衛隊の疑惑⑨：アントヌッチ中尉らの早期救出活動を阻止した、国と自衛隊の犯罪行為

　米軍横田基地はアントヌッチ中尉が墜落現場の上空に到着したので、その誘導によって救難ヘリを墜落場所に向かわせ、同中尉の指示で兵士が綱を伝わって降下しようとした時に横田基地か

ら、「中止と撤退」の命令が来た。日本側の要請で、日本側の飛行機と入れ替わりで基地に帰るとの条件であった。輸送機C -130は、日本側の航空機の飛来を確認してから横田基地に戻った。

　ところが、翌日アントヌッチ中尉は新聞を見て驚愕している。日本側航空機の救助出動などなかったばかりか、墜落場所の公式の特定も救出活動の開始も翌朝になってからだった。米軍輸送機がせっかく墜落場所を早期発見して救助に入る段階で、日本政府は米軍に中止と撤退を申し入れた。しかも、自衛隊は米軍との約束を反故にして、信頼を裏切ったのだ。

　この事態は日本側の対策本部も含めて全員知っていたが、誰も問題視したり告発したりした者はいなかった。これが第9の疑惑、違法、見殺し行為である。

●自衛隊の疑惑⑩：アントヌッチ証言後、自衛隊による謝罪・説明がないという奇怪な事態

　自衛隊は事故後、捜索救助の遅れについて、マスコミ、国民からの批判に対し、「自衛隊の捜索、救助は最高レベルで、米軍でもできなかった」と自賛した。当時はこの発言で「煙に巻いた」が、10年後アントヌッチ中尉の告白投稿で、自衛隊幹部の説明は全くの嘘であることが判明した。それにもかかわらず、自衛隊は謝罪せず、誰も経緯を説明する人はいなかった。遺族小田は単身横田基地を訪問し、感謝を伝えた。

　これが、第10の疑惑、隠蔽工作である。

●自衛隊の疑惑⑪：自衛隊による重傷生存者の殺害事件（合計4回の殺害行為の最後のトドメ）

　123便墜落事故では、4回も乗客乗員は殺害されたことになる。

　1回目は相模湾上空での自衛隊標的機の衝突で垂直尾翼、油圧装置が破壊して一時的に操縦不能に陥りかけた時である。油圧による操縦ができなくなったことで機体は急降下し、機長らがエンジン出力の調整で体勢を立て直して墜落の危機を救っている。

　2回目はエンジン出力調整による操縦技術を習得した機長らが横田基地飛行場に着陸を申請して許可され、緊急着陸の態勢に入りながら、総理大臣の意向を受けた自衛隊によって着陸を禁止しされた時である。これで、飛行場に着陸して全員が助かる機会が奪われ、生還の可能性が断たれた。

　3回目は、上野村山岳地帯での自衛隊によるミサイル攻撃による撃墜で、これによって多くの乗客乗員が犠牲になった。しかし、機長らの懸命かつ巧みな操縦で最後の最後に水平飛行に転じたうえで墜落したために、数十名の乗客乗員が重傷を負いながらも生き残り、墜落現場で救助を待っていた。

　4回目は生存者の救出を行わず、自衛隊特殊部隊が極秘裏に墜落場所に登山して、火炎放射器、毒ガスで殺戮した場面である。この殺害犯罪を行う時には、絶対に目撃する住民が墜落現場に滞在してはならない。だからこそ自衛隊、群馬県警は上野村住民、川上村住民を立ち入り禁止にしたのであり、いち早く上野村に緊急に出動したのは生存者の捜索、救出のためではなかった。このことは上野村での自衛隊、群馬県警の言動から推測できるし、彼らの共謀は日航を動かしたのと同じ権力者の指示であることが分かる。墜落現場での自衛隊別部隊の殺害行動は生存者、すなわち目撃証人の口封じと証拠残骸：自衛隊の標的機の吹き流し部、ミサイルの残骸の略取、隠蔽にあることは明らかであった。これが第11の疑惑、殺害行為、隠蔽である。

●自衛隊の疑惑⑫：自衛隊が何ら実施しなかった生存者救出活動の事実、事態

　上野村に自衛隊、群馬県警の緊急出動は12日午後10時頃で生存者の救出の緊急性にもかかわら

ず、13日 4：00まで待機し休憩している。対策本部の担当者も救出開始は13日 4：00からだったと証言している。

　実際に墜落場所に自衛隊が到着したのは 8：50の自衛隊空挺部隊が最初であり、その後続々と到着している。空からの空挺部隊ですら、救出開始時間から 4時間もかかっている。開始が13日 4：00であれば出発に備えて準備していたはずだが、時間がかかりすぎている。

　さらに、自衛隊の現場指揮官は到着した直後に「生存者はいない。捜索は中止、遺体収容の開始」と宣言し、隊員に遺体の収容作業を開始させた。捜索以前に生存者がいないと決めつけた指揮官の命令は、用意周到な準備、殺害行為での結果と一致し、これを裏付けるものだ。重傷生存者の救出であれば、当然医師と看護師を同伴するはずであるが、実際には生存者の発見で、大慌てで医師と看護婦を急遽呼び寄せたこともわかっている。これらの経緯は、自衛隊による全員殺害が企図されたと考えることによって説明できる。

　その後、落合氏や川上氏ら 4名の生存者を発見したのは長野県警や上野村消防団であり、自衛隊は生存者を発見していない。この生存者発見の後、自衛隊指揮官らは「生存者発見は全員の成果」という口裏合わせを求めている。これは自衛隊の救助不作為を隠すための自衛隊指揮官の強要であった。これが第12の疑惑、殺害、隠蔽工作である。

●自衛隊の疑惑⑬：今も多くの疑問と批判を無視する自衛隊

　123便の自衛隊による捜索救助には、当時からあまりにも時間がかかったなどの多くの疑惑が出されたが、自衛隊幹部は最高の救出作戦であったと自賛して煙に巻き、それ以上の追及はなされなかった。しかし、10年後にアントヌッチ中尉の告白投稿で、自衛隊の救助不作為とアントヌッチ中尉らによる救出活動への妨害が判明し、かつ墜落現場でのM氏の告白で、自衛隊による殺害事件が発覚した。これらによって自衛隊は国際的な批判を受けたが、自衛隊は一切弁明せず、無視して来た。これが第13の疑惑である。

＊

　異常として列挙した疑惑は、すべて真実であった。そして違法、犯罪行為であった。このような暴挙は当時の中曽根総理大臣、自衛隊幕僚長の命令での自衛隊の犯行であったが、「権力者の命令なので行った」との言い訳は通じない。もし、自衛隊員が無辜の罪なき乗客乗員を最高権力者の命令で殺害したのであれば、それは隊員がマフィア、悪質な暴力団の団員と全く同じ罪を犯したことになる。乗員乗客は日本国民であり、税金を支払っている。この税金で自衛隊員は雇われて生活しているのだ。総理大臣さえもその生活は日本国民の税金で賄われており、民主主義国家での日本で国民は主人なのである。

　一方、このような市民殺害の暴挙は憲法に違反するし、人道上も倫理上もこのような犯行は許されない。すでに述べたように日本の自衛隊法には「犯罪になる命令には従うことはない」との定めが盛り込まれていない半面、隊員が品位を保つことを定めた第58条の規定がある。そもそも、このような文言が無くても、無辜の乗客を殺した自衛隊はその罪を告白し、罪に服さねばならないことは明らかである。

　自衛隊は最初から、墜落事故とは一切関係ないとしていたが、10年後アントヌッチ中尉の告白投稿で国、自衛隊が深く関係していることが判明している。自衛隊には1985.8.12の緊急出動に関して、その出動、捜索、救助関連についての正式な報告書が存在するはずであり、その公式書類の公開と説明責任を果たすことを要求する。

＊

自衛隊が日航123便に標的機を衝突させたことが事件の端緒であり、その後、責任を負うべき自衛隊の幕僚長、そして総理大臣の責任の回避、権力維持、自己保身のために完全隠蔽の方針が決められ、証人である乗客乗員の口封じと自衛隊の標的機、及びミサイルの残骸の回収を自衛隊員に実行させたと結論できる。墜落に関する真実を自白し、公開することによってこのような犯罪体質を究明し、今後の自衛隊を正しい姿に変えることが日本国のためには必要不可欠である。これが日航123便520人の犠牲者に酬いる唯一の方法である。そして、この事故の真実を犠牲者の霊前に供えることが、犠牲者を「犬死」から救うのである。

⑪群馬県警・４つの疑惑（嫌疑・その４）

●群馬県警の疑惑①：いち早く墜落現場への道を封鎖し住民の救助活動を妨害した‼

　墜落場所が長野県との自衛隊情報が報道される中、群馬県警はなぜか群馬上野村に警官を緊急出動させて村民を驚かせた。それを知らせたのは中曽根総理の官邸であり、元軍人としての繋がりからであった。権力者筋から河村県警本部長に指示されたのは、墜落場所は上野村の山岳部のスゲノ沢であり、緊急出動して村民の登山を禁じ、誰も墜落場所に登山させないことであった。それは、別の自衛隊部隊が極秘裏に生存者への殺害行為を行うからであり、それを目撃されてはならないからであった。

　この命令に忠実に従って河村本部長は上野村に到着すると隊員に待機命令を出し、かつ、群馬警察署員に御巣鷹の尾根への道路を封鎖させて検問所を設け、村民の自主的な救助登山を妨害した。これが第１の疑惑、疑念、隠蔽工作である。

●群馬県警の疑惑②：地元住民の墜落現場への誘導案内を群馬警察は拒否

　上野村消防団、猟友会は、墜落直前に飛来した日航機の飛行経路から、墜落場所はスゲノ沢付近と判断して、県警隊員に道案内と誘導を進言したが、警察隊員はこれを拒否して、「危険だ」とか言い訳して、消防団を押し留めたのであった。このような行為は生存者の見殺し行為に相当する犯罪である。これが第２の疑惑、隠蔽工作である。

●群馬県警の疑惑③：隔壁破壊説を支持しながら前橋地検の不起訴判断を支持する矛盾

　河村本部長は事故後、生存者救出での見殺し作戦の功績で中国管区警察局長に栄転昇進している。さらに警察を退官後、日航機墜落事故時の群馬県県警の責任者としての事故対応の体験から、『日航機墜落―123便、捜索の真相』『日航機遺体収容』の２冊の本を著している。

　しかし、その内容は自画自賛であり、事故捜査の報告書的な価値はない。これらの著作では事故調報告書の内容が丸写しされているだけで、群馬県警特捜本部の捜査結果については何の報告もしていない。

　河村本部長は、墜落直前の「水平尾翼」の破壊飛散事象について、事故調が飛行方向の真横方向に「水平尾翼」が500mも飛散したと結論していることについて、「そのような事象にはあり得ない事象だ」と常識的な感想で否定しているが、これが唯一の正しいコメントである。

　３基のエンジンが「機体がＶ字溝での接触」で進行方向に700mも飛散したことには「コメントがない」のが対照的な内容である。事故調の３基のエンジン飛散と水平尾翼の飛散についての矛盾を突いている点は評価できる。このことは、水平尾翼は、「第４エンジン」がミサイルで破壊された直後に破壊脱落したことを認める証言だからだ。

　一方、事故調の「隔壁破壊説」の前橋地検の不起訴判断について、「当然の判決結果だ」と言

及しているのは理解できない。事故調の結論に賛成しておいて、司法の結論での不起訴判断を容認することは、矛盾した見解だからだ。これが第3の疑惑、疑念、矛盾である。

●群馬県警の疑惑④：「自衛隊撃墜説」の著者への脅迫と謝罪要求
　河村氏は事故調の結論と反対の「自衛隊撃墜説」を主張した著者・角田四郎氏や、落合由美氏への事情聴取の極秘資料を公開して疑惑を報じた藤田日出男氏の出版に激怒し、撤回と謝罪を要求したうえ出版会社に謝罪文の掲載を強要して紙上に掲載させた。そのことをさらに自著に書くというほど、自衛隊撃墜説への攻撃は狂信的だ。中曽根総理大臣への忠臣的な姿勢と権力の亡者としての姿勢の表れで、これが第4の疑惑なのだ。

　群馬県警河村本部長は中曽根総理との密接な関係から、また、旧日本軍の軍人として「天皇陛下万歳」の思想に染まった狂信的な体質から、中曽根総理の命令に忠実に従って群馬県警の見殺し行為を主導した。同じ命令に従った自衛隊も、すでに述べたように墜落現場の隠蔽と村民の登山の制止を行っている。これは、自衛隊、群馬県警が同じ上位からの命令に従ったことを意味し、群馬県警もまた、自衛隊や航空局、事故調査委員会、日航が連携し共謀した疑惑隠蔽という犯罪の一角を構成すると推測できるのである。
　だが、群馬県警は墜落場所の管轄警察として事故の捜査を担当し、50名の警察官から構成される「特別捜査本部」を設置して、事故原因の捜査に当たった。この墜落事故の捜査に関して、当然その捜査報告書が作成され保管されているはずだ。ところが、35年間にわたって捜査報告書は公開されていない。これは重大な隠蔽である。
　河村本部長は退官してすでに死去しているが、群馬県警としてこの疑惑を調査し、遺族、国民に真実を報告する責任があり、説明責任を果たすよう要求する。日本の警察法のもとで警察は「国民の生命と財産を保護し守る責務がある」と規定されており、河村本部長が生存者の見殺し行為を通じて、この法律に違反したことは間違いないのだ。

⑫中曽根総理、加藤防衛庁長官：日航123便撃墜、乗客乗員の抹殺の指示命令に関する5つの疑惑（嫌疑・その5）
●事故発生時の中曽根総理の夏季休養と事態の不認識の居直り（疑惑・嫌疑①）
　―1985年8月12日、事故当時、及び墜落時に中曽根総理は何をしていたのか―
　政府は大臣、官僚を含め、ほとんど休暇で内閣は空っぽであったと、当時若手の衆議院議員だった日航機墜落事故対策本部の平沢勝栄議員は語っている。これが、危機意識の全くない日本の縮図であった。もちろん、中曽根総理も軽井沢の別荘でお盆休みを満喫していた。中曽根氏は軽井沢を17：11特急「あさま号」で出発し、上野駅に19：15に到着。総理官邸に19：47分に到着して、待ち構えた記者の質問に中曽根総理は「ホォー、何処で」と総理が驚いたという。この日本の最高権力者が、世界の最高の安全性を誇る「ボーイング747」が墜落し、500名余の乗客乗員が不明になっていることを2時間以上も知らない状況に置かれていることがあり得るのか。
＊総理はどこに居ても、日程が決められており、その連絡方法は確保されている筈である。日本中の国民がTV、ラジオの報道を通じて知った日航123便の墜落で大騒ぎしているのに、「日本の総理が知らなかった」などという話を誰も信じないことは当然であった。このように、中曽根総理が、日航機墜落の事態を知らないことはあり得ない。また、自衛隊が日航123便の撃墜を行うには、中曽根総理：自衛隊最高指揮権限者の許可、指示が必要なことは必然であり、日

航機墜落事故を中曽根総理が、知らないはずはない。もし中曽根氏が知っていたと告白すると、どのように対処し、指示したかを聞かれるから、それを回避するために、知っていたが「知らない、聞いていない」と回答したのだ。

● 日本の権力者：中曽根総理の墜落現場への訪問、弔問、対策表明の不作為行動（疑惑・嫌疑 ②）

　中曽根総理が、新聞記者から日航123便が墜落したことを初めて知らされたのだとしても、総理として現場に行こうとの気持ちがあれば、14日にはヘリなどで行けたはずだ。

＊世界の権力者の行動として、1985年イギリスで起きた航空機事故に対し、サッチャー首相はオーストリアから、急遽、帰国して事故現場に直行して、事故原因の究明を国の威信にかけて行うと表明した。6月には、アイルランド沖の大西洋でインド航空のジャンボ機が墜落した。この時も小型潜水艦を使って、1,800mの海底から機体の引き揚げに成功している。日本の権力者：中曽根氏は地元群馬の出身でありながら、すぐに現場に行かず、山下運輸大臣に任せている。防衛庁の加藤長官も航空機で上空から視察したとの報道があるが、自分の足で登山して慰霊したとの報道は見当たらないのだ。

　この事態は、中曽根氏には総理大臣および自衛隊最高指揮権限者としての資格がないことを示しているようなものだ。彼は現場への登山を放棄したのだ。だが、逆に言えば、520人を殺す指示を出したとの良心の呵責が、墜落現場で犠牲になった乗客、乗員の悲惨なバラバラの遺体を見たくないという態度となって表れたと見ることもできる。

　彼は、事故後3カ月も経った後になって、自衛隊幹部を伴って墜落現場に登山している（資料㊂—中曽根総理の墜落現場への3カ月遅れの登山、慰霊視察）。この一連の言動は、中曽根総理が自ら日航123便の撃墜、乗客乗員の殺害を指示したことの反映としてとらえるべきではないだろうか。

● 中曽根総理の10月24日慰霊祭での遺族への約束表明（疑惑・嫌疑③）

　犠牲者の合同慰霊祭が日比谷公会堂で挙行された。遺族や関係者、日航、航空局、自衛隊などが参列し、政府として中曽根総理、藤波運輸大臣が出席した。

　この時、中曽根総理は弔辞を読み上げ、次の約束を表明している（資料㊎—中曽根総理の弔辞）。この中で中曽根総理は、「事故原因の徹底的究明」を行い、二度と繰り返さない」と豪語したが、相模湾の海底に沈む垂直尾翼の引き揚げ回収を拒み、捜査を終局に向かわせてしまった。

　自衛隊を私兵として使って123便を撃墜するという指示を出し、かつ、全面的な隠蔽工作を指示した総理として、徹底的な捜査、調査はできるはずがなかった。事故報告書を捏造し、日航に「加害者」役を演じさせて「補償交渉」を提起させ、隠蔽工作を航空局と町田日航副社長、元運輸事務次官に委任して完全隠蔽を指示した中曽根総理は、独裁専制君主として人間の命を守るという憲法の規定をふみにじり、自衛隊法の「品位ある行動」の規定に違反した犯罪人に成り下がったのである。

● 電話盗聴による「総理と自衛隊幕僚長との会話」の公開から導かれる犯罪機密指示：—「自衛隊に日航123便撃墜犯罪相談」の真実—（疑惑・嫌疑④）

　当時、軽井沢で静養中であった中曽根総理と在京の自衛隊幹部との間には、緊迫したやり取りがあったと推測できる。

あるブログ（johnbenson.cocolog-nifty.com/blog/2009/03/opst-3143.html）に掲載された情報では、自衛隊幹部が123便を撃墜殺害させるとの許可要請に、中曽根総理の電話での対応ぶりが再現されている。

＊電話口の向こうで話しているのは、必死に123便の撃墜許可を要請する自衛隊幹部である。このことは、自衛隊が123便に標的機を激突させたことを意味している。1971年の全日空機への戦闘機衝突墜落事件では、航空自衛隊幕僚長にその責任があり、佐藤総理が最高指揮権限者として引責辞任も考えられる事態であったが、町田運輸事務次官の工作で自衛隊パイロットの責任という形で処理して自衛隊への影響を食い止めている。

　14年後、自衛隊は全く同じ轍をたどって訓練中の標的機演習を巨大な旅客機B747に激突させて、墜落は必至という事態に陥っていた。今回は海上自衛隊幕僚長の責任であることは明確であったが、自衛隊による再発事故である以上、当然、中曽根総理もその監督責任は問われるから辞任は本来なら不可避であった。

　だが、中曽根総理としては、部下による不祥事での辞職は不本意であったと考えられる。部下の不祥事で総理の座をあきらめて明け渡すことは、政治家として簡単ではない。この自衛隊の幹部と中曽根自衛隊最高指揮権限者の立場は少し、または大きく異なるのであり、この立場がこの電話での会話に表れている。

　このブログを最初に見たのは、まだ遺族として調査して正しい事故原因を把握する前の段階だったから軽く読み飛ばしたが、今現在、墜落事故は事件であったことが明らかとなり、航空局も日航も加害者でないことを自供している。したがって、このブログの内容は　正しく適切であると判断でき、真実だと導き出される。

　同ブログによれば、当時の中曽根総理は自衛隊幹部に答えて、

「私はこんなこと（民間機撃墜、乗客殺害）のために、総理大臣になったわけではない」

　だが、要請を諦めない幹部（多分、海上自衛隊長田博幕僚長か）。それに対して、中曽根総理は都市部への墜落を懸念しながら、撃墜許可の条件を口にし始めた。

「国民に知られないようにできるなら、許可しよう」

　これは、国民に知られなければ、飛び続けている123便を撃墜するのもやむを得ないという判断である。

　だが、目撃者、生存者が出たら、どうするのか。それを今度は電話の相手が尋ね、中曽根氏が答えている。「何とかしろ」と。

　それは、「目撃者を殺せ」という意味なのだろうか。真意を問う相手に対し、中曽根氏は激昂したという。

「私をこれ以上『人殺し』にするつもりか。『何とかしろ』とは、『何とかしろ』という意味だ」

　もとは過失で生じた衝突事故が故意の殺人事件へと切り替わる瞬間、すなわち犯罪が生まれる瞬間とは、このようなものだったかも知れない。

　こうした中曽根総理と自衛隊幕僚長との会話から、「自衛隊幹部は必死に全員殺害で隠蔽し隠して、責任回避」しようとの魂胆は明白であり、また、総理も躊躇しながらも、責任回避、権力維持の気持ちが明らかに勝っていたことがうかがわれる。

　自衛隊による日航123便の撃墜事件が確実になった今ふり返ると、このブログの公表は、中曽根総理の動機が「自己保身」「責任回避」「権力維持」であることを証明する貴重な電話盗聴内容の公表であった。

●日航高木社長の遺族への告白：「中曽根に殺される」との驚愕の発言（疑惑・嫌疑⑤）

遺族・吉備氏が、遺体の検視について、群馬県警の拙速な処置、やり方に抗議したが、群馬県警が改善せず、止む無く、中曽根氏に直訴しようとしたが、吉備氏は日航の高木社長のところに連れていかれた。この遺体の検視作業について、中曽根総理に直訴しようと申し入れたが、高木社長は「そんなことをすれば、私は殺される」と怯え、震えあがったという（青山透子著『日航123便の墜落の新事実』2017年）。

この事態は遺族として遺体の検視に何カ月も付き添い、遺体の検視作業を見つめて遺体の確認に全力を尽くした吉備氏が実際に体験したことであり、この事態から日航の高木社長、町田副社長、そして役員らが、日航機はミサイルで撃墜されたという事実を知っており、操縦可能で横田基地に着陸できるはずだった123便が中曽根総理の指示で撃墜され、乗客乗員520人が殺されたことを知っていたことを裏付ける驚愕の面談、体験の実話である。恐ろしいことだ。

●世界を震撼させた、米軍アントヌッチ中尉の告白証言に対する中曽根総理の反論と見解—1995.7の米軍機関紙へ投稿した告白文に対する中曽根総理の発言—（嫌疑・疑惑⑥）

アントヌッチ中尉（1995年に退官したときは大尉であった）の告白は世界に大きな驚きを与えた。2009年9月1日のTV番組で、中曽根元総理は次のように述べている。

一つは、「アントヌッチ中尉の告白内容は事実である」（資料㉓—アントヌッチ中尉の告白）。

　⇒これは、「米軍の救助活動を日本側政府が中止させ、撤退させ、緘口令を要請した」ことが事実であることを認めたことを意味する。すなわち、日本政府は生存者の米軍による救出を妨害している。さらにそれと連鎖する形で別の自衛隊部隊が、生存者を火炎放射器、毒ガスで殺害しており、日本政府は生存者まで意図的に殺している。すなわち、当時の日本政府すなわち中曽根総理は、乗客乗員全員の殺害を意図し、自衛隊に命じて実行させた殺害事件であったことを認めているのだ。

二つは、「日航機墜落事故には、別の真実があり、真実は墓場まで持って行く」との発言。すなわち、事故調の「隔壁破壊説」は嘘で、実は外部破壊墜落であること、それは中曽根総理が自衛隊を使って実行した123便乗客乗員全員の虐殺撃墜事件であることを示唆し告白したに等しい発言である。

以上の発言は、元総理、自衛隊最高指揮権限者である中曽根氏がアントヌッチ中尉の告白によって説明せざるを得ない事態に追い込まれて告白し、自供したものである。

以上の疑惑、嫌疑は、まさしく自衛隊と中曽根総理が、「自己保身」「責任回避」「権力維持」のために操縦可能だった日航123便の横田基地への着陸を意図的に禁止したところから始まった。最後はミサイルで撃墜したものの、機長の驚異的な操縦技術で多数の生存者が出て救助を待っていたが、それも自衛隊の特殊部隊が火炎放射器、毒ガスで殺戮した。このように用意周到に123便の乗客乗員524人全員の虐殺を目論み、実行したことは組織的な犯罪であり、それができるのは自衛隊以外にはなく、このような告白、証言は、自衛隊、中曽根総理による無辜の乗客乗員の大量殺害事件であることの裏付けであった。

日本の政治権力者、公務員、運輸省、警察、検察、日航などの共謀による市民殺害事件であり、民主主義の不在、憲法や法律の無視、権力により真実が隠蔽される風習、慣習、そして市民の無関心が、日本を無二の命に対する尊厳を持たない国家にしてしまった。その国家によって真実の究明が放棄され、無視され、市民がこのような嘘の結論や説明を信じている。そのようにして真

実を簡単に封じ込むことができる社会の体質が生き続けている日本は、現在もいまだ封建社会と変わらぬ独裁専制で、いわば徳川幕府と同様の権力の体質が生きており、明日の日本が希望の持てない国となることは必定である。

　こうした国家権力の体質が温存されている日本は、あの悲惨な戦争の時代に引き戻され、今度は崩壊して二度と立ち上がれない国になってしまうことだろう。日航123便の撃墜事件は犠牲になった乗客乗員だけの悲劇でなく、日本国民の将来を暗示する悲劇でもあるのだ。

17 結論——真実を求める旅は続く

①35年後までに判明した日航123便墜落事故の真実

1985年8月12日の日航123便の墜落で乗客乗員520人が死亡してから、2020年で35年が経過した。墜落の事故原因について、国、事故調、航空局は2年間調査して仮説「隔壁破壊説」を結論としたが、前橋地検は否定し、不起訴になり、告訴された三者「ボーイング社」「日航」「航空局」は無罪となり、その後、国、航空局は何も追究せず、再調査も行わず、放置されたままである。当然、事故原因は不明なので、犠牲者の命の代償である補償金は支払っていない。520人の犠牲者は「犬死」の状態に置かれている。なぜ、国は日航123便墜落事故の「再調査、捜査」を行わないのだろうか？

35年後の2020年1月時点で判明した墜落事故の真実は次の通りだ。

(1) **墜落事故、捜索救助、関係者言動から推測帰結された真実の発生事象**

＊524人の乗客乗員を乗せた日航123便は自衛隊標的機に衝突されて、垂直尾翼と油圧装置、APUが破壊されて、操縦が不能になり、墜落の危機に陥った。

＊機長らが垂直尾翼を破壊された123便をエンジン出力の調整で操縦する技術を新規に開発し、習得したことによって同機は操縦性を回復した。機長らは「ポラリス賞」を贈られた。

＊事故機は横田基地に着陸を敢行したが、自衛隊が着陸を阻止し妨害した。

＊事故機は横田基地への着陸を妨害されて断念し、長野川上村レタス畑に不時着を敢行した。

＊123便は上野村御巣鷹の尾根付近で自衛隊のミサイル攻撃を受け、撃墜された。

＊自衛隊は墜落場所の公式の特定に10時間かかった。自衛隊、群馬県警は捜索救助への不作為を通じて、50名以上の重傷生存者を見殺しにした。

＊自衛隊特殊部隊は極秘行動によって墜落場所の生存者を火炎放射器、毒ガスで虐殺して口封じをしたが、乗客4名だけが失神していたためにその毒牙を切り抜けて助かり生還した。

＊落合由美氏への事情聴取での証言で「隔壁が破壊しなかった」ことが判明した。

＊日航は14日に登山し、自衛隊残骸を分別。自衛隊の衝突、撃墜の証拠残骸を選別して、自衛隊の証拠隠蔽に協力した。

＊航空局は日航を加害者に仕立てて、遺族に「加害者だ」と表明させ、次に「補償交渉の提起」をさせ、遺族国民に「日航が加害者だ」という驚愕すべき印象を与え、30年以上の欺瞞、嘘の言動で「事故原因は『隔壁の破壊』」との結論を押し付けた。

＊航空局は事故調査委員会に「123便墜落の事故原因」として「隔壁破壊説」だとの結論を書かせて事故報告書にまとめさせ、運輸省はそれを受理し承認した。

＊加害容疑者として、事故調、航空局は、三者すなわち「（修理ミスを犯した）ボーイング社」「日航」「航空局」だと墜落事故の結論を出した。

＊事故調の結論に基づいて遺族、群馬県警はこの三者を告訴したが、前橋地検は不起訴判断で三者を無罪にした（資料㉔—前橋地検の不起訴判断の理由）。

＊航空局、事故調は墜落事故の資料を全部廃棄処分した（1999年）。

＊8.12連絡会は、2006年8月、「事故原因の再調査続行」と「横田基地に着陸していれば全員が助かっていた」との声明を出した。

＊運輸安全委員会、2011年に日航は遺族らを集めて解説集会を開催し、遺族会の方針であった

「墜落事故の再調査」方針を変更させ、慰霊だけをする会にした（国、航空局、日航は遺族会の幹部を取り込んで洗脳し、遺族会の「再調査、横田基地への着陸ができた」との見解を変更させ、遺族会を潰したのだ）。

＊航空局、日航は遺族、国民に対し「加害者だ」との演技を行い、30年以上遺族・国民を騙した。

＊事故から、30年以上にわたって日航、航空局はみずからを「加害者だ」と称する演技を行い、国民を騙してきたが、2017年になって両者は「加害者でない」と突然宣言しその根拠は「前橋地検の不起訴判断だ」と文書で語った。

＊ボーイング社は最初から「加害者でない」と語り、それは前橋地検の不起訴判断で確定し、横田基地所属のアントヌッチ中尉の告白投稿からもそれは証明されている（横田基地は当初から日航機撃墜事件の真実と真相をすべて知っていた）。

(2) 　事故調、航空局が調査・作成した「航空事故調査報告書」の公文書としての信憑性と権威
　　この文書は事故調、航空局が調査し作成したもので、運輸省、総理大臣が受理しており、国の公文書である。乗客乗員520人が死亡し4名が重傷を負っており、墜落した事故原因を調査し類推し検証して特定することが事故調査の目的である。すなわち、墜落の事故原因を明らかにすること、それは墜落を引き起こした異常事象を明確に特定することである。

　　事故調、航空局の事故報告書の瑕疵は次の通り。
＊123便の墜落を起こした異常事象、事故原因が特定されていない（資料㉔—前橋地検検事正の証言）。
　　事故報告書にはこのような「墜落を引き起こした異常事象」が特定されていない。
　「墜落」とは飛行中に突然異常な事象が発生し、操縦不能に陥り、機体が急降下して地面に激突する事象である。日航事故機は垂直尾翼、油圧機能を失ってから、32分間も飛行の継続ができており、突然の墜落の原因が特定されていないのは疑問であり疑惑である。
　　これでは事故報告書としての権威がない。この墜落の事故原因が特定されないと重要な「同種事故の再発防止策」を策定実施して、安全性の向上ができないことになる。
＊国は123便事故機の操縦性と着陸性の調査を行っていない。
　　事故報告書には「操縦に難があるが、32分間飛行の継続ができた」とあり、機体の制御、コントロールがされ、操縦できたことが記載されている。ボーイング社も「長い時間、旋回、上昇、降下の飛行ができた」「操縦不能でなかった」と米国FAAに詳細に説明して了解されている。
　　この結論は米国航空業界では常識になっており、定着している。事実、油圧が破壊した事故例で実証されている。
　　一番重要なことは、異常事態が起きた時に、機体が何とか操縦できるか否かであり、その結果として飛行場に着陸できるかどうかが乗客の命が助かるか否かを決定づけるのだ。多くの事故では操縦不能に近い状況で、機長は強引に公然と着陸を強行して多くの命を助けている。アントヌッチ中尉は米軍の機関紙『星条旗』への投稿の中で「高濱機長は軍事基地：横田基地に着陸申請して横田は許可している」と告白している。事故機は操縦できたから、着陸を申請したのだ。事故機は横田基地に接近し、着陸の準備飛行を行ったが、自衛隊がこの着陸を禁止したので、川上村レタス畑に不時着を敢行している。123便事故機は操縦でき、着陸できた。報告書はそのことを調査していない。
＊垂直尾翼、油圧装置の破壊は墜落原因になり得ない。

「墜落の事故原因の事象が発生してから、機体は１分以内に墜落する」との航空常識があるが、垂直尾翼の破壊から、32分間も飛行すれば、それは墜落の事故原因ではないことは歴然としている。垂直尾翼の破壊は事故原因ではない。

＊隔壁破壊説ではその発生事象の検証で、連鎖性が無く、すなわち、事故原因ではない。

「事故、事件は偶然の産物でない。連鎖的な出来事の結果である」というのが、航空事故の世界においても常識である。隔壁破壊で垂直尾翼が破壊されたという事故原因の仮説に立つならば、事後に自衛隊、群馬県警が捜索救助も行わずに上野村で待機して休憩し、村民の救助活動を制止していることの妥当性がない。したがって、隔壁破壊説が事故原因ではないことは明白である。

＊重要保安部品「第４エンジン」「水平尾翼」の破壊脱落についての検討が行われていない。

墜落場所に見つからない重要部品が墜落場所の直前に落下しているということは、その落下した重要保安部品が墜落の事故原因と結びつく可能性が高いということである。123便事故では、墜落場所には、「第４エンジン」「水平尾翼」が見つからず、この「第４エンジン」「水平尾翼」の脱落が事故原因の可能性が高い。この「水平尾翼」の直前の脱落が急降下と墜落の原因だったのである。

その他多数の発生事象から、事故調の「事故報告書」は嘘の内容である。事故調の結論で告訴したが不起訴となり、隔壁破壊説が否定されたのは当然であろう。三者はもともと冤罪であったのであり、事故調の報告書の内容は嘘であったと断言できる。前橋地検の不起訴理由でも、「事故原因は解らない」としている（資料㊹）。

(3) 日航123便墜落事故の経緯から導かれる真実、真相

このような経緯から、導かれることは次のとおりである。

●日航123便墜落事故の真実、真相

日航123便の墜落は自衛隊の標的機衝突の不祥事を隠すために、権力者の命令で自衛隊がミサイルで123便を撃墜した悲惨な事件であった。

主犯すなわち真の加害者は中曽根総理（自衛隊最高指揮権限者）、加藤紘一長官、自衛隊幕僚長である。その実行犯は命令を忠実に実行した日本国の軍隊すなわち自衛隊の部隊であった。

●日航123便墜落事故の隠蔽工作

墜落事件は政府権力者、自衛隊の犯行であるが、さらにその殺害事件を内部破壊、故障事故に見せかけるために巧妙な隠蔽工作がなされた。

＊隠蔽の首謀者は運輸省航空局と日航副社長・町田直氏であり、その計画、実行は権力者による命令を受けた事故調査委員会、群馬県警、日本航空、行政部門の公務員らが協力して成功させている。

一方、ボーイング社は最初から自衛隊による撃墜事件の実態を知っていながら、B747旅客機の安全性評価維持のために、隔壁破壊説の原点として「隔壁部の修理ミス」を提起した。

このため、最初の段階では事故原因の隠蔽に参加して補償交渉に応じたが、結局は「加害者ではない」として補償金を支払っていない。

(4) 関係者の説明責任

前項に記載した疑惑事項について、中曽根総理、自衛隊幕僚長、航空局、事故調査委員会、運

輸安全委員会、自衛隊、群馬県警、日本航空は、日航123便墜落事故の真実を明らかにするうえでの説明責任がある。遺族、国民に、これまで提示した疑惑について説明を行わねばならない。事故調の「事故原因は修理ミスの隔壁が破壊した」ことが墜落を招いたという隔壁破壊説が司法（前橋地検の不起訴判断）で否定されており、技術的に落合証言での検証で成立せず、事故調査の見直しが必要であるからだ。しかし、このような要求に上記関係者が応じて、真摯に回答し説明することは残念ながら全くなかった。

　この疑惑の説明は本来、最初の事故調査の段階で航空局が行うべきことだったと考える。

　すなわち、たとえ上記の各関係者が真摯な説明を行わなかったとしても、航空行政を司る航空局が進んで行うのが本来の航空局の仕事であり、業務のはずなのだ。したがって、遺族の一人として、著者をはじめ遺族らは　航空行政の主管者である航空局に前項に示した疑惑の真摯な説明を求める。次節ではそのことも含め、真実を求めるために歩むべき三つの道筋を提起して本書の締めくくりとしたい。

②真実を求めるための三つの道筋（事故の真実への調査、捜査の方策と方法）

　すでに、日航123便の墜落事故の事故原因は以上の如く明らかにした。しかし、類推できた結論を公式に国に認めさせることは至極困難だと予想できる。なぜなら、国、自衛隊はこれまでも墜落事故の責任を回避するために必死に隠蔽してきたのであり、今後も必死に屁理屈を並べて権力を悪用し、警察、検察に圧力を掛けて逃げようとすると考えられるからだ。事故原因の提起という通常の手段だけで対抗するには、その違法な妨害行為、権力はあまりに強力だ。したがって、別の手を考えなければ突破できないのかも知れない。ここに、三つの道筋、3箇条の調査、捜査の方策を示して、それぞれの内容を説明する。

　一つは、遺族小田が調査して得た結論で、前橋地検への告訴での「起訴相当」の結論を得る手法。検察審査会での審査による。⇒裁判による「有罪」判決を求める。

　二つは、国の事故調査の担当部署：航空局への再調査要求。

　事故調査員会を指示しての結論は、嘘の結論：「隔壁破壊説」を結論としたが、これは、真の加害者である「中曽根総理」「自衛隊幕僚長」の責任を回避し隠蔽するための捏造であり、当然、前橋地検は「隔壁破壊説」を否定している。内部破壊説が否定されれば、航空局は外部破壊説：自衛隊、中曽根総理が指示した撃墜事件の真実の解明のために、即刻「再調査」に入るべきであるが、30年以上放置して業務目的を放棄し、空の安全を危険なものにしている。本来、航空局が率先して遺族国民に謝罪し、「再調査」の行動を行うべきだが、遺族、国民として、航空局に「事故の再調査」を要求する方策である。すなわち、「告発行為」である。

　三つは「加害者」であるとの演技を35年間続けた日航に真の加害者を告発させる‼

　事故直後に日航は「加害者だ」と詐称し、「補償交渉」を遺族に提起したが、2017年に日航は「実は加害者でない」と撤回し、補償金も「お見舞金」だと訂正して、真実の隠蔽工作を国から強制されて実行したことを事実上認めた。加害者の代理を務めたことは真の加害者を知ってのことであるから、日航には「事故の真実と真の加害者の名前」の告白を実行する責務があり、遺族国民として真相、真の加害者名の告白を要求する方策。すなわち、「告発行為」である。

　以上三つの道筋について、以下に詳細に記載する。

②－1　遺族小田の前橋地検への告訴と検察の不起訴判断の検察審査会への審査請求

524名が死傷した日航123便墜落事故（1985.8.12）は世界の7不思議事件で、35年後もいまだに「墜落の事故原因が不明のまま」であり、それを国も放置している。

　事故後2年経った1987年6月に「事故調査委員会」「航空局」が「修理ミスの隔壁の破壊が墜落の事故原因だ」との調査結果を発表したが、多くの遺族、国民がその内容を疑って認めなかった。あまりにも幼稚な筋書きのフィクションあるいは小説であり、「墜落の事故原因が特定されていない」「事故機の操縦性、着陸性の調査の不履行」「第4エンジン、水平尾翼の脱落と墜落の関連性の調査不履行」「落合氏、アントヌッチ中尉らの証言の無視」など基本的な調査、捜査の不作為があまりに多かったからである。事故調の調査結果に基づいて容疑者三者を遺族らが告訴したが、前橋地検は不起訴判断を下して事故調の結論である「隔壁破壊説」を否定した。この法的で論理的な説明を空の安全を司る航空局も文書で認めたことにより、事故調の「隔壁破壊説」は崩壊したのである。

　これで、123便墜落の事故原因は完全に不明となり、それによって「加害者」もいなくなったのだ。事故から35年間の今日まで、「被害者」すなわち犠牲者となった乗客乗員520人だけが存在し、「加害者」は不在であるという異常な事態。この事態のもとで、犠牲者たちは「犬死」の状態に放置されてきたのだ。事故原因が不明である以上は再発防止策も施されていないということであり、空の安全が劣化し低下したということも問題である。

　もう一つ重要で看過できない事象、事態として遺族・国民を怒らせたのは、事故発生直後に事故調査、捜査が未着手の段階で運航会社・日航が「加害者だ」と自称・詐称し、遺族に「補償交渉」を提起したことである。このような違法な補償交渉は事故・事件の歴史上あり得ない暴挙であり、これ自体が事件である。当時、墜落事故を捜査、調査中だった群馬県警、航空局はこの暴挙を制止せず、事故加害者でない日航の詐称を黙認したのだ。　いや、むしろこの詐称こそが、国、航空局の指示で行われた謀略の一環であると類推、判断できるのだ。

　以上の事態、経緯をふまえたとき、「真実を求める旅」の今後の道筋として三つの方向が考えられる。

　一つは、従来の原則的な手段である「検察庁への告訴」である。だが、すでに述べたように遺族・小田が告訴に踏み切ったにもかかわらず、前橋地検は「門前払い」の態度に終始した。現在は不起訴とした判断を不服として検察審査会に「審査申立」を行い、その審査が行われているところである。しかしながら、検察審査会で「起訴相当」との判断が出て再び前橋地検に差し戻されたとしても、前橋地検は国の意向に沿った判断を繰り返して不起訴とする可能性が高い。たとえ異なる地方の検察庁に告訴しても、事態は同様だろう。検察が真実の解明をいかにして阻もうとしているか、以下にまとめておく。

１）前橋地方検察庁の真実の解明への妨害行為と権力者による圧力に屈した人事異動の背景

　「事故、事件は偶然の産物ではない。連鎖的な出来事の結果である」との格言があるが、日航123便墜落事故の隠蔽でもこの格言が生きており、事故の真実の隠蔽という権力者の企図は「航空局」「日航」だけでなく、「前橋地検」に対してまで連鎖的に作用している。ここにこの連鎖的な出来事を紹介して、前橋地検にまで及んだ自民党安倍総理（当時）の圧力が検察の公正な審査業務を妨害したことを示す。

● 国、運輸省、航空局、日航による真実の隠蔽

　正義の実現という点で最後の砦とも言うべき前橋地方検察庁に対してまで、隠蔽を貫こうとす

る国、権力者の圧力が行使されている。

1．遺族小田の航空局幹部との面談、質疑（上野村　慰霊式典　2016.8.12）。

2．航空局は毎年10名もの幹部を慰霊式典に出席させてきた。遺族小田は幹部：祓川課長に無罪が確定している航空局幹部に改めて「加害者であるのか」と質問すると、この総務課長は「加害責任がある」と即答した。その後、霞が関での面談の約束で、メールでの交信が続き、10月に「航空局には加害責任はない」との連絡があり、「これを了解すれば、面談に応じる」と通知してきた。遺族小田は即座に認めると返事した。

　霞が関で面談した祓川課長は、「航空局が加害者でないことは、前橋地検の不起訴判断で確定している」「航空局は国の事故調査の担当部署で、空の安全のために調査し、事故原因を特定して、再発防止を講じ、空の安全の維持向上を図る」「しかし、隔壁は破壊した――これは、事故調の結論を否定した前橋地検の結論とは異なるが、見解の相違だ」と言及した。さらに、会議の終了時に小田は祓川課長に「公開質問状」を直接提出したが、同課長は何と受理を拒否して逃げたのである。航空局、事故調は法律で遺族への説明責任が規定されているにもかかわらず、質問状の受理すら拒否し、その後、何の回答もなく連絡も取れなかった。慰霊式典で３回も面談して確認したところ「すでに回答はできている」とのことで、「東京で面談すること」を何度も約束したが、面談はその後５年間も実現していない。

3．航空局の見解に下僕である日航も追随し、「日航も加害者ではない」と認めた（2017年９月日航との技術会議）。さらに日航の権藤常務、福田部長は、「事故機が操縦でき、横田基地に着陸できた」ことを認めた。また、「日航が支払った金は補償金でなく、お見舞金である」と修正し、「123便墜落の事故原因は　左右のフラップの不均衡作動だ」との文書も提示している（資料(53)）。すなわち、日航は事故調の結論を全面的に否定して、事故機の操縦性を認めたのだ。

4．遺族小田著『524人の命乞い』出版（2017年８月）。この本は市民らに大きな反響をもたらして賛同を得ることとなり、人々の多くが信じる事故原因は「内部破壊（隔壁破壊）説」から「外部破壊（自衛隊ミサイル撃墜事件）説」へと転換して定着しつつある。

5．遺族小田は前橋地検に日航123便墜落事故の加害被疑者として「中曽根総理」「自衛隊幕僚長」、隠蔽の被疑者として「運輸相」「航空局」「日航」などを告訴した。2016年12月、2017年12月の２回に分けて告訴し、受付担当は前橋地検の検事正：森悦子、審査担当検事：中本次昭。

6．「加害者」である証拠、証明として日航が2018年10月から２年間にわたって説明した内容は「修理ミスの機体を運航した加害責任」等の抽象的、かつ感情的な心情論であって、加害責任とはほど遠いものであった。日航が時間稼ぎを行ったため、２年間がロスさせられてしまった。なおかつ遺族に支払った金についても、「遺族の困窮を救うために」支払われた「お見舞金だ」との文書回答があり、これは結局、航空局と同じく日航も犠牲者や遺族に対する心情を示したものに過ぎず、「墜落させた責任とは違う」ということを自供したに等しい（資料(65)）。

7．このように、事故調の結論が前橋地検の不起訴判断で否定され、近年になって世論はもちろん関係者の間ですら事故原因は外部破壊だという結論に向かって変化、あるいは修正が生じ始めている。このことに危機感を覚えた航空局、安倍総理は、遺族・小田が前橋地検に対して行った「中曽根総理、自衛隊幕僚長、航空局、日航」などの告訴を否定させるべく、前橋地検に人事介入した。森検事正の更迭と担当検事の人事異動を目論み、その結果として「不

起訴判断」が決定したのである。これが人事介入と考えられるのは、森検事正が遺族・小田の告訴に対して真摯に検討し審査していたからだ。この段階では前橋地検として「起訴相当」と判断する可能性があった。このため、まず森検事正を2018年1月に更迭して異動し、後任には政府の下僕である片山巖を就任させ、次いで審査担当検事の中本検事は2018年3月31日付で人事異動。結果として、後任に据えられた三席検事の寺尾智子のもと、「不起訴判断」の決定をさせたのである。この寺尾三席検事は航空機事故については全くの素人で、遺族・小田への説明のために2カ月間の準備の勉強期間が必要であった。全く何も知らない検事が判断理由を説明するのは奇怪なことで、本来であれば前任の中本検事が説明すべき事態だったことがわかる。

8. これと連動して、2018年4月に日航は植木社長から赤坂社長となり、彼が就任した日航は航空局から改めて「日航が加害者だ」との方針への回帰を強制された。また、先に述べた遺族との会議での発言と文書が引き金となって福田部長は更迭され、後任となった児玉部長のもとで再び怪訝な隔壁破壊説の説明が行われるようになった。さらに、なぜか急に小田に対する社長面談の要請があり、2018年10に赤坂社長が「日航は加害者である」と通告してきた。日航の福田、権藤が2017年に認めた結論をいとも簡単にひるがえし、勝手に変更して遺族に通知してきたのである。

9. 小田の告訴に対し、前橋地検の不起訴判断の根拠は、何と「嫌疑ナシ」であった。国民が事故調の結論に疑念を感じているとおり、自衛隊の事故発生時の言動には墜落場所に関する嘘の発表があり、自衛隊戦闘機の急発進と追尾、アントヌッチ中尉の公開記事や落合由美氏の証言の無視、町田日航副社長の「ミサイル撃墜」告白の無視、自衛隊部隊の救助不作為、墜落前の事故機からの「水平尾翼」「第4エンジン」「垂直尾翼前縁部」の破壊脱落など、事故調が無視してきた種々の事象が明らかになっている。したがって、これらの事象を無視したまま「嫌疑ナシ」とする理由はあり得ない。

　おそらく前任の中本検事らは真摯にこうした疑惑や嫌疑を認め、自衛隊の起訴を行うのが当然の帰結と判断したと推測できる。だから人事異動の名目で更迭し、不起訴の判断を書かせるべく後任に寺尾三席検事を充てたのだ。寺尾三席検事は小田と面談しての説明に際して弁護士、他の遺族関係者の出席を禁止し、録音機の使用も許可しなかった。かつて遺族らによる告訴を不起訴と判断理由について、多くの遺族らの質問に答えて丁寧に説明した山口検事正の対応は「特別特例だ」と言い訳したうえで、寺尾三席検事は小田に対して全く理解できない説明に終始した。「隔壁破壊説は正しい」「自衛隊には何の疑惑も嫌疑もない」「日航町田副社長の遺族への告白は証拠にならない」「国の調査は信頼できる」……。1990年7月に同じ前橋地検が山口検事正のもとで下した判断が確定しているにもかかわらず、これを合理的、論理的な理由もなく否定したのだ。同じ前橋地検の判断として全くの矛盾であり、今回の不起訴判断は間違っており、そこに正当性はないのである。

10. 日航は2017年に福田部長が「加害者でない」として、「支払った金は遺族の経済的困窮を救うためで、お見舞金だ」と告白し、事故原因は上野村の山岳地帯で急降下、墜落事象を引き起こしたことであると述べて事故機が急に墜落した事象の原因を告白した。さらにアントヌッチ中尉の論文によって、事故機は横田基地への着陸もできたと認識していると告白している。彼はこの発言を機に更迭されたが、上からの圧力によって長い間にわたって嘘の説明していた彼が、最後は技術者としての良心に従い、真剣に議論して自衛隊による殺害を実質的に認めたのである。2020年1月に日航の権藤常務は、安全推進本部長として「日航は加害者

でない」とし、「支払った金は補償金でなく、遺族の経済的な困窮を救うためのお見舞金だ」との公式文書を遺族に提出して、事故の真実を明らかにした（資料㊺）。

●国、運輸省、国土交通省、日航が実行した隠蔽工作の全貌
　日航123便墜落事故、事件は、自衛隊が標的機を日航123便に衝突させたことに端を発する。事故機は一時的に操縦不能に陥ったが、機長らの決死の操縦技術の開拓で操縦可能となり、長い時間にわたって飛行が継続できた事故機は横田基地への着陸を企図した。だが、自衛隊はこれを阻止・妨害したうえ、最後は上野村の山岳地帯でミサイルによって撃墜した。事故機の生存者の捜索救助の名目で自衛隊、群馬県警が早期に上野村に出動したが、彼らの不作為によって悲惨な見殺しが行われ、上野村消防団、長野県警が救出した４名だけが生還した。
　一方、このような524人の殺害事件の隠蔽を主導し指揮したのは運輸省、航空局であり、あらゆる隠蔽工作を実施した。その事態をここに列挙する。
<u>1985.8.12　日航123便、御巣鷹山に墜落（乗客乗員520名死亡、４名重傷）</u>
　この事故の真実は、中曽根総理大臣および自衛隊幕僚長は自衛隊の不祥事を隠蔽するため、自衛隊に日航123便の乗客乗員の口封じ、すなわち殺害を実行させたところにある。さらに今度はそのことを完全に隠蔽するために、中曽根総理は墜落事故の後、運輸省、航空局に完全隠蔽を指示したのである。
　以下にその隠蔽工作の事態を示す。
＊９月30日　運航会社：日航、製造会社ボーイング社が加害者となり、遺族に補償交渉提起。
　　⇒国、航空局が違法行為を容認、共犯者である。（隠蔽工作―１）（資料㊻）
＊1986年日航が上野村慰霊の園に10億円出資し、大株主として支配。（隠蔽工作―２）
　　⇒日航、嘘の事故原因を映像で国民に公開　（隠蔽工作―３）
＊1987.7　事故調、航空局：嘘の「事故調査報告書」完成、公表⇒（隠蔽工作―４）
　　　　　事故原因＝隔壁破壊説、容疑者＝ボーイング社、日航、航空局の三者。
　　　　　この内容は完全に偽造、捏造の産物で、落合証言により成立しない。
　　⇒遺族、前橋地検に容疑者を告訴。群馬県警、書類送検。
＊1990.7　前橋地検、告訴された三者を不起訴判断。無罪と判断した（資料㊼）。
　　⇒以後　日航、航空局はこの判決を無視。
　　⇒日航、航空局は加害者の演技を続行。（隠蔽工作―５）
＊1990.8　日航、補償交渉を継続、ボ社は責任がなく、補償交渉から脱退（支払ナシ）。
　　⇒日航の加害者演技続行。（隠蔽工作―６）
＊1999.6　航空局は事故調に「日航123便墜落事故の全資料」極秘裏に廃棄命令。（隠蔽工作―７）
＊2001.4　国は「情報公開法」の施行。この後、運輸省は文書管理規定を廃止し、国土交通省は新規に文書規則を制定。（隠蔽工作―８）
＊2013.12　政府は特定秘密保護法を制定。2014年12月施行。（隠蔽工作―９）
＊2006.4　日航、安全啓発センター設置。嘘の事故原因を国民に公開説明。（隠蔽工作―10）
＊2006.8　8.12連絡会の声明「事故原因の再調査を行う」「事故機は飛行でき、横田に着陸しておれば、全員助かっていたかも」と（資料㊾）。
（遺族会が事故調の唱える原因を否定、真実解明を要求）
＊2010.8　遺族会：美谷島会長ら幹部が航空局、日航に誘われて、解説集会の準備会議に参加

して洗脳され懐柔された。遺族小田宛に美谷島会長から「自衛隊ミサイル撃墜説はあり得ないのでは……」との文書が届いた（資料(54)）。（隠蔽工作—11）

＊2011.7　遺族だけを集めて、航空局、運輸安全委員会、日航は解説集会を開催。嘘の「隔壁破壊説」が成立するとの嘘の説明で遺族幹部を洗脳して騙す（資料(55)(56)）。

⇒この集会で、遺族会幹部は洗脳され、遺族会の調査方針が変更になり、その後、慰霊供養のみ（灯篭流し）の遺族会に転落した。（隠蔽工作—12）

＊2016.8　航空局、遺族に「加害者だ」と回答。⇒嘘の供述。（隠蔽工作—13）

＊2016.10　航空局、遺族に「航空局は加害者でない。前橋地検の不起訴判断で無罪が確定した」

⇒航空局は30年以上、遺族、国民を騙して来た。（隠蔽工作—14）（資料(50)）

＊2016.12　遺族小田、前橋地検に「中曽根、自衛隊の幕僚長」を殺害犯として告訴。

＊2017.9　日航も「（前橋地検の不起訴判断により）加害者でない」との文書。航空局の発言により下僕の日航も「加害者でない」と認めた。さらに、「遺族に支払った金は補償金でなく、お見舞金だ」と文書で回答した（資料(65)(71)）。

⇒日航も航空局とともに30年以上も遺族国民を組織的に騙して来た。（隠蔽工作—15）

＊2017.12　遺族小田、前橋地検に「航空局、運輸省、日航」を殺害事件の隠蔽犯として告訴。

＊2018.10　日航の新社長・赤坂佑二氏が４月に就任。遺族小田は赤坂社長から、従来とは逆に社長面談を持ちかけられた。そして新社長は以前に日航幹部・福田部長らが認めた「日航は加害者でない」との認識を撤回し、遺族小田に対して「日航は加害者だ」と権藤常務や児玉部長とともに宣言した。何の根拠もなく、結局、この発言は時間稼ぎでしかなかった。（隠蔽工作—16）

＊2018.3.31　前橋地検は遺族小田の告訴した２件を不起訴にした。理由は「嫌疑ナシ」とのことだが、説明はなかった。真剣に審査した内容はなく、寺尾三席検事は、事故については完全に素人で、告訴状を審査せず、読んでいない。1990.7には山口検事正が自ら遺族に具体的に説明するという対応であったが、今回は上の権力者から下された「不起訴にしろ」との命令に従っての判断であり、政権の安倍総理からの指示であると判断できる。（隠蔽工作—17）

この不起訴判断に関して、前橋地検に上申書（55頁、Ａ４判）を2018.6に提出したが、返事回答はない。寺尾三席検事には、その意思はないはずだ。犠牲になった524人に対する人間的な心情も持ち合わせていないからだ。マージャン事件の黒川検事と同じく、忖度で権力者に媚びを売る輩でしかないのだ。

ざっと挙げただけでも17にも及ぶ隠蔽と妨害と無視は、520人が殺害されるという事件の調査、捜査を担当すべき部署が安倍政権に操られていることを示し、それは最悪の不法行為であると判断できる。

さらに、情報公開法に基づいて事故資料の公開を請求しても、ことごとく請求は拒否されている。情報公開の面からの真実究明の道も閉ざされ、実現の可能性は薄いと言わざるを得ない。

国はあくまでも隠蔽の姿勢を貫いており、資料を公開させるのは容易なことではないのである。

②－２　国、航空局による「日航123便墜落事故の再調査、再捜査」の実施を要求する‼

真実を求めるための二つ目の道は、123便墜落事故の再調査を国、国土交通省航空局に要求することである。これまで加害者の犯罪の隠蔽工作を主導してきた航空局は、みずから法的な業務・責務として再調査を行わねばならない立場にある。そこには、真の加害者を明確にしたうえ

で、これまで30年以上も真相究明を求めてきた遺族を無視し放置してきたことへの懲罰的な加算も含め、犠牲者の命の代償である真の「補償金」を国が立て替えるなどの形で支払うことまでを含む。

事故調の結論である「修理ミスの隔壁が破壊したことが事故原因だ」との仮説では「墜落の事故原因」が特定されておらず、「操縦性」「着陸性」の調査も行っていないなど、極めていい加減な内容である。遺族らは事故調査報告書の主張に即して日航と航空局、ボーイング社を告訴したが、前橋地検はこれを不起訴処分とし、事故調査報告書の「隔壁破壊説」という結論を否定した。航空局自身もこの不起訴判断によって三者は無罪だということが司法で確定していると2017年に文書で認めた（資料㊿──航空局から遺族への書簡。「航空局は無罪だ」と前橋地検が判断した）。

隔壁が破壊すれば、機内空気は後方に向かって猛烈な勢いで動くが、生還者・落合由美氏は機内空気が全然動かなかったと否定し、同じく川上慶子氏も外壁に亀裂が発生する音を聞いたものの機内空気は動かなかったと証言している。さらに落合氏は垂直尾翼破壊時に、「空気の流出する轟音を聞いていない」と証言し、酸欠者もいなかったと述べている。この轟音と酸欠者に関する証言については、事故調、安全委員会も説明できずにごまかしているのが実情なのだ。

さらに垂直尾翼破壊後、「事故機123便は操縦できた」ということは、事故調もボーイング社も認めている。操縦ができれば墜落はせず、着陸することもできる。日航も上野村での墜落の原因は「隔壁破壊」でなく「フラップの作動不均衡だ」との説明を行ったあげく、しかし、「フラップの不均衡での墜落はあり得ない」という矛盾したことを述べている。

事故直後の日航の「加害者だ」との告白と「補償交渉」の提起は不自然であるばかりでなく違法行為であり、事故調の嘘の「隔壁破壊説」と連鎖している。日航、航空局が慰霊の園で「加害者だ」と詐称してきたのは何の具体的な根拠、理由もない演技であり、35年間も遺族国民を騙してきたこともまた違法な詐称事件だ。

近年になって日航は「目的地まで、客を安全に連れて行けなかった」ことが日航の加害責任だと述べはじめているが、このような道義上、心情的な理由づけは法的な意味での「墜落の責任」とまったく異質なものであるのは明らかである。同様の言葉は、航空局からも遺族に向けて語られている。慰霊祭に加害者として参列することについて、遺族宛に「目的地まで送れなかった」ことが航空局として「誠に遺憾だ」との意味であるとして、法的には「加害責任がない」と回答してきているのだ（資料㊿）。

日航はこの「目的地まで送れなかったことが加害責任だ」「不当な修理ミスの事故機を運航した加害責任行為だ」との理由づけでごまかそうとしているが、これは航空局の言い訳の「二番煎じ」であり、もはや賞味期限は切れている。

お笑い大賞の欺瞞賞でも進呈したい気持ちになる。

*当時の「真の加害者」の容疑者である中曽根総理は、1995年7月のアントヌッチ中尉の証言に関して、前述のように2009年の9月1日のTV番組で同証言が事実であることを認めた上で、「日航機墜落事故には、別の真実があり、真実は墓場まで持って行く」と発言している。この中曽根総理の発言から導き出されるのは、事故の真実は「隔壁破壊説」でなく外部破壊であり、これまで述べてきたように操縦できた事故機の横田基地への着陸を自衛隊が禁止し、最後は上野村の山岳地帯でミサイルによって撃墜し、なおかつ生存者を「火炎放射器」「毒ガス」を使って殺戮したことが明白になっている。ここからも、今現在、「隔壁破壊説」などとの論争は不必要なのだ。

このように、524人もの死傷者を出した事故であるにもかかわらず、国、航空局が墜落原因を意図的に不明の状態に放置しており、犠牲者らは「犬死」に等しい扱いを受けていることになる。国が事故原因解明の責務を意図的に放棄していること自体が法律違反である。犠牲者らの魂は今も暗い地下で彷徨しており、安らかに眠ることはできないし、遺族も愛する肉親に「真実の花束」を供えることができないのだ。遺族もまた、同じ苦悩の中で泣いているのだ。

＊

国民は航空機墜落事故の調査内容、結論のことはほとんど知らない。旅客機の構造、システム、操縦、着陸、管制のシステムなど、そして、航空局、事故調査委員会、自衛隊、自衛隊のシステム、運航会社日航なども良く知らない。ほとんどの国民はなぜ航空機が飛ぶのかも、離陸、着陸、旋回、上昇、降下、墜落などのことも知らない。ただ無心に航空機で旅をするだけだ。

自動車、鉄道、船舶の事故では事故原因も多少理解はできるが、旅客機墜落の事故原因はほとんど何も知らないし、理解不能なのだ。

日航123便墜落事故の遺族らも事故後間もない時期は精神的に錯乱した異常な状態に置かれたうえ、墜落の事故原因についてはよく分からず、関心を示すこともほとんどなかった。遺族になって、肉親の死を嘆き、苦しみ、反省し、喪失感に閉じこもり、葬儀、供養に心を注ぐ毎日が続いた。だから、国、航空局、事故調、日航が用意した事態説明、提示された内容に従うだけだった。事故調、航空局、国が調査した「嘘の結論」を鵜呑みにせざるを得なかったのである。

運航会社日航が「加害者だ」と言えば信用するし、「補償交渉の提起」があれば黙って従ったのである。それは国、関係部署が正しいことをやってくれると信じてのことであって、彼らの調査や説明の内容に納得した結果ではない。

それでも多くの遺族が「修理ミスの隔壁は破壊して垂直尾翼が破壊した」との事故原因について、疑念を感じていた。しかし、この点を追及するだけの技術的、論理的な確かな裏付けは持っていなかったのである。事故に関連する資料、証拠はすべて国、航空局が握って隠蔽していたからである。

それから遺族がどのような思いをたどったかは2006年に遺族会が出した声明に良く表れている。それは事故後21年経ってからの声明である。その中では、「遺族は今後も事故原因の調査追及を行う」「もしかしたら、横田基地に着陸しておれば、助かっていたかもしれない」という趣旨の重要な2点が語られている。遺族会は21年間の活動を経て、ここまで疑惑の焦点を煮詰めていったということなのである。この指摘は漠然としたものでなく、「前橋地検の不起訴判断」「アントヌッチ中尉の告白証言」という明確な証拠、根拠がある。さらに、自衛隊、群馬県警による生存者救出活動での不作為行動は遺族として到底、容認できない事態であった。運輸安全委員会も2011年7月の解説集会では、26年間、事故調、安全委員会が遺族に十分な説明を行ってこなかった対応を謝罪している。安全委員会は航空局の下部組織であり、空の安全を司る部局としての「航空局」もまた同じ認識、感覚だったと考えられる。

だが、そうであるならば、ただ形式的に隔壁破壊説を遺族が理解できるように解説するという事後対応はむしろ卑劣である。隔壁破壊説の崩壊、否定を率直に認め、123便墜落事故の「再調査、捜査」を行うことこそ、いま緊急に実施せねばならないことだ。

＊国土交通省の「事故等調査実施要領通則」は、運輸安全委員会設置法の第15条第1項によって、以下のように定めている。

「事故等調査は事故及びその兆候（以下、事故等）に関する事故調査を実施することにより事実を認定し、これについて必要な解析を行い、これらに基づいて事故等の原因（事故については、事故に伴い発生した被害の原因を含む。以下同じ）の究明を行い、もって事故等を生ずるに至った要因及び事故に伴い被害が生ずるに至った要因の排除に資し、事故等の防止及び事故が発生した場合における被害の軽減を図るものとする。」

　運輸安全委員会を監督する立場にある航空局は、この法律が規定しているように事故の調査を行って真実を明らかにする法的責務があるということになる。航空局自身、「日本の空の安全を司る部局だ」と豪語し、「安全が破綻した墜落事故の事故原因を明らかにして、再発防止策を講じて安全の向上を図る」ことが重要で唯一の責任業務だと遺族に文書で通達してきた。つまり航空局自身も、520人の墜落の事故原因を明らかにする責務があることを認めているのである。だが、前橋地検の不起訴判断で「隔壁破壊説」が崩壊してから30年以上が経過しても、同局は再調査を主導しようとはせず、「墜落の事故責任」を明らかにすることなく放置してきた。これでは遺族が愛する犠牲者を供養することはできないし、航空行政を司る者としてあまりにも無責任と言わざるを得ないだけでなく、前述の運輸安全員会設置法にも反する違法行為である。

　そもそも、再調査、捜査をしなければならない事態に立ち至った理由は、1985年時点での事故調査での対応にある。1985年8月から始まった事故調査は、CVR、DFDR、残骸分析だけに依拠し、それによって「隔壁破壊説」という仮説に基づく事故原因を作成した（日航・福田部長の告白による）。「隔壁破壊説」という仮説が「成立」するように、時間をかけて報告書を作り上げたわけだ。

　だが、仮説は幾らでも多く設定しても良いが、その仮説が発生事象と合致しているかどうかの検証が必要不可欠である。

　例えば、「仮説─A」が発生事象、その他の証拠、目撃証言、体験証言、関係者証言などと合致せず、説明ができない場合は、この「仮説─A」を破棄し、次の「仮説─B」に移り、その十分な検証を行うのが手順である。日航123便墜落事故に当てはめるなら、「仮説─A」は「隔壁破壊説」に相当し、これから検証されるべき「仮説─B」は「外部破壊説」になるはずである。「自衛隊、群馬県警による救助の不作為」「垂直尾翼の破壊直後の自衛隊戦闘機の発進」「日航副社長のミサイル撃墜発言」「アントヌッチ中尉の救出撤退告白」などから導かれる事実を検証すれば、おのずから事故原因が判明するのである。さらにあの巨大な垂直尾翼の破壊が機内空気の流出だけで起きるとは、常識でも、科学的考察からも考えることはできない。操縦ができた（飛行の継続ができた）と結論しながら着陸は不可能と飛躍することの論理的な矛盾は明らかであるし、落合氏による18：24の機内状況に関する証言、そして18：55：45の物凄い横揺れ、急降下墜落事象についての証言からも墜落の事故原因としての「隔壁破壊説」は成立しないことは明らかなのだ。

　このように仮説を提起したら、それを発生事象と突き合わせて検証することが不可欠であって、航空局、事故調はこの重要な手順を無視して結論を作り出した。仮説と検証は本来なら当初の事故調査の段階で行われるものであって、このような正しい手順を無視・放棄して虚構の「事故原因」を捏造し、それを航空局が受け取って公式文書化したまま35年間も放置した罪は許されるものではない。すなわち、運輸省、国土交通省の航空局は35年間、以下の各点から見て違法行為、業務違反行為を行ってきたと言わざるを得ない。

＊「事故調査報告書」は運輸省、航空局が受理したことで公式文書となったが、その内容は「墜

落の事故原因が特定されていない」「事故機の操縦性が調査されていない」「自衛隊の救助活動の意図的不作為との連鎖性がない」など、事故報告書として不適格である。その内容は26年後の「解説集会」でも説明できなかったほど、劣悪な文書である。そのような文書を運輸省が受理したのは違法行為であり、解説集会の目的は遺族会の幹部の洗脳と遺族会の解体であった。被害会社、遺族会社であるはずの日航がこの集会に積極的に協力し参加していることにも、違法性の嫌疑がある。

＊遺族らが三者の容疑者を告訴したが、前橋地検は不起訴判断して三者を無罪にした。このことが法的に確定して事故調査報告書の内容が否定されていることを知っていながら、再調査の指示命令を出さず、犠牲者の事故原因の調査追及を不起訴時点から考えても30年間以上も放置したこと。

＊事故直後に日航は「加害者だ」と表明し、「補償交渉」を開始した際、運輸省航空局はこれを違法行為として制止も中止もさせなかったこと。運輸省、群馬県警も事故調査の開始段階にありながら黙認したのは、「運輸省が日航に指示命令した」と考えると合理的に説明できる状況でもある。

＊航空局、事故調査委員会、運輸安全委員会は、遺族、有識者からの疑念、矛盾の指摘、抗議を一切無視し、説明責任を果たしてこなかったことを、「解説集会（2011.7）」で遺族らに謝罪している。事故報告書が矛盾して、疑惑があり、成立しないことを運輸省、国土交通省は嘘の報告書であることを自覚していたことを示すものであり、その点でも遺族・国民を騙していた。

＊前橋地検が不起訴判断して事実上無罪にしたが、航空局は上野村慰霊式典では10名もの幹部を出席させ、「加害者」の演技をすることで、35年間も遺族・国民を騙してきたこと。

……以上を踏まえ、下記のことを緊急に要請する。そして、告発する。

②－2－A　遺族・国民から、空の安全を司る国土交通省、航空局への緊急要請実施事項

　真実を隠蔽するために中曽根総理は「運輸省・航空局」を首謀者に任命して、事故調に「嘘の報告書」を作成させ、日航には「嘘の加害者役」を押し付け、補償交渉を強制し、「航空局」自身も加害者の演技を行い、遺族、国民を35年間騙して来た。前橋地検がボーイング社、日航、航空局を不起訴と判断して事故調の「隔壁破壊説」が否定され、この説が崩壊した時、航空行政を司る航空局は当然、日航機墜落事故の再調査を行うことが業務であった。だが、航空局は不起訴判断を知りながら、これを一切無視して再調査の指示を出していない。

　これは人命無視、業務違反であり、重大な事件である。それをふまえ、国土交通省、航空局に以下のごとく日航123便墜落事故の再調査を緊急に行うことを要求する。「過ちを改めるに憚ることなかれ」である。このような再調査の方針の決定は　迅速に遺族、国民に連絡通達し、マスコミにも説明して新聞、報道手段にて、国民に広報しなければならない。

　さらに、付随して以下の諸点についての謝罪が必要であり、要求する。

①運輸省、国土交通省は杜撰な嘘の事故報告書を作成し、遺族国民を35年間騙して来たことを認め、謝罪すること。

②事故調査の段階で航空局が調査方針、結論に介入し、嘘の「隔壁破壊説」に誘導した経緯を説明すること。

③「外部破壊説」を無視し、調査を行わなかったことは、自衛隊の関与を否定して事故の真実を隠すためであり、その経緯を明らかにすること。

④前橋地検が三者の容疑者を不起訴判断して無罪にしたことを熟知していながら、放置して、慰

霊の園の慰霊式典では、10名もの航空局幹部が出席して「加害者」の演技をして、日航と共に「加害者の演技」を行い、事故調の嘘の仮説である隔壁破壊説の擁護を行い騙したことを明らかにして謝罪すること。

⑤航空局の「最大の業務は空の航空安全の維持、向上にある」と遺族に豪語しながら、日航123便墜落事故の事故原因としての「隔壁破壊説」を前橋地検が否定し、事故調の仮説が崩壊したにもかかわらず、意図的に放置し、迅速に再調査、捜査して次の正しい事故原因を明らかにしなかったこと、それによって空の安全性向上を阻害し、国民を危険な状況に晒したことを認め、謝罪すること。

⑥墜落の事故原因を明らかにせず、放置したことは墜落事故の同種事故の再発防止が行われないことになり、空の安全向上の責務、業務を放棄して空の安全性向上、維持を阻害し、国民を危険に落とし込んだ罪であることを認め、謝罪すること。

⑦運輸省（後継：国土交通省）は墜落事故の犠牲者：乗客乗員520名の事故原因を明らかにする業務使命を放棄して、30年以上犠牲者を「犬死」の状態にしたままでいたことを認めて、謝罪すること。

⑧このような犠牲者の墜落原因を放置したことは、業務の放棄であり、犠牲者、遺族への侮辱であることを認めて、謝罪すること。

⑨墜落の事故原因が不明であるので、犠牲者、遺族は真の加害者への補償請求ができず、犠牲者の人間としての尊厳、評価が放置されていることを認めて、謝罪すること。

以上、これまでに引き起こされた事態と行為を認めて、謝罪することを求める。

②－2－B　遺族から、乗客乗員の命の代償である「補償金」の航空局への「立て替え払い」の要求

「事故原因の再調査」を航空局へ要求したものの、35年間にもわたって意図的に放置されたことに対し、遺族として緊急に要求したい事項がある。それが、乗客乗員の命の代償である「補償金」の航空局の「立て替え払い」だ。

前橋地検による、告訴された三者の不起訴判断から30年、航空局は再調査を実施しなかったのはもちろん、成立しない「隔壁破壊説」にこだわり、日航とともに加害者としての演技をしたことから、航空局、国は真の加害者を再調査する意図はなかったと判断できる（業務違反犯罪）。

また、この経緯から、国、航空局は最初から事故調査を行わなかったとも推測帰結できる。当局、当事者は、この重大な520人墜落死の事故原因の調査を真剣に行った経緯はなく、最初から「嘘の事故原因を捏造した」と推察できる。すなわち、真の加害者、事故原因を知っていたから、真の加害者を隠蔽するためであったと帰結できる。

日航機墜落時の真実と真相は、国、航空局が隠蔽し、放置したことによって、かえって経緯が明確になったのだ。

墜落の原因が不明のまま放置され、再発防止策が実施されず、空の安全は不安な状況のまま放置され、非常に危険な状況に陥っている。この状況はまさに「全日空機雫石自衛隊戦闘機激突事件」での加害者自衛隊が実施したことを特定できなかったために、今回の自衛隊による「日航123便撃墜事件」なる暴走、犯罪の引き金になったのである。

そのため、犠牲者への補償もいい加減な対応になっている。今回の撃墜事件の犠牲者の命の代償について、日航は「加害者でない」にもかかわらず「加害者だ」と詐称し、「補償金」まで強

引に支払った。そして、32年後の2017年、これは偽装であり、嘘であったと自供したのだ。すなわち、日航123便で墜落死した犠牲者への補償金は35年経過しても支払われていないことになるのだ。

これは国として、国民、犠牲者への重大な人権侵害であり、市民の命の尊厳への冒涜である（憲法に違反）。国、航空局による乗客乗員の命の代償である「補償金」の支払いに対する妨害犯罪であるのだ。

旅客機が墜落した場合の調査、事故原因の特定、再発防止策と補償金までの手続きは決まっている。

旅客機は墜落して多数の乗客乗員が死亡すると、その国の担当省庁の航空局が事故調査部署に調査を指示して開始される。所轄の警察も一緒になって捜査を行う。

事故調査の結果が出ると、司法に送られ、審査される。その後、裁判所で審査され、結論が認められ、初めて事故原因、加害者が特定されるのだ。

加害者への罰則に加え、再発防止策が実施されることにより、空の安全の復旧が行われ、安全性が向上することになる。

加害者が特定されると、乗客乗員の命の代償である「補償金」が遺族から提訴され、民事裁判で条件、金額が決められる。

このような経緯が必要なのであり、通常、事故原因が決まるまで約2年、補償金が支払われるまではさらに3年と言われている。つまり、5年ほどかかるのだ。

このように、墜落事故、事件の真実と真相が司法で確定しない限り補償交渉はできない。日航123便墜落事故の事故原因は35年間不明であり、遺族は真の加害者へ「補償金」の請求ができない状況に放置されているのだ。

国、運輸省、航空局は意図的に事故原因を究明せず、不明の状況に放置し、司法が否定した「嘘の事故原因である隔壁破壊説」を主張し、遺族・国民を騙してきているのだ。

この行為は、世界的にも残虐非道・卑劣なものであり、嘘吐き、隠蔽、騙しの犯罪行為であり、世界史上で最も醜い事件の一つといえる。

すでに日航は、補償金を支払っていないことを文書・書簡で認めている。しかし、航空局は判決を無視し、「事故原因調査」を意図的に不作為し、遺族が補償金を請求する権利を妨害している。これは国、航空局の違法行為で、かつ業務規則に違反する行為は、犯罪行為に相当する。

事故の再調査が行われたとしても、まだまだ時間が掛かることは必至であり、35年間待たされた遺族には耐えられない事態である。よって遺族は暫定的に担当行政機関の航空局に補償金を求めるのが正当な対応策である。

これまで30年以上も真相究明を求めてきた遺族を無視し、究明を放置してきたことへの懲罰的な加算も含めて、犠牲者の命の代償である補償金を支払うことを求める。

とりあえず、担当部署の航空局が立て替え、航空局が真の加害者を特定した段階で、真の加害者に請求する手順になるはずだ。

②-3 日航の「加害者」詐称と「補償交渉」の矛盾・違法性

真実を究明するための三つ目の道として、これまで「加害者」と詐称して、代理を務めた日本航空に、真の加害者の名前を告白させることも必要不可決で重要である。日航は事件の真の加害者を知っているはずであり、虚構に満ちた「補償交渉」を日航に命じた機関の名も知っているこ

とは間違いない。これらを明かすことが、505人の大事な顧客と15人の社員・クルーを殺された会社の責務である。それを日航にうながすには、まず「加害者」と詐称し、「補償交渉」を行ってきたことが持つ矛盾や違法性を明らかにする必要がある。

　1985年9月、日航は事故調査の開始段階で、遺族に「加害者だ」と詐称し「ボーイング社」と共謀して「補償交渉」を提起して強引に補償金を遺族に押し付けた。本来無罪であり加害責任のないはずの日航は、補償金と称して犠牲者の命を強引に金で買収したのだ（資料㊻㊼）。これは遺族を騙した明白な違法事件である。この補償交渉は10年以上もかかり、1990年7月に前橋地検が「隔壁破壊説」を否定して日航らを無罪にした後も続いた。これは法律無視、地検の判断を無視した暴挙である。

　さらに事故調査委員会や航空局、群馬県警が事故の調査・捜査を行う前に補償交渉をするという日航の暴挙、犯罪行為に対し、1985年9月当時国の調査、捜査機関は何ら法的に制止し、中止させていない。日航・権藤常務は2020年1月に著者との「技術会議」で「このような国の捜査機関からの注意、制止、中止の命令はなかった」と認めている。すなわち、国の調査機関、捜査機関と日航は合意の上で、または航空局からの指示でこのような違法行為（無罪の日航が遺族を騙して「加害者だ」と詐称し、「補償金」を支払ったこと）を共謀して遺族を騙した違法事件であったのだ。

　それを見取り図的に示しておくと、つぎのように表すことができる。

　航空機事故が発生した際、航空局が担う航空行政の通常の正しい事故処理の手順は本来なら次のようなものにならなければならない。

　事故調査 ⇒ 事故原因の特定 ⇒ 加害者の特定 ⇒ 再発防止策の作成と実施

　ところが、123便墜落事故の場合、これとは全く異なる次のような手順で事故調査が推し進められた。

　「加害者」を自称する者による加害行為の自供 ⇒ 自称「加害者」による補償金の支払い ⇒
　事故調査 ⇒ 事故原因の特定 ⇒ 「加害者」の特定 ⇒ 遺族の告訴 ⇒
　前橋地検：不起訴処分（無罪判決）

　こうした経緯からは、事故捜査・調査の手順が無茶苦茶であり、事故調査機関が取るべき手順でないことは明らかである。この手順は違法であり、隠蔽工作が実行された証拠もある。

　もちろんここで「加害者」を詐称したのは日航である。運輸省、航空局は運航会社の日航を「加害者」に仕立て上げて補償交渉を提起させ、遺族・国民に「事故の責任は日航にある」という印象を先に植え付けることで、偽りの事故原因の特定、偽りの「加害者」の特定に至ったわけだ。これでは真の事故調査は不要ということになり、犠牲者への冒涜、遺族への侮辱そのものである。

　ここで「加害者」に仕立て上げられた日航が実際には加害者でないことは明白であり、2013年から7年に及ぶ日航との技術会議でも日航は自分たちが「加害者である」ことを証明、説明できなかった。そのことを、ここで再確認しておきたい。

＊

　事故後の1985年9月、49日忌に遺族宛に日航・高木社長（当時）からの書簡が届いた。
　その書簡には「お客様のお命が失われたこと誠に申し訳なく……」と記載され、「補償に関する話し会いについて納得得られるように誠心誠意に行う」と書かれていた。これは遺族に「日航は加害者だ」と思わせたが、実際には日航は自分たちが「加害者だ」と言えるような根拠は全く

持っておらず、加害者だと断定する言葉はなかったのである（資料㊻―日航高木社長から遺族への補償交渉の提起書簡）。

この時期、遺族は突然、愛する家族を、父を、母を、子供を、祖父を、祖母を失って喪失感、悲嘆、苦悩、反省などに悩まされており、葬儀、埋葬の準備、墓の購入、親戚親友らへの連絡、種々の慰霊行事などで振り回され、とても「事故原因」とか「補償交渉」などへの関心を持てる状態ではなかった。遺族らは、それぞれの状況の中で苦悩し悲嘆に沈んでいたのだ。事故後、遺族は世間からの目を避けて逃げ回り、その後30年以上も苦しみ、その苦しみに塞いでいる。したがって、このような日航からの「日航は加害者だ」とか「補償交渉」だとの申し入れがあっても全く無関心であり、何の興味もなかったのだ。「墜落の事故原因」とか「補償」については、国や事故調査委員会、航空局、警察、そして日航が誠心誠意の対応をしてくれると考えていた。だから、日航が「加害者だ」と言うのなら「そうなのだろう」と思い、また、「補償交渉」と提起すれば「それが慣例なのだろう」「そうなんだろう」と考えて対応したのである。

遺族であれ、国民であれ、旅客機が墜落して肉親が突然殺された時に「墜落の事故原因」とか「旅客機の構造、システム、操縦、着陸」についてこまごまと検討する人間はいない。

そのような知識は全くなく、航空業界の常識も知らない遺族が、墜落事故で肉親が死亡したとしても研究したり調査したりすることがなかったのは、むしろ当然である。事実、墜落事故の原因について真剣に調査研究する遺族は、長い間いなかった。遺族はそのようなことに関心はなく、肉親の死に悲嘆し苦悩の中に埋まっていた。国、航空局、事故調、警察、日航も必ず犠牲者、遺族のために適切な処置、対応をしてくれると考えていたのだ。

だが、自衛隊、日航、事故調に対してごく普通の国民としての信頼や感謝の念はありながらも、遺族は凄惨な墜落事故を総括するにつれて日航123便の墜落に至るまでの飛行経路、長い時間飛行できていたという事実などに何か割り切れない疑惑を感じており、事故調の報告書内容にも不信感を抱きはじめた。そこから出発した著者は、日航による虚構の「補償金」支払い事件について、「補償金を支払うことができるのは加害者だ」との基本的な視点、観点に立ち、日航と論議することになった。

まず著者が2016年８月の慰霊の園での航空局との面談で「航空局は加害者ですか」との質問から始まった質疑は、航空局が「無罪だ。前橋地検の不起訴判断で、司法で確定している」という趣旨の文書回答を寄せたことで決着した。前橋地検が事故調の結論を否定して三者を無罪にしたことを航空局も受け入れ認めたということは、航空局が当然「日航」「ボーイング社」の加害責任についても否定したことになる。

次いで、これを受けて日航も、著者に対して「日航には加害責任がない」と認めた（資料(71)―日航が、遺族への「日航は加害者でない」との書簡）。

だが、そうだとすると、日航が事故直後に遺族に対して述べた「日航は加害者だ」との言葉は嘘だったことになるし、当然「補償金」の強引な支払いも違法であり、犯罪になる。日航は肉親を失って苦しむ遺族を騙して金を支払い、真実をごまかしたことになるのだ。

「お見舞金」だと言い訳したが、これを「補償金」だと称するのは重大な詐称であり、違法事件である。

それは何も知らない一般の社員にまで犯罪加害者の一員だという汚名を着せ、企業としての日航本体に巨大な経済的、名誉棄損の損害（背任行為）を与え、社会的信用、信頼を失わせるという暴挙であった。また、これが保険会社への詐欺行為になることもすでに述べたとおりだ。

この時、日航の安全推進本部の福田部長は米軍アントヌッチ中尉の告白投稿をめぐる議論の中

で、事故機が操縦でき着陸できる状況だったことを実質的に認めている。さらに同部長は墜落が事故機のフラップ操作での不均衡作動だと文書で回答し、隔壁破壊を墜落原因とする事故調の結論を実質的に否定した。これらは事故が発生した８月12日、日航副社長・町田直氏が「日航機はミサイル撃墜された」と遺族に述べたこととも合致し、事故調の「隔壁破壊説」が成立しないことを認めたことになる。しかし、隔壁破壊説が成立しないことや事故機に操縦性があったこと、横田基地に着陸できたこと、自衛隊のミサイルで日航機が撃墜されたことなどに結びつく発言をした後、福田部長は更迭され、後任に児玉部長が就任した。

　その後、新任の赤坂社長は再び「事故原因は隔壁破壊説だ」という発言をくり返し、児玉部長も真実の一端を発言するとまたもや更迭され、後任に山西部長が就任する事態が際限なく続いている。都合が悪くなると人事異動で遺族の真実追究の道を閉ざそうと画策するのである。

＊

　同様の判断の揺れは、前橋地検にも生じている。前橋地検に告訴された三者の審査の結果は不起訴判断であった。裁判所への起訴ができない状況であるという判断であり、地検の段階で「事故調の隔壁破壊説は間違っている」「事故原因が特定されていない」と判断したのだ。山口検事正は「機内の空気が動かなかった」との生存者落合さんらの証言を採用してこの結論に至っている（前橋地検山口検事正の不起訴判断について説明の議事録─8.12連絡会作成）（資料⑭）。
＊ところが、2018年の前橋地検検事正・片山氏になると、「隔壁破壊説が正しい」と述べ、1990年の山口検事正の判断を180度覆す判断を出してきている。政権からの司法への干渉、圧力による変節だと推測できる。30年前に司法で確定したことを、同じ司法である前橋地検が変更することは許されないことであり、2018年の片山検事正の判断は成立しないのだ。昨今の安倍政権による「桜を見る会」「東京高検の黒川検事長の定年延長事件」の事態を考えると、権力維持に執念を燃やす総理の言動はいつの時代も同じであり、司法への介入が行われていることは間違いない。

　さて、前橋地検の不起訴判断についての「航空局」と「日航」の見解は全く同じで、「両者に加害責任がないが、隔壁は破壊した」という主張である。このような見解が両者から出されたということは、恐らく両者が相談した上での結果だと考えられる。これは「隔壁破壊説」をあくまでも守るための言い分であるが、山口検事正から直接に不起訴判断の理由を聞いた遺族としては、あまりにご都合主義の勝手な見解であり、不当な解釈だ。

　そのことは、ボーイング社の加害責任について検討していくとわかる。航空局と日航が自分たちは「無実」であるが「隔壁は破壊した」と言い張るなら、責任を負わねばならないのはボーイング社だということになる。航空局と日航が無実である以上、隔壁破壊によって起きた事故に責任を負えるのはボーイング社しかあり得ないからだ。その主張、見解が正しいとすると「隔壁の修理ミス」をした「ボーイング社」だけが真の加害者だということになる。「航空局」「日航」が真実を語っているとするならば、これでは思わぬ波紋、問題、矛盾が出て来る。

　一つ目は、事故直後に遺族に対し、「日航」と「ボーイング社」が共同で補償交渉を提起したこととの矛盾である。この連携から推測すると両者の間には何か秘密の取り決めがあったと考えられ、この観点からボーイング社だけが責任を負うべき隔壁破壊が起きたとは考えられない。あくまでも「隔壁が破壊しなかった」ことが、不起訴の理由だと帰結できる。

　二つ目は、「日航に墜落の事故責任がない」とすると、日航は大切な乗客505人と社員15人をボーイング社に殺された被害会社になるということだ。となると、日航はボーイング社を相手に告訴せねばならないし、もちろん遺族も同調して連帯告訴を行うことになる。

しかし、日航はそのような告訴をしていない。以前から、著者は日航に何度も「日航は乗客、乗員520人を殺された被害会社だ」と認めるように説得したが、なぜか拒否している。だが、「日航は加害者ではない」にもかかわらず「被害会社だと認めない」というのは、企業としてあまりにも奇妙で矛盾に満ちた対応である。

三つ目は、すでに日航が多大の補償金を支払っているということである。日航は「加害者でない」と認めたことをふまえ、植木、権藤、福田の各氏とも「お見舞金だ」というように説明を変えており、いまさら「遺族に返せ」とは絶対に言えないはずである。

四つ目は、それでは遺族は「誰に」補償金を請求すればよいのかという疑問の浮上だ。日航は真の加害者の「代理」を務めたのであり、当然、その真の加害者を知っているはずである。日航は真の加害者の氏名を公表する責務を果たし、補償金はこの真の加害者が支払う。

それが法律の定めるところであり、常識なのだ。果たして「誰が真の加害者なのか？」

それが自衛隊幕僚長、加藤防衛庁長官、あるいは中曽根総理大臣であろうとも、日航は真実を公表せねばならないし、それが「（自分自身は）加害者ではない」ことを認めた日航の必然的な責務でもあるのだ。

五つ目は、「日航」「航空局」が加害者の演技をして真実の調査・解明を遅滞させた結果、520人の犠牲者は35年間も「犬死」「ムダ死」の状態に意図的に放置された。「日航」「航空局」も無罪であることが確定していると言及しているにもかかわらず、それでは真犯人は誰なのかという調査・捜査には手がつけられていない。

このミステリーの謎を解くことは難しくない。結局、「航空局、日航が無罪で隔壁だけが破壊した」との見解は説明が付かない以上、隔壁破壊はなかったと考える以外にないのである。

そもそも墜落事故から間もない段階で、「隔壁の修理でミスをした」と告白したのは、ボーイング社である。このことは「日航」も「航空局」も当時は寝耳に水で、全く知らなかったのだ。しかし、このボーイング社のささやきに、航空局は飛びつく。それによって123便墜落の事故原因に「修理ミス」を結びつけ、「内部破壊説」すなわち「隔壁破壊説」が誕生したのである。

だが、もし隔壁が破壊したことで墜落事故が起きたというのなら、ボーイング社の加害責任が最も大きいということになる。これに対して前橋地検は、ボーイング社も含めた三者を不起訴と判断している。

ボーイング社修理部隊は、修理の際に「上部の隔壁部と下部の修理隔壁部の繋ぎ部に2枚の継ぎ板を使わなかった」と説明したが、乗客乗員、貨物室を外部低気圧環境から守る外壁部はもちろんのこと、隔壁部もすべて継板は1枚である。したがって、ボーイング社の説明は矛盾するのだ。外壁板、隔壁は「ワン・ベイ・システム」であって、一部の破壊は外壁の30センチ角の板部だけに留まるというのがボーイング社の設計基準であったと力説していたからだ。

それなのに意図的に「修理ミス」なる言葉が使われたのは、この日航123便墜落事故を隠蔽するための謀略であったと推察できる。日本と米国との共謀が生んだ「隔壁の修理ミス」という作り話かもしれない。日本側は自衛隊ミサイル撃墜事件の隠蔽のために、米国ボーイング社は世界の空を飛んでいる600機のB747旅客機の安全性評価を確保維持するために、両者の利益を満たすために共謀したと推察できるのである（資料㉔──前橋地検：山口検事正の不起訴判断の理由）。

さらに前橋地検の不起訴判断は「機内空気が動かなかった」との落合証言から導き出されたという山口検事正の遺族への説明内容は信用できるし、正しい理由だと判断できる。事故調が「隔壁破壊」が事故原因だとしたから三者を容疑者にしたのであり、もし「隔壁が破壊した」のが事

実ならば「三者が不起訴」という判断は絶対に成立しない。つまり日航や航空局が今になって口にする「加害者ではないが、隔壁は破壊した」という不当な言い訳は成立しないことは明白であり、仮にあくまでも日航がその言い訳に固執するならば、遺族としては日航に対して「ボーイング社を告訴する」ように要求せざるを得ない。

●遺族・国民から、「加害責任がなかった日航」への緊急実施要求事項

　事故犠牲者、及び遺族は日航に対し、以下の諸点の迅速な実行を要求する。すなわち、日航は事故直後から自らを「加害者だ」と詐称する嘘を重ね、遺族・国民を騙してきたことなどを認め、広く遺族、国民に対し「文書」と「言動」で説明し、遺族・国民に謝罪すべきである。
　その主要な点は、以下のようにまとめられる。

①日航副社長・町田直氏は墜落事故の直後、12日午後遺族に「日航機はミサイルで撃墜された」と告白した。これに落合証言などで確認された事象を加えて検証すると、墜落の事故原因には、自衛隊が関与していること。

②12日午後9時には日航の整備、技術者が長野県に派遣され、14日にはそこから墜落場所に登山し、機体後部付近の落下残骸の選別を行い、自衛隊が回収して隠蔽した。
　証拠品の隠蔽に日航が協力したこと。

③日航の世話役は各遺族に付いて、世話したが、この世話役が「日航が加害者だ」との言動を示すことで遺族に「日航は加害者だ」との先入観を与え洗脳したこと。

④日航は墜落事故の犠牲者の葬儀で、多額の香典の中に、遺族に黙って補償金の一部を先渡ししている。これは補償交渉の実施に先立つ事前行為で、その後の正式な補償交渉提起への布石であったこと。

⑤123便墜落事故の調査、捜査が開始段階で日航は遺族に「加害者だ」と詐称し、「補償交渉」を提起し、強引に補償金を遺族に渡して、事故原因への関心を薄め、事故の終結を推し進めた。5年後、前橋地検が告訴された日航らを「隔壁が破壊していなかった」として不起訴にして無罪にしても、補償交渉を続け、中止しなかった。明らかに事故の加害者でないことが分かっても、続行したのは、日航は「加害者の代理」を演技していたこと。

⑥前橋地検の不起訴判断について航空局、日航ともこれによって「両者とも無罪が確定している」と認めたこと。⇒これで日航は「事故責任がない」ことが明確になった。

⑦この前橋地検の不起訴判断で、日航が「加害者」でなく、また、「補償交渉」を行う権利がないことが明らかになった。日航は何らかの理由で、「加害者の代理」を務めたことが明確になった。日航はお客と社員を殺す動機はなく、日航の行動は、誰かの指示で行った可能性が推測できること。

⑧「日航は加害者だ」と言って、上野村に「慰霊の園」の設立に10億円を拠出して、ボーイング社も半額負担したと弁明したが、ボ社は支払った形跡はない。日航はボ社の拠出の証拠の書類の提出を拒否した。⇒日航の言動は「加害者でない」にもかかわらず、極めて異常な演技であること、⇒日航は加害者の演技を意図的に行ったこと。

⑨日航は羽田の工場に「安全啓発センター」を開設し、123便の残骸の展示と墜落事故の事故原因として、「隔壁破壊説」を説明して遺族、国民を騙してきたこと。⇒上位の組織である国、航空局の指示だと推測判断できる。

⑩日航は上野村の「慰霊の園」の管理棟で123便の墜落の事故原因として、嘘の事故原因である「隔壁破壊説」を展示し説明を行い、遺族国民を騙して来たこと。⇒この嘘の「隔壁破壊説」

の展示は国、航空局の指示で行ったと推察できる。

　⇒慰霊の園は墜落死した520人に「遭難者」との侮辱の名称を付けて慰霊式典を開催し、35年間も実行して遺族、国民を騙し続けたこと。

⑪日航は著者との墜落事故の技術会議を2013年から開催しているが、「日航は加害者だ」と言い張ることで著者を翻弄し混乱させた。日航は「事故調の隔壁破壊説を信頼している」と強調し、非技術的、非論理的な説明を行って誤魔化化してきた。加害者でない日航が前橋地検の不起訴判断後も事故調の「隔壁破壊説」に執心して擁護するのは極めて異常な事態であり、何らかの外部からの圧力がかかっていると推察でき、この圧力は国すなわち運輸省・航空局だと推察判断できる。

⑫日航は2017年に航空局が「加害責任がない」「加害者でない」と公式に表明してからこれに追随し、「日航は加害者でない」ことを認め、アントヌッチ中尉の証言からも「事故機は操縦でき、横田基地に着陸できた」ことを認め、かつ「自衛隊のミサイル攻撃により撃墜された」との町田直・日航副社長の告白を認めることにつながる見解を述べている。

　これらの関係者の証言は完全に連鎖しており、自衛隊によるミサイルでの撃墜事件が成立することは論理的にも技術的にも、調査結果からも導かれ、自衛隊によるミサイル撃墜は間違いない事実だと結論できる。

　福田部長は遺族へ支払った金は「遺族の経済的な困窮を救うため」「遺族へのお見舞金だ」とし、墜落原因についても事故機の「フラップ操作での不均衡作動だ」と文書で回答したのだ。ところが、この後に福田部長は更迭され、後任の児玉部長になると、再び元の隔壁破壊説に立ち戻った回答が始まった。さらに今度は児玉部長が更迭され、山西部長が出てきて遺族を混乱させ、ムダな時間を消費させている。

⑬日航は重要なCVR、DFDRの原本を有しているはずだが、その保有、保管を長年の間、ごまかしてきた。しかし最近、運輸安全委員会が原本は日航が保有し保管していると通告してきた。

　⇒日航は事故の真実を語るのでなく、長年の間、遺族・国民に嘘を吐いてきたことが明白になった。日航が極秘裏に保管しているCVR、DFDRを再生して解読し、真の発生時点での会話、言動、設備の状況を公表して、遺族・国民に報告して事故の真実を告白することが、日航の責務であり、犠牲者への最大の供養になる。

⑭日航は520人の乗客乗員が死亡した事態について、日航もまた「被害会社だ」とは絶対に言わず、認めなかった。「日航には加害責任がない」と明確になってもこの主張を変えないのは異常な事態で、隠蔽したい国、航空局の圧力が掛かっていると推測できる。

⑮日航のこのような姿勢、補償交渉の実施により、事故原因は35年間、不明のままになっている。520人の乗客乗員の犠牲者はまさに「犬死」「ムダ死」の状態に放置されており、これは日航がお客様、社員の命を侮辱する行為であり、人間を運ぶ運航会社の資格を放棄しており即刻運航免許を剥奪すべきである。

　日航123便事故の最も重要な問題の一つは、「事故機が垂直尾翼の破壊脱落後も操縦できた」ということである。垂直尾翼、油圧装置が破壊された後も何とか操縦できたというのであれば、「垂直尾翼の破壊」は事故原因ではなくなるからである。だから、会議に出席した日航のパイロット、福田部長、権藤常務ら幹部は、必死になって操縦できたことを否定するのだ。技術会議に出た日航幹部のうち植木社長、権藤常務、小副川、上谷、中野部長はすべてパイロット出身である。彼らは全く非科学的、非論理的な不当な言い訳を用い、すでに事故調やボーイング社が操縦できたことを認めているのにもかかわらず、「事故機は操縦できなかった」と否定し

てきた。2019年からは権藤常務が「復元飛行」なる言葉を捏造し、操縦不能でも事故機が勝手に「復元飛行」したと真面目に語った。その姿と荒唐無稽な論法には、恐怖を感じざるを得なかった。事故調もボーイング社も「事故機は飛行の継続ができた」と認めている。さらに、日航のパイロットの神様と言われた杉江弘氏は、その著書で「日航機はエンジン出力の調整で操縦できた」と主張している。国際定期航空操縦士協会連合会は、高濱機長ら３名が、油圧機能喪失後にみずから編み出して習得した「エンジン出力微調整による操縦」に対し「ポラリス賞」を与え、その業績を称賛している。事実、実際に米国のUA232便事故例でもエンジン出力調整による着陸が敢行されて多くの乗客が助かったのだ（資料㊺）。

⑯日航は2017年に「日航は加害者でない」と認めたが、その後再び航空局、国からの圧力で「日航は加害者だ」と言いはじめ、もはや論理的な説明が付かない状態に陥っている。すなわち、「日航はお客を目的地まで送れなかったことが加害責任だ」とか、「操縦不能であったが、墜落しなかったのは復元飛行したからだ」との意味不明の言葉が乱発されている。これらの答弁ぶりには日航の苦悩が表れている。

⑰日航は墜落死した犠牲者の遺族を「被災者」と称し、遺族の訂正要求を無視したこと。

　以上の経過、内容を整理して、まとめると、日航は本来ならこのような秘密や疑惑の多い状況の中で、遺族、国民を騙して自衛隊関与の事件を「事故」と称したり、墜落の原因をあやふやにしたりする立場にないことは歴然としている。

　ミサイル撃墜事件の真相を一番良く知っている運輸省、航空局が画策した謀略においては、中曽根総理、自衛隊からの圧力で航空局の下僕である日航に「白羽の矢」が立ち、やむなく日航幹部、日航の次期社長の町田副社長の指揮下で、「加害者の代理」「影武者」になることを強制され、従ったものと判断できる。恐ろしい陰謀であり、520人の乗客乗員の命を侮辱し、「犬死」「ムダ死」の状態にする役割を実行し、35年間も遺族国民を騙すことに加担してきたのだ。日航は一刻も早く、この謀略の犯罪連鎖構造の中から自ら脱却せねばならない。

＊

● **犠牲者の命の代償が支払われていない状況での対応の提示、提起**（緊急事態の対策として）

　さらに、③、④、⑤で言及した「補償金」に関しても、重要なことを提起しておきたい。

　現状、墜落事故から、35年経過したが、未だに犠牲者の命の代償である、補償金が支払われていない状況、事態は明白であり、国として、これで良いとは言えないはずだ。

　このような事態を引き起こし、何ら具体的な行動を起こさず放置した国、運輸省、国土交通省、航空局の責任は免れないはずである。

　先に述べたように、前橋地検は2017年の遺族小田による中曽根総理らへの告訴を不起訴にして門前払いにしている。この状況に鑑みれば、仮にこれから航空局が再調査に乗り出したとしても「中曽根総理の命令を受けた自衛隊が123便を撃墜した」との真相が迅速に明らかにされることは期待できず、わざと時間をかけて、遺族らが死ぬのを待つ作戦で時間稼ぎをすることも予想される。その間に遺族らの高齢化は進む。すでに現在までに多くの遺族が鬼籍に入っており、航空局が再調査を引き延ばしている間に遺族らが死に絶えてしまう懸念があるのだ。その結果、遺族は加害者が支払うべき命の代償である真の補償金を永遠に受け取ることができずに終わってしまう。それを許さないためには、遺族が存命のうちに国が真の補償金を仮払いの形で支払う必要があるはずだ。その際には、航空局や日航が事態を隠蔽して犠牲者を侮辱し、遺族に精神的な負担、苦痛を与えてきたことに対する懲罰的慰謝料を加えて課すことも必要である。

だが、そのためにはまず、多くの国民が「日航やボーイング社は遺族と補償交渉を行い、金を支払った」と思い込んでいる現状を改めなければならない。今や日航や航空局は自分たちが「加害者ではない」ことを文書で回答しており、日航は「補償交渉の資格がない」ことと、遺族に支払ったお金が遺族の経済的な困窮を救うための「お見舞金」であることも遺族に説明している。従来の日航の「補償交渉」は無効であり、支払われたのは「お見舞金」に過ぎなかったのである。このことは、墜落事故から35年以上を経た今もなお、遺族に補償金は支払われていないことを意味する。大半の国民がそのことを知らない点を考えると、日航はまず、事故直後に強引に補償交渉を提起したことを明らかにして謝罪し、そのうえで遺族とこれまで取り交わした「補償妥結和解書」（補償交渉の妥結証書）を遺族に返還し、それに代えて遺族には補償金とは区別した「お見舞金支払い証明書」を提出すべきである。

＊

　123便墜落事故は日本国民の命を奪った残虐行為すなわち事件であり、事故直後から国、運輸省、航空局、自衛隊、日航らが徹底的に隠蔽とごまかしを続けてきたことは間違いない。このような憲法に違反する蛮行が、民主主義国家を標榜する日本において、しかもその最高権力者と軍隊（自衛隊）が協力して行われたことに驚愕する。これを放置したのでは、殺された520人の犠牲者、4人の重傷者に対し、真実を報告し慰霊供養することができない。しかも、権力者らの隠蔽は国家組織を悪用したものであり、まるで戦争における敵国への謀略のごときあくどさである。

　このような事例は近代の民主主義国家では起きたことはなく、日本の恥である。

　このような悪行を巧みに隠蔽し、マスコミまで情報統制して黙らせる手管はとても容認できることではなく、これを早く国民に開示して真実を明かして改革せねば、日本国は世界から孤立すること必定である。第2次世界大戦でアジア、中国に対して行った侵略への反省もないまま「民主国家」を自称してきた日本国家が、さらに無辜の国民520人を虐殺したという事実が明かされれば、日本は世界から厳しい批判を浴びるであろう。

　日米同盟の強化というようなことを総理大臣は口にするが、米国にとって日本は下僕すなわち隷属・従属国家であり、日航123便事件の真実を知るアメリカはその秘密の暴露をちらつかせながら日本を経済的に絞り上げる魂胆が明白である。毎年のように米国から多額の兵器の購入を迫られているのは、事実を明かされたくない日本政府が弱みに付け込まれている一例である。日本国民の財産は、自国の権力者の謀略、虐殺行為と隠蔽という犯罪ゆえに略奪され、米国などに骨まで食いつくされる羽目になっているのだ。日本はいまや米国の51番目の州としてしか見られていないのである。

　日本の権力者の卑劣で非道、極悪な本質を見て眺める時、身の毛がよだつ思いがする。遺族は犠牲になった肉親に未だに真実の花束を捧げ、心から供養できない事態に泣くのである。

　35年間、国、自衛隊、航空局の不当な隠蔽工作で、真実は葬られ、空の安全は向上されず、犠牲者は「犬死」の状態で放置されている、まさにこれは国民に対する反逆であり、国際社会から軽蔑の視線と厳しい批判を招く暴挙であり犯罪だ。

　日本人は一刻も早く事態の真相を自分たち自身の手で明確にして、権力者および自衛隊の卑劣な大悪業を国民の前に公表しなければならない。国民みずからがこの悪質な国家の体質を改革して正常なものへと改革せねば、日本は再び第2次世界大戦時の戦争国家に立ち返ってしまう。

　かかる劣悪な事態を放置すれば暗黒の時代に突入し、日本の破滅がやってくることは間違いないのである。

「あとがき」

「自衛隊が無人標的機を日航の旅客機に衝突させ、その不祥事を隠蔽するために乗客乗員を抹殺した」——この事故の真実の推察には、読者の少なくない方が動揺し、心理的に激しく反発されるのでないだろうか。

災害のたびに出動し、多くの被災者の救援にあたってくれた自衛隊。

その自衛隊が自国の民間機123便を撃墜？　まさか！

もとより、自衛隊のような軍事組織が独自の判断で民間機をミサイルで攻撃して撃墜するというようなことは、日本でも外国でもあり得ない。軍事組織すなわち殺害能力を持つ組織である自衛隊の行動は政府の監視下にある。自衛隊（軍隊）による反逆によって政権を転覆させることを防ぐシステム、文民統制が敷かれているからである。

では文民統制のもとに置かれているにもかかわらず、なぜ、自衛隊は民間機を撃墜したのか。

これを考えるには、当時の中曽根総理に関わる深刻な疑惑をふり返る必要がある。本文中でも述べたように、自衛隊は123便撃墜時事件の14年前の1971年7月、民間機ANA旅客機に戦闘機を衝突させて、162名の全員を殺害したという前歴、歴史的事実があるのだ。

それにもかかわらず多くの方が反射的に「まさか」と思うのは、300万人余が死傷した悪夢のような第2次世界大戦を直視することを、戦後70年にわたって忌避してきたからだ。

別の言い方をするなら、ある意味で日本が長いこと平和だったからかもしれない。

先進国であれ、発展途上国であれ、戦争が身近な国や地域では、軍隊がそのようなことをしかねない組織であることは、当たり前だからだ。

先の戦争で酷い経験を味わい、体験した日本人は戦争や軍隊を忌避するようになり、そのためにかえって軍隊というもの、国家というものの実像を直視できなくなってしまった。

戦争や軍隊を漠然と忌避するあまり、かえって過去の戦争や軍隊が国民をどのように扱ったのかを検討して反省につなげることを怠ってしまったのである。

＊

例えば、太平洋戦争末期の旧満州（中国東北部）では、日本の軍隊の上層部がいち早く逃げ出して、一般の住民や兵士たちは置き去りにされた。この人々はやがて侵攻してきたソ連兵の暴行と略奪に遭い、9万人が飢えと寒さで死んだと言われるし、着の身着のままでの逃避行の最中に命を落とした人も膨大な数に上る。

この事態に対して日本政府はなすすべがなく、国家の責任において救援活動や賠償を行うこともなかった。沖縄戦でも軍隊は国民を守らないどころか市民に降伏を禁じて自決を迫り、市民20万人が犠牲になった。ビルマ（現ミャンマー）のインパール作戦では軍上層部が無謀な作戦を強行し、動員された一般兵士たちが飢えと病気によって全滅状態であった。犠牲になった一般兵士は、徴兵されるまでは市井の生活を営んでいた普通の国民であった。必要とあれば一般の国民を消耗品として扱い、状況に応じていとも簡単に見殺しにする。このような国家、軍隊の体質は今も変わっていない。自衛隊法に書かれていることを読めば、自衛隊という組織は政府すなわち権力者のために戦う組織であり、その行動には、品位ある行動が規定されており、いかに上位の命令であっても犯罪行為は禁止されているのだ。しかし、政府が説明しているように国民の生命や財産を守るために行動するわけでない。そのことは、図らずも今回の123便墜落での権力者、自衛隊の行動で証明されてしまったと言える。

災害派遣で活躍する自衛隊の姿しか知らない国民が直接見ることはないが、自衛隊も軍隊である以上は殺人を生業としており、敵とみなしたものを攻撃して破壊し、その威力を奪うのが主任務である。その任務の遂行のために自衛隊員（兵士）には命令に絶対服従することが要求され、職業軍人（公務員）である彼らはそれを過酷な訓練を通じて体に覚えこませる。

　兵士が兵士として行動する時、人間的な感情や個人的な正義感を持つことは許されていない。しかも戦後に発足した自衛隊の骨格を作ったのは、先の戦争で生き残った将校、軍人たちである。旧日本軍の亡霊が今も自衛隊に生きているのだ。

　軍隊というものが持つ基本的な性質と、戦後も受け継がれて来た旧軍の体質。この二つが民主主義国家を標榜する日本の自衛隊を動かしている以上、侵略してきた敵でもない民間旅客機を政府（権力者）の求めに応じて撃墜し、無辜の乗客乗員を自衛隊員が命令によって抹殺することは十分にあり得る話なのだ。多くの国でも軍隊による民間機の撃墜事件が発生し、ほとんどが偽装された嘘の事故原因で誤魔化されてきている。「そんな酷いことを自衛隊がする訳はない。それは妄想ではないか」。反射的にそう思ってしまう認識や感覚こそ、軍隊の本質、日本の国家や軍隊がしてきたことを知らないがゆえの妄想、錯覚だと私は思う。

＊

　123便墜落事件当時の中曽根総理大臣は過去の戦争において将校だった人物であり、戦後復員して内務省に復帰している。彼はまた、墜落現場である群馬県の豪商であり、いわば「殿様」である。仕える使用人は彼にとって下僕であったし、同県を地盤として国政に躍り出た人物だ。また、事件直後に意図的としか思えない捜索救助の不作為を重ねた群馬県警の河村本部長も旧軍の幼年兵であり、123便の事件後はその功績で警察幹部に昇進している。さらに「標的機を民間の日航機にぶつけた」ことをあっけらかんと旧軍人仲間に語ってのけた航空自衛隊の司令官自身も、旧日本軍の軍人であった。

　ひるがえって123便が墜落した直後、真っ先に救助活動に駆け付けた米国のアントヌッチ中尉は当時26歳であり、ヘリから命がけで降下を始めていた米軍兵士たちも同様に若い人々だったのだ。しかもアントヌッチ中尉は軍務を離れた後、自己の良心に突き動かされてあの勇気ある「アントヌッチ証言」を内部告発、証言し発表している。

　この米国の若い人々の勇気や良心と正義感と、旧日本軍の体質そのままに責任回避、自己保身のために自国民を犠牲にする日本の老いた政治権力者や自衛隊幹部の姿勢を比べると、その違いに暗然とさせられる。「組織防衛」と「責任回避」「自己保身」のために市民の生命や正義、公正、そして憲法を軽んじる。それが日本人の特質だとするならば、それは最も恥ずべき悪弊、特質ではなかろうか。

　しかし、である。自衛隊法はまがりなりにも戦後に制定された法律であり、そこには自衛隊に憲法を守り、民主的な品位ある行動を期待した特筆すべき条項が光っている。それは、本文中で述べた自衛隊法第58条であり、そこには「隊員は常に品位を重んじ、隊員としての信用を傷つけ、又は自衛隊の威信を損する行為を行わないこと」が規定されている。123便撃墜行為による524人への自衛隊の虐殺行為は、この第58条に完全に抵触しており、品位以前の犯罪行為である。さらに日本国憲法第11、13条の「人権、人命の尊重」も無視している。

　しかも上記の法律の条項や憲法は、自衛隊の最高指揮権限者である中曽根総理以下、加藤防衛庁長官、自衛隊幕僚長らも熟知し宣誓しているはずだ。それにもかかわらず、あの1985.8.12の時点で彼らは、これらの条項や憲法を完全に忘れたかのように自衛隊の犯罪虐殺行為を指示するという蛮行に及び、その後もこの条項や憲法を無視して隠蔽工作に奔走しているのだ。

　事後に良心の呵責に耐えかねて事実を告白するということすらできないのであれば、幕僚長から長官や総理大臣、その後継者たちに至るあらゆる権力者が、民主主義国家における行政の権力者としての資格がないことになる。独裁体制だった徳川幕府の将軍やその幕閣、直参旗本集団と同じではないのかと考えると恐怖に落ち込み、苦悩の底に突き落とされるような思いがする。

　垂直尾翼の破壊の後、自衛隊幕僚長は日航機が必ず墜落すると推測し、「自己保身」「権力維持」「責任回避」のために、乗客乗員の全員を皆殺しにして隠蔽すれば、国民には分からないだろうと考えた。それを中曽根総理に訴えて全員の口封じを提言し、総理の決断を要求したとも推測される（電話盗聴の記録）。

　この全員殺害という虐殺とも言うべき犯罪を決意させた決め手になったのは、123便の胴体に巻き付いていた自衛隊標的機の吹き流し部の存在であった。これは追尾した自衛隊戦闘機パイロットからの報告で伝えられた事実であり、しかも123便が操縦できて横田基地への着陸を目指そうとしているという驚愕すべき事態であったに違いない。自衛隊の標的機の衝突を物語る証拠が白日のもとにさらされてしまう。その恐怖が、大きな犯罪の動機になったのである。

　自衛隊が過失事故だと自供して、その責任を取れば、済む話ではなかったのか。なぜ、そうしなかったのか。

　中曽根総理、幕僚長は「事故機が操縦でき、横田基地に着陸しようとしている」との情報で全員が助かる可能性に気付いた時に、責任回避と権力維持、自己保身のための全員殺害という隠蔽を人命や正義よりも優先した、この思考の幼稚さと人間の尊厳への無神経さが、この事件の決定的な決め手になったのだ。その時、自分の保身を考えずに524人の命を大切にしていたなら、後世にその勇気が賞賛されたことは間違いない。

　中国の歴代皇帝は歴史にみずからの事績が忠実に記録されることを熟知しており、常に歴史に名が刻まれる名誉を意識しながら孤独の座で自問して行動したことが知られている。欧米で権力者の言動が正確に記録されるのも、後の国民の判断によって権力者の行動が評価されることを知っているからだ。

　一方、日本では権力者の言動の記録システムは脆弱なものであり、その状態は現在も続いている。安倍総理の「モリ、カケ、サクラ」の事件や菅総理の「学術会議の任命」問題では、「嘘」と「記録（証拠）がない」という居直りの悪弊がまかり通り、日本の権力者の隠れ蓑となっている。日本に民主主義国家の大前提である権力者の言動記録がないことが、こうした居直りを許しているのである。

＊

　今、私たちは、北朝鮮の独裁者が自国民を犠牲にして権力を誇示し、要人の粛清や暗殺など非人道的な行為に走る姿を目にしている。それを見て日本や米国をはじめとする世界は、この独裁者の行為を非難し軽蔑している。だが足元のここ日本でも、権力者はみずからが35年前に引き起こした残虐な殺害犯罪の真相の解明を拒み、矛盾に満ちたシナリオを国民に発信し妄信させ続けている。最高の権力者とその後継者たちは、事態の完全隠蔽のために、空の安全を司る運輸省、航空局に隠蔽の首謀者に任命し、行政機関に命令遵守を命じ、運航会社・日航にも隠蔽の協力を命じ、乗客乗員が殺された後もいまだに当時の事件の隠蔽に全力を上げて、秘密を守っているのである。その上、検察、司法までもが自衛隊、政治権力者の犯罪を守る側に回るという事態が起きつつあるのだ。

＊

その結果、123便撃墜事件の真実の究明が不作為で墜落事故の再発防止が実行されず、日本の空の安全性は低下して日本人の安全の向上は放置され、安全性が低下したままになっている。このために犠牲者は冷たい地下で、「犬死」「ムダ死」の状態に放置されているのである。

　524人は現在に至るまで、いまだに「遭難者」扱いになっている。上野村の慰霊式典は国の公式行事であり、その場で「遭難者」として扱われる肉親の死を受け止めることなど遺族にはできない。こうして犠牲者の人権は死後もなお踏みにじられ、遺族は未だに「真実の花束」を捧げることができない。このこともまた、憲法に違反する権力者による極悪な犯行である。

　これは自己保身のために現在世界各地で重要問題になっている「テロ」の謀議を行い、国民を標的にしてテロ行為を実行したと同じである。米国や世界はこの日本を、そして政治権力者の姿勢を疑おうとしない無邪気な日本国民をひそかに軽蔑しているかもしれないのである。

　全日空機の雫石での事故から14年後、自衛隊は標的機の日航機への衝突を隠し隠蔽するためにミサイルで撃墜し、乗客乗員520人を殺害した。雫石での事件と合わせれば、自衛隊は合計700名に近い国民、市民を殺したことになる。この自衛隊関与の旅客機撃墜事件に対して政治権力者、自衛隊は真剣な調査や真相解明を行わず、真相の隠蔽と責任回避に終始している。

＊

　今、年間延べ約8,000万人以上の日本国民が旅客機で旅行している。やがてまた日本の市民の誰かが犠牲者に、被害者になることは必至である。それを考えれば、問題は決して123便墜落の犠牲者、遺族だけのことではない。このまま無関心に放置すれば、真相の隠蔽や責任回避がまかり通ることによる弊害が国民に跳ね返ってくることは間違いない。

　民主主義とは市民が国家権力者を監視して常に修正と是正を求めてこそ機能するものであり、それを怠れば長期政権化下で専制政治がはびこり、次には独裁が生まれる。航空機事故という名の520名の殺害事件の真相解明と責任追及が果たされるかどうかは、日本がそのようになってしまうか否かの試金石なのだ。今こそ、日本の国家を真剣に監視し、新しい正義、公正な国家への改革を実現しなければ、日本国民の明るい将来は望めないのではないか。

　それには、国民が墜落事故の原因に関心を持って疑念を持ち、遺族らの話に耳を傾けて真実を求める姿勢が必要であるのだ。あまりにも、国民の政治、事故、事件への関心が薄いことが、事故の隠蔽を助けているのである。国民が民主主義の実践を実施して監視しなければ、このような犯罪行為は見逃され、それがいずれ国民に跳ね返ってくることは必然であるのだ。

　墜落事故が発生し、多数の乗客乗員が死亡して事故調査が始まる。事故原因を究明して再発防止策を講じて安全の向上を図る。これが事故調査、対策の一般的な手順である。

　しかし、発生してからの対策でなく、未然に防ぐ方策があるのではないか。旅客機運航会社は利益を追求する企業である。企業は利益か人命安全のどちらを優先し重点を置くか。当然、利益である。安全を軽視はしないだろうが、ほどほどに扱う。事故、事件が起きて補償を行う場合も、すでにその補償金は保険で確保しているのである。毎年毎年積立ているから、事故が起きて責任が生じても補償金の支払いには困らないのである。

　そして、企業は責任を問われず経営者も無傷で終わる。

　したがって、経営者の責任と同時に企業の責任まで問わない限り、経営者が必死になって安全に注力することはないというのは誰でも分かることだ。すなわち、経営者にも責任を問うと同時に、企業、組織にも加害責任を問うシステムを確立することが事故予防の最善の対策になる。

　個人と法人の両方に責任を問う法的な罰、両罰規定を入れること、刑法に「組織罰」を入れる

ことが必然的に求められる。このように企業への責任を追及できる法的な処置は、米国、イギリスでは実施されており、日本でも「組織罰の法制化」に向け、福知山線脱線事故の遺族が中心となって運動が行われている。日航赤坂社長もこの組織罰の趣旨に賛成しているのだから、日航機事故遺族として協力して実現させたいと考えている。

＊

　世界では毎年数百件の旅客機墜落事故が報告されているが、その遺族が膨大な事故調査を行って、事故原因を究明してその結果を出版した事例は今まで聞いたことはない。肉親を無残に殺された遺族にとり、事故の原因や経緯を克明に調査し書くこと自体、耐え難い苦痛だからだ。執筆しようと思えば亡くなった事故時の肉親の心情に入り込み、当事者になり切らねばならない。それは遺された者にとってとても辛く、耐えられない作業なのだ。私もこの思いを本にすると決めるのに、25年もの歳月を要している。それが可能になったのは、すでに述べたように同じ事故遺族であるキャンベル夫妻の事故調査行動に触発され、勇気づけられたからだ。

　日航機墜落事故の遺族も、他の事件の遺族も決して諦めたのではない。

　遺族・小田は記述した墜落事象とその事故原因は真実であり真相であると確信している。これ以外の遺族や有識者らの事故究明作業も水面下で静かに取り組まれている。

　第一は、元日航客室乗務員であった青山透子氏らによる事故原因究明である。その著作は、確証、明確な証拠による事故原因の究明であって、その著書は目撃証言だけでなく、遺体検証作業と分析で「生存者は火炎放射器で焼き尽くされた」ことを証明している。多くの遺族が事故資料の公開請求をしてきたが、『日航123便墜落の波紋　そして法廷へ』（2019年）で青山氏は事故資料の開示請求を行ってCVR、DFDRだけでなく、事故調調査委員会が作成しながら秘密扱いで隠している文書、資料の公開を求めて活動している。

　これに対して政府が見せている、かたくなな防御、拒否の姿勢には著者も驚きと怒りを禁じえない。事故から35年を経て、著者が主犯であると確信する中曽根元総理は真実を告白せずに「真実は墓場まで持って行く」と豪語した通り、2019年11月29日に何も語ることなく死去した。だが、政治権力者による事件隠蔽の姿勢は現内閣総理大臣に引き継がれ、国土交通省から航空局へ、そして運輸安全委員会へというたらい回し作戦が始まり、挙句は国際運航規程を持ち出し、さらに個人情報などとの言い訳で、本来なら当然応じるべき情報公開に抵抗している。国民がミサイルで撃墜されて、そのまま事故原因不明のまま、事故の真実が葬り去られるのは、民主主義という国是に反する重大な犯罪である。文民統制の悪質な解釈、悪用による「殺害命令」は憲法違反だとわかりきっている以上、自衛隊を利用して国民を虐殺するシステムを温存するのは、民主主義国家として認めるわけにはいかない。

　第二は、英国など外国の事故遺族による事故原因究明の動きである。犠牲になった湯川明久氏の妻・英国人スザンヌ氏は、子供2人と一緒に残された遺族である。日航の冷淡な対応で苦痛を味わわされ、何度も来日して日航と面談し、また上野村慰霊の園の式典へも参加して供養している。2019年7月の日航機墜落事故のシンポジウムに参加された際に知遇を得て交流し、共に事故原因の究明活動を行うことになった。英国の事故調査関係者の応援を得て活発に調査究明を行っている。2019年8月の慰霊式典では一緒に参加し、遺族に「事故原因の真相」のビラを協力して配布してくれた。

　彼女は「エールフランス1611便火災墜落事故」（1968.9.11発生）の事故原因に関する資料を捜して送ってくれている。本文中でも紹介したように、乗客乗員95名が犠牲になった事件だ。

　最初、この事故は機体後部の火災を原因とする墜落とされたが、急角度で海面に激突する直前

に操縦不能になっていたことが判明した。事故から43年後の2011年、元フランス軍秘書官ミシェル・レイティ氏がフランスTVに出演し、「あの事故はフランス軍が誤ってエールフランス機を撃墜したのが真相だ」と証言した。当時、フランス軍はルバン島のミサイルテストセンターで地対空ミサイルの発射実験を行っており、そのミサイルがレーダー探知範囲に入ったエールフランス機に誤って発射されたことを明かしたのである。

　今、フランス国防省の自供告白が待たれているのであるが、この事故は1985年8月12日の日航123便撃墜事件と極めて酷似しており、過失であれ、故意であれ、軍の犯罪行為があれば、軍や政府はそれを必死に隠蔽することを示している。さらにこの元フランス軍関係者による真実の暴露は、日本の運輸安全委員会が123便事故遺族だけを集めて「嘘の解説集会」を開催し、洗脳した時期と重なる。政府、航空局がこのエールフランス機のミサイル撃墜事件の軍秘書官の証言の発覚に驚き、123便遺族や国民の注意を逸らして騙す必要を感じたことが推測できる。

　このように、フランス軍のミサイル誤射の事件が発覚し、遺族らの事故原因への究明活動が続いていることに対して連携し応援したいと考えている。日航機墜落事故はミサイルによる撃墜事件であり、極めて衝撃的ではあるが、見方によっては事故発生からまだ35年である。

　海を越えた遺族同士の団結で幅広いそれぞれの国民の支持と応援を得て、日航123便の墜落の事故原因を究明し、犠牲者の霊前に「事故の真実の花束」を供えて供養したい。

＊

　作家・三浦綾子氏は思想統制の犠牲者の悲劇を題材にした小説『母』（1992年）を著している。特高警察の拷問を受けて29歳の若さで世を去ったプロレタリア文学作家・小林多喜二の母・セキが主人公だ。三浦綾子氏が敬虔なクリスチャンであり、多喜二の母セキが晩年洗礼を受けたと聞いてこの小説を書くことにしたという。

　作中では晩年セキが故郷の秋田弁で多喜二の思い出を語る。

　その中でセキは、愛息・多喜二のむごい死に接した時の思い出を語る。

「わたしは小説を書くことが、あんなにおっかないことだと思ってみなかった」「拷問に遭うだの、果ては殺されるだの、田舎もののわたしには全然想像も出来んかった」「神も仏もあるものか」と荒々しく語られるこれらの言葉の中に、愛息の死への憤りと後悔が入り混じった母親としての万感の思いが詰まっているのである。母セキはこのような息子の非道な拷問死に何の抗議もできず、我慢するしかなかった。当時の日本は軍国主義・公民主義・滅私奉公の時代であり、人権はなく、市民は奴隷であり消耗品であったからだ。母セキはそのような時代で息子の死を諦めるしかなかったのだろうか。

「現世に　せんすべなしと　知りつつも　諦めきれぬ　我が涙かな」

　母セキは人間として、母親として決して諦めることはできなかったのである。

　母セキは晩年キリスト教会に通い始め、牧師に導かれて安らぎを取り戻したという。

　それは現実の世界、社会から、神の世界に入ったことになる。

　だが、母セキが身も心も精神も神の領域に入り、全て忘却することで安らぎを取り戻したとすれば、これほど異常で残酷なことはない。日航機事故の遺族もまた、これと同じような心境、心情に翻弄されて来た。その遺族が自ら肉親の死亡した事故の経緯や結論を詳細に書かねばならないことは、母セキの言葉と同じく「むごい」の一言に尽きる。

＊

　本来、憲法とその精神に基づけば、悲惨で残酷な墜落事故死は、運輸省航空局、事故調査委員会が正義と公正に基づいてその真実と真相を究明して事故状況と事故原因を明らかにし、検察が

その犯罪行為について適切な処罰を科すのが日本の、いや世界の共通のシステムのはずである。

しかるに日航機墜落事故では、当該行政機関が非科学的、非論理的な調査推論で「嘘の原因」を捏造し、遺族国民を騙し、かつ誰も責任が問われない状況のまま35年間も放置している。

また、真実報道の責務を負う報道各社も、強大な権力者の意向を汲んで真実報道を避ける現状に日本の正義の喪失を感じざるを得ない。遺族、犠牲者を悲嘆の淵に放置して、悲しみの中で誰の協力、援助もない状況で、遺族に悲惨で怪奇な事故原因の調査、究明に没頭させることは、民主主義国家・日本であってはならないことである。このような事態ほど、悲嘆の底に苦しむ遺族にとって残酷なことはない。

日航機墜落事故の遺族らは今も葛藤し、苦悩の淵にいる。しかし、遺族らは決して真実究明を諦めることはない。

戦後、日本は民主主義国家となり、そのことは憲法に保障されている。政府権力者が無辜の国民を「自己保身」「権力維持」「責任回避」のために虐殺し、行政組織、自衛隊を使って真実を隠蔽することは、法的にも倫理的にも許されないのである。当然、警察機構は虐殺された市民のために違法行為を捜査し、罪に問えるはずである。それは多喜二の母セキの時代とは全く異なる。

それにもかかわらず、権力を握る行政は現在に至るまで35年間、日航機事故の真実に目を向けず、真相解明を求める声を一切無視し続け、情報統制によって妄信させられた国民も無関心に陥っている。遺族らに事故の真実が明かされ、遺族らが犠牲者の霊前に真実の花束を供えて安らぎを感じるのは何時のことになるのだろうか。

日航機事故で犠牲になった520人の乗客乗員には約3,000人の遺族がいる。その3,000人の遺族は事故原因が不明のまま、誰に殺されたのか分からないままに放置され、犠牲になった520人は国から「遭難者」として慰霊され供養されることにより、その実は「犬死」「ムダ死」に等しい扱いをされている。遺族はこのことに憤りと後悔を引きずりながら、今日も犠牲になった肉親の霊前に花や好物を供え続けている。このままでは犠牲になった肉親の死を受け入れ、心から供養することはできないのだ。

ただ、合掌のみである。

この本は、2015年に出版した『日航機墜落事故　真実と真相』、さらに2017年に出版した『524人の命乞い　日航123便乗客乗員怪死の謎』に続く著者の第3作であり、多くの目撃証言、体験証言、関係者の告白などを調査し、墜落事故の証拠、日航、航空局との議論からの類推事項などを入れた内容で、本当の意味での事故調査報告書であると自負している。

さらに深く知りたい方は、是非前著を読んでいただきたい。出版に際しては有識者の著書、ご意見を参考に引用させていただいた。ここに厚く心からのお礼と感謝を申し上げる次第である。

これでほとんど日航123便の撃墜事件の全貌を明らかにできたと確信しているが、これからは航空局など政府、自衛隊、そして日航による反撃や無視との闘いが残っている。

日本国の権力者や自衛隊が自己保身、責任回避のために無辜の国民を520名も殺した事件。

その真相を明らかにすることなくこのまま放置し、犠牲者を「犬死」の状態に放置しようという魂胆を抱く者は、「永遠に、絶対に、許されない者」として歴史に記憶されることは必然である。著者、遺族小田はここに事故の真実の調査結果を報告し、かつ「許されざる者」を告発するのである。

出版に際し、文芸社のスタッフの真摯な協力をいただき、分かりやすい、理解しやすい文章に助言いただいたことに深く感謝する。

　民主主義を愛し、公正を求める国民の皆様方の応援と協力をいただき、国による無辜の国民、市民の殺戮事件の真実と真相が明らかになることを犠牲者、遺族として希求して止まない。

　なお、読者の皆様方から、ご意見をいただきたく、小田のメールアドレスを記載しますので、ご利用下さい。　著者・小田のメールアドレス：shujioda0904@jcom.zaq.ne.jp

合掌

資料編

資料―① 日航 123 便 B-747-100 型機の構造　　日航機三面図

―旅客機 B-747 機は　操縦性抜群で、安全に飛行出来るように 1969 年開発された―

＊全長　70.5　メートル　　全幅　59.6　メートル　　全高 19.3　メートル

＊機体重量　　250 トン　　客席　528 席　　＊製造月日　　1974 年 1 月

＊飛行実績　　（1985 年時点）飛行回数　18,835 回　飛行時間　26.030　時間

＊動力　　　　エンジン：ターボジェット　エンジン　4 基

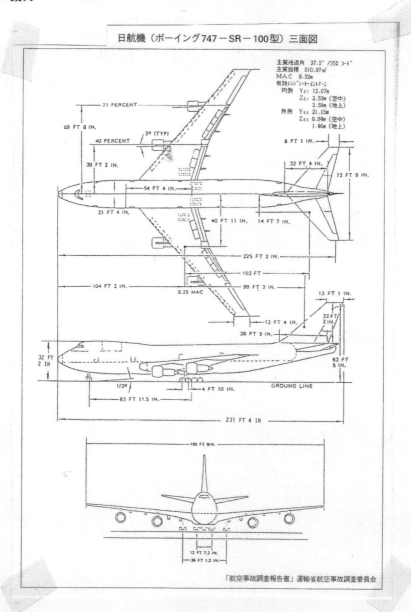

日航機（ボーイング 747―SR―100 型）三面図

「航空事故調査報告書」運輸省航空事故調査委員会

事故調は　日航123便は　着陸は不可能であったと主張し、この結果、
事故調の報告書には、着陸を敢行した事態は　一切記載されていない。
当然　飛行経路図から、その飛行経路からは、緊急着陸を行った航跡は
見出すことは出来ないのである。然し、実際に、CVR,DFDR,目撃証言から、
事故機は　2カ所に緊急着陸を敢行しようとした事態が確認出来る。
最初の目的着陸の飛行場は　横田基地で、日航機は　相模湖を通過して、
八王子市内に飛行し、横田基地へは10kmまで接近した後左旋回している。
事故調の航路図では、青梅市の南まで飛行しているのに、横田から20km
の地点で左旋回させている。
第二の目的着陸場所は川上村レタス畑であったが、航路図ではその記載が
なく、削除され直接、上野村に飛行した航路図になっている。

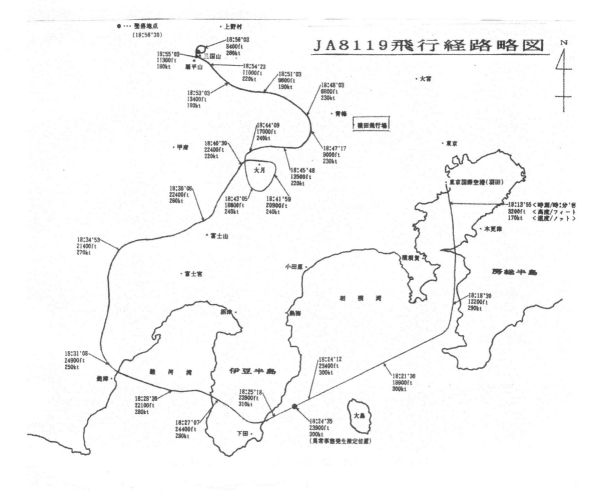

JA8119飛行経路略図

資料—③　　墜落現場における主翼、エンジンの散乱分布
　　　事故調は「事故機がＵ字溝の尾根への接触で、エンジン３基は飛散した」と
　　主張している。墜落現場での右、左エンジンと主翼の散乱分布から、
　　エンジン３基は墜落現場まで主翼に固定されて来て、墜落場所の尾根との
　　衝突で、破壊飛散したことは明らかである。

　　　事故機は135度の横傾斜で　ほぼ裏返しの状態で、尾根に衝突したため、
　　左側第１，２エンジンは　衝撃で右方向に飛散し、スゲノ沢を滑り降りた。
　　右第３エンジンは　左方向に飛散し　傾斜面を滑り落ちた。

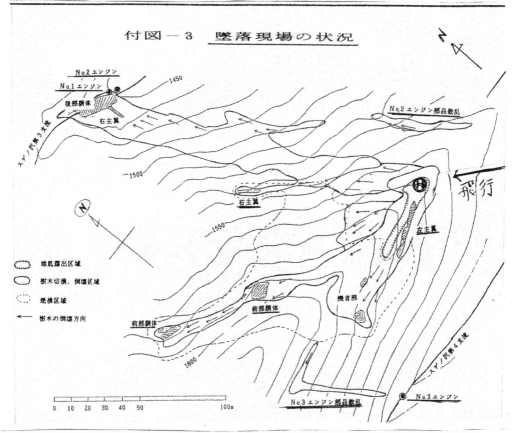

付図—3　　墜落現場の状況

　Ｕ字溝では　事故機は　右50度の傾斜で飛行接触して、尾根を挟っている。
この衝撃で、エンジン３基が飛行進行方向に飛散したとしても、距離で620mも
単独で飛散することは　技術的、論理的に成立せず不可能である。
　更に　右エンジンと左エンジンが　Ｕ字溝での飛行方向を考えると、墜落地点で
エンジンの落下位置が完全に交差し、反対方向になるのは、論理的に技術的に
考えても　矛盾であり、不可能である。
　水平尾翼とエンジン全部を失った事故機が　更にピッチが急激に下がる状況で
殆ど高度が下がらなかったのは　エンジン３基が健全で動いていたと考えざる
を得ない。
　「エンジン３基がＵ字溝で脱落した」との事故調の仮説は「嘘」で成立しない。

　残骸分布は事故原因を調査する上で　非常に重要で、要因を捜すのに
欠かせない存在である。事故機が　衝突墜落する前に「第4エンジン」
「垂直尾翼」「水平安定板」が落下している点は、特に「第4エンジン」と
「水平安定板」が墜落の要因としての重要性を示している。

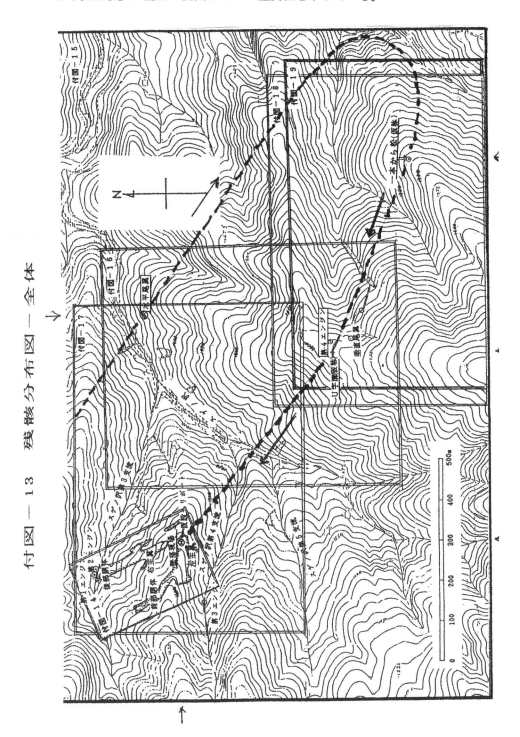

付図—13　残骸分布図—全体

資料─⑤ 相模湾で引き揚げられた垂直尾翼の残骸
　　　　─内部破壊:隔壁破壊でなく、外部破壊だと判断出来る─

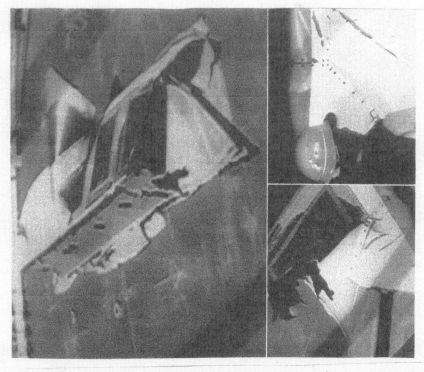

相模湾から揚収された垂直安定板　上；スキンだけがめくれ上がり、グラスファイバーのハニカムは桁とスパーにとりつけられたままである。内部からの力がゆるやかった場合、ハニカムも同時にふっとばなければならない。下左；上部（手前右）の凹部は外部からの破壊痕を思わせる。下右；前部桁の折れた部分の外板の状況は、外部からの力が加わったように見える。

説明、撮影：吉原公一郎氏「ジャンボ墜落」1985.11　（有）人間の科学社

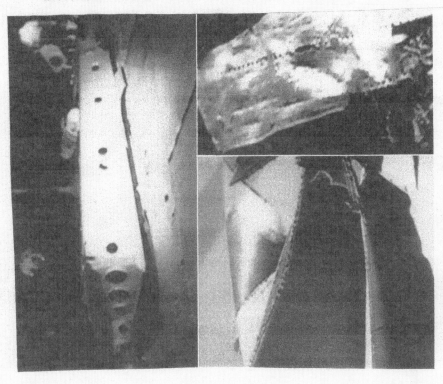

相模湾から揚収された垂直安定板　上；与圧による空気の噴出によって垂直尾翼が吹っとんだとしたら、前部桁およびスパーの穴に破壊頭がなければならない筈でない穴。下左；右に大きく曲っている。下右；墜落現場から発見されたナンバーの金属片。厚さ、リベット痕などにB747の外板とするには疑問がある。　（本文78頁参照）

日航123便が最後のフライトになったJA8119号機＝羽田空港　写真提供・井上哲雄氏

日航１２３便（JA8119号機）B-747-400-100

24:35　　尾翼破壊時の機内状況写真
　　　　落合証言で、機内は静粛で、
　　　　機内空気の移動は見られない。
　　　　酸素マスクは衝撃で落下。
　　⇒　隔壁破壊は起きていない。

　　⇒　破裂音の後
　　　　風切り音はなし

18:24　尾翼破壊直後の機内映像：機内は[静粛で、風の流れはない。
　　　事故調「隔壁破壊説」を否定する映像。

ユナイテッド航空811便貨物室ドア脱落事故
（1989.2.24）「B-747がハワイ上空7000mで
貨物室ドアが突然解錠されて、ドアが開き、
脱落し、胴体部（縦　5m、横　4m）も
吹き飛び、この付近の乗客9名が機外に
吸い出されて死亡した。」
日航機の場合も　2─3平方mもの隔壁部が
破壊し開口すれば、同じ状態に陥るのは
容易に推測出来ることである。

319

資料—⑦　圧力隔壁の破壊図と　その映像

　　　　掛かる大面積の隔壁破壊が起きると機内は　暴風が
　　　　吹き荒れるが　落合さんは「空気は動かなった」と証言

隔壁破壊図
隔壁損壊図

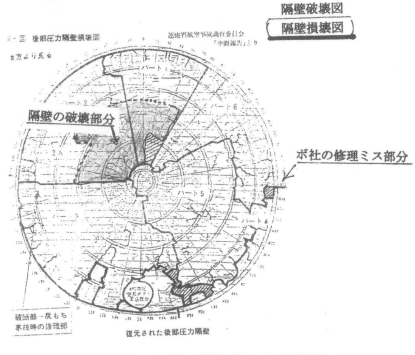

■ 未回収部分
━ 破断個所
— き裂個所
--- 非与圧側に大きく折れ
　　曲がった個所

事故調査委員会が事故原因と推
定した後部圧力隔壁＝1985年
12月19日　科学技術庁・航
空宇宙技術研究所

隔壁残骸復元図—黒塗りの部分　2-3　平方メーターが破壊されたと
事故調は　主張するが「この部分は　修理ミスの箇所とは関係がない」
修理ミスが引き金だとの推論とは　辻褄が合わない。
＊＊　事故調は　隔壁部だけでなく、垂直尾翼残骸を組立復元して、
　　　その破壊プロセスを調査すべきであったが　何故か　放棄した。
事故調査の原則を無視して、勝手な仮説「隔壁破壊説」を捏造した！！

資料─⑧　開口部面積と機内減圧状況との関連

事故調の 1.8 平方メーターの開口部面積の推測は　嘘である

日航機：隔壁破壊説とその面積と機内減圧現象（静粛、暴風）の関係　（実際の事故例の比較表）

日航機事故で、事故調は「隔壁破壊面積 1.8 ㎡」との仮説を主張したが、生還乗客は「機内は静粛で、風の動きがなかった」「天井板が吹き飛んだ」との証言で、事故調の「隔壁破壊面積（1.8 ㎡）がなかった」ことが証明されたのである。この比較表から、日航機事故では、SW2294 事故から、「外壁破壊の面積は 0.05 ㎡ 以下である」「破壊場所は標準的機が尾翼に衝突した衝撃力により、後部客室座席真上部の外壁に亀裂が生じた」ことと推察出来る。SW2294 と日航機での「機内静粛」事象は「与圧客室外壁破壊面積 0.05 ㎡ 以下である」ことが必要十分条件と帰結出来る。即ち、与圧客室内が「静粛」か「暴風」かは 破壊開口部面積で決まるのである。

この表では、事故調の「隔壁破壊面積 1.8 ㎡」は仮説で、単なる推論である。事故調の仮説「1.8 ㎡ の開口部面積」は（嘘）で、開口部は 0.05 ㎡ 以下でなければ ［面積］と「機内静粛」の関係は 成立しないのである。

項　目	SW2294	日航123便	SW─812	BA5390	日航123便	タイ航空602	U─811便
機　種	B-737	B-747	B-737	BAC-1-11	B-747	A-300	B-747
発生月日	2009.7.13	1985.8.12	2011.4.1	1990.6.10	1985.8.12	1986.10.26	1989.2.24
飛行高度	10,500 m	7,200 m	11,000 m	5,200m	7,200m	10,000m	6,700m
外壁破壊面積	0.07 m 0.045 ㎡	仮説 (1.8 ㎡)	1.5~1.8m大 0.45 ㎡	0.28 ㎡	仮説 (1.8 ㎡)	4.7 ㎡	7.5 ㎡
破壊箇所／機内状況	天井外壁 機内静粛	圧力隔壁 機内静粛	天井外壁 機内暴風	機長の前窓 機内暴風	圧力隔壁 機内静粛	圧力隔壁 機内暴風	貨物室ドア 機内暴風
乗員乗客	131 名	524 名	123 名	87 名	524 名	247 名	455 名
死亡	0 名	520 名	0 名	0 名	520 名	0 名	9 名
	(事故調：説明会 2011.7 開催)		←一	(機長：吸出)			(乗客吸出)

資料⑨　日航機事故とタイ航空機爆破事件の比較表

事象・事態	タイ航空機爆破事件	日航機事故
旅客機機種	エアバス A300-600	ボーイング B747-SR100
エンジン	（双発）2基	4基
乗客数	247名	524名
最初の破壊箇所	◎圧力隔壁	▲圧力隔壁
隔壁部の直径	◎3メートル	◎4.2メートル
隔壁破壊面積	◎4.7平方メートル （67パーセント）	▲2〜3平方メートル （21パーセント）
機内減圧度	◎急減圧	▲急減圧（事故調） ◎瞬時減圧後、正常化 （落合さんの証言）
機内温度	―	▲マイナス40度 （落合さん否定）
急減圧警報装置	◎警報装置：作動 ◎機長、即座に認識 ◎乗客、即座に認識	動作不明（調査せず） ◎機長：認識せず ◎落合さん、川上さん認識せず
乗客の減圧被害	◎航空性中耳炎（36パーセント）	◎異状なし（落合さん、川上さんの証言）
機内空気の流れ	◎猛烈な風が吹き抜けた ◎「プァー」と吹き抜けた	◎なし（落合さんの証言） ◎機内は静粛（同上）
機内酸素マスク	◎落下（自動的に）	◎落下（衝撃力？）
機内荷物	◎酷い散乱状態	◎散乱なし（整然たる状態）
後部尾翼とAPU	◎破損なし	◎垂直尾翼とAPU破壊脱落
破壊音	◎後部トイレ、隔壁部 ◎垂直尾翼、隔壁、APU	◎後部上方向（落合さん証言）
圧力配管の断絶度	◎3系統の内2系統	◎全系統破壊
破壊後の飛行状況	◎急降下5,000メートル	◎急降下せず
初期	◎激しいダッチロール	◎激しいダッチロール
操縦安定までの時間	◎15分（機長談）	◎5〜20分 （ボイスレコーダー、フライトレコーダー）
事故後の目的地	◎大阪空港	◎横田基地飛行場。川上村レタス畑
事故機の操縦性	◎操縦性回復	▲操縦不能（事故調）
最終着陸地	◎大阪空港	▲着陸不可能（事故調）
着陸の可否　到着地	着陸出来た	◎御巣鷹山に墜落
死傷者数	◎ゼロ	◎520名
重傷者数	◎14名	◎4名（奇跡の生還）
航空性中耳炎	◎89名	◎なし（落合さんの証言）

真実を求めて30年―探し求める遺族の旅は続く

旅は　30年前に始まりました。
　　愛する人を失ったものたちが集まり
手を添え合うように生まれたひとつの輪。
　　私たちは誓い合いました。
嘆き悲しむだけでなく、顔を上げること。
　　心の中に生き続ける御霊を慰めること。
かけがえのない命とひきかえに
　　空の安全が訪れるのを見届けること。
そしてそのために、
　　事故の真相をすべて明らかにすること―。

私たちが求めたのは「真実」であり、
　　恨みを晴らすことや報復などではありません。
何故　事故が起きたのか。
　　何が　愛する人の命を奪ったのか。
もしかしたら、助かったのではないのか――。
　　それらの原因や理由や可能性を明らかに出来なければ、
愛する人の死を納得することは出来ず、
　　再び空の悲劇が起こるのを防ぐことも出来ません。
事故の真実が明らかにならない限り、
　　私たちは心から悲しむことは出来ないのです。

30年の間に見えてきた真実があります。
　　それだけの歳月を費やしても、
また　その歳月の長さゆえに、
　　依然として見えない真実があります。
闇に葬られようとしている真実があるかも知れません。

　　30年は長い旅路のひとつの区切りです。
私たちの旅は今も、これからも続きます。
　　ひとえに真実を求めて―　―。

　　　　　2006.8.12　　　　日航機事故：8.12連絡会（遺族会）
　　　　　　　　　　　　「旅路―真実を求めて」（上毛新聞社）

資料一⑪　　自衛隊百里基地稲吉司令官の「標的機が日航機に衝突した」との
　　　　　　告白証言は　戦友への電話連絡であった！！

8月12日、自衛隊の戦闘機による訓練演習があり、その時に自衛隊標的機が暴走し、
日航123便に激突して、垂直尾翼と油圧装置を破壊脱落させたのである。
この緊急事態について、当時百里基地の稲吉司令官が　その同期の友人に電話で
「えらいことをした。標的機を民間機（日航機）に当ててしまった。今　百里基地
から、偵察機　2機を追尾させている」と話した。
当時F4Eの一部の機体は偵察機に改造されて百里基地に配備されている。そして、
現在でも、百里基地には　偵察機部隊が存在するのである。
それでは　この情報で　稲吉司令官は　誰に電話で話をしたかである。
それは　第2次世界大戦での戦友である岩田裕次郎氏で、直接　稲吉司令官から
聞いたと証言しているのである。
稲吉（浩一、智重　？）氏と岩田氏とは　青島（チンタオ）海軍航空隊に昭和18年
10月に入隊した同期生と推察出来る。彼らは「吉津会」という同窓会を結成して
おり、平成13年5月　第24回「吉津会」の旅行で下呂温泉に下呂総会を開催して
いる。その時の事務局長は　岩田裕次郎氏であった。

　　　　　第24回「吉津会」下呂総会のご案内　　　平成13年3月吉日

我らかく戦えり

昭和16年12月8日開戦
〃　20年8月20日終戦

死闘の太平洋戦争に海軍飛行兵として志願
昭和18年10月1日松山航空隊に入隊

飛行予科練習生→飛行練習生を経て実戦部隊に配属奮戦

（当時）
岩田祐次郎氏か
イナヨシ同令官から
直接電話して聞いた.

平成13年5月15〜16日実施
第24回「吉津会」下呂総会
にて配布

事務局長
　岩田祐次郎
　　TEL 052-841-
幹事
　松田佳男
　　TEL 0572-22-
　井戸　孝
　　TEL 0574-53-

青島（チンタオ）海軍航空隊
吉津会会員の想い出

第　2　集

百里基地

イナヨシ司令官
から聞いた.

海上自衛隊

日　時　　平成13年5月15日(火)〜16日(水)
集合場所　ＪＲ名古屋駅新幹線乗降口 13：00（海軍小旗目標）
　　　　　※緊急の場合は携帯 090-7692-　　　　（松田）まで連絡の事

15日(火)　集合次第貸切バスにて出発→ホテル着

16日(水)
8：00 貸切バスにてホテル出発→高山「朝市」など散策→白川郷合掌造り
の集落見学・昼食→ＪＲ名古屋駅新幹線口着　16：30 帽振れの予定
下呂温泉　山形屋　TEL 0576-25-2601(代)

乗客が捉えた「日航機に急接近するオレンジ色の飛行物体」の写真

18:12 JAL123便は羽田を離陸、12分近く経過したとき、相模湾上空で123便のクルーは、右前方から接近する奇怪な飛行物体を発見、コックピットに緊張感が走る。乗客も気付いていた。「あれは何だ？」「ミサイルのようだ」「こっちに向かってくる、怖い！」

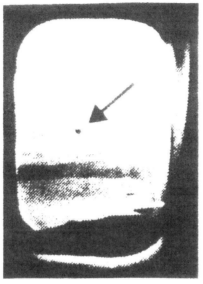

それこそ　自衛隊の
迷走標的機であった

18:24:35　ドーンという衝撃音と共に何かが123便の尾翼部に激突。座席中央部分の共産地から5番目に座っていた小川哲氏（当時41歳）はその飛行物体を接近段階から撮影。後に事故現場で発見され現像、デジタル解析の結果、オレンジ色の物体と判明。

撮影：乗客　小川哲氏（41歳）

拡大図

日航ジャンボ機墜落事故の真相(2)飛行機の外に見えるオレンジ色の物体は？

アルライブ「やっぱりあれですか、青山さんの結論としては、自衛隊の誤射っていうことなんですか？」

青山「拡大したカラー写真がこれですね（※添付写真）。定かではないですけど、画像の専門家の先生に見ていただいた時のコメントがここに載っていまして、『黒っぽい円形の塊の領域内は中心から右側へ帯状、もしくは扇状にオレンジがかっているのが分かります。円錐、もしくは円筒の様なものを正面右斜めから見た様なイメージで、この物体はオレンジ体の方向から飛行機の進行方向へ向かっている様に見えますが、データ量が少なく、定かで

※青山透子（あおやま・とうこ）…宮城!
身。全国学芸コンクール、戯曲・シ
部門第一席、社団法人日本民間放
盟会長賞受賞歴を持つ。日本航空
会社に客室乗務員として入社。そ(
日本航空客室訓練部のノウハウを
様々な企業研修を行う。全国の官
各種企業、病院等の接遇教育イン
クターを経て、専門学校、大学講師
国際花と緑の博覧会、愛知万博等
担当。

『日航123便あの日の記憶 天空の
へ』公式サイト
http://www.magazineland.jp/tenku

資料—⑬　　　標的曳航機
　　　　　　日航１２３便の尾翼を破壊した自衛隊「高速曳航標的機」

高速標的機（ファイアー・ビー）（BQM-34AJ改）

　　標的敵機
　　日航１２３便の尾翼を破壊した「高速曳航標的機」

（標的機）この標的機が衝突して尾翼を破壊した根拠として
　　　　朝日新聞（1987.3.17）に「財産の守りが薄い防衛庁」なる記事。

全長	7m
全幅	4m
全高	2.05m
総飛行重量	1,219kg
速力	215～540kt
高度	100～50,000ft
航続時間	30～60分
エンジン	1基 名称:J69-T-41B(ターボジェット)
製作	富士重工
備考	無線誘導の亜音速無人ジェット機で、誘導弾用の標的機。通称「ファイアー．ビー」と呼ばれる。第2次大戦以降、急速に進歩したミサイル等の標的機として、1950年ごろ米国のライアン航空機会社で開発されたBQM-34を日本でライセンス生産したのが「BQM-34AJ」である。その後1992年からは性能向上型の「BMQ-34AJ改」が運用されている。従来機の発進、指令、飛行制御、低高度飛行、回収機能に追加して、ヘディングホールド機能、ベアリングホールド機能、プログラムフライト機能の他、TACAN誘導機能を追加し、訓練支援艦「くろべ」「てんりゅう」に搭載され、標的機多重管制装置により飛行管制される。機体はアルミ合金製のセミモノコック構造で、ノーズコーンとテールコーンがFRP製となっている。ファイアー・ビーはそれ自体が標的となるのではなく、「トービー」と呼ばれる曳航標的を曳いて飛行するための標的曳航機である。海上自衛隊では護衛艦に装備している5インチ速射砲や艦対空ミサイル用の訓練に使用されている。

「高速標的機の撃墜　1機　1,472円」の損害と簿外処理がされ、
理由：「尻尾の吹き流しを狙う筈の高速標的機を実際に撃ち落した」
　　その期間：　1985.11－1986.10　であった。

※「日航機に激突した自衛隊標的機は　この簿外処理した標的機に間違いない
　　と推察出来る

自衛隊戦闘機

最初にスクランブル発進した戦闘機　F－4EJ　（2機）

（F4E 改造　偵察機）

主要諸元

主なスペック	
分類	戦闘機
乗員	2人（縦列複座＝タンデム型）
全幅	11.7m
全長	19.2m
全高	5.0m
エンジン	
搭載数	2基
名称	J79-GE-17 J79-IHI-17
推力	8,120kg（A/B使用）/1基
型式	アフターバーナー付
性能	ターボジェット・エンジン
離陸重量	約26t
最大速度	マッハ約2.2

百里基地　稲吉司令官

「えらいことをした。標的機を民間機に当ててしまった。

　今、百里基地から偵察機2機を追尾させているところだ。」

と告白した。（F4E 偵察機にはミサイルは搭載されていない）

F-4EJは、米空軍のF-4Eを改造した戦闘機で、日本での運用には不必要な装備を取り除き、データ・リンクを載せて要撃戦闘機タイプにしたものです。昭和56年度に生産は完了、その後、航空自衛隊の防空能力の向上・近代化の一環として、F-4EJの改修に着手しました。(F-4EJ(改))。そして、56年度から6年間、試改修・実用試験を行い、量産改修されました。改修の主な内容は、レーダー、FCS(火器管制)システムの近代化、航法、通信能力の向上、搭載ミサイルの近代化、爆撃機能の向上などです。

日航機撃墜に出動した最新鋭戦闘機　F-15J　（1機）

政府の極秘の撃墜命令を受けて、高性能のミサイル
搭載した最新鋭戦闘機 F15J を急遽　発進させ、
日航123便事故機を御巣鷹の上空で撃墜した。

エンジン	
分類	戦闘機
乗員	1人
全幅	約13.1m
全長	約19.4m
全高	約5.6m
エンジン	
搭載数	2基
名称	F100-PW(IHI)-220E
推力	約8,600kg/1基
型式	アフターバーナー付 ターボファン・エンジン
全備重量	約25t
性能	
最大速度	マッハ約2.5
実用上限限度	約19,000m

世界有数の戦闘能力を持つ名戦闘機です

F-15は、航空自衛隊の主力戦闘機として、現在、全国8個の飛行隊と、その他飛行教導隊などに、約200機が配備されています。昭和47年に初飛行した、米空軍の本格的な制空戦闘機です。それから、すでに30年以上経過した機体ですが、基本設計の優秀さとレーダーをはじめとした電子機器、搭載装備の近代化が進められ、現在でも能力的に最も均衡のとれた、信頼性のおけるトップクラスの実力を持つ戦闘機といえます。

※F-15は米空軍および航空自衛隊では別名イーグルと呼ばれ、それを駆るパイロットたちは俗に「イーグルドライバー」と呼ばれています。

3.1.7.3 DFDRによる推定飛行経路

　　　事故機の飛行経路はレーダ記録とDFDRの解読結果から推定を行ったが、同機が山岳
　方面に向かって飛行を始めた18時48分ごろからは山の影響によってレーダ電波の伝搬
　状況が著しく悪化し、レーダ記録に乱れを生じた。このため18時46分ごろからDFDRの
　記録の最後（18時56分27秒）までの間は主としてDFDRの解読結果から推定を行い、付図
　—1にその経路図を示す。これらの飛行経路は目撃者の口述とほぼ一致する。

　　　これによれば、同機は扇平山に近づいた後急激な右旋回を始め、三国山の北側で東
　西約3.4キロメートル、南北約2.5キロメートルの楕円を描くように右まわりして墜落
　したものと考えられる。

3.1.7.4 DFDRによる墜落直前の飛行状況の推定

　　　18時54分40秒ごろ、三国山の南で同機はフラップ角が約8ユニットとなったが、左右
　の効きの不均衡によると思われる右バンクが急激に増大し、右旋回が始まった。その
　後もフラップは下がり続け、18時55分過ぎには三国山の西に至り右横揺れ角が30度～
　40度程度に達し、次第に右旋回が強まった。また、18時55分40秒以降左側エンジンの
　出力が右側のそれよりわずかに大きくなり、以後墜落に至るまでこの状態が継続した。

　　　18時55分42秒にはフラップ角が約25ユニットになった。直ちにフラップが上げ始め
　られたが、機体の右バンクは更に増え50度～60度程度に達した。フラップは51分14秒
　ごろから墜落まで常に作動状態で、左右の効果に不釣合が生じやすい状態が続いたも
　のと推定される。

　　**墜落直前の飛行状況が詳細に記述されているが、墜落を惹き起こした要因：
　　真の「事故原因」が明示されていない。これでは、事故状況報告書であって、
　　「最終事故調査報告書」として　その資格はない。**

　　　18時55分57秒ごろ、縦揺れ角は頭下げ約15度を超え更に機首が下がり続けた。この
　ため急激にパワーが加えられたものと考えられエンジン出力は1.15のレベルから1.50
　のレベルまで上昇した。このときの高度は約10,000フィートであった。

　　　同機は機首を下げ、かつ数十度の右バンク状態で左右非対称の大推力が加えられ、
　右横揺れ角を約80度以上に増加しながら急降下に入り、急増速に伴う揚力増と右バン
　クの効果が重なって右急旋回に入ったものと推定される。18時56分07秒には機首は頭
　下げ約36度に達し、降下率は平均15,000フィート／分、一時的には18,000フィート／
　分以上になった。対気速度増大に伴う揚力の増加は、大きな上向きの垂直加速度を生
　じたにもかかわらず、大きなバンクのため、急旋回を生じるだけでほとんど降下を止
　めることができず、同機は高度を急激に失っていったものと推定される。

　　　18時56分17秒ごろ、高度約5,500フィートで右横揺れ角は約40度まで回復し、このと
　きの対気速度は340ノットを超えていた。このころには地上接近警報が作動していた
　（CVR記録）ため、エンジン出力は最大近くまで上げられたものと推定される。以前より
　右横揺れ角が少なくなった（約40度）こともあり、同機は急旋回しながらも降下が止ま
　り、それに伴い上向き垂直加速度約3Gが5～6秒間続いた。

　18時56分23秒過ぎに前後方向加速度計に後向き0.14Gの衝撃が記録され、急激に右バンクが増え始めるとともに、上向いた機首が再び急激に下向きになり始め、このとき以後右側第3、第4エンジンの出力が異常な速さで低下、特に第4エンジンの出力は零を示すEPR0.50まで下がった。ただし、左側第1、第2エンジンのEPRは正常であり、第3エンジンの低下もEPR0.86程度にとどまった。この記録と同時刻ごろのCVRの接触音の記録を総合すれば、このときに第4エンジンを中心とした右主翼の一部が一本から松付近の木々を切断し、第4エンジンが機体から脱落したものと考えられる。

　その約3秒後に再び大きな後向き加速度がかかり始め、機首方位、前後加速度に異常な変化が出始めた。この異常と一本から松からの飛行距離及びCVRの第2の接触音を考慮すると、このときがU字溝への最初の接触と考えられる。また、同時刻ごろ左側第1、第2エンジンの出力も第4エンジンと同様に異常な低下を示し始め、続いて第3エンジンの出力も低下した。接触の際にかかった後向き及び横方向の大きな外力とこれに対するエンジンの大きな推力のため、機体に局所的な大きな力が働き、第1、第2及び第3のエンジンが外れ、500～700メートル先まで飛んだことも考えられる。

　18時56分27秒ごろ、後向き加速度が0.26Gに達するとともに横方向加速度が右向き加速度約0.5Gから左向き加速度約0.5Gに反転する。これは、機体右側から左側へ向けて200トン以上の力を受け、このとき機体は右翼端でU字溝を深くえぐったことも考えら

56:27　事故機の右先端が尾根を抉った時に、第1，2，3エンジンが脱落して500－700メーター飛んだとしているが、非科学的である。

れる。

　U字溝における一連の経過の中で機体が極めて強い衝撃を受けたため、破壊が進んで強度不足になっていた残存垂直尾翼及び水平尾翼が脱落し、飛散したものと考えられる。

　なお、U字溝から墜落現場へ向かって約40～50メートル行ったと考えられる地点（18時56分27.25秒）までDFDRデータによる解析が可能であった。最後に記録されている機体の姿勢は、縦揺れ角頭下げ42.2度、横揺れ角131.5度、機首方位277.1度、対気速度263.7ノットであり、機首を大きく下げほとんど裏返しになったと考えられる。なお、このときの航跡（方位）は304度と推定される。

右第3エンジンが墜落場所も左側に、左第1，2エンジンが右側に落下していることの説明が不可能で、辻褄が合わない。重大な矛盾である。

更に水平安定板が飛行方向横500メーターに飛散したとの説明は科学的に説明が不能である。機体部品は飛行経路上に落下するのが科学的で常識なのである。

米国 NTSB サイドレン調査官が　1985年8月27日　落合由美さんに事情聴取した。

サイドレン氏質問「異常が発生した時、気づいた兆候について話して下さい」

落合由美さん回答　　「座席は　56のCであった。

　　　　　　　　　上のほうから、（パーン）という音がした。同時に　耳が痛くなって、

　　　　　　　　　機内が白くなった。　後は　天井の一部が落ちた。

　　　　　　　　　室内の（モヤ）は　流れるという状況でなく、留まっている状況で　　⇒　音は上から

　　　　　　　　　そう長い時間でなく、比較的　短時間で（モヤ）は消えた」

サイドレン氏質問「空気はどちらの方向に噴出するように感じましたか？」

落合由美さん回答　　「流れていない」

サイドレン氏質問「（パーン）という音以外の音、雑音の類が聞こえましたか？」

落合由美さん回答「別に　ありません」

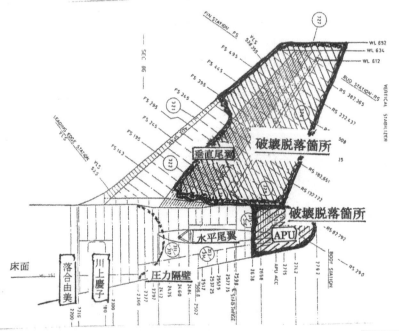

<u>落合証言から、導かれる真実と真相</u>

証言「轟音とともに、白い（モヤ）が発生したが、流れるのでなく、留まっていた。　　⇒　機内空気は

　　　短時間で（モヤ）は消えた」　⇒　瞬減圧で　室内に　白い（モヤ）が発生した。　　動かなかった

　　　（モヤ）は動かず、暫くして消えたことは　（急減圧でない）ことを示唆している。

証言「空気は　どちらの方向にも流れていない」　⇒　機体室内での空気の動きはない。

　　　⇒　大量の空気の移動、噴出はない。　⇒　隔壁は破壊されていない。

証言「（パーン）という音以外の雑音はなかった」　⇒　隔壁破壊で生じる空気の流出、

　　　噴出音はなかった。　⇒　隔壁は破壊されなかった

証言「上のほうから、（パーン）という音がした」　⇒　垂直尾翼の破壊音である。　　⇒　<u>破裂音の後、</u>

　　<u>風切り音はなし</u>

<u>結論</u>：垂直尾翼、APU の破壊は隔壁破壊による与圧空気噴出衝撃力が原因でなく、

　　　自衛隊の飛行物体（標的機）の衝突により生じた。

事故調査委員会「性能部会」による極秘資料(1)　1986.5.14
（飛行高度—墜落直前 20 秒間）

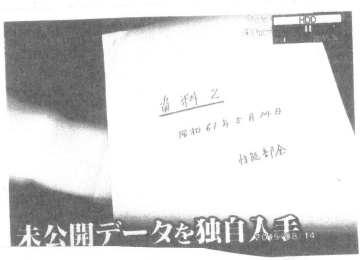

事故調はこの資料を秘密裏に作成し、極秘資料として隠蔽している　！！

TBS-TV 放映
（2015.8.12）

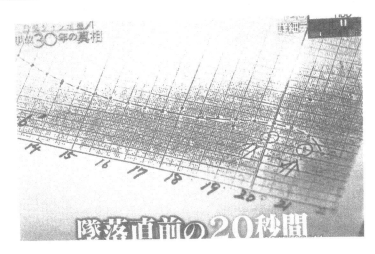

資料—⑰ - 2

事故調査委員会「性能部会」による極秘資料(2)　1986.5.14
（機体姿勢ピッチー墜落直前 20 秒間）

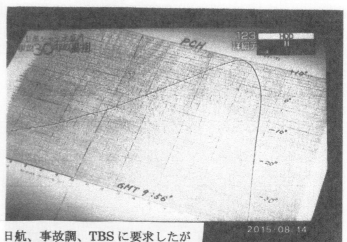

この TV 映像資料を　日航、事故調、TBS に要求したが
資料はないとして拒否された。

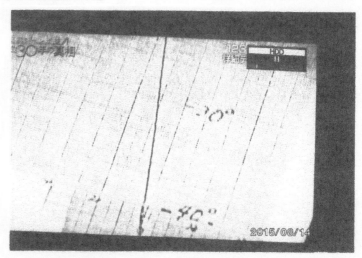

TBS-TV 放映
（2015.8.12）

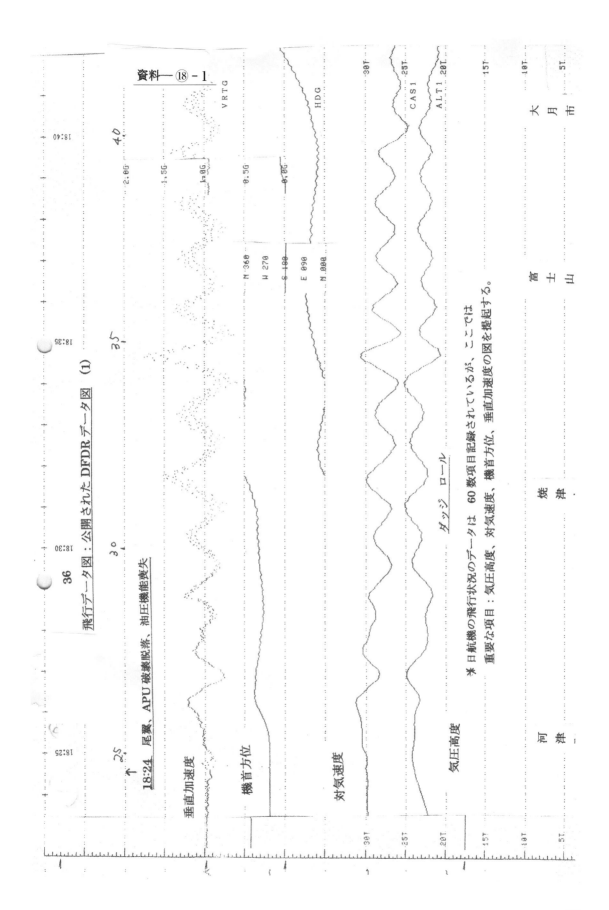

資料—⑱-1

飛行データ図：公開された DFDR データ図　(1)

18:24　尾翼、APU 破壊脱落、油圧機能喪失

垂直加速度

機首方位

対気速度

気圧高度

ダッジ　ロール

※ 日航機の飛行状況のデータは 60 数項目記録されているが、ここでは
重要な項目：気圧高度、対気速度、機首方位、垂直加速度の図を提起する。

河　津

焼　津

富
士
山

大
月
市

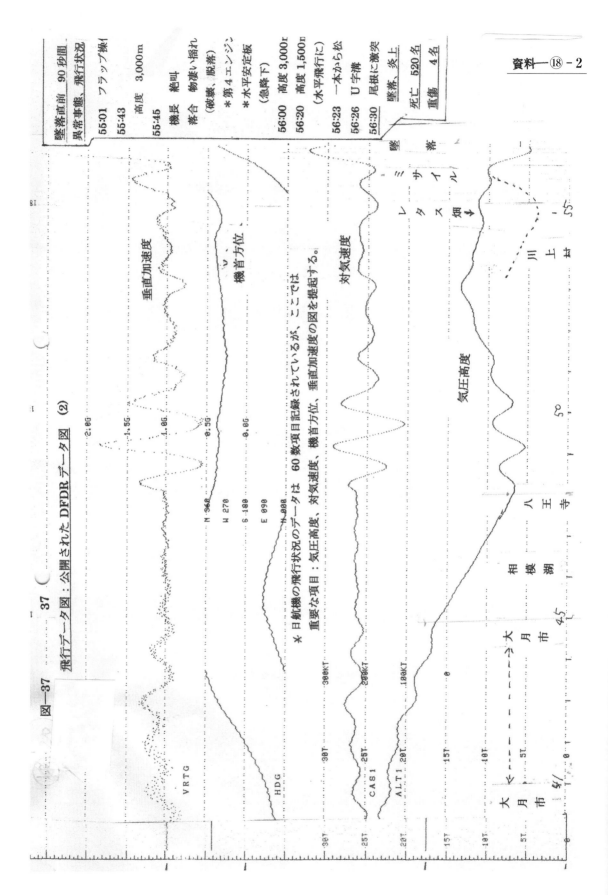

図—37　飛行データ図：公開された DFDR データ図 (2)

資料—⑲-1　「日航123便は手動で横田基地に緊急着陸出来た！！」

日航123便は手動操縦で飛行出来、横田基地への着陸を
敢行を行なうとしたが、自衛隊戦闘機が　禁止、妨害した。
（唯一　命が助かる機会を政府、自衛隊は　非情にも　奪った！！）

着陸寸前の飛行状況とCVR,会話、遺書、機内放送記録

18:45	横田基地「滑走路進入スタンバイ」と事故機に連絡
18:45	乗客（村上氏）遺書「機体は水平で安定している」
18:45:50	機関士「コンタクトしましょうか」（横田基地へ）
18:46	乗客村上良平氏の遺書「着陸が心配だ。スチュワデスは冷静だ」
18:46:03	副操縦士「相模湖まで来ています」（相模湖の上空に到達した）
18:46:20	（機内放送）「着陸に備えて、安全姿勢を取るように」
18:46:16	機長「このままで　お願いします」（機長：横田着陸の懇願）
18:46:21	機長「このままで　お願いします」（機長：横田着陸の懇願）
	⇒　（推察）自衛隊パイロット：着陸懇願を拒否
18:46:33	機長「これはダメかも　しれんよね」（全員が生還不可の悪い予感）
	（着陸を拒否されての悲痛な叫び、呻き声）

＊掛かる発言を機長が発するのは、絶望の淵に陥った時でしかない。

＠事故機は横田基地まで10ｋｍ、時間1分余の距離まで接近飛行していた！！

横田基地、八王子周辺の事故機飛行経路

DFDR,目撃証言
　飛行経路

大月市上空360度旋回
↓
相模湖上通過
↓
八王子；美山
↓
北北東方向へ
↓
秋川上空
↓
左旋回飛行
↓
日の出町：細尾
↓
西北西方向へ飛行
↓
御岳山方向

横田基地へ至近距離まで到着した日航機を多数の住民が目撃

　　　滑走路　3,300mの横田基地は　事故機が不安全な状態でも
　　　着陸が可能であった。

　　　横田基地へ至近距離に到着した日航機の目撃証言

◇「あの日は私の誕生日なので、良く覚えています。町の南側にある今熊山
　　（八王子市美山町）の方向から、大きな飛行機が現れ、北北東の方向へ
　　水平にゆっくり飛んでいた。秋川や町の上空を横切って日の出町方向の
　　山へ消えました。五日市高校の上空あたりを飛んでいる様子でした。
　　横田基地に降りると思いましたが、普段米軍機は低空で　こんな所を飛ば
　　ないので、墜落するのでは──と感じました。時間は　午後6時45分頃
　　の20-30秒間です」
　　　　　　東京都西多摩郡五日市町入野 750-1　南澤輝明（35）　角田氏取材

◇「6時45分頃　畑の草むしりをしていた時、轟音に気づき、空を見た。東
　　南東より、巨大な旅客機が道ぞいに、こちらに向かって来た。あっという

　　間に　真上を通過し、西北西の御（大?）岳山の方に消えた」
　　　　　　東京都西多摩郡日の出町細尾　北島清司（53）　角田氏取材　3301 細尾

ファイル:Fussa city center area Aerial photograph.1989.jpg

横田基地

出典: フリー百科事典『ウィキペディア（Wikipedia）』

資料―⑳-1　　日航機の横田基地への着陸　敢行

横田基地飛行場への着陸を目指しての飛行経路

■尾翼、油圧機能を失った日航機は　高浜機長の手動操縦で飛行出来、横田基地まで
　　１０ｋｍまで接近し、着陸態勢に入っていた。乗客は機長の指示で、着陸のために
　　安全態勢を取っていた。

■横田基地側は日航機の着陸を受け入れる決定を行い、日本政府、事故機に
　　その旨連絡を行っていた。

■自衛隊、政府は「横田基地付近の住民への二次災害を回避する」との不当な理由
　　を持ち出し、日航機の着陸を許可せず、脅迫、威嚇射撃などで中止を厳命した。

■横田基地まで　１０ｋｍに接近していた日航機高浜機長はこの命令を拒否し、

　　18：46：16　機長「このままでお願いします」と　何回も自衛隊機パイロットに懇願した
　　　　が、拒否され、止む無く、着陸を断念して、指示された代案「川上村レタス畑」への
　　　　着陸を目指して、西北西方向に舵を切った。

　　18：46：33　高浜機長「これはだめかもわからんね」と悲痛な叫びを残している。

■着陸を阻止したのは　強力な権力の風（武力、権力命令）であった。

■横田基地に着陸を許可されておれば、殆どの乗客乗員は生還出来た筈である。

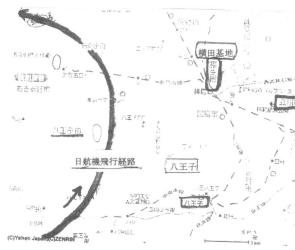

日航機飛行経路

横田基地着陸

乗客:村上良平(43歳)

「機体は水平で安定している。
　　着陸が心配だ」

⇧

機長が乗客に「横田基地への着陸と
安全姿勢を指示した」

御巣鷹の尾根✕

権力、武力の圧力

富士山

相模湾

事故調査報告書より

日航機の横田基地への着陸について
フジTV（2014.8.12）の特番放送で
「着陸の意図」を認めている。
然し、着陸出来なかった理由として
「強力な権力命令」によると
結論付けている。

資料─⑳─2　日航123便は横田基地への着陸を「雷雲と風」が阻止したとの

フジTVの放映番組。（2014.8放映）権力による妨害を示唆した。

日航123便　墜落の真相
フジTV　特別番組　2014.8.12　放映

日航123便は　横田基地への着陸を目指したが
　その着陸する直前に　その進路を変更させた「風と雷雲」
　そして　123便は　何故　川上村レタス畑に向けて飛行したのか！！
　123便は　レタス畑に不時着を敢行するためだった　！！

123便事故機は

操縦出来た
　⇓
横田に着陸出来た
　⇓
全員　助かっていた

然し、（風）と（雷雲）が
　妨害した　！！

横田から　レタス畑に
飛行進路を変更した

そして
最後の墜落原因は
ミサイル攻撃であった！！

風　＝	権力
雷雲＝	武力

○羽田空港

羽田

北東の風

◎横田基地

御巣鷹の尾根✕

○レタス畑

南西の風

富士山

相模湾

⇒　123便事故機は　操縦出来た
　　　横田に　着陸出来た！！

○調査報告書より

2014/08/12

資料—㉑　　「川上村、上野村山岳地帯での飛行と目撃証言」

長野県南佐久郡川上村大字梓山、三国山、上野村御巣高山周辺の地図
日航機飛行経路
　甲武信ケ岳　→五郎山　→川上村：梓山レタス畑　→扁平山　→三国山　→
　群馬県上野村山岳地帯　→　（ミサイル被弾）→　（急降下）→墜落激突（御巣鷹）

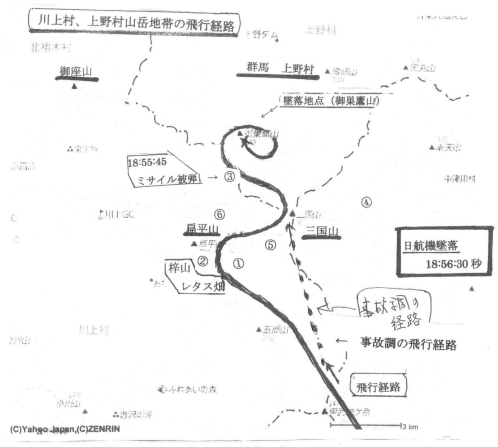

(C)Yahoo Japan,(C)ZENRIN

目撃証言—①　目撃高度　数十Ｍ、遺書を書いていたであろう乗客の姿を
　　　　　　　目撃　（長野県川上村梓山）
目撃証言—②　レタス畑の真上、石を投げると当たる程の超低空を飛行し
　　　　　　　て来た日航機は直進すると扁平山に衝突するので、右旋回
　　　　　　　上昇し、更に直前の三国山との衝突を避けるべく、左旋回
　　　　　　　上昇して、群馬上野村山岳地帯に飛行して行った
目撃証言—③　機長、副操縦士が驚愕の（絶叫）　18:55:45 秒
　　　　　　　「物凄い横揺れがあり、直後　垂直に落下」落合由美さん
　　　　　　　→　ミサイル被弾、炎上、操縦不能　18:55:45　秒
目撃証言—④　飛行機が飛んで行ったあとから、流れ星のようなものが飛んで
　　　　　　　行くのが見えた（→ 自衛隊ミサイルの飛行軌跡）
目撃証言—⑤　三国山の向こう側（群馬県側）に消えた。　（ドーン）と大きな
　　　　　　　音がして　空が真っ赤になり、原爆のようなキノコ雲が上がった
目撃証言—⑥　飛んでいた飛行機が　赤い炎を上げ、やがて黒い煙を残して
　　　　　　　南相木村の群馬県境に消えた

　　　ＣＶＲ，ＤＦＤＲによる事故調の推測は　真実を誤魔化して
「隔壁破壊説」を　捏造した

公表された ＣＶＲ,ＤＦＤＲ の内容の信憑性

日航機事故の ＣＶＲ の音声と ＤＦＤＲ の内容公表は大変遅れてなされた。
且つその内容には疑惑、矛盾が指摘されている。以下に ＤＦＤＲ の図化さ
れたものを添付する。その疑問点は次の通りである。

＊事故調査での世界的な権威で且つ機体が米国製ボーイング社であれば、
　当然、米国 NTSB の協力参加が然るべきだが、要請をしていないし、
　又、公正な立場での ＣＶＲ,ＤＦＤＲ の解析を依頼していない。
＊事故調は余りにも秘密的な言動が多く、且つ情報操作、統制が為され
　何かのために拙速な結論を引き出している。
＊ＣＶＲ は　文字での公開がされたが、その音声公開は　10 年後であった。
＊ＣＶＲ の内容は余りにも、唐突で、その前後の会話の繋がりが不明瞭で、
　ストーリが読み取れない。何から抜けているし、修正された疑いがある。
　特に　横田基地との交信内容に重大な疑惑がある。
＊飛行経路図も横田基地への飛行接近と川上村レタス畑への飛行経路は修
　正され削除されていることが歴然としている。何かを隠蔽している。
＊飛行経路図も実際の地図上でなく、漫画に表示されており、経路図とし
　ていて、掛かる事故調査での飛行経路図としては　失格である。
＊ＣＶＲ と ＤＦＤＲ とは　一体のもので、ＤＦＤＲ と ＣＶＲ とを対比させての調
　解析、考察検証が不可欠だが、そのような検証を行った様子はない。
＊ＣＶＲ,ＤＦＤＲ だけでの調査、検証は　事故調査の原則を無視するもので、
　今回では生存者の証言と多数の住民の目撃証言は　事故の事態、状況を
　調査し、事故原因を特定する上で不可欠であるにも拘わらず、比較対比
　しての調査、検証、考察は行われていない。
＊事故原因での調査では　余りにも「推論」、「推察」だけで行われており、
　且つ事故調査での機体残骸、発生事象の調査、検証を蔑にしている。
＊事故調が公開した重要な ＣＶＲ,ＤＦＤＲ の内容は　100％信用出来ないもの
　である。何かを隠し、何かを修正し、何かを削除している。
　事故発生時に国、運輸省、自衛隊は「自衛隊標的機が日航機尾翼に激突
　した事態」を知っており、その真実の事態、状況を絶対に国民に隠し、
　隠蔽することを決定し、「自衛隊標的機の尾翼破壊の事態」を先ず、
　嘘の「隔壁破壊説」で誤魔化し、事故機が操縦不能で、着陸出来ず、機
　長らの酸欠症状もあり、パイロットミスとして墜落したとのストーリー
　を捏造したのである。そのために事故原因を究明するに不可欠な
　ＣＶＲ,ＤＦＤＲ を修正し、捏造したのである。

HILLARY TO ATTEND CHINA CONFAB/4

Sinise is
presidential
as 'Truman'
in Encore

Train derailment adds havoc
to deadly floods in Korea/7

Russia
takes gold
in Fukuoka
games/40

SUNDAY, AUG. 27, 1995

昭和54年12月20日 第三種郵便物認可(日刊但し1月2日休刊)
発行所 星条旗新社 〒105 東京都港区六本木 7丁目23番17号

50th Year
No. 238

50¢

日航 123 便が墜落後、２０分で現場に米軍 C-130 機（アントヌッチ中尉）が
到着。厚木基地の米軍救助ヘリは 8:50 に現場に到着。救助降下の段階で、
横田基地から、帰還命令。9:20 日本の救助航空機と引き継ぎ、横田に帰還し
た。 横田基地では司令官から、箝口令を言い渡された。

BY LIAM McDOWALL
The Associated Press

SARAJEVO, Bosnia-Herzegovina — More U.N. peacekeepers left Gorazde on Friday, ending their mission to the "safe area" on a violent note — a brief armed clash that left two Bosnian intruders dead.

The United Nations spoke of a skirmish that occurred after government soldiers attacked British peacekeepers. The British killed two of the intruders, without sustaining casualties.

U.N. spokesman Alexander

tion referred to what seemed to have been a minor incident. It quoted the British as saying that four or five intruders had been involved, perhaps only one of them armed and some in civilian clothes. A Ministry of Defense spokesman in London said they were probably "local hoods" out to steal gasoline.

Earlier, the Bosnian army's press office in Gorazde issued a statement saying that regular forces were not involved.

The statement said the incident "has nothing to do with relations between the ... (Bosnian army) and the British battal-

1985 air crash rescue botched, ex-airman says

★ Had they not been ordered away, U.S. Marines could have been helping survivors two hours after JAL 123 crashed in mountains near Tokyo.

Michael Antonucci served in the Air Force from 1982 to 1990. He is currently managing editor of Inside California magazine in Sacramento, Calif. Reprinted with permission from The Sacramento Bee and Michael Antonucci.

BY MICHAEL ANTONUCCI
Special to Stripes

Ten years ago, on Aug. 12, 1985, Japan Airlines Flight 123 crashed into the mountains of central Honshu, resulting in the

deaths of 520 people. It was the worst loss of life involving a single aircraft in the history of aviation.

A controversy arose because of the delay in getting to the wreckage by Japanese rescue workers. The plane had been down for 12 hours before the first rescuers reached the scene. In fact, had it not been for efforts to avoid embarrassing Japanese authorities, the first rescuers — a team of U.S. Marines — could have been searching the wreckage less

than two hours after the crash. Four people survived. Many more could have.

I have a unique perspective of the aftermath of that crash. At the time it occurred, I was ordered not to speak about it. But on the 10th anniversary of the disaster, I feel compelled to tell what I saw and heard that evening as the navigator on a U.S. Air Force C-130 inbound to Yokota Air Base, 35 miles west of Tokyo.

I was a first lieutenant stationed at Yokota. At about 6:30 p.m. on that Aug. 12, we were approaching Oshima Island on a flight to Yokota from Okinawa. When we first heard the pi

lot of JAL 123 declare an emergency to air traffic control, we took little notice of it. In a C-130, you often declare an emergency, shut down an engine and land uneventfully. But at about 6:40, we heard the JAL pilot again. This time his voice was very agitated, and he was speaking to the controller in Japanese rather than English, the international language of aviation. This was a very unusual departure from standard operating procedure by the meticulous Tokyo controllers.

I discovered much later that JAL 123 had lost most of its rear stabilizer and a portion of its lower rudder. The aircraft

was uncontrollable. The pilot, Capt. Masami Takahama, was attempting to steer and change altitude by throttle adjustments alone. JAL 123 had also experienced a rapid decompression — an emergency requiring an immediate descent. JAL 123 was in a no-win situation.

We switched frequencies to Yokota Approach Control and were advised to enter a holding pattern at Okura. While in the pattern, we heard Yokota Approach clear JAL 123 for landing at the base. At this point, we really began to pay attention. The in-flight emergency was so

Please see CRASH, Page 6

341

..., 1995　第3種郵便物認可　P

Crash: Japanese took 12 hours to reach site

Continued from Page 1

bad the airliner could not reach its destination. The pilot wanted to land at a U.S. military base — an extraordinary event.

We heard Yokota Approach try to contact JAL 123 with no success. They cleared us for an approach, but just after 7 p.m. advised us that radar contact with JAL 123 had been lost and asked if we could begin a search. We had enough fuel for another two hours of flying time. We headed north.

The tower did not have a good idea of where JAL 123 was last seen. We started out heading north-northwest as the sun was setting on that long summer day. At 7:15, the flight engineer spotted what looked like smoke under a cloud base at about 10,000 feet. We made a slow left turn and headed for it. The area around Mount Osutaka was very rugged. We received clearance to descend to roughly 2,000 feet above the terrain. It was starting to get dark when we spotted the wreckage. On the side of a ridge was a huge forest fire with a plume of dark smoke rising and obscuring the sky. The time was 7:20 p.m.

John Griffin, our aircraft commander, established himself in a holding pattern 2,000 feet above the wreckage. I monitored our terrain clearance and fixed our position in reference to Yokota. I passed both latitude and longitude coordinates and a bearing and distance from Yokota to the site. Roughly 20 minutes after the crash, authorities had the location of the wreckage.

Yokota Approach told us that a Marine rescue team was preparing to launch from Atsugi Naval Air Station, about 40 miles from our position. They would be there in an hour.

"Tell them to hurry," said our co-pilot, Gary Bray, "but I doubt if there will be any survivors."

The controller replied, "Roger, no sign of survivors."

When Gary got off the radio he said to me: "I shouldn't have said that. We can't tell from here."

We continued to fly an oval pattern until about 8:30 p.m. We were then informed that the Marine helicopter was on its way and wanted directions. I passed a general heading to them and configured my radar from ground to air. By 8:50 p.m. we had the helicopter's lights in sight. They were going down to look.

At 9:05 p.m. the Marines radioed that the smoke and flames were too dense to attempt a landing. They were willing to move off a bit and have two crewmen rappel to the ground. They asked us to contact command post. While Bray spoke with the Marines, I radioed the command post.

"You are to return to base immediately," the duty officer said. "The Japanese are on the way."

Site of Crash

Mount Osutaka

Yokota

ENLARGED AREA

Camp Zama

Mount Fuji　Atsugi

Yokohama

Kamakura

ENLARGED AREA

C-130's Flight Path

SOURCE: Michael Antonucci and Stripes files　Adam Johnston/Stripes

"The Marines want to go in," I told him.

"Repeat, you are to return to base immediately, and so are the Marines," he ordered.

"Roger, return to base," I replied.

Bray reluctantly passed the news to the Marines, who acknowledged and began to climb away. At 9:20 p.m., two hours after our arrival, the first Japanese aircraft arrived on the scene. Approach Control confirmed for us that it was a Japanese rescue plane. With the Japanese on the scene, we felt safe leaving. Besides, we had just about used up our fuel.

We turned back to Yokota and landed with the message that we were to report to the command post immediately. Waiting for us was the deputy commander of the 816th Tactical Airlift Group, Col. Joel Sills. After Griffin gave him a short recap of our actions, Sills said: "You guys did a fine job. You

are not to talk to the media about any of this."

We headed over to the squadron building to check in, our last stop after a stressful 17-hour crew day. It was only then that we discovered from Japanese television that JAL 123 was a modified high-capacity passenger plane with more than 500 people aboard. The enormity of what had happened struck us then and it got very quiet. The silence was broken when the scheduler told us that we were to leave the next afternoon on a weeklong mission to Okinawa. The crew was left intact, which was unusual.

Watching the news and reading the papers the next day baffled us a bit. The news was filled with reports about how the Japanese had difficulty finding the site and in fact had yet to reach the wreckage. I immediately went to my chart to check my work. I was confident that I had given the right loca-

MORE ON PAGE 7

● U.S. military purges flight records

tion. I had vectored the Marine helicopter to the spot. And we left the Japanese aircraft circling over the area. How could they have trouble finding the wreckage?

Two weeks after the crash, while in Bangkok, Thailand, I bought copies of Time and Newsweek with pictures of the crash on the cover. It was the first time I had read there were four survivors. I was horrified to read the account of Yumi Ochiai, one of the four. She described being conscious after the crash. Pinned down by wreckage, she saw a helicopter and waved. There was no immediate response. "Gradually, I slept," she said. "I heard men talking, and it was morning."

Ochiai also told a nurse that she had heard several children's voices that gradually faded away during the night. I was frustrated and furious to think that had the Marines been allowed to rappel in, they might have saved a few more lives. The Marine helicopter had been close enough for Yumi Ochiai to see it.

According to Newsweek, Japanese authorities claimed that orders to begin a search did not arrive until 9:30 a.m., more than two hours after we had already spotted it. The first Japanese helicopter did not overfly the area until 4:40 the next morning. At 7:45 a.m., the Japanese decided that it would be a good idea to rappel a police ranger from a helicopter to the ground — almost 11 hours after the Marines had been denied permission to do so.

As for the U.S. role in this tragedy, neither Time nor Newsweek mentioned our C-130 or the Marines — but reporters accepted the version passed to them by Japanese authorities. Newsweek reported that a Japanese F-4 fighter plane spotted a fire in the mountains at 7:21 in the evening. A reasonable story — except that the Japanese had no F-4s and there were no American F-4s in Japan that day.

Time reported that two planes dispatched by Japan's Air Self-Defense Force spotted the flames. This directly contradicted the military's previous statement that they were not told to search until 9:30 p.m.

What was going on during the night and well into the morning? The Japanese rescuers were "setting up a base" in the village of Uenomura, 42 miles from the crash site. I was later told by someone familiar with Japanese emergency management that they were upset that not one, but two American aircraft had made it to the scene two hours before theirs.

"A Japanese crew could never have decided on the spur of the moment to go search the way you did," this person said.

"And the rescue effort had to be organized according to the book. You and the Marines just went."

By the time I got back to Japan, the story had died down. My crew did receive some recognition — but not what we expected. We were told we were under investigation by the Air Force Office of Special Investigation for selling photos of the wreckage to Japanese newspapers. The investigation, of course, was short-lived because no one on board had any film to sell, nor would there have been enough light to take pictures. Besides, the news media reports were evidence that no one knew we had been there.

In March 1987, after I had transferred from Yokota and was a captain giving navigation instruction at Mather Air Force Base in Sacramento, I received the Air Force Commendation Medal. The citation accompanying the award read in part: "Captain Antonucci and crew were diverted to search for a downed Japan Airlines flight, the worst Japanese aviation disaster in history. He quickly established a search plan, found the crash site and vectored rescuers to the scene."

I was glad to have the Air Force acknowledge what we had done, but the commendation brought me no joy. I wanted to add, "No additional lives were saved."

The crash of JAL 123 was in reality two tragedies. The first was the deaths of those killed on impact. The second was described by doctors who helped retrieve the bodies. They found some whose injuries might not have been fatal had help come more quickly.

The words of one physician chilled me to the bone. "If the discovery had come 10 hours earlier," he said, "we could have found more survivors."

(Antonucci was assigned to the 345th Tactical Airlift Squadron at Yokota Air Base when JAL 123 crashed. In a telephone interview last week with Pacific Stars and Stripes, he said he had been told after the crash to refer all questions about it to public affairs officers.

"Nobody ever told us why we couldn't talk about it," he said.

The C-130 was carrying two extra hours of fuel because a Kadena Air Base ground crew had initially loaded too much, and with a typhoon evacuation in progress, the flight crew chose to depart rather than unload the excess fuel, Antonucci said.

Antonucci said he has not kept in touch with his former flight crew.

The Sacramento Bee said a Pentagon spokesman for the Air Force declined to confirm or deny Antonucci's report, and the Bee said the Japanese Embassy in Washington did not respond to its requests for comment.)

K 第３種郵便物認可 PACIFIC STARS AND STRIPES SUNDAY, AUG. 27, 1995 7

PACIFIC NEWS

Rain still hammering S. Korea

BY JIM LEA
Stripes Korea Bureau Chief

SEOUL — Heavy rain continued to pound areas of South Korea early Saturday, swelling the Han River in Seoul dangerously near overflowing.

The river, which bisects the city, is less than a quarter-mile south of Hannam Village, the major U.S. Forces housing area in the capital, and about a half mile south of Yongsan Garrison, site of the U.S. military's major command in South Korea.

A spokesman at the Han River Flood Control Center said the river had risen to about 2 feet below flood level by 4 p.m. Saturday and continued to rise rapidly. Several thousand people were evacuated from apartment complexes just south of the river late Friday. The last time the river flooded in Seoul was in 1990.

The heaviest rainfall so far has been in South Chungchong Province along the central west coast.

Korea Meteorological Administration forecasters predicted as much as 10 more inches in central and northern areas Saturday as tropical storm Janis neared. Satellite photos early Saturday showed its eye about halfway between China and Korea's south coast in the

The Associated Press

South Korea's worst flooding in five years was blamed for a passenger train derailment Friday on a bridge near Chungju, killing at least one person.

Bill Ryskamp, deputy DODDS-Korea superintendent, however, said there has been concern about flooding at the Osan Air Base elementary school. He said a crew was sent to help put sandbags around the school. The elementary school is a block away from the new high school, and both are in a low-lying area of the base. The base commissary

the military has not been asked to help South Korean crews, a spokesman said.

Meanwhile, Central Disaster Headquarters officials in Seoul report 23 dead and 17 missing as a result of the rain.

One person was killed Friday and 160 others were injured when a bridge collapsed about 100 miles south of Seoul, dropping eight cars of a 10-car passenger train into a swollen river.

... five of the city's 18 ... lan were closed, and ... ghwayswere flooded. ... is clogged Seoul for ... row.

Navy, Marine Corps plan joint Russian exercise

TOKYO — U.S. Navy and Marine Corps forces will train in Hawaii with units from the Russian Federation navy and Russian naval infantry in a combined maritime disaster relief exercise.

Dubbed "Cooperation From the Sea 1995," the exercise will take place Aug. 27-31, with the Russian units remaining in Hawaii to take part in the 50th anniversary commemoration of V-J Day, the end of the war in the Pacific and the end of World War II, according to a commander in chief, U.S. Pacific Fleet press release.

U.S. Army Japan revises its command structure

TOKYO — The final step in the Army's reorganization in Japan will occur Sept. 22 when IX Corps inactivates in a ceremony at Camp Zama.

The corps, which consists only of a headquarters, has turned its duties over to I Corps (Forward) Liaison Detachment, which activated Tuesday. I Corps, headquartered at Fort Lewis, Wash., now bears the Army's war-fighting responsibility in the Pacific.

The changes have not affected the number of U.S. soldiers stationed in Japan. That number — including those in Okinawa but excluding 1st Battalion, 1st Special Forces Group — is 1,911, according to U.S. Army Japan spokesman Spec. Mike Koentop.

From Stripes and wire reports

USFJ has no records on crash

BY JOSEPH OWEN
Stripes Japan Bureau Chief

TOKYO — U.S. Forces Japan headquarters said Thursday it can neither confirm nor refute a former airman's claim that U.S. troops were in a position to rescue victims of the Japan Airlines Flight 123 jumbo jet crash in 1985 but were ordered away from the site.

"We've done a complete search of our historical records. There just is nothing in the files," said Air Force Maj. Kevin Krejcarek, a command spokesman.

The JAL jet, a Boeing 747, was flying from Tokyo to Osaka when it developed structural problems that rendered it uncontrollable. The crash killed 520 people. Four passengers survived.

News accounts published immediately after the crash reported that a U.S. Air Force C-130 cargo plane, in which then-Lt. Michael Antonucci was navigator, arrived on the accident scene in the mountains northwest of Tokyo. But they don't mention a U.S. Marine helicopter that Antonucci said was ready to lower a rescue team to the crash site.

The command purged many of its records during the late 1980s for housecleaning purposes, disposing of several tons of paperwork in the process, Krejcarek said. Current practice is to discard such records after two years.

An Associated Press report at the time quotes a Yokota spokesman as saying the U.S. military was prepared to help in the rescue effort if asked.

Japanese accounts also made no reference to a U.S. Marine helicopter, according to Mamoru Sugimura, a Japanese Accident Investigation Committee member.

The police and the Transport Ministry receive first notification when a plane crashes, Sugimura said. Then the Transport Ministry informs the Air Accident Investigation Committee.

"I was in the office on the night JAL 123 crashed," Sugimura said. "I answered the phone call from the Transport Ministry's aviation branch. It was around 7:20, I guess. He told me JAL 123 had disappeared from the control radar screen. ... After a while we had another phone call telling us JAL 123 had crashed. I don't remember what time it was."

Military sources at the time of the crash said radar contact with JAL 123 was lost at about 6:57 p.m.

Early the next morning, Aug. 13, committee members left to begin their investigation. When they arrived at the crash site, firefighters and policemen from Gunma Prefecture were engaged in rescue operations.

According to Sugimura, the Air Accident Investigation Committe's written record of the JAL 123 incident includes the following entries:

● At 7:15 p.m., the Japanese Rescue Coordination Head Office was notified that a C-130 airplane had seen the JAL 123 wreckage. It was 35 nautical miles from Yokota Air Base at a northwest bearing of 305 degrees. Helicopters from police stations in Shizuoka, Saitama and Nagano Prefectures searched that area all through the night.

● At 5:37 a.m. on Aug. 13, a Nagano prefectural police helicopter located the JAL 123 wreckage.

(Mayumi Yamamoto contributed to this report.)

資料—㉔-1　日航123便飛行経路図と　米軍輸送機の飛行経路図
　　　　救助活動の構図

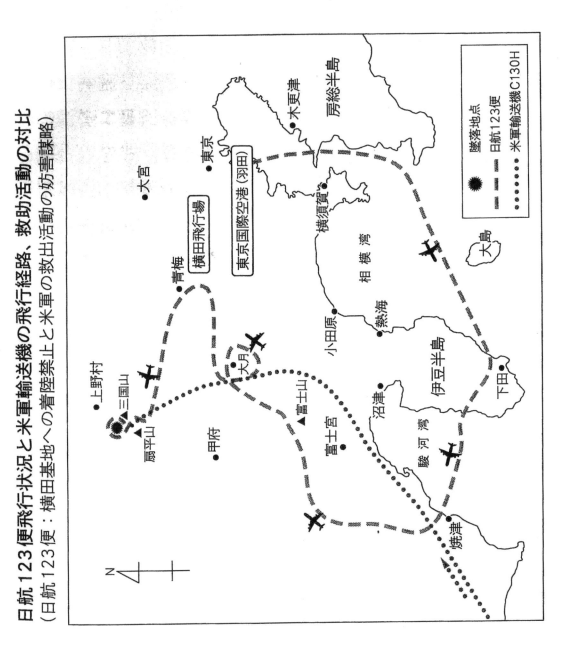

日航123便飛行状況と米軍輸送機の飛行経路、救助活動の対比
（日航123便：横田基地への着陸禁止と米軍の救出活動の妨害謀略）

凡例
墜落地点
日航123便
米軍輸送機C130H

房総半島
木更津
東京
大宮
青梅
横田飛行場
東京国際空港（羽田）
横須賀
相模湾
大島
熱海
小田原
伊豆半島
下田
駿河湾
沼津
富士山
富士宮
甲府
扇平山
三国山
上野村
焼津
N

墜落後、２０分後に日航機墜落地点に到着したＣ-１３０Ｈ輸送機
横田基地の指令で救助に駆け付けたヘリ：UH-1 　（米軍）

資料―㉔-2

日本国権力者は　掛かる乗客への准殺害事件について、

20年間　納得の行く説得が為されていない。

詳細な説明責任がある。

輸送機Ｃ－１３０Ｈ　①

墜落後、２０分後に日航機墜落地点に到着したＣ-１３０Ｈ輸送機

（アントヌッチ中尉：機関士）

UH-1 Iroquois（イロコイ）| 3079

横田基地の指令で救助に駆け付けたヘリ：UH-1

降下途中の兵士の救助中止と撤退を日本政府が

米軍横田基地司令官に強引に要請した。

日本政府は　その後乗客を救助に行かず、見殺しにした。

資料—㉔－3　日航機事故遺族：横田基地に「感謝とお礼」の訪問と　更に　遺族が
　　　　　「日本政府の横田基地に対する非人道的、非倫理的行為を謝罪」

1985.8.12　日航機は横田基地に接近。横田基地は　緊急着陸を許可し、着陸を
勧めた。高濱機長は　横田基地への着陸を希望したとアントヌッチ中尉は告白した。

　　横田基地　正門：　飛行場は　3,300m　の滑走路を有し、事故機は　確実に着陸
　　出来る操縦を行っていた。

日航機が　御巣鷹山に墜落した直後　20分には　C-130輸送機が　上空に到着。
横田基地は　更にUH—1　救難ヘリを派遣し、兵士　2名がロープで降下しようと
した段階で、横田基地は　日本側からの要求で、アントヌッチ中尉に救出中止と
撤退を命じた。　総理大臣と自衛隊幕僚長の生存者惨殺犯罪行為である。

　　横田基地　第374空輸司令部　ライゼン大尉、マラスキ曹長との記念写真

墜落事故から、31年　日航機事故遺族は　横田基地司令部を訪問して、「事故当時
横田基地の救助、救出行動に対し、感謝とお礼を述べた。（2016.7.27）
写真は　ラゼイン大尉とマラスキ曹長、小田の著書「日航機事故の「真実と真相」
とフラワーセットをお礼に贈呈した。

更に、遺族として、日本人として、「日本政府が懸命に命がけでの横田米軍の救出
活動を中止させ、撤退させる」と言う、非人道的、非倫理的、反社会的な申し入れ
を行ったことに対し、心から　謝罪した。

資料—㉕

事故機は川上村レタス畑への着陸を敢行したが、不可と見て急上昇した。
扇平山、三国山を避けて、急上昇して、3,000m上空に達した時、ミサイル
がエンジン、水平安定板を破壊され、脱落し、急降下し、墜落した。

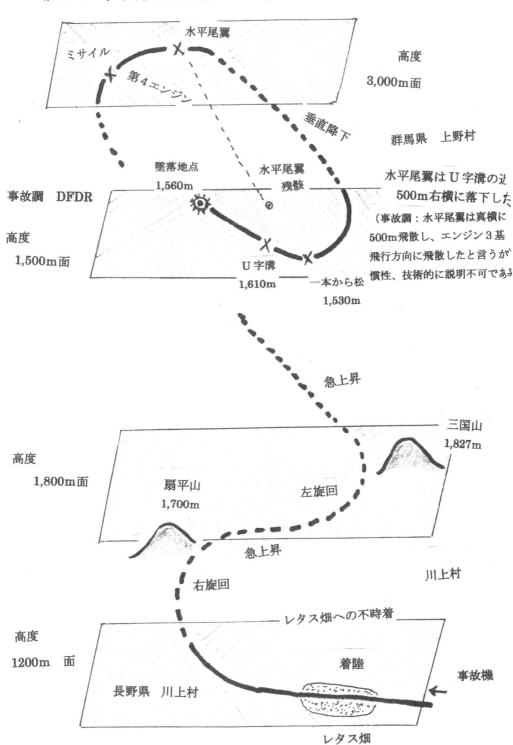

資料─㉖　　「U字溝」の位置と「水平安定板」の落下場所との関係

飛行の安定性確保に重要な「水平安定板」は、地面との接触点「U字溝」
から、飛行方向右横　500mの位置に落下している。この分布から
水平尾翼は　先ず整然として、「南東方向」に並んで落下しているので
この位置上空で、脱落し、その後　水平尾翼の残骸の一部が「U字溝」
との接触で落下したことを示している。

注）上野村住民が123便と自衛隊機を目撃。

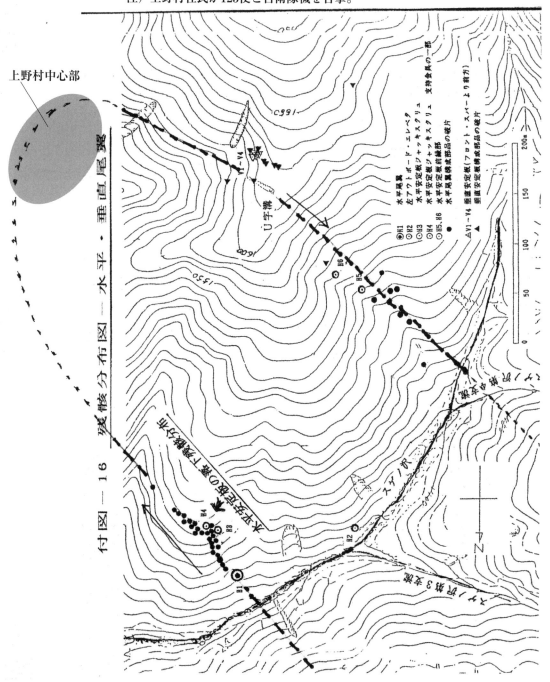

水平安定板は　U字溝から飛散したとの「嘘」

飛行経路と水平安定板の落下場所、U字溝の位置との関連。

水平安定板は　U字溝との激突で、飛行方向の真横500mに

飛散したと事故調は主張したが、真っ赤な（嘘）である。

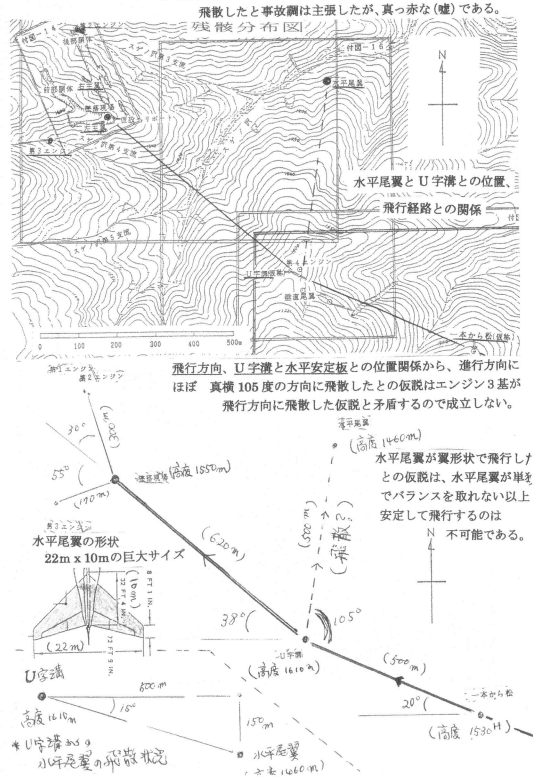

残骸分布図

水平尾翼とU字溝との位置、

飛行経路との関係

飛行方向、U字溝と水平安定板との位置関係から、進行方向に

ほぼ　真横105度の方向に飛散したとの仮説はエンジン3基が

飛行方向に飛散した仮説と矛盾するので成立しない。

水平尾翼が翼形状で飛行した
との仮説は、水平尾翼が単独
でバランスを取れない以上
安定して飛行するのは
不可能である。

水平尾翼の形状
22m x 10mの巨大サイズ

＊U字溝からの
水平尾翼の飛散状況

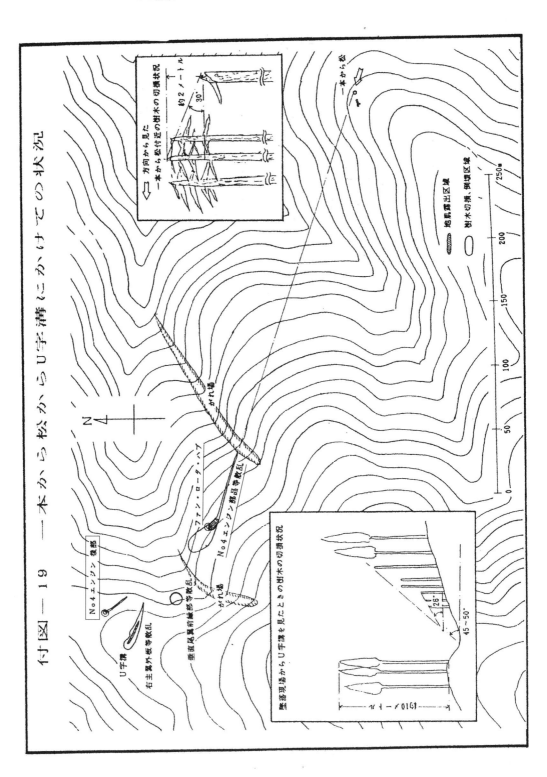

付図―19　一本から松からＵ字溝にかけての状況

155

No.4エンジンの残骸落下分布
「一本から松」から、「U字溝」の間の
No.4エンジンの残骸分布

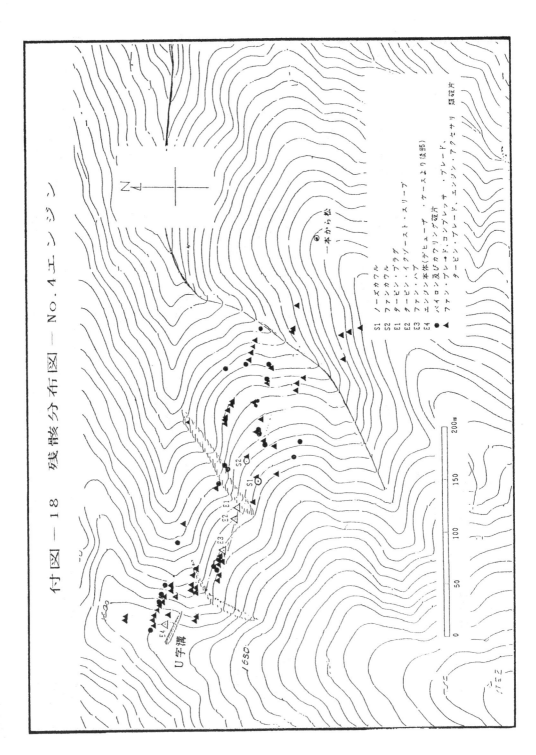

付図―18　残骸分布図―No.4エンジン

S1　ノーズカウル
S2　ファンカウル
E1　ターピン・ブラケ
E2　ファン・イフゾースト・スリーブ
E3　ファン・ハブ
E4　エンジン本体(デヒューブ・ケースより後部)
●　パイロン及びカウリング後方
▲　ファン・フレード、コンプレッサ・ブレード、
　　ターピン・フレード、エンジン、アクセサリ 残骸方

この表は TBSの映像から、「高度」「ピッチ」―「時間」を作成した。
この図は 事故機の墜落直前の飛行状況が推察出来る。

この表は　TBSの映像から、「高度」「ピッチ」―「時間」を作成した。
この図は　事故機の墜落直前の飛行状況が推察出来る。

資料―30-1

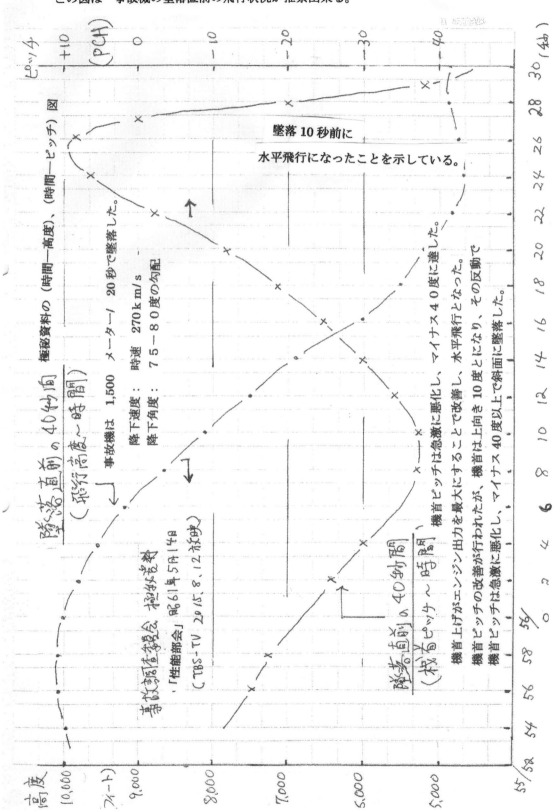

墜落10秒前に
水平飛行になったことを示している。

352　資料編

資料—㉚-2 「墜落寸前の飛行状況、DFDR－高度、速度、フラップ、出力」

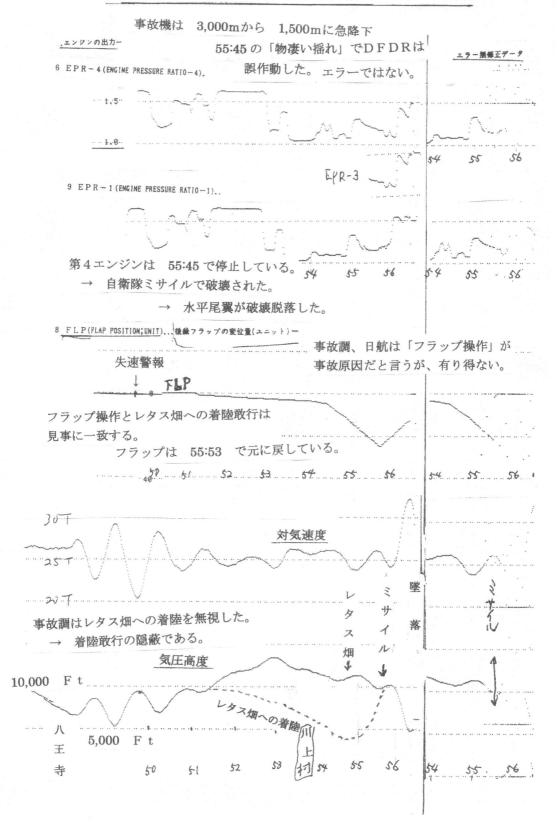

事故機は　3,000mから　1,500mに急降下
55:45の「物凄い揺れ」でDFDRは
誤作動した。エラーではない。

.エンジンの出力—

エラー無修正データ

6 EPR-4(ENGINE PRESSURE RATIO-4).

EPR-3

9 EPR-1(ENGINE PRESSURE RATIO-1)..

第4エンジンは　55:45で停止している。
　→　自衛隊ミサイルで破壊された。
　　　　→　水平尾翼が破壊脱落した。

8 FLP(FLAP POSITION;UNIT)..後縁フラップの変位量(ユニット)—

事故調、日航は「フラップ操作」が
事故原因だと言うが、有り得ない。

失速警報

FLP

フラップ操作とレタス畑への着陸敢行は
見事に一致する。
　　　フラップは　55:53　で元に戻している。

対気速度

事故調はレタス畑への着陸を無視した。
　→　着陸敢行の隠蔽である。

気圧高度

10,000　Ft

レタス畑への着陸

八王子

5,000　Ft

川上村

レタス畑　ミサイル　墜落　ミサイル

353

@　日航機墜落の要因

　　御巣鷹の尾根の上空での突然の「1,500m急降下事象」である。

　　この急降下を惹き起こした　何かが　真の墜落事故の原因である。

＊＊墜落寸前の日航機に発生した異常事態（8月12日　18：　午後）

時刻	発生事象
54:46	機長「あたまを下げろ」　降下指示
55:03	「フラップ10」：着陸態勢へ準備行動
55:08	川上村　レタス畑への着陸敢行（飛行高度　1,200m）

　　　　　　　　（目撃証言）　着陸断念　→急上昇飛行へ

| 55:19 | 扇平山（1,700）を避けて右急旋回（飛行高度　1,500m） |

　　　　（事故調「事故機は、扇平山に近づいた後、急激な右旋回を始め、

　　　　　　三国山の北側で—）目撃者口述による」

55:27	三国山（1,827）を避けて左旋回上昇（飛行高度　1,700m）
55:43	機長「フラップ止めろ」　飛行高度　3,000mに達する
55:45	＊機長ら　絶叫「アーツ」

　　　　　　＊落合さん　＊物凄い横揺れ　＊乗客女性　「キャーツ」

　　（目撃証言）

　　　　　　＊川上村住民「事故機の後ろに流れ星が」⇒　ミサイル攻撃

　　　　　　　　「事故機が赤い炎と黒い煙を出して飛行」

　　　　　　＊日航役員告白「日航機はミサイルで撃墜されたんだ」

　　　　　　＊右側第4エンジン破壊　⇒　右旋回

　　　　　　＊＊水平尾翼破壊　脱落　　＊＊（（失速警報、フラップ作動）

　　　　　　　　↓　　　　　　　　　　　　　↓

　　　　　　　　↓　　　　　　　　ピッチ　−40度になった

　　　　　　　　↓　　　　　　　　（有り得ない事態）日航

| 56:00 | 日航機　急降下（飛行高度　3,000m） |

　　　　　　　　＊急降下速度　270km/H−324km/h

56:20	水平飛行へ　　　（飛行高度　1,500m）＊DFDRデータによる
56:23	「一本から松」と衝突　（第4エンジン残骸、本体脱落落下）
56:26	「U字溝と衝突、尾根を抉る　＊事故調（（水平尾翼　飛散落下）

　　　　　　　　　　　　　　　　　事故調「あらぬ方向に飛散」

　　　　　　　　　　　　　　　　　　「第1,2,3ｴﾝｼﾞﾝ　尾根へ飛散」

| 56:30 | （御巣鷹の尾根）に衝突、墜落　死亡　520名、重傷　4名 |

@@@加藤寛一朗著「壊れた尾翼」（1987.8.1）⇒　事故調と同じ主張。

＊事故機は最後に旋回しながら、急降下し、御巣鷹山に墜落した。降下したのは
　フラップを出し過ぎたため、旋回したのは、フラップが左右対称には出なかった
　ためと推測されている。（ギアを下げ、フラップを下げる）←日航山口幸彦機長

映像資料— 35　事故調のDFDRは　意図的に修正されている！！

川上村レタス畑は　横田基地を断念させられ、代替案として指定された場所であり、事故機は一路西方向に直進しており、多くの川上村の住民が目撃している。然るに事故調はその事実を飛行経路に記載していない。「12日午後、川上村上村梓山の実家近くにあるレタス畑で、レタス葉の消毒作業をしていた。午後7時頃、東南にある甲武信ケ岳（2,475m）の北側の尾根から、突然大きなジェット機が姿を現した。飛行機は石川さんら数人が働いていた畑のほぼ真上を西方向へ通過。まるで、石を投げたら、当たるような低空飛行だった。真上に来たときは　空が真っ黒になるように感じた。飛行機は千曲川に沿って西に進んだが正面に扇平山（1,700m）が迫っていた。右翼を下げて飛行機は約90度右旋回した。が、進行方向には　三国山（1,818m）がある。もう、ぶっつかると思ったが、機首をぐっと持ち上げて、山の斜面を這うように、上昇して行った。機首の上部が後ろから見えるほど、急角度のまま、やっと尾根を超えた。」　＠相模原市古淵　公務員　石川哲（38）

事故調のDFDR図（高度、速度）

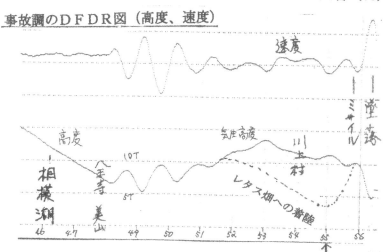

55:03　：レタス畑への着陸敢行

一方、事故調はその報告書で、「「事故機は扇平山に近づいた後、急激な右旋回を始め、三国山の北側で東西　約　3.4km、南北　約2.5kmの楕円を描くように右回りして墜落した」と記述してる。そして　内容的に石川氏の証言と全く同じで事故調はレタス畑着陸を認めたのである。
事故調のDFDRの「高度」図に、このレタス畑への着陸敢行（点線）を追記すると、その差は一目瞭然である。事故調は意図的に飛行高度データを修正して記述している。　公文書偽造犯罪である。

資料―㉛ 墜落直前の飛行経路分析から、導かれる墜落事故原因

　事故機は　18：55：45　にミサイルで右側第４エンジンが破壊され、次第に右旋回飛行に移った。

　左右水平尾翼の胴体中心部にミサイル攻撃を受け、左右水平尾翼、水平安定板ジャッキスクリュ、エレベタが一気に脱落落下した。

　この残骸分布から、事故機は南東方向に飛行したと判断出来る。

　ここから、事故機は急降下し真っ逆さまに落下している。真っ逆さまの急降下の原因は　水平尾翼、後部胴体部へのミサイル攻撃である。

　然し、事故機は　「一本から松」の直前に機体姿勢を水平に回復したのである。

（映像資料― 20 ）

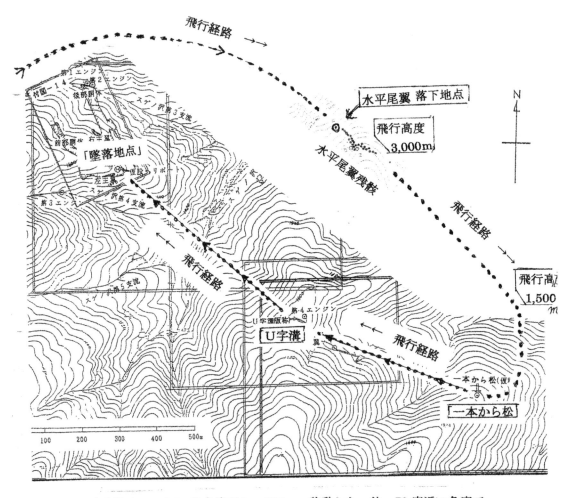

　事故機は、1,500mを急降下し、500m 移動した。約 70 度近い角度で急降下しており、略真っ逆さまの落下である。落合証言を裏付けるものである。事故調の飛行経路図では　操縦不能での緩やかな旋回だが、事実は、一直線に降下し、途中で姿勢を水平飛行に復元出来た。事故調の飛行経路図は嘘である。

最後の４５秒間の日航機飛行軌跡の惨状実態

■高度 3,000ｍで自衛隊ミサイルが日航機右第４エンジンを直撃（18:55:45秒）

◇機長、副操縦士の驚愕の絶叫音声「あーつ」、且つ、水平尾翼が破壊された

◇落合由美さん「安全姿勢を取った座席の中で、身体が大きく揺さぶられた。

　　　　　　船の揺れなどというものではなく　物凄い揺れです」

◇落合由美さん「直ぐに　急降下が始まったのです。全くの急降下です。

　髪の毛が逆立つくらいの感じで、頭の両脇の髪が後ろに引っ張られるような恐怖で

　す。もう、思い出したくない恐怖です。お客様はもう声も出なかった。」

■日航機は第４エンジン・水平尾翼を破壊され、水平復元機能を失い、操縦不能になり

　　　{右旋回急降下}　　→　　{真っ逆さまに急降下墜落}した。

　＊何もしなければ、そのまま地上に激突した筈だが、18:56:15秒　高浜機長の

　　驚異的な操縦技術で　高度 1,500ｍで　水平飛行への復元に成功している。

■この根拠は、御巣鷹山近辺の尾根での地上地面との接触跡である。

　　高度　1,530ｍで「一本から松」と接触、高度　1,620ｍで「Ｕ字溝」を掘り

　　高度　1,560ｍで御巣鷹の尾根に衝突、墜落している。ほぼ　水平飛行をして

　　おり、事故調もその飛行状況をグラフイック化している。

■機体は真横の状態で、御巣鷹の 40 度傾斜の尾根に衝突し、胴体部中央で　断絶して後部

　　胴体の乗客数十名は「即死」を免れ、重傷のまま救助を待っていた。自衛隊の「見殺し作

　　戦」「毒ガス散布」で殆どの乗客は死に絶え、結局４名だけが生還した。

事故調 ：　飛行状況 グラフイック化

付録6　写真－1　北側から見た一本から松
Ｕ字溝付近の航跡

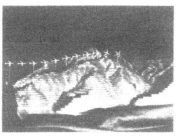

付録6　写真－3　北東から見た航跡

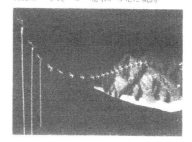

付録6　写真－2　一本から松の東側上から
Ｕ字溝墜落現場を望む

付録6　写真－4　墜落現場付近上方から
Ｕ字溝を望む

　　　－重要保安部品の破壊、脱落状況から検証した事故の真実——

@　日航機が羽田を離陸して、墜落するまでに「脱落した重要部品」「事故機の着陸阻止」「アントヌッチ中尉事件」「乗客の見殺し事件」及び「事故資料の廃棄」「遺族だけを騙す解説集会の開催」を見るだけで、この墜落事故は完全に「謀略殺害事件」であることは容易に判断出来るのである。

＊水平尾翼が脱落すると旅客機は必ず　急降下し、墜落する。

日航機の機体破壊状況、時系列的考察　　　　　　　　（1985.8.12　発生）

　＊日航123便ジャンボ機　　羽田空港離陸　　　　　　　　　（18:12）

1．自衛隊標的機が日航機に激突、衝突　　　　　　　　　　（18.24）

　　1.1　垂直尾翼、油圧配管、APU の破壊、脱落

2．自動油圧操縦不可の事故機の操縦、飛行状況：　　　　（18:24-18:54）

　　　　（32分間の奇妙な飛行経路）

　　2.1　横田基地への飛行と着陸準備

　　2.2　横田基地への着陸を自衛隊が阻止、妨害

　　2.3　長野群馬方面への飛行

　　2.4　川上村レタス畑への着陸準備、断念

3．自衛隊戦闘機によるミサイル攻撃での事故機の破壊、墜落　　　18:55

　　3.1　右主翼側　第4エンジンの破壊、脱落　　　　　　　　　18:55

　　3.2　水平尾翼の破壊と脱落　　　　　　　　　　　　　　　18:55

4．日航事故機墜落（御巣鷹山）　　　　　　　　　　　　　　18:56

5．米軍アントヌッチ中尉らの捜索、救出活動　　　　　（19.15—21:30）

　　6.1　日本政府の米軍への「救出活動の中止と撤退、箝口令」の要請

　　6.2　日本政府の米軍救出活動の隠蔽と公式記録からの抹消、

　　　　　国民への事実隠蔽工作

6．自衛隊、群馬県警の意図的捜索、救出活動の放棄　　（13日）　0:55

　　　　（生存者見殺し行為）

7．目撃証言、生還者体験証言（落合、川上、吉崎さん）

8．ＣＶＲ，ＤＦＤＲの解析、検証

9．事故調査委員会による杜撰な調査と「最終事故報告書」　　　（1987年）

10．事故調査委員会による重要な「事故資料」の廃棄処分、謀略（1999年）

11．航空安全員会事務局による「隔壁破壊説」の解説集会　　　（2011-年）

@自衛隊による日航機尾翼、油圧装置の破壊は事件の端緒で、これを隠蔽するために、横田基地への着陸を阻害し、最後は上野村山岳地帯で　ミサイルで撃墜した。権力者が国民を殺害した史上最悪のテロ事件であった。

資料―㉞

<u>日航 123 便撃墜事件－４名の生存者発見場所（御巣鷹の尾根スゲノ沢）</u>

（落合由美、川上慶子、吉崎博子、吉崎美紀子）1985.8.12　11:00

＊奇跡の生存者はスゲノ沢の機体残骸に埋もれて失神していた！！

＊失神していた４名は、夜間　自衛隊特任暗殺部隊に発見されず
　悪魔の毒牙を免れた！！

＠自衛隊は　墜落場所特定に　意図的に　10時間　掛けた。
＠４名は救助されたのは　墜落から　１６時間後であった！！

出典：日航ジャンボ機
　　　30年目の真相
　　　2015.8.12TBS

資料—㉟　13日生存者発見の直後に撮影された無傷の少年。
12日墜落直後—13日朝頃には生きていたと推察される。
その後の消息は不明。小平尚典氏撮影（週刊誌フォーカス）

落合さんが聞いた声
　　「ようし　僕も頑張るぞ」の少年か

12日米軍アントヌッチ中尉の救助隊が
ヘリで兵士を降下させて、生存者を
勇気付けておれば、この少年は
助かっていた筈である。

然し、米軍救助隊が撤退した後、
特殊極秘殺害部隊が13日早朝に
現場に到着し、元気な生存者を
毒ガスで　その命を奪った。

気絶していた4名の生存者は
その虐殺の被害を免れ、16時間後
重傷のまま救助された。

右奥には　　生存者搬出の担架が見える。

資料—㊱　真実の事故原因：「仮説X」による墜落直前の飛行経路図

「仮説X」による事故機の墜落直前の飛行経路図

事故機は　扇平山、三国山を避けて、急上昇して北西方向に飛行して、突然「物凄い揺れ」を起こして、急降下している。（落合証言、機長らの絶叫）（農民の目撃証言）この証言から、導かれる飛行経路図は　河上村レタス畑経由の飛行を入れると「仮説X」の飛行経路図になる。

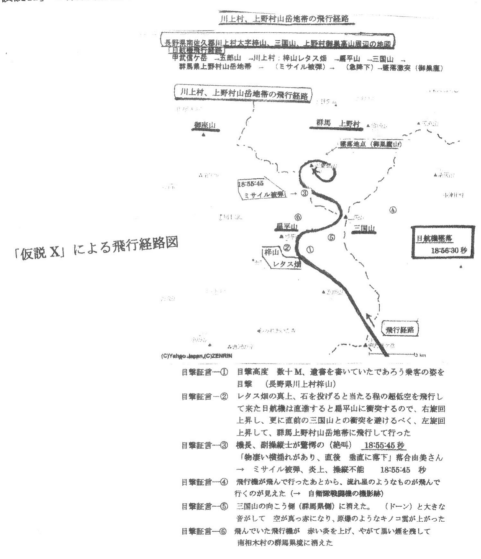

「仮説X」による飛行経路図

目撃証言—①　目撃高度　数十M、遺書を書いていたであろう乗客の姿を
　　　　　　目撃　（長野県川上村梓山）
目撃証言—②　レタス畑の真上、石を投げると当たる程の超低空を飛行し
　　　　　　て来た日航機は直進すると扇平山に衝突するので、右旋回
　　　　　　上昇し、更に直前の三国山との衝突を避けるべく、左旋回
　　　　　　上昇して、群馬上野村山岳地帯に飛行して行った
目撃証言—③　機長、副操縦士が驚愕の（絶叫）　18:55:45 秒
　　　　　　「物凄い横揺れがあり、直後　垂直に落下」落合由美さん
　　　　　　→　ミサイル被弾、炎上、操縦不能　18:55:45 秒
目撃証言—④　飛行機が飛んで行ったあとから、流れ星のようなものが飛んで
　　　　　　行くのが見えた（→　自衛隊戦闘機の機影跡）
目撃証言—⑤　三国山の向こう側（群馬県側）に消えた。　（ドーン）と大きな
　　　　　　音がして　空が真っ赤になり、原爆のようなキノコ雲が上がった
目撃証言—⑥　飛んでいた飛行機が　赤い炎を上げ、やがて黒い煙を残して
　　　　　　南相木村の群馬県境に消えた

水平尾翼が飛行経路上に落下して、それから急降下した事態が正解である。
この比較からの矛盾は　明確で、事故調の最終飛行経路図は意図的に修正されており、杜撰でいい加減で信用出来ないことは明らかである。（公文書偽造犯罪である）

映像資料-19　　### 陸上からの現場への登山道

（群馬側、川上村（三国山経由）、南相木村からの３カ所）

群馬県警は　この「上野村三岐、本谷の登山道路を封鎖し、
救助活動を妨害した。一般人、マスコミの救助登山を阻止し、
自衛隊特別部隊の証拠隠滅作戦の実行を間接的に擁護協力した。
この為、長野県警は　一度　長野側に戻り、三川登山口から登山し
上野村消防団と　生存者を発見をし救助した。

現場地図

資料—㊳　　棺桶と遺族　　棺桶に納まった多数の犠牲者
　　遺体と体面する傷心の遺族

棺桶に納まった多数の犠牲者

遺族も去った後の深夜の身元確認フロア。医師、警察官の
共同作業はつづいた

真実の報告が　国の責務である

遺体と対面する　傷心の遺族

犠牲者、遺族に　日本政府、権力者は事故原因と真実を
　霊前に供える責任がある。30年間　無視し、沈黙を続け、嘘の宣伝を行い

資料—㊴　日航 123 便墜落事故現場で見つかった「黒焦げの少年の遺体」
　　　　　　　　　　　　　　　　　　　　　　　　　　　　　　一生きていた少年を火炎放射機で　焼殺したもの—

検索

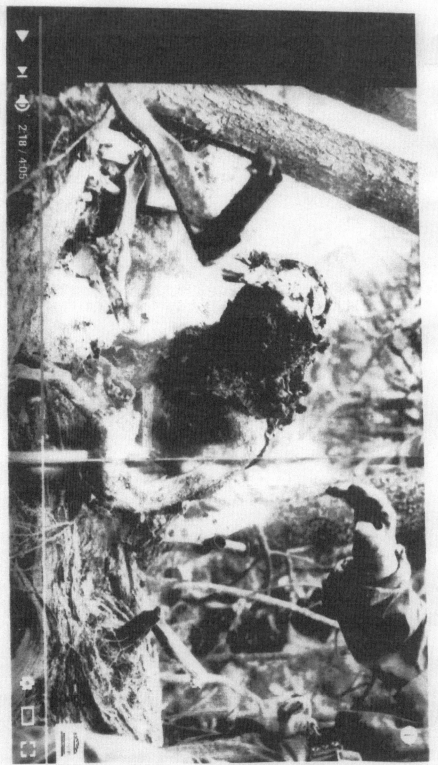

2:18 / 4:05

日航機墜落事故〜30年前の悲劇〜

資料-⑩　123便墜落現場に遺棄された残虐な焼死遺体の悲惨な状況。

⇒　火炎放射器による焼殺と推測帰結出来る。

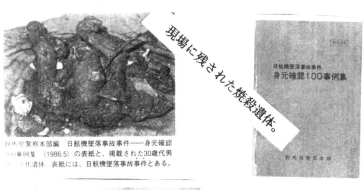

群馬県警察本部編　日航機墜落事故事件——身元確認
100事例集　（1986.5）の表紙と、掲載された30歳代男
性の焼死遺体　表紙には、日航機墜落事故事件とある。

現場に残された焼殺遺体。

ベトナムでの焼夷弾での焼死遺体

ナパーム弾の犠牲者（ベトナム、ド
ンホイ市、1965。日本アジア・アフ
リカ連帯委員会編　ベトナム黒書
労働旬報社、1966.10より）

―――――　青山透子氏の科学的分析。（東北大学での科学化学分析による）

ICP-MS用サンプル A

【前処理：前】

【前処理：後】

【採取サンプル】

①　②

※サンプル③については、ハンマーで叩いた際に落ちた破片となり、採取部分は不明です。
（以下、着物は上野村住民より借用）

①　②
【前処理：前】

①
【前処理：後】

ICP-MS用サンプル B

現場に　多数の塊状物質が散乱し、火炎放射器の塊状放射原料と一致。

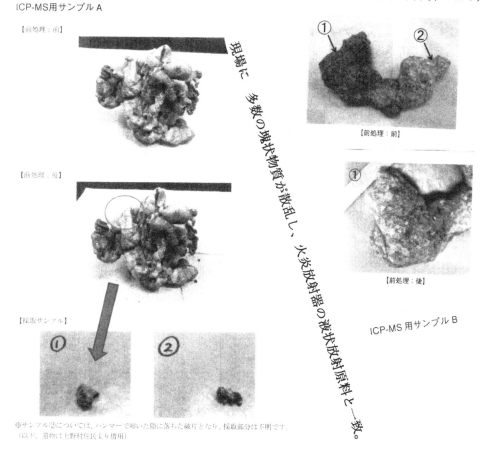

生存者７名が４名になった謎。

生きていた少年は　今何処に

この男の子は一体どこへ連れ去られたのだろうか？

さらに、７歳〜８歳くらいの小さな男の子か13日午前「走り回っている」ところを自衛隊員に発見されている。報告は無線でただちに流された。報道関係者もこの情報をキャッチ、「男の子発見」のニュースは流れた。フジテレビの「ニュースレポート」では、マイクを握ったフジの山口氏が「現場は惨憺たる状況です。まもなく、担架に乗せられた七、八歳の少年が運ばれてきます……」と生中継。しかし、この「男の子」に関する情報が途絶、以後、まるで神隠しにでも遭ったように、その後の「７歳〜８歳くらいの小さな男の子」の消息は杳として知れない。

謎を墜落の日の翌朝に戻そう。日が昇ってからも奇怪な事が起こる。公式に生存者とされる４人の女性以外に、３名乃至４名の生存者か目撃されている。生存４人の現場からさらに200mの斜面を登ったところにいた朝日新聞社の社会部記者が「今ここに３人の生存者救出！２人は担架に乗せられているが、１人は担架か必要無いほど元気な女の子で、救助される員に抱かれている」と無線で報告。

生存者７名は何故　４名になったのか

回収された遺体群

24日新潟県警機キャンプ木村泰而氏は「一人の女の子は、担架に乗らないほど元気で、救助隊員に抱かれている。他の二人は毛布をかぶされていたため、男女の別やけがの程度ははっきりしない」と元気で無事救出された女の子のことを報告。だが、その後彼女の子はどうなったのか？突然存在が消えてしまう。

黒焦げの遺体は火炎放射器で
殺害された

黒焦げの遺体と周囲が燃えていない不自然で
不可解な状況

生存者も火炎放射器で惨殺現場

エールフランス1611便火災墜落事故

出典: フリー百科事典『ウィキペディア（Wikipedia）』

エールフランス1611便火災墜落事故とは、1968年に地中海上空で発生した航空事故である。

事故の概略

1611便はコルシカ島のアジャクシオからニース行きのフランス国内線として運行されていた。しかし現地時間の午前10時半頃に着陸しようとしていたニースの沖合い40kmの地中海で消息を絶った。搭乗員に生存者はいなかった。事故の直前3分前に操縦乗員からトラブルが発生したと送信があり、機内で火災が発生したと告げていた。1611便最期の通信は「このままだと、墜落する」であった。事故機の残骸は深さ2300mの海底で発見され、2年をかけてそのうち10トン弱が回収された。回収された残骸から事故機は海面に急角度で衝突したことが判明し、客室右後部から火災の痕跡が発見された。

エールフランス 1611便

事故機と同型のカラベル

出来事の概要

日付	1968年9月11日
概要	機内火災またはミサイルによる誤射撃墜
現場	██ ██ ニース沖の地中海
乗客数	89
乗員数	6
負傷者数（死者除く）	0
死者数	95
生存者数	0
機種	シュド・エスト・カラベル3
運用者	██ ██ エールフランス

事故の原因

事故当時に行われた調査では、事故の経過としてまず右の便所とギャレー近辺から出火したとされた。出火原因としては、温水器の故障で電気火災が発生したか、便所のごみ箱に乗客が火を充分に消していないタバコの吸殻を捨てたことのいずれかだろうと推定されたが、断定できなかった。

また、急角度で海面に激突する直前に操縦不能に陥っていたことが判明した。その原因として操縦席に火災から逃れようとした乗客が殺到して操縦が妨げられたか、操縦士が煙を吸い込んで意識を失ったかのいずれかだとされた。

新事実： ミサイル誤射による撃墜事件 （軍の秘書官の告白）2011年

しかし事故から43年後の2011年、元フランス軍秘書官ミシェル・ラティがフランスのテレビ局TF1の番組に出演し、「あの事故はフランス軍が誤ってエールフランス機を撃墜したのが真相だ」と証言した[1]。彼は「当時フランス軍はルヴァン島のミサイルテストセンターで地対空ミサイルの発射実験を行っていて、古い軍用機をテスト用標的として発射されるようにプログラムされていたが、レーダー探知範囲に入ったエールフランス機に誤って発射された」「弾頭はテスト用のダミーだったので、命中しても空中で大爆発を起こすことなくあのような墜落に至った」と語った。これに対しフランス国防省は同年12月5日時点でコメントをしていない。

トランスワールド航空800便墜落事故

出典: フリー百科事典『ウィキペディア（Wikipedia）』

トランス・ワールド航空800便墜落事故（トランス・ワールドこうくう800び
んついらくじこ）は、1996年にアメリカのトランス・ワールド航空(TWA)の
ボーイング747が爆発による空中分解によって墜落した航空事故である。事故当
時はアトランタオリンピックを一週間後に控えていたため、それを妨害するため
に引き起こされた航空テロではないかとする説が真実味をもって報道されたが、
その後の事故調査によって電気配線がショートして発生した火花が燃料タンクに
残留した気化ガスに引火して爆発したことが判明し、テロ説は否定された。

トランス・ワールド航空 800便
TWA Flight 800

ロンドン・ガトウィック空港にて撮影された事
故機(N93119)

出来事の概要

日付　　1996年7月17日

経過

1996年7月17日午後8時19分（アメリカ東部時間）、アメリカのニューヨーク、ジョン・F・ケネディ国際空港からフランス
のパリ、シャルル・ド・ゴール国際空港を経由して、イタリアのローマ、フィウミチーノ空港行へ向かうトランスワールド
航空800便が、離陸して12分後にニューヨーク州ロングアイランドのイースト・ハンプトン沖で15,000 フィート（4,600 m）
を上昇中に空中爆発し、大西洋に墜落した。近くを飛行中のイーストウインド航空（Eastwind Airlines）507便[4]の目前で
起こったため、すぐに管制に連絡が入った。

なぎあわされている。

機体の残骸は北東方向に全長7.5キロメートル、全幅6.5キロメートル
の範囲の海中に落下していたが、国家運輸安全委員会（National Transportation Safety Board, NTSB）による徹底的な残骸
の回収が10か月以上行われ、最終的には機体の残骸の95パーセントが回収された。それらの残骸は、格納庫の中に主要構
造物のうち翼中央部と中央胴体部分が三次元モックアップで組み立てられるなど、アメリカの航空事故史上類を見ないほど
の時間と労力と費用が投入され、様々な分野の専門家による調査が行われた。

事故の原因

事故調査報告書による800便最期のフライトパ
ス

爆発の直後に機体底部に巨大な穴が空き、そこから亀裂が機体を一周して、2
階を含む機体前方（セクション41とセクション42）が切り離されて乗客を乗
せたまま落下した。機体後部は操縦席を失い10数秒間急上昇し続け、エンジ
ンが停止してから降下し始めた。落下中に左翼が分離して海に墜落した。こ
の事故で乗員18名、乗客212名、計230名全員が死亡した。

残骸の落下場所ごとに、機
体の色を塗り分け。

左の図における各色分け部
分の落下方向・場所を再現
した図（同じ色は、それぞ
れの機体の塗り分け箇所に
対応する。）

機体底部の巨大な穴。分解しての墜落など から、ミサイルによる撃墜との説が有力

昭和47年2月交換

覚　　　　書

警察庁長官　　　後藤田　正晴

運輸事務次官　町田　直

（1985.8、日航 別 表）

　　　第68回通常国会に提出予定の航空事故調査委員会設置法案（以下「法案」という。）の運用は下記によることを確認し、警察庁と運輸省は、法案の成立後すみやかにこの趣旨を徹底させるため必要な措置をとることを申し合わせる。

記

1　法案第14条第1項および第2項ならびに法案第16条第2項および第4項の規定による処分は、捜査機関に対しては、これを行使しないものとする。

2　法案第14条第1項および第2項ならびに法案第16条第2項および第4項の規定による処分を行なおうとする者は、当該処分が捜査機関の行なう犯罪捜査と競合しない場合を除き、あらかじめ捜査機関の意見をきき、当該処分が犯罪捜査に支障をきたさないようにするものとする。

3　捜査機関から航空事故調査委員会委員長等に対し、航空事故の原因について鑑定依頼があつたときは、航空事故調査委員会委員長等は、支障のない限りこれに応じるものとする。

4　航空事故調査委員会から捜査機関に対し、法案第17条の規定による協力の要請があつたときには、捜査機関は支障のない限り協力するものとする。

5　航空事故調査委員会が発足した時点で、警察庁と航空事故調査委員会は、犯罪捜査および航空事故調査の円滑な実施につき必要な細目を締結するものとする。

　遺族会：8．12連絡会　前橋地検に「日航、ボーイング社」を告訴
　　　　　　　　事故後　一周忌集会で日航幹部に誠心誠意を要求

　　　　　多くの遺族は　無念の心情のまま　鬼籍に入った！！

司法に対する不満が爆発した
一周忌大会
群馬教育会館　S61・8・2

遺族会：8．12連絡会
事故後　一周忌集会で日航幹部に誠心誠意を要求

前橋地検に書類送検後、声明を発表
S63・12・1　写真；共同通信社）　　隔壁破壊説の崩壊　！！

　　　事故調の「隔壁破壊説」は　捜査、司法当局が否定した　！！

　　　　前橋地検に「日航、ボーイング社」を告訴

　　検事正は「事故報告書の内容は（あいまい）である」且つボーイング社は
　　　　事故機だけの原因にしたかった」として　「不起訴」とした。
　　今後も　新しく証拠が提出されたら、再捜査すると約束した。

謹啓

‹handwritten letter text›

昭和六十年九月二十日

日本航空株式会社

代表取締役社長　高木養根

資料—㊼－1 1985.9　ボーイング社の補償交渉の共同責任者としての
　　　　　　　遺族への書簡　（日本文）

（以下は、同封されている英文の手紙の翻訳です。）

（ザ・ボーイング・カンパニー
　　ワシントン州シアトル市郵便番号98124－2207
　　取締役会長ティー・エー・ウィルソンの便箋）

昭和60年9月30日

日本航空123便御乗客の御遺族の皆様へ

　謹　啓
　　昭和60年8月12日の群馬県山中での日本航空事故において御生命を失われた
御乗客の御霊と御遺族の皆様に対し、事故に遭った747型機を製造・修理した
ザ・ボーイング・カンパニーを代表し、心からの哀悼と遺憾の意を表します。
　　人命は金銭によってはかりえない尊いものでありますが、御遺族の皆様の損
失に対して適切な補償がなされるよう努めるため、私共は、日本航空との間で、
両社による補償の交渉を一元的に行なうことを取り決めました。日本航空が両
社を代表して御遺族の皆様とのお話し合いに入ることになります。
　　ザ・ボーイング・カンパニーの製造する全製品の安全は、私共の基本的かつ
最重要の関心事であります。私共はこのために引き続き最大の努力を尽くすこ
とをここに誓約致します。
　　事故により前途に満ちた御生命を絶たれた犠牲者の方々の御霊に対し、重ね
て、心から哀悼の意を表し、安らかに永眠されんことをお祈り申し上げます。

敬　具

ティー・エー・ウィルソン

（　署　名　）

THE BOEING COMPANY

SEATTLE, WASHINGTON 98124-2207

T. A. WILSON
CHAIRMAN OF THE BOARD

September 30, 1985

To the bereaved families of the passengers
of Japan Air Lines Flight 123

Dear Bereaved,

For the souls of the passengers who lost their lives in the Japan Air Lines accident in the mountains of Gumma Prefecture on August 12, 1985 and for the bereaved families, I would like to express our heartfelt condolence and sincere regret on behalf of The Boeing Company, which manufactured and repaired the 747 involved in the accident.

Human life is so precious that it is impossible to place a value on it. Nevertheless, to endeavor to compensate adequately for the losses of the bereaved families, we have arranged with Japan Air Lines to unify all negotiation concerning compensation by our two companies. Japan Air Lines, acting on behalf of the two companies, will begin contacting bereaved families.

The safety of all the products The Boeing Company manufactures is our primary and most important concern. We pledge here that we will continue to make our utmost efforts in that regard.

Again, I would like to convey our heartfelt condolence and prayers for peaceful rest for the souls of the victims who lost their hopeful lives in the accident.

Very truly yours,

T. A. Wilson

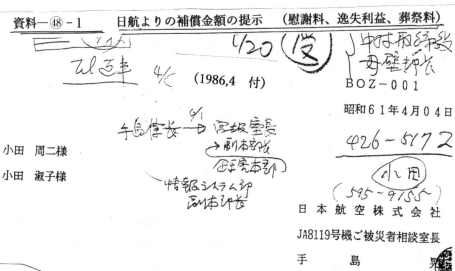

資料—⑱-1　　日航よりの補償金額の提示　（慰謝料、逸失利益、葬祭料）

（1986,4　付）　　　　　　BOZ-001

昭和６１年４月０４日

小田　周二様

小田　淑子様

日本航空株式会社

JA8119号機ご被災者相談室長

手　島

謹啓

　　去る昭和６０年８月１２日発生の弊社大阪行　123便JA8119号機事故により、ご子息浩二
様、お嬢様陽子様がお亡くなりになられましたこと誠に申し訳なくお詫び申し上げますと
ともに衷心よりご冥福をお祈りいたします。

1. 補償金の算出にあたりましては、現下の損害賠償の水準に照し弊社としてなしうる最大限
の補償を考えておりますが、５００名余のご被災者に対する補償交渉となりますので、と
りわけご被災者間の公平、平等に意を用いざるを得ないものと考えております。

2. 従いまして、慰謝料につきましては、ご被災者が一家の主柱であるか否か、単身者である
か否か、お子様であるかの別による額の相違は考慮させて頂いておりますが、かかる合理
的な種別以外にご被災者のご要望等によって、異なる金額を提示をしたり、又は解決をし
たりということは全く考えておりません。　従って、ご子息浩二様、お嬢様陽子様に対す
る慰謝料といたしまして、各々■■■■■をご提示させていただく次第でございます。

3. 逸失利益につきましては、有職者につきましては前年度の収入を基礎とし扶養家族の有無
扶養を要する年数等を考慮し、ご被災者個別に積算させて頂き、就労可能年数につきまし
ては67才までを稼動年数として考慮し、生活費控除率については扶養者数、期間等を考慮
し公正な数値を用い算出し更にこれから中間利息を控除させて頂くという考え方によって

4. 葬祭料につきましては、冒頭に述べました公平・平等の観点から先にお支払させて頂きま
ました、お一人あたり■■■■円に加え、一家族のうちお一人方については 1,000,000円、
お二人以降につきましては各々■■■■■円の共通の金額を提示させて頂いております。

故 小田浩三 様　女　小田西二係る
も 小田陽三

資料—⑧—2　補償金の修正は行うことはないとの山路社長の最後の通告書

補償に関する話の進め方について。

総社、日本船渡造は、掲題の件について
下記以下通り、遺族の約束行うべく補償
4/20 の各回協議した補償内容が
を伝え、約束しておりますが、主に、遺示と
事項を行為（当り車事故の強水準の事故、
一方的に、補償支払させない考え込と）
を行っていると、いうふうに、お考えに致します。
今、今後は、遺族と、対等の補償支持（遺族
の要求、厚がに、対して、認識をもって
同向に対し、今含し、続状決の正当な詳部品
船渡は大事故数な基準をもって考えます。）を
結束、調します。今後の際は、つきません。

ヒイ　日本船渡（株）
　　　　社長　山路進

日召 6.9.17
その額を交渉の進展等によって調整をせていくことはありません。

補償に関する話の進め方について。

日本船渡造は、掲題の件について
下記以下通り、遺族の系的待行べく
補償「　　　」を約束していましたが
① の各回協議した補償内容が、内容が
生じであり、今後、再報告することは
ありません。
② 遺族からこの要求に対してから
　お任け致しません。変更望ましから。
③ 使水準の提示額　対事上車もします。
　「この今、今後に、呼ぶ」ます。
　示談する変更ることなく。

ヒイ　日本船渡（株）
　　　　社長　山路進

日召 6.9.17

ご被災者のご要望等によって、異なる金額を提示をしたり、又は解決をし

　　ボーイング社、ＮＴＳＢ事故調査　幹部の日航機事故原因に
　　　ついての証言

　　「衝撃の瞬間６　―日本航空 123 便墜落事故」
　　　　2012　ＮＧＣ　ＮＥＴwork「ナショジオ　チャネル」

ボーイング社　Ｊｏｈｎ　Ｐｕｒｖｉｓ：事故調査部門長とＮＴＳＢ　Ｒｏｎ　Ｓｃｈｌｅｅｄｅ：シニア事故調査員（海外担当）　は次のように証言している。

　(1) Ｂ社による日航機隔壁修理ミスで、強度不足の圧力隔壁が破壊し、大量の機内空気が流出して垂直尾翼と油圧システムを破壊して、操縦不能にした。

　(2) 日航機が墜落した事故原因は、ボーイング社の隔壁修理ミスである。

　(3) 日本航空は「日航に墜落の責任がない」としながら、遺族に「補償の申し出」を行い、補償金を支払った。⇒　日航は「日航機がミサイルで撃墜された」　即ち「日航に墜落の責任がない」ことを知っていた。然し、加害者（自衛隊、権力者）の命令で　偽の加害者として、「補償」の事務処理を行ったと解釈出来る。

＊ボーイング社は「事故機は操縦出来、飛行出来た」とＦＡＡに報告している。更に、ＮＴＳＢは「自衛隊による横田基地への事故機着陸阻止」「自衛隊ミサイルが事故機を撃墜した」ことも熟知している筈である。何故、2012 年になって急に「隔壁破壊説」を持ち出し、加害責任を認めたのかである。それは 2011 年 7 月に日本事故調が遺族を集めて「隔壁破壊説」の解説をしたことと見事な隠蔽談合の結果なのである。

＊以上の事態状況から、日航、ボーイング社共に、「隔壁破壊は起きなかった」ことを知っていて　嘘を言っているのである。（偽証）

＊ボーイング社、ＮＴＳＢが「日航自身が　日航に墜落の責任がないと発言している」との証言は「日航機墜落の真実と真相」を明確にした証拠発言である。

航空局から、遺族小田周二への文書連絡
－事故原因についての面談会議開催の件－

日航機事故（平成28年8月　31周年慰霊式典）において、航空局　祓川総務
課長と面談した。更に、航空局と、霞が関で面談技術会議の開催を申し入れ、
快諾された。面談の期日、時間、出席者、議題などを提示して、期日の連絡を
要請していたが、突然　以下の文書が　遺族小田に届いた。
平成28年10月21日付け、差出人は　航空局　局長、総務課長である。

-----Original Message-----
From: ninomiya-y035x@mlit.go.jp [mailto:ninomiya-y035x@mlit.go.jp]
Sent: Friday, October 21, 2016 11:09 PM
To: shujioda0904@jcom.zaq.ne.jp
Subject: RE: (国土交通省航空局総務課) RE: メールアドレス確認⇒　遺族からの
面談日時の申し入れ ⇒　面談の催促　⇒　再検討依頼要請 10/10⇒　再再催促 10/18

小田様　（日航機事故遺族　小田周二 ）

　　面談に関し、いろいろとご要望頂きました。
　　その前に一点気になることがあります。
　　小田様から頂いたメールには、「航空局は加害者である」との見解が再三示さ
れております。
　　今年の慰霊式において、総務課長から小田様へ「国土交通省にも責任がある」
とお話ししたのは、「航空行政を司る我が省は、航空機によりお客様を安全に目
的地へ到着させることが第一の目的であり、このような悲惨な事故によりそれ
を達成できなかったことを遺憾に思う」との趣旨で申し上げたものです。
　　ご存じのとおり、本件事故につきましては、国土交通省（当時の運輸省）幹部
が業務上過失致死傷容疑で書類送検されましたが、司法の場で不起訴との判断
が確定しており、当局は本件につき加害者であるとの認識は全く持っておりま
せん。
　　当方としては、この点については議論の余地がないと考えており、この点につ
きご理解頂くことがお会いする前提になると考えております。

　　　　　　　　　　　　　　　　　　　航空局　総務課　祓川課長：

この文書は、航空局は　日航機事故犠牲者の慰霊式に出席しているが、それは
航空局の業務目標を達成出来なかったことを　「遺憾」に思うとのことであっ
た。即ち、「可哀そうに　同情します」との気持ちなのである。

この背景、理由は　「前橋地検の（不起訴）判断で　航空局は加害者でない」
との認識であると主張し、この件では　「議論の余地はない」との強硬で司法
的な判断で確定していると言うのである。

航空局からの面談の議題についての文書連絡
－ 航空局担当部の見解で、面談議題から削除するとの通告－

------Original Message------
From: ninomiya-y035x@mlit.go.jp [mailto:ninomiya-y035x@mlit.go.jp]
Sent: Friday, December 16, 2016 6:38 PM
To: shujioda0904@jcom.zaq.ne.jp
Subject: RE: （国土交通省航空局総務課）RE: メールアドレス確認⇒ 遺族からの
面談日時の申し入れ ⇒ 面談の催促 ⇒ 再検討依頼要請 10/10⇒ 再再催促 10/18
⇒ 再再再催促⇒ 日時の連絡の再再再再催促 ⇒ 航空局回答 ⇒ 小田の要請、
懇願

小田様

　　面談候補日を以下のとおりお知らせします。

　　日時：平成28年12月21日（水）11：00〜12：00
　　　　　又は、平成28年12月22日（木）11：00〜12：00
　　場所：千代田区霞が関2−1−3　中央合同庁舎3号館地下1階
　　　　　国土交通省ホットラインステーション

　　なお、面談時の議題として提起があった以下の点に関して、本件を所掌する当局担当部から以下
のとおり基本的な見解が出され、本件に関しては、あらためての議論は要しないとのことです。
　　従いまして、当該論点は対象外とさせて頂きます。それ以外の点を総務課長のみ対応しますが、
総務課長は局内、省内各局及び他省庁との調整など多忙を極めていることから、面談時間は1時間
とさせて頂きます。

　　（航空局担当部の見解）
　＊隔壁修理に関しての航空局点検、確認の実施内容（調査、確認、許可）
　　隔壁修理に関して、国が航空法第16条に基づき実施した修理改造検査については、航空事故調査
委員会（当時）が昭和62年6月に公表した日本航空株式会社123便の御巣鷹山墜落事故（昭和60年
8月12日発生）に関する航空事故調査報告書に記載のとおりです。
　〔参考〕事故調査報告書（昭和62年6月19日公表、関係部分）
　…航空局は、日航からの航空法による修理改造検査の申請に基づき、修理計画、修理の過程及び修理
完了後の現状について検査を行った。この検査では、航空局検査官によって申請者が提出した図面等
による修理計画の審査及び作業記録による修理過程の審査並びに作業完了後の現状についての一般的
外観検査、地上における機能試験及び飛行試験等が行われたが、このような検査方法は修理改造検査
において従来から行われている一般的な方法に準拠したものであったと考えられる。
　…（p102〜p103 より）

　＊事故原因確定後の事故再発防止策の指示
国土交通省航空局においては、事故調査報告書を踏まえ、大規模構造修理を行う場合の管理体制の強化、
長期監視プログラムの設定等、航空会社の整備体制の強化を指導するため、航空局に整備審査官を配置
しました。

　＊前橋地検における告訴告発と不起訴判断結論と航空局の判断

　　本件航空事故の刑事訴追に係る検察庁の判断に関し、国土交通省航空局は関与する立場になく、お答え できません。

資料—⑤1　航空局の３２年目の告白と　犠牲者の絶叫

　　国土交通省　「航空局」の責務：
　　　「お客様を安全に目的地へ到着させることが　第一の目的である」と。
　　　航空行政を司る航空局は　日航機事故墜落の本当の事故原因を
　　　明解に至急　明らかにする責任がある　！！

　1990.7　前橋地方検察庁は　遺族からの告訴を検討した結果、
　　　「修理ミスした圧力隔壁は破壊していない」として、「ボーイング社」
　　　「日航」「航空局」三者を不起訴判断した。
　　　「航空局」はこの不起訴判断で「航空局は　加害者でない」と認識して
　　　　いると公言した。　更に航空局は「議論の余地はない」と。
　　＊事故調査委員会の事故結論「隔壁破壊説」は否定され、崩壊した！！
　　＊然し　航空局は　不起訴判断から、27年間も真の事故原因の調査、検討を
　　　行った形跡、事実はない。これは、意図的な不作為で業務違反に相当する。

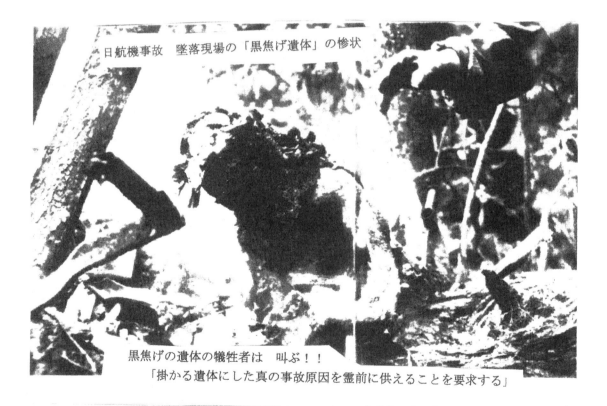

　　日航機事故　墜落現場の「黒焦げ遺体」の惨状

　　黒焦げの遺体の犠牲者は　叫ぶ！！
　　　「掛かる遺体にした真の事故原因を霊前に供えることを要求する」

　　＊事故原因が内部からの破壊「隔壁破壊説」でないとすると、外部の飛行する
　　　「謎の物体」が　垂直尾翼に衝突して破壊したことになる。
　　＊重量　１トン程度の高速飛行物体は　自衛隊の「曳航標的機」で　演習中に
　　　暴走して、日航機を直撃した事態が提起されている。
　　＊自衛隊の司令官が　標的機が日航機に衝突した事態を告白証言している。
　　＊自衛隊は1986年　標的機　１基を誤って撃墜したとして、経理処理している。

1985.8.12 日航機墜落事故での乗客、乗員520名殺害事件の構図
－泥臭い刑事コロンボの推理判断－

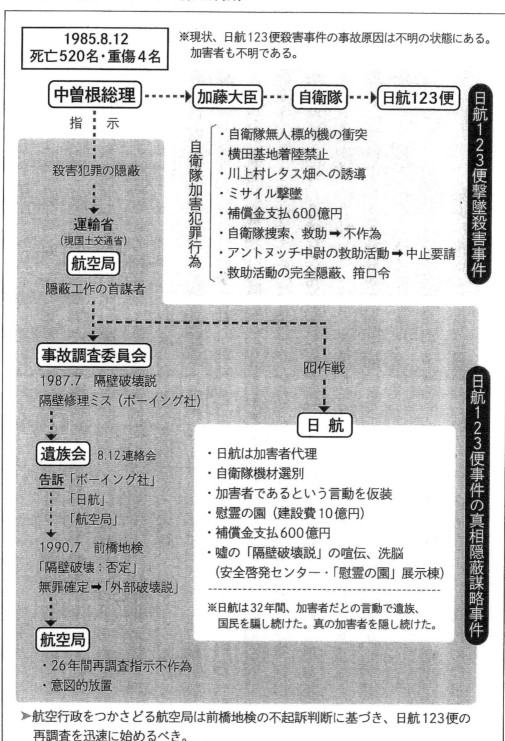

➤航空行政をつかさどる航空局は前橋地検の不起訴判断に基づき、日航123便の
　再調査を迅速に始めるべき。

事故調の報告書の内容の羅列である。

2017年9月12日　日航労　福田　×（部長）　説明資料

事故の経過（主な仮説と事実関係）

しりもち事故（1978年6月2日）
仮説
事実
・圧力隔壁の下部を損傷し本社が下半分の交換作業を実施

圧力隔壁修理
・不適切な修理
・事故後、回収した残骸機体から確認

圧力隔壁破壊
・不適切な修理による強度不足の箇所から疲労亀裂が拡大し圧力隔壁が破壊
・電子顕微鏡等を使用して多数のリベット孔より疲労亀裂痕を確認
・上半部の隔壁が非与圧側に折れ曲がっていた

与圧空気流出
・破壊した隔壁の開口部から与圧空気が尾部胴体に流出
・垂直尾翼取付部胴体フレームに断熱材の塊確認
・垂直尾翼内で断熱材を覆っていたフィルム確認
・水平安定板内で断熱材確認

急減圧
・与圧空気流出により客室では急減圧発生
・断熱膨張による霧発生（証言）
・酸素マスク落下（写真、証言）
・自動アナウンス（証言/DFDR）

APU防火壁破壊
仮説
・与圧空気流入による内圧上昇でAPU防火壁は破壊
事実
・解析の結果最大圧力ビームは2.2～2.5PSIで座屈
・周囲枠材下方2.1～3.5PSIで破壊
・サポート、ストラット支持横ビーム3.1～3.9PSIで座屈

垂直尾翼破壊
・与圧空気流入による内圧上昇でAPU防火壁破壊（ほぼ同時）
・スナッシュガの破断は内側より外側に進行
・計算結果及び試験結果から内圧約4PSI上昇でストリンガとリブ・コード取付部が破壊

油圧機能損失
・垂直尾翼破壊時に方向舵が方向舵下方に脱落し油圧系結配管破損で作動油流出
・スナッシュガ結合リベット頭より回収のす状黒色付着物確認
・飛行経路下山峡より尾翼左側付板より付着物確認
・上記付着物のいずれも作動油成分が検出

操縦不能
・油圧装置不作動、垂直尾翼一部脱落により機長の意図通りの操縦は困難
・事故機と同じ故障状態の模擬飛行装置の実験では意図通りの操縦は不可能
・着水を想定した接水時速度を200ノット以下では不可能で生還は困難

羽田空港へ引き返し
仮説
・緊急事態発生後の着陸港は羽田空港を希望
事実
・18:25:21機長はACCに羽田へ戻ることを要求
・18:31:14ACCは名古屋への着陸を尋ねたが羽田へ戻ることを要求

大月上空360度旋回
・横長の意図したものかは不明
・DFDRより左側エンジンの出力が右側よりも小さい
・CVRより右旋回したと思われる音声記録は無し

横田基地へ接近
・引き続き羽田空港への緊急着陸希望
・18:47:07機長は羽田空港へのレーダー誘導を要求
・ACCは使用滑走路は22なので方位90度維持を指示
・機長は了解

三国山接近
・事故機は隔平山に接近後、三国北側で楕円経路を辿る
・機長が意図図通りのか不明
・18:54:40フラップ角約8ユニットで右バンク増大しつつ右旋回開始
・フラップ作動継続し右旋回強まる

2 of 2

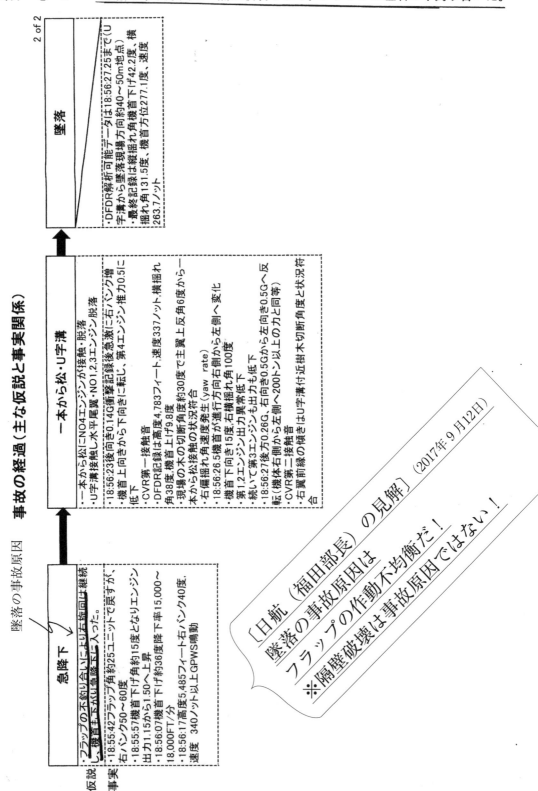

事故の経過（主な仮説と事実関係）

墜落の事故原因

急降下

仮説　・フラップの不釣り合いにより左旋回は継続し、機首下げ水平降下に入った。

事実　・18:55:42フラップ角約25ユニットで戻すが、右バンク50〜60度
・18:55:57機首下げ角約15度となりエンジン出力1.15から1.50へ上昇
・18:56:07機首下げ約36度降下率15,000〜18,000FT／分
・18:56:17高度5,485フィート右バンク40度、速度　340ノット以上GPWS鳴動

一本から松・U字溝

・一本から松にNO4エンジンが左接触・脱落
・U字溝接触し水平尾翼・NO1,2,3エンジン脱落
・18:56:23後14G衝撃記録に右バンク急激に増、機首上向きから下向きに反転、第4エンジン推力0.5に低下
・CVR第一接触音
・DFDR記録は高度4,783フィート,速度337ノット,横揺れ角38度,機首上げ9.8度
・現場の木の切断角度約30度で主翼上反角6度から一本から松接触の状況符合
・右偏揺れ角速度発生（yaw rate）
・18:56:26.5機首が進行方向右側から左側へ変化
・機首下向き15度,右横揺れ角100度
・第1,2エンジン出力異常低下
・続いて第3エンジンも出力も低下
・18:56:27後0.26G,右向き0.5Gから左向き0.5Gへ反転（機体右側から左側へ200トン以上の力と同等）
・CVR第二接触音
・右翼前縁の傾きはU字溝付近樹木切断角度と状況符合

墜落

・DFDR解析可能データは18:56:27.25まで（U字溝から墜落現場現場方向約40〜50m地点）
・最終記録は縦揺れ角,機首下げ42.2度,横揺れ角131.5度、機首方位277.1度、速度263.7ノット

〔日航（福田部長）の見解〕（2017年9月12日）
墜落の事故原因は
フラップの作動不均衡だ！
※隔壁破壊は事故原因ではない！

（未化）

2011.2　美谷島事務局をみり、極秘いに
送ってきた。（メモは）
7月
平成 23 年 X 月 XX 日

日本航空 123 便の御巣鷹山墜落事故に係る航空事故調査報告書についての
解説（案）

（62-2　日本航空株式会社所属ボーイング式 747SR-100 型 JA8119、
群馬県多野郡上野村山中、昭和 60 年 8 月 12 日）

運輸安全委員会事務局　○○○○

はじめに

　昭和 60 年 8 月 12 日に発生した日本航空 123 便の御巣鷹山墜落事故については、航空
事故調査委員会が調査し、昭和 62 年 6 月に航空事故調査報告書を公表しました。この
報告書で、事故は、後部圧力隔壁の不適切な修
胴体後部・垂直尾翼・操縦系統が損壊し、飛
に生じたと推定しています。

　これに対し、「圧力隔壁が損壊した場合に
あり、また、室温も低下するのに、生存者はそ
また、「急減圧があったならばパイロットは

10/29・1/12 2/2 と
運輸安全委員会で会議
をしました。
次回は 3/42 です。
夜の1会議です

小田さまへ。
　事故原因について今一度、公正なご判断を下さい。
　運輸安全委員会は、気減圧のことについて、詳しく
補足的報告書を作成するというところまできました。
　元、パイロットや、元技術者にも入ってもらっています。
　ミサイル説には 無理があります。
　小田さんは、工学系なので、いろいろな意味で、わかっていらっしゃる
ことも おありと存じます。
　運輸安全委員会に、便宜を入れています
　おすたかにかせた以外でありましたら、おしらせ下さい。

（美谷島邦子）

（2）
　運輸安全委員会が神達の報告をすることは画期的な
ことと考えます。

＊安全推進委員会の偽説

日本航空123便の御巣鷹山墜落事故に係る航空事故調査報告書　についての解説

開口部に吸い込まれる空気の流れが　何処でも一定と仮定した場合、座席付
近の風の速さは、約　1/185　になり、空気の開口部から音速　340m/秒で流出
したとしても、着座中の人は　1.8m/秒の風しか受けないことになる。

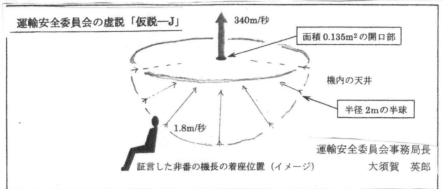

運輸安全委員会の虚説「仮説—J」

340m/秒

面積 0.135m² の開口部

機内の天井

半径 2mの半球

1.8m/秒

証言した非番の機長の着座位置（イメージ）

運輸安全委員会事務局長

大須賀　英郎

＊日本航空の嘘の説明　　　日航　安全推進本部　福田久部長（最高技術幹部）

日航機の隔壁破壊で「機内空気が動かなった」
との落合証言の矛盾を　左の図で説明した。
この説は　安全委員会の［仮説—J］の受け
売りだが、この説は「物理的に定理、法則に
準じている」と文書で回答した。この説は
空気の動粘性係数が巨大であることで説明出
来ると豪語している。然し、安全委員会は
「仮説—J」は　単なる（仮定）であると
注釈しており、完全に嘘の説明なのである。

事故調の「仮説—J」では、「吸出し側の機内空気速度は　距離の二乗に
反比例する」ので、機長席では　その速度は　数m/秒となり、機長を吸い
揚げる風圧力は　生じないので、説明不能である。

ブリテイシュ、エアウエイズ 5390便

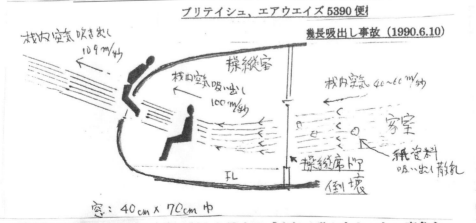

機長吸出し事故（1990.6.10）

機内空気吹き出し
109 m/秒

操縦室

機内空気吸い出し
100 m/秒

機内空気 40〜60 m/秒

客室

紙資料
吸い出し散乱

操縦席ドア
倒壊

FL

窓：40cm × 70cm 中

＊事故調の隔壁破壊説は　実際に起きた機内の「空気は動かなかった」事象を
説明出来ず、隔壁破壊説は成立せず、崩壊した！！

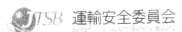 運輸安全委員会

日本航空123便の御巣鷹山墜落事故に係る航空事故調査報告書についての解説

平成 23 年 7 月

運輸安全委員会事務局長

大須賀　英郎

安全委員会（事故調査委員会）の嘘説「仮説—J」

開口部の面積は 0.135 ㎡、非番の機長は、2 m離れた場所に
着座して半径2mの半球の表面積は、約　25 ㎡になり、
開口部に吸い込まれる空気の流れが　何処でも一定と仮定した場合、座席付
近の風の速さは、約　1/185 になり、空気の開口部から音速 340m/秒で流出
したとしても、着座中の人は　1.8m/秒の風しか受けないことになる。

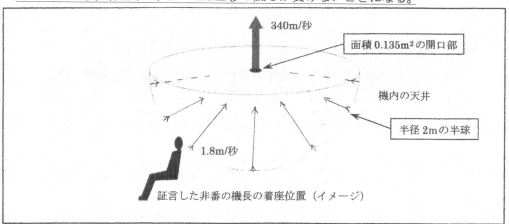

340m/秒

面積 0.135m² の開口部

機内の天井

半径 2m の半球

1.8m/秒

証言した非番の機長の着座位置（イメージ）

流体に関する定理・法則　（14 定理法則）

トリチェリーの定理 (Torricelli's theorem)

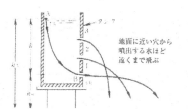

小さな穴のあいた容器に入れた液体が、その穴から流れでる時の速度 v
は、液体の粘性を無視すれば、

$$v = \sqrt{2gh}$$

で与えられる。ただし、g は重力の加速度、h は液面から穴までの距離で
ある。

地面に近い穴から
噴出する水ほど
遠くまで飛ぶ

ニュートンの粘性法則 (Newton's law of viscosity)

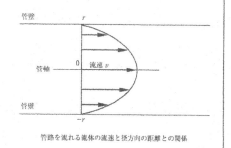

粘性流体が管を流れる場合、管中心（管軸）と管壁近くとでは流速が異
なり、図に示すように、管軸から管壁に向かって進むにつれて流速が減
少する。そこで流速 v の径方向の変化の割合を dv/dr と表すと、流体
間に働く力 F（流れの方向と同じ方向）と dv/dr の間には、

$$F = \eta \frac{dv}{dr}$$

なる関係が成立する。ただし η は粘性係数である。これをニュートンの
粘性法則という。

管壁

r

管軸

0　流速 v

管壁

$-r$

管路を流れる流体の流速と径方向の距離との関係

ブリテイシュ、エアウエイズ 5390 便機長吸出し事故 （1990.6.10）

機種：BAC　1-11、

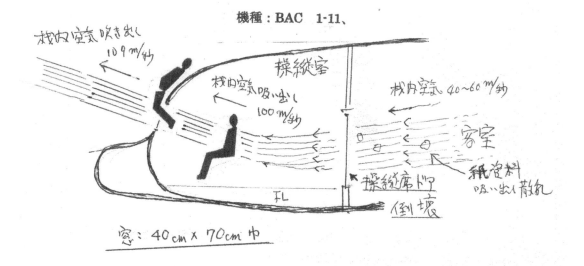

窓：40cm X 70cm 中

ブリテイシュ、エアウエイズ 5390 便機長吸出し事故 （1990.6.10）
（機種：BAC　1-11、乗客乗員　87名　全員：無事）

高度　5200mに達した時、突然　窓が吹き飛び、機長は吸い出された
　　　機外への与圧空気噴出速度：　　109m/秒、
　　　機長席での空気流出速度　：　　100m/秒　と推定される
高速空気噴出の場合、機長席付近でサイクロン並みの高速空気流（層流）で
ないと　70kgの機長が吸い出されない。（機長とその前の窓との距離：　1-1.5　m）

操縦席の扉は　通信、操縦棚の上に吹き飛ばされ、更に客室から、
紙などが吹き込み、機内空気が流出した

開口部面積　40cm X 70cm ＝　0.28 ㎡　で、機内の空気は
静粛でなく、台風並みの風が舞っている。

※　事故調の「仮説—J」では、「吸出し側の機内空気速度は　距離の二乗に
　　反比例する」ので、機長席では　その速度は　数m/秒となり、機長を吸い
　　揚げる風圧力は　生じないので、説明不能である。
　　事故調は　この「仮説—J」で隔壁破壊説を正しいと正当化する根拠にして
　　おり、この事例の説明が出来ないことは　事故調の「隔壁破壊説」は（嘘）
　　であり、成立しないことを　自ら自白し認めたことになる。
※　日航機事故では　1.8 ㎡　の開口部が隔壁部に生じたとする事故調の
　　説明では　落合由美さんの「機内の「空気は動かなかった」との証言とは
　　大きく矛盾しており、これからも「事故調の隔壁破壊説が成立しない」こ
　　とは明らかである。

別表(1)　事故調の「隔壁破壊説」と日航機事故の真実（仮説—X）との対比（小田の仮説）

平成28年5月12日　小田周二

事故調査委員会の主張、結論	日航機事故での発生事象の真実
修理ミスの隔壁が破壊し、機内空気　⇒ の流出で垂直尾翼が破壊した	自衛隊標的機が尾翼に激突し、尾翼と 油圧装置を破壊した
1.8㎡隔壁が破壊。急減圧に。　　　⇒ 機内：風は静粛であった。	事故機の天井上部外壁で亀裂発生。 瞬減圧。機内は静粛。減圧警報ナシ
油圧機能を失い、自動操縦が不能に　⇒ なり、手動での操縦も極めて困難に	手動での操縦が出来、飛行出来た 大月市上空、レタス畑での操縦で 実証された（ボ社も認めた）
事故機は操縦が極めて困難で、機長　⇒ が意図する操縦が不可。安全な着陸 は不可能であった	事故機は手動で操縦出来、横田基地に 着陸出来た。レタス畑への不時着を 敢行したが、復航飛行した
操縦不能で、高い山があったので　　⇒ 衝突して　墜落した	ミサイルで「水平尾翼」が破壊脱落 機体制御不能で急垂直降下墜落した
米軍横田基地の飛行機が墜落場所を　⇒ 知らせて来た。現場特定はとても 困難であった。10時掛かった	米軍アントヌッチ中尉は　墜落後20分 現地に到着。救助へりで救助活動 最中に活動中止と撤退が命令されたが 日本政府からの「極秘要請」であった。
墜落現場捜索、救助活動は非常に困難⇒ 世界的に最高の捜索救助活動であった	自衛隊、群馬県警は意図的に救助を 不作為。朝まで待機命令。生存者を 見殺しに。
自衛隊、群馬県警は現場の捜索中止　⇒ 群馬県警は現場への道路、封鎖 墜落現場を空白地帯にした	自衛隊特殊部隊は13日0—6時まで 墜落現場での生存者を殺害、証拠隠滅 を極秘裏に実行した
事故調査報告：事故原因は　　　　⇒ 隔壁破壊である	隔壁は破壊しなかった。手動操縦出来 基地に着陸出来た。墜落は自衛隊ミサ イルによる水平尾翼の破壊、脱落
事故資料廃棄処分：理由は不明　　⇒ 明白にしていない（1999）	真の加害者（総理大臣、幕僚長）の責任を 追究されないための謀略、蛮行
2011.7　隔壁破壊説の解説集会　　⇒ 趣旨：情報公開	非科学的な偽説で遺族、国民を騙す 愚行。偽証行為

資料―(59)　公開質問状に対する「安全委員会」の回答文書

日航機墜落事故：遺族からの「公開質問状」（平成28年4月13日発信）
に対する運輸安全委員会からの回答文書

遺族小田周二の公開質問状：本文　質問　20項目（51頁）資料　19頁　5月4日（受）

平成２８年４月２８日

小　田　周　二　様

安全委員会は遺族の質問に対し、回答出来ない、反論出来ない実態は「隔壁破壊説が成立しない」ことを認めた回答書である。

運輸安全委員会事務局
事故被害者情報連絡室

この度、小田様から当委員会あて平成２８年４月１３日付けで郵送頂いた文書は、平成２８年４月１４日に当委員会に届きました。

お尋ね頂きましたことにつきましては、航空事故調査委員会が、昭和６２年６月に公表した「航空事故調査報告書（62-2 日本航空株式会社所属ボーイング式747SR-100型JA8119、群馬県多野郡上野村山中、昭和60年8月12日）」及び平成２３年７月に運輸安全委員会事務局長名で公表した「日本航空123便の御巣鷹山墜落事故に係る航空事故調査報告書についての解説（62-2 日本航空株式会社所属ボーイング式747SR-100型JA8119、群馬県多野郡上野村山中、昭和60年8月12日）」に記載されているとおりです。

＊事故後５年、前橋地検は「隔壁破壊はなかった」との結論を無視した回答。

「封筒」平成28年5月4日　受理

運輸安全委員会
Japan Transport Safety Board
〒100-8918
東京都千代田区霞が関2丁目1番2号
電話　03-5253-8486（代表）
この紙は再生紙を使用しております。

追跡番号 ／ 郵便物請付日
103-12-90578-3
配達日 5/3 17:05 保管期限 5/10

5月4日（受）小田

小田周二様

事故調による「事故資料の廃棄」は　真の加害者が
責任追及を避けるためであった

資料—⑥-1　　事故資料の廃棄は　加害者が責任を追及されないため。

事故調は　1999年日航機事故の資料を大量廃棄した。この目的は
事故の再調査を妨害するためだけでなく、実は　真の加害者の責任を
追究されないためであった。権力者、官僚の本質、習性は　何時の時代でも
姑息で、自己保身、権力維持のためなのである。

讀賣新

2015年(平成27年)
8月10日月曜日

戦後70年
⑩ あの夏

占領前
文書焼却を指示

元法相
奥野誠亮さん 102

・おくの・せいすけ　1913年、奈良県生まれ。東大法卒。38年、内務省入省。自治事務次官を経て63年衆院選に自民党公認で初当選。13回連続当選。文相、法相、国土庁長官を歴任し、2003年に政界を引退した。現アジア福祉教育財団名誉会長。

「総理（鈴木貫太郎首相）は戦争の終結を固く決意している。ついては内務省で戦争終結処理方針をまとめてもらいたい」。1945年8月10日朝、迫水久常・内閣書記官長から、内務省に極秘の要請があった。

そこで、灘尾弘吉内務次官の命を受け、内務省地方局戦時業務課の事務官（現在の課長補佐クラス）だった私が各省の官房長を内務省に集め、終戦に向けた会議をひそかに開いた。

ポツダム宣言受諾について、9日深夜から御前会議をやったが、内閣としては閣議で決定できていなかった。内務大臣（内相）の安倍源基さんは「日本の国体はどうなるのか」と執拗に迫り、受諾を承知しないからね。内相が頑張っている中、我々は作業を進めた。

「国体護持」の考えが皆にしみこんでいた。ポツダム宣言は「戦犯の処罰」を書いていて、戦犯問題が起きるから、軍が決起するような文書は全部焼いちま

もう一つ決めたことは、公文書の焼却だ。ポツダム宣言受諾のラジオ放送は15日にあることも聞いていたので、その前に指令書を発するわけにはいかないが、準備は整っていた。

問題は、軍隊をどう収めるか。下手な収め方をしたら軍が決起するからね。変な状況だった。

〈13面に続く

だった。「軍が持っている物資は膨大は私が「証拠にされるよだが、このままでは没収される恐れがある。だが国民に行き渡っていれば、その恐れはないだろう」と判断し、占領前に、軍が保有する食糧や衣料品などの物資を困窮する国民に早く分けようという方針を決めた。

え、となったんだ。会議は私が「証拠にされるうな公文書は全部焼かせて、まわう」と言った。犯罪を出さないためにね。

会議を終え、公文書焼却の指令書を書いた。ポツダム宣言焼

奥野さんは鹿児島で特別高等警察（特高）課長などを務め、内務省に戻ると、公文書焼却の極秘作業に深くかかわるなどして終戦を迎えた。32歳だった。

軍刀を手に座る東条英機首相（前列右

政府の隠蔽体質の実態：（60年間隠蔽した）
政府は国民の命を守らなかった！！
―　ビキニ環礁での漁船、漁師の被爆を放置　（1954.3―5）
1955年日米の政治的幕引きで、公的調査の打ち切り。被爆の証明が不可能に
政府は60年間「第5福竜丸以外の乗務員らの検査結果など」を隠蔽

2016年（平成28年）5月9日

朝日・H28 5月9日(月)

1　4版

ビキニ被曝　国を提訴

元船員ら45人、賠償請求

高知地裁

米国が核実験を繰り返したマーシャル諸島の周辺海域にいたとする元船員や遺族ら計45人が9日、国家賠償を求めて高知地裁に集団提訴した。元船員らは「1955年の日米の政治的な幕引きを背景にした公的調査の打ち切りで被爆を証明できず、損害回復の機会を失った」と主張。元船員1人あたり200万円の慰謝料など計約6500万円の賠償を求めている。

▼「政府は何もしなかった」

62年前、あの海でわたしたちも被爆した――。米国が核実験を繰り返したマーシャル諸島の周辺海域にいたとする高知の元船員らが9日、国を相手に訴訟を起こした。日米間の政治決着を背景に公的な調査が打ち切られ、放射線被害への不安と向き合ってきた日々。元船員らの訴えに司法はどう応えるのか。　▼1面参照

「本来なら米国に補償を求めるべきだった。だが、日本にはそれをできる政治家や官僚がいなかった。こうしたことがあったんだと考えてもらう機会に訴訟がなれば……」。立浪昇さん（87）＝高知県大月町＝はこう語る。自宅から高知地裁までは約110キロ。9日は代理人の弁護士に提訴の手続きを託した。

「政府は何もしなかった」

シャル諸島での核実験による

原告側によると、マーシャル諸島での核実験による被爆をめぐり、訴訟が起こされるのは初めてとみられる。マーシャル諸島での核実験のうち、静岡のマグロ漁船「第五福竜丸」がビキニ環礁近くで「死の灰」を浴びた54年3月以降、同年末までに延べ約1千隻が周辺を航行し、延べ556隻の被爆状況が把握されていたにもかかわらず、国は2014年に市民団体側に開示するまで明らかにしてこなかったと指摘。そのうえで「故意に資料が隠された元船員らの健康問題は『訴訟に尽くしがたい』などと主張している。

2人。訴状で、日米間の政治的幕引き前の調査によって延べ556隻の被爆状況を評価する研究班を設置。第五福竜丸以外の被爆状況を評価する研究班を設置。報告書は今月末にまとまる見通しになっている。

◇

厚生労働省は昨年1月、第五福竜丸以外の被爆状況を評価する研究班を設置。報告書は今月末にまとまる見通しになっている。

原告が高知の船とされている。原告の内訳は元船員が23人、遺族が20人、支援者が2人。訴状で、日米間の政治的幕引き前の調査によって延べ556隻の被爆状況が把握されていたにもかかわらず、国は2014年に市民団体側に開示するまで明らかにしてこなかったと指摘。そのうえで「故意に資料が放置された元船員らの精神的な打撃と怒りは筆舌に尽くしがたい」などと主張している。

厚生労働省健康局総務課は「訴状を見ておらず、今の段階でのコメントは差し控えたい」としている。

（西村奈緒美）

ビキニ被曝　元船員ら訴え

日本
高知県
太平洋
フィリピン
オーストラリア
マーシャル諸島

【マーシャル諸島の核実験】

米国が1946～58年、太平洋のビキニ環礁とエニウェトク環礁で計67回繰り返した原水爆実験。54年3月～5月に6回の水爆実験があった。同年3月の実験で第五福竜丸が被爆したが、翌年1月に米政府が「見舞金」200万ドルを日本政府に支払うことで政治決着した。2014年、厚生労働省は第五福竜丸以外の乗組員らに対する検査結果などを開示した。

報道の自由　海外から警鐘

国連が調査・NGO「世界72位」

Media Times　メディアタイムズ

日本の「報道の自由」が脅かされているとする見方が海外で広がっている。来日した国連の専門家や、国際NGOが発表した自由度ランキングメディアへの政治の圧力や自主規制を懸念が相次ぐ。政治の圧力や自主規制をメディアの自主規制を重大な真実であると指摘している。

「政府による脅し」

国連のデービッド・ケイ氏特定秘密保護法や放送法など日本の言論状況への指摘

日本の「報道の自由度」ランキング
国際NGO「国境なき記者団」調べ

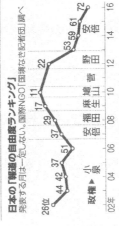

（年）　02　04　06　08　10　12　14　16

26位　44　42　37　51　51　37　29　17　11　22　53　59　61　72

政権▶　小泉　安倍　福田　麻生　鳩山　菅　野田　安倍

2016・7・10

横浜事件

変わらぬ体質正す道は

　第2次世界大戦で日本の敗戦がきまった直後から、各地で公文書の焼却がはじまった。戦争犯罪の追及をおそれてのことだった。政府や軍だけでなく、指示は市町村にまで及んだ。

　言論弾圧事件として知られる横浜事件の裁判記録も、このとき処分されたとみられる。

　元被告の遺族らが「記録がないのを理由に再審の門を閉ざされるなど、一連の行為で損害をうけた」と国に賠償を求めた裁判で、東京地裁は先ごろ請求を退ける判決を言い渡した。警察による拷問、その事実を知ったうえでの有罪認定、記録の廃棄など違法な対応はあったが、国家賠償法ができる前の話で、責任は問えないとの判断だ。

　別の裁判で、当時の捜査や司法の過ちはすでに認められ、元被告らの判決も効力を失っている。とはいえ、権力による違法

が、記録として残されていない行為の証拠を、権力が自ら隠滅したのに、すべて不問に付される。この理不尽さに対する遺族の憤りと不信は、多くの人が共感するところだろう。

　71年前の行為を、敗戦の混乱の中で起きたそのとき限りの話と片づけることはできない。

　差しさわりのある記録は、隠す、なくす、作らない。市民に背を向け、歴史に対する謙虚さを欠いた体質は改められないまま、今に引き継がれている。

　五輪招致の旧厚生省内の討議資料、海上自衛隊が行ったいじめ実態調査の結果—。あるべき文書が廃棄されたり、ないとされたものが後から出てきたりした例は枚挙にいとまがない。

　最近も、集団的自衛権の行使に関する内閣法制局内部の協議

ことが明らかになった。

　「行政文書を適切に管理し、国の活動を現在および将来の国民に説明する責務をまっとうする」。そう宣言した公文書管理法が2011年に施行された後でも、このありさまだ。その記録を適切に開示し、国民の理解と批判の下においてはじめて、民主主義は機能する。

　民主党政権のころ、「文書を開示しないとき、行政庁は理由をできる限り具体的に記載しなければならない」などの条文を盛りこんだ情報公開法の改正案が閣議決定された。「文書はない」との言い訳に逃げこむのを封じる狙いがあったが、審議されないまま廃案になった。

　もう一度議論をおこし、この国のゆがみをただす。それが、横浜事件の元被告らの無念に、私たちがこたえる道である。

巨額の広告費 メディアも陥落

岩波新書　886円

原発に反対する人は国と電力会社を批判する権力をふるうメディアでは両者の間で広告に似たプロパガンダだった。

現役3等海佐がきっかけを行為を示すことになる海自を目ざす若者や現役上司たちにとっては海自を行くべき正義の道だ。

「組織の中にいる人間はちっちゃいかもよ」「自分の立場を守ることに重きを置くにもあるというと海自3等海佐はやちだけではなく上司は自衛隊という組織防衛に重きを置くという悪弊を驚愕だ。この問題を浮かび上がらせたノンフィクションだ。

市田隆（本社編集委員）

電通と博報堂は原発の「必要性」と「安全性」を人々に刷り込む上で、不可欠な役割を果たしてきた。

さ・本間龍『原発プロパガンダ』は厳しく告発している。

〈一九五○年代から国策として国が主導し、電力業界を中心とする原発推進のPR活動が実施された期間で、さまじい巨額の予算が経P済と考えられ、まさしく世界の国国民国民を扇動して世論類がないほどのもプロパガンダだった〉

巧妙なる宣伝戦略。実はナチス・ドイツにも似た40の過去最大、原発事故まで9年間の年１兆5000億円で使われた原発推進広告の70年代から2011年のその額は１兆2千億円を超える巨大なもので２年でもっとも広告費である。

原発プロパガンダ

本間 龍〈著〉

ほんま・りゅう　62年博報堂で営業を担当し06年に退職。著書に『電通と原発報道』など。

電気利用者の電気料金で支払われる。半ばその内実を具体例とともに示してくれる。

原発立地地域の地方紙には広告が載り、原発批判的な記事が消える。タイアップ広告やイベントの共催やを招いたポジティブな記事が載る。広告が載らないなかったのに多くのメディアは陥落しのめりこんでいった。それが最大の問題だ。

原発批判の海道新聞やまだまだ例外的に日報の多くのメディアは陥落しやがた方だ。

まさにそうなのは３・11後も一度も移したかのように原発広告が復活し13年3月ごろその額をしめている。今後「安全神話」だった。「安心神話」が再び広告や流布されている。

現在の原発は「事故の危険性は小さい」「健康への悪影響はない」と被害をふりまく「安心神話」だ。震災復興「安全風評被害対策」という反原発をふりまくプロパガンダだ。自分は放たちにあるのか。自分は自問され解放されているということで信があるか否かを考えさせられる。

評・斎藤美奈子
文芸評論家

第3種郵便物認可

自衛隊の闇

大島千佳・NNNドキュメント取材班〈著〉

河出書房新社
1836円

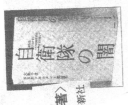

海上自衛隊の護衛艦「あたご」に乗組員が自殺した事件で、遺族が自衛隊などに損害賠償を求めた裁判の判決は、8年間に及んだ。本書はそのドキュメンタリーを制作したテレビ取材班のドキュメント記録。

丹念な取材が浮かび上がらせたのは自衛隊組織の病理。遺族勝訴の判決では、海自がいじめによる自殺を否定しようとして、重要証拠を隠したための調査文書を隠したなどが認定された。隠蔽の発端は、現役3等海佐がきっかけを示す内部告発があるからだ。

　　　日航技術部隊が８月１４日　現場で機体残骸の付近で極秘作業をした理由

及び事故報告書の非公開の回答、（メール文書）

（平成２６年６月 19 日付け）

差出人：	soudan.shitsu@jal.com
送信日時：	2014年6月19日木曜日 17:00
宛先：	shujioda0904@c3-net.ne.jp
ＣＣ：	
件名：	6月9日、並びに12日 に頂いたご質問について（ご回答）

小田周二様

拝啓、入梅の候、ご清祥のことと存じ上げます。

6 月 9 日、並びに、12 日に頂戴しましたご質問について、ご回答申し上げます。
一問一答形式でのご回答をご希望のことですが、5 月 19 日に頂いたメールでのご質問も含め、
私どもで以下のように纏めさせていただきました。
ご了承いただければと存じます。

1. 事故原因について　　　　　　＊事故後５年、前橋地検は「隔壁破壊はなかった」との結論を無視した回答。

　　事故原因について、様々なご意見があることは承知しておりますが、弊社と致しましては、
　　航空事故調査委員会が示された見解を真の事故原因と考えております。
　　ご要望の実証実験につきましては、権藤が、平成 25 年 8 月 9 日付でお送りしました文書の中で
　　ご説明させていただいております通り、航空事故調査委員会は、実機の垂直尾翼の主構造部
　　と同じ材質、構造の供試体を制作し、その内部に圧縮空気を送り込み、その破壊に至る様子を
　　実験しております。
　　また、圧力隔壁の破壊が最初に発生したとする事故原因につきましても、客室天井部の破壊、
　　耳の詰まる感覚、霧の発生といった生還者の証言や、急減圧現象を論理的、科学的に矛盾なく
　　説明ができるものと考えております。
　　頂いたご質問に関しては、平成 25 年 7 月 1 日付、および、8 月 9 日付でお送りしました文書に
　　おいてもご説明させていただいておりますので、ご参照いただければと存じます。

2. 当社の事故調査について

　　当社の事故調査は、限られた情報の中で、事故の再発防止を目的として行われるものであり、
　　私どもと致しましては、社内における事故調査の結果は公表する性質のものではなく、これまで
　　申し上げて参りました通り、事故原因につきましては、航空事故調査委員会による調査結果を
　　尊重すべきと考えております。
　　なお、社内の事故調査報告書は、航空事故調査委員会の航空事故調査報告書と比較し、事故
　　原因を含め内容は実質的に相違はないことを申し添えさせて頂きます。
　　何卒ご理解賜りますようお願い申し上げます。

3. 当社の事故に関連する文書の取り扱いについて

　　御巣鷹山事故に関わる社内文書や各種記録につきましては、社内規定に基づき、適切に管理
　　しており、社内の事故調査報告書と同様、社外へは非公開とさせていただいております。
　　また、弊社現地派遣団の行動記録に関しましても、同様に非公開とさせていただいております。
　　ご理解賜りますようお願い申し上げます。

4. 事故現場での事故調査委員会からの要請について

　　事故現場には、運輸省航空事故調査委員会（当時）からの要請に基づき、14 日午前から、機体
　　残骸などの確認のため数十名の社員を派遣しました。当時、現地においては、その都度
　　指定された者だけが警察の警戒線から中に入り、運輸省航空事故調査委員会（当時）から指示された
　　作業のみを行い、指示された作業以外の行動や振る舞いは一切許されないという状況でした。

※日航は残骸の選別作業を行った！

（補償交渉は　遺族の経済的な負担の救済のため）

日航の補償交渉と日航の墜落後の対応の経緯

現地派遣団

・当社事故処理規程により社員約180名の現地派遣団が12日羽田を墜落現場と報じられた長野県北相木村に向けて出発
・13日05:50現地より被災者を山越えで長野県側に降ろすのは困難で群馬県側が妥当との連絡有
・07:30警察本庁より被災者は群馬県側に降ろすとの連絡あり
・9:48藤岡に現地対策本部設置

事故現場

・群馬県警と事故調査委員会からの協力要請により、14日午前、約30名の技術スタッフは事故調査委員会と共に事故現場に入り事故調査委員会の指示に基づいて残骸機体の特定作業を行った

事故原因推定

・13日報道では運輸省発表の交信記録からR5ドア損傷が事故に関与（水平尾翼損傷）したと推定されていた
・当社は構造上ドア欠陥を否定
・13日18時頃相模湾で垂直尾翼発見（方向舵同時同船同時脱）
・7年前のしりもち事故との関連
・14日9時海上で補助動力表置発見
・14日朝、落合証言
・14日垂直尾翼欠損写真発見
・16日残骸機体より隔壁破壊を確認
・29日残骸接合部に他の亀裂を発見
・9月6日ボ社がリベット穴17%の修理ミスを認める声明発表
・9月14日事故調査委員会が第二次中間報告で隔壁修理ミスが第一次と異なる亀裂を想定し調査を行った
（上記いずれも新聞発表）

海底捜索

・9月10日事故調は相模湾西部海底捜索の方針決めや、捜索方法検討開始
・10月2日海上保安庁測量船利用検討中を発表（以上新聞記事より）
・1985年11月1日〜20日まで測量船、サイド・スキャンソナーや曳航式深海カメラを使用して実施
・捜索範囲は風向、風速、海上浮遊残骸機体の揚収状況を勘案・発見には至らず
・捜索継続は発見の保証はなく、原因究明の観点からコストに見合う成果は期待できないため捜索継続を断念

補償交渉

・ご被災者やご遺族のご負担をできるだけ早めに救済するために、49日忌法要前に補償交渉を開始
・ボーイング社と相応の過失を認め、賠償責任を負担した

事故調査報告書・解説書

・残骸機体を飛行経路や墜落現場から回収し、電子顕微鏡使用して詳細に調査・分析を行い、それぞれの事象を実証しそれを実証するために破壊試験等の実験を行った
・CVR、DFDRの記録から事故機に異常が発生して墜落に至るまでの経緯を、エラー修復してより正確に分析を行ったり、実際の飛行状態を想定して、調査を行った
・事故調査報告書は以上の結果をまとめたものである

前橋地検不起訴処分

・前橋地検の判断は、当社に修理後の領収検査や、その後に行われた領収検査で業務上の過失が無かったとの判断で刑事の責任は無罪となる
・これは隔壁破壊が発生しなかったという判断ではない

平成 29 年 8 月 4 日

日航機事故ご遺族
小田　周二 様

日本航空株式会社
常 務 執 行 役 員
ご被災者相談室長

権藤　信武喜

質問－45

> 日本は民主主義国家で法治国家である。
> 掛かる時代の中で、「支払い責務がない者が加害者と称し、犠牲者の損害賠償として膨大な補償金の支払いの交渉を行い、金額を支払う」ことは、あり得ないことである。
> それが　運航会社の立場であっても、法的に加害者だと認定されない限り、支払い責務はないことは法律上、決まっている。
> 日航は加害者でないのに、補償金を遺族に支払うのは　余程　犠牲者、遺族に済まないとの気持ちを表すためとは言え、それは「おもてなし」の極限かも知れない。それは社会常識では運航会社としての現れならばそれは　一般的に　「慈善」行為、「寄付」行為などに相当すれば許されるかも　知れない。
> 航空局のように、遺族への気持ちを表すべく、毎年 10 名もの航空局職員が慰霊式典に参加するのは単に「遺憾」の気持ちだと言う。
> とすれば　この奇怪な補償交渉、支払いは運航会社としての遺族への「遺憾」の気持ちを表すもので、「お見舞金」に相当する性格だと判断出来る。
> 日航も　この指摘に遺族が困っているので、「早くお金を出した」と言うし、それは見舞金の性格だと言ったのである。
> 補償金でなく、お見舞金だと世間も法的にも判断出来るのである。
> 日航が遺族に支払った補償金は運航会社として乗客の命を担保出来なかった気持ちとしての「お見舞い金」と判断出来るが日航はこれを認めるか。
> 従って、遺族との補償和解としての証書は無効と判断出来る。

『公開質問状-5』の回答
　　　質問-44 で回答しましたが、国内運送において当社は法的には、お客様に対し過失推責任を負っております。

　　補償交渉を早期に開始しましたのは、ご被災者のご負担をできるだけ早めに救済しなければならない、という考えからでございます。
　　まずはご被災者救済のために全額 JAL が賠償金を負担し、その後、過失の度合いに応じて、内部で求償する方法を取っております。
　　123 便事故の場合は、ボーイング社も相応の過失を認め、賠償責任を負担しました。
　　当社は不起訴により刑事上の責任は問われませんでしたが、民事上の損害賠償責任を認め、損害賠償金としての支払いを行っております。

　　※日航は司法で「加害者だ」と認められていない。不当な嘘。

JAL国内線 - 国内旅客運送約款

H29.9.9 0ﾍﾟｰｼﾞ74　**7/9 ページ**

(印)　H29.7.18 05

2. 座席を使用しない幼児については、前項に規定する無料手荷物許容量の適用はありません。

第36条 受託手荷物

受託手荷物は、旅客1人につき100キログラムまで（ただし、座席数50席未満の航空機による運送の場合は、45キログラムまで）とします。また、会社が別に定めるものを除き、1個あたりの重量は32キログラムまでとし、容積は、1個につき50cm×60cm×120cm以内のものに限ります。これらの制限を超える場合は、手荷物としてお預かりできません。

第37条 持込手荷物

1. 機内へ持込むことができる手荷物は、客室内の収納棚又は旅客の前の座席の下に収納可能で、且つ、3辺の長さの和が115cm以内（ただし、座席数100席未満の航空機による運送の場合は、100cm以内）のもの1個とします。ただし、会社が客室内に安全に収納出来ないと判断した手荷物を、客室内に持ち込むことはできません。
2. 前項に加え、身回品等を収納するショッピングバッグその他カバン類1個に限り、機内持込を認めます。
3. 前2項に定める機内持込の手荷物の合計重量は10キログラムを超えることはできません。
4. 前3項の規定にかかわらず、次に掲げるものは機内に持込むことができます。
   (1) 飛行中に座席に装着して使用するチャイルドシート（会社の指定するものに限ります。）
   (2) 身体障がい旅客が自身で使用する松葉杖、ステッキ、添木その他義手、義足類
   (3) 身体障がい者が自身のために同伴する盲導犬、介助犬及び聴導犬
   (4) 飛行中に必要な小児用品を入れたカバン類
   (5) 携帯用ゆりかご
   (6) その他会社が機内持込を特に認めた物品
5. 会社は、第1項、第2項及び第4項に定めたもの以外のものについては、機内持込手荷物としての運送を引受けません。

第40条 愛玩動物に適用される料金及び超過手荷物料金の払戻し

1. 航空機出発時刻20分前までに当該愛玩動物又は当該手荷物の運送を取り消したときは、当該取消運送区間に対する愛玩動物に適用される料金及び収受超過手荷物料金の全額を払い戻します。
2. 前項の時刻を経過したとき、又は旅客の都合により運送の途中でその運送を取り止めたときは、その前途未搭載区間に対する愛玩動物に適用される料金及び超過手荷物料金は払い戻しません。ただし、会社の都合により運送契約の全部又は一部が履行できなくなった場合は、この限りではありません。

第41条 従価料金

手荷物及び旅客が装着する物品の価額の合計が15万円を超える場合には、旅客はその価額を申告することができます。この場合には、会社は、従価料金として、申告価額の15万円を超える部分について1万円毎に10円を申し受けます。

第42条 従価料金の払戻し

1. 旅客の都合により、旅行区間の全部を取り消す場合には、当該取消運送区間に対する収受従価料金の全額を払い戻します。
2. 旅客の都合により旅行区間の一部を取り消す場合には、従価料金は払い戻しません。ただし、会社の都合により運送契約の全部又はその一部が履行できなくなった場合は、この限りではありません。

第4節　責任

第43条 会社の責任

1. 会社は、旅客の死亡又は負傷その他の身体の障害の場合に発生する損害については、その損害の原因となった事故又は事件が航空機内で生じ又は乗降その他の作業中に生じたものであるときは賠償の責に任じます。
2. 会社は、受託手荷物その他の会社が保管を受託した旅客の物の破壊、滅失、紛失又は毀損の場合に発生する損害については、その損害の原因となった事故又は事件が、その手荷物又は物が会社の管理下にあった期間に生じたものであるときは、賠償の責に任じます。
3. 会社は、本条第1項及び第2項の損害について、会社及びその使用人（本章において使用人とは、被用者、代理人、請負人等の履行補助者をいいます。）がその損害を防止するため必要な措置をとったこと又はその措置をとることができなかったことを証明したときは、賠償の責に任じません。
4. 会社は、持込手荷物その他の旅客が携行し又は装着する物の破壊、滅失、紛失又は毀損の場合に発生する損害については、<u>会社又はその使用人に過失があったことを証明された場合にのみ、賠償の責に任じます。</u>

　　※日航に補償金を支払うことはできない。

https://www.jal.co.jp/dom/yakkan/　　　　　　　　　2017/09/02

資料—⑥4-1　　日航が　加害者だとの植木社長の遺族への書簡

日航の 123 便墜落についての基本的な立場表明

平成 27 年 6 月 16 日

小田　周二　様

日本航空株式会社

代表取締役社長

植木　義晴

—日航は　加害責任をぼやかしており、加害責任がないとの本意を表明している。—

拝啓　梅雨空のみぎり　小田様におかれましてはなお一層ご活躍の

ことと拝察いたしております

　このたびは小田様のご著書をご送付賜り　誠にありがとうござい

ました

　ご著書を拝読し、今も癒されることのない悲しみと苦しみを胸に

抱え　詳細な調査をお続けになられている小田様のご心情を改めて

拝察した次第でございます

　弊社が引き起こした事故により亡くなられました　ご子息浩二様

ご令嬢陽子様　お亡くなりになられました全ての御霊のご冥福をお

祈り申し上げるとともに　今も苦しんでおられるご遺族の皆様に改

めて深いお詫びを申し上げます

　二度とこの様な事故を起こさないことが　社長である私に課せら

れた最大の使命と肝に銘じ　高い安全意識を持って　全社員が一丸

となって安全運航の堅持に取り組んで参る所存でございます

　今後もご遺族の皆様のお気持ちに寄り添えるよう　誠心誠意ご対

応させて頂きますので、何卒宜しくお願い申し上げます

　小田様よりご意見を賜りました慰霊式典・慰霊の園の運営などに

関しましても、ご被災者相談室からお返事させていただくよう指示

しておりますのでご理解賜りますよう　お願い申し上げます

敬具

〒236-■■■■

横浜市金沢区■■■■■■■■■■■

小田　周二様

〒140-8637 東京都品川区東品川2-4-11
日本航空株式会社
植木　義晴

資料―⑥　　日航　権藤常務からの「補償交渉の責任についての根拠」の説明書

小田　周二様

日本航空株式会社
ご被災者相談室長

権藤信武造

　　　去る１月16日の技術打合せの際は、弊社までお運びくださり誠にありがとうございました。

１．弊社１２３便事故への弊社の責任について

　　不適切な修理が行われた航空機を運航した弊社の責任は重く、弊社には加害責任があると認識しております。

　　前橋地検が不起訴を決定した後の弊社の責任につきましても、前橋地検の不起訴の決定により弊社が刑事での責任を問われることはなくなりましたが、不適切な修理が行われた航空機を運航した弊社の責任は重く、弊社には法的な責任にとどまらず尊いお命をお預かりする公共交通機関としての社会的責任、ご遺族に対する道義的責任など様々な負うべき責任が弊社にあったと考えております。　　　※法的に加害者でない
⇒法的に日航の無罪が確定している事態と矛盾する

２．事故原因が事故調査委員会により特定されていない中で、弊社が補償のお話しを開始させていただきましたことへの

　　１２３便事故の正式な事故調査報告が出されるには相当長期間の調査が行われることが予想される中、一義的にご被災者に対して責任を負う事故を引きおこした弊社が、ご被災者、ご遺族を一日でも早く経済的問題から救済させて頂くため補償のお話しを開始させていただいた経緯がございます。

　　　　※お見舞金
⇒補償金は犠牲者の人間尊厳の代償であり、遺族への
　経済的な困窮の救出はお見舞金である。

謹具

日航「安全啓発センター」での嘘の事故原因を宣伝、報道

－遺族、国民を騙す手口は　卑劣至極－

日本航空
安全啓発センター
Safety Promotion Center

住　所：〒144-0041 東京都大田区羽田空港 1-7-1
　　　　空港施設（株）第二綜合ビル2階

日本航空安全啓発センター
電　　話：03-5756-3566
ファックス：03-5756-3576

設置 2006.4.24

「安全啓発センター」設置にあたって

1985年8月12日、JAL123便が御巣鷹の尾根に激突し、520名の尊い命が失われてしまいました。その事故の悲惨さ、ご遺族の苦しみや悲しみ、社会に与えた航空安全に対する不信の前で、私たちは二度と事故を起こさないと誓いました。

あれから20年、事故の教訓を風化させてはならないという思いと、安全運航の重要性を再確認する場として、私たちは安全啓発センターを設置しました。

2006年4月24日に安全啓発センターを設置しました。

後部圧力隔壁

垂直尾翼

123便事故の概要

123便 JA8119号機は、昭和60（1985）年8月12日乗員15名、乗客509名が搭乗して、18時12分大阪（伊丹）空港に向け羽田空港を離陸した。

巡航高度24,000フィート（7,315メートル）に到達する直前、伊豆半島東岸に差しかかる18時24分35秒、同機に「ドーン」という音と共に飛行の継続に重大な影響を及ぼす異常事態が発生した。

機体後部圧力隔壁が破壊して、客室内与圧空気が機体尾部に噴出し、APU（補助動力装置）及び機体後部を脱落させ、垂直尾翼の相当部分を破壊し、それに伴い動翼を動かす油圧装置が全て不作動となってしまった。

以後、同機は激しい上下・蛇行運動を繰り返しながら約32分間飛行を続け、18時56分頃群馬県多野郡上野村の山中（標高1,565メートル、御巣鷹山南方の尾根）に墜落した。

本事故の原因は、同機が事故7年前（1978年）大阪空港着陸時に起こした尾部接触事故の修理に際し、ボーイング社により行なわれた後部圧力隔壁の上下接続作業の不具合にあり、7年間の飛行でその部分に多数の微小疲労亀裂が発生、次第に伸長し、この飛行で隔壁前後の差圧が大きくなった時点で亀裂同士が繋がり一気に破壊が進み、2ないし3平方メートルの開口部ができたものと推定される。（運輸省航空事故調査報告書要約）

捜査・救難活動は事故後ただちに開始されたが、人里離れた山中でもあり、墜落場所の確定も遅れ救難隊の現地到着は翌朝となった。

乗客・乗員524名のうち520名の方が亡くなられ、4名の方が重傷を負いながらも救出された。

負いながらも救出された。

Dream Skyward.
JAL

代表取締役専務
安全推進本部長、地球環境部担当
岸田　清

D　123便事故の説明

G　事故の原因と対策

H　ボイスレコーダー／フライトレコーダー

日航に、この嘘の事故原因の宣伝を止めるように要請したが、事故調の結論は「信頼出来る」との理由で　拒否した。

慰霊の園だより

No.41

平成27年7月31日発行

(公財)慰霊の園

☆慰霊の園展示棟のリニューアルオープンについて(平成27年8月8日【土】)

　平成27年3月の慰霊の園だよりでご報告させていただきました展示棟の改修工事は終盤にさしかかっています。
　この後最終的な調整をおこないまして、平成27年8月8日(土)午前9時にリニューアルオープンとさせていただきますのでお知らせいたします。

日航に、この嘘の事故原因の宣伝を止めるように要請したが、事故調の結論は「信頼出来る」との理由で　拒否した。

改修前後平面図

改修後

展示棟外観

○展示内容

　事故から30年が経過し、事故を知らない若い世代が増えてきています。このため事故を風化させずに次の世代へ伝えるための展示内容となっています。

・慰霊の園のあらまし
・事故の概要
　　　　　○映像資料
　　　　・展示室入り口
　　　　　御巣鷹の尾根の様子
　　　　・映像室
　　　　　事故の概要について(放映時間約10分)
　　　　　―事故の概要
　　　　　―捜索・救難活動

　今回の展示内容の変更にあたり、事故当時の状況を知り、このような悲惨な事故を風化させず、空の安全を願う思いをより強く込めた施設とするため、日本航空へ依頼し、日本航空が保管しているご遺品を15点お預かりして展示を行うこととなりましたのでご報告させていただきます。

資料─⑱

運輸安全委員会から、事故遺族への「事故機のＣＶＲ，ＤＦＤＲ

の存在場所」の書簡（11.22.2019　付）

運委総第２３０号
令和元年１１月２２日

行政文書開示決定通知書の変更通知書

小田　周二　様

運輸安全委員会事務局長

　令和元年６月１０日付運委総第４７号で行いました行政文書開示決定通知について、職権により下記のとおり一部変更を行いましたので通知します。

記

変更内容：
　２．不開示とした文書とその理由中、
　「ア．ボイスレコーダー、フライトレコーダーについては不存在。」を
　「ア．ボイスレコーダー、フライトレコーダーの記録データについては、本件航空事故
　　調査報告書公表後、そもそもの所有者に返却されているため、保有しておらず不存
　　在。」に変更。

123便墜落事故の公表されたＣＶＲ，ＤＦＤＲは　矛盾、疑惑が多く、元のＣＶＲ，ＤＦＤＲの公開を求めていたが、事故調、日航は　アヤフヤな態度でその存在を明らかにしてこなかった。日航は公式に「その存在について、事故調査委員会の解析を行ったＣＶＲ、ＤＦＤＲの原本は、日航には御座いません」と遺族に回答した（４月５日　2019年　日航権藤常務）　然し、この安全委員会からの書簡で、ＣＶＲ，ＤＦＤＲの原本は　事故調査委員会が日航に　1990.7に　日航に返却したことが明らかになった。日航は　30年以上も、遺族、国民を騙していたことになる。
日航は事故の真実の隠蔽に加担していたことが明白となった。

【問い合わせ先】
　　運輸安全委員会事務局総務課広報室　TEL：03-5253-8819

11月24日

（日航機墜落事故：遺族会の声明）

真実を求めて 30 年－探し求める遺族の旅は続く

　　　旅は　30 年前に始まりました。
　　　　愛する人を失ったものたちが集まり
　　　手を添え合うように生まれたひとつの輪。　私たちは誓い合いました。
　　嘆き悲しむだけでなく、顔を上げること。心の中に生き続ける御霊を慰めること。
　　　かけがえのない命とひきかえに　空の安全が訪れるのを見届けること。
　　　そしてそのために、事故の真相をすべて明らかにすること－。
　　　　　　⇒　事故調の「隔壁破壊説」は（嘘）。事故の真相を明らかに
　　私たちが求めたのは「真実」であり、恨みを晴らすことや報復などではない。
　　　何故　事故が起きたのか。　何が　愛する人の命を奪ったのか。
　　　　　　⇒　垂直尾翼に自衛隊標的機の衝突！！
　　　　　　⇒　自衛隊ミサイルが日航機を撃墜した！！
　　もしかしたら、助かったのではないのか－－。
　　　　　　⇒　横田基地に着陸しておれば、全員助かっていた筈、－
　　　それらの原因や理由や可能性を明らかに出来なければ、
　　　愛する人の死を納得することは出来ず、
　　　　再び　空の悲劇が起こるのを防ぐことも出来ません。
　　　　　　⇒　真実と真相が　再発防止策になる。　真の事故対策を！！
　　事故の真実が明らかにならない限り、
　　　　　　⇒　真の加害者は　真実と真相を告白して下さい！！
　　　私たちは心から悲しむことは出来ないのです。
　　30 年の間に見えてきた真実があります。
　　　それだけの歳月を費やしても、また　その歳月の長さゆえに、
　　　依然として見えない真実があります。
　　闇に葬られようとしている真実があるかも知れません。
　　　　　　⇒　権力者、自衛隊の権力が　真実を隠蔽している！！
　　　30 年は　長い旅路のひとつの区切りです。
　　私たちの探し求める旅は　今も、これからも続きます。
　　　ひとえに　真実を求めて－　－。　⇒　そして　再度、告訴する

　　この思いは　疑惑は　30 年経過しても　何も変わっていない。
　　遺族、国民は自衛隊、権力者に強い疑惑を持って、真実の告白を待っている！！

　　　　　　　2006.8.12　　　日航機事故：8.12 連絡会　（遺族会）

小田周二

差出人:	小田周二 <shujioda0904@jcom.zaq.ne.jp>
送信日時:	2017年9月18日月曜日 9:44
宛先:	赤塚 政紀 (akatuka-m05sd@mlit.go.jp)
件名:	FW: テストメール → 返信の催促（最初の催促文）⇒ 返信、連絡、要請 ⇒返信の催促

公開質問状は　運輸安全委員会への「公開質問状」も含めて，計５通も

提出したが、４年間も無視して、黙秘しているのだ。

国土交通省
　　航空局　局　長
　　　　　　安全部長
　　　　　　中村課長
　　　　　　赤塚係長

法律で、遺族への説明責任があると認めながら、この対応は

123便の墜落は　内部破壊でなく、自衛隊による撃墜だとの真実を
　　　　　　　　　　　隠蔽するためと　推察出来る。

下記 メールを ８月２８日に 航空局に送ったが 未だ 何の連絡も回答も
ありません。
旅客機を目的地まで　到着させることが　航空局の目的だと　言いながら
１２３便が　途中で　山に墜落して　５２０名が死亡し、４名が重傷を
負った責任を　取ろうとしない。　説明責任も果たさない。。
航空局は　「123便の加害責任はない」と　司法で確定したと胸を張る。
その上　当然に　（「日航」、「ボーイング社」も責任がない）と説明された。
掛かる事態（加害責任者が　不明）で、空の安全を司る航空局が
何の対策も取らず、ただ　加害者の振りを３２年間　知らぬ顔では　驚く。
　犠牲者に対し、如何なる説明をするのか　遺族が公開質問状を　提出しても
無視するのは　日本の空の安全、航空行政を司る省として　恥ずかしくないのか。
　公開質問状を出してから、１年７ヵ月　経過しても　知らぬ顔とは
航空局の資格はない筈。日航　００６便が　エンジントラブルで　墜落の危険があり、
更に　エンジン内部での構造上の事件（自損）であるにも拘わらず、
同型のエンジンを搭載した航空機の飛行差し止めも行わない無策無能：
これでは　航空局は　市民、乗客の安全に　無関心だと判断せざるを得ない。

ここに　前回のメール（８月２８日付け）の回答を至急出すように
催促します。航空行政の業務での　業務違反に相当する重罪である。
国民の公僕として、犠牲者への供養として　真摯な対応を求める。
　　　９月１６日　　日航１２３便墜落事故　遺族　小田周二

From: 小田周二 [mailto:shujioda0904@jcom.zaq.ne.jp]
Sent: Monday, August 28, 2017 9:58 AM
To: 'akatuka-m05sd@mlit.go.jp'
Subject: RE: テストメール → 返信の催促（最初の催促文）⇒ 返信、連絡、要請

航空行政を司る省と豪語する航空局
　　航空局長　　　殿
　＊３３回忌慰霊式典に出席した航空局代表
　　　安全部長、
　　　中村課長
　　　赤塚係長 等　　　計　10人の職員殿

２２日まで　赤塚係長は　夏季休暇とは　優雅で　のんびりで良いですね。
きっと　公開質問状の回答を作成してから、行かれたのでしょうね。
さて、遺族小田の要求は　今年２月に出した公開質問状の回答に

●航空局へのメール

資料—⑦-2　　航空局とは霞が関、慰霊の園で議論したが、全て誤魔化した

尽きます。然し　航空局は　6ヵ月間、放置し、更に一切何の連絡も
行わない傲慢さである。遺族を侮辱している。税金で
して　許されない蛮行、暴虐行動である。怒りを持っ　説明責任を果たしていない証拠である。

その上、慰霊式典で安全部長は「公開質問状については確認する」と返事した。
責任者は知らないとは　何だと　言いたくなる。
それも　椅子に座ったまま、下を向いて、ボソボソと小さな声で　喋るのである。
前の祓川課長は少なくとも、立ち上がり、面を向って話をしているのと対照的な応対だ。
全く　礼儀すら　知らない無様さである。

次のように抗議して　お願いする。
(1) 8月12日　慰霊式典に出席した航空局員の氏名、職名を教えて下さい
(2) 公開質問状を　今年2月15日に　直接、祓川課長に手渡した。
　　更に　回答期限が過ぎたので、再三　催促の文書を送ったが　又　一切返事すらなかった。
　　このような国民、遺族への対応は　公務員として、安全運航、行政の立場の航空局として
　　明らかに　意図的な無視であり、侮辱なのである。強く　抗議する。
　　この件について、航空局として公式に詫びることと　航空局として　説明責任がある、即ち
　　業務違反である。遺族　小田に対し、無視し、放置した事態説明を求める。
　　公式文書で　お願いする。
(3) この件について、先の祓川課長、二宮係長のその後の情況と現状につて　航空局として
　　説明を求める。　直接的には　祓川課長が　大きな責任がある筈で、
　　祓川課長からの説明の文書の添付提出を要求する。
(4) 2月15日に提出した公開質問状の回答を至急提出を求める。
　　2月からは　6ヵ月間の放置であり、慰霊式典から、既に　15日経過している。
　　当然　十分に準備がされ、回答を作成されていると　拝察する。
　　従って　8月末までに　回答文書を小田まで　送付することを要求する。
(5) この件も含め、航空局が小田に対し、2月15日に「事故原因などは安全委員会とやってくれ」との
　　指示に
　　基づき、安全委員会に面談、質問状の回答を求めたが　拒否されている。
　　この件も　航空局に責任がある筈だ。安全委員会（外局）は　航空局(内局)の配下の筈。
　　貴方方の行動は　政権、政府の航空行政に相当する。
　　監督官庁として、航空局は　説明責任がある。航空局の事態と安全委員会の応対について
　　航空局として、説明を文書で提出を求める。

(6)更に　公開質問状の航空局のの回答が　届いた後、霞が関、航空局にて
　　面談を要求する。　具体的に　説明の義務、責任が存在する筈であるからだ。
　　前は　2月15日は　一般相談室に通され、お茶すら　出なかった。
　　時間も短縮され、門前払いの如き、対応であった。公開質問状を手渡したが、
　　祓川課長は、（不要だ）と言って、投げ返した。これが　遺族への　犠牲者への航空局の
　　正式な応対の実態である。何処まで　犠牲者、遺族に対し、侮辱、横暴の限りをすれば
　　気が済むものか。この内容は　遺族との打ち合わせ記録が作成されて、保管されていると拝察する。
　　これが　航空局の伝統なのか。森友学園事件で　国民の財産を　90%　値下げする行為は
　　今も　生き生きと　国民を侮辱し、軽蔑し、馬鹿にして　居直る体質が　受け継がれているのだ。

　　犠牲者の慰霊に10名もの職員が　32年間官も出席し続けるのであれば、
　　遺族への対応は　然るべきものの筈である。
　　回答文書は　公開質問状以外は　9月4日までに　提出をお願いする。

　　以上　遺族　小田周二は　犠牲者のために　真の事故原因の究明のために
　　そして　日本の空の安全のために文書回答を要求し、事情説明のために
　　面談を要求するものである。真撃に　対応をお願いする。

　　平成29年8月27日　日航機墜落事故　小 田 周 二

平成29年8月4日

日航機事故ご遺族
小田　周二　様

日本航空株式会社
常務執行役員
ご被災者相談室長

梶藤信武喜

謹復　時下ますますご清祥のこととお慶び申し上げます。

本年6月6日の技術打合せの際にお預かりした『公開質問状-5』の回答
について、ご質問の調査・確認にお時間を頂戴致しましたことをお詫び申
し上げます。

質問—40

> 日航の不起訴判断の解釈、理解
> 前橋地検の不起訴判断の意味を　日航は　どのように解釈したのか「修理ミス」「垂直破
> 壊」「隔壁破壊」「墜落事象」などについて説明を求める。
> 　注）前橋地検の結論は「修理ミスの隔壁破壊が無かった」である。

当社に対する判決の要旨は主に以下の通りです。
- 日航領収検査関係被疑者の過失の有無
  本来実施すべき方法による検査が行われたとしても、本件修理ミス発見の可能性が
  あったとは認め難く、他方、これを発見する可能性のあった検査方法については、
  これを行うべき義務を認めることはできないので、結局、過失があったとは認め難
  い。
- 修理改造検査関係被疑者の過失の有無
  同検査において航空機検査官の行う書類検査や実機検査は、事の性質上、特別の事
  情の無い限り、その深度において日航の行うべき検査を超えることはないので、
  本件修理ミス発見の可能性があったとは認めがたい。

- 日航定例整備関係被疑者の過失の有無
  現場部門で事故機であることを知ったとしても、作業カード（担当整備員に対して
  指示される整備作業内容）の内容を変更する権限はないので、現場部門の管理職
  である被疑者らにおいて担当整備員に過去の主要な修理状況を教示すべきあった
  とも認め難い。

以上の通り、修理ミスを発見できなかったことに対して、当社には過失が無かったとい
う判決であり、『隔壁破壊が無かった』と言うものではございません。

資料㋔前橋地検の不起訴判断で理由「隔壁は破壊しなかった」「事故原因が特定されていない」

資料―⑫ 事故から、3ヵ月後、清掃された墜落現場での中曽根総理の
　　　　　慰霊視察は、日本の最高権力者として、最低で失格である。

日航機524名の口封じを命じた中曽根総理は、3月後、完全に清掃された現場
で、慰霊小屋に参拝した。

操縦出来た事故機の横田基地への緊急着陸を禁止し、ミサイルで撃墜させ、
米軍アントヌッチ中尉の救出活動を中止、撤退させ、生存者救出を放棄させ、
救助を待つ生存者を殺害させた。

日航機524名の口封じ、殺害の動機は

　　　自己保身、権力維持であった。

御巣鷹山に吹く風

総理の肖像
Yasuhiro NAKASONE
中曽根康弘

▼撮影・鎌田正平／1985年

アントヌッチ中尉の救出活動停止は　米国レーガン大統領を説得出来る中曽根
総理（ロンヤス関係）でしか出来ないのである。

中曽根総理は　嘘の事故報告書を書かせ、重要な日航機事故の資料を完全廃棄
させた。徹底的事故調査の約束は　相模湾の垂直尾翼残骸の引き上げ予算を
　　　　　　否決して　事故調査を妨害した

内閣総理大臣（19名）

弔　辞

> 日航機事故の真の加害者は　黒幕は
> 中曽根内閣総理大臣であった。

> 「徹底究明」を約束した中曽根総理の弔辞─
> 　　　然し　相模湾の残骸捜索回収を拒否した！！
> 総理は　事故原因究明を妨害した。

> それは自衛隊標的機が尾翼破壊した事態の隠蔽が目的で
> 総理としての責任回避、自己保身のためであった。

「告訴された容疑者：ボーイング社、日航、航空局を不起訴判断した理由」

遺族側が録音したテープを再生した議事録である。検察にも提出済。

'90・7・17前橋地検 ■ 8・12連絡会

日航機事故不起訴理由説明会概要

8・12連絡会

（日航ジャンボ機御巣鷹山墜落事故被災者家族の会）

◎ 日時：1990.7.17　　場所：　前橋地検検事正室

◎ 出席者：（地検側）山口検事正、三席検事

　　　　　（遺族側）美谷島会長以下 21 名、弁護士　2 名

（説明会の経緯と　検察側の捜査状況）

90・7・17　前橋地検 ■ 8・12連絡会
日航機事故不起訴理由説明会概要

以下、7月17日の検察側の5時間にわたる説明の概要を記します。

皆様の率直なご意見をお寄せいただきますようお願いいたします。

一九九〇年七月二十六日

8・12 連絡会

○　時　一九九〇年七月十七日（火）、前橋地方検察庁検事正室

○　出席者（地検側）　検事正、三席検事

（連絡会側）遺族 21名、弁護士2名

（検）…検事側　（連）…連絡会側の発言とします

前橋地検が遺族に不起訴処分の理由について説明会をしました。これは、7月13日前橋地検に、8・12連絡会のメンバーが面会を求めましたが拒否されたため、当日7時間、地検の前で質問状を提出し、待った結果、地検がやっと説明会をするという約束をし、実現したものです。今回の再捜査は、私達遺族が検察審査会に申し入れ、検察審査会が、不起訴不当の議決を下したためおこなわれたものであり、検察は12日に突然マスコミにだけ理由の説明をおこない、不起訴の判断は変わらないと伝えました。

検察が、このような重大事件を当事者の遺族に説明するのは当然の事ではないでしょうか。

私達は、多くの人々と共に空の安全をこの五年間問い続けてまいりました。26万人という署名も全国各地の遺族がたった三ヶ月間で集め、東京、前橋地検に提出しました。

「真の事故の原因の究明は公開の法廷で」の実現のため、空の安全を願う世論とともに訴えてきました。

今回下された不起訴処分に至る経緯のなかで納得できない。①なぜ不起訴関係者について領収検査にボ社の嘱託尋問をしなかったのか。②日航関係者について領収検査にも手落ちがあった事を検察審査会ばかりでなく、検察も国会で認めているのになぜ起訴できないのかの大きく二点ですが、

（検）私は、検察庁での大ベテランであるといわれている。ロッキード事件の時、日本では刑事免責制度がないが、免責をし、嘱託尋問をして、田中角栄を逮捕した。大企業の脱税事件、リクルート、三越事件、リッカーミシン、平和相互銀行その他大きな事件には全て関与し、昨年9月日航機事故の捜査をすることになった。この時すでにNHK年間逮捕者（七二人）№1の実力がある。今回この事件は起訴できないといったが、私は、いろいろな角度から捜査をした。それで十一月ま

（検）は、検察庁、不起訴かという報道をし、どうなっているのかと思った。今回この事件は起訴できないでずれこんだ。

（前橋地検の不起訴判断の理由、根拠）

事故原因は解らない

その結果解ったことは、修理ミスが事故の原因かどうか相当疑わしいということだ。事故原因はいろんな説がある。タイ航空機の時には、乗客の耳がキーンとしたという声があったが、今回にはない。圧力隔壁破壊がいっぺんに起こったかも疑問である。

まず、ボ社が修理ミスを認めたがこの方が簡単だからだ。落ちた飛行機だけの原因ならいいが、他の飛行機の売れ行きも悪くなり、ボ社として全世界のシェアを占めている飛行機の売れ行きも悪くなり、ボ社として人達の命は大きな打撃をうけるからだ。そこで、いちはやく修理ミスということにした。

事故調査委員会の報告書もあいまいと思う。皆さんは我々が本当に大切なものの資料をもっているようにおもっているが、資料は、事故原因については事故の報告書しかわからない。それをみても真の原因は解らない。それ以上のこと、法学部出身の我々に解るはずがない。

我々が調べたのは乗っていた人の調書等、日航の調書、飛行機の破片、遺体の資料等、キャビネット20本以上もある、それはみた、でも何もわかりませんよ。

今日これから資料をお見せしてもいいです。

検事正は　検察審査会には全面協力

＊墜落の事故原因は解らない

⇒　報告書には　事故原因が特定されていない

＊事故報告書の内容は　あいまいである。

⇒　技術的、論理的にも成立しない。

＊急減圧はなかった　⇒隔壁は　破壊しなかった　（落合証言）

⇒　事故調の「隔壁破壊説」を否定した

＊ボ社が修理ミスを認めたのは

日航123便だけの原因に特定したいから。

—2—

資料―⑦―1　高濱機長らは、操縦不能の123便を新規な操縦技術を開発して、油圧操縦が不能の旅客機の乗客の命を救ったので、

世界の「ポラリス賞」を受賞した。！！（事故後　2年、1987年に）

日本の航空局、事故調、ボーイング社も、「エンジン出力調整」により123便が操縦出来たことを認めており、日航の

杉江弘パイロットも「UA232便の油圧機能不能」での機長らの操縦は　123便がエンジン出力調整で操縦出来たこととの

知見を基に、緊急着陸して、乗客ら62%の人命を救ったと報告している。又高濱機長は横田基地に着陸の申請を行い、

横田はこの着陸申請を許可している。（アントヌッチ中尉の無線傍受）　1987年機長らの「ポラリス賞」の受賞の理由は

エンジン出力調整による「新規な操縦技術の開発」と帰結出来る。

出典：フリー百科事典「ウィキペディア（Wikipedia）」

ポラリス賞

ポラリス賞（Polaris Award）は民間航空に関係する賞としては最高位に位置する賞で、国際定期航空操縦士協会連合会（IFALPA）が民間航空機パイロットに対して、その優れた飛行技術や英雄的行為を表彰するものである。場合により、英雄的な行為をとった乗客をとった乗客が表彰されることもある。IFALPAの年次総会で発表されるが、毎年授与されるものではない。

過去の受賞者

1987年	高濱雅己†	佐々木祐†	福田博航空機関士†	日本航空123便墜落事故 1985.8.12	●日本航空（Japan Airlines）	減圧、油圧全損による操縦不能

†は事故・事件で死亡したクルー。

資料―⑦-2　高濱機長らは、操縦不能の123便を新規な操縦技術を開発をして、油圧操縦が不能の旅客機の乗客の命を救ったので、

世界の「ポラリス賞」を受賞した。！！　（墜落事故後　2年、1987年に）

【関連減圧事故の受賞者】

1990年	ウィリアム・D・C・ヘインズ　ダドリー・ドヴォラック航空機関士、デニス・E・フィッチ	ユナイテッド航空232便不時着事故	ユナイテッド航空 (United Airlines)	DC-10型機のエンジン爆発による油圧全損、操縦不能にも関わらず不時着に成功し、乗客のおよそ半分を救った

⇒　1989年　UA232便はエンジン爆発で、惣重不能になったが、123便のエンジン出力による操縦性回復の事例の知見で

飛行場に緊急着陸して、乗客らの62％の命を救った。

1992年	アラスデア・アアチソン	ブリティッシュ・エアウェイズ5390便不時着事故	ブリティッシュ・エアウェイズ (British Airways)	風防ガラス脱落による急減圧(機長の体が吸い出された)

⇒　機長席の風防ガラスの脱落で、機長は機外に吸い出されたが、副操縦士が　緊急着陸して機長の命を救った。

機長は　40X　70cm　の窓の脱落で　一瞬の間に　機長は吸い出されている。

123便の隔壁が　1.8　平方m（㎡）も破壊されれば、機内は台風、ハリケーンの相当以上の空気流で駆然をなり、

物凄い空気の吹き出し騒音で乗客らは、大混乱になり、酸欠症状に陥った筈だが、機内は静粛であったと落合氏らは

証言した。

著者プロフィール

小田 周二 (おだ しゅうじ)

1937年、奈良県生まれ。大阪大学工学部応用化学科化学工学修士課程。
プラスチック製造メーカーで研究、技術開発、製造、工務、品質管理等
に従事。横浜市金沢区に在住。

@日航機墜落事故との関連
＊日航機事故遺族（日航123便撃墜事件　1985.8.12）
　犠牲者名　次男小田浩二（15歳）、長女小田陽子（12歳）、中上岑子
　　　　　　　（37歳）、中上義哉（12歳）、中上佳代子（10歳）の5名
＊日本の空の安全を願う会　主宰
＊8.12連絡会「日航123便墜落事故調査　分科会」会長
＊＊日本航空との関連（日本航空は加害責任を公私に認めたが、―）
　　事故状況、事故原因についての技術会議を開催中（2013年から）。
　　公開質問状　9通提出。趣旨に合わない回答と言い訳のみ。
　　2017年「日航は加害者でなく、支払った金はお見舞金だ」と告白した。
　　日本航空安全推進本部　権藤常務（福田、小副川、上谷、松本氏）
　　　　⇒（児玉、中野部長）⇒（山西、中野部長）「人事異動」
＊コロナ禍で会議中断のため、TV質問と回答で事故原因究明中。
＊＊運輸安全委員会との関連（「加害者でない」と回答（2017.10））
　　2016年4、6月　隔壁破壊説の矛盾についての質問と真の事故原因
　　を提起した「公開質問状」を提出したが、一切回答がなかった。
　　前橋地検の不起訴判断で「航空局は無罪だ」と回答。
＊＊31周年慰霊式で航空局総務課長と面談。「責任はない」「加害者でな
　い」と
＊＊32周年慰霊式で航空局安全部長と議論「質問状は受理」「回答を行う」
＊＊33周年慰霊式で航空局安全部長と議論「質問状は受理」「回答を行う」
＊＊34周年慰霊式で航空局安全部長と質疑「質問状は受理」「回答を行う」
＊＊航空局、2020.1（公開質問状）の回答と（面談議論）実施を回答
@著作　発刊日
＊出版本「日航機墜落事故　真実と真相」小田周二著　2015.3発刊
＊出版本「日航123便は何故墜落したのか」小田周二著　2015.12.12発刊
＊公開質問状「運輸安全委員会宛」小田周二著　2016.4.12発刊
＊出版本「日航機事故報告書は真っ赤な嘘である」小田周二著　2016.
　5.12
＊告訴状「前橋地方検察庁宛」小田周二著　2016.11.12
＊上申書「前橋地方検察長宛」小田周二著　2017.1.27
＊公開質問状「国交省、航空局宛」小田周二著　2017.2.25
＊告訴状2「前橋地方検察庁宛」小田周二著　2017.12.12
＊出版本「524人の命乞い」小田周二著　2017.8.12
＊出版本「永遠に許されざる者」小田周二著　2021.7

永遠に許されざる者

日航123便ミサイル撃墜事件及び乗客殺戮隠蔽事件の全貌解明報告

2021年 7 月15日　初版第 1 刷発行
2024年 5 月15日　初版第 3 刷発行

著　者　　小田　周二
発行者　　瓜谷　綱延
発行所　　株式会社文芸社
　　　　　〒160-0022　東京都新宿区新宿1－10－1
　　　　　　　　電話　03-5369-3060　（代表）
　　　　　　　　　　　03-5369-2299　（販売）

印刷所　　図書印刷株式会社
ISBN978-4-286-22086-4